Generative Deep Learning Édition Mise à Jour : Libérer la Puissance Créative de l'IA et Python

Première édition

Copyright © 2025 Cuantum Technologies

Première édition : Septembre 2025

Publié par Cuantum Technologies LLC

Plano, Texas (États-Unis)

ISBN: 979-8-90046-534-0

"Artificial intelligence is the new electricity."

- Andrew Ng, Co-founder of Coursera and Adjunct Professor at Stanford University

Qui nous sommes

Bienvenue dans ce livre créé par Cuantum Technologies. Nous sommes une équipe de développeurs passionnés, déterminés à créer des logiciels offrant des expériences créatives et résolvant des problèmes concrets. Notre objectif est de développer des applications web de haute qualité qui offrent une expérience utilisateur fluide et répondent aux besoins de nos clients.

Dans notre entreprise, nous croyons que la programmation ne se limite pas à écrire du code. Il s'agit de résoudre des problèmes et de créer des solutions qui ont un impact réel sur la vie des gens. Nous explorons en permanence de nouvelles technologies et techniques afin de rester à la pointe de l'industrie, et nous sommes ravis de partager nos connaissances et notre expérience avec vous à travers ce livre.

Notre approche du développement logiciel repose sur la collaboration et la créativité. Nous travaillons en étroite collaboration avec nos clients afin de comprendre leurs besoins et de créer des solutions adaptées à leurs exigences spécifiques. Nous pensons qu'un logiciel doit être intuitif, facile à utiliser et visuellement attrayant, et nous nous efforçons de créer des applications qui répondent à ces critères.

Ce livre vise à proposer une approche pratique et concrète pour débuter dans la **maîtrise du pouvoir créatif de l'IA**. Que vous soyez un débutant sans expérience en programmation ou un développeur expérimenté souhaitant élargir ses compétences, ce livre est conçu pour vous aider à développer vos aptitudes et à construire une base **solide en apprentissage profond génératif avec Python**.

Notre philosophie

Au cœur de Cuantum, nous croyons que la meilleure façon de créer des logiciels passe par la collaboration et la créativité. Nous valorisons les contributions de nos clients, et nous travaillons en étroite collaboration avec eux pour créer des solutions qui répondent à leurs besoins. Nous pensons également qu'un logiciel doit être intuitif, simple à utiliser et esthétiquement plaisant, et nous nous efforçons de créer des applications conformes à ces principes.

Nous croyons également que la programmation est une compétence qui peut s'apprendre et se développer avec le temps. Nous encourageons nos développeurs à explorer de nouvelles technologies et techniques, et nous leur fournissons les outils et les ressources nécessaires pour rester à l'avant-garde de l'industrie. Nous pensons aussi que programmer doit être une activité plaisante et gratifiante, et nous nous efforçons de créer un environnement de travail stimulant la créativité et l'innovation.

Notre expertise

Dans notre entreprise de logiciels, nous sommes spécialisés dans le développement d'applications web qui offrent des expériences créatives et résolvent des problèmes réels. Nos développeurs possèdent une expertise dans un large éventail de langages et de frameworks, notamment Python, l'intelligence artificielle, ChatGPT, Django, React, Three.js et Vue.js, entre autres. Nous explorons sans cesse de nouvelles technologies pour rester à la pointe de l'innovation et nous sommes fiers de notre capacité à créer des solutions adaptées aux besoins de nos clients.

Nous avons également une grande expérience dans l'analyse et la visualisation de données, l'apprentissage automatique et l'intelligence artificielle. Nous croyons que ces technologies ont le potentiel de transformer notre façon de vivre et de travailler, et nous sommes fiers de faire partie de cette révolution.

En conclusion, notre entreprise est dédiée à la création de logiciels web favorisant des expériences créatives et apportant des solutions concrètes. Nous privilégions la collaboration et la créativité, et nous nous engageons à développer des solutions intuitives, accessibles et visuellement attractives. Nous sommes passionnés par la programmation et impatients de partager avec vous nos connaissances et notre expérience à travers ce livre. Que vous soyez débutant ou développeur confirmé, nous espérons que ce livre sera pour vous une ressource précieuse dans votre parcours vers la maîtrise de votre domaine.

YOUR JOURNEY STARTS HERE...

CUANTUM

Profile

Billing

Full Access

Log out

Here are your free repository codes :D

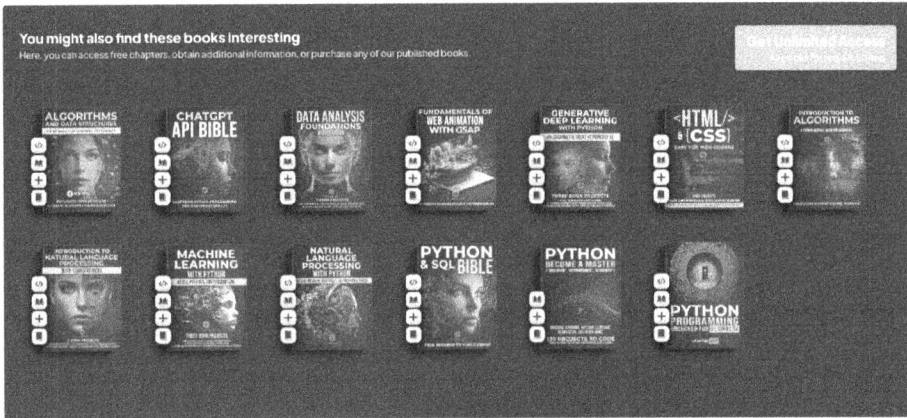

ALGORITHMS AND DATA STRUCTURES

CHATGPT API BIBLE

INTRODUCTION TO NATURAL LANGUAGE PROCESSING

You might also find these books interesting

Here, you can access free chapters, obtain additional information, or purchase any of our published books.

Get Unlimited Access

ALGORITHMS AND DATA STRUCTURES

CHATGPT API BIBLE

DATA ANALYSIS FOUNDATIONS

FUNDAMENTALS OF WEB ANIMATION WITH GSAP

GENERATIVE DEEP LEARNING

HTML/ & CSS

INTRODUCTION TO ALGORITHMS

INTRODUCTION TO NATURAL LANGUAGE PROCESSING

MACHINE LEARNING WITH PYTHON

NATURAL LANGUAGE PROCESSING WITH PYTHON

PYTHON & SQL BIBLE

PYTHON BECOME A MASTER

PYTHON PROGRAMMING

Get access to all the benefits of being one of our valuable readers through our new **eLearning Platform:**

1. Free code repository of this book

2. Access to a **free example chapter** of any of our books.

3. Access to the **free repository code** of any of our books.

4. Premium customer support by writing to **books@cuantum.tech**

And much more...

HERE IS YOUR
FREE ACCESS

www.cuantum.tech/books/generative-deep-learning-updated-edition/code

TABLE DES MATIÈRES

Introduction

Bienvenue à "Generative Deep Learning Édition Mise à Jour : Libérer la Puissance Créative de l'IA et Python". Ce livre vise à vous guider à travers le monde fascinant et en rapide évolution de l'apprentissage profond génératif, un domaine qui a révolutionné notre approche de l'intelligence artificielle. Que vous soyez un praticien chevronné de l'apprentissage automatique, un chercheur curieux ou un débutant enthousiaste, ce livre est conçu pour vous fournir les connaissances et les outils nécessaires pour comprendre et exploiter la puissance des modèles génératifs.

L'apprentissage profond génératif a ouvert de nouvelles frontières dans l'IA, permettant aux machines de créer, d'innover et d'imiter la créativité humaine. De la génération d'images réalistes et la création d'œuvres d'art à la composition musicale et l'écriture de textes cohérents, les modèles génératifs sont à l'avant-garde de la recherche et des applications en IA. L'avènement de modèles puissants tels que les Réseaux Antagonistes Génératifs (GANs), les Auto-encodeurs Variationnels (VAEs) et les modèles basés sur les Transformers a considérablement repoussé les limites de ce que l'IA peut accomplir. Ce livre est votre guide complet vers ces technologies révolutionnaires.

Notre voyage commence par les concepts fondamentaux de l'apprentissage profond. Comprendre les bases est crucial car cela fournit le contexte nécessaire pour explorer des modèles génératifs plus complexes. Nous explorerons les réseaux de neurones, leur architecture et les avancées récentes qui ont fait de l'apprentissage profond un outil indispensable dans la recherche et le développement en IA.

Au fur et à mesure que nous progressons, nous plongerons profondément dans le domaine des modèles génératifs. Vous découvrirez les différents types de modèles génératifs, leur importance et en quoi ils diffèrent des modèles discriminatifs traditionnels. Cette connaissance fondamentale prépare le terrain pour une exploration détaillée des techniques génératives spécifiques.

L'une des évolutions les plus passionnantes de l'IA a été l'introduction des Réseaux Antagonistes Génératifs (GANs). Ces modèles ont captivé l'imagination des chercheurs et des praticiens grâce à leur capacité à générer des données hautement réalistes. Dans ce livre, nous examinerons en profondeur les GANs, en commençant par leurs principes de base jusqu'à leurs diverses architectures et applications. Vous acquerrez également une expérience pratique à travers des projets concrets, comme la génération de visages, ce qui vous aidera à consolider votre compréhension et à développer des compétences pratiques.

Les Auto-encodeurs Variationnels (VAEs) représentent une autre classe puissante de modèles génératifs. Contrairement aux GANs, les VAEs sont basés sur un cadre probabiliste, ce qui les rend particulièrement adaptés à certains types de tâches de génération et de représentation de données. Nous explorerons les VAEs en profondeur, en discutant de leur architecture, de leurs processus d'entraînement et de leurs diverses applications. Des projets pratiques, comme la génération de chiffres manuscrits, vous donneront l'occasion d'appliquer ce que vous avez appris de manière significative.

Les modèles autorégressifs, y compris les modèles basés sur les transformers comme GPT-3 et GPT-4, ont fait des progrès significatifs dans le traitement du langage naturel et d'autres tâches de données séquentielles. Ce livre vous guidera à travers ces modèles, en soulignant leurs forces et leurs applications. Vous participerez à des exercices pratiques et des projets, comme la génération de texte, qui démontrent les capacités de ces modèles.

Un domaine relativement nouveau mais en croissance rapide dans l'apprentissage profond génératif est celui des modèles de diffusion. Ces modèles offrent une approche novatrice de la génération de données, et nous couvrirons leurs fondements théoriques, leurs implémentations pratiques et leurs applications réelles. À la fin de ce livre, vous aurez une compréhension complète des modèles de diffusion et de leur potentiel.

Pour améliorer votre expérience d'apprentissage, chaque partie du livre se termine par un quiz pour tester votre compréhension du matériel couvert. De plus, des exercices pratiques à la fin de chaque chapitre vous fourniront une expérience pratique, renforçant les concepts discutés.

Dans la dernière partie du livre, nous explorerons des sujets avancés et le paysage futur de l'apprentissage profond génératif. Vous découvrirez des techniques d'entraînement améliorées, comment traiter les données de haute dimension et les tendances émergentes. Nous discuterons également des considérations éthiques, des implications sociales et des perspectives réglementaires potentielles pour l'IA générative, vous offrant une vision holistique du domaine.

Ce livre est plus qu'un simple manuel technique ; c'est un voyage dans le potentiel créatif et innovant de l'IA. En parcourant les chapitres, nous vous encourageons à expérimenter avec les exemples de code fournis, à participer à la communauté en ligne et à réfléchir de manière critique aux implications de l'apprentissage profond génératif. Nous espérons que ce livre vous inspirera à explorer de nouvelles idées, à créer des solutions innovantes et à contribuer au domaine en constante évolution de l'intelligence artificielle.

Objectif et Portée du Livre

L'objectif principal de ce livre est de servir de guide complet, mais pratique, au domaine en rapide évolution de l'apprentissage profond génératif. Il est méticuleusement conçu pour doter les lecteurs d'une compréhension solide du cadre théorique et leur fournir les compétences pratiques nécessaires pour comprendre et mettre en œuvre avec succès des modèles génératifs tels que les Réseaux Adversaires Génératifs (GANs), les Auto-encodeurs Variationnels (VAEs), et les modèles autorégressifs.

À la fin de ce livre, les lecteurs auront acquis une compréhension approfondie des concepts fondamentaux, des architectures complexes et des diverses applications de ces modèles. Plus important encore, ils auront développé la capacité d'appliquer ces connaissances pour résoudre des problèmes complexes dans le monde réel, comblant ainsi le fossé entre la théorie et la pratique.

Le contenu de ce livre s'étend sur un large éventail de sujets dans le domaine de l'apprentissage profond génératif. Il commence par établir une base solide des concepts fondamentaux de l'apprentissage profond et des réseaux de neurones. De là, il plonge en profondeur dans divers types de modèles génératifs, chacun accompagné d'explications détaillées et de projets pratiques pour renforcer votre compréhension et vous offrir une expérience concrète.

En plus des sujets principaux, le livre se penche sur les aspects avancés et les dernières tendances émergentes dans le domaine. Cela garantit que les lecteurs restent au courant des développements les plus récents dans ce domaine en évolution rapide.

De plus, le livre n'hésite pas à aborder les considérations éthiques liées au déploiement de l'IA générative. Il traite également des implications sociétales de cette technologie, offrant aux lecteurs une perspective complète et équilibrée sur le sujet, leur permettant ainsi d'apprécier l'impact potentiel de la technologie dans son intégralité.

À qui s'adresse ce livre

Ce livre est méticuleusement conçu pour s'adresser à un public diversifié, comprenant :

- **Praticiens du Machine Learning :** Que vous soyez novice ou expert, si vous êtes un praticien désireux d'élargir vos horizons pour inclure les modèles génératifs, ce livre constitue une ressource inestimable. Il fournit non seulement des connaissances théoriques mais aussi des perspectives pratiques, accompagnées de projets concrets qui vous permettent d'appliquer efficacement ces techniques dans votre travail.

- **Chercheurs et Universitaires :** Pour ceux qui sont profondément impliqués dans la recherche en IA ou qui font partie du monde académique, ce livre offre un panorama complet des dernières avancées dans le domaine de l'apprentissage profond génératif. Il présente des explications détaillées des principes et méthodologies sous-jacents, ce qui en fait un incontournable pour rester à jour dans ce domaine en rapide évolution.

- **Étudiants et Passionnés :** Si vous êtes étudiant ou passionné d'IA avec une ferveur pour comprendre et expérimenter avec les modèles génératifs les plus avancés, ce livre est parfaitement adapté. Il offre une introduction accessible mais approfondie au domaine, stimulant votre curiosité et favorisant l'apprentissage.

- **Professionnels de l'Industrie :** Les professionnels travaillant dans des industries aussi variées que la santé, la finance, le divertissement et bien d'autres trouveront ce livre extrêmement précieux. Il explore comment les modèles génératifs peuvent être exploités pour résoudre des problèmes complexes et stimuler l'innovation dans leurs domaines respectifs, présentant des applications concrètes et leur potentiel.

- **Débutants avec une Connaissance Basique de Python :** Même si vous êtes nouveau dans le domaine de l'IA mais que vous possédez des connaissances de base en programmation Python, ce livre vous servira de guide fiable. Il dévoile les concepts et techniques de manière claire et structurée, vous permettant de développer progressivement votre expertise étape par étape, rendant le parcours d'apprentissage à la fois captivant et enrichissant.

En s'adressant à ce public diversifié, le livre vise à combler le fossé entre la théorie et la pratique, permettant aux lecteurs d'exploiter la puissance créative des modèles d'IA dans leurs domaines respectifs. Que vous cherchiez à améliorer votre carrière, à contribuer à la recherche académique ou simplement à satisfaire votre curiosité, ce livre est votre porte d'entrée vers le monde passionnant de l'apprentissage profond génératif.

Comment utiliser ce livre

Pour tirer le meilleur parti de "Generative Deep Learning Updated Edition: Unlocking the Creative Power of AI and Python", il est important de comprendre comment le livre est structuré, l'approche d'apprentissage adoptée, les outils et ressources dont vous aurez besoin, et les conventions utilisées tout au long du texte. Cette section fournit une feuille de route pour vous aider à naviguer efficacement dans le livre et à maximiser votre expérience d'apprentissage.

Structure du livre

Le livre est divisé en plusieurs parties, chacune se concentrant sur différents aspects de l'apprentissage profond génératif. Voici un bref aperçu :

1. **Préface :** Fournit une introduction au livre, son objectif, sa portée et son public cible, ainsi que des conseils sur la façon d'utiliser le livre.

2. **Partie I : Fondements de l'apprentissage profond :** Couvre les bases des réseaux de neurones, de l'apprentissage profond et les concepts fondamentaux nécessaires pour comprendre les modèles génératifs.

3. **Partie II : Réseaux antagonistes génératifs (GANs) :** Explore les GANs en détail, y compris leur architecture, leur entraînement, leurs variations et leurs applications, accompagnés de projets pratiques.

4. **Partie III : Auto-encodeurs variationnels (VAEs) :** Approfondit les VAEs, leur structure, leur processus d'entraînement et leurs applications, avec des projets pratiques.

5. **Partie IV : Modèles autorégressifs :** Discute des modèles autorégressifs, y compris les modèles basés sur les transformers, leurs applications et des projets pratiques.

6. **Partie V : Modèles de diffusion :** Présente les modèles de diffusion, leurs fondements théoriques, leurs implémentations pratiques et leurs applications.

7. **Partie VI : Sujets avancés et orientations futures :** Examine les sujets avancés, les tendances émergentes, les considérations éthiques et les orientations futures de la recherche en apprentissage profond génératif.

8. **Quiz et exercices pratiques :** Chaque partie se termine par des quiz et des exercices pratiques pour renforcer les concepts appris et offrir une expérience pratique.

Approche d'apprentissage

Le livre adopte une approche d'apprentissage pratique, basée sur des projets, pour garantir que vous ne comprenez pas seulement les concepts théoriques, mais que vous acquérez également une expérience pratique dans l'implémentation de modèles génératifs. Chaque chapitre comprend des explications détaillées, des exemples de code et des exercices pratiques. De plus, chaque partie se termine par un quiz pour tester votre compréhension et consolider votre apprentissage.

Outils et ressources nécessaires

Pour suivre le livre et compléter les projets et exercices, vous aurez besoin des outils et ressources suivants :

- **Python :** Une compréhension de base de la programmation Python est requise. Si vous débutez avec Python, envisagez de consulter des ressources d'introduction avant de vous plonger dans le livre.

- **Jupyter Notebooks :** De nombreux exemples de code et exercices sont fournis sous forme de Jupyter Notebooks, qui permettent une programmation interactive et l'expérimentation.

- **Bibliothèques d'apprentissage profond :** Vous utiliserez des bibliothèques populaires d'apprentissage profond telles que TensorFlow et PyTorch. Les instructions d'installation et les guides de configuration sont fournis dans les chapitres concernés.

- **Ensembles de données :** Certains projets nécessitent des ensembles de données spécifiques, qui sont soit fournis avec le livre, soit téléchargeables à partir de sources spécifiées.

- **Environnement de développement :** Un environnement de développement adapté, comme Anaconda, vous aidera à gérer votre environnement Python et ses dépendances.

Conventions utilisées dans le livre

Pour assurer clarté et cohérence, les conventions suivantes sont utilisées tout au long du livre :

- **Blocs de code :** Les exemples de code sont présentés dans des blocs clairement délimités. Les extraits de code en ligne sont formatés dans une police à espacement fixe pour une identification facile.

- **Commandes :** Les instructions de terminal ou de ligne de commande sont affichées dans un format distinctif pour les différencier du texte ordinaire.

- **Exercices et quiz :** Des exercices pratiques sont inclus à la fin de chaque chapitre, et des quiz sont fournis à la fin de chaque partie pour tester vos connaissances et votre compréhension.

En suivant ces directives et en utilisant les outils et ressources fournis, vous serez bien équipé pour naviguer dans le livre et acquérir une compréhension approfondie de l'apprentissage profond génératif. Nous vous encourageons à vous engager activement avec le contenu, à expérimenter avec les exemples de code et à participer à la communauté en ligne pour améliorer votre expérience d'apprentissage.

Nous espérons que vous trouverez ce livre à la fois informatif et inspirant, et nous sommes impatients de vous accompagner dans votre voyage dans le monde passionnant de l'apprentissage profond génératif.

Partie I : Fondements de l'Apprentissage Profond

Chapitre 1 : Introduction à l'Apprentissage Profond

Bienvenue au premier chapitre de "Apprentissage Profond Génératif Édition Mise à Jour : Libérer le Pouvoir Créatif de l'IA et de Python." Dans ce chapitre, nous entamerons notre voyage dans le monde fascinant de l'apprentissage profond, en commençant par les bases. L'apprentissage profond est un sous-ensemble de l'apprentissage automatique qui se concentre sur les réseaux de neurones à plusieurs couches, souvent appelés réseaux de neurones profonds.

Ces réseaux ont révolutionné de nombreux domaines, de la vision par ordinateur et du traitement du langage naturel aux jeux et à la robotique. Notre objectif dans ce chapitre est de fournir une base solide des principes de l'apprentissage profond, préparant le terrain pour des sujets et applications plus avancés dans les chapitres suivants.

Nous commencerons par une exploration des réseaux de neurones, les éléments fondamentaux de l'apprentissage profond. Comprendre comment ces réseaux fonctionnent, leur architecture et leurs processus d'entraînement est crucial pour maîtriser l'apprentissage profond.

Nous nous plongerons ensuite dans les avancées récentes qui ont rendu l'apprentissage profond si puissant et largement adopté. À la fin de ce chapitre, vous devriez avoir une compréhension claire des bases des réseaux de neurones et être prêt à explorer des modèles et techniques plus complexes.

1.1 Bases des Réseaux de Neurones

Les réseaux de neurones s'inspirent de la structure et du fonctionnement du cerveau humain. Ils sont constitués de nœuds interconnectés, ou neurones, qui travaillent ensemble pour traiter et interpréter les données. Commençons par comprendre les composants et concepts clés des réseaux de neurones.

Les réseaux de neurones sont composés de nœuds interconnectés ou "neurones" qui traitent et interprètent les données. Ils sont structurés en couches : une couche d'entrée, une ou plusieurs couches cachées, et une couche de sortie. La couche d'entrée reçoit les données, les couches cachées effectuent des calculs et extraient des caractéristiques des données, et la couche de sortie produit le résultat final.

L'un des concepts clés dans les réseaux de neurones est le processus d'apprentissage, qui implique la propagation avant et arrière. La propagation avant est le processus où les données d'entrée passent à travers le réseau pour générer une sortie. La propagation arrière, quant à elle, est le processus où le réseau ajuste ses poids en fonction de l'erreur ou de la différence entre la sortie prédite et la sortie réelle. Cet ajustement est effectué à l'aide d'une méthode connue sous le nom de descente de gradient.

Les fonctions d'activation sont un autre composant crucial des réseaux de neurones. Elles introduisent de la non-linéarité dans le réseau, lui permettant d'apprendre des motifs complexes. Parmi les fonctions d'activation courantes, on trouve la fonction sigmoïde, ReLU (Unité Linéaire Rectifiée) et tanh.

Comprendre ces fondamentaux des réseaux de neurones est essentiel pour approfondir des modèles plus complexes en apprentissage automatique et en intelligence artificielle. Ces bases posent les fondements pour explorer des sujets avancés tels que l'apprentissage profond, les réseaux de neurones convolutifs et les réseaux de neurones récurrents.

1.1.1 Structure d'un Réseau de Neurones

Un réseau de neurones se compose généralement de trois principaux types de couches :

Couche d'Entrée

Cette couche reçoit les données d'entrée. Chaque neurone dans cette couche représente une caractéristique dans l'ensemble de données d'entrée. Dans le contexte de l'apprentissage automatique ou des réseaux de neurones, la couche d'entrée est la toute première couche qui reçoit les données d'entrée pour un traitement ultérieur par les couches suivantes.

Chaque neurone dans la couche d'entrée représente une caractéristique dans l'ensemble de données. Par exemple, si vous utilisez un réseau de neurones pour classifier des images, chaque pixel de l'image pourrait être représenté par un neurone dans la couche d'entrée. Si l'image fait 28x28 pixels, la couche d'entrée aurait 784 neurones (un pour chaque pixel).

La couche d'entrée est responsable de transmettre les données à la couche suivante du réseau de neurones, communément appelée couche cachée. La couche cachée effectue divers calculs et transformations sur les données. Le nombre de couches cachées et leur taille peuvent varier, et c'est ce qui rend un réseau "profond".

Le résultat de ces transformations est ensuite transmis à la dernière couche du réseau, la couche de sortie, qui produit le résultat final. Pour une tâche de classification, la couche de sortie aurait un neurone pour chaque classe potentielle, et elle produirait la probabilité que les données d'entrée appartiennent à chaque classe.

La couche d'entrée dans un réseau de neurones sert de point d'entrée pour les données. Elle prend en charge les données brutes qui seront traitées et interprétées par le réseau de neurones.

Couches Cachées

Ces couches effectuent des calculs et extraient des caractéristiques à partir des données d'entrée. Le terme "profond" dans l'apprentissage profond fait référence aux réseaux comportant de nombreuses couches cachées.

Les couches cachées dans un réseau de neurones sont des couches situées entre la couche d'entrée et la couche de sortie, où les neurones artificiels prennent un ensemble d'entrées pondérées et produisent une sortie à travers une fonction d'activation. Elles aident à traiter des données et des motifs complexes.

Les couches cachées dans un réseau de neurones effectuent la majeure partie des calculs complexes requis par le réseau. Elles sont appelées "cachées" car, contrairement aux couches d'entrée et de sortie, leurs entrées et sorties ne sont pas visibles dans la sortie finale du modèle.

Chaque couche cachée est constituée d'un ensemble de neurones, où chaque neurone effectue une somme pondérée de ses données d'entrée. Les poids sont des paramètres appris durant le processus d'entraînement, et ils déterminent l'importance de chaque entrée pour la sortie du neurone. Le résultat de la somme pondérée est ensuite passé à travers une fonction d'activation, qui introduit de la non-linéarité dans le modèle. Cette non-linéarité permet au réseau de neurones d'apprendre des motifs et des relations complexes dans les données.

Le nombre de couches cachées dans un réseau de neurones et le nombre de neurones dans chaque couche sont des choix de conception importants. Ces paramètres peuvent avoir un impact significatif sur la capacité du modèle à apprendre à partir des données et à généraliser à des données non vues. Par conséquent, ils sont souvent déterminés par expérimentation et ajustement.

Les réseaux de neurones avec de nombreuses couches cachées sont souvent appelés réseaux de neurones "profonds", et l'étude de ces réseaux est connue sous le nom d'apprentissage profond. Avec l'avènement de ressources informatiques plus puissantes et le développement de nouvelles techniques d'entraînement, l'apprentissage profond a permis des avancées significatives dans de nombreux domaines de l'intelligence artificielle, notamment la reconnaissance d'images et de parole, le traitement du langage naturel et les jeux.

Couche de Sortie

Cette couche produit la sortie finale du réseau. Dans les tâches de classification, elle peut représenter différentes classes. La couche de sortie est la dernière couche d'un réseau de neurones, qui produit le résultat pour les entrées données. Elle interprète et présente les données calculées dans un format adapté au problème en question.

Selon le type de problème, la couche de sortie peut effectuer diverses tâches. Par exemple, dans un problème de classification, la couche de sortie pourrait contenir autant de neurones que de classes. Chaque neurone produirait la probabilité que les données d'entrée appartiennent à sa classe respective. La classe avec la plus haute probabilité serait alors la classe prédite pour les données d'entrée.

Dans un problème de régression, la couche de sortie a généralement un seul neurone. Ce neurone produirait une valeur continue correspondant à la sortie prédite.

La fonction d'activation utilisée dans la couche de sortie varie également en fonction du type de problème. Par exemple, une fonction d'activation softmax est souvent utilisée pour les problèmes de classification multi-classes car elle produit une distribution de probabilité sur les classes. Pour les problèmes de classification binaire, une fonction d'activation sigmoïde pourrait être utilisée car elle produit une valeur entre 0 et 1, représentant la probabilité de la classe positive. Pour les problèmes de régression, une fonction d'activation linéaire est souvent utilisée car elle permet au réseau de produire une gamme de valeurs.

La couche de sortie joue un rôle crucial dans un réseau de neurones. Elle est responsable de la production des résultats finaux et de leur présentation d'une manière adaptée au problème en question. Comprendre comment fonctionne la couche de sortie, ainsi que le reste du réseau, est essentiel pour construire et entraîner des réseaux de neurones efficaces.

Exemple : Un Réseau de Neurones Simple

Considérons un réseau de neurones simple pour un problème de classification binaire, où nous voulons classifier des données d'entrée dans l'une des deux catégories. Le réseau a une couche d'entrée, une couche cachée et une couche de sortie.

```python
import numpy as np

# Sigmoid activation function
def sigmoid(x):
    return 1 / (1 + np.exp(-x))

# Derivative of sigmoid function
def sigmoid_derivative(x):
    return x * (1 - x)

# Input data (4 samples, 3 features each)
inputs = np.array([[0, 0, 1],
                   [1, 1, 1],
                   [1, 0, 1],
                   [0, 1, 1]])

# Output labels (4 samples, 1 output each)
outputs = np.array([[0], [1], [1], [0]])

# Seed for reproducibility
np.random.seed(1)
```

```python
# Initialize weights randomly with mean 0
weights_input_hidden = 2 * np.random.random((3, 4)) - 1
weights_hidden_output = 2 * np.random.random((4, 1)) - 1

# Training the neural network
for epoch in range(10000):
    # Forward propagation
    input_layer = inputs
    hidden_layer = sigmoid(np.dot(input_layer, weights_input_hidden))
    output_layer = sigmoid(np.dot(hidden_layer, weights_hidden_output))

    # Error calculation
    error = outputs - output_layer

    # Backward propagation
    output_layer_delta = error * sigmoid_derivative(output_layer)
    hidden_layer_error = output_layer_delta.dot(weights_hidden_output.T)
    hidden_layer_delta = hidden_layer_error * sigmoid_derivative(hidden_layer)

    # Update weights
    weights_hidden_output += hidden_layer.T.dot(output_layer_delta)
    weights_input_hidden += input_layer.T.dot(hidden_layer_delta)

print("Output after training:")
print(output_layer)
```

Le script d'exemple offre un exemple d'implémentation simple d'un réseau de neurones à propagation avant. Ce réseau de neurones est entraîné à l'aide de la fonction d'activation sigmoïde et de sa dérivée. Le code peut être décomposé en plusieurs sections, chacune servant différents objectifs dans le processus d'entraînement.

Premièrement, le script commence par importer la bibliothèque numpy, qui est un package fondamental pour le calcul scientifique en Python. Elle fournit un support pour les tableaux, les matrices et les fonctions mathématiques clés qui sont essentielles lorsqu'on travaille avec des réseaux de neurones.

Deuxièmement, le script définit deux fonctions importantes : la fonction sigmoïde et sa dérivée. La fonction sigmoïde est un type de fonction d'activation, couramment utilisée dans les réseaux de neurones, qui transforme n'importe quelle valeur d'entrée en une valeur comprise entre 0 et 1. La fonction sigmoïde est particulièrement utile pour les problèmes de classification binaire, où les valeurs de sortie peuvent être interprétées comme des probabilités. La fonction dérivée de la sigmoïde est utilisée dans le processus de rétropropagation du réseau de neurones pour aider à optimiser les poids du modèle.

Ensuite, le script configure les données d'entrée et de sortie. Les données d'entrée se composent de quatre échantillons, chacun avec trois caractéristiques, et les données de sortie se composent de quatre échantillons, chacun avec une sortie. C'est une configuration typique dans l'apprentissage supervisé, où chaque échantillon d'entrée est associé à une étiquette de sortie correspondante.

Après cela, le script initialise les poids pour les connexions entre les couches d'entrée et cachée, et entre les couches cachée et de sortie. Les poids sont initialisés de manière aléatoire pour briser la symétrie pendant le processus d'apprentissage et permettre au réseau de neurones d'apprendre un ensemble diversifié de caractéristiques.

La boucle principale du script est l'endroit où se déroule l'entraînement du réseau de neurones. Cette boucle s'exécute pendant un certain nombre d'itérations appelées époques. Dans ce cas, le script s'exécute pendant 10 000 époques, mais ce nombre peut être ajusté en fonction des exigences spécifiques du problème à résoudre.

Le processus d'entraînement se compose de deux étapes principales : la propagation avant et la rétropropagation.

Pendant la propagation avant, les données d'entrée passent à travers le réseau, couche par couche, jusqu'à ce qu'une prédiction de sortie soit générée. Le script calcule les valeurs pour les couches cachée et de sortie en appliquant les poids aux entrées et en faisant passer les résultats par la fonction sigmoïde.

La rétropropagation est la partie de l'entraînement où le réseau apprend de ses erreurs. Le script calcule la différence entre la sortie prédite et la sortie réelle, appelée erreur. Cette erreur est ensuite propagée en arrière à travers le réseau, et les poids sont ajustés en conséquence. L'objectif ici est de minimiser l'erreur dans les prédictions ultérieures.

Les ajustements de poids pendant la rétropropagation sont effectués en utilisant une méthode appelée descente de gradient. C'est une technique d'optimisation numérique utilisée pour trouver le minimum d'une fonction. Dans ce cas, elle est utilisée pour trouver les poids qui minimisent la fonction d'erreur.

Après le processus d'entraînement, le script affiche la sortie du réseau de neurones après l'entraînement. Cette sortie donne les prédictions finales du réseau après qu'il a été entraîné sur les données d'entrée.

1.1.2 Fonctions d'Activation

Les fonctions d'activation introduisent de la non-linéarité dans le réseau, lui permettant d'apprendre des motifs complexes. Les fonctions d'activation courantes incluent :

Sigmoïde

Comme on le voit dans l'exemple, la fonction sigmoïde transforme les valeurs d'entrée en une plage entre 0 et 1. La sigmoïde est une fonction mathématique qui a une courbe caractéristique en forme de S ou courbe sigmoïde. En apprentissage automatique, la fonction sigmoïde est souvent utilisée comme fonction d'activation pour introduire de la non-linéarité dans le modèle et convertir les valeurs dans une plage entre 0 et 1.

Dans le contexte des réseaux de neurones, la fonction sigmoïde joue un rôle clé dans le processus de propagation avant. Durant ce processus, les données d'entrée passent à travers le réseau couche par couche, jusqu'à ce qu'elles atteignent la couche de sortie. À chaque couche, les données d'entrée sont pondérées et la fonction sigmoïde est appliquée au résultat, transformant l'entrée pondérée en une valeur entre 0 et 1. Cette sortie devient alors l'entrée pour la couche suivante, et le processus continue jusqu'à ce que la sortie finale soit produite.

La fonction sigmoïde est également cruciale dans le processus de rétropropagation, qui est la façon dont le réseau apprend de ses erreurs. Après que la sortie est produite, l'erreur ou la différence entre la sortie prédite et la sortie réelle est calculée.

Cette erreur est ensuite propagée en arrière à travers le réseau, et les poids sont ajustés en conséquence. La fonction sigmoïde est utilisée dans ce processus pour calculer le gradient de l'erreur par rapport à chaque poids, ce qui détermine combien chaque poids doit être ajusté.

La fonction sigmoïde est un composant clé des réseaux de neurones, leur permettant d'apprendre des motifs complexes et de faire des prédictions précises.

ReLU (Unité Linéaire Rectifiée)

La fonction ReLU produit directement l'entrée si elle est positive ; sinon, elle produit zéro. Elle est largement utilisée en raison de sa simplicité et de son efficacité. ReLU, ou Unité Linéaire Rectifiée, est un type de fonction d'activation largement utilisé dans les réseaux de neurones et les modèles d'apprentissage profond. Elle produit directement l'entrée si elle est positive, sinon, elle produit zéro.

ReLU, ou Unité Linéaire Rectifiée, est un type de fonction d'activation largement utilisé dans les réseaux de neurones et les modèles d'apprentissage profond. La fonction est essentiellement définie comme $f(x) = max(0, x)$, ce qui signifie qu'elle produit directement l'entrée si elle est positive ; sinon, elle produit zéro.

ReLU est une partie importante de nombreux réseaux de neurones modernes en raison de sa simplicité et de son efficacité. Son principal avantage est qu'elle réduit la complexité computationnelle du processus d'entraînement tout en préservant la capacité à représenter des fonctions complexes. Cela est dû au fait que la fonction ReLU est linéaire pour les valeurs positives et nulle pour les valeurs négatives, permettant un apprentissage et une convergence plus rapides du réseau pendant l'entraînement.

Un autre avantage de ReLU est qu'elle aide à atténuer le problème du gradient évanescent, un problème courant dans l'entraînement des réseaux de neurones où les gradients deviennent très petits et le réseau cesse d'apprendre. Cela arrive beaucoup moins avec ReLU car son gradient est soit zéro (pour les entrées négatives) soit un (pour les entrées positives), ce qui aide le réseau à continuer d'apprendre.

Cependant, un problème potentiel avec ReLU est qu'elle peut conduire à des neurones morts, ou des neurones qui ne sont jamais activés et ne contribuent donc pas au processus d'apprentissage. Cela peut se produire lorsque les entrées d'un neurone sont toujours négatives, résultant en une sortie nulle quelle que soit les changements des poids pendant l'entraînement. Pour atténuer cela, des variantes de la fonction ReLU telles que Leaky ReLU ou Parametric ReLU peuvent être utilisées.

Tanh

La fonction tanh transforme les valeurs d'entrée en une plage entre -1 et 1, souvent utilisée dans les couches cachées. Tanh fait référence à la tangente hyperbolique, une fonction mathématique utilisée dans divers domaines tels que les mathématiques, la physique et l'ingénierie. Dans le contexte de l'apprentissage automatique et de l'intelligence artificielle, elle est souvent utilisée comme fonction d'activation dans les réseaux de neurones.

Les fonctions d'activation sont cruciales dans les réseaux de neurones car elles introduisent de la non-linéarité dans le modèle. Cette non-linéarité permet au réseau d'apprendre à partir des erreurs et d'ajuster ses poids, ce qui à son tour permet au modèle de représenter des fonctions complexes et de faire des prédictions précises.

La fonction Tanh, comme les fonctions Sigmoïde et ReLU, est utilisée pour transformer les valeurs d'entrée dans une certaine plage. Spécifiquement, la fonction Tanh transforme les valeurs d'entrée dans une plage entre -1 et 1. Cela est utile dans de nombreux scénarios, en particulier lorsque le modèle doit faire des classifications binaires ou multi-classes.

Un avantage de la fonction Tanh par rapport à la fonction Sigmoïde est qu'elle est centrée sur zéro. Cela signifie que sa sortie est centrée autour de zéro, ce qui peut rendre l'apprentissage pour la couche suivante plus facile dans certains cas. Cependant, comme la fonction Sigmoïde, la fonction Tanh souffre également du problème du gradient évanescent, où les gradients deviennent très petits et le réseau cesse d'apprendre.

En pratique, le choix de la fonction d'activation dépend des exigences spécifiques du problème à résoudre et est souvent déterminé par l'expérimentation et l'ajustement.

Exemple :

```
# ReLU activation function
def relu(x):
    return np.maximum(0, x)

# Example usage of ReLU
input_data = np.array([-1, 2, -0.5, 3])
output_data = relu(input_data)
print(output_data)  # Output: [0. 2. 0. 3.]
```

Cet exemple explique la fonction d'activation ReLU (Unité Linéaire Rectifiée). Cette fonction est une partie essentielle des réseaux de neurones et des modèles d'apprentissage profond. Les fonctions d'activation comme ReLU introduisent de la non-linéarité dans ces modèles, leur permettant d'apprendre des motifs complexes et de faire des prédictions précises.

Dans l'implémentation, la fonction ReLU est définie en utilisant Python. La fonction est nommée 'relu' et prend un paramètre 'x'. Ce 'x' représente l'entrée de la fonction ReLU, qui peut être n'importe quel nombre réel.

La fonction utilise la fonction maximum de numpy pour renvoyer le maximum entre 0 et 'x'. C'est la caractéristique clé de la fonction ReLU : si 'x' est supérieur à 0, elle renvoie 'x' ; sinon, elle renvoie 0. C'est pourquoi on l'appelle l'Unité Linéaire Rectifiée - elle rectifie ou corrige les entrées négatives à zéro, tout en laissant les entrées positives telles quelles.

Un exemple d'utilisation de la fonction ReLU est également fourni dans le code. Un tableau numpy nommé 'input_data' est créé, contenant quatre éléments : -1, 2, -0,5 et 3. La fonction ReLU est ensuite appliquée à ces données d'entrée, résultant en un nouveau tableau 'output_data'.

L'effet de la fonction ReLU peut être observé dans cette sortie. Les valeurs négatives du tableau d'entrée (-1 et -0,5) sont rectifiées à 0, tandis que les valeurs positives (2 et 3) restent inchangées. La sortie finale de la fonction ReLU est donc [0, 2, 0, 3].

Cet exemple simple démontre comment la fonction ReLU fonctionne en pratique. C'est un aspect fondamental des réseaux de neurones et de l'apprentissage profond, permettant à ces modèles d'apprendre et de représenter des fonctions complexes. Malgré sa simplicité, la fonction ReLU est puissante et largement utilisée dans le domaine de l'apprentissage automatique.

1.1.3 Propagation Avant et Arrière

La propagation avant et la propagation arrière sont des processus fondamentaux dans l'entraînement d'un réseau de neurones, un composant essentiel de l'apprentissage profond et de l'intelligence artificielle.

La propagation avant fait référence au processus où les données d'entrée sont passées à travers le réseau pour générer une sortie. Elle commence à la couche d'entrée, où chaque neurone reçoit une valeur d'entrée. Ces valeurs sont multipliées par leurs poids correspondants, et les résultats sont additionnés et passés à travers une fonction d'activation. Ce processus est répété pour chaque couche du réseau jusqu'à ce qu'il atteigne la couche de sortie, qui produit la sortie finale du réseau. Cette sortie est ensuite comparée à la sortie réelle ou attendue pour calculer l'erreur ou la différence.

La propagation arrière, quant à elle, est le processus où le réseau ajuste ses poids en fonction de l'erreur calculée ou de la différence entre la sortie prédite et la sortie réelle. Ce processus commence à partir de la couche de sortie et remonte jusqu'à la couche d'entrée, d'où le terme 'arrière'. L'objectif de ce processus est de minimiser l'erreur dans les prédictions du réseau.

L'ajustement des poids est effectué en utilisant une méthode appelée descente de gradient. C'est une méthode d'optimisation mathématique qui vise à trouver le minimum d'une fonction, dans ce cas, la fonction d'erreur. Elle fonctionne en calculant le gradient ou la pente de la fonction d'erreur par rapport à chaque poids, ce qui indique la direction et l'amplitude du changement qui entraînerait la plus petite erreur. Les poids sont ensuite ajustés dans la direction opposée du gradient, effectivement en 'descendant' vers le minimum de la fonction d'erreur.

La combinaison de la propagation avant et arrière forme un cycle qui est répété de nombreuses fois pendant l'entraînement d'un réseau de neurones. Chaque cycle est appelé une époque. À chaque époque, les poids du réseau sont ajustés pour réduire l'erreur, et au fil du temps, le réseau apprend à faire des prédictions précises.

Ces processus sont les mécanismes fondamentaux par lesquels les réseaux de neurones apprennent à partir des données. En ajustant leurs poids internes en fonction de l'erreur de sortie, les réseaux de neurones peuvent apprendre des motifs et des relations complexes dans les données, ce qui en fait des outils puissants pour des tâches telles que la reconnaissance d'images, le traitement du langage naturel, et bien plus encore. Comprendre ces processus est essentiel pour quiconque souhaite approfondir le domaine de l'apprentissage profond et de l'intelligence artificielle.

Exemple : Propagation Arrière avec Descente de Gradient

```python
# Learning rate
learning_rate = 0.1

# Training the neural network with gradient descent
for epoch in range(10000):
    # Forward propagation
    input_layer = inputs
    hidden_layer = sigmoid(np.dot(input_layer, weights_input_hidden))
    output_layer = sigmoid(np.dot(hidden_layer, weights_hidden_output))

    # Error calculation
    error = outputs - output_layer

    # Backward propagation
    output_layer_delta = error * sigmoid_derivative(output_layer)
    hidden_layer_error = output_layer_delta.dot(weights_hidden_output.T)
    hidden_layer_delta = hidden_layer_error * sigmoid_derivative(hidden_layer)

    # Update weights with gradient descent
    weights_hidden_output += learning_rate * hidden_layer.T.dot(output_layer_delta)
    weights_input_hidden += learning_rate * input_layer.T.dot(hidden_layer_delta)

print("Output after training with gradient descent:")
print(output_layer)
```

Ce script d'exemple est conçu pour entraîner un réseau de neurones simple en utilisant l'algorithme de descente de gradient. Le réseau de neurones est composé d'une couche d'entrée, d'une couche cachée et d'une couche de sortie, et il fonctionne de la manière suivante :

1. Initialement, le taux d'apprentissage est établi à 0,1. Le taux d'apprentissage est un hyperparamètre qui contrôle à quel point les poids du modèle sont mis à jour ou modifiés en réponse à l'erreur estimée chaque fois que les poids du modèle sont mis à jour. Choisir un taux d'apprentissage approprié peut être essentiel pour entraîner un réseau de neurones efficacement. Un taux d'apprentissage trop petit peut entraîner un processus d'entraînement long qui pourrait se bloquer, tandis qu'un taux d'apprentissage trop grand peut entraîner l'apprentissage d'un ensemble de poids sous-optimal trop rapidement ou un processus d'entraînement instable.

2. Le réseau de neurones est ensuite entraîné sur 10 000 itérations ou époques. Une époque est un passage complet à travers l'ensemble du jeu de données d'entraînement. Durant chacune de ces époques, chaque échantillon du jeu de données est exposé au réseau, qui en apprend.

3. À chaque époque, le processus commence par la propagation avant. Les données d'entrée sont passées à travers le réseau, de la couche d'entrée à la couche cachée, et finalement à la couche de sortie. Les valeurs dans la couche cachée sont calculées en appliquant les poids aux entrées et en passant les résultats à travers la fonction d'activation sigmoïde. Le même processus est ensuite répété pour calculer les valeurs dans la couche de sortie.

4. Ensuite, l'erreur entre les sorties prédites (la couche de sortie) et les sorties réelles est calculée. Cette erreur est une mesure de l'écart entre les prédictions du réseau et les valeurs réelles. Dans un scénario parfait, l'erreur serait nulle, mais en réalité, l'objectif est de minimiser cette erreur autant que possible.

5. L'erreur est ensuite propagée en arrière à travers le réseau, de la couche de sortie vers la couche d'entrée, dans un processus connu sous le nom de rétropropagation. Durant ce processus, la dérivée de l'erreur par rapport aux poids du réseau est calculée. Ces dérivées indiquent à quel point un petit changement des poids modifierait l'erreur.

6. Les poids connectant les neurones dans les couches cachée et de sortie du réseau sont ensuite mis à jour en utilisant les erreurs calculées. Cela est fait en utilisant l'algorithme d'optimisation de descente de gradient. Les poids sont ajustés dans la direction qui diminue le plus l'erreur, qui est la direction opposée du gradient. Le taux d'apprentissage détermine la taille de ces ajustements.

7. Enfin, après que le réseau de neurones a été complètement entraîné, la sortie du réseau est imprimée. Cette sortie est la prédiction du réseau étant donné les données d'entrée.

Ce script offre un exemple basique de la façon dont un réseau de neurones peut être entraîné en utilisant la descente de gradient. Il démontre des concepts clés dans l'entraînement des réseaux de neurones, incluant la propagation avant et arrière, les mises à jour des poids utilisant la descente de gradient, et l'utilisation d'une fonction d'activation sigmoïde.

Comprendre ces concepts est crucial pour travailler avec les réseaux de neurones et l'apprentissage profond.

1.1.4 Fonctions de Perte

La fonction de perte, également connue sous le nom de fonction de coût ou fonction objective, mesure à quel point les prédictions du réseau de neurones correspondent aux valeurs cibles réelles. C'est un composant critique dans l'entraînement des réseaux de neurones, car elle guide le processus d'optimisation. Les fonctions de perte courantes incluent :

Erreur Quadratique Moyenne (MSE)

L'Erreur Quadratique Moyenne (MSE) est une mesure statistique couramment utilisée pour quantifier la différence quadratique moyenne entre les observations réelles et les prédictions faites par un modèle ou un estimateur. Elle est souvent utilisée dans l'analyse de régression et l'apprentissage automatique pour évaluer la performance d'un modèle prédictif.

Dans le contexte de l'apprentissage automatique, la MSE est souvent utilisée comme fonction de perte pour les problèmes de régression. Le but de la fonction de perte est de mesurer l'écart entre les sorties prédites et réelles du modèle. L'objectif pendant le processus d'entraînement d'un modèle est de minimiser cette fonction de perte.

La MSE calcule la moyenne des carrés des différences entre les valeurs prédites et réelles. Cela amplifie essentiellement l'impact des erreurs plus importantes par rapport aux plus petites, ce qui la rend particulièrement utile lorsque les erreurs plus importantes sont spécialement indésirables.

Si 'y_true' représente les valeurs réelles et 'y_pred' représente les valeurs prédites, la formule pour la MSE est :

$$MSE = (1/n) * \Sigma (y\_true - y\_pred)^2$$

Où :

- n est le nombre total de points de données ou d'instances
- Σ est le symbole de sommation, indiquant que chaque différence au carré est additionnée
- $(y\_true - y\_pred)^2$ est la différence au carré entre les valeurs réelles et prédites

L'élévation au carré est cruciale car elle élimine le signe, permettant à la fonction de considérer uniquement l'amplitude de l'erreur, pas sa direction. De plus, l'élévation au carré met l'accent sur les erreurs plus grandes par rapport aux plus petites.

La MSE est un bon choix de fonction de perte pour de nombreuses situations, mais elle peut être sensible aux valeurs aberrantes puisqu'elle élève les erreurs au carré. Si vous traitez des données qui contiennent des valeurs aberrantes ou si la distribution des erreurs n'est pas symétrique, vous pourriez envisager d'autres fonctions de perte, comme l'Erreur Absolue Moyenne (MAE) ou la perte de Huber.

Perte d'Entropie Croisée

La Perte d'Entropie Croisée est une fonction de perte utilisée en apprentissage automatique et en optimisation. Elle mesure la dissimilarité entre la distribution de probabilité prédite et la distribution réelle, généralement utilisée dans les problèmes de classification.

La Perte d'Entropie Croisée est couramment utilisée dans les problèmes où le modèle doit prédire la probabilité de chacun des différents résultats possibles d'une distribution catégorielle. Elle est particulièrement utile dans l'entraînement des modèles de classification multi-classes en apprentissage profond.

La Perte d'Entropie Croisée est calculée en prenant le logarithme négatif de la probabilité prédite pour la classe réelle. La perte augmente à mesure que la probabilité prédite s'écarte de l'étiquette réelle. Par conséquent, minimiser la Perte d'Entropie Croisée amène notre modèle à maximiser directement la probabilité de prédire la classe correcte.

L'un des avantages significatifs de l'utilisation de la Perte d'Entropie Croisée, en particulier dans le contexte des réseaux de neurones, est qu'elle peut accélérer l'apprentissage. Par rapport à d'autres méthodes comme l'Erreur Quadratique Moyenne (MSE), la Perte d'Entropie Croisée s'est avérée permettre une convergence plus rapide, conduisant à des temps d'entraînement plus courts.

Cependant, il est important de noter que la Perte d'Entropie Croisée suppose que notre modèle produit des probabilités, ce qui signifie que la couche de sortie de notre réseau devrait être une couche softmax ou équivalente. De plus, elle est sensible au déséquilibre dans le jeu de données, la rendant moins adaptée aux problèmes où les classes ne sont pas représentées de manière égale.

En somme, la Perte d'Entropie Croisée est un outil puissant dans la boîte à outils des praticiens de l'apprentissage automatique et est une fonction de perte de prédilection pour les problèmes de classification.

Exemple : Perte d'Entropie Croisée

```
import numpy as np

# Example target labels (one-hot encoded)
y_true = np.array([[1, 0, 0],
                   [0, 1, 0],
                   [0, 0, 1]])

# Example predicted probabilities
y_pred = np.array([[0.7, 0.2, 0.1],
                   [0.1, 0.8, 0.1],
                   [0.2, 0.3, 0.5]])
```

```python
# Cross-entropy loss calculation
def cross_entropy_loss(y_true, y_pred):
    epsilon = 1e-15  # to avoid log(0)
    y_pred = np.clip(y_pred, epsilon, 1. - epsilon)
    return -np.sum(y_true * np.log(y_pred)) / y_true.shape[0]

loss = cross_entropy_loss(y_true, y_pred)
print("Cross-Entropy Loss:", loss)
```

Voici un exemple de code qui montre comment calculer la perte d'Entropie Croisée dans un contexte d'apprentissage automatique, particulièrement pour les problèmes de classification. Voici une explication étape par étape de ce que fait le code :

1. La première ligne du code importe la bibliothèque numpy. Numpy est une bibliothèque Python populaire qui fournit un support pour les tableaux et matrices multidimensionnels de grande taille, ainsi qu'une collection de fonctions mathématiques pour opérer sur ces tableaux.

2. Ensuite, nous définissons les étiquettes cibles réelles (y_true) et les probabilités prédites (y_pred). Celles-ci sont représentées sous forme de tableaux numpy. Les étiquettes réelles sont encodées en one-hot, ce qui signifie que pour chaque échantillon, la catégorie est représentée par un vecteur binaire où seul l'indice de la vraie catégorie est 1 et le reste sont des 0.

3. La fonction cross_entropy_loss est définie. Cette fonction calcule la perte d'Entropie Croisée étant donné les étiquettes réelles et les probabilités prédites.

   o À l'intérieur de la fonction, une petite constante epsilon est définie pour éviter de prendre le logarithme de zéro, ce qui donnerait une valeur indéfinie. C'est une technique courante utilisée en apprentissage automatique pour assurer la stabilité numérique.

   o La fonction np.clip est utilisée pour limiter les valeurs des probabilités prédites entre epsilon et 1. - epsilon. Cela garantit que nous n'essayons pas de prendre le logarithme de 0 ou d'une valeur supérieure à 1, ce qui n'aurait pas de sens dans le contexte des probabilités et pourrait causer des problèmes de calcul.

   o La perte d'Entropie Croisée est ensuite calculée en utilisant la formule de l'Entropie Croisée, qui fait la somme des étiquettes réelles multipliées par le logarithme des probabilités prédites. Le résultat est ensuite divisé par le nombre d'échantillons pour obtenir la perte moyenne par échantillon.

   o La fonction renvoie finalement la perte calculée.

4. La fonction cross_entropy_loss est ensuite appelée avec y_true et y_pred comme arguments. Le résultat est stocké dans la variable loss.

5. Enfin, la perte d'Entropie Croisée calculée est affichée sur la console.

Cet extrait de code est un exemple basique de la façon de calculer la perte d'Entropie Croisée en Python. En pratique, les étiquettes réelles et les probabilités prédites seraient obtenues à partir des données réelles et des prédictions d'un modèle d'apprentissage automatique, respectivement.

Le calcul de la perte est une étape cruciale dans l'entraînement des modèles d'apprentissage automatique, car il fournit une mesure de la qualité des prédictions du modèle par rapport aux données réelles. C'est généralement ce que le modèle essaie de minimiser pendant le processus d'entraînement.

1.1.5 Optimiseurs

Les optimiseurs représentent une composante cruciale des algorithmes d'apprentissage automatique, particulièrement dans les réseaux de neurones. Ce sont des algorithmes spécifiquement conçus et utilisés pour ajuster et affiner les poids associés aux différents nœuds du réseau neuronal.

Leur fonction principale est de minimiser la fonction de perte, qui est un indicateur de l'écart entre les prédictions du modèle et les valeurs réelles. Ce faisant, les optimiseurs aident à améliorer la précision du réseau neuronal.

Cependant, il est important de noter que différents types d'optimiseurs peuvent avoir des niveaux d'impact variables sur l'efficacité d'entraînement du réseau neuronal et, par conséquent, sur la performance globale du modèle d'apprentissage automatique. Ainsi, le choix de l'optimiseur pourrait être un facteur significatif dans l'efficacité et la précision du modèle.

Les optimiseurs courants comprennent :

Descente de Gradient

L'algorithme d'optimisation le plus simple qui met à jour les poids dans la direction du gradient négatif de la fonction de perte. La Descente de Gradient est un algorithme d'optimisation couramment utilisé en apprentissage automatique et en intelligence artificielle pour minimiser une fonction. Elle est utilisée pour trouver la valeur minimale d'une fonction, en se déplaçant itérativement dans la direction de la pente la plus raide, définie par le négatif du gradient.

L'algorithme commence avec une estimation initiale du minimum et met à jour itérativement cette estimation en prenant des pas proportionnels au gradient négatif de la fonction au point actuel. Ce processus continue jusqu'à ce que l'algorithme converge vers le vrai minimum de la fonction.

Dans le contexte de l'apprentissage automatique et de l'apprentissage profond, la Descente de Gradient est utilisée pour minimiser la fonction de perte, qui mesure l'écart entre les prédictions du modèle et les données réelles. En minimisant cette fonction de perte, le modèle peut apprendre le meilleur ensemble de paramètres qui rendent ses prédictions aussi précises que possible.

Voici un aperçu simplifié du fonctionnement de la Descente de Gradient :

1. Initialiser les paramètres du modèle avec des valeurs aléatoires.

2. Calculer le gradient de la fonction de perte par rapport aux paramètres du modèle.

3. Mettre à jour les paramètres en faisant un pas dans la direction du gradient négatif.

4. Répéter les étapes 2 et 3 jusqu'à ce que l'algorithme converge vers le minimum de la fonction de perte.

Il existe plusieurs variantes de la Descente de Gradient, notamment la Descente de Gradient par lots (Batch Gradient Descent), la Descente de Gradient Stochastique (Stochastic Gradient Descent), et la Descente de Gradient par Mini-lots (Mini-Batch Gradient Descent). Ces variantes diffèrent principalement par la quantité de données qu'elles utilisent pour calculer le gradient de la fonction de perte à chaque étape.

- La Descente de Gradient par lots utilise l'ensemble du jeu de données pour calculer le gradient à chaque étape.

- La Descente de Gradient Stochastique utilise seulement un point de données aléatoire unique pour calculer le gradient à chaque étape.

- La Descente de Gradient par Mini-lots trouve un équilibre entre les deux, en utilisant un petit échantillon aléatoire de données pour calculer le gradient à chaque étape.

Malgré sa simplicité, la Descente de Gradient est un algorithme d'optimisation puissant et efficace qui forme la base de nombreux modèles d'apprentissage automatique et d'apprentissage profond.

Descente de Gradient Stochastique (SGD)

Une extension de la descente de gradient qui met à jour les poids en utilisant un sous-ensemble aléatoirement sélectionné des données d'entraînement, plutôt que l'ensemble du jeu de données. La Descente de Gradient Stochastique (SGD) est une méthode itérative pour optimiser une fonction objective avec des propriétés appropriées. Elle est couramment utilisée en apprentissage automatique et en intelligence artificielle pour l'entraînement des modèles, particulièrement dans les cas où les données sont trop volumineuses pour tenir en mémoire.

SGD est une extension de l'algorithme d'optimisation de descente de gradient. Dans la descente de gradient standard (ou "par lots"), le gradient de la fonction de perte est calculé à partir de l'ensemble du jeu de données d'entraînement et utilisé pour mettre à jour les paramètres du modèle (ou poids). Cela peut être coûteux en termes de calcul pour les grands jeux de données, et impraticable pour les jeux de données qui ne tiennent pas en mémoire.

En revanche, SGD estime le gradient à partir d'une seule instance sélectionnée aléatoirement dans les données d'entraînement à chaque étape avant de mettre à jour les paramètres. Cela le rend beaucoup plus rapide et capable de gérer des jeux de données beaucoup plus volumineux.

Le compromis est que les mises à jour sont plus bruitées, ce qui peut signifier que l'algorithme prend plus de temps pour converger vers le minimum de la fonction de perte, et peut ne pas trouver le minimum exact. Cependant, cela peut aussi être un avantage, car le bruit peut aider l'algorithme à sortir des minima locaux de la fonction de perte, améliorant les chances de trouver un meilleur minimum (voire le minimum global).

SGD a été utilisé avec succès dans une gamme de tâches d'apprentissage automatique et est l'un des algorithmes clés qui a permis l'application pratique de l'apprentissage automatique à grande échelle. Il est utilisé dans une variété de modèles d'apprentissage automatique, y compris la régression linéaire, la régression logistique et les réseaux de neurones.

Adam (Adaptive Moment Estimation)

Un optimiseur populaire qui combine les avantages de deux autres extensions de la descente de gradient stochastique – AdaGrad et RMSProp. Adam est un algorithme d'optimisation utilisé en apprentissage automatique et en apprentissage profond pour l'entraînement des réseaux de neurones. Il calcule des taux d'apprentissage adaptatifs pour chaque paramètre, améliorant l'efficacité du processus d'apprentissage.

Contrairement à la descente de gradient stochastique classique, Adam maintient un taux d'apprentissage séparé pour chaque poids dans le réseau et ajuste séparément ces taux d'apprentissage au fur et à mesure que l'apprentissage se déroule. Cette caractéristique fait d'Adam un optimiseur efficace, particulièrement pour les problèmes avec de grandes données ou de nombreux paramètres.

L'optimiseur Adam combine deux méthodologies de descente de gradient : AdaGrad (Algorithme de Gradient Adaptatif) et RMSProp (Propagation de la Moyenne Quadratique Racine). De RMSProp, Adam prend le concept d'utilisation d'une moyenne mobile des gradients au carré pour ajuster le taux d'apprentissage. D'AdaGrad, il prend l'idée d'utiliser une moyenne exponentiellement décroissante des gradients passés.

Cette combinaison permet à Adam de gérer à la fois les gradients épars et les données bruitées, ce qui en fait un outil d'optimisation puissant pour une large gamme de problèmes d'apprentissage automatique.

Adam présente plusieurs avantages par rapport aux autres algorithmes d'optimisation utilisés en apprentissage profond :

- Simple à mettre en œuvre.
- Efficace en termes de calcul.
- Peu d'exigences en mémoire.
- Invariant à la mise à l'échelle diagonale des gradients.
- Bien adapté aux problèmes qui sont volumineux en termes de données et/ou de paramètres.

- Approprié pour les objectifs non-stationnaires.

- Capable de gérer les gradients épars.

- Offre une certaine robustesse au bruit.

Cependant, comme tout optimiseur, Adam n'est pas sans limitations. Il peut parfois ne pas converger vers la solution optimale dans des conditions spécifiques, et ses hyperparamètres nécessitent souvent un réglage pour obtenir les meilleurs résultats.

Malgré ces inconvénients potentiels, Adam est largement utilisé en apprentissage profond et est souvent recommandé comme le choix par défaut d'optimiseur, étant donné sa facilité d'utilisation et sa forte performance sur un large éventail de tâches.

Exemple : Utilisation de l'Optimiseur Adam

```
import tensorflow as tf

# Sample neural network model
model = tf.keras.models.Sequential([
    tf.keras.layers.Dense(4, activation='relu', input_shape=(3,)),
    tf.keras.layers.Dense(1, activation='sigmoid')
])

# Compile the model with Adam optimizer
model.compile(optimizer='adam', loss='binary_crossentropy', metrics=['accuracy'])

# Sample data
inputs = np.array([[0, 0, 1], [1, 1, 1], [1, 0, 1], [0, 1, 1]])
outputs = np.array([[0], [1], [1], [0]])

# Train the model
model.fit(inputs, outputs, epochs=1000, verbose=0)

# Evaluate the model
loss, accuracy = model.evaluate(inputs, outputs, verbose=0)
print("Loss:", loss)
print("Accuracy:", accuracy)
```

Décomposons le script :

1. **Importation de la bibliothèque nécessaire** : Le script commence par importer TensorFlow, qui sera utilisé pour construire et entraîner le réseau de neurones.

```
import tensorflow as tf
```

2. **Définition du modèle** : Le script définit ensuite un modèle de réseau neuronal simple en utilisant l'API Keras de TensorFlow, qui fournit une interface conviviale de haut niveau pour définir et manipuler des modèles.

```
model = tf.keras.models.Sequential([
    tf.keras.layers.Dense(4, activation='relu', input_shape=(3,)),
    tf.keras.layers.Dense(1, activation='sigmoid')
])
```

Le modèle est un modèle Sequential, ce qui signifie qu'il est composé d'une pile linéaire de couches. Le modèle comporte deux couches. La première couche est une couche Dense (entièrement connectée) avec 4 neurones et utilise la fonction d'activation ReLU (Rectified Linear Unit). La seconde couche est également une couche Dense, elle possède un seul neurone et utilise la fonction d'activation sigmoïde. La forme d'entrée de la première couche est 3, indiquant que chaque échantillon d'entrée est un tableau de 3 nombres.

3. **Compilation du modèle** : Une fois le modèle défini, il doit être compilé avant de pouvoir être exécuté. Lors de la compilation, l'optimiseur (dans ce cas, 'adam'), la fonction de perte (dans ce cas, 'binary_crossentropy'), et les métriques (dans ce cas, 'accuracy') pour l'entraînement sont définis.

```
model.compile(optimizer='adam', loss='binary_crossentropy', metrics=['accuracy'])
```

4. **Définition des données d'exemple** : Le script définit ensuite quelques données d'entrée et de sortie d'exemple pour entraîner le modèle. Les entrées sont un tableau de quatre tableaux à 3 éléments, et les sorties sont un tableau de quatre tableaux à 1 élément.

```
inputs = np.array([[0, 0, 1], [1, 1, 1], [1, 0, 1], [0, 1, 1]])
outputs = np.array([[0], [1], [1], [0]])
```

5. **Entraînement du modèle** : Le modèle est ensuite entraîné en utilisant les données d'exemple. Le modèle est entraîné pendant 1000 époques, où une époque correspond à un passage complet à travers l'ensemble du jeu de données d'entraînement.

```
model.fit(inputs, outputs, epochs=1000, verbose=0)
```

6. **Évaluation du modèle** : Une fois que le modèle a été entraîné, le script évalue le modèle en utilisant les mêmes données d'exemple. Cela implique d'exécuter le modèle avec les entrées d'exemple, de comparer les sorties du modèle aux sorties d'exemple, et de calculer une valeur de perte et de précision. La perte est une mesure de la différence entre les sorties du modèle et les sorties d'exemple, et la précision est une mesure du pourcentage des sorties du modèle qui correspondent aux sorties d'exemple.

```
loss, accuracy = model.evaluate(inputs, outputs, verbose=0)
print("Loss:", loss)
```

```
print("Accuracy:", accuracy)
```

L'exemple démontre comment définir un modèle, le compiler, l'entraîner avec des données d'exemple, puis évaluer le modèle entraîné. Malgré sa simplicité, le script couvre de nombreux aspects clés de l'utilisation des réseaux de neurones, ce qui en fait un bon point de départ pour les personnes nouvelles dans ce domaine.

1.1.6 Surapprentissage et Régularisation

Le surapprentissage est un problème courant en apprentissage automatique qui se produit lorsqu'un réseau de neurones ou tout autre modèle apprend trop des bruits ou des fluctuations aléatoires présents dans les données d'entraînement. Ces informations sur-apprises ne représentent pas les tendances ou modèles sous-jacents réels des données, et par conséquent, le modèle performe mal lorsqu'il s'agit de généraliser ses connaissances à de nouvelles données non vues.

Essentiellement, le modèle devient trop spécialisé dans les données d'entraînement, au point où il est incapable d'appliquer efficacement son apprentissage à d'autres ensembles de données similaires. Pour combattre ce problème, diverses techniques de régularisation sont employées.

Ces techniques fonctionnent en ajoutant une pénalité à la fonction de perte que le modèle utilise pour apprendre des données, limitant efficacement la complexité du modèle et l'empêchant ainsi d'apprendre le bruit dans les données d'entraînement. Cela, à son tour, aide à améliorer la capacité du modèle à généraliser et à appliquer son apprentissage à de nouvelles données, améliorant sa performance globale et son utilité.

Les techniques de régularisation courantes incluent :

Régularisation L2 (Ridge)

Ajoute une pénalité égale à la somme des poids au carré à la fonction de perte. La régularisation L2, également connue sous le nom de régression Ridge, est une technique utilisée en apprentissage automatique pour prévenir le surapprentissage des modèles. Elle le fait en ajoutant une pénalité équivalente au carré de la magnitude des coefficients à la fonction de perte.

La régularisation L2 fonctionne en décourageant les poids d'atteindre de grandes valeurs en ajoutant une pénalité proportionnelle au carré des poids à la fonction de perte. Cela aide à empêcher le modèle de trop dépendre d'une seule caractéristique, conduisant à un modèle plus équilibré et généralisé.

La régularisation L2 est particulièrement utile lorsqu'on traite de multicolinéarité (forte corrélation entre les variables prédictives), un problème courant dans les ensembles de données du monde réel. En appliquant la régularisation L2, le modèle devient plus robuste et moins sensible aux caractéristiques individuelles, améliorant ainsi la capacité de généralisation du modèle.

Dans le contexte des réseaux de neurones, le poids de chaque neurone est mis à jour de manière à non seulement minimiser l'erreur mais aussi à maintenir les poids aussi petits que possible, ce qui donne un modèle plus simple et moins complexe.

Un des autres avantages de l'utilisation de la régularisation L2 est qu'elle ne conduit pas à l'élimination complète d'une caractéristique, car elle ne force pas les coefficients à zéro, mais les distribue plutôt uniformément. Ceci est particulièrement utile lorsque nous ne voulons pas entièrement écarter une caractéristique.

Malgré ses avantages, la régularisation L2 introduit un hyperparamètre supplémentaire lambda (λ) qui contrôle la force de la régularisation, qui doit être déterminé. Une valeur élevée de λ peut conduire au sous-apprentissage, où le modèle est trop simple pour capturer les motifs dans les données. À l'inverse, une petite valeur de λ peut encore conduire au surapprentissage, où le modèle est trop complexe et s'adapte au bruit dans les données plutôt qu'à la tendance sous-jacente.

Par conséquent, la valeur appropriée de λ est généralement trouvée par validation croisée ou d'autres méthodes de réglage. Malgré cette étape supplémentaire, la régularisation L2 reste un outil puissant dans la boîte à outils du praticien de l'apprentissage automatique pour créer des modèles robustes et généralisables.

Dropout : Abandonne aléatoirement une fraction des neurones pendant l'entraînement pour empêcher le réseau de devenir trop dépendant de neurones spécifiques, améliorant ainsi la généralisation.

Le Dropout est une technique utilisée en apprentissage automatique et dans les réseaux de neurones pour prévenir le surapprentissage, qui est la création de modèles trop spécialisés pour les données d'entraînement et qui performent mal sur de nouvelles données. Il fonctionne en ignorant aléatoirement, ou en "abandonnant", certains des neurones durant le processus d'entraînement.

En faisant cela, le Dropout empêche le réseau de devenir trop dépendant de neurones spécifiques, encourageant un effort plus distribué et collaboratif parmi les neurones dans l'apprentissage des données. De cette façon, il améliore la capacité du réseau à généraliser et à bien performer sur des données nouvelles et non vues.

Le Dropout est implémenté en sélectionnant aléatoirement une fraction des neurones dans le réseau et en les supprimant temporairement avec toutes leurs connexions entrantes et sortantes. Le taux auquel les neurones sont abandonnés est un hyperparamètre et est généralement fixé entre 0,2 et 0,5.

Exemple : Application du Dropout

Voici un exemple de code Python montrant comment appliquer le Dropout dans un réseau de neurones en utilisant l'API Keras de TensorFlow :

```python
import tensorflow as tf

# Sample neural network model with Dropout
model = tf.keras.models.Sequential([
    tf.keras.layers.Dense(128, activation='relu', input_shape=(784,)),
    tf.keras.layers.Dropout(0.5),  # Dropout layer with 50% rate
    tf.keras.layers.Dense(64, activation='relu'),
    tf.keras.layers.Dropout(0.5),
    tf.keras.layers.Dense(10, activation='softmax')
])

# Compile the model
model.compile(optimizer='adam',                 loss='sparse_categorical_crossentropy',
metrics=['accuracy'])

# Assuming 'x_train' and 'y_train' are the training data and labels
# Train the model
model.fit(x_train, y_train, epochs=10, batch_size=32, verbose=1)

# Evaluate the model
loss, accuracy = model.evaluate(x_test, y_test, verbose=0)
print("Loss:", loss)
print("Accuracy:", accuracy)
```

Cet exemple montre comment créer et entraîner un réseau de neurones simple en utilisant TensorFlow. La première ligne import tensorflow as tf importe la bibliothèque TensorFlow qui fournit les fonctions nécessaires pour construire et entraîner des modèles d'apprentissage automatique.

La section suivante du code crée le modèle :

```python
model = tf.keras.models.Sequential([
    tf.keras.layers.Dense(128, activation='relu', input_shape=(784,)),
    tf.keras.layers.Dropout(0.5),  # Dropout layer with 50% rate
    tf.keras.layers.Dense(64, activation='relu'),
    tf.keras.layers.Dropout(0.5),
    tf.keras.layers.Dense(10, activation='softmax')
])
```

Le modèle est de type Sequential, qui est un empilement linéaire de couches connectées séquentiellement. Le modèle Sequential est approprié pour un simple empilement de couches où chaque couche possède exactement un tenseur d'entrée et un tenseur de sortie.

Le modèle se compose de deux couches Dense et deux couches Dropout. Les couches Dense sont des couches entièrement connectées, et la première couche Dense possède 128 nœuds (ou "neurones"). La fonction d'activation 'relu' est appliquée à la sortie de cette couche. Cette fonction renvoie directement l'entrée si elle est positive, sinon elle renvoie zéro. Le paramètre 'input_shape' spécifie la forme des données d'entrée, et dans ce cas, l'entrée est un tableau 1D de taille 784.

La couche Dropout définit aléatoirement une fraction des unités d'entrée à 0 à chaque mise à jour pendant l'entraînement, ce qui aide à prévenir le surapprentissage. Dans ce modèle, le dropout est appliqué après la première et la deuxième couche Dense, avec un taux de dropout de 50%.

La couche Dense finale possède 10 nœuds et utilise la fonction d'activation 'softmax'. Cette fonction convertit un vecteur réel en un vecteur de probabilités catégorielles. Les éléments du vecteur de sortie sont dans l'intervalle (0, 1) et leur somme est égale à 1.

Une fois le modèle défini, il est compilé avec la ligne de code suivante :

model.compile(optimizer='adam', loss='sparse_categorical_crossentropy', metrics=['accuracy'])

Ici, 'adam' est utilisé comme optimiseur. Adam est un algorithme d'optimisation qui peut être utilisé à la place de la procédure classique de descente de gradient stochastique pour mettre à jour itérativement les poids du réseau en fonction des données d'entraînement.

La fonction de perte, 'sparse_categorical_crossentropy', est utilisée car il s'agit d'un problème de classification multi-classes. Cette fonction de perte est utilisée lorsqu'il y a deux classes d'étiquettes ou plus et que les étiquettes sont fournies sous forme d'entiers.

La métrique 'accuracy' est utilisée pour évaluer les performances du modèle.

Ensuite, le modèle est entraîné sur 'x_train' et 'y_train' en utilisant la fonction fit() :

model.fit(x_train, y_train, epochs=10, batch_size=32, verbose=1)

Le modèle est entraîné pendant 10 époques. Une époque est une itération sur l'ensemble des données d'entraînement. La taille du lot est fixée à 32, ce qui signifie que le modèle utilise 32 échantillons de données d'entraînement à chaque mise à jour des paramètres du modèle.

Après avoir entraîné le modèle, il est évalué sur les données de test 'x_test' et 'y_test' :

```
loss, accuracy = model.evaluate(x_test, y_test, verbose=0)
print("Loss:", loss)
print("Accuracy:", accuracy)
```

La fonction evaluate() renvoie la valeur de perte et les valeurs métriques pour le modèle en 'mode test'. Dans ce cas, elle renvoie la 'perte' et la 'précision' du modèle lorsqu'il est testé sur les données de test. La 'perte' est une mesure d'erreur et la 'précision' est la fraction de prédictions correctes faites par le modèle. Ces deux valeurs sont ensuite affichées sur la console.

1.2 Aperçu de l'Apprentissage Profond

L'apprentissage profond, une branche spécialisée de l'apprentissage automatique, a déclenché des changements significatifs et transformateurs dans un large éventail de domaines. La puissance de l'apprentissage profond réside dans sa capacité à exploiter le potentiel des réseaux de neurones, offrant ainsi des solutions et des perspectives innovantes. Contrairement aux techniques traditionnelles d'apprentissage automatique qui dépendent considérablement de l'extraction manuelle de caractéristiques, l'apprentissage profond simplifie ce processus. Il introduit un degré d'automatisation en apprenant des représentations hiérarchiques des données, ce qui s'est avéré être un changement de donne dans le domaine.

Cette section est dédiée à fournir un aperçu complet et approfondi de l'apprentissage profond. Elle vise à couvrir les concepts clés qui sous-tendent ce domaine avancé, en approfondissant les diverses architectures qui sont intégrales à l'apprentissage profond et leurs applications pratiques. En fournissant cette exposition détaillée, cette section sert de fondement pour aborder des sujets plus avancés et complexes en apprentissage profond. Elle est conçue pour équiper le lecteur d'une compréhension robuste des bases, lui permettant de progresser avec confiance dans les aspects plus nuancés de ce domaine.

1.2.1 Concepts Clés en Apprentissage Profond

L'apprentissage profond est construit sur plusieurs concepts fondamentaux qui le différencient des approches traditionnelles d'apprentissage automatique :

Apprentissage de Représentation

Contrairement aux méthodes traditionnelles qui nécessitent des caractéristiques créées manuellement, les modèles d'apprentissage profond apprennent à représenter les données à travers plusieurs couches d'abstraction, permettant la découverte automatique des caractéristiques pertinentes. L'apprentissage de représentation est une méthode utilisée en apprentissage automatique où le système apprend à découvrir automatiquement les représentations nécessaires pour classifier ou prédire, plutôt que de s'appuyer sur des représentations conçues manuellement.

Cette découverte automatique de caractéristiques pertinentes est un avantage clé des modèles d'apprentissage profond par rapport aux modèles traditionnels d'apprentissage automatique. Elle permet au modèle d'apprendre à représenter les données à travers plusieurs couches d'abstraction, permettant au modèle d'identifier automatiquement les caractéristiques les plus pertinentes pour une tâche donnée.

Cette découverte automatique est rendue possible par l'utilisation de réseaux de neurones, qui sont des modèles computationnels inspirés des cerveaux biologiques. Les réseaux de neurones consistent en des couches interconnectées de nœuds ou "neurones", qui peuvent apprendre à représenter les données en ajustant les connexions (ou "poids") entre les neurones en fonction des données sur lesquelles ils sont entraînés.

Dans un processus d'entraînement typique, les données d'entrée sont passées à travers le réseau, couche par couche, jusqu'à ce qu'il produise une sortie. La sortie est ensuite comparée à la sortie attendue, et la différence (ou "erreur") est utilisée pour ajuster les poids dans le réseau. Ce processus est répété de nombreuses fois, généralement sur de grandes quantités de données, jusqu'à ce que le réseau apprenne à représenter les données d'une manière qui minimise l'erreur.

Un des avantages clés de l'apprentissage de représentation est qu'il peut apprendre à représenter des données complexes et de haute dimension sous une forme de dimension inférieure. Cela peut rendre plus facile la compréhension et la visualisation des données, ainsi que réduire la quantité de calcul nécessaire pour traiter les données.

En plus de découvrir des caractéristiques pertinentes, l'apprentissage de représentation peut également apprendre à représenter les données d'une manière qui est invariante aux variations non pertinentes dans les données. Par exemple, une bonne représentation d'une image de chat serait invariante aux changements de position, de taille ou d'orientation du chat dans l'image.

Apprentissage de Bout en Bout

Les modèles d'apprentissage profond peuvent être entraînés de bout en bout, où les données brutes sont introduites dans le modèle et la sortie souhaitée est directement produite, sans nécessiter d'étapes intermédiaires. L'apprentissage de bout en bout fait référence à l'entraînement d'un système où toutes les parties sont améliorées simultanément afin d'atteindre une sortie désirée, plutôt que d'entraîner chaque partie du système individuellement.

Dans un modèle d'apprentissage de bout en bout, les données brutes sont directement introduites dans le modèle, et la sortie désirée est produite sans nécessiter d'extraction manuelle de caractéristiques ou d'étapes de traitement supplémentaires. Ce modèle apprend directement à partir des données brutes et est responsable de toutes les étapes du processus d'apprentissage, d'où le terme "de bout en bout".

Par exemple, dans un système de reconnaissance vocale, un modèle de bout en bout associerait directement un clip audio à des transcriptions sans nécessiter d'étapes intermédiaires comme l'extraction de phonèmes. De même, dans un système de traduction automatique, un modèle de bout en bout associerait directement des phrases dans une langue à des phrases dans une autre langue, sans nécessiter d'étapes séparées pour l'analyse syntaxique, l'alignement des mots ou la génération.

Cette approche peut rendre les modèles plus simples et plus efficaces car ils apprennent la tâche dans son ensemble, plutôt que de la décomposer en parties. Cependant, elle nécessite également de grandes quantités de données et de ressources informatiques pour que le modèle apprenne efficacement.

Un autre avantage de l'apprentissage de bout en bout est qu'il permet aux modèles d'apprendre à partir de toutes les données disponibles, découvrant potentiellement des modèles ou des relations complexes qui pourraient être manqués lorsque la tâche d'apprentissage est décomposée en étapes séparées.

Il convient également de noter que bien que l'apprentissage de bout en bout puisse être puissant, ce n'est pas toujours la meilleure approche pour chaque problème. Selon la tâche et les données disponibles, il pourrait être plus efficace d'utiliser une combinaison d'apprentissage de bout en bout et de méthodes traditionnelles qui impliquent des étapes explicites d'extraction et de traitement des caractéristiques.

Évolutivité

Les modèles d'apprentissage profond, en particulier les réseaux de neurones profonds, peuvent évoluer pour traiter de grands ensembles de données et des tâches complexes, les rendant adaptés à diverses applications du monde réel. L'évolutivité dans le contexte des modèles d'apprentissage profond fait référence à leur capacité à gérer et traiter efficacement de grands ensembles de données et des tâches complexes. Cette caractéristique les rend adaptés à un large éventail d'applications pratiques.

Ces modèles, particulièrement les réseaux de neurones profonds, ont la capacité de s'ajuster et de s'étendre selon la taille et la complexité des tâches ou des ensembles de données impliqués. Ils sont conçus pour traiter de vastes quantités de données et peuvent gérer des calculs complexes, ce qui en fait un outil puissant dans de multiples industries et secteurs.

Par exemple, dans les industries où de vastes ensembles de données sont la norme, comme la finance, la santé et le commerce électronique, les modèles d'apprentissage profond évolutifs sont essentiels. Ils peuvent traiter et analyser de grands volumes de données rapidement et avec précision, ce qui en fait un outil inestimable pour prédire les tendances, prendre des décisions et résoudre des problèmes complexes.

De plus, l'évolutivité signifie également que ces modèles peuvent être adaptés et étendus pour gérer de nouvelles tâches ou des versions plus complexes de tâches existantes. À mesure que les capacités du modèle s'accroissent, il peut continuer à apprendre et à s'adapter, devenant plus efficace et précis dans ses prédictions et analyses.

1.2.2 Architectures populaires d'apprentissage profond

Au fil des années, diverses architectures d'apprentissage profond ont été développées. Chacune de ces architectures est conçue avec une orientation spécifique et est particulièrement adaptée à différents types de données et de tâches.

Celles-ci vont du traitement d'images et de vidéos à la gestion de texte et de parole, entre autres. Elles ont été affinées et adaptées pour exceller dans leurs domaines respectifs, soulignant la diversité et l'adaptabilité des méthodologies d'apprentissage profond.

Parmi les architectures les plus populaires figurent :

Réseaux de Neurones Convolutifs (CNN)

Principalement utilisés pour le traitement d'images et de vidéos, les CNN exploitent des couches convolutives pour apprendre automatiquement des hiérarchies spatiales de caractéristiques. Ils sont très efficaces pour des tâches comme la classification d'images, la détection d'objets et la génération d'images.

Les CNN sont un type de réseau de neurones artificiels généralement utilisés dans l'imagerie visuelle. Ils possèdent des couches qui effectuent des opérations de convolution et de pooling pour extraire des caractéristiques des images d'entrée, les rendant particulièrement efficaces pour les tâches liées à la reconnaissance et au traitement d'images.

La puissance des Réseaux de Neurones Convolutifs (CNN) provient de leur capacité à apprendre automatiquement et de manière adaptative des hiérarchies spatiales de caractéristiques. Le processus commence par l'apprentissage de motifs petits et relativement simples par le réseau, et à mesure que le processus s'approfondit, le réseau commence à apprendre des motifs plus complexes. Cet apprentissage hiérarchique des motifs est particulièrement adapté à la tâche de reconnaissance d'images, car les objets dans les images sont essentiellement juste un arrangement de différents motifs/formes/couleurs.

Les CNN sont largement utilisés dans de nombreuses applications au-delà de la reconnaissance d'images. Ils ont été utilisés dans le traitement vidéo, dans le traitement du langage naturel, et même dans le développement de stratégies de jeu. La polyvalence et l'efficacité des CNN en font une partie cruciale du paysage actuel de l'apprentissage profond.

Malgré leur puissance et leur polyvalence, les CNN ne sont pas sans défis. Un défi majeur est le besoin de grandes quantités de données étiquetées pour entraîner le réseau. Cela peut être long et coûteux à rassembler. De plus, les ressources informatiques nécessaires pour entraîner un CNN peuvent être substantielles, particulièrement pour les réseaux plus larges. Enfin, comme de nombreux modèles d'apprentissage profond, les CNN sont souvent considérés comme des "boîtes noires" – leur processus de prise de décision n'est pas facilement interprétable, rendant difficile la compréhension de pourquoi une prédiction particulière a été faite.

Cependant, ces défis font partie des domaines de recherche actifs, et de nombreuses stratégies sont en cours de développement pour y répondre. Par exemple, l'apprentissage par transfert est une technique qui a été développée pour résoudre le problème des exigences en matière de données. Elle permet d'utiliser un modèle pré-entraîné comme point de départ pour une tâche similaire, réduisant ainsi le besoin de grandes quantités de données étiquetées.

Exemple : CNN pour la classification d'images

```python
import tensorflow as tf
from tensorflow.keras import layers, models

# Sample CNN model for image classification
model = models.Sequential([
    layers.Conv2D(32, (3, 3), activation='relu', input_shape=(28, 28, 1)),
    layers.MaxPooling2D((2, 2)),
```

```
        layers.Conv2D(64, (3, 3), activation='relu'),
        layers.MaxPooling2D((2, 2)),
        layers.Conv2D(64, (3, 3), activation='relu'),
        layers.Flatten(),
        layers.Dense(64, activation='relu'),
        layers.Dense(10, activation='softmax')
])

# Compile the model
model.compile(optimizer='adam',                loss='sparse_categorical_crossentropy',
metrics=['accuracy'])

# Assuming 'x_train' and 'y_train' are the training data and labels
# Train the model
model.fit(x_train, y_train, epochs=5, batch_size=64, verbose=1)

# Evaluate the model
loss, accuracy = model.evaluate(x_test, y_test, verbose=0)
print("Loss:", loss)
print("Accuracy:", accuracy)
```

Le script commence par importer les modules nécessaires de la bibliothèque TensorFlow. Ces modules comprennent tensorflow lui-même, et les sous-modules layers et models de tensorflow.keras.

Ensuite, un modèle CNN est défini en utilisant la classe Sequential du sous-module models. La classe Sequential est une pile linéaire de couches qui peut être utilisée pour construire un modèle de réseau neuronal. Elle est appelée 'Sequential' car elle nous permet de construire un modèle couche par couche de manière progressive.

Le modèle dans ce cas est composé de plusieurs types de couches :

1. Couches Conv2D : Ce sont les couches convolutives qui vont convoluer l'entrée avec un ensemble de filtres apprenables, chacun produisant une carte de caractéristiques dans la sortie.

2. Couches MaxPooling2D : Ces couches sont utilisées pour réduire les dimensions spatiales (largeur et hauteur) du volume d'entrée. Cela est fait pour diminuer la complexité computationnelle, contrôler le surapprentissage, et réduire le nombre de paramètres.

3. Couche Flatten : Cette couche aplatit l'entrée en un tableau unidimensionnel. Cela est nécessaire car la sortie des couches convolutives est sous forme d'un tableau multidimensionnel et doit être aplatie avant d'être introduite dans les couches entièrement connectées.

4. Couches Dense : Ce sont les couches entièrement connectées du réseau neuronal. La couche Dense finale utilise la fonction d'activation 'softmax', qui est généralement

utilisée dans la couche de sortie d'un modèle de classification multi-classes. Elle convertit la sortie en probabilités pour chaque classe, toutes les probabilités s'additionnant à 1.

Après avoir défini le modèle, le script le compile en utilisant la méthode compile. L'optimiseur utilisé est 'adam', un choix populaire pour l'entraînement des modèles d'apprentissage profond. La fonction de perte est 'sparse_categorical_crossentropy', qui est appropriée pour un problème de classification multi-classes où les étiquettes sont fournies sous forme d'entiers. La métrique utilisée pour évaluer la performance du modèle est 'accuracy'.

Le modèle est ensuite entraîné sur les données d'entraînement 'x_train' et 'y_train' en utilisant la méthode fit. Le modèle est entraîné pendant 5 époques, où une époque correspond à un passage complet à travers l'ensemble des données d'entraînement. La taille du lot est de 64, ce qui signifie que le modèle utilise 64 échantillons de données d'entraînement à chaque mise à jour des paramètres du modèle.

Après l'entraînement, le modèle est évalué sur les données de test 'x_test' et 'y_test' en utilisant la méthode evaluate. Cela renvoie la valeur de perte et les valeurs de métriques pour le modèle en mode test. Dans ce cas, il renvoie la 'perte' et la 'précision' du modèle lorsqu'il est testé sur les données de test. La perte est une mesure de la capacité du modèle à prédire correctement les classes, et la précision est la fraction de prédictions correctes faites par le modèle. Ces deux valeurs sont ensuite affichées sur la console.

Réseaux de Neurones Récurrents (RNN)

Conçus pour les données séquentielles, les RNN maintiennent une mémoire des entrées précédentes, les rendant adaptés à des tâches comme la prévision de séries temporelles, la modélisation du langage et la reconnaissance vocale. Long Short-Term Memory (LSTM) et Gated Recurrent Unit (GRU) sont des variantes populaires qui résolvent le problème du gradient qui s'évanouit.

Les RNN sont un type de réseau de neurones artificiels conçu pour reconnaître des modèles dans des séquences de données, comme le texte, les génomes, l'écriture manuscrite ou la parole.

Contrairement aux réseaux de neurones traditionnels, les RNN ont des boucles et conservent des informations sur les entrées précédentes tout en traitant de nouvelles entrées. Cette caractéristique de mémoire des RNN les rend adaptés aux tâches impliquant des données séquentielles, par exemple, la modélisation du langage et la reconnaissance vocale, où l'ordre des entrées véhicule de l'information.

Deux variantes populaires des RNN sont Long Short-Term Memory (LSTM) et Gated Recurrent Unit (GRU). Ces variantes ont été conçues pour faire face au problème du gradient qui s'évanouit, une difficulté rencontrée lors de l'entraînement des RNN traditionnels, entraînant leur incapacité à apprendre des dépendances à long terme dans les données.

En pratique, les RNN et leurs variantes sont utilisés dans de nombreuses applications du monde réel. Par exemple, ils sont utilisés dans les systèmes de traduction automatique pour traduire des phrases d'une langue à une autre, dans les systèmes de reconnaissance vocale pour convertir le langage parlé en texte écrit, et dans les véhicules autonomes pour prédire les séquences de mouvements nécessaires pour atteindre une destination.

Exemple : LSTM pour la génération de texte

```python
import numpy as np
from tensorflow.keras.models import Sequential
from tensorflow.keras.layers import LSTM, Dense

# Sample data (e.g., text sequences) and labels
x_train = np.random.random((1000, 100, 1))  # 1000 sequences, 100 timesteps each
y_train = np.random.random((1000, 1))

# Sample LSTM model for text generation
model = Sequential([
    LSTM(128, input_shape=(100, 1)),
    Dense(1, activation='sigmoid')
])

# Compile the model
model.compile(optimizer='adam', loss='binary_crossentropy', metrics=['accuracy'])

# Train the model
model.fit(x_train, y_train, epochs=10, batch_size=64, verbose=1)

# Evaluate the model
loss, accuracy = model.evaluate(x_test, y_test, verbose=0)
print("Loss:", loss)
print("Accuracy:", accuracy)
```

Cet exemple utilise les bibliothèques TensorFlow et Keras pour créer un modèle simple de mémoire à long terme (LSTM) pour la génération de texte.

Pour commencer, les bibliothèques nécessaires sont importées :

```python
import numpy as np
from tensorflow.keras.models import Sequential
from tensorflow.keras.layers import LSTM, Dense
```

NumPy est une bibliothèque pour le langage de programmation Python, ajoutant la prise en charge de grands tableaux et matrices multidimensionnels, ainsi qu'une large collection de fonctions mathématiques de haut niveau pour opérer sur ces tableaux.

TensorFlow est une plateforme open-source de bout en bout pour l'apprentissage automatique. Keras est une bibliothèque de réseaux de neurones conviviale écrite en Python.

Le modèle Sequential est une pile linéaire de couches que vous pouvez utiliser pour construire un réseau de neurones.

LSTM et Dense sont des couches que vous pouvez ajouter au modèle. LSTM signifie couche de mémoire à long et court terme - Hochreiter 1997. La couche Dense est la couche de réseau neuronal régulière profondément connectée.

Ensuite, le script configure des exemples de données et d'étiquettes pour l'entraînement du modèle :

```
# Sample data (e.g., text sequences) and labels
x_train = np.random.random((1000, 100, 1))  # 1000 sequences, 100 timesteps each
y_train = np.random.random((1000, 1))
```

Dans les lignes de code ci-dessus, x_train est un tableau tridimensionnel de nombres aléatoires représentant les données d'entraînement. Les dimensions de ce tableau sont 1000 par 100 par 1, indiquant qu'il y a 1000 séquences, chacune de 100 pas de temps et 1 caractéristique. y_train est un tableau bidimensionnel de nombres aléatoires représentant les étiquettes pour les données d'entraînement. Les dimensions de ce tableau sont 1000 par 1, indiquant qu'il y a 1000 séquences, chacune avec 1 étiquette.

Le modèle LSTM pour la génération de texte est ensuite créé :

```
# Sample LSTM model for text generation
model = Sequential([
    LSTM(128, input_shape=(100, 1)),
    Dense(1, activation='sigmoid')
])
```

Le modèle est défini comme un modèle Sequential, ce qui signifie que les couches sont empilées les unes sur les autres et que les données circulent de l'entrée vers la sortie sans aucune ramification.

La première couche du modèle est une couche LSTM avec 128 unités. Les couches LSTM sont un type de couche de réseau neuronal récurrent (RNN) qui sont efficaces pour traiter des données séquentielles comme des séries temporelles ou du texte. La couche LSTM prend en entrée des données avec 100 pas de temps et 1 caractéristique.

La deuxième couche est une couche Dense avec 1 unité. Une couche Dense est un type de couche qui effectue une opération linéaire sur les entrées de la couche. La fonction d'activation utilisée dans cette couche est une fonction sigmoïde, qui dimensionne la sortie de l'opération linéaire dans une plage entre 0 et 1.

Le modèle est ensuite compilé :

```
# Compile the model
model.compile(optimizer='adam', loss='binary_crossentropy', metrics=['accuracy'])
```

L'étape de compilation est l'endroit où le processus d'apprentissage du modèle est configuré. L'algorithme d'optimisation Adam est utilisé comme optimiseur. La fonction de perte utilisée est l'entropie croisée binaire, qui est un choix courant pour les problèmes de classification binaire. Le modèle suivra également la métrique de précision pendant le processus d'entraînement.

Le modèle est ensuite entraîné :

```
# Train the model
model.fit(x_train, y_train, epochs=10, batch_size=64, verbose=1)
```

Le modèle est entraîné pendant 10 époques, où une époque correspond à une itération sur l'ensemble du jeu de données. La taille du lot est fixée à 64, ce qui signifie que les poids du modèle sont mis à jour après le traitement de 64 échantillons. L'argument verbose est fixé à 1, ce qui signifie que la progression de l'entraînement sera affichée sur la console.

Enfin, le modèle est évalué et la perte et la précision sont affichées :

```
# Evaluate the model
loss, accuracy = model.evaluate(x_test, y_test, verbose=0)
print("Loss:", loss)
print("Accuracy:", accuracy)
```

La méthode evaluate calcule la perte et toutes les autres métriques spécifiées lors de la compilation du modèle. Dans ce cas, la précision est également calculée. La perte et la précision calculées sont ensuite affichées sur la console.

Réseaux de Transformers

Les Réseaux de Transformers sont un type d'architecture de modèle utilisé en apprentissage automatique, spécifiquement dans le traitement du langage naturel. Ils sont connus pour leur capacité à gérer les dépendances à longue portée dans les données, et ils constituent la base de modèles comme BERT et GPT.

Les Transformers ont révolutionné le domaine du traitement du langage naturel (NLP). Ils utilisent un mécanisme appelé "attention" qui permet aux modèles de se concentrer simultanément sur différentes parties de la séquence d'entrée. Cela a conduit à des améliorations significatives dans les tâches de NLP.

L'architecture sous-jacente des réseaux de transformers alimente des modèles comme BERT, GPT-3 et GPT-4. Ces modèles ont montré des performances exceptionnelles dans des tâches comme la traduction linguistique, la génération de texte et la réponse aux questions.

Exemple : Utilisation d'un modèle Transformer pré-entraîné

Voici un exemple de comment utiliser un modèle transformer pré-entraîné :

```
from transformers import pipeline

# Load a pre-trained GPT-3 model for text generation
text_generator = pipeline("text-generation", model="gpt-3")

# Generate text based on a prompt
prompt = "Deep learning has transformed the field of artificial intelligence by"
generated_text = text_generator(prompt, max_length=50)
print(generated_text)
```

Cet exemple de script est une simple démonstration de l'utilisation de la bibliothèque transformers, qui est une bibliothèque Python développée par Hugging Face pour les tâches de Traitement du Langage Naturel (NLP) telles que la génération de texte, la traduction, le résumé, et plus encore. Cette bibliothèque donne accès à de nombreux modèles pré-entraînés, y compris le modèle GPT-3 utilisé dans ce script.

Le script commence par importer la fonction pipeline de la bibliothèque transformers. La fonction pipeline est une fonction de haut niveau qui crée un pipeline pour une tâche spécifique. Dans ce cas, la tâche est 'text-generation'.

Ensuite, le script configure un pipeline de génération de texte utilisant le modèle GPT-3, qui est un modèle pré-entraîné fourni par OpenAI. GPT-3, ou Generative Pretrained Transformer 3, est un puissant modèle de prédiction linguistique qui utilise l'apprentissage automatique pour produire du texte semblable à celui d'un humain.

Le pipeline de génération de texte, nommé text_generator, est ensuite utilisé pour générer du texte à partir d'une amorce fournie. L'amorce est une chaîne de texte que le modèle utilise comme point de départ pour générer le reste du texte. Dans ce script, l'amorce est "Deep learning has transformed the field of artificial intelligence by".

La fonction text_generator est appelée avec l'amorce et une longueur maximale de 50 caractères. Cela indique au modèle de générer un texte d'une longueur maximale de 50 caractères. Le texte généré est stocké dans la variable generated_text.

Enfin, le script affiche le texte généré sur la console. Ce sera une continuation de l'amorce, générée par le modèle GPT-3, d'une longueur maximale de 50 caractères.

Il est important de noter que le résultat peut varier à chaque exécution du script car le modèle GPT-3 peut générer différentes continuations de l'amorce.

Les Transformers ne sont qu'une des nombreuses architectures puissantes d'apprentissage profond qui nous permettent d'aborder des tâches complexes et de traiter de vastes quantités de données. À mesure que nous continuons à apprendre et à adapter ces modèles, nous pouvons nous attendre à voir des avancées continues dans le domaine de l'intelligence artificielle.

1.2.3 Applications de l'Apprentissage Profond

L'apprentissage profond a un large éventail d'applications dans divers domaines :

Vision par Ordinateur

Des tâches comme la classification d'images, la détection d'objets, la segmentation sémantique et la génération d'images ont connu des améliorations significatives avec l'avènement de l'apprentissage profond. Les CNN sont particulièrement efficaces dans ce domaine.

La vision par ordinateur est un domaine de l'informatique qui se concentre sur la capacité des ordinateurs à interpréter et comprendre les données visuelles. Le texte mentionne plusieurs tâches liées à la vision par ordinateur telles que la classification d'images (catégorisation des images en différentes classes), la détection d'objets (identification d'objets dans une image), la segmentation sémantique (classification de chaque pixel dans une image pour mieux comprendre la scène) et la génération d'images.

L'apprentissage profond, un sous-ensemble de l'apprentissage automatique, a considérablement amélioré la performance de ces tâches. Les Réseaux de Neurones Convolutifs (CNN) sont un type de modèle d'apprentissage profond qui sont particulièrement efficaces pour les tâches de vision par ordinateur en raison de leur capacité à traiter des données spatiales.

En plus de la vision par ordinateur, les Réseaux de Neurones Convolutifs (CNN) sont également utilisés dans de nombreuses autres applications telles que le traitement vidéo, le traitement du langage naturel, et même dans le développement de stratégies de jeu. La polyvalence et l'efficacité des CNN en font une partie cruciale du paysage actuel de l'apprentissage profond.

Cependant, l'utilisation des CNN présente aussi certains défis. Ils nécessitent de grandes quantités de données étiquetées pour l'entraînement, ce qui peut être long et coûteux à rassembler. Les ressources de calcul nécessaires pour entraîner un CNN sont souvent substantielles, en particulier pour les réseaux plus grands. De plus, les CNN, comme beaucoup de modèles d'apprentissage profond, sont souvent considérés comme des "boîtes noires" en raison de leur nature complexe, rendant leur processus de prise de décision difficile à interpréter.

Malgré ces défis, des efforts sont faits pour les résoudre. Par exemple, une technique appelée apprentissage par transfert a été développée pour résoudre le problème des besoins en données. Elle permet d'utiliser un modèle pré-entraîné comme point de départ pour une tâche similaire, réduisant ainsi le besoin de grandes quantités de données étiquetées.

Exemple : Classification d'Images avec un Modèle Pré-entraîné

```
from tensorflow.keras.applications import VGG16
from tensorflow.keras.preprocessing import image
from tensorflow.keras.applications.vgg16 import preprocess_input, decode_predictions
import numpy as np
```

```
# Load a pre-trained VGG16 model
model = VGG16(weights='imagenet')

# Load and preprocess an image
img_path = 'elephant.jpg'
img = image.load_img(img_path, target_size=(224, 224))
x = image.img_to_array(img)
x = np.expand_dims(x, axis=0)
x = preprocess_input(x)

# Predict the class of the image
preds = model.predict(x)
print('Predicted:', decode_predictions(preds, top=3)[0])
```

Cet exemple de script utilise les bibliothèques TensorFlow et Keras pour effectuer une classification d'images, une tâche dans le domaine de la vision par ordinateur où un modèle est entraîné à attribuer des étiquettes aux images en fonction de leur contenu.

Dans ce script, le modèle VGG16, une architecture populaire de réseau neuronal convolutif, est utilisé. VGG16 a été proposé par le Visual Graphics Group à Oxford, d'où le nom VGG. Le '16' dans VGG16 fait référence au fait que ce modèle particulier possède 16 couches qui ont des poids. Ce modèle a été pré-entraîné sur le jeu de données ImageNet, une grande base de données d'images comportant mille classes différentes.

Le code commence par importer les modules nécessaires. Le modèle VGG16, ainsi que certaines utilitaires de traitement d'images, sont importés de la bibliothèque TensorFlow Keras. numpy, une bibliothèque pour le traitement numérique en Python, est également importée.

Le modèle VGG16 pré-entraîné est chargé avec la ligne model = VGG16(weights='imagenet'). L'argument weights='imagenet' indique que les poids du modèle qui ont été appris lors de l'entraînement sur le jeu de données ImageNet doivent être utilisés.

Le script charge ensuite un fichier image, dans ce cas 'elephant.jpg', et le prétraite pour qu'il ait la taille correcte pour le modèle VGG16. La taille cible pour le modèle VGG16 est de 224x224 pixels. L'image est ensuite convertie en un tableau numpy, qui peut être traité par le modèle. Le tableau est étendu d'une dimension pour créer un lot d'une seule image, car le modèle s'attend à traiter un lot d'images.

Le tableau d'images est ensuite prétraité à l'aide d'une fonction spécifique au modèle VGG16. Cette fonction effectue certaines opérations de mise à l'échelle sur les valeurs de pixels de l'image pour correspondre au format des images sur lesquelles le modèle VGG16 a été initialement entraîné.

L'image prétraitée est ensuite passée à travers le modèle pour prédiction avec preds = model.predict(x). Le modèle renvoie un tableau de probabilités, indiquant la probabilité que l'image appartienne à chacune des mille classes sur lesquelles il a été entraîné.

La fonction decode_predictions est ensuite utilisée pour convertir le tableau de probabilités en une liste d'étiquettes de classes et leurs probabilités correspondantes. L'argument top=3 signifie que nous voulons voir uniquement les 3 classes les plus probables.

Enfin, les prédictions sont affichées sur la console. Cela montrera les 3 classes les plus probables pour l'image et leurs probabilités correspondantes.

Traitement du Langage Naturel (NLP)

Le Traitement du Langage Naturel (NLP) représente une branche fascinante et complexe de l'informatique, qui s'entrecroise également avec le domaine de l'intelligence artificielle. L'objectif principal du NLP est d'équiper les ordinateurs de la capacité de comprendre, d'interpréter et de générer le langage humain d'une manière qui n'est pas seulement techniquement correcte mais aussi contextuellement significative.

Avec l'avènement des techniques d'apprentissage profond, les tâches de NLP telles que l'analyse de sentiment, la traduction automatique, le résumé de texte et le développement d'agents conversationnels ont connu des avancées significatives. Ces approches d'apprentissage profond ont révolutionné la manière dont nous comprenons et analysons les données textuelles, nous permettant ainsi d'extraire des modèles et des insights plus complexes.

L'une des avancées les plus influentes dans ce domaine a été l'introduction des modèles Transformer. Ces modèles, avec leurs mécanismes d'attention et leur capacité à traiter des séquences parallèles, ont eu un impact considérable sur le domaine, repoussant les limites de ce qui est possible en NLP.

Par exemple, les modèles BERT pré-entraînés sont un choix populaire pour des tâches comme l'analyse de sentiment. Ces modèles, développés par Google, ont été entraînés sur de grandes quantités de données textuelles et peuvent être utilisés pour analyser le sentiment d'un texte donné. Leur efficacité et leur précision dans l'analyse de sentiment sont évidentes dans les exemples de code Python, où ils peuvent être facilement mis en œuvre pour obtenir des résultats significatifs. Cela démontre non seulement la puissance de ces modèles mais aussi leur applicabilité pratique dans des tâches du monde réel.

Exemple : Analyse de Sentiment avec un Modèle BERT Pré-entraîné

```python
from transformers import pipeline

# Load a pre-trained BERT model for sentiment analysis
sentiment_analyzer = pipeline("sentiment-analysis")

# Analyze sentiment of a sample text
text = "I love the new features of this product!"
result = sentiment_analyzer(text)
print(result)
```

Cet exemple utilise la bibliothèque transformers de Hugging Face, une bibliothèque populaire pour le Traitement du Langage Naturel (NLP), pour effectuer une analyse de sentiment sur un texte échantillon.

Tout d'abord, la fonction pipeline de la bibliothèque transformers est importée. La fonction pipeline est une API de haut niveau, facile à utiliser pour faire des prédictions avec un modèle pré-entraîné.

Ensuite, un modèle BERT (Bidirectional Encoder Representations from Transformers) pré-entraîné est chargé en utilisant la fonction pipeline avec "sentiment-analysis" comme argument. BERT est un modèle basé sur les transformers qui a été pré-entraîné sur un large corpus de texte. Il est conçu pour générer un modèle de langage qui comprend le contexte du texte d'entrée.

Dans le contexte de l'analyse de sentiment, ce modèle peut classifier les textes en sentiment positif ou négatif. La fonction pipeline charge automatiquement le modèle pré-entraîné et le tokenizer, et renvoie une fonction qui peut être utilisée pour l'analyse de sentiment.

Le script continue en définissant un texte échantillon "I love the new features of this product!" pour l'analyse. Ce texte est passé à la fonction sentiment_analyzer. L'analyseur de sentiment traite le texte et renvoie une prédiction de sentiment.

Enfin, le script affiche le résultat de l'analyse de sentiment. Le résultat est un dictionnaire contenant les étiquettes (soit 'POSITIVE' soit 'NEGATIVE') et le score (un nombre entre 0 et 1 indiquant la confiance de la prédiction). En analysant le sentiment, nous pouvons interpréter les émotions exprimées dans le texte, dans ce cas, il devrait renvoyer un sentiment 'POSITIVE' car le texte exprime une appréciation des nouvelles fonctionnalités du produit.

Reconnaissance Vocale

Le domaine de la reconnaissance vocale a connu des améliorations substantielles grâce à l'avènement et à l'application des modèles d'apprentissage profond. Ces modèles, particulièrement les Réseaux de Neurones Récurrents (RNNs) et les transformers, ont révolutionné la précision et la robustesse des systèmes de reconnaissance vocale.

Les mécanismes sophistiqués de ces modèles leur permettent de capturer les dépendances temporelles dans les données audio, conduisant à une reconnaissance vocale très précise. Ce progrès significatif dans le domaine a ouvert la voie au développement de diverses applications qui exploitent cette technologie.

Celles-ci incluent des assistants virtuels, comme Siri et Alexa, qui peuvent comprendre et répondre aux commandes verbales, des services de transcription qui peuvent transcrire les mots parlés en texte écrit avec une précision remarquable, et des interfaces contrôlées par la voix qui permettent aux utilisateurs de contrôler des appareils en utilisant uniquement leur voix.

Cette avancée technologique a rendu les interactions avec la technologie plus fluides et naturelles, transformant la façon dont nous communiquons avec les machines.

Exemple : Conversion Parole-Texte avec DeepSpeech

Par exemple, le modèle DeepSpeech peut être utilisé pour convertir la parole en texte, comme montré dans l'exemple suivant :

```python
import deepspeech
import wave

# Load a pre-trained DeepSpeech model
model_file_path = 'deepspeech-0.9.3-models.pbmm'
model = deepspeech.Model(model_file_path)

# Load an audio file
with wave.open('audio.wav', 'rb') as wf:
    audio = wf.readframes(wf.getnframes())
    audio = np.frombuffer(audio, dtype=np.int16)

# Perform speech-to-text
text = model.stt(audio)
print(text)
```

Cet exemple utilise la bibliothèque DeepSpeech pour effectuer la conversion parole-texte. DeepSpeech est un système de reconnaissance vocale basé sur l'apprentissage profond, développé par Mozilla et construit sur TensorFlow. Ce système est entraîné sur une grande variété de données afin de comprendre et de transcrire la parole humaine.

Le script commence par importer les bibliothèques nécessaires : deepspeech pour le modèle de reconnaissance vocale et wave pour lire le fichier audio.

L'étape suivante consiste à charger un modèle DeepSpeech pré-entraîné, qui a déjà été formé sur une grande quantité de données de langage parlé. Dans ce script, le modèle est chargé à partir d'un fichier nommé 'deepspeech-0.9.3-models.pbmm'. Ce fichier contient les poids appris pendant le processus d'entraînement, qui permettent au modèle de faire des prédictions sur de nouvelles données.

Une fois le modèle chargé, le script ouvre un fichier audio nommé 'audio.wav'. Le fichier est ouvert en mode lecture binaire ('rb'), ce qui permet de charger les données audio en mémoire. Le script lit ensuite toutes les trames du fichier audio à l'aide de la fonction readframes(), qui renvoie une chaîne d'octets représentant les données audio. Cette chaîne est ensuite convertie en un tableau numpy d'entiers 16 bits, qui est le format attendu par le modèle DeepSpeech.

Après avoir chargé et prétraité les données audio, le script utilise alors le modèle DeepSpeech pour convertir ces données audio en texte. Cela se fait en appelant la méthode stt() (abréviation de "speech-to-text") du modèle, en lui passant le tableau numpy de données audio. La méthode stt() traite les données audio et renvoie une chaîne de texte qui représente la meilleure estimation du modèle de ce qui a été prononcé dans le fichier audio.

Enfin, ce texte transcrit est affiché sur la console. Cela vous permet de voir le résultat du processus de conversion parole-texte et de confirmer que le script fonctionne correctement.

Santé

L'apprentissage profond, un sous-ensemble de l'apprentissage automatique, révolutionne rapidement le secteur de la santé et transforme notre approche des différents défis médicaux. Ses applications potentielles sont vastes et variées - de l'analyse d'images médicales à la prédiction de maladies, en passant par la médecine personnalisée et même la découverte de médicaments.

Ces applications spécifiques exploitent la capacité sans précédent des modèles d'apprentissage profond à gérer et à déchiffrer des ensembles de données volumineux et complexes, souvent avec un niveau de précision qui dépasse les capacités humaines. L'analyse d'images médicales, par exemple, implique le traitement et l'interprétation d'images médicales complexes par le modèle, qui peut alors identifier des motifs qui pourraient être manqués par l'œil humain.

La prédiction de maladies, quant à elle, utilise ces modèles pour prédire la probabilité de diverses maladies en se basant sur une multitude de facteurs, y compris la génétique et le mode de vie. La médecine personnalisée utilise l'apprentissage profond pour adapter le traitement médical aux caractéristiques individuelles des patients, tandis que la découverte de médicaments s'appuie sur ces modèles pour accélérer le processus laborieux de développement de médicaments en prédisant l'efficacité et la sécurité des candidats médicaments potentiels.

Ainsi, l'avènement de l'apprentissage profond ouvre la voie à une nouvelle ère dans le secteur de la santé, pleine de promesses pour améliorer les diagnostics, les traitements et les résultats pour les patients.

Exemple : Prédiction de Maladies avec l'Apprentissage Profond

Voici un exemple de prédiction de maladie utilisant l'apprentissage profond :

```
from tensorflow.keras.models import Sequential
from tensorflow.keras.layers import Dense

# Sample data (e.g., patient records) and labels
x_train = np.random.random((1000, 20))  # 1000 records, 20 features each
y_train = np.random.randint(2, size=(1000, 1))

# Sample neural network model for disease prediction
model = Sequential([
    Dense(64, activation='relu', input_shape=(20,)),
    Dense(32, activation='relu'),
    Dense(1, activation='sigmoid')
])
```

```
# Compile the model
model.compile(optimizer='adam', loss='binary_crossentropy', metrics=['accuracy'])

# Train the model
model.fit(x_train, y_train, epochs=10, batch_size=32, verbose=1)

# Evaluate the model
loss, accuracy = model.evaluate(x_test, y_test, verbose=0)
print("Loss:", loss)
print("Accuracy:", accuracy)
```

Au début du script, les modules nécessaires sont importés. Nous importons le modèle Sequential de Keras, qui est une pile linéaire de couches que nous pouvons facilement créer en passant une liste d'instances de couches au constructeur. Nous importons également la couche Dense de Keras, qui est une couche entièrement connectée de base où tous les nœuds de la couche précédente sont connectés aux nœuds de la couche actuelle.

Ensuite, nous générons nos données et étiquettes d'exemple. Les données (x_train) sont un tableau numpy de nombres aléatoires de forme (1000, 20), représentant 1000 dossiers de patients avec chacun 20 caractéristiques. Les étiquettes (y_train) sont un tableau numpy d'entiers aléatoires entre 0 et 1 (inclus) de forme (1000, 1), indiquant si chaque patient est atteint de la maladie (1) ou non (0).

Nous procédons ensuite à la définition de notre modèle de réseau de neurones. Nous optons pour un modèle Sequential et y ajoutons trois couches. La première couche est une couche Dense avec 64 nœuds, utilisant la fonction d'activation unité linéaire rectifiée (ReLU), et attendant des données d'entrée de forme (20,). La deuxième couche est une autre couche Dense avec 32 nœuds, utilisant également la fonction d'activation ReLU. La troisième et dernière couche est une couche Dense avec un seul nœud, utilisant la fonction d'activation sigmoïde. La fonction sigmoïde est couramment utilisée dans les problèmes de classification binaire comme celui-ci, car elle compresse ses valeurs d'entrée entre 0 et 1, que nous pouvons interpréter comme la probabilité de la classe positive.

Une fois notre modèle défini, nous le compilons avec l'optimiseur Adam et l'entropie croisée binaire comme fonction de perte. L'optimiseur Adam est une extension de la descente de gradient stochastique, une méthode populaire pour l'entraînement d'une large gamme de modèles en apprentissage automatique. L'entropie croisée binaire est un choix courant de fonction de perte pour les problèmes de classification binaire. Nous spécifions également que nous souhaitons suivre la précision comme métrique pendant le processus d'entraînement.

Le modèle est ensuite entraîné sur nos données pendant 10 époques avec une taille de lot de 32. Une époque est un passage complet à travers l'ensemble du jeu de données d'entraînement, et une taille de lot de 32 signifie que les poids du modèle sont mis à jour après le traitement de 32 échantillons. L'argument verbose est défini à 1, ce qui signifie que la progression de l'entraînement sera affichée sur la console.

Enfin, nous évaluons le modèle sur nos données de test. La méthode evaluate calcule la perte et toutes les autres métriques spécifiées lors de la compilation du modèle. Dans ce cas, la précision est également calculée. La perte et la précision calculées sont ensuite affichées sur la console, nous donnant une idée de la performance de notre modèle sur les données de test.

1.2.4 Défis et Orientations Futures

L'apprentissage profond, malgré ses réalisations impressionnantes ces dernières années, n'est pas sans défis et obstacles qui doivent être abordés :

- **Exigences en Données :** L'un des principaux obstacles à l'application des modèles d'apprentissage profond est leur besoin de vastes quantités de données étiquetées. Le processus d'acquisition, de nettoyage et d'étiquetage de ces données peut être très coûteux et chronophage, ce qui constitue un défi majeur pour ceux qui souhaitent utiliser ces modèles.

- **Ressources Computationnelles :** Un autre défi majeur réside dans les ressources computationnelles requises pour entraîner les modèles d'apprentissage profond. Ces modèles, particulièrement les plus grands et les plus complexes, nécessitent une quantité substantielle de puissance de calcul. Cette exigence se traduit souvent par le besoin de matériel spécialisé et coûteux, comme les Unités de Traitement Graphique (GPU).

- **Interprétabilité :** La complexité des modèles d'apprentissage profond entraîne souvent qu'ils sont considérés comme des "boîtes noires". Cela signifie qu'il peut être incroyablement difficile, voire impossible, de comprendre et d'interpréter les décisions que ces modèles prennent. Ce manque d'interprétabilité est un obstacle significatif dans de nombreuses applications où la compréhension du raisonnement derrière une décision est cruciale.

- **Généralisation :** Enfin, s'assurer que les modèles d'apprentissage profond sont capables de bien généraliser à des données non vues est un défi avec lequel les chercheurs et les praticiens continuent de lutter. Les modèles doivent être capables d'appliquer ce qu'ils ont appris à de nouvelles données non vues, et pas simplement surajuster aux motifs qu'ils ont identifiés dans les données d'entraînement. Cette question de surapprentissage par rapport à la généralisation est un problème persistant dans le domaine de l'apprentissage profond.

Malgré ces défis, le domaine de l'apprentissage profond continue d'avancer rapidement. La recherche est en cours pour développer des modèles plus efficaces, de meilleures techniques d'entraînement, et des méthodes pour améliorer l'interprétabilité et la généralisation.

1.2.5 Interaction Entre Différentes Architectures

Les architectures d'apprentissage profond, qui englobent une large gamme de modèles et de techniques, sont généralement classées en fonction de leurs fonctions principales ou des tâches spécifiques dans lesquelles elles excellent. Malgré cette classification, il est crucial de comprendre que ces architectures ne sont pas limitées à leurs rôles désignés. Elles peuvent être efficacement combinées ou intégrées pour gérer des tâches plus complexes et multiformes qui nécessitent une approche plus nuancée.

Par exemple, un parfait exemple de ce type de synergie peut être observé lors de la combinaison des Réseaux de Neurones Convolutifs (CNN) avec les Réseaux de Neurones Récurrents (RNN). Cette combinaison réunit les forces des deux architectures, permettant une analyse plus complète et efficace des données spatio-temporelles.

Ce type de données, qui inclut les séquences vidéo, nécessite la compréhension spatiale fournie par les CNN et la compréhension temporelle facilitée par les RNN. Ce faisant, cette fusion d'architectures permet de gérer des tâches complexes qu'une seule architecture pourrait ne pas être capable de traiter.

Exemple : Combinaison de CNN et LSTM pour la Classification Vidéo

```python
from tensorflow.keras.models import Sequential
from tensorflow.keras.layers import Conv2D, MaxPooling2D, Flatten, LSTM, Dense, TimeDistributed

# Sample model combining CNN and LSTM for video classification
model = Sequential([
    TimeDistributed(Conv2D(32, (3, 3), activation='relu'), input_shape=(10, 64, 64, 1)),
    TimeDistributed(MaxPooling2D((2, 2))),
    TimeDistributed(Flatten()),
    LSTM(100),
    Dense(1, activation='sigmoid')
])

# Compile the model
model.compile(optimizer='adam', loss='binary_crossentropy', metrics=['accuracy'])

# Assuming 'x_train' and 'y_train' are the training data and labels for video sequences
# Train the model
model.fit(x_train, y_train, epochs=10, batch_size=32, verbose=1)

# Evaluate the model
loss, accuracy = model.evaluate(x_test, y_test, verbose=0)
print("Loss:", loss)
print("Accuracy:", accuracy)
```

Tout d'abord, les modules nécessaires sont importés. Cela inclut le modèle Sequential de Keras, qui est une pile linéaire de couches, ainsi que plusieurs types de couches : Conv2D pour les couches convolutives à 2 dimensions, MaxPooling2D pour les couches de pooling maximal à 2 dimensions, Flatten pour aplatir l'entrée, LSTM pour les couches de mémoire à court et long terme, et Dense pour les couches entièrement connectées.

Le modèle est ensuite défini comme un modèle Sequential avec une série de couches. L'entrée du modèle est un tenseur à 4 dimensions représentant un lot de trames vidéo. Les dimensions de ce tenseur sont (batch_size, time_steps, width, height, channels), où batch_size est le nombre de vidéos dans le lot, time_steps est le nombre de trames dans chaque vidéo, width et height sont les dimensions de chaque trame, et channels est le nombre de canaux de couleur dans chaque trame (1 pour les images en niveaux de gris, 3 pour les images RGB).

La première couche du modèle est une couche convolutive 2D distribuée dans le temps avec 32 filtres et une taille de noyau de 3x3. Cette couche applique une opération de convolution à chaque trame de chaque vidéo indépendamment. L'opération de convolution consiste à faire glisser le noyau 3x3 sur l'image d'entrée et à calculer le produit scalaire du noyau et de la partie de l'image sur laquelle il se trouve actuellement, ce qui permet d'apprendre les caractéristiques spatiales locales des trames. L'argument activation='relu' signifie qu'une fonction d'activation Unité Rectifiée Linéaire (ReLU) est appliquée aux sorties de cette couche, ce qui introduit une non-linéarité dans le modèle et l'aide à apprendre des motifs complexes.

La deuxième couche est une couche de pooling maximal 2D distribuée dans le temps avec une taille de pool de 2x2. Cette couche réduit les dimensions spatiales de son entrée (la sortie de la couche précédente) en prenant la valeur maximale sur chaque fenêtre de 2x2, ce qui aide à rendre le modèle invariant aux petites translations et à réduire la complexité computationnelle du modèle.

La troisième couche est une couche d'aplatissement distribuée dans le temps. Cette couche aplatit son tenseur d'entrée en un tenseur bidimensionnel, afin qu'il puisse être traité par la couche LSTM.

La quatrième couche est une couche LSTM avec 100 unités. Cette couche traite la séquence de trames aplaties de chaque vidéo dans le lot, et est capable de capturer les dépendances temporelles entre les trames, ce qui est important pour les tâches de classification vidéo car l'ordre des trames porte des informations significatives.

La dernière couche est une couche entièrement connectée avec 1 unité et une fonction d'activation sigmoïde. Cette couche calcule le produit scalaire de son entrée et de ses poids, et applique la fonction sigmoïde au résultat. La fonction sigmoïde compresse son entrée dans l'intervalle (0, 1), ce qui permet d'interpréter la sortie de cette couche comme la probabilité que la vidéo appartienne à la classe positive.

Une fois le modèle défini, il est compilé avec l'optimiseur Adam, la fonction de perte d'entropie croisée binaire et la précision comme métrique. L'optimiseur Adam est une variante de la descente de gradient stochastique qui adapte le taux d'apprentissage pour chaque poids pendant l'entraînement, ce qui conduit souvent à une convergence plus rapide et meilleure. La fonction de perte d'entropie croisée binaire est appropriée pour les problèmes de classification binaire, et mesure la dissimilarité entre les vraies étiquettes et les probabilités prédites. La métrique de précision calcule la proportion de vidéos correctement classées.

Le modèle est ensuite entraîné sur les données d'entraînement (x_train et y_train) pendant 10 époques avec une taille de lot de 32. Une époque est un passage complet à travers l'ensemble du jeu de données d'entraînement, et une taille de lot de 32 signifie que les poids du modèle sont mis à jour après le traitement de 32 échantillons. L'argument verbose=1 signifie que la progression de l'entraînement est imprimée sur la console.

Enfin, le modèle est évalué sur les données de test (x_test et y_test). La méthode evaluate calcule la perte et toutes les autres métriques spécifiées lors de la compilation du modèle (dans ce cas, la précision), et renvoie les résultats. La perte et la précision du modèle sur les données de test sont ensuite imprimées, donnant une indication de la performance du modèle sur des données non vues.

1.2.6 Applications Interdisciplinaires

L'apprentissage profond, un sous-ensemble de l'apprentissage automatique, fait des progrès significatifs non seulement dans son domaine d'origine de l'informatique et de l'ingénierie, mais il est également progressivement intégré dans une large gamme d'applications interdisciplinaires, améliorant et transformant ainsi de nombreux domaines d'étude et d'industrie.

- **Art et Musique :** Dans le monde de l'art et de la musique, les modèles génératifs sont utilisés pour créer des œuvres d'art originales et composer de la musique. Essentiellement, ces modèles repoussent les limites de ce qui est considéré comme possible dans le domaine de la créativité. En apprenant des œuvres d'art et de musique existantes, ces modèles peuvent générer de nouvelles créations, élargissant les horizons de l'imagination et de l'innovation humaines.

- **Finance :** Dans l'industrie financière, l'apprentissage profond devient un véritable changement de paradigme. Avec sa capacité à traiter de grandes quantités de données et à faire des prédictions, il est utilisé dans le trading algorithmique, la gestion des risques et la détection des fraudes. Ces applications aident à améliorer la prise de décision, à réduire les risques et à augmenter l'efficacité des opérations financières.

- **Science Environnementale :** Quant à la science environnementale, les modèles d'apprentissage profond sont utilisés pour prédire les modèles climatiques, suivre les populations d'animaux sauvages et gérer les ressources naturelles de manière plus efficace. Cette technologie joue donc un rôle crucial dans notre compréhension de l'environnement et nos efforts pour sa préservation.

1.2.7 Implications Éthiques

À mesure que l'application de l'apprentissage profond s'étend et imprègne davantage de domaines de notre vie, il devient de plus en plus crucial de réfléchir aux implications éthiques associées à son utilisation :

- **Biais et Équité :** Les modèles d'apprentissage profond ont le potentiel de perpétuer involontairement les biais présents dans les données d'entraînement. Cela peut conduire à des résultats injustes qui désavantagent certains groupes. Par conséquent, assurer l'équité et atténuer les biais dans ces modèles est un défi permanent qui nécessite une attention continue et des initiatives d'amélioration.

- **Vie Privée :** La nature inhérente de l'apprentissage profond implique l'utilisation de grands ensembles de données, dont beaucoup contiennent souvent des informations sensibles et personnelles. Cette utilisation accrue des données soulève des préoccupations considérables concernant la confidentialité et la sécurité des données, et nécessite des mesures strictes pour protéger les droits à la vie privée des individus.

- **Transparence :** Compte tenu de la nature complexe des modèles d'apprentissage profond, accroître leur interprétabilité est essentiel pour favoriser la confiance et la responsabilité. Cela devient particulièrement crucial dans les applications critiques telles que les soins de santé, où les décisions peuvent avoir des impacts qui changent la vie, et la justice pénale, où l'équité et la précision sont de la plus haute importance.

- **Impact sur l'Emploi :** L'automatisation des tâches grâce à l'apprentissage profond pourrait entraîner des changements significatifs sur le marché du travail. Cette perturbation technologique nécessite des discussions continues sur le développement de la main-d'œuvre, la requalification et l'impact sociétal plus large. Les décideurs politiques et les parties prenantes doivent travailler ensemble pour assurer une transition en douceur et atténuer les impacts négatifs potentiels sur l'emploi.

Aborder ces préoccupations éthiques nécessite une collaboration entre les technologues, les décideurs politiques et la société dans son ensemble. En favorisant une approche responsable du développement de l'IA, nous pouvons maximiser les avantages de l'apprentissage profond tout en minimisant les préjudices potentiels.

1.3 Avancées Récentes en Apprentissage Profond

Ces dernières années, l'apprentissage profond a fait des progrès significatifs, repoussant les limites de ce que l'intelligence artificielle peut réaliser. Ces avancées sont motivées par une combinaison d'algorithmes améliorés, de matériel plus puissant et de la disponibilité de grands ensembles de données.

Dans cette section, nous explorerons certains des développements récents les plus impactants en apprentissage profond, y compris les avancées dans les architectures de modèles, les techniques d'entraînement et les applications. En comprenant ces innovations de pointe, vous serez mieux préparé à exploiter les dernières technologies dans vos projets.

1.3.1 Réseaux de Transformeurs et Mécanismes d'Attention

Au fil des ans, l'apprentissage profond a connu de nombreuses avancées, mais l'une des percées les plus significatives a été le développement des réseaux de transformeurs. Ces réseaux innovants dépendent largement de ce qu'on appelle les mécanismes d'attention.

Le concept des réseaux de transformeurs a complètement révolutionné le domaine du traitement du langage naturel (NLP). Auparavant, les modèles traitaient les séquences de données de manière séquentielle. Cependant, avec l'avènement des réseaux de transformeurs, les modèles sont maintenant capables de traiter des séquences entières de données simultanément. Ce changement significatif dans l'architecture a conduit à un traitement plus efficace et à de meilleurs résultats.

Cette architecture révolutionnaire a ouvert la voie à la création de modèles hautement efficaces qui ont eu un impact profond sur le domaine. Certains des modèles les plus remarquables incluent BERT, GPT-3 et GPT-4. Chacun de ces modèles a apporté des contributions substantielles au domaine, améliorant notre capacité à comprendre et interpréter le langage naturel.

Exemple : Architecture du Transformeur

Le modèle de transformeur se compose d'un encodeur et d'un décodeur, tous deux composés de plusieurs couches d'auto-attention et de réseaux de neurones feed-forward. Le mécanisme d'auto-attention permet au modèle de pondérer l'importance des différentes parties de la séquence d'entrée, lui permettant de capturer des dépendances à longue portée.

```python
import tensorflow as tf
from tensorflow.keras.layers import Dense, LayerNormalization, Dropout
from tensorflow.keras.models import Model

class MultiHeadAttention(tf.keras.layers.Layer):
    def __init__(self, d_model, num_heads):
        super(MultiHeadAttention, self).__init__()
        assert d_model % num_heads == 0
        self.d_model = d_model
        self.num_heads = num_heads
        self.depth = d_model // num_heads
        self.wq = Dense(d_model)
        self.wk = Dense(d_model)
        self.wv = Dense(d_model)
        self.dense = Dense(d_model)

    def split_heads(self, x, batch_size):
        x = tf.reshape(x, (batch_size, -1, self.num_heads, self.depth))
        return tf.transpose(x, perm=[0, 2, 1, 3])

    def call(self, v, k, q, mask):
        batch_size = tf.shape(q)[0]
        q = self.wq(q)
```

```
        k = self.wk(k)
        v = self.wv(v)
        q = self.split_heads(q, batch_size)
        k = self.split_heads(k, batch_size)
        v = self.split_heads(v, batch_size)
        scaled_attention, _ = scaled_dot_product_attention(q, k, v, mask)
        scaled_attention = tf.transpose(scaled_attention, perm=[0, 2, 1, 3])
        concat_attention    =    tf.reshape(scaled_attention,    (batch_size,    -1,
self.d_model))
        output = self.dense(concat_attention)
        return output

def scaled_dot_product_attention(q, k, v, mask):
    matmul_qk = tf.matmul(q, k, transpose_b=True)
    dk = tf.cast(tf.shape(k)[-1], tf.float32)
    scaled_attention_logits = matmul_qk / tf.math.sqrt(dk)
    if mask is not None:
        scaled_attention_logits += (mask * -1e9)
    attention_weights = tf.nn.softmax(scaled_attention_logits, axis=-1)
    output = tf.matmul(attention_weights, v)
    return output, attention_weights

# Sample transformer encoder layer
class EncoderLayer(tf.keras.layers.Layer):
    def __init__(self, d_model, num_heads, dff, rate=0.1):
        super(EncoderLayer, self).__init__()
        self.mha = MultiHeadAttention(d_model, num_heads)
        self.ffn = tf.keras.Sequential([
            Dense(dff, activation='relu'),
            Dense(d_model)
        ])
        self.layernorm1 = LayerNormalization(epsilon=1e-6)
        self.layernorm2 = LayerNormalization(epsilon=1e-6)
        self.dropout1 = Dropout(rate)
        self.dropout2 = Dropout(rate)

    def call(self, x, training, mask):
        attn_output = self.mha(x, x, x, mask)
        attn_output = self.dropout1(attn_output, training=training)
        out1 = self.layernorm1(x + attn_output)
        ffn_output = self.ffn(out1)
        ffn_output = self.dropout2(ffn_output, training=training)
        out2 = self.layernorm2(out1 + ffn_output)
        return out2
```

Cet exemple montre l'implémentation d'un modèle Transformer utilisant la bibliothèque TensorFlow, spécifiquement l'API Keras. Le modèle Transformer est un type de modèle d'apprentissage profond qui a été particulièrement efficace pour gérer les tâches séquence-à-séquence, comme la traduction linguistique ou le résumé de texte.

Tout d'abord, la classe MultiHeadAttention est déclarée. Cette classe représente le mécanisme d'auto-attention à têtes multiples dans le modèle Transformer. Elle permet au modèle de se concentrer sur différentes positions de la séquence d'entrée lors de la génération d'une séquence de sortie, rendant possible la capture de divers aspects de l'information d'entrée.

La classe prend deux paramètres : d_model, qui est la dimensionnalité de l'entrée, et num_heads, qui est le nombre de têtes d'attention. À l'intérieur de la classe, plusieurs couches denses sont déclarées pour les transformations linéaires des requêtes, clés et valeurs. La méthode split_heads restructure les requêtes, clés et valeurs en têtes multiples, et la méthode call applique le mécanisme d'attention sur les requêtes, clés et valeurs et renvoie la sortie.

Ensuite, la fonction scaled_dot_product_attention est définie. Cette fonction calcule les poids d'attention et la sortie pour le mécanisme d'attention. Elle calcule le produit scalaire de la requête et de la clé, le divise par la racine carrée de la profondeur (la dernière dimension de la clé), applique un masque si fourni, puis applique une fonction softmax pour obtenir les poids d'attention. Ces poids sont ensuite utilisés pour obtenir une somme pondérée des valeurs, qui forme la sortie du mécanisme d'attention.

Enfin, la classe EncoderLayer est définie. Cette classe représente une seule couche de l'encodeur du Transformer. Chaque couche d'encodeur consiste en un mécanisme d'auto-attention à têtes multiples et un réseau de neurones feed-forward point par point. La méthode call applique l'auto-attention sur l'entrée, suivie par le dropout, la connexion résiduelle et la normalisation de couche. Ensuite, elle applique le réseau feed-forward sur la sortie, suivi à nouveau par le dropout, la connexion résiduelle et la normalisation de couche.

Il convient de noter que les couches Dense sont utilisées pour transformer les entrées pour le mécanisme d'attention et au sein du réseau feed-forward. Le Dropout est utilisé pour prévenir le surapprentissage et la LayerNormalization est utilisée pour normaliser les sorties de chaque sous-couche. L'ensemble du mécanisme d'attention est encapsulé dans la classe MultiHeadAttention pour être réutilisé.

Ce code sert de fondement pour construire des modèles Transformer plus complexes. Par exemple, on pourrait empiler plusieurs instances d'EncoderLayer pour former la partie Encodeur complète du Transformer, et des couches similaires pourraient être définies pour la partie Décodeur. De plus, des composants supplémentaires comme l'encodage positionnel et la couche softmax de sortie pourraient être ajoutés pour compléter le modèle.

1.3.2 Apprentissage par transfert

L'apprentissage par transfert est une méthode d'apprentissage automatique où un modèle développé pour une tâche est réutilisé comme point de départ pour un modèle sur une seconde tâche. C'est une approche populaire en apprentissage profond où des modèles pré-entraînés sont utilisés comme point de départ pour des tâches de vision par ordinateur et de traitement du langage naturel.

En d'autres termes, l'apprentissage par transfert est une méthode où les connaissances acquises par un modèle à partir d'une tâche précédente sont appliquées à un nouveau problème, mais similaire. Cette approche est particulièrement efficace en apprentissage profond en raison des vastes ressources de calcul et de temps nécessaires pour développer des modèles de réseaux de neurones sur ces problèmes et des énormes gains de compétence qu'ils fournissent sur des problèmes connexes.

Cette approche est largement utilisée dans diverses applications telles que le Traitement du Langage Naturel (NLP), la Vision par Ordinateur, et même dans le domaine de la musique et de l'art où des modèles génératifs sont utilisés pour créer des œuvres d'art nouvelles et composer de la musique.

L'apprentissage par transfert est donc une technique puissante qui aide à améliorer les performances des modèles sur des tâches avec des données limitées en tirant parti des connaissances acquises à partir de tâches connexes disposant de données abondantes. C'est l'une des avancées significatives dans le domaine de l'Apprentissage Profond.

L'apprentissage par transfert est devenu une technique puissante en apprentissage profond, permettant aux modèles entraînés sur de grands ensembles de données d'être affinés pour des tâches spécifiques avec des ensembles de données plus petits. Cette approche réduit considérablement les ressources informatiques et le temps nécessaires pour l'entraînement.

Exemple : Affinage de BERT pour la classification de texte

```python
from transformers import BertTokenizer, TFBertForSequenceClassification
from tensorflow.keras.optimizers import Adam

# Load pre-trained BERT model and tokenizer
tokenizer = BertTokenizer.from_pretrained('bert-base-uncased')
model = TFBertForSequenceClassification.from_pretrained('bert-base-uncased')

# Sample data
texts = ["I love this product!", "This is the worst experience I've ever had."]
labels = [1, 0]  # 1 for positive, 0 for negative

# Tokenize the input texts
inputs = tokenizer(texts, return_tensors='tf', padding=True, truncation=True,
max_length=128)

# Compile the model
optimizer = Adam(learning_rate=2e-5)
model.compile(optimizer=optimizer, loss=model.compute_loss, metrics=['accuracy'])

# Train the model
model.fit(inputs['input_ids'], labels, epochs=3, batch_size=8)

# Evaluate the model
predictions = model.predict(inputs['input_ids'])
print(predictions)
```

Cet exemple utilise la bibliothèque Transformers de Hugging Face. Ce script démontre comment affiner un modèle BERT (Bidirectional Encoder Representations from Transformers) pré-entraîné pour une tâche de classification binaire de texte. Analysons ce que fait le script.

Le script commence par importer les modules et classes nécessaires. Il importe BertTokenizer et TFBertForSequenceClassification de la bibliothèque Transformers, qui sont spécifiquement conçus pour les tâches impliquant des modèles BERT. Le BertTokenizer est utilisé pour convertir le texte d'entrée dans un format que le modèle BERT peut comprendre, tandis que TFBertForSequenceClassification est un modèle BERT avec une couche de classification au-dessus. Le script importe également Adam de l'API Keras de TensorFlow, qui est l'optimiseur qui sera utilisé pour entraîner le modèle.

Ensuite, le script charge le modèle BERT pré-entraîné et son tokenizer associé en utilisant la méthode from_pretrained. L'argument 'bert-base-uncased' spécifie que le script doit utiliser la version "non sensible à la casse" du modèle BERT de base, ce qui signifie que le modèle ne fait pas la distinction entre les lettres majuscules et minuscules. Ce modèle a été entraîné sur un large corpus de texte anglais et peut générer des représentations significatives pour les phrases en anglais.

Le script définit ensuite quelques données d'exemple à des fins de démonstration. La variable texts est une liste de deux phrases en anglais, tandis que la variable labels est une liste de deux entiers qui représentent le sentiment de la phrase correspondante dans la variable texts (1 pour un sentiment positif, 0 pour un sentiment négatif).

Après avoir défini les données, le script tokenise les textes d'entrée à l'aide du tokenizer chargé. L'appel tokenizer convertit les phrases de la variable texts dans un format que le modèle BERT peut comprendre. La méthode renvoie un dictionnaire qui inclut plusieurs objets de type tenseur dont le modèle a besoin comme entrée. L'argument return_tensors='tf' spécifie que ces objets doivent être des tenseurs TensorFlow. L'argument padding=True garantit que toutes les phrases sont complétées à la même longueur, tandis que truncation=True garantit que les phrases plus longues que la longueur d'entrée maximale du modèle sont réduites. L'argument max_length=128 spécifie cette longueur maximale.

Ensuite, le script compile le modèle en spécifiant l'optimiseur, la fonction de perte et les métriques à suivre pendant l'entraînement. L'optimiseur est défini comme l'optimiseur Adam avec un taux d'apprentissage de 2e-5. La fonction de perte est définie comme la méthode intégrée compute_loss du modèle, qui calcule la perte de classification. Le script spécifie également qu'il doit suivre la précision pendant l'entraînement.

Le modèle étant maintenant compilé, le script entraîne le modèle sur les données d'entrée. La méthode model.fit est appelée avec les tenseurs d'entrée, les étiquettes et la configuration d'entraînement supplémentaire. Le modèle est entraîné pendant 3 époques, avec une taille de lot de 8. Une époque est un passage complet à travers l'ensemble du jeu de données d'entraînement, et une taille de lot de 8 signifie que les poids du modèle sont mis à jour après qu'il a vu 8 échantillons.

Enfin, le script utilise le modèle entraîné pour faire des prédictions sur les mêmes données d'entrée. La méthode model.predict est appelée avec les tenseurs d'entrée, et les prédictions résultantes sont imprimées sur la console. Ces prédictions seraient une mesure de la confiance du modèle que les phrases d'entrée sont de sentiment positif.

1.3.3 Réseaux antagonistes génératifs (GANs)

Les réseaux antagonistes génératifs (GANs) sont une classe d'algorithmes d'intelligence artificielle utilisés dans l'apprentissage automatique non supervisé, mis en œuvre par un système de deux réseaux de neurones en compétition dans un cadre de jeu à somme nulle.

Les GANs se composent de deux parties, un Générateur et un Discriminateur. Le Générateur, qui capture la distribution des données, commence par générer des données synthétiques et les introduit dans le Discriminateur aux côtés de données réelles. Le Discriminateur, qui estime la probabilité qu'une instance donnée provienne des données réelles plutôt que du Générateur, est ensuite entraîné à distinguer entre les deux types de données.

En d'autres termes, le Générateur essaie de tromper le Discriminateur en produisant des données synthétiques de plus en plus meilleures, tandis que le Discriminateur s'améliore continuellement pour distinguer les données réelles des fausses. Cela crée une sorte de course aux armements entre les deux composants, conduisant à la génération de données synthétiques très réalistes.

Les GANs ont trouvé une large application dans des domaines tels que la génération d'images, la génération de vidéos et la génération de voix. Cependant, l'entraînement d'un GAN peut être une tâche difficile car il nécessite d'équilibrer l'entraînement de deux réseaux différents.

Les GANs ont révolutionné la modélisation générative en utilisant un générateur et un discriminateur dans un cadre compétitif pour produire des données synthétiques réalistes. Les GANs ont été appliqués à un large éventail de tâches, de la génération d'images à l'augmentation de données.

Exemple : Implémentation de base d'un GAN

```
import tensorflow as tf
from tensorflow.keras.layers import Dense, LeakyReLU, Reshape, Flatten
from tensorflow.keras.models import Sequential

# Generator model
def build_generator():
    model = Sequential([
        Dense(128, input_dim=100),
        LeakyReLU(alpha=0.01),
        Dense(784, activation='tanh'),
        Reshape((28, 28, 1))
    ])
```

```
    return model

# Discriminator model
def build_discriminator():
    model = Sequential([
        Flatten(input_shape=(28, 28, 1)),
        Dense(128),
        LeakyReLU(alpha=0.01),
        Dense(1, activation='sigmoid')
    ])
    return model

# Build and compile the GAN
generator = build_generator()
discriminator = build_discriminator()
discriminator.compile(optimizer='adam',                    loss='binary_crossentropy',
metrics=['accuracy'])

# GAN model
discriminator.trainable = False
gan_input = tf.keras.Input(shape=(100,))
gan_output = discriminator(generator(gan_input))
gan = tf.keras.Model(gan_input, gan_output)
gan.compile(optimizer='adam', loss='binary_crossentropy')

# Training the GAN
import numpy as np
(x_train, _), (_, _) = tf.keras.datasets.mnist.load_data()
x_train = (x_train.astype(np.float32) - 127.5) / 127.5  # Normalize to [-1, 1]
x_train = np.expand_dims(x_train, axis=-1)
batch_size = 128
epochs = 10000

for epoch in range(epochs):
    # Train discriminator
    idx = np.random.randint(0, x_train.shape[0], batch_size)
    real_images = x_train[idx]
    noise = np.random.normal(0, 1, (batch_size, 100))
    fake_images = generator.predict(noise)
    d_loss_real = discriminator.train_on_batch(real_images, np.ones((batch_size, 1)))
    d_loss_fake  =  discriminator.train_on_batch(fake_images,  np.zeros((batch_size,
1)))
    d_loss = 0.5 * np.add(d_loss_real, d_loss_fake)

    # Train generator
    noise = np.random.normal(0, 1, (batch_size, 100))
    g_loss = gan.train_on_batch(noise, np.ones((batch_size, 1)))

    # Print progress
    if epoch % 1000 == 0:
        print(f"{epoch} [D loss: {d_loss[0]}, acc.: {d_loss[1] * 100}%] [G loss:
{g_loss}]")
```

Dans le contexte de cet exemple de code, le générateur et le discriminateur sont construits et compilés séparément. Le générateur utilise une couche dense pour transformer un espace de bruit de 100 dimensions en un espace dimensionnel de 28281. Le générateur utilise une fonction d'activation LeakyReLU pour la première couche. La deuxième couche est une couche dense avec une fonction d'activation tanh, suivie d'une couche de remodelage pour former l'image de sortie.

Le discriminateur, quant à lui, est un classificateur qui fait la distinction entre les images réelles et fausses (générées). Le modèle du discriminateur prend en entrée une image de taille 28281, l'aplatit, la fait passer par une couche dense avec une fonction d'activation LeakyReLU, puis finalement par une couche dense avec une fonction d'activation sigmoïde. Le modèle du discriminateur est ensuite compilé avec l'optimiseur adam et la perte d'entropie croisée binaire puisqu'il s'agit d'un problème de classification binaire.

L'entraînement du GAN implique d'alterner entre l'entraînement du discriminateur et celui du générateur. Pour l'entraînement du discriminateur, des images réelles (provenant du jeu de données MNIST) et des images fausses (générées par le générateur) sont utilisées. Les images réelles sont assignées à une étiquette de 1 et les images fausses sont assignées à une étiquette de 0. Le discriminateur est ensuite entraîné sur ce jeu de données mixte.

Lors de l'entraînement du générateur, l'objectif est de tromper le discriminateur. Par conséquent, le générateur essaie de générer des images qui sont classées comme réelles (ou 1) par le discriminateur. Le générateur ne voit jamais d'images réelles, il ne reçoit que des retours via le discriminateur.

Le code importe également le jeu de données MNIST à partir des jeux de données de TensorFlow, normalise les images pour qu'elles soient dans la plage de [-1, 1], et les redimensionne pour qu'elles aient une forme de (28, 28, 1).

Le processus d'entraînement boucle sur un nombre défini d'époques (itérations sur l'ensemble du jeu de données), et dans chaque époque, le discriminateur puis le générateur sont entraînés. La perte du discriminateur (une mesure de sa capacité à distinguer les images réelles des fausses) et la perte du générateur (une mesure de sa capacité à tromper le discriminateur) sont toutes deux affichées après chaque époque. De cette façon, vous pouvez surveiller le processus d'entraînement.

Cette implémentation basique de GAN constitue un bon point de départ pour comprendre et expérimenter avec ces types de réseaux. Cependant, en pratique, les GANs peuvent être difficiles à entraîner et peuvent nécessiter une sélection minutieuse de l'architecture et des hyperparamètres.

1.3.4 Apprentissage par renforcement

L'apprentissage par renforcement (RL) a connu des avancées significatives, notamment avec le développement des réseaux Q profonds (DQN) et des méthodes de gradient de politique. Le RL a été appliqué avec succès aux jeux, au contrôle robotique et à la conduite autonome.

L'Apprentissage par Renforcement est un type d'apprentissage automatique où un agent apprend à prendre des décisions en effectuant des actions dans un environnement pour atteindre un objectif. L'agent apprend des conséquences de ses actions, plutôt que d'être explicitement enseigné, recevant des récompenses ou des pénalités pour ses actions.

L'agent apprend à atteindre un objectif dans un environnement incertain, potentiellement complexe. Dans l'apprentissage par renforcement, une intelligence artificielle fait face à une situation semblable à un jeu. L'ordinateur utilise l'essai et l'erreur pour trouver une solution au problème. Pour que la machine fasse ce que le programmeur veut, l'intelligence artificielle reçoit soit des récompenses, soit des pénalités pour les actions qu'elle effectue. Son objectif est de maximiser la récompense totale.

Malgré le fait que le concepteur définisse la politique de récompense – c'est-à-dire les règles du jeu – il ne donne au modèle aucun indice ou suggestion sur la façon de résoudre le jeu. C'est au modèle de déterminer comment effectuer la tâche pour maximiser la récompense, en commençant par des essais totalement aléatoires et en finissant par des tactiques sophistiquées et des compétences surhumaines. En exploitant la puissance de la recherche et de nombreux essais, l'apprentissage par renforcement est actuellement le moyen le plus efficace de stimuler la créativité de la machine. Contrairement aux êtres humains, l'intelligence artificielle peut acquérir de l'expérience à partir de milliers de parties parallèles si un algorithme d'apprentissage par renforcement est exécuté sur une infrastructure informatique suffisamment puissante.

L'Apprentissage par Renforcement a été utilisé pour enseigner aux machines à jouer à des jeux comme le Go et les Échecs contre des champions du monde, à simuler la marche bipède, la conduite autonome, et d'autres tâches complexes que l'on pensait auparavant réalisables uniquement par des humains.

L'avenir de l'apprentissage par renforcement est prometteur car il ouvre une voie pour développer des machines qui peuvent apprendre et s'adapter à des scénarios complexes par elles-mêmes. Cependant, comme toute autre technologie d'IA, elle doit également être utilisée de manière responsable en tenant compte de toutes ses implications sociétales et éthiques.

Exemple : Q-Learning pour un monde en grille

```
import numpy as np

# Environment setup
grid_size = 4
rewards = np.zeros((grid_size, grid_size))
rewards[3, 3] = 1  # Goal state
```

```
# Q-Learning parameters
gamma = 0.9  # Discount factor
alpha = 0.1  # Learning rate
epsilon = 0.1  # Exploration rate
q_table = np.zeros((grid_size, grid_size, 4))  # Q-table for 4 actions

# Action selection
def choose_action(state):
    if np

.random.rand() < epsilon:
        return np.random.randint(4)
    return np.argmax(q_table[state])

# Q-Learning algorithm
for episode in range(1000):
    state = (0, 0)
    while state != (3, 3):
        action = choose_action(state)
        next_state = (max(0, min(grid_size-1, state[0] + (action == 1) - (action ==
0))),
                      max(0, min(grid_size-1, state[1] + (action == 3) - (action ==
2))))
        reward = rewards[next_state]
        td_target = reward + gamma * np.max(q_table[next_state])
        td_error = td_target - q_table[state][action]
        q_table[state][action] += alpha * td_error
        state = next_state

print("Trained Q-Table:")
print(q_table)
```

Ce code d'exemple implémente une forme basique de Q-Learning, un algorithme d'apprentissage par renforcement sans modèle, dans un environnement simple de monde en grille.

La première partie du code configure l'environnement. Une grille d'une certaine taille est définie, avec chaque cellule de la grille initialisée avec une récompense de zéro. Cependant, l'état objectif, situé à la cellule (3,3), se voit attribuer une récompense de un. C'est l'objectif que l'agent d'apprentissage doit s'efforcer d'atteindre.

Ensuite, plusieurs paramètres cruciaux pour l'algorithme de Q-Learning sont définis. Le facteur d'actualisation gamma est fixé à 0,9, ce qui détermine l'importance des récompenses futures. Un gamma de 0 rend l'agent "myope" (ne considérant que les récompenses actuelles), tandis qu'un gamma proche de 1 le pousse à rechercher une récompense élevée à long terme. Le taux d'apprentissage alpha est fixé à 0,1, ce qui détermine dans quelle mesure les nouvelles informations acquises remplacent les anciennes. Le taux d'exploration epsilon est fixé à 0,1, ce qui définit le taux auquel l'agent choisit une action aléatoire plutôt que l'action qu'il croit avoir le meilleur effet à long terme.

Une table Q est ensuite initialisée avec des zéros, qui servira de table de recherche où l'agent peut trouver la meilleure action à prendre dans un certain état.

La fonction choose_action est une implémentation de la politique epsilon-greedy. Dans ce cas, l'agent choisira la plupart du temps l'action qui a la récompense future attendue maximale, c'est la partie exploitation. Mais, un pourcentage epsilon du temps, l'agent choisira une action aléatoire, c'est la partie exploration.

La partie centrale du code est une boucle qui simule 1000 épisodes d'interaction de l'agent avec l'environnement. Pendant chaque épisode, l'agent commence à partir de l'état initial (0,0), et il continue à choisir des actions et à passer à l'état suivant jusqu'à ce qu'il atteigne l'état objectif (3,3). Pour chaque action prise, la valeur Q de l'action pour l'état actuel est mise à jour en utilisant l'algorithme Q-Learning, qui actualise la valeur Q basée sur le taux d'apprentissage, la récompense reçue, et la valeur Q maximale pour le nouvel état. Ce processus conduit progressivement à de meilleures et meilleures valeurs d'action.

À la fin du processus d'apprentissage, le code affiche la table Q apprise. Cette table indiquera à l'agent le rendement attendu pour chaque action dans chaque état, guidant efficacement l'agent vers l'objectif de la manière la plus efficace en termes de récompense.

Cet exemple simple de Q-Learning sert de base pour comprendre les mécanismes fondamentaux de cet algorithme puissant d'apprentissage par renforcement. Avec des environnements plus complexes et des améliorations de l'algorithme, le Q-Learning peut résoudre des tâches beaucoup plus complexes.

1.3.5 Apprentissage auto-supervisé

L'apprentissage auto-supervisé exploite les données non étiquetées en générant des étiquettes de substitution à partir des données elles-mêmes. Cette approche s'est avérée efficace dans des tâches comme l'apprentissage de représentations et le pré-entraînement de modèles pour des tâches en aval.

Dans l'apprentissage auto-supervisé, le système apprend à prédire certaines parties des données à partir d'autres parties. Cela se fait en créant une tâche "substitutive" pour apprendre d'une grande quantité de données non étiquetées, ce qui peut être très utile lorsque les données étiquetées sont rares ou coûteuses à obtenir. Les représentations apprises sont souvent utiles pour des tâches en aval, et le modèle peut être affiné sur un ensemble de données étiquetées plus petit pour une tâche spécifique.

Par exemple, une tâche d'apprentissage auto-supervisé pour les images pourrait être la prédiction de la couleur d'une image en niveaux de gris. Dans ce cas, le modèle apprendrait des caractéristiques utiles sur la structure et le contenu des images sans avoir besoin d'étiquettes fournies par des humains.

L'apprentissage auto-supervisé a montré de grandes promesses dans diverses applications. Il a été utilisé avec succès pour le pré-entraînement de modèles pour des tâches de traitement du langage naturel, où un modèle est d'abord entraîné à prédire le mot suivant dans une phrase, puis affiné pour une tâche spécifique comme l'analyse de sentiment ou la réponse aux questions. Il a également montré des promesses en vision par ordinateur, où les modèles pré-entraînés sur une tâche auto-supervisée peuvent être affinés pour des tâches comme la détection d'objets ou la segmentation d'images.

Un exemple spécifique d'apprentissage auto-supervisé est une méthode appelée SimCLR (Simple Contrastive Learning of Visual Representations). Dans SimCLR, un modèle est entraîné à reconnaître si deux versions augmentées d'une image sont identiques ou différentes. Le modèle apprend à extraire des caractéristiques qui sont cohérentes à travers différentes augmentations de la même image, ce qui s'avère être une compétence très utile pour de nombreuses tâches de vision par ordinateur.

Exemple : Apprentissage contrastif avec SimCLR

```python
import tensorflow as tf
from tensorflow.keras.layers import Dense, Flatten
from tensorflow.keras.models import Sequential
from tensorflow.keras.losses import SparseCategoricalCrossentropy
from tensorflow.keras.optimizers import Adam

# Sample contrastive learning model (SimCLR)
def build_simclr_model(input_shape):
    base_model             =              tf.keras.applications.ResNet50(include_top=False,
input_shape=input_shape, pooling='avg')
    base_model.trainable = True
    model = Sequential([
        base_model,
        Flatten(),
        Dense(128, activation='relu'),
        Dense(128)  # Projection head
    ])
    return model

# Contrastive loss function
def contrastive_loss(y_true, y_pred):
    temperature = 0.1
    y_true = tf.cast(y_true, tf.int32)
    y_pred = tf.math.l2_normalize(y_pred, axis=1)
    logits = tf.matmul(y_pred, y_pred, transpose_b=True) / temperature
    labels = tf.one_hot(y_true, depth=y_pred.shape[0])
    return SparseCategoricalCrossentropy(from_logits=True)(labels, logits)

# Compile and train the model
input_shape = (224, 224, 3)
model = build_simclr_model(input_shape)
model.compile(optimizer=Adam(learning_rate=0.001), loss=contrastive_loss)
```

```
# Assuming 'x_train' and 'y_train' are the training data and labels (augmentations)
model.fit(x_train, y_train, epochs=10, batch_size=32, verbose=1)
```

Le script commence par importer les modules nécessaires. Il utilise la bibliothèque TensorFlow, une puissante bibliothèque logicielle open-source pour l'apprentissage automatique, et Keras, une API de réseaux de neurones de haut niveau qui fait également partie de TensorFlow.

La fonction build_simclr_model est définie pour construire le modèle. La base du modèle est un ResNet50 pré-entraîné, un modèle populaire d'apprentissage profond avec 50 couches, déjà entraîné sur un large ensemble de données. include_top=False signifie que les couches de sortie entièrement connectées du modèle utilisées pour la classification ne sont pas incluses, et pooling='avg' indique qu'un pooling global moyen est appliqué à la sortie du dernier bloc convolutif de ResNet50, réduisant la dimensionnalité de la sortie. L'API Sequential est ensuite utilisée pour empiler des couches sur le modèle de base. Une couche Flatten est ajoutée pour transformer le format des images d'un tableau bidimensionnel (de 28x28 pixels) en un tableau unidimensionnel (de 28 * 28 = 784 pixels). Deux couches Dense sont ajoutées, la première avec une activation ReLU et la seconde sans activation, servant de tête de projection du modèle.

Après la construction du modèle, la fonction de perte contrastive est définie comme contrastive_loss. L'apprentissage contrastif est un type de méthode d'apprentissage auto-supervisé qui entraîne les modèles à apprendre des caractéristiques similaires à partir de données similaires. Cette fonction normalise d'abord le vecteur de prédiction, puis calcule le produit scalaire entre les vecteurs de prédiction divisé par un paramètre de température pour créer des logits. Elle crée ensuite des étiquettes one-hot à partir des vraies étiquettes et calcule la perte d'entropie croisée catégorielle éparse entre ces étiquettes et les logits.

Le script compile et entraîne ensuite le modèle SimCLR en utilisant l'optimiseur Adam et la fonction de perte contrastive. L'optimiseur Adam est une extension de la descente de gradient stochastique, un algorithme populaire pour l'entraînement d'une large gamme de modèles en apprentissage automatique. Le taux d'apprentissage est fixé à 0.001.

Le modèle est ensuite ajusté sur les données d'entraînement 'x_train' et 'y_train' pendant 10 époques avec une taille de lot de 32. 'x_train' et 'y_train' sont des espaces réservés dans ce contexte et seraient remplacés par les données d'entraînement et les étiquettes réelles lors d'un entraînement en situation réelle. Une époque est une mesure du nombre de fois où tous les vecteurs d'entraînement sont utilisés une fois pour mettre à jour les poids dans le processus d'entraînement.

Exercices Pratiques

Exercice 1 : Implémenter un Réseau de Neurones Simple

Tâche : Implémentez un réseau de neurones simple en utilisant le code fourni dans la section 1.1.1. Modifiez le réseau pour inclure une couche cachée supplémentaire et observez comment la performance change.

Solution :

```python
import numpy as np

# Sigmoid activation function
def sigmoid(x):
    return 1 / (1 + np.exp(-x))

# Derivative of sigmoid function
def sigmoid_derivative(x):
    return x * (1 - x)

# Input data (4 samples, 3 features each)
inputs = np.array([[0, 0, 1],
                   [1, 1, 1],
                   [1, 0, 1],
                   [0, 1, 1]])

# Output labels (4 samples, 1 output each)
outputs = np.array([[0], [1], [1], [0]])

# Seed for reproducibility
np.random.seed(1)

# Initialize weights randomly with mean 0
weights_input_hidden1 = 2 * np.random.random((3, 4)) - 1
weights_hidden1_hidden2 = 2 * np.random.random((4, 4)) - 1
weights_hidden2_output = 2 * np.random.random((4, 1)) - 1

# Training the neural network
for epoch in range(10000):
    # Forward propagation
    input_layer = inputs
    hidden_layer1 = sigmoid(np.dot(input_layer, weights_input_hidden1))
    hidden_layer2 = sigmoid(np.dot(hidden_layer1, weights_hidden1_hidden2))
    output_layer = sigmoid(np.dot(hidden_layer2, weights_hidden2_output))

    # Error calculation
    error = outputs - output_layer

    # Backward propagation
    output_layer_delta = error * sigmoid_derivative(output_layer)
    hidden_layer2_error = output_layer_delta.dot(weights_hidden2_output.T)
```

```
        hidden_layer2_delta = hidden_layer2_error * sigmoid_derivative(hidden_layer2)
        hidden_layer1_error = hidden_layer2_delta.dot(weights_hidden1_hidden2.T)
        hidden_layer1_delta = hidden_layer1_error * sigmoid_derivative(hidden_layer1)

        # Update weights
        weights_hidden2_output += hidden_layer2.T.dot(output_layer_delta)
        weights_hidden1_hidden2 += hidden_layer1.T.dot(hidden_layer2_delta)
        weights_input_hidden1 += input_layer.T.dot(hidden_layer1_delta)

print("Output after training:")
print(output_layer)
```

Exercice 2 : Implémenter une Fonction d'Activation ReLU

Tâche : Implémentez une fonction d'activation ReLU et appliquez-la à un réseau de neurones simple. Comparez les résultats avec la fonction d'activation sigmoïde.

Solution :

```python
import numpy as np

# ReLU activation function
def relu(x):
    return np.maximum(0, x)

# Derivative of ReLU function
def relu_derivative(x):
    return np.where(x > 0, 1, 0)

# Input data (4 samples, 3 features each)
inputs = np.array([[0, 0, 1],
                   [1, 1, 1],
                   [1, 0, 1],
                   [0, 1, 1]])

# Output labels (4 samples, 1 output each)
outputs = np.array([[0], [1], [1], [0]])

# Seed for reproducibility
np.random.seed(1)

# Initialize weights randomly with mean 0
weights_input_hidden = 2 * np.random.random((3, 4)) - 1
weights_hidden_output = 2 * np.random.random((4, 1)) - 1

# Training the neural network
for epoch in range(10000):
    # Forward propagation
    input_layer = inputs
    hidden_layer = relu(np.dot(input_layer, weights_input_hidden))
    output_layer = relu(np.dot(hidden_layer, weights_hidden_output))
```

```
    # Error calculation
    error = outputs - output_layer

    # Backward propagation
    output_layer_delta = error * relu_derivative(output_layer)
    hidden_layer_error = output_layer_delta.dot(weights_hidden_output.T)
    hidden_layer_delta = hidden_layer_error * relu_derivative(hidden_layer)

    # Update weights
    weights_hidden_output += hidden_layer.T.dot(output_layer_delta)
    weights_input_hidden += input_layer.T.dot(hidden_layer_delta)

print("Output after training:")
print(output_layer)
```

Exercice 3 : Affiner un modèle BERT pré-entraîné

Tâche : Affinez un modèle BERT pré-entraîné pour une tâche de classification de texte en utilisant l'exemple fourni dans la section 1.3.2. Utilisez un jeu de données différent pour cet exercice.

Solution :

```
from transformers import BertTokenizer, TFBertForSequenceClassification
from tensorflow.keras.optimizers import Adam
import tensorflow as tf

# Load pre-trained BERT model and tokenizer
tokenizer = BertTokenizer.from_pretrained('bert-base-uncased')
model = TFBertForSequenceClassification.from_pretrained('bert-base-uncased')

# Sample data
texts = ["I love this product!", "This is the worst experience I've ever had.", "It
was okay, not great."]
labels = [1, 0, 1]  # 1 for positive, 0 for negative

# Tokenize the input texts
inputs = tokenizer(texts, return_tensors='tf', padding=True, truncation=True,
max_length=128)

# Convert labels to tensor
labels = tf.convert_to_tensor(labels)

# Compile the model
optimizer = Adam(learning_rate=2e-5)
model.compile(optimizer=optimizer, loss=model.compute_loss, metrics=['accuracy'])

# Train the model
model.fit(inputs['input_ids'], labels, epochs=3, batch_size=8)
```

```
# Evaluate the model
predictions = model.predict(inputs['input_ids'])
print(predictions)
```

Exercice 4 : Implémenter un GAN basique

Tâche : Implémentez un GAN basique pour générer des données synthétiques. Suivez l'exemple fourni dans la section 1.3.3 et générez de nouveaux échantillons après l'entraînement du GAN.

Solution :

```
import tensorflow as tf
from tensorflow.keras.layers import Dense, LeakyReLU, Reshape, Flatten
from tensorflow.keras.models import Sequential
import numpy as np

# Generator model
def build_generator():
    model = Sequential([
        Dense(128, input_dim=100),
        LeakyReLU(alpha=0.01),
        Dense(784, activation='tanh'),
        Reshape((28, 28, 1))
    ])
    return model

# Discriminator model
def build_discriminator():
    model = Sequential([
        Flatten(input_shape=(28, 28, 1)),
        Dense(128),
        LeakyReLU(alpha=0.01),
        Dense(1, activation='sigmoid')
    ])
    return model

# Build and compile the GAN
generator = build_generator()
discriminator = build_discriminator()
discriminator.compile(optimizer='adam',                    loss='binary_crossentropy',
metrics=['accuracy'])

# GAN model
discriminator.trainable = False
gan_input = tf.keras.Input(shape=(100,))
gan_output = discriminator(generator(gan_input))
gan = tf.keras.Model(gan_input, gan_output)
gan.compile(optimizer='adam', loss='binary_crossentropy')

# Training the GAN
(x_train, _), (_, _) = tf.keras.datasets.mnist.load_data()
```

```python
x_train = (x_train.astype(np.float32) - 127.5) / 127.5  # Normalize to [-1, 1]
x_train = np.expand_dims(x_train, axis=-1)
batch_size = 128
epochs = 10000

for epoch in range(epochs):
    # Train discriminator
    idx = np.random.randint(0, x_train.shape[0], batch_size)
    real_images = x_train[idx]
    noise = np.random.normal(0, 1, (batch_size, 100))
    fake_images = generator.predict(noise)
    d_loss_real = discriminator.train_on_batch(real_images, np.ones((batch_size, 1)))
    d_loss_fake = discriminator.train_on_batch(fake_images, np.zeros((batch_size,
1)))
    d_loss = 0.5 * np.add(d_loss_real, d_loss_fake)

    # Train generator
    noise = np.random.normal(0, 1, (batch_size, 100))
    g_loss = gan.train_on_batch(noise, np.ones((batch_size, 1)))

    # Print progress
    if epoch % 1000 == 0:
        print(f"{epoch} [D loss: {d_loss[0]}, acc.: {d_loss[1] * 100}%] [G loss:
{g_loss}]")

# Generate new samples
noise = np.random.normal(0, 1, (10, 100))
generated_images = generator.predict(noise)
print(generated_images)
```

Exercice 5 : Mise en œuvre de Q-Learning pour un environnement simple

Tâche : Implémentez l'algorithme Q-Learning pour un environnement de monde en grille simple. Suivez l'exemple fourni dans la section 1.3.4 et étendez la taille de la grille ou modifiez la structure de récompense.

Solution :

```python
import numpy as np

# Environment setup
grid_size = 5  # Extended grid size
rewards = np.zeros((grid_size, grid_size))
rewards[4, 4] = 1  # New goal state

# Q-Learning parameters
gamma = 0.9  # Discount factor
alpha = 0.1  # Learning rate
epsilon = 0.1  # Exploration rate
q_table = np.zeros((grid_size, grid_size, 4))  # Q-table for 4 actions
```

```
# Action

 selection
def choose_action(state):
    if np.random.rand() < epsilon:
        return np.random.randint(4)
    return np.argmax(q_table[state])

# Q-Learning algorithm
for episode in range(1000):
    state = (0, 0)
    while state != (4, 4):
        action = choose_action(state)
        next_state = (max(0, min(grid_size-1, state[0] + (action == 1) - (action ==
0))),
                        max(0, min(grid_size-1, state[1] + (action == 3) - (action ==
2))))
        reward = rewards[next_state]
        td_target = reward + gamma * np.max(q_table[next_state])
        td_error = td_target - q_table[state][action]
        q_table[state][action] += alpha * td_error
        state = next_state

print("Trained Q-Table:")
print(q_table)
```

Ces exercices devraient vous aider à renforcer votre compréhension des concepts abordés dans ce chapitre. En implémentant ces modèles et en expérimentant différentes configurations, vous acquerrez une expérience pratique des techniques d'apprentissage profond et de leurs applications concrètes. Continuez à pratiquer et n'hésitez pas à explorer davantage par vous-même !

Résumé du Chapitre

Dans ce chapitre, nous avons entrepris un voyage complet dans les principes fondamentaux de l'apprentissage profond, posant les bases pour les sujets plus avancés qui suivront dans les chapitres ultérieurs. Nous avons commencé par explorer les concepts de base des réseaux de neurones, qui sont la pierre angulaire de l'apprentissage profond. Les réseaux de neurones, inspirés de la structure et du fonctionnement du cerveau humain, sont constitués de neurones interconnectés organisés en couches. Chaque couche transforme les données d'entrée, extrayant progressivement des caractéristiques de plus haut niveau et permettant au réseau d'apprendre des modèles et des représentations complexes.

Nous avons approfondi la structure des réseaux de neurones, en détaillant les rôles des couches d'entrée, cachées et de sortie. En implémentant un réseau de neurones simple avec des fonctions d'activation sigmoïde et ReLU, nous avons illustré les processus de propagation avant et arrière, essentiels pour l'entraînement de ces réseaux. Comprendre ces mécanismes est indispensable pour saisir comment les réseaux de neurones apprennent à partir des données et ajustent leurs paramètres pour minimiser les erreurs de prédiction.

Le chapitre a également fourni un aperçu de diverses fonctions d'activation, comme la sigmoïde, ReLU et tanh, soulignant leur importance pour introduire de la non-linéarité dans le réseau. Cette non-linéarité permet aux réseaux de neurones de modéliser des relations complexes entre les entrées et les sorties, ce qui serait impossible avec des transformations linéaires seules.

Dans la section suivante, nous avons exploré les avancées récentes en apprentissage profond qui ont propulsé le domaine vers de nouveaux sommets. Les réseaux de transformers et les mécanismes d'attention, en particulier, ont révolutionné le traitement du langage naturel en permettant aux modèles de capturer des dépendances à longue portée et des relations contextuelles dans les données textuelles. Nous avons démontré l'architecture des transformers et le concept d'auto-attention, qui permet à ces modèles de pondérer dynamiquement l'importance des différentes parties de la séquence d'entrée.

L'apprentissage par transfert s'est révélé être une autre avancée significative, permettant d'affiner des modèles pré-entraînés pour des tâches spécifiques avec des ensembles de données plus petits. Cette technique a considérablement réduit les ressources informatiques et le temps nécessaires à l'entraînement des modèles d'apprentissage profond, rendant l'IA de pointe accessible à un public plus large.

Les Réseaux Antagonistes Génératifs (GANs) ont été mis en avant pour leur capacité révolutionnaire à générer des données synthétiques réalistes en entraînant un générateur et un discriminateur dans un cadre compétitif. Cette approche innovante a des applications allant de la génération d'images à l'augmentation de données.

L'apprentissage par renforcement, avec son accent sur l'entraînement d'agents à prendre des décisions en interagissant avec un environnement, a connu des progrès notables grâce au développement des réseaux Q profonds et des méthodes de gradient de politique. Ces techniques ont permis des avancées significatives dans des domaines tels que les jeux, le contrôle robotique et la conduite autonome.

Enfin, l'apprentissage auto-supervisé a été présenté comme une approche puissante pour exploiter des données non étiquetées en générant des étiquettes de substitution, améliorant ainsi l'apprentissage des représentations et le pré-entraînement des modèles pour des tâches en aval.

En combinant des aperçus théoriques avec des exemples pratiques et des exercices, ce chapitre a fourni une base solide en apprentissage profond. Les exercices pratiques ont renforcé les concepts clés et offert une expérience concrète dans l'implémentation et l'entraînement de réseaux de neurones, l'affinement de modèles pré-entraînés, et l'exploration de techniques d'apprentissage génératif et par renforcement. À mesure que nous avancerons, cette connaissance fondamentale sera cruciale pour comprendre et appliquer les modèles génératifs plus complexes abordés dans les chapitres suivants.

Chapitre 2 : Comprendre les modèles génératifs

Dans le chapitre précédent, nous avons posé les bases de l'apprentissage profond en explorant les principes fondamentaux et les avancées récentes dans ce domaine. Avec une solide compréhension des réseaux de neurones et de leurs applications, nous sommes maintenant prêts à plonger dans le monde fascinant des modèles génératifs. Les modèles génératifs représentent l'un des domaines les plus passionnants et en rapide évolution de l'intelligence artificielle, permettant aux machines de créer de nouvelles données similaires à celles sur lesquelles elles ont été entraînées. Ce chapitre présentera le concept des modèles génératifs, leur importance et leurs diverses applications.

Les modèles génératifs se distinguent des modèles discriminatifs, généralement utilisés pour des tâches de classification et de régression. Tandis que les modèles discriminatifs apprennent à distinguer différentes classes de données, les modèles génératifs visent à comprendre et à reproduire la distribution sous-jacente des données. Cette capacité à générer de nouvelles données ouvre une multitude de possibilités, allant de la création d'images réalistes et la synthèse de musique à la génération de textes semblables à ceux produits par les humains et à l'augmentation des ensembles de données pour l'entraînement d'autres modèles.

Nous commencerons par explorer le concept et l'importance des modèles génératifs, en fournissant une base théorique solide avant d'aborder des types spécifiques de modèles génératifs tels que les Réseaux Antagonistes Génératifs (GANs) et les Auto-encodeurs Variationnels (VAEs). À travers des explications détaillées et des exemples pratiques, vous comprendrez comment fonctionnent les modèles génératifs et comment ils peuvent être appliqués pour résoudre des problèmes concrets.

2.1 Concept et importance

2.1.1 Que sont les modèles génératifs ?

Les modèles génératifs représentent une catégorie spécifique de modèles d'apprentissage automatique. Leur objectif principal est de générer de nouveaux échantillons de données qui imitent étroitement la distribution des données d'entraînement auxquelles ils ont été exposés pendant la phase d'apprentissage. Cela constitue une différence significative par rapport à l'objectif des modèles discriminatifs.

Les modèles discriminatifs concentrent leurs efforts sur l'apprentissage de la frontière ou de la division entre différentes classes de données. Leur objectif n'est pas de répliquer ou de créer de nouvelles données ; ils se concentrent plutôt sur la distinction d'une classe de données par rapport à une autre. Cette focalisation sur la différenciation les rend particulièrement utiles dans les tâches de classification, où il est nécessaire de déterminer à quelle catégorie appartient un point de données particulier.

En revanche, les modèles génératifs adoptent une approche différente. Ils s'efforcent d'apprendre et de comprendre la structure sous-jacente et la distribution des données sur lesquelles ils sont entraînés. Cette compréhension globale de la structure des données leur permet de créer de nouveaux points de données synthétiques.

Ces points de données générés ne sont pas simplement des assortiments aléatoires d'informations. Comme ils sont basés sur la structure apprise des données originales, ils présentent une ressemblance frappante avec les points de données originaux. Cette capacité à créer des données synthétiques aussi réalistes est ce qui distingue les modèles génératifs dans le domaine de l'apprentissage automatique.

Les modèles génératifs peuvent être utilisés pour modéliser des distributions de données complexes, ce qui les rend particulièrement utiles pour les tâches où la génération ou l'augmentation de données est requise. Comme discuté dans le chapitre 1, voici quelques types courants de modèles génératifs :

- **Les Réseaux Antagonistes Génératifs (GANs)** sont un type d'algorithmes d'intelligence artificielle utilisés dans l'apprentissage automatique non supervisé. Ils se composent de deux parties - un générateur et un discriminateur. Le générateur crée de nouvelles instances de données, tandis que le discriminateur évalue leur authenticité. Ils sont conçus pour rivaliser et s'améliorer ensemble pendant le processus d'entraînement, d'où le terme 'antagoniste'.

- **Les Auto-encodeurs Variationnels (VAEs)** sont un type de modèle d'apprentissage profond qui peut apprendre à encoder des données dans un espace de faible dimension, puis générer de nouvelles données à partir de cet espace, apprenant ainsi efficacement un modèle probabiliste des données d'entrée.

- **Les Modèles Autorégressifs** sont une classe de modèles statistiques utilisés pour analyser des données de séries temporelles. Ces modèles sont basés sur le principe de l'analyse de régression, où les événements futurs sont prédits sur la base d'expériences passées. Plus précisément, dans un modèle autorégressif, les valeurs actuelles sont supposées être une combinaison linéaire des observations passées.

- **Les Modèles basés sur les Flux** désignent un type de modèle en apprentissage automatique qui utilise une classe spéciale de flux normalisants pour générer des distributions de données complexes à partir de distributions simples. Ils sont souvent utilisés dans la modélisation générative.

Chacun de ces modèles utilise différentes techniques pour apprendre et générer des données, mais ils partagent tous l'objectif commun de modéliser la distribution sous-jacente des données.

2.1.2 Importance des modèles génératifs

L'importance des modèles génératifs réside dans leur capacité à créer de nouvelles instances de données qui reflètent la véritable distribution des données. Ils sont largement utilisés dans l'apprentissage automatique et l'intelligence artificielle pour des tâches telles que la synthèse d'images, la génération de texte et la détection d'anomalies.

Les modèles génératifs sont cruciaux dans divers domaines de l'intelligence artificielle et de l'apprentissage automatique en raison de leur capacité unique à produire de nouvelles données similaires à celles sur lesquelles ils ont été entraînés. Ces modèles diffèrent des modèles discriminatifs qui sont généralement utilisés pour des tâches de classification et de régression.

Alors que les modèles discriminatifs se concentrent sur la différenciation entre diverses classes de données, les modèles génératifs visent à comprendre et à reproduire la distribution sous-jacente des données. Cette capacité permet la création de nouvelles données, qui peuvent être utilisées dans une variété d'applications. Ces applications vont de la génération d'images réalistes et la synthèse de musique à la création de textes semblables à ceux produits par les humains et à l'augmentation des ensembles de données pour l'entraînement d'autres modèles.

Les modèles génératifs sont importants pour plusieurs raisons :

Augmentation des données

Ils peuvent créer des données synthétiques pour enrichir les ensembles de données existants, ce qui est particulièrement utile lorsque la collecte de données réelles est difficile, coûteuse ou chronophage.

L'augmentation des données est couramment utilisée lorsque l'ensemble de données original est petit, limitant ainsi la capacité du modèle d'apprentissage automatique à apprendre efficacement. En créant de nouvelles variations des données, le modèle peut apprendre à partir d'un ensemble de données plus grand et plus riche, ce qui peut à son tour conduire à une amélioration des performances du modèle.

Par exemple, dans le domaine de la vision par ordinateur, les techniques d'augmentation de données peuvent inclure la rotation, le redimensionnement, le retournement et le recadrage d'images. En appliquant ces transformations aux images originales, vous pouvez augmenter considérablement la taille de votre ensemble de données et introduire un niveau de variation qui peut aider le modèle à mieux généraliser.

Dans le contexte du traitement du langage naturel, les techniques d'augmentation de données pourraient inclure le remplacement par synonymes, l'insertion aléatoire, la suppression aléatoire ou le réarrangement de phrases. Ces techniques peuvent aider à créer un modèle plus robuste capable de comprendre les nuances du langage.

L'augmentation des données est particulièrement cruciale dans l'entraînement des modèles d'apprentissage profond. Ces modèles, caractérisés par leur grand nombre de paramètres, ont une grande capacité d'apprentissage, ce qui les rend sujets au surapprentissage, en particulier lorsqu'ils sont entraînés sur de petits ensembles de données. L'augmentation des données aide à combattre ce problème en fournissant des exemples plus divers pour l'apprentissage du modèle, réduisant ainsi le risque de surapprentissage.

Outre l'atténuation du surapprentissage, l'augmentation des données peut également aider à rendre le modèle plus robuste et invariant à certains changements dans les données. Par exemple, en entraînant un modèle sur des images qui ont été pivotées ou retournées, le modèle peut apprendre à reconnaître l'objet d'intérêt quelle que soit son orientation dans l'image.

Détection d'anomalies

En modélisant la distribution normale des données, les modèles génératifs peuvent aider à identifier les anomalies ou les valeurs aberrantes, ce qui est précieux dans des domaines comme la détection de fraudes, la sécurité des réseaux et le contrôle qualité.

Ces anomalies peuvent être classées en trois types : les anomalies ponctuelles, les anomalies contextuelles et les anomalies collectives.

- **Les anomalies ponctuelles** sont des instances isolées qui s'écartent considérablement du reste des données. Par exemple, une transaction par carte de crédit significativement plus élevée que la plage habituelle de dépenses d'un client pourrait être signalée comme une anomalie ponctuelle.

- **Les anomalies contextuelles** sont des anomalies spécifiques au contexte. Elles sont courantes dans les données de séries temporelles. Par exemple, dépenser 100$ en nourriture chaque jour pendant la période des fêtes peut être considéré comme normal, mais pourrait être signalé comme une anomalie si cela se produisait un jour de semaine ordinaire.

- **Les anomalies collectives** sont un ensemble de points de données qui présentent conjointement le même comportement anormal. Ces anomalies sont courantes dans les systèmes dynamiques. Par exemple, dans le secteur de la santé, une soudaine augmentation de patients présentant des symptômes similaires sur une courte période pourrait être une anomalie collective qui pourrait indiquer une épidémie.

La détection d'anomalies peut être abordée de plusieurs façons. Certaines méthodes courantes incluent les méthodes statistiques, les méthodes basées sur la proximité et les méthodes basées sur l'apprentissage automatique. Dans les méthodes statistiques, si un point de données observé s'écarte significativement de la valeur attendue, il est considéré comme une anomalie. Les méthodes basées sur la proximité, comme le clustering et la classification, sont utilisées pour identifier les anomalies en fonction de la distance ou de la similarité entre les points de données. Les méthodes basées sur l'apprentissage automatique, quant à elles, entraînent un modèle sur un ensemble de points de données puis l'utilisent pour détecter des anomalies dans de nouvelles données.

Récemment, les modèles génératifs ont également été utilisés pour la détection d'anomalies. Les modèles génératifs, tels que les auto-encodeurs, peuvent apprendre à recréer les données d'entrée originales. Ils peuvent capturer la distribution sous-jacente des données, et tout point de données ne s'adaptant pas à cette distribution est considéré comme une anomalie. Cette approche est particulièrement utile pour détecter des anomalies dans des données de haute dimension et complexes.

Applications créatives

Les modèles génératifs ont été utilisés pour créer de l'art, de la musique et d'autres formes de médias, repoussant les limites de ce qui est possible avec l'IA.

Dans le domaine de l'art, ces modèles peuvent être utilisés pour créer des images visuellement captivantes ou même des œuvres d'art complètes qu'il peut être difficile de distinguer de celles créées par des artistes humains. De même, en musique, ces modèles peuvent générer de nouvelles compositions, explorant de nouvelles mélodies, rythmes et harmonies qui pourraient ne pas facilement venir à l'esprit d'un compositeur humain.

Une autre application intéressante se trouve dans la création d'autres formes de médias. Par exemple, les modèles génératifs peuvent être utilisés pour écrire des scénarios de films ou de jeux vidéo, créer des paysages virtuels pour la réalité augmentée ou virtuelle, ou même générer des deepfakes vidéo ou vocaux à des fins de divertissement ou d'éducation.

L'utilisation de modèles génératifs dans ces applications créatives consiste à repousser les limites de ce qui est actuellement possible avec l'intelligence artificielle. Cela nous permet d'explorer de nouvelles frontières dans la créativité, fournissant des outils qui peuvent augmenter la créativité humaine et ouvrir de nouvelles possibilités pour l'expression artistique.

De plus, ces modèles ont également le potentiel de démocratiser le processus créatif, en fournissant des outils puissants à ceux qui n'y avaient peut-être pas accès auparavant. Avec les modèles génératifs, n'importe qui disposant d'un ordinateur pourrait potentiellement créer une œuvre d'art, composer une nouvelle chanson ou écrire un scénario, brisant ainsi les barrières et ouvrant le monde de l'expression créative à un public plus large.

Comprendre les données

Ils fournissent des informations sur la structure sous-jacente des données, aidant à découvrir des modèles et des relations cachés.

Comprendre les données de cette manière est un aspect crucial de nombreux domaines, particulièrement ceux qui s'appuient fortement sur l'analyse de données. Dans le monde de l'apprentissage automatique et de l'intelligence artificielle, par exemple, comprendre la structure et les relations au sein des données peut guider le choix des modèles appropriés, influencer le processus d'ingénierie des caractéristiques, et même façonner la formulation du problème lui-même.

Dans l'analyse commerciale et la prise de décision, comprendre les données peut révéler des tendances et des modèles qui peuvent offrir un avantage concurrentiel. Cela peut mettre en évidence des modèles de comportement client, des tendances du marché et des inefficacités opérationnelles, entre autres, qui peuvent être utilisés pour prendre des décisions stratégiques.

Dans la recherche scientifique, une compréhension approfondie des données peut mener à des découvertes révolutionnaires, guidant les chercheurs à poser les bonnes questions et à poursuivre des pistes d'investigation prometteuses. Cela peut révéler des corrélations inattendues, mettre en évidence des résultats anormaux méritant une investigation plus approfondie, et même suggérer de nouvelles hypothèses à tester.

Amélioration d'autres modèles

Les modèles génératifs peuvent être utilisés pour pré-entraîner d'autres modèles, fournissant un meilleur point de départ pour des tâches comme la classification ou la régression, conduisant à une performance améliorée et une convergence plus rapide pendant l'entraînement.

Là où les modèles génératifs excellent, c'est qu'ils peuvent comprendre et reproduire la structure sous-jacente et la distribution des données sur lesquelles ils sont entraînés. Cette compréhension globale leur permet de créer de nouveaux points de données synthétiques qui ressemblent fortement aux points de données originaux. De plus, cette capacité à générer de nouvelles données ouvre un large éventail de possibilités et d'applications.

L'une des applications clés des modèles génératifs est qu'ils peuvent être utilisés pour pré-entraîner d'autres modèles d'apprentissage automatique. Le pré-entraînement consiste à entraîner un modèle sur une tâche préliminaire avant de l'affiner sur une tâche secondaire. La tâche initiale est généralement une tâche plus grande et plus facile conçue pour permettre au modèle d'apprendre les caractéristiques générales des données. Dans le contexte des modèles génératifs, cette tâche préliminaire pourrait impliquer l'apprentissage de la distribution des données d'entraînement.

Une fois que le modèle est pré-entraîné sur la tâche générative, il peut ensuite être affiné sur une tâche spécifique, comme la classification ou la régression. L'avantage de cette approche est qu'elle fournit au modèle un meilleur point de départ. Le modèle a déjà appris certains des modèles sous-jacents dans les données, ce qui peut être utile pour la tâche spécifique. Cela peut conduire à une meilleure performance sur la tâche spécifique et une convergence plus rapide pendant la phase d'entraînement, car le modèle n'a pas à tout apprendre depuis le début.

Les modèles génératifs ont de vastes applications dans divers domaines comme la génération d'images, la génération de texte, la composition musicale, la découverte de médicaments et le transfert de style. Comprendre le concept et l'importance des modèles génératifs nous aide à apprécier leur potentiel pour révolutionner différents domaines et créer de nouvelles possibilités pour les applications d'IA.

2.1.3 Exemple basique d'un modèle génératif

Pour illustrer le concept d'un modèle génératif, commençons par un exemple simple : générer de nouveaux points de données à partir d'une distribution gaussienne.

```python
import numpy as np
import matplotlib.pyplot as plt

# Generate training data from a Gaussian distribution
mean = 0
std_dev = 1
training_data = np.random.normal(mean, std_dev, 1000)

# Plot the training data
plt.hist(training_data, bins=30, density=True, alpha=0.6, color='g')
plt.title('Training Data Distribution')
plt.xlabel('Value')
plt.ylabel('Frequency')
plt.show()

# Define a simple generative model: Gaussian distribution
class SimpleGaussianGenerator:
    def __init__(self, mean, std_dev):
        self.mean = mean
        self.std_dev = std_dev

    def generate(self, num_samples):
        return np.random.normal(self.mean, self.std_dev, num_samples)

# Create an instance of the generator
generator = SimpleGaussianGenerator(mean, std_dev)

# Generate new data points
generated_data = generator.generate(1000)

# Plot the generated data
plt.hist(generated_data, bins=30, density=True, alpha=0.6, color='b')
plt.title('Generated Data Distribution')
plt.xlabel('Value')
plt.ylabel('Frequency')
plt.show()
```

Cet exemple accomplit principalement deux actions significatives : il génère des données d'entraînement à partir d'une distribution gaussienne et trace leur histogramme, et il définit un modèle génératif simple pour générer de nouveaux points de données à partir de la même distribution et trace leur histogramme. Le code y parvient en exploitant les capacités des bibliothèques numpy et matplotlib.

Examinons plus en détail ce que fait chaque partie du code.

Dans la première partie, il commence par importer les bibliothèques nécessaires : numpy, qui sera utilisé pour générer et manipuler les données, et matplotlib, qui sera utilisé pour le traçage.

Ensuite, il définit les paramètres de la distribution gaussienne : la moyenne et l'écart-type. Dans ce cas, ils sont fixés respectivement à 0 et 1. Le code génère ensuite un ensemble de 1000 nombres aléatoires à partir d'une distribution gaussienne avec la moyenne et l'écart-type spécifiés. Cela se fait en utilisant la fonction np.random.normal().

Une fois les données d'entraînement générées, il procède au traçage d'un histogramme de ces données. Un histogramme est une représentation graphique qui organise un groupe de points de données en plages spécifiées. C'est un excellent outil pour visualiser la distribution de données numériques. Dans ce cas, l'histogramme comporte 30 bacs (ou plages), et le paramètre density est défini sur True, ce qui signifie que l'histogramme représentera une densité de probabilité (c'est-à-dire que la surface sous l'histogramme sera égale à 1). L'histogramme est coloré en vert (indiqué par 'g'), et le paramètre alpha est fixé à 0.6, rendant les barres semi-transparentes.

Dans la seconde partie du code, il définit un modèle génératif simple. Cela se fait en créant une classe nommée 'SimpleGaussianGenerator'. Cette classe prend une moyenne et un écart-type comme entrées dans son constructeur et inclut une méthode appelée 'generate'. La méthode 'generate' prend en entrée le nombre d'échantillons à générer et renvoie autant de nombres aléatoires à partir d'une distribution gaussienne avec la moyenne et l'écart-type spécifiés dans le constructeur.

Après avoir défini la classe, le code crée une instance de la classe 'SimpleGaussianGenerator', en utilisant la même moyenne et le même écart-type qu'auparavant. Il utilise ensuite cette instance pour générer un nouvel ensemble de 1000 points de données. Ces nouveaux points de données sont destinés à imiter les données d'entraînement originales.

Enfin, il trace un histogramme des données nouvellement générées, similaire au premier histogramme. La principale différence ici est que l'histogramme est coloré en bleu (indiqué par 'b'), permettant une comparaison visuelle facile entre les données d'entraînement et les données générées.

Le résultat de ce code serait deux histogrammes : l'un affichant la distribution des données d'entraînement originales et l'autre montrant la distribution des données générées par le modèle génératif simple. Si le modèle génératif fonctionne correctement, les deux histogrammes devraient se ressembler beaucoup, indiquant que le modèle génératif a réussi à imiter la distribution sous-jacente des données d'entraînement.

2.1.4 Applications des modèles génératifs

Les modèles génératifs, qui constituent un aspect fascinant et significatif de l'apprentissage automatique, peuvent être utilisés dans un large éventail d'applications couvrant divers domaines. Ces modèles, avec leur capacité à générer de nouvelles instances de données, possèdent un potentiel transformateur qui peut être exploité de nombreuses façons :

- **Génération d'images :** Les GANs (réseaux antagonistes génératifs) ont été employés pour créer des images réalistes. Ils peuvent générer une grande variété d'images telles que des visages, des paysages et même des œuvres d'art. Cette technologie a joué un rôle déterminant dans le repoussement des limites de ce qui peut être réalisé dans le domaine de l'intelligence artificielle. En générant des images qui imitent étroitement les visuels de la vie réelle, les GANs ont ouvert de nouvelles possibilités dans des domaines comme la réalité virtuelle, les jeux vidéo et l'art numérique.

- **Génération de texte :** Les modèles autorégressifs, dont GPT-4 est un exemple notable, possèdent la capacité impressionnante de générer du texte cohérent et contextuellement pertinent. Cette caractéristique remarquable a ouvert tout un nouveau monde de possibilités dans de nombreux domaines. Ces modèles peuvent être exploités pour la création automatisée de contenu, où ils peuvent générer des articles, des rapports et d'autres formes de contenu avec une intervention humaine minimale. De plus, ils peuvent être utilisés pour alimenter des agents conversationnels, permettant à ces agents de fournir des réponses plus humaines et un soutien dans divers contextes de service client. Ce n'est que la partie émergée de l'iceberg, car les applications potentielles de tels modèles sont vastes et en constante évolution.

- **Composition musicale :** Les autoencodeurs variationnels, communément appelés VAE, ont été employés dans le monde de la musique pour générer des compositions uniques et nouvelles. Ces puissants modèles d'apprentissage automatique analysent les motifs dans la musique sur laquelle ils sont entraînés, puis produisent leurs propres interprétations, menant à la création de pièces musicales inédites. Ces pièces peuvent varier dans leur style et leur complexité, offrant une perspective nouvelle sur ce qui est possible dans le domaine de la composition musicale.

- **Découverte de médicaments :** Dans le domaine de la découverte de médicaments, les modèles génératifs jouent un rôle crucial. Ils sont capables de concevoir de nouvelles molécules qui peuvent potentiellement être développées en médicaments efficaces. Ces modèles génèrent des molécules candidates tout en tenant compte des propriétés souhaitées qui seraient bénéfiques dans le domaine médical. Cette approche innovante non seulement accélère le processus de découverte de médicaments, mais ouvre également de nouvelles voies pour le développement de médicaments pouvant répondre à diverses conditions de santé.

- **Transfert de style :** Le domaine de l'apprentissage automatique a donné naissance à des modèles génératifs, qui possèdent la capacité unique de transférer le style d'une image à une autre. Cette technologie fascinante utilise des algorithmes complexes pour analyser les éléments stylistiques d'une image, puis applique ces éléments à une seconde image. Une myriade d'applications peuvent bénéficier de cette technologie, les plus notables étant le transfert de style artistique et l'amélioration de photos. Dans le cas du transfert de style artistique, le style d'une peinture célèbre peut être reproduit sur une image différente, permettant ainsi aux utilisateurs de créer leurs propres chefs-d'œuvre artistiques. D'autre part, l'amélioration de photos utilise cette technologie pour améliorer la qualité des images, les rendant visuellement plus attrayantes. Les utilisations potentielles du transfert de style sont immenses et témoignent de la puissance des modèles génératifs.

En comprenant le concept et l'importance des modèles génératifs, nous pouvons apprécier leur potentiel pour révolutionner divers domaines et ouvrir de nouvelles possibilités pour les applications d'IA. Dans les prochaines sections, nous approfondirons des types spécifiques de modèles génératifs, en commençant par les réseaux antagonistes génératifs (GANs). Restez à l'écoute !

2.1.5 Modèles génératifs vs. modèles discriminatifs

Pour apprécier pleinement les modèles génératifs, il est important de comprendre en quoi ils diffèrent des modèles discriminatifs.

Modèles génératifs

Ces modèles apprennent la distribution de probabilité conjointe (P(X, Y)), où (X) représente les données d'entrée et (Y) représente les étiquettes. En modélisant la façon dont les données sont générées, ces modèles peuvent créer de nouveaux points de données similaires aux données d'entraînement. Les exemples incluent les GANs, les VAEs et les réseaux bayésiens.

Les modèles génératifs ont un large éventail d'applications. Ils peuvent être utilisés pour l'augmentation de données, rendant le modèle plus robuste et invariant aux changements dans les données. Par exemple, si un modèle est entraîné sur des images qui ont été pivotées ou retournées, il peut reconnaître l'objet d'intérêt quelle que soit son orientation dans l'image.

Les modèles génératifs sont également utilisés dans la détection d'anomalies. En modélisant la distribution normale des données, ils peuvent aider à identifier les anomalies ou les valeurs aberrantes, ce qui est précieux dans des domaines comme la détection de fraude, la sécurité des réseaux et le contrôle de qualité. Ils peuvent détecter trois types d'anomalies : les anomalies ponctuelles (instances uniques éloignées du reste des données), les anomalies contextuelles (anomalies spécifiques au contexte) et les anomalies collectives (un ensemble de points de données qui présentent collectivement le même comportement anormal).

Ces modèles jouent également un rôle important dans les applications créatives, comme la création d'art, de musique et d'autres formes de médias. Ils repoussent les limites de ce qui est possible avec l'IA et peuvent aider à démocratiser le processus créatif, en fournissant des outils puissants à ceux qui n'y auraient peut-être pas eu accès auparavant.

Les modèles génératifs sont également utiles pour comprendre les données. Ils fournissent des aperçus de la structure sous-jacente des données, aidant à découvrir des modèles et des relations cachés. Cette compréhension peut guider le choix des modèles appropriés, influencer le processus d'ingénierie des caractéristiques, et même façonner la formulation du problème lui-même.

Une autre application importante des modèles génératifs est le pré-entraînement d'autres modèles d'apprentissage automatique, fournissant un meilleur point de départ pour des tâches comme la classification ou la régression. Cela peut conduire à une meilleure performance et une convergence plus rapide pendant l'entraînement. De plus, les modèles génératifs ont de vastes applications dans divers domaines comme la génération d'images, la génération de texte, la composition musicale, la découverte de médicaments et le transfert de style.

Modèles discriminatifs

Ces modèles apprennent la probabilité conditionnelle (P(Y|X)), ce qui signifie qu'ils se concentrent sur la correspondance entre les entrées (X) et les sorties (Y). Leur tâche principale est de distinguer entre différentes classes basées sur les caractéristiques d'entrée. Les exemples incluent la régression logistique, les machines à vecteurs de support et les réseaux de neurones traditionnels utilisés pour les tâches de classification.

Dans le contexte de l'apprentissage automatique, les modèles discriminatifs sont très utiles lorsque la tâche consiste à classer ou différencier des points de données en classes ou catégories distinctes. Ils excellent à déterminer les frontières qui séparent différentes classes.

Cependant, contrairement aux modèles génératifs, les modèles discriminatifs ne modélisent pas comment les données sont générées. Ils ne peuvent pas produire de nouveaux points de données similaires à ceux sur lesquels ils ont été entraînés. C'est là que les modèles génératifs ont un avantage. En apprenant la distribution de probabilité conjointe des données d'entrée et des étiquettes, les modèles génératifs sont capables de générer de nouveaux points de données qui ressemblent aux données d'entraînement.

Alors que les modèles discriminatifs sont excellents pour les tâches qui impliquent de classer ou de distinguer entre différentes catégories de données, ils n'ont pas la capacité de générer de nouvelles données réalistes comme peuvent le faire les modèles génératifs.

Les modèles génératifs ont l'avantage de pouvoir générer de nouveaux points de données, ce qui n'est généralement pas possible avec les modèles discriminatifs. Cette capacité à générer des données les rend particulièrement puissants pour diverses applications, comme discuté précédemment.

2.1.6 Fondements mathématiques des modèles génératifs

Les modèles génératifs sont ancrés dans la théorie des probabilités et les statistiques. À leur base, ils impliquent l'estimation de la distribution de probabilité des données d'entraînement. Voici un bref aperçu des concepts mathématiques impliqués :

Fonction de densité de probabilité (PDF)

C'est une fonction statistique qui décrit la probabilité relative qu'une variable aléatoire prenne une valeur spécifique. Dans le domaine des statistiques et des probabilités, la fonction de densité de probabilité joue un rôle crucial. Elle est particulièrement applicable lorsqu'on traite de variables continues, où la PDF est utilisée pour modéliser la distribution des données.

L'importance de la PDF réside dans sa capacité à fournir une description complète de la probabilité d'une variable aléatoire, donnant une compréhension non seulement des résultats individuels, mais de l'ensemble des résultats potentiels. Par conséquent, c'est un outil fondamental dans le domaine de l'analyse statistique et de la théorie des probabilités.

Estimation du maximum de vraisemblance (MLE)

C'est une méthode statistique bien établie qui est souvent employée pour estimer les paramètres d'une distribution de probabilité donnée. Elle fonctionne en maximisant une fonction de vraisemblance, qui est essentiellement une mesure de la façon dont le modèle statistique est capable d'expliquer les données observées.

L'idée centrale derrière le MLE est de trouver l'ensemble de paramètres qui explique le mieux les données observées - en d'autres termes, les paramètres qui rendent les données observées les plus probables. Cette méthode est largement utilisée dans divers domaines, y compris l'apprentissage automatique et l'économétrie, en raison de son interprétation intuitive et de ses propriétés mathématiques.

Variables latentes

Ce sont des variables cachées ou dissimulées qui, bien que non directement observées ou mesurées, sont déduites ou inférées à partir des données observées. Elles ont une valeur significative dans le domaine de la modélisation statistique et de l'analyse de données. Dans une multitude de modèles génératifs utilisés en apprentissage automatique et en intelligence artificielle, ces variables latentes sont déployées comme un outil clé pour capturer et représenter la structure ou le motif sous-jacent inhérent aux données.

Cette structure, bien que non immédiatement visible, peut fournir des aperçus profonds sur la nature et la complexité des données lorsqu'elle est correctement comprise et interprétée à travers le prisme de ces variables latentes.

2.1.7 Applications avancées des modèles génératifs

Les modèles génératifs ne se limitent pas aux applications de base comme la génération d'images et de texte. Ils sont également utilisés dans des domaines plus avancés et spécialisés :

Imagerie biomédicale

Les modèles génératifs jouent un rôle de plus en plus important dans le domaine de l'imagerie biomédicale. Ces modèles informatiques sophistiqués ont la capacité unique de générer des images haute résolution à partir d'entrées relativement basse résolution.

Cette capacité améliore non seulement la clarté et le détail des images, mais elle peut également améliorer considérablement la précision des diagnostics établis à partir de ces images. En produisant des images plus claires et plus détaillées, les professionnels de la santé disposent d'une vue plus complète de l'état du patient, augmentant ainsi la probabilité d'un diagnostic correct et d'un plan de traitement efficace.

Synthèse vocale

Des modèles comme WaveNet ont la capacité impressionnante de générer de la parole de haute fidélité à partir d'entrées textuelles. Cette capacité avancée révolutionne une large gamme d'applications, particulièrement dans la sphère des assistants virtuels et des systèmes de texte-à-parole.

En fournissant une interface utilisateur plus naturelle et réactive, ces systèmes peuvent améliorer significativement l'expérience utilisateur. Cela améliore non seulement l'efficacité de ces systèmes, mais ouvre également de nouvelles possibilités d'interaction et d'accessibilité, en particulier pour les utilisateurs ayant des déficiences visuelles ou d'autres handicaps.

Réalité virtuelle (RV) et réalité augmentée (RA)

Les modèles génératifs jouent un rôle central dans la création d'environnements et d'objets virtuels détaillés et hautement réalistes. Ces environnements complexes formés par les modèles contribuent significativement à améliorer l'expérience immersive offerte par les applications de réalité virtuelle et de réalité augmentée.

Plus l'environnement virtuel est réaliste, plus l'expérience de l'utilisateur devient engageante et immersive. Par conséquent, l'utilisation de modèles génératifs dans les applications de RV et de RA témoigne de l'avancement et du potentiel de ces technologies.

Confidentialité des données

L'un des avantages significatifs des modèles génératifs est leur capacité à créer des ensembles de données synthétiques. Ces modèles peuvent méticuleusement élaborer des ensembles de données qui imitent les propriétés statistiques de leurs homologues du monde réel.

La beauté de cela est que ces ensembles de données synthétiques conservent les caractéristiques essentielles des données originales, mais ne révèlent aucune information sensible. Cette caractéristique des modèles génératifs est incroyablement bénéfique dans le domaine de l'analyse de données. Elle permet une exploration et une analyse complètes des données sans risque de violer les protocoles de confidentialité. En conséquence, les modèles génératifs jouent un rôle crucial dans la préservation de la confidentialité tout en permettant une analyse approfondie des données.

2.1.8 Considérations éthiques

Bien que les modèles génératifs offrent un potentiel considérable, ils soulèvent également d'importantes considérations éthiques :

- **Deepfakes :** Avec l'avancement rapide de la technologie, il est désormais possible de générer des images et des vidéos hautement réalistes à l'aide d'algorithmes d'apprentissage automatique. Cependant, cette capacité peut également être utilisée à mauvais escient pour créer des deepfakes, des médias artificiels mais convaincants qui peuvent représenter de façon crédible des personnes disant ou faisant des choses qui ne se sont jamais produites. Les deepfakes posent des défis importants car ils peuvent propager de la désinformation, compromettre la vie privée, et même potentiellement nuire aux réputations.

- **Biais dans les données générées :** Un problème critique en apprentissage automatique est le risque de biais dans les données d'entraînement. Si les données utilisées pour entraîner les modèles génératifs contiennent des biais, il y a de fortes chances que ces modèles perpétuent ou même amplifient ces biais dans les données qu'ils génèrent. Cela peut conduire à des résultats injustes, c'est pourquoi il est crucial de s'assurer que les données utilisées pour l'entraînement sont non seulement représentatives du monde réel mais aussi équitables.

- **Propriété des données :** La capacité de générer de nouvelles données basées sur des ensembles de données existants met en lumière d'importantes questions concernant la propriété des données et la propriété intellectuelle. Si un modèle génère de nouvelles données à partir d'un ensemble de données existant, qui possède ces nouvelles données ? Cette question est complexe et multiforme, touchant aux implications juridiques et éthiques de l'utilisation et de la génération de données. Il est important pour toutes les parties prenantes de considérer attentivement ces aspects.

En abordant ces considérations éthiques, nous pouvons développer et déployer des modèles génératifs de manière responsable, maximisant leurs avantages tout en minimisant les préjudices potentiels.

2.2 Plongée approfondie dans les types de modèles génératifs

Les modèles génératifs, qui simulent le processus de génération de données pour créer de nouvelles instances de données, se présentent sous diverses formes. Chaque type possède ses propres forces et faiblesses, ainsi que des applications spécifiques où ils excellent. Comprendre les différents types de modèles génératifs est une étape essentielle pour choisir la bonne approche pour une tâche donnée, car cela permet d'évaluer les avantages et les inconvénients de chaque méthode.

Dans cette section complète, nous explorerons certains des types de modèles génératifs les plus reconnus et utilisés. Ceux-ci incluent notamment les Réseaux Antagonistes Génératifs (GANs), les Auto-encodeurs Variationnels (VAEs), les Modèles Autorégressifs et les Modèles basés sur les Flux. Chacun de ces modèles a contribué de manière significative aux avancées dans le domaine.

Pour chaque type de modèle, nous discuterons de leurs principes fondamentaux, détaillant les concepts théoriques qui forment le socle de leur fonctionnement. Nous approfondirons également les structures architecturales qui définissent ces modèles, expliquant comment ces structures sont conçues pour générer efficacement de nouvelles données.

Pour assurer une compréhension pratique, nous fournirons des exemples concrets qui démontrent l'application de ces modèles. Ces exemples illustreront comment ces modèles peuvent être utilisés dans des scénarios réalistes, offrant des aperçus de leur fonctionnalité et de leur efficacité.

2.2.1 Réseaux Antagonistes Génératifs (GANs)

Les Réseaux Antagonistes Génératifs (GANs) sont une catégorie d'algorithmes d'apprentissage automatique utilisés dans l'apprentissage non supervisé. Ils ont été introduits par Ian Goodfellow et ses collègues en 2014. Les GANs sont passionnants et innovants car ils rassemblent des idées de la théorie des jeux, des statistiques et de l'informatique pour générer de nouvelles instances de données qui ressemblent étroitement aux données réelles.

La structure d'un GAN se compose de deux éléments principaux : un Générateur et un Discriminateur, tous deux étant des réseaux de neurones. Le Générateur prend du bruit aléatoire en entrée et génère des échantillons de données qui visent à ressembler aux données réelles. Le Discriminateur, quant à lui, prend en entrée à la fois des échantillons de données réelles et ceux générés par le Générateur, et son travail consiste à les classer correctement comme réels ou faux.

Les deux composants du GAN sont entraînés simultanément. Le Générateur essaie de créer des échantillons de données si réalistes que le Discriminateur ne peut pas les distinguer des échantillons réels. Le Discriminateur, à son tour, essaie de s'améliorer dans la distinction entre les données réelles et les faux produits par le Générateur. Cette interaction crée un environnement compétitif où le Générateur et le Discriminateur s'améliorent ensemble.

La configuration antagoniste des GANs leur permet de générer des données très réalistes. Les données générées sont souvent si proches des données réelles qu'il est difficile de les distinguer. Cela rend les GANs incroyablement puissants et polyvalents, et ils ont été utilisés dans diverses applications, telles que la synthèse d'images, la traduction texte-image, et même dans la génération d'art.

Générateur et Discriminateur

- **Générateur :** Le générateur est un composant qui prend du bruit aléatoire comme entrée. Son rôle dans le processus est de créer des échantillons de données. Ces échantillons sont conçus pour imiter les données d'entraînement originales, développant des sorties qui portent une ressemblance similaire au contenu original.

- **Discriminateur :** Le discriminateur est le second composant de ce système. Il prend en entrée à la fois les données réelles et les données nouvellement générées. Sa fonction principale est de classifier ces échantillons d'entrée. Il fonctionne en distinguant entre les données réelles et les données factices, d'où le terme "discriminateur", car il discrimine entre les vraies données originales et la sortie générée par le générateur.

L'objectif du générateur est de tromper le discriminateur, tandis que le discriminateur vise à identifier correctement les échantillons réels et faux. Ce processus antagoniste se poursuit jusqu'à ce que le générateur produise des données suffisamment réalistes pour que le discriminateur ne puisse plus faire la différence.

Exemple : Implémentation d'un GAN basique

Implémentons un GAN basique pour générer des chiffres manuscrits en utilisant le jeu de données MNIST.

```python
import tensorflow as tf
from tensorflow.keras.layers import Dense, LeakyReLU, Reshape, Flatten
from tensorflow.keras.models import Sequential
import numpy as np

# Generator model
def build_generator():
    model = Sequential([
        Dense(256, input_dim=100),
        LeakyReLU(alpha=0.2),
        Dense(512),
        LeakyReLU(alpha=0.2),
        Dense(1024),
        LeakyReLU(alpha=0.2),
        Dense(784, activation='tanh'),
        Reshape((28, 28, 1))
    ])
    return model

# Discriminator model
def build_discriminator():
    model = Sequential([
        Flatten(input_shape=(28, 28, 1)),
        Dense(1024),
        LeakyReLU(alpha=0.2),
        Dense(512),
        LeakyReLU(alpha=0.2),
        Dense(256),
        LeakyReLU(alpha=0.2),
        Dense(1, activation='sigmoid')
    ])
    return model

# Build and compile the GAN
generator = build_generator()
discriminator = build_discriminator()
```

```python
discriminator.compile(optimizer='adam',                    loss='binary_crossentropy',
metrics=['accuracy'])

# GAN model
discriminator.trainable = False
gan_input = tf.keras.Input(shape=(100,))
gan_output = discriminator(generator(gan_input))
gan = tf.keras.Model(gan_input, gan_output)
gan.compile(optimizer='adam', loss='binary_crossentropy')

# Training the GAN
(x_train, _), (_, _) = tf.keras.datasets.mnist.load_data()
x_train = (x_train.astype(np.float32) - 127.5) / 127.5  # Normalize to [-1, 1]
x_train = np.expand_dims(x_train, axis=-1)
batch_size = 64
epochs = 10000

for epoch in range(epochs):
    # Train discriminator
    idx = np.random.randint(0, x_train.shape[0], batch_size)
    real_images = x_train[idx]
    noise = np.random.normal(0, 1, (batch_size, 100))
    fake_images = generator.predict(noise)
    d_loss_real = discriminator.train_on_batch(real_images, np.ones((batch_size, 1)))
    d_loss_fake = discriminator.train_on_batch(fake_images, np.zeros((batch_size,
1)))
    d_loss = 0.5 * np.add(d_loss_real, d_loss_fake)

    # Train generator
    noise = np.random.normal(0, 1, (batch_size, 100))
    g_loss = gan.train_on_batch(noise, np.ones((batch_size, 1)))

    # Print progress
    if epoch % 1000 == 0:
        print(f"{epoch} [D loss: {d_loss[0]}, acc.: {d_loss[1] * 100}%] [G loss:
{g_loss}]")

# Generate new samples
noise = np.random.normal(0, 1, (10, 100))
generated_images = generator.predict(noise)

# Plot generated images
import matplotlib.pyplot as plt

for i in range(10):
    plt.subplot(2, 5, i+1)
    plt.imshow(generated_images[i, :, :, 0], cmap='gray')
    plt.axis('off')
plt.show()
```

Le script d'exemple utilise TensorFlow, une puissante bibliothèque d'apprentissage automatique, pour implémenter un Réseau Antagoniste Génératif (GAN). Les GANs sont une classe d'algorithmes d'apprentissage automatique capables de générer de nouvelles instances de données ressemblant aux données d'entraînement.

Un GAN se compose de deux composants principaux : un Générateur et un Discriminateur. Le rôle du Générateur est de produire des instances de données artificielles, tandis que le Discriminateur évalue l'authenticité des instances générées. Le Discriminateur tente de déterminer si chaque instance de données qu'il examine appartient à l'ensemble de données d'entraînement réel ou a été créée artificiellement par le Générateur.

Dans ce script, le GAN est entraîné en utilisant le jeu de données MNIST, qui est une vaste collection de chiffres manuscrits. Les images de ce jeu de données sont normalisées dans une plage entre -1 et 1, plutôt que la plage standard de niveaux de gris de 0 à 255. Cette normalisation de plage aide à améliorer la performance et la stabilité du GAN pendant l'entraînement.

Le script définit une architecture spécifique pour le Générateur et le Discriminateur. L'architecture du Générateur se compose de couches Dense (couches entièrement connectées) avec des fonctions d'activation LeakyReLU, et une couche de sortie finale avec une fonction d'activation 'tanh'. L'utilisation de la fonction d'activation 'tanh' signifie que le Générateur produira des valeurs dans la plage de -1 à 1, correspondant à la normalisation de nos données d'entrée. L'architecture du Discriminateur, qui se compose également de couches Dense et LeakyReLU, se termine par une fonction d'activation sigmoïde, qui produira une valeur entre 0 et 1 représentant la probabilité que l'image d'entrée soit réelle (par opposition à générée).

Les deux composants du GAN sont ensuite construits et compilés. Lors de la compilation du Discriminateur, l'optimiseur Adam et la fonction de perte d'entropie croisée binaire sont spécifiés. L'optimiseur Adam est un choix populaire en raison de son efficacité computationnelle et de ses bonnes performances sur un large éventail de problèmes. L'entropie croisée binaire est utilisée comme fonction de perte car il s'agit d'un problème de classification binaire : le Discriminateur essaie de classifier correctement les images comme réelles ou générées.

Dans le modèle GAN lui-même, le Discriminateur est configuré pour ne pas être entraînable. Cela signifie que lorsque nous entraînons le GAN, seuls les poids du Générateur sont mis à jour. Cela est nécessaire car lorsque nous entraînons le GAN, nous voulons que le Générateur apprenne à tromper le Discriminateur, sans que le Discriminateur n'apprenne simultanément à mieux distinguer les images réelles des images générées.

Le processus d'entraînement du GAN implique d'alterner entre l'entraînement du Discriminateur et du Générateur. Pour chaque époque (itération sur l'ensemble du jeu de données), un lot d'images réelles et un lot d'images générées sont donnés au Discriminateur pour classification. Les poids du Discriminateur sont mis à jour en fonction de sa performance, puis le Générateur est entraîné en utilisant le modèle GAN. Le Générateur tente de générer des images que le Discriminateur classifiera comme réelles.

Après le processus d'entraînement, le script génère de nouvelles images à partir de bruit aléatoire en utilisant le Générateur entraîné. Ces images sont tracées à l'aide de matplotlib, une bibliothèque populaire de visualisation de données en Python. Le résultat final est un ensemble d'images qui ressemblent aux chiffres manuscrits du jeu de données MNIST, démontrant le succès du GAN dans l'apprentissage de la génération de nouvelles données ressemblant aux données d'entraînement.

En résumé, le GAN implémenté dans ce script est un modèle puissant capable de générer de nouvelles instances de données qui ressemblent à un jeu d'entraînement donné. Dans ce cas, il apprend avec succès à générer des images de chiffres manuscrits ressemblant à ceux du jeu de données MNIST.

2.2.2 Auto-encodeurs Variationnels (VAE)

Les Auto-encodeurs Variationnels, souvent désignés par VAE, sont un type très apprécié de modèle génératif dans le domaine de l'apprentissage automatique. Les VAE intègrent ingénieusement les principes des auto-encodeurs, qui sont des réseaux de neurones conçus pour reproduire leurs entrées à leurs sorties, avec les principes de l'inférence variationnelle, une méthode statistique pour approximer des distributions complexes. L'application de ces principes combinés permet aux VAE de générer de nouveaux échantillons de données similaires à ceux sur lesquels ils ont été entraînés.

La structure d'un Auto-encodeur Variationnel comprend deux composants principaux. Le premier est un encodeur, qui fonctionne pour transformer les données d'entrée en un espace latent de dimension inférieure. Le second composant est un décodeur, qui travaille dans la direction opposée, transformant la représentation compressée de l'espace latent en l'espace de données original. Ensemble, ces deux composants permettent une génération efficace de données, faisant des VAE un outil puissant en apprentissage automatique.

- **Encodeur:** Le rôle de l'encodeur dans le système est de projeter les données d'entrée sur un espace latent. Cet espace latent est généralement caractérisé par une moyenne et un écart-type. En substance, l'encodeur est responsable de la compression des données d'entrée en une représentation latente plus compacte, qui capture les caractéristiques essentielles de l'entrée.

- **Décodeur:** D'autre part, le décodeur est chargé de générer de nouveaux échantillons de données. Il le fait en échantillonnant à partir de l'espace latent sur lequel l'encodeur a projeté les données. Une fois qu'il a ces échantillons, il les projette ensuite dans l'espace de données original. Ce processus reconstruit essentiellement de nouveaux échantillons de données à partir des représentations compressées fournies par l'encodeur.

Les VAE emploient un type unique de fonction de perte dans leur fonctionnement. Cette fonction de perte est essentiellement une combinaison de deux éléments différents. La première partie est l'erreur de reconstruction, qui est une mesure de la précision avec laquelle les données générées par le modèle correspondent aux données d'entrée initiales. C'est un aspect crucial à considérer, car l'objectif principal du VAE est de produire des sorties aussi proches que possible des entrées originales.

La seconde partie de la fonction de perte implique un terme de régularisation. Ce terme est utilisé pour évaluer à quel point la distribution de l'espace latent, qui est l'espace où le VAE encode les données, correspond à une distribution préalable déterminée. Cette distribution préalable est généralement une distribution gaussienne.

L'équilibre de ces deux éléments dans la fonction de perte permet au VAE de générer des données à la fois précises dans leur représentation des données originales et bien régularisées en termes de distribution sous-jacente.

Exemple : Implémentation d'un VAE basique

Implémentons un VAE basique pour générer des chiffres manuscrits en utilisant le jeu de données MNIST.

```python
import tensorflow as tf
from tensorflow.keras.layers import Dense, Flatten, Reshape, Lambda
from tensorflow.keras.models import Model
from tensorflow.keras.losses import binary_crossentropy
from tensorflow.keras import backend as K

# Sampling function
def sampling(args):
    z_mean, z_log_var = args
    batch = tf.shape(z_mean)[0]
    dim = tf.shape(z_mean)[1]
    epsilon = tf.keras.backend.random_normal(shape=(batch, dim))
    return z_mean + K.exp(0.5 * z_log_var) * epsilon

# Encoder model
input_img = tf.keras.Input(shape=(28, 28, 1))
x = Flatten()(input_img)
x = Dense(512, activation='relu')(x)
x = Dense(256, activation='relu')(x)
z_mean = Dense(2)(x)
z_log_var = Dense(2)(x)
z = Lambda(sampling, output_shape=(2,))([z_mean, z_log_var])
encoder = Model(input_img, z)

# Decoder model
decoder_input = tf.keras.Input(shape=(2,))
x = Dense(256, activation='relu')(decoder_input)
x = Dense(512, activation='relu')(x)
x = Dense(28 * 28, activation='sigmoid')(x)
```

```
output_img = Reshape((28, 28, 1))(x)
decoder = Model(decoder_input, output_img)

# VAE model
output_img = decoder(encoder(input_img))
vae = Model(input_img, output_img)

# VAE loss function
reconstruction_loss            =            binary_crossentropy(K.flatten(input_img),
K.flatten(output_img))
reconstruction_loss *= 28 * 28
kl_loss = 1 + z_log_var - K.square(z_mean) - K.exp(z_log_var)
kl_loss = K.sum(kl_loss, axis=-1)
kl_loss *= -0.5
vae_loss = K.mean(reconstruction_loss + kl_loss)
vae.add_loss(vae_loss)
vae.compile(optimizer='adam')

# Training the VAE
(x_train, _), (_, _) = tf.keras.datasets.mnist.load_data()
x_train = (x_train.astype(np.float32) / 255.0) - 0.5
x_train = np.expand_dims(x_train, axis=-1)
vae.fit(x_train, epochs=50, batch_size=128, verbose=1)

# Generate new samples
z_sample = np.array([[0.0, 0.0]])
generated_image = decoder.predict(z_sample)

# Plot generated image
plt.imshow(generated_image[0, :, :, 0], cmap='gray')
plt.axis('off')
plt.show()
```

Cet exemple utilise TensorFlow et Keras pour implémenter un Auto-encodeur Variationnel (VAE), un type spécifique de modèle génératif utilisé en apprentissage automatique.

Le script commence par importer les bibliothèques nécessaires. TensorFlow est une bibliothèque puissante pour le calcul numérique, particulièrement adaptée pour l'apprentissage automatique à grande échelle. Keras est une API de réseaux de neurones de haut niveau, écrite en Python et capable de fonctionner au-dessus de TensorFlow.

Le script définit ensuite une fonction appelée sampling. Cette fonction prend en entrée un tuple de deux arguments, z_mean et z_log_var. Ceux-ci représentent la moyenne et la variance des variables latentes dans l'auto-encodeur. La fonction génère une distribution normale aléatoire basée sur ces entrées, créant une variabilité dans les données qui contribue à la capacité du modèle à générer des sorties diverses.

Ensuite, il définit la partie encodeur du VAE. L'encodeur est un réseau de neurones qui compresse les données d'entrée dans un espace 'latent' de dimension inférieure. L'entrée de l'encodeur est une image de forme 28x28x1. Cette entrée est d'abord aplatie puis passée à travers deux couches Dense avec une activation 'relu'. Le résultat de ces opérations est deux vecteurs : z_mean et z_log_var. Ces vecteurs sont utilisés pour échantillonner un point de l'espace latent en utilisant la fonction sampling définie précédemment.

Le modèle décodeur est ensuite défini. C'est un autre réseau de neurones qui effectue la fonction inverse de l'encodeur : il prend un point dans l'espace latent et le 'décode' pour le ramener dans l'espace de données original. Le décodeur prend le point échantillonné de l'espace latent comme entrée, le fait passer par deux couches Dense avec une activation 'relu', puis par une couche Dense finale avec une activation 'sigmoid'. La sortie est reformatée à la taille de l'image originale.

Le modèle VAE est ensuite construit en combinant l'encodeur et le décodeur. La sortie du décodeur est la sortie finale du VAE.

Le script définit également une fonction de perte personnalisée pour le VAE, qui est ajoutée au modèle en utilisant la méthode add_loss. Cette fonction de perte est une combinaison de la perte de reconstruction et de la perte de divergence KL. La perte de reconstruction mesure la précision avec laquelle le VAE peut reconstruire l'image d'entrée originale à partir de l'espace latent, et est calculée comme l'entropie croisée binaire entre les images d'entrée et de sortie. La perte de divergence KL mesure à quel point la distribution des données encodées correspond à une distribution normale standard, et est utilisée pour garantir que l'espace latent possède de bonnes propriétés qui permettent la génération de nouvelles données.

Après avoir défini le modèle et la fonction de perte, le script compile le VAE en utilisant l'optimiseur Adam. Il charge ensuite le jeu de données MNIST, normalise les données pour qu'elles soient comprises entre -0,5 et 0,5, et entraîne le VAE sur ce jeu de données pendant 50 époques.

Après l'entraînement, le VAE peut générer de nouvelles images qui ressemblent aux chiffres manuscrits du jeu de données MNIST. Le script génère une telle image en alimentant un point échantillon de l'espace latent (dans ce cas, l'origine) dans le décodeur. Cette image générée est ensuite tracée et affichée.

2.2.3 Modèles Autorégressifs

Les modèles autorégressifs sont un type de modèle statistique capable de générer des données une étape à la fois. Dans cette méthode, chaque étape est conditionnée et dépendante des étapes précédentes. Cette caractéristique unique rend ces modèles particulièrement efficaces lorsqu'il s'agit de données séquentielles, comme le texte et les séries temporelles.

Ils sont capables de comprendre et de prédire les points futurs dans la séquence en se basant sur les informations des étapes précédentes. Parmi les exemples les plus notables de modèles autorégressifs figurent PixelRNN et PixelCNN, qui sont utilisés dans la génération d'images, et les modèles basés sur les transformers comme GPT-3 et GPT-4.

Ces modèles basés sur les transformers font la une des journaux pour leurs impressionnantes capacités de génération de langage, montrant le large éventail d'applications pour lesquelles les modèles autorégressifs peuvent être utilisés.

- **PixelRNN/PixelCNN :** Ce sont des modèles avancés qui créent des images de manière méthodique, pixel par pixel. Le mécanisme principal de ce processus est basé sur le conditionnement de chaque pixel par rapport à ceux précédemment générés. Cette technique garantit que les pixels suivants sont générés en contexte, en tenant compte de la structure et du motif existants de l'image.

- **GPT-4 :** Se présentant comme un modèle autorégressif basé sur les transformers à la pointe de la technologie, GPT-4 fonctionne en générant du texte. La caractéristique distinctive de son mécanisme est de prédire le mot suivant dans une séquence. Cependant, plutôt que des prédictions aléatoires, celles-ci sont conditionnées par les mots précédents. Cette méthode consciente du contexte permet la création de texte cohérent et contextuellement précis.

Exemple : Génération de texte avec GPT-4

Pour utiliser GPT-4, nous pouvons utiliser l'API d'OpenAI. Voici un exemple de la façon dont vous pourriez générer du texte en utilisant GPT-4 avec l'API OpenAI.

```python
import openai

# Set your OpenAI API key
openai.api_key = 'your-api-key-here'

# Define the prompt for GPT-4
prompt = "Once upon a time in a distant land, there was a kingdom where"

# Generate text using GPT-4
response = openai.Completion.create(
    engine="gpt-4",
    prompt=prompt,
    max_tokens=50,
    n=1,
    stop=None,
    temperature=0.7
)

# Extract the generated text
generated_text = response.choices[0].text.strip()
print(generated_text)
```

Cet exemple utilise le puissant modèle GPT-4 d'OpenAI pour générer du texte. Ce processus est réalisé grâce à l'API OpenAI, qui permet aux développeurs d'utiliser les capacités du modèle GPT-4 dans leurs propres applications.

Le script commence par importer la bibliothèque openai, qui fournit les fonctions nécessaires pour interagir avec l'API OpenAI.

À l'étape suivante, le script définit la clé API pour OpenAI. Cette clé est utilisée pour authentifier l'utilisateur auprès de l'API OpenAI et doit être gardée secrète. La clé est définie comme une valeur de chaîne pour la variable openai.api_key.

Après avoir configuré la clé API OpenAI, le script définit un prompt pour le modèle GPT-4. Le prompt sert de point de départ pour la génération de texte et est défini comme une valeur de chaîne pour la variable prompt.

Le script appelle ensuite la fonction openai.Completion.create pour générer une complétion de texte. Cette fonction crée une complétion de texte en utilisant le modèle GPT-4. La fonction reçoit plusieurs paramètres :

- engine : Ce paramètre spécifie le moteur à utiliser pour la génération de texte. Dans ce cas, gpt-4 est spécifié, ce qui représente le modèle GPT-4.

- prompt : Ce paramètre fournit le texte initial ou le contexte à partir duquel le modèle GPT-4 génère le texte. La valeur de la variable prompt est transmise à ce paramètre.

- max_tokens : Ce paramètre spécifie le nombre maximum de tokens (mots) que le texte généré doit contenir. Dans ce cas, la valeur est fixée à 50.

- n : Ce paramètre spécifie le nombre de complétions à générer. Dans ce cas, il est fixé à 1, ce qui signifie qu'une seule complétion de texte sera générée.

- stop : Ce paramètre spécifie une séquence de tokens à laquelle la génération de texte doit s'arrêter. Dans ce cas, la valeur est définie à None, ce qui signifie que la génération de texte ne s'arrêtera pas à une séquence spécifique de tokens.

- temperature : Ce paramètre contrôle l'aléatoire de la sortie. Une valeur plus élevée rend la sortie plus aléatoire, tandis qu'une valeur plus basse la rend plus déterministe. Ici, elle est fixée à 0.7.

Après avoir généré la complétion de texte, le script extrait le texte généré de la réponse. La ligne de code response.choices[0].text.strip() extrait le texte de la première (et dans ce cas, unique) complétion générée et supprime tout espace blanc en début et fin.

Enfin, le script affiche le texte généré à l'aide de la fonction print. Cela permet à l'utilisateur de visualiser le texte qui a été généré par le modèle GPT-4.

Cet exemple démontre comment utiliser l'API OpenAI et le modèle GPT-4 pour générer du texte. En fournissant un prompt et en spécifiant des paramètres comme le nombre maximum de tokens et l'aléatoire de la sortie, les développeurs peuvent générer du texte qui répond à leurs besoins spécifiques.

2.2.4 Modèles basés sur les flux

Les modèles basés sur les flux sont un type de modèle génératif en apprentissage automatique capables de modéliser des distributions complexes de données. Ils apprennent une fonction de transformation qui mappe les données d'une distribution simple vers la distribution complexe et observée des données du monde réel.

Un type populaire de modèle basé sur les flux est les **Flux Normalisants**. Les Flux Normalisants appliquent une série de transformations inversibles à une distribution de base simple (comme une distribution gaussienne) pour la transformer en une distribution plus complexe qui correspond mieux aux données observées. Les transformations sont choisies pour être inversibles afin que le processus puisse être facilement inversé, permettant un échantillonnage efficace à partir de la distribution apprise.

Les modèles basés sur les flux offrent un outil puissant pour modéliser des distributions complexes et générer de nouvelles données. Ils sont particulièrement utiles dans les scénarios où une estimation précise de la densité est requise, et ils offrent l'avantage d'un calcul exact de la vraisemblance et d'un échantillonnage efficace.

Exemple : Implémentation d'un modèle simple basé sur les flux

Implémentons un flux normalisant simple en utilisant l'architecture RealNVP.

```python
import tensorflow as tf
from tensorflow.keras.layers import Dense, Lambda
from tensorflow.keras.models import Model

# Affine coupling layer
class AffineCoupling(tf.keras.layers.Layer):
    def __init__(self, units):
        super(AffineCoupling, self).__init__()
        self.dense_layer = Dense(units)

    def call(self, x, reverse=False):
        x1, x2 = tf.split(x, 2, axis=1)
        shift_and_log_scale = self.dense_layer(x1)
        shift, log_scale = tf.split(shift_and_log_scale, 2, axis=1)
        scale = tf.exp(log_scale)

        if not reverse:
            y2 = x2 * scale + shift
            return tf.concat([x1, y2], axis=1)
        else:
            y2 = (x2 - shift) / scale
            return tf.concat([x1, y2], axis=1)

# Normalizing flow model
class RealNVP(Model):
    def __init__(self, num_layers, units):
        super(RealNVP, self).__init__()
```

```
        self.coupling_layers = [AffineCoupling(units) for _ in range(num_layers)]

    def call(self, x, reverse=False):
        if not reverse:
            for layer in self.coupling_layers:
                x = layer(x)
        else:
            for layer in reversed(self.coupling_layers):
                x = layer(x, reverse=True)
        return x

# Create and compile the model
num_layers = 4
units = 64
flow_model = RealNVP(num_layers, units)
flow_model.compile(optimizer='adam', loss='mse')

# Generate data
x_train = np.random.normal(0, 1, (1000, 2))

# Train the model
flow_model.fit(x_train, x_train, epochs=50, batch_size=64, verbose=1)

# Sample new data
z = np.random.normal(0, 1, (10, 2))
generated_data = flow_model(z, reverse=True)

# Plot generated data
plt.scatter(generated_data[:, 0], generated_data[:, 1], color='b')
plt.title('Generated Data')
plt.xlabel('x')
plt.ylabel('y')
plt.show()
```

Ce script d'exemple est écrit en utilisant TensorFlow et Keras, des bibliothèques puissantes respectivement pour le calcul numérique et l'apprentissage profond.

Tout d'abord, les bibliothèques nécessaires sont importées. tensorflow est utilisé pour créer et entraîner le modèle, tandis que Dense et Lambda sont des types spécifiques de couches utilisées dans le modèle, et Model est une classe utilisée pour définir le modèle.

Le script définit ensuite une classe appelée AffineCoupling, qui est une sous-classe de tf.keras.layers.Layer. Cette classe représente une couche de couplage affine, un type de couche utilisé dans l'architecture RealNVP. Les couches de couplage affine appliquent une transformation affine à la moitié des variables d'entrée, conditionnée par l'autre moitié. La classe possède une méthode _init_ pour l'initialisation et une méthode call pour le calcul en avant. Dans la méthode _init_, une couche dense (entièrement connectée) est créée. Dans la méthode call, l'entrée est divisée en deux moitiés, une transformation est appliquée à une moitié conditionnée par l'autre, puis les deux moitiés sont concaténées à nouveau. Ce processus est légèrement différent selon que la couche est utilisée dans la direction avant ou inverse, ce qui est contrôlé par l'argument reverse.

Ensuite, le script définit une autre classe appelée RealNVP, qui est une sous-classe de Model. Cette classe représente le modèle RealNVP, qui consiste en une série de couches de couplage affine. La classe possède une méthode _init_ pour l'initialisation et une méthode call pour le calcul en avant. Dans la méthode _init_, un certain nombre de couches de couplage affine sont créées. Dans la méthode call, l'entrée est passée à travers chacune de ces couches dans l'ordre (ou dans l'ordre inverse si reverse est True).

Après avoir défini ces classes, le script crée une instance du modèle RealNVP avec 4 couches et 64 unités (neurones) par couche. Il compile ensuite le modèle avec l'optimiseur Adam et la fonction de perte d'erreur quadratique moyenne. L'optimiseur Adam est un choix populaire pour les modèles d'apprentissage profond en raison de son efficacité computationnelle et de ses bonnes performances sur une large gamme de problèmes. L'erreur quadratique moyenne est un choix courant pour les problèmes de régression, et dans ce cas, elle est utilisée pour mesurer la différence entre les prédictions du modèle et les valeurs réelles.

Le script génère ensuite des données d'entraînement à partir d'une distribution normale standard. Ces données forment un tableau à 2 dimensions avec 1000 lignes et 2 colonnes, où chaque élément est un nombre aléatoire tiré d'une distribution normale standard (une distribution normale avec une moyenne de 0 et un écart-type de 1).

Le modèle est ensuite entraîné sur ces données pendant 50 époques avec une taille de lot de 64. Au cours de chaque époque, les poids du modèle sont mis à jour afin de minimiser la perte sur les données d'entraînement. La taille du lot contrôle combien de points de données sont utilisés pour calculer le gradient de la fonction de perte lors de chaque mise à jour.

Après l'entraînement, le script génère de nouvelles données en échantillonnant à partir d'une distribution normale standard et en appliquant la transformation inverse du modèle RealNVP. Ces nouvelles données devraient suivre une distribution similaire à celle des données d'entraînement.

Enfin, le script trace les données générées à l'aide de matplotlib. Le nuage de points montre les valeurs des deux variables dans les données générées, avec la couleur de chaque point correspondant à sa densité. Cela fournit une représentation visuelle de la distribution des données générées.

2.2.5 Avantages et défis des modèles génératifs

Chaque type de modèle génératif présente ses propres avantages et défis, qui peuvent influencer le choix du modèle en fonction de l'application spécifique et des exigences.

Réseaux antagonistes génératifs (GANs)

- **Avantages :**

- Capacité à générer des images et des échantillons de données hautement réalistes.

- Large gamme d'applications, notamment la synthèse d'images, la super-résolution et le transfert de style.

- Avancées et variations continues, comme StyleGAN et CycleGAN, qui améliorent les performances et étendent les capacités.

- **Défis :**

  - Instabilité d'entraînement due à la nature antagoniste du modèle.

  - Effondrement de mode, où le générateur produit des variétés limitées d'échantillons.

  - Nécessite un réglage minutieux des hyperparamètres et des architectures.

Auto-encodeurs variationnels (VAEs)

- **Avantages :**

  - Fondement théorique basé sur l'inférence probabiliste.

  - Capacité à apprendre des représentations latentes significatives.

  - Interpolation fluide dans l'espace latent, permettant des applications comme la génération de données et la détection d'anomalies.

- **Défis :**

  - Les échantillons générés peuvent être moins nets et réalistes par rapport aux GANs.

  - Équilibrer la perte de reconstruction et le terme de régularisation pendant l'entraînement.

Modèles autorégressifs

- **Avantages :**

  - Excellentes performances sur les données séquentielles, comme le texte et l'audio.

  - Capables de capturer les dépendances à long terme dans les données.

  - Les modèles basés sur les transformers (par exemple, GPT-3) ont établi de nouveaux standards dans les tâches de traitement du langage naturel.

- **Défis :**

  - Processus de génération lent, en particulier pour les longues séquences.

o   Coût computationnel élevé pour l'entraînement de grands modèles comme GPT-3.

o   Nécessite de grandes quantités de données pour l'entraînement.

Modèles basés sur les flux

- **Avantages :**

    o   Estimation exacte de la vraisemblance et échantillonnage efficace.

    o   Les transformations inversibles fournissent des insights sur la distribution des données.

    o   Adaptés à l'estimation de densité et à la détection d'anomalies.

- **Défis :**

    o   Complexité de la conception et de l'implémentation des transformations inversibles.

    o   Peut nécessiter d'importantes ressources computationnelles pour l'entraînement.

2.2.6 Variations avancées et applications réelles

Variations avancées des GANs

StyleGAN

StyleGAN est un type de modèle d'intelligence artificielle introduit pour générer des images. La caractéristique unique de StyleGAN est son architecture de générateur basée sur le style, qui permet un plus grand contrôle sur la création d'images. Ceci est particulièrement utile dans des applications comme la génération et la manipulation d'images faciales.

Dans le modèle StyleGAN, le générateur crée des images en ajoutant progressivement des détails à différentes échelles. Ce processus commence par une image simple à basse résolution, et au fur et à mesure qu'il progresse, le générateur ajoute de plus en plus de détails, aboutissant à une image réaliste à haute résolution. L'aspect unique de StyleGAN est qu'il applique différents styles à différents niveaux de détail. Par exemple, il peut utiliser un style pour la forme générale de l'objet, un autre style pour les caractéristiques fines comme les textures, et ainsi de suite.

Cette architecture basée sur le style permet un meilleur contrôle sur les images générées. Elle permet aux utilisateurs de manipuler des aspects spécifiques de l'image sans affecter les autres. Par exemple, dans le cas de la génération d'images faciales, on peut changer la coiffure d'un visage généré sans altérer d'autres caractéristiques comme la forme du visage ou les yeux.

Dans l'ensemble, StyleGAN représente une avancée significative dans la modélisation générative. Sa capacité à générer des images de haute qualité et à offrir un contrôle précis sur le processus de génération en a fait un outil précieux dans diverses applications, allant de l'art et du design à la santé et au divertissement.

Exemple :

Voici un exemple de la façon dont vous pouvez utiliser un modèle StyleGAN pré-entraîné pour générer des images. Pour simplifier, nous utiliserons la bibliothèque stylegan2-pytorch, qui fournit une interface facile à utiliser pour StyleGAN2.

Tout d'abord, assurez-vous d'avoir les bibliothèques nécessaires installées. Vous pouvez installer la bibliothèque stylegan2-pytorch en utilisant pip :

```
pip install stylegan2-pytorch
```

Maintenant, voici un exemple de code qui montre comment utiliser un modèle StyleGAN2 pré-entraîné pour générer des images :

```
import torch
from stylegan2_pytorch import ModelLoader
import matplotlib.pyplot as plt

# Load pre-trained StyleGAN2 model
model = ModelLoader(name='ffhq', load_model=True)

# Generate random latent vectors
num_images = 5
latent_vectors = torch.randn(num_images, 512)

# Generate images using the model
generated_images = model.generate(latent_vectors)

# Plot the generated images
fig, axs = plt.subplots(1, num_images, figsize=(15, 15))
for i, img in enumerate(generated_images):
    axs[i].imshow(img.permute(1, 2, 0).cpu().numpy())
    axs[i].axis('off')

plt.show()
```

Dans cet exemple :

1. Importation des bibliothèques requises : Le script commence par importer les bibliothèques nécessaires. torch est PyTorch, une bibliothèque populaire pour les tâches d'apprentissage profond, particulièrement pour l'entraînement des réseaux de neurones profonds. stylegan2_pytorch est une bibliothèque qui contient l'implémentation de StyleGAN2, un type de GAN connu pour sa capacité à générer des images de haute qualité. matplotlib.pyplot est une bibliothèque utilisée pour créer des visualisations statiques, animées et interactives en Python.

2. Chargement du modèle StyleGAN2 pré-entraîné : La classe ModelLoader de la bibliothèque stylegan2_pytorch est utilisée pour charger un modèle StyleGAN2 pré-entraîné. L'argument name='ffhq' indique que le modèle entraîné sur le jeu de données FFHQ (Flickr-Faces-HQ) est chargé. L'argument load_model=True garantit que les poids du modèle, qui ont été appris pendant le processus d'entraînement, sont chargés.

3. Génération de vecteurs latents aléatoires : Un vecteur latent est une représentation de données dans un espace où des points de données similaires sont proches les uns des autres. Dans les GANs, les vecteurs latents sont utilisés comme entrée pour le générateur. Le code latent_vectors = torch.randn(num_images, 512) génère un ensemble de vecteurs latents aléatoires en utilisant la fonction torch.randn, qui génère un tenseur rempli de nombres aléatoires suivant une distribution normale. Le nombre de vecteurs latents générés est spécifié par num_images, et chaque vecteur latent a une longueur de 512.

4. Génération d'images à l'aide du modèle : Les vecteurs latents sont transmis à la fonction generate du modèle. Cette fonction utilise le modèle StyleGAN2 pour transformer les vecteurs latents en images synthétiques. Chaque vecteur latent générera une image, donc dans ce cas, cinq images sont générées.

5. Affichage des images générées : Les images générées sont visualisées à l'aide de la bibliothèque matplotlib.pyplot. Une figure et un ensemble de sous-graphiques sont créés en utilisant plt.subplots. Les arguments 1, num_images de plt.subplots spécifient que les sous-graphiques doivent être disposés sur une seule ligne. L'argument figsize=(15, 15) spécifie la taille de la figure en pouces. Ensuite, une boucle for est utilisée pour afficher chaque image dans un sous-graphique. La fonction imshow est utilisée pour afficher les images, et la partie permute(1, 2, 0).cpu().numpy() est nécessaire pour réorganiser les dimensions du tenseur d'image et le convertir en un tableau NumPy, qui est le format attendu par imshow. La fonction axis('off') est utilisée pour désactiver les étiquettes des axes. Enfin, plt.show() est appelé pour afficher la figure.

C'est une démonstration puissante de la façon dont les modèles pré-entraînés peuvent être utilisés pour générer des données synthétiques, dans ce cas des images, ce qui peut être utile dans une large gamme d'applications.

CycleGAN

CycleGAN, abréviation de Cycle-Consistent Adversarial Networks, est un type de réseau antagoniste génératif (GAN) utilisé pour les tâches de traduction d'image à image. La caractéristique unique de CycleGAN est qu'il ne nécessite pas d'exemples d'entraînement appariés. Contrairement à de nombreux autres algorithmes de traduction d'images, qui nécessitent des exemples correspondants dans le domaine source et le domaine cible (par exemple, une photo d'un paysage et une peinture du même paysage), CycleGAN peut apprendre à traduire entre deux domaines avec des exemples non appariés.

Le principe sous-jacent de CycleGAN est l'introduction d'une fonction de perte de cohérence cyclique qui impose une cohérence en avant et en arrière. Cela signifie que si une image du domaine source est traduite vers le domaine cible puis retraduite vers le domaine source, l'image finale doit être identique à l'image originale. Il en va de même pour les images du domaine cible.

Cette approche unique rend CycleGAN très utile pour les tâches où l'obtention d'exemples d'entraînement appariés est difficile ou impossible. Par exemple, il peut être utilisé pour convertir des photographies en peintures dans le style d'un certain artiste, ou pour changer la saison ou l'heure de la journée dans des photos en extérieur.

CycleGAN se compose de deux GANs, chacun avec un générateur et un discriminateur. Les générateurs sont responsables de la traduction d'images d'un domaine à un autre, tandis que les discriminateurs sont utilisés pour différencier les images réelles des images générées. Les générateurs et les discriminateurs sont entraînés ensemble, les générateurs essayant de créer des images que les discriminateurs ne peuvent pas distinguer des images réelles, et les discriminateurs améliorant constamment leur capacité à détecter les images générées.

Bien que CycleGAN se soit avéré très efficace dans les tâches de traduction d'image à image, il a ses limites. La qualité des images générées dépend fortement de la qualité et de la diversité des données d'entraînement. Si les données d'entraînement ne sont pas assez diverses, le modèle peut ne pas bien généraliser à de nouvelles images. De plus, comme les GANs sont notoirement difficiles à entraîner, amener un CycleGAN à converger vers une bonne solution peut nécessiter un réglage minutieux de l'architecture du modèle et des paramètres d'entraînement.

CycleGAN est un outil puissant pour la traduction d'image à image, particulièrement dans les scénarios où les données d'entraînement appariées ne sont pas disponibles. Il a été utilisé dans diverses applications, du transfert de style artistique à la génération de données synthétiques, et continue d'être un domaine de recherche actif dans le domaine de la vision par ordinateur.

Exemple :

Voici un exemple utilisant un modèle CycleGAN pré-entraîné pour effectuer une traduction d'image à image. Nous utiliserons les bibliothèques torch et torchvision ainsi qu'un modèle CycleGAN disponible dans le module torchvision.models. Cet exemple montre comment charger un modèle pré-entraîné et l'utiliser pour effectuer une traduction d'image à image.

Tout d'abord, assurez-vous d'avoir les bibliothèques nécessaires installées :

pip install torch torchvision Pillow matplotlib

Maintenant, voici un exemple de code qui montre comment utiliser un modèle CycleGAN pré-entraîné pour traduire des images :

```
import torch
from torchvision import transforms
from torchvision.models import cyclegan
```

```python
from PIL import Image
import matplotlib.pyplot as plt

# Define the transformation to apply to the input image
transform = transforms.Compose([
    transforms.Resize((256, 256)),
    transforms.ToTensor(),
    transforms.Normalize((0.5, 0.5, 0.5), (0.5, 0.5, 0.5)),
])

# Load the input image
input_image_path = 'path_to_your_input_image.jpg'
input_image = Image.open(input_image_path).convert('RGB')
input_image = transform(input_image).unsqueeze(0)  # Add batch dimension

# Load the pre-trained CycleGAN model
model = cyclegan(pretrained=True).eval()  # Use the model in evaluation mode

# Perform the image-to-image translation
with torch.no_grad():
    translated_image = model(input_image)

# Post-process the output image
translated_image = translated_image.squeeze().cpu().numpy()
translated_image = translated_image.transpose(1, 2, 0)  # Rearrange dimensions
translated_image = (translated_image * 0.5 + 0.5) * 255.0  # Denormalize and convert
to 0-255 range
translated_image = translated_image.astype('uint8')

# Display the original and translated images
plt.figure(figsize=(12, 6))
plt.subplot(1, 2, 1)
plt.title('Original Image')
plt.imshow(Image.open(input_image_path))
plt.axis('off')

plt.subplot(1, 2, 2)
plt.title('Translated Image')
plt.imshow(translated_image)
plt.axis('off')

plt.show()
```

Dans cet exemple :

1. Le script commence par importer les bibliothèques nécessaires. Celles-ci comprennent torch pour les calculs généraux sur les tenseurs, torchvision pour charger et transformer les images, PIL (Python Imaging Library) pour gérer les fichiers image, et matplotlib pour visualiser le résultat.

2. Le script définit une séquence de transformations à appliquer à l'image d'entrée. Ces transformations sont nécessaires pour préparer l'image au traitement par le modèle. Les transformations sont définies à l'aide de transforms.Compose et comprennent le redimensionnement de l'image à 256x256 pixels (transforms.Resize((256, 256))), la conversion de l'image en tenseur PyTorch (transforms.ToTensor()), et la normalisation du tenseur pour que ses valeurs soient dans l'intervalle [-1, 1] (transforms.Normalize((0.5, 0.5, 0.5), (0.5, 0.5, 0.5))).

3. Le script charge ensuite une image à partir d'un chemin de fichier spécifié et lui applique les transformations définies. L'image est ouverte à l'aide de Image.open(input_image_path).convert('RGB'), qui lit le fichier image et le convertit au format RGB. Le tenseur d'image transformé est ensuite étendu en ajoutant une dimension supplémentaire à l'aide de unsqueeze(0) pour créer une dimension de lot, car le modèle attend un lot d'images en entrée.

4. Le script charge un modèle CycleGAN pré-entraîné en utilisant cyclegan(pretrained=True).eval(). L'argument pretrained=True garantit que les poids du modèle, qui ont été appris pendant le processus de pré-entraînement, sont chargés. La fonction eval() met le modèle en mode évaluation, ce qui est nécessaire lorsque le modèle est utilisé pour l'inférence plutôt que pour l'entraînement.

5. Le script effectue la traduction d'image à image en faisant passer le tenseur d'image d'entrée préparé à travers le modèle. Cela se fait dans un contexte torch.no_grad() pour empêcher PyTorch de garder une trace des calculs pour le calcul du gradient, car les gradients ne sont pas nécessaires pendant l'inférence.

6. Le script post-traite l'image de sortie pour la rendre adaptée à la visualisation. Tout d'abord, il supprime la dimension de lot en appelant squeeze(). Ensuite, il déplace le tenseur vers la mémoire CPU en utilisant cpu(), le convertit en tableau numpy avec numpy(), réorganise les dimensions en utilisant transpose(1, 2, 0) pour que la dimension des canaux vienne en dernier (comme attendu par matplotlib), dénormalise les valeurs des pixels dans la plage [0, 255] avec (translated_image * 0.5 + 0.5) * 255.0, et enfin convertit le type de données en uint8 (entier non signé sur 8 bits) avec astype('uint8').

7. Enfin, le script utilise matplotlib pour afficher les images originale et traduite côte à côte. Il crée une figure de taille 12x6 pouces, ajoute deux sous-tracés (un pour chaque image), définit le titre de chaque sous-tracé, affiche les images en utilisant imshow(), désactive les étiquettes des axes avec axis('off'), et affiche la figure avec show().

Ce script fournit un exemple de la façon dont un modèle CycleGAN pré-entraîné peut être utilisé pour la traduction d'image à image. Vous pouvez remplacer l'image d'entrée et le modèle par d'autres pour voir comment le modèle fonctionne sur différentes tâches.

Applications réelles des VAE

- **Imagerie médicale :** Les Auto-encodeurs variationnels (VAE) jouent un rôle crucial dans le domaine de l'imagerie médicale. Ils sont utilisés pour générer des images médicales synthétiques, qui peuvent être utilisées pour entraîner des modèles d'apprentissage automatique et à des fins de recherche. Cette capacité à produire de grands volumes d'images synthétiques est particulièrement précieuse pour surmonter l'un des défis importants dans le domaine médical, qui est la rareté des données médicales étiquetées.

- **Composition musicale :** Dans le domaine de la musique, les VAE ont montré un potentiel énorme. Ils peuvent être utilisés pour générer de nouvelles pièces musicales en apprenant les représentations latentes des pièces musicales existantes. Cela a ouvert un nouvel horizon d'applications créatives dans la production musicale. Cela donne aux compositeurs et aux producteurs de musique un outil unique pour expérimenter, leur permettant de créer des compositions musicales innovantes.

Applications réelles des modèles autorégressifs

- **Modèles de langage :** Les modèles autorégressifs basés sur les transformeurs, tels que le GPT-4 avancé et sophistiqué, jouent un rôle intégral dans une variété d'applications. Celles-ci vont des chatbots interactifs et réactifs capables de mener des conversations semblables à celles des humains, aux systèmes de génération automatique de contenu qui produisent du texte de haute qualité en une fraction du temps qu'il faudrait à un humain. Ils sont également utilisés dans les services de traduction, où ils contribuent à briser les barrières linguistiques en fournissant des traductions précises et nuancées.

- **Synthèse vocale :** Les modèles autorégressifs ne se limitent pas au texte mais étendent aussi leurs capacités à la parole. Des modèles comme WaveNet sont essentiels pour générer de la parole de haute fidélité à partir d'entrées textuelles. Cela a considérablement amélioré la qualité des systèmes de synthèse vocale, les rendant plus naturels et moins robotiques. En conséquence, ces systèmes sont devenus plus conviviaux et accessibles, s'avérant particulièrement bénéfiques pour les personnes ayant des déficiences visuelles ou des problèmes d'alphabétisation.

Applications réelles des modèles basés sur les flux

- **Détection d'anomalies :** Dans le domaine de l'analyse de données, les modèles basés sur les flux ont eu un impact significatif. Ces modèles sont spécifiquement utilisés pour détecter des anomalies dans un vaste ensemble de données. Cela est réalisé en construisant un modèle qui encapsule complètement la distribution normale des données. Une fois ce modèle en place, il peut être utilisé pour identifier tout écart par rapport à la norme attendue, mettant efficacement en évidence toute anomalie.

- **Simulations physiques :** L'application des flux normalisants s'étend au-delà de l'analyse de données dans le domaine des simulations physiques. Ils sont employés pour simuler des systèmes physiques complexes et intriqués. Cela s'accomplit en modélisant les distributions sous-jacentes des propriétés physiques qui régissent ces systèmes. Grâce à cette méthode, nous pouvons atteindre une compréhension détaillée et profonde des comportements et des interactions du système.

2.3 Développements récents dans les modèles génératifs

Le domaine des modèles génératifs, pierre angulaire de l'apprentissage automatique et de l'intelligence artificielle, a connu des avancées remarquables ces dernières années. Ces développements ont été transformateurs, non seulement en améliorant la qualité et les capacités de ces modèles génératifs, mais aussi en élargissant leurs applications à travers une myriade de domaines.

Dans cette section complète, nous plongerons dans l'exploration de certains des développements récents les plus significatifs et révolutionnaires dans le domaine des modèles génératifs. Cette exploration inclura, sans s'y limiter, les avancées en architecture, les techniques d'entraînement innovantes, et les nouvelles applications qui étaient autrefois considérées comme impossibles.

Ces avancées en architecture ont redessiné les éléments fondamentaux des modèles génératifs, ouvrant la voie à des résultats plus efficaces et précis. Simultanément, les techniques d'entraînement innovantes ont révolutionné le processus d'apprentissage de ces modèles, les rendant plus intelligents et plus robustes.

De plus, les nouvelles applications de ces modèles génératifs de nouvelle génération ont élargi les horizons de ce que nous pensions autrefois possible, brisant les barrières conventionnelles à travers divers domaines.

Pour rendre ce voyage plus pratique et accessible, nous fournirons également des exemples tangibles et concrets pour illustrer ces développements révolutionnaires. Ces exemples aideront non seulement à comprendre les avancées théoriques, mais aussi à apprécier les implications pratiques de ces développements dans le monde réel.

2.3.1 Avancées dans les améliorations architecturales

L'un des domaines remarquables connaissant des progrès considérables dans le domaine des modèles génératifs est l'amélioration et le raffinement des architectures de modèles. Des architectures innovantes et inédites ont été méticuleusement conçues et implémentées pour relever des défis spécifiques qui ont émergé dans ce domaine.

Ces défis englobent un large éventail de domaines, comme la génération d'images à plus haute résolution. Cette avancée a significativement amélioré la qualité des résultats, offrant un niveau de détail et de clarté sans précédent dans les images générées.

Une autre amélioration notable peut être observée dans la stabilité du processus d'entraînement. Cette optimisation a assuré une performance de modèle plus fiable et cohérente pendant la phase d'entraînement, améliorant ainsi l'efficacité et l'efficience globales du modèle.

De plus, ces nouvelles conceptions ont facilité une génération plus contrôlable. Cette fonctionnalité a donné aux chercheurs et aux praticiens un plus grand contrôle et une plus grande flexibilité sur le processus de génération, leur permettant d'obtenir des résultats plus précis et conformes à leurs attentes.

StyleGAN

StyleGAN, ou Réseau antagoniste génératif basé sur le style, a été développé par des chercheurs de NVIDIA et introduit en 2018. Il représente une avancée significative dans le domaine des modèles génératifs, particulièrement dans la génération d'images hautement réalistes.

La caractéristique remarquable de StyleGAN est son architecture unique. Il introduit un générateur basé sur le style qui apporte un nouveau niveau de contrôle au processus de génération d'images. Contrairement aux GAN traditionnels, qui introduisent un vecteur latent directement dans le générateur, StyleGAN introduit le vecteur latent dans un réseau de mapping. Ce réseau de mapping transforme le vecteur latent en une série de vecteurs de style, qui sont ensuite utilisés à chaque couche de convolution dans le générateur pour contrôler le style des images générées à différents niveaux de détail.

Cette architecture permet la manipulation d'attributs de haut niveau tels que la pose et les expressions faciales d'une manière plus découplée, ce qui signifie que modifier un attribut a un effet minimal sur les autres. Par exemple, avec StyleGAN, il est possible de changer la couleur des cheveux d'un visage généré sans affecter la pose ou l'expression faciale.

StyleGAN a été utilisé pour générer certains des visages humains artificiels les plus réalistes à ce jour, mais ses applications ne se limitent pas aux visages humains. Il peut être entraîné pour générer tout, des polices de caractères aux voitures, en passant par les personnages d'anime et les créatures fantastiques, à condition de disposer de suffisamment de données d'entraînement.

La capacité de StyleGAN à générer des images de haute qualité, diverses et contrôlables en a fait un outil précieux dans divers domaines, notamment l'art, le divertissement et la recherche. Il continue d'inspirer de nouvelles recherches et développements dans le domaine des modèles génératifs, contribuant à l'avancement plus large de l'intelligence artificielle.

Exemple : Utilisation de StyleGAN pour la génération d'images

```
import torch
from stylegan2_pytorch import ModelLoader
import matplotlib.pyplot as plt

# Load pre-trained StyleGAN2 model
model = ModelLoader(name='ffhq', load_model=True)
```

```
# Generate random latent vectors
num_images = 5
latent_vectors = torch.randn(num_images, 512)

# Generate images using the model
generated_images = model.generate(latent_vectors)

# Plot the generated images
fig, axs = plt.subplots(1, num_images, figsize=(15, 15))
for i, img in enumerate(generated_images):
    axs[i].imshow(img.permute(1, 2, 0).cpu().numpy())
    axs[i].axis('off')

plt.show()
```

Ce script d'exemple est conçu pour générer des images à l'aide d'un modèle StyleGAN2 pré-entraîné. C'est un exemple de la façon d'utiliser des modèles génératifs, en particulier les réseaux antagonistes génératifs (GAN), pour créer du nouveau contenu.

Le code commence par importer les bibliothèques nécessaires. PyTorch, une bibliothèque d'apprentissage automatique open-source populaire, est utilisée pour gérer les calculs tensoriels et les opérations de réseaux de neurones. Le modèle StyleGAN2 du package stylegan2_pytorch est utilisé pour générer des images. La bibliothèque matplotlib est utilisée pour tracer et visualiser les images générées.

Le code charge ensuite un modèle StyleGAN2 pré-entraîné. Ce modèle, nommé 'ffhq', a été entraîné sur un grand ensemble de données de visages humains. L'utilisation d'un modèle pré-entraîné nous permet de tirer parti de la capacité acquise du modèle à générer des images de haute qualité sans avoir à entraîner le modèle nous-mêmes, ce qui peut être coûteux en calcul et en temps.

Ensuite, le code génère des vecteurs latents aléatoires. Dans le contexte des GAN, un vecteur latent est un vecteur d'entrée aléatoire que le générateur utilise pour produire une image. La taille du vecteur latent est de 512, ce qui signifie qu'il contient 512 valeurs aléatoires. Le nombre de vecteurs latents générés correspond au nombre d'images que nous voulons générer, qui dans ce cas est de 5.

Les vecteurs latents aléatoires sont ensuite transmis au modèle StyleGAN2 pour générer des images. Le modèle prend chaque vecteur latent et le transforme en image. Cette transformation est apprise pendant le processus d'entraînement, où le modèle apprend à générer des images qui ressemblent aux données d'entraînement.

Enfin, les images générées sont tracées à l'aide de pyplot de matplotlib. Une figure avec 5 sous-graphiques est créée, chaque sous-graphique affichant une image générée. Pour préparer les images au tracé, la dimension du canal de couleur est ajustée à l'aide de la fonction permute, les images sont transférées de la mémoire GPU à la mémoire CPU à l'aide de la fonction cpu, et les tenseurs PyTorch sont convertis en tableaux NumPy à l'aide de la fonction numpy. Les étiquettes des axes sont désactivées pour plus de clarté visuelle.

Ce script fournit un exemple simple de la façon d'utiliser un modèle StyleGAN2 pré-entraîné pour générer des images. En changeant le modèle ou les vecteurs latents, vous pouvez générer différents types d'images et explorer les capacités du modèle.

BigGAN

BigGAN, abréviation de Big Generative Adversarial Networks, est un type avancé de modèle génératif conçu pour créer des images hautement réalistes. Introduit par des chercheurs de DeepMind, le modèle se distingue par sa taille plus grande par rapport aux GAN traditionnels, d'où le nom "BigGAN".

L'architecture plus large du modèle lui permet de générer des images haute résolution et détaillées avec un degré remarquable de réalisme. Cela est réalisé en utilisant des modèles plus grands et plus de données d'entraînement, ce qui en retour fournit une génération d'images de plus haute qualité et plus diverse.

Une autre caractéristique clé de BigGAN est son utilisation d'une technique connue sous le nom de régularisation orthogonale et d'embeddings partagés. Ces techniques aident à stabiliser le processus d'entraînement et à améliorer les performances du modèle.

La capacité de BigGAN à produire des images de haute qualité en a fait un outil précieux dans divers domaines. Par exemple, il peut être utilisé pour générer des données pour l'entraînement d'apprentissage automatique, créer des œuvres d'art, ou même concevoir des environnements virtuels. Malgré ses exigences en matière de calcul, BigGAN représente un bond significatif dans le domaine des modèles génératifs.

GPT-3 et GPT-4

GPT-3 et GPT-4, abréviation de Generative Pretrained Transformer 3 et 4, sont des itérations avancées des modèles d'intelligence artificielle développés par OpenAI. Ces modèles sont conçus pour comprendre et générer du texte semblable à celui des humains en fonction des entrées qu'ils reçoivent.

La caractéristique distinctive de ces modèles est leur échelle et leur capacité. Avec des milliards de paramètres, GPT-3 et GPT-4 sont capables de comprendre le contexte, les nuances et les subtilités du langage que les modèles précédents ne pouvaient pas saisir. Ils sont entraînés à l'aide d'ensembles de données diversifiés et étendus, ce qui leur permet de générer des passages de texte cohérents et contextuellement pertinents.

L'un des aspects les plus impressionnants de ces modèles est leur polyvalence. Ils peuvent effectuer une large gamme de tâches linguistiques, comme la traduction, le résumé de texte et la réponse aux questions, sans nécessiter de réglage fin spécifique à la tâche. Cela en fait un excellent outil pour une variété d'applications, incluant, mais sans s'y limiter, les chatbots de service client, la création de contenu et les services de traduction linguistique.

Dans le contexte des modèles génératifs, les avancées représentées par GPT-3 et GPT-4 sont significatives. Elles démontrent le potentiel de l'IA à comprendre et à générer le langage humain, créant ainsi une voie pour des interactions plus sophistiquées et nuancées entre les humains et l'IA à l'avenir.

Exemple : Génération de texte avec GPT-4

```python
import openai

# Set your OpenAI API key
openai.api_key = 'your-api-key-here'

# Define the prompt for GPT-4
prompt = "Once upon a time in a distant land, there was a kingdom where"

# Generate text using GPT-4
response = openai.Completion.create(
    engine="gpt-4",
    prompt=prompt,
    max_tokens=50,
    n=1,
    stop=None,
    temperature=0.7
)

# Extract the generated text
generated_text = response.choices[0].text.strip()
print(generated_text)
```

Dans cet exemple :

1. **Importer la bibliothèque OpenAI :** C'est la première ligne du script. La bibliothèque OpenAI fournit les fonctions et méthodes nécessaires pour interagir avec l'API OpenAI et utiliser ses fonctionnalités.

2. **Définir votre clé API OpenAI :** L'API OpenAI nécessite une clé API pour l'authentification. Cette clé est unique à chaque utilisateur et permet à OpenAI d'identifier qui effectue l'appel API. Cette clé doit rester confidentielle.

3. **Définir l'invite pour GPT-4 :** L'invite est un morceau de texte que le modèle GPT-4 utilisera comme point de départ pour générer son propre texte. Dans ce script, l'invite est "Once upon a time in a distant land, there was a kingdom where", qui établit un scénario narratif sur lequel le modèle peut s'appuyer.

4. **Générer du texte avec GPT-4 :** C'est ici que se produit la génération de texte proprement dite. Le script appelle la méthode openai.Completion.create, en passant plusieurs paramètres :

- o engine : Ceci spécifie quelle version du modèle utiliser. Dans ce cas, il est défini sur "gpt-4".

- o prompt : C'est la variable contenant le texte d'invite.

- o max_tokens : C'est le nombre maximum de tokens (mots ou parties de mots) que le modèle générera. Trop de tokens pourraient donner un texte trop long et possiblement incohérent, tandis que trop peu pourraient ne pas fournir assez d'information. Ici, il est fixé à 50.

- o n : C'est le nombre de textes distincts à générer. Ici, il est fixé à 1.

- o stop : Ce paramètre peut être utilisé pour spécifier une ou plusieurs séquences d'arrêt, à la rencontre desquelles le modèle cessera de générer du texte supplémentaire. Dans ce cas, il n'est pas utilisé.

- o temperature : Ce paramètre contrôle l'aléatoire de la sortie. Une température plus élevée donne une sortie plus aléatoire, tandis qu'une température plus basse rend la sortie plus déterministe (moins aléatoire). Ici, elle est fixée à 0,7.

5. **Extraire le texte généré :** La méthode openai.Completion.create renvoie un objet de réponse qui contient le texte généré ainsi que d'autres informations. Cette ligne de code extrait seulement le texte généré de la réponse.

6. **Afficher le texte généré :** Enfin, le texte généré est affiché dans la console.

Cet exemple est un excellent point de départ pour explorer les capacités de génération de texte d'OpenAI. Vous pouvez modifier l'invite ou les paramètres passés à openai.Completion.create pour générer différents types de texte.

2.3.2 Techniques avancées pour l'entraînement des modèles

Le processus d'entraînement des modèles génératifs, en particulier les Réseaux Antagonistes Génératifs (GANs), peut souvent présenter des défis importants. Ces défis proviennent fréquemment de problèmes tels que l'effondrement de mode, où le générateur produit des variétés limitées d'échantillons, et l'instabilité d'entraînement, qui peut conduire à la non-convergence du modèle.

Ces dernières années, il y a eu des développements significatifs dans ce domaine. Les chercheurs ont introduit une variété de nouvelles techniques conçues spécifiquement pour répondre à ces défis souvent rencontrés lors de l'entraînement des modèles génératifs.

Ces avancées ont non seulement amélioré l'efficacité du processus, mais l'ont également rendu plus rationalisé et efficient. Par conséquent, l'évolution de ces techniques continue d'être un domaine clé d'intérêt dans le développement continu et l'amélioration du processus d'entraînement des modèles génératifs.

Normalisation Spectrale

La Normalisation Spectrale est une technique avancée largement utilisée dans l'entraînement des Réseaux Antagonistes Génératifs (GANs). Elle vise à stabiliser le processus d'apprentissage et à améliorer la généralisation des modèles en contrôlant la constante de Lipschitz du discriminateur.

La technique fonctionne en normalisant les matrices de poids dans le réseau en utilisant la norme spectrale, qui est la plus grande valeur singulière de ces matrices. La norme spectrale d'une matrice fournit une mesure de l'amplitude de la matrice en termes de son effet sur les longueurs de vecteurs. Dans le contexte des réseaux de neurones, cela est important car cela aide à prévenir le problème de gradient explosif, un problème courant qui peut survenir pendant l'entraînement des réseaux de neurones.

En contrôlant la norme spectrale des matrices de poids, la normalisation spectrale assure que la constante de Lipschitz du discriminateur est restreinte, ce qui à son tour aide à stabiliser l'entraînement des GANs. Cela est particulièrement utile car les GANs sont connus pour être difficiles à entraîner en raison de leur nature antagoniste, où le générateur et le discriminateur sont entraînés simultanément dans un cadre de théorie des jeux.

Par conséquent, la normalisation spectrale joue un rôle crucial dans l'entraînement de modèles GAN plus stables et plus performants. Elle a été déterminante dans le développement de plusieurs architectures GAN à la pointe de la technologie et continue d'être un domaine de recherche important dans le domaine des modèles génératifs.

Exemple : Application de la Normalisation Spectrale

```python
import torch
import torch.nn as nn

# Define a simple discriminator with spectral normalization
class Discriminator(nn.Module):
    def __init__(self):
        super(Discriminator, self).__init__()
        self.model = nn.Sequential(
            nn.utils.spectral_norm(nn.Conv2d(3, 64, 4, stride=2, padding=1)),
            nn.LeakyReLU(0.2, inplace=True),
            nn.utils.spectral_norm(nn.Conv2d(64, 128, 4, stride=2, padding=1)),
            nn.LeakyReLU(0.2, inplace=True),
            nn.Flatten(),
            nn.utils.spectral_norm(nn.Linear(128 * 8 * 8, 1))
        )

    def forward(self, x):
        return self.model(x)

# Instantiate the discriminator
discriminator = Discriminator()
```

Dans cet exemple :

Ce fragment de code utilise la bibliothèque PyTorch pour définir un modèle discriminateur simple pour un Réseau Antagoniste Génératif (GAN).

Un GAN est composé de deux éléments principaux : un générateur et un discriminateur. Le rôle du générateur est de créer des données qui ressemblent le plus possible aux données réelles, tandis que le rôle du discriminateur est de distinguer entre les données réelles et les données falsifiées. Dans ce cas, le code Python définit la structure du discriminateur.

Le discriminateur dans ce code est conçu comme une classe nommée 'Discriminator' qui hérite de la classe de base nn.Module de PyTorch. Cet héritage est crucial car il fournit à notre classe discriminateur de nombreux attributs et méthodes intégrés pour faciliter le calcul et l'interaction avec les autres fonctionnalités de PyTorch.

À l'intérieur de la classe, deux méthodes sont définies : __init__ et forward. La méthode __init__ est une méthode Python spéciale qui est automatiquement appelée lorsque nous créons une nouvelle instance d'une classe. Elle aide à configurer un nouvel objet.

La méthode forward définit le passage avant des entrées. Dans PyTorch, nous avons seulement besoin de définir le passage avant. PyTorch gère automatiquement le passage arrière ou la rétropropagation lors du calcul des gradients.

La structure de ce modèle discriminateur est définie à l'aide de la classe nn.Sequential. Cette classe contient un conteneur ordonné de modules. Les données passent par tous les modules dans le même ordre que celui défini.

Ce modèle comporte deux couches convolutives. Les deux couches utilisent la normalisation spectrale (une technique pour stabiliser l'entraînement du discriminateur en normalisant les poids dans le réseau) et des fonctions d'activation Leaky ReLU. L'utilisation de Leaky ReLU aide à résoudre le problème des neurones ReLU mourants qui peut survenir dans l'entraînement des réseaux de neurones profonds.

Le modèle comprend également une couche d'aplatissement utilisant nn.Flatten(). Les couches d'aplatissement sont utilisées pour aplatir l'entrée. Par exemple, si l'entrée de la couche est un tenseur de taille (batch_size, a, b, c), la sortie de la couche serait un tenseur de taille (batch_size, abc).

Enfin, une couche linéaire est ajoutée pour transformer la sortie en une seule valeur. La couche linéaire utilise également la normalisation spectrale.

À la fin du fragment de code, une instance de la classe Discriminator est créée. Cette instance, nommée 'discriminator', peut maintenant être utilisée dans l'entraînement d'un GAN.

Apprentissage auto-supervisé

L'apprentissage auto-supervisé est une technique puissante dans le domaine de l'apprentissage automatique. Contrairement à l'apprentissage supervisé, qui repose sur des données étiquetées, l'apprentissage auto-supervisé génère ses propres étiquettes à partir des données d'entrée. Cela en fait un outil incroyablement précieux, en particulier dans les situations où les données étiquetées sont rares ou coûteuses à acquérir.

Dans l'apprentissage auto-supervisé, le modèle apprend à prédire une partie des données d'entrée à partir d'autres parties des données d'entrée. Par exemple, dans le contexte du traitement du langage naturel, un modèle pourrait être entraîné à prédire le prochain mot d'une phrase en se basant sur les mots précédents. Cela permettrait au modèle d'apprendre la structure et la sémantique du langage de manière non supervisée, sans avoir besoin de données étiquetées.

Cette technique d'apprentissage est particulièrement efficace lorsqu'elle est utilisée avec des modèles génératifs comme les Réseaux Antagonistes Génératifs (GANs) et les Auto-encodeurs Variationnels (VAEs). En créant des tâches auxiliaires qui ne nécessitent pas de données étiquetées, le modèle peut apprendre des représentations utiles à partir de données non étiquetées, ce qui conduit à une amélioration des performances.

Dans les tâches de génération d'images, par exemple, un modèle d'apprentissage auto-supervisé pourrait être entraîné à prédire la couleur d'un pixel en fonction des pixels environnants, ou à prédire une moitié d'une image étant donné l'autre moitié. Ces tâches peuvent aider le modèle à apprendre des caractéristiques importantes sur la structure et le contenu des images, qui peuvent ensuite être utilisées pour générer de nouvelles images réalistes.

Dans l'ensemble, l'apprentissage auto-supervisé offre une approche prometteuse pour entraîner des modèles d'apprentissage automatique de manière rentable et efficace. À mesure que des techniques d'apprentissage auto-supervisé plus sophistiquées sont développées, nous pouvons nous attendre à voir encore plus d'améliorations dans les performances des modèles génératifs.

Exemple : Apprentissage auto-supervisé pour la génération d'images

```python
import torch
from torch import nn, optim
from torchvision import datasets, transforms
from torch.utils.data import DataLoader

# Define a simple autoencoder for self-supervised learning
class Autoencoder(nn.Module):
    def __init__(self):
        super(Autoencoder, self).__init__()
        self.encoder = nn.Sequential(
            nn.Conv2d(3, 64, 4, stride=2, padding=1),
            nn.ReLU(inplace=True),
            nn.Conv2d(64, 128, 4, stride=2, padding=1),
            nn.ReLU(inplace=True)
        )
        self.decoder = nn.Sequential(
            nn.ConvTranspose2d(128, 64, 4, stride=2, padding=1),
```

```python
            nn.ReLU(inplace=True),
            nn.ConvTranspose2d(64, 3, 4, stride=2, padding=1),
            nn.Tanh()
        )

    def forward(self, x):
        x = self.encoder(x)
        x = self.decoder(x)
        return x

# Load CIFAR-10 dataset
transform = transforms.Compose([
    transforms.ToTensor(),
    transforms.Normalize((0.5, 0.5, 0.5), (0.5, 0.5, 0.5)),
])
dataset    =    datasets.CIFAR10(root='./data',    train=True,    download=True,
transform=transform)
dataloader = DataLoader(dataset, batch_size=64, shuffle=True)

# Instantiate the autoencoder
autoencoder = Autoencoder()
criterion = nn.MSELoss()
optimizer = optim.Adam(autoencoder.parameters(), lr=0.001)

# Train the autoencoder
for epoch in range(10):
    for images, _ in dataloader:
        optimizer.zero_grad()
        outputs = autoencoder(images)
        loss = criterion(outputs, images)
        loss.backward()
        optimizer.step()
    print(f'Epoch [{epoch+1}/10], Loss: {loss.item():.4f}')

# Generate new images using the trained autoencoder
sample_images, _ = next(iter(dataloader))
reconstructed_images = autoencoder(sample_images)

# Plot the original and reconstructed images
fig, axs = plt.subplots(2, 8, figsize=(15, 4))
for i in range(8):
    axs[0, i].imshow(sample_images[i].permute(1, 2, 0).cpu().numpy() * 0.5 + 0.5)
    axs[0, i].axis('off')
    axs[1, i].imshow(reconstructed_images[i].permute(1, 2, 0).detach().cpu().numpy()
* 0.5 + 0.5)
    axs[1, i].axis('off')

plt.show()
```

Dans cet exemple :

Le code commence par importer les bibliothèques nécessaires. Cela inclut PyTorch, son sous-module torch.nn (pour construire des réseaux de neurones), torch.optim (pour optimiser les paramètres du modèle), torchvision pour télécharger et charger des jeux de données populaires, des transformations pour ces jeux de données, et DataLoader pour faciliter l'itération sur les jeux de données.

Ensuite, le code définit une classe pour l'auto-encodeur, qui est un type de réseau neuronal artificiel utilisé pour apprendre des représentations efficaces des données d'entrée. L'auto-encodeur se compose de deux composants principaux : un encodeur et un décodeur. L'encodeur réduit la dimensionnalité des données d'entrée, capturant leurs caractéristiques les plus importantes dans une représentation compressée. Le décodeur utilise ensuite cette représentation compressée pour reconstruire les données d'entrée originales aussi fidèlement que possible.

L'encodeur et le décodeur sont chacun définis comme une pile séquentielle de couches convolutives. L'encodeur commence avec une entrée de 3 canaux (correspondant aux canaux de couleur RVB d'une image), applique une couche convolutive 2D avec une taille de noyau de 4, un pas de 2, et un remplissage de 1 qui produit 64 canaux, puis applique une fonction d'activation ReLU (Unité Rectifiée Linéaire). Il poursuit avec une autre couche convolutive et une activation ReLU, terminant avec 128 canaux de sortie. Le décodeur reflète cette structure mais utilise des couches convolutives transposées (également connues sous le nom de convolutions à pas fractionnés ou déconvolutions) pour augmenter la résolution spatiale des entrées, et se termine par une fonction d'activation Tanh.

La méthode forward pour la classe auto-encodeur applique d'abord l'encodeur aux données d'entrée, puis alimente la représentation compressée résultante dans le décodeur pour générer la sortie reconstruite.

Le code charge ensuite le jeu de données CIFAR-10, un jeu de données populaire en apprentissage automatique composé de 60 000 images couleur de 32x32 pixels réparties en 10 classes, avec 6 000 images par classe. Le jeu de données est chargé avec une transformation qui convertit d'abord les images en tenseurs PyTorch puis normalise leurs valeurs.

Un DataLoader est créé pour le jeu de données afin de permettre une itération facile sur les données par lots. La taille du lot est fixée à 64, ce qui signifie que l'auto-encodeur sera entraîné en utilisant 64 images à la fois. Le paramètre shuffle est défini sur True pour s'assurer que les données sont mélangées à chaque époque.

L'auto-encodeur est ensuite instancié, et une fonction de perte MSE (Erreur Quadratique Moyenne) et un optimiseur Adam sont définis pour l'entraînement du modèle. Le taux d'apprentissage de l'optimiseur est fixé à 0,001.

Le code entre ensuite dans la boucle d'entraînement, qui s'exécute pendant 10 époques. Dans chaque époque, il itère sur tous les lots d'images dans le dataloader. Pour chaque lot, il réinitialise d'abord les gradients dans l'optimiseur, puis alimente les images dans l'auto-encodeur pour obtenir les sorties reconstruites. Il calcule la perte MSE entre les sorties et les images originales, rétropropage les gradients à travers l'auto-encodeur, et met à jour les paramètres de l'auto-encodeur en utilisant l'optimiseur. Après chaque époque, il affiche l'époque actuelle et la perte sur le dernier lot d'images.

Après l'entraînement, le code utilise l'auto-encodeur entraîné pour générer des images reconstruites à partir d'un lot d'images échantillons, puis trace les images originales et reconstruites côte à côte pour comparaison. Les images originales et reconstruites sont tracées dans un sous-graphique à 2 rangées, avec les images originales dans la première rangée et les images reconstruites dans la seconde. Chaque image est dénormalisée (en multipliant par 0,5 et en ajoutant 0,5 pour ramener les valeurs des pixels dans la plage [0, 1]) et permutée pour changer la dimension du canal de couleur pour un affichage correct, puis détachée de son graphe de calcul et convertie en tableau NumPy pour le traçage avec Matplotlib. Les étiquettes des axes sont désactivées pour une clarté visuelle.

Ce code fournit un exemple simple de la façon dont l'apprentissage auto-supervisé peut être utilisé pour la génération d'images. En entraînant l'auto-encodeur à reconstruire ses images d'entrée, il apprend à capturer les caractéristiques les plus importantes des données dans une représentation compressée, qui peut ensuite être utilisée pour générer de nouvelles images similaires.

2.3.3 Applications nouvelles et leur impact

Les avancées rapides dans les modèles génératifs ont ouvert une multitude d'applications dans divers domaines. Ces avancées n'ont pas seulement permis de nouvelles possibilités, mais ont également considérablement amélioré les processus existants, les rendant plus efficaces et plus performants.

Super-résolution d'image : Une nouvelle ère d'amélioration d'image

Les modèles génératifs, et plus spécifiquement les Réseaux Antagonistes Génératifs (GANs), ont trouvé une application réussie dans le domaine de la super-résolution d'image. L'objectif principal de cette application est d'améliorer et d'augmenter la résolution d'images à basse résolution, les transformant efficacement en versions haute résolution. Les GANs de super-résolution (SRGANs) ont montré des résultats impressionnants dans ce domaine, démontrant leur capacité à produire des images haute résolution riches en détails fins. Cette application des modèles génératifs représente une avancée significative dans le domaine de l'amélioration et de la manipulation d'images.

Découverte de médicaments : Pionniers de nouvelles frontières en médecine

Dans le domaine de la découverte de médicaments, les modèles génératifs sont utilisés pour générer de nouvelles structures moléculaires possédant les propriétés souhaitées. Cette application innovante exploite la capacité des modèles génératifs à explorer l'espace chimique vaste et complexe, et à proposer de nouveaux composés qui pourraient potentiellement servir de candidats médicaments. En exploitant la puissance de ces modèles, les chercheurs peuvent accélérer le processus de découverte de médicaments, ouvrant la voie à de nouveaux traitements et thérapies en médecine.

Génération d'objets 3D

Les modèles génératifs connaissent une application croissante dans le domaine de la génération d'objets 3D. Une telle technologie rend possible la création de modèles 3D détaillés et réalistes qui offrent un grand potentiel pour diverses applications. Ces applications s'étendent à travers de nombreux secteurs comme le jeu vidéo, où ces modèles peuvent améliorer l'expérience utilisateur en fournissant un environnement immersif. Ils sont également précieux en réalité virtuelle, contribuant à la création de mondes virtuels réalistes. De plus, ils sont utiles en conception assistée par ordinateur, fournissant un outil pour créer des conceptions plus précises.

Pour répondre à ce besoin, des techniques innovantes sont en cours de développement. Parmi celles-ci, les Réseaux Antagonistes Génératifs 3D (GANs) et les modèles basés sur les Auto-encodeurs Variationnels (VAE) se démarquent. Ces modèles ont été spécifiquement développés pour créer des objets 3D, illustrant les avancées de l'intelligence artificielle et ses capacités dans le monde moderne.

Exemple : Génération d'objets 3D avec un GAN basé sur les voxels

```python
import torch
import torch.nn as nn

# Define a simple 3D GAN for voxel-based object generation
class VoxelGenerator(nn.Module):
    def __init__(self):
        super(VoxelGenerator, self).__init__()
        self.model = nn.Sequential(
            nn.Linear(100, 128),
            nn.ReLU(inplace=True),
            nn.Linear(128, 256),
            nn.ReLU(inplace=True),
            nn.Linear(256, 512),
            nn.ReLU(inplace=True),
            nn.Linear(512, 32*32*32),
            nn.Tanh()
        )

    def forward(self, z):
        return self.model(z).view(-1, 32, 32, 32)

# Instantiate the generator
voxel_generator = VoxelGenerator()

# Generate random latent vectors
num_voxels = 5
latent_vectors = torch.randn(num_voxels, 100)
```

```
# Generate 3D voxel objects
generated_voxels = voxel_generator(latent_vectors)

# Visualize the generated 3D objects
import matplotlib.pyplot as

 plt
from mpl_toolkits.mplot3d import Axes3D

fig = plt.figure(figsize=(15, 15))
for i in range(num_voxels):
    ax = fig.add_subplot(1, num_voxels, i+1, projection='3d')
    ax.voxels(generated_voxels[i].detach().numpy() > 0, edgecolor='k')
    ax.axis('off')

plt.show()
```

Dans cet exemple :

Ce script se concentre sur la définition et l'utilisation d'un simple Réseau Antagoniste Génératif (GAN) 3D pour la génération d'objets basés sur des voxels. Le composant principal de ce programme est la classe 'VoxelGenerator', qui est construite en utilisant la bibliothèque d'apprentissage profond connue sous le nom de PyTorch.

La classe 'VoxelGenerator' est dérivée de la classe de base 'nn.Module', ce qui est une pratique standard lors de la définition d'architectures de réseau dans PyTorch. Dans la méthode '**init**' de la classe, l'architecture du réseau générateur est définie. Cette architecture est un modèle séquentiel, ce qui signifie que les données circuleront à travers les modules dans l'ordre où ils sont ajoutés.

L'architecture du générateur est composée de plusieurs couches linéaires (entièrement connectées) avec des fonctions d'activation d'unité linéaire rectifiée (ReLU). La fonction d'activation ReLU est un choix populaire dans les modèles d'apprentissage profond et elle introduit une non-linéarité dans le modèle, lui permettant d'apprendre des motifs plus complexes. L'option 'inplace=True' est utilisée dans les couches ReLU pour l'optimisation de la mémoire, ce qui signifie qu'elle modifiera directement l'entrée, sans allouer de sortie supplémentaire.

Le réseau générateur commence par une couche linéaire qui prend un vecteur latent de 100 dimensions comme entrée et produit 128 caractéristiques. L'objectif de ce vecteur latent est de fournir la graine initiale ou la source d'aléatoire pour le processus de génération. Ces vecteurs latents sont généralement échantillonnés à partir d'une distribution normale standard.

Après la première couche linéaire, il y a des couches linéaires supplémentaires qui augmentent progressivement le nombre de caractéristiques de 128 à 256, puis à 512. Chacune de ces couches est suivie d'une fonction d'activation ReLU, permettant au modèle de capturer des relations complexes dans les données.

La couche finale du générateur est une autre couche linéaire qui transforme les 512 caractéristiques en une sortie de dimension $32 \times 32 \times 32$ (=32768), suivie d'une fonction d'activation Tanh. La fonction Tanh comprime la sortie à valeur réelle de la couche linéaire dans l'intervalle entre -1 et 1, fournissant la sortie finale du générateur.

La méthode 'forward' de la classe 'VoxelGenerator' définit le passage avant du réseau, qui décrit comment les données d'entrée sont transformées en sortie. Dans ce cas, le vecteur latent d'entrée 'z' est passé à travers le modèle puis remodelé en un format 3D en utilisant la fonction 'view'.

Après avoir défini la classe 'VoxelGenerator', une instance du générateur, 'voxel_generator', est créée.

Ensuite, le script génère un lot de vecteurs latents aléatoires. La fonction 'randn' est utilisée pour générer un tenseur de nombres aléatoires à partir de la distribution normale standard. Le tenseur a une forme de 'num_voxels' par 100, ce qui signifie qu'il y a 'num_voxels' vecteurs latents, chacun de dimension 100.

Ces vecteurs latents sont ensuite passés à travers le 'voxel_generator' pour créer des objets voxel 3D, qui sont stockés dans la variable 'generated_voxels'.

Enfin, le script utilise matplotlib, une bibliothèque populaire de visualisation de données en Python, pour visualiser les objets voxel 3D générés dans un tracé 3D. Il crée une nouvelle figure avec une taille de 15x15, et pour chaque objet voxel généré, il ajoute un sous-tracé 3D à la figure. La fonction 'voxels' est utilisée pour tracer l'objet voxel 3D, où les positions des voxels sont déterminées par la condition 'generated_voxels[i].detach().numpy() > 0'. La fonction 'detach' est utilisée pour créer un tenseur qui partage le stockage avec 'generated_voxels[i]' mais ne suit pas son historique de calcul, et la fonction 'numpy' est utilisée pour convertir le tenseur en un tableau NumPy pour le traçage. Le paramètre 'edgecolor' est défini sur 'k', ce qui signifie que les bords des voxels seront colorés en noir. La fonction 'axis' est utilisée pour cacher les axes dans le tracé. Après avoir ajouté tous les sous-tracés, la figure est affichée en utilisant 'plt.show()'.

Exercices Pratiques

Exercice 1 : Implémenter un GAN Simple

Tâche : Implémentez un GAN simple pour générer de nouveaux échantillons à partir du jeu de données MNIST. Utilisez l'exemple fourni dans la section 2.2.1 et modifiez-le pour inclure une couche supplémentaire dans le générateur et le discriminateur.

Solution :

```
import tensorflow as tf
from tensorflow.keras.layers import Dense, LeakyReLU, Reshape, Flatten, Dropout
from tensorflow.keras.models import Sequential
```

```python
import numpy as np
import matplotlib.pyplot as plt

# Generator model
def build_generator():
    model = Sequential([
        Dense(256, input_dim=100),
        LeakyReLU(alpha=0.2),
        Dense(512),
        LeakyReLU(alpha=0.2),
        Dense(1024),
        LeakyReLU(alpha=0.2),
        Dense(28 * 28, activation='tanh'),
        Reshape((28, 28, 1))
    ])
    return model

# Discriminator model
def build_discriminator():
    model = Sequential([
        Flatten(input_shape=(28, 28, 1)),
        Dense(1024),
        LeakyReLU(alpha=0.2),
        Dropout(0.3),
        Dense(512),
        LeakyReLU(alpha=0.2),
        Dropout(0.3),
        Dense(256),
        LeakyReLU(alpha=0.2),
        Dropout(0.3),
        Dense(1, activation='sigmoid')
    ])
    return model

# Build and compile the GAN
generator = build_generator()
discriminator = build_discriminator()
discriminator.compile(optimizer='adam',                    loss='binary_crossentropy',
metrics=['accuracy'])

# GAN model
discriminator.trainable = False
gan_input = tf.keras.Input(shape=(100,))
gan_output = discriminator(generator(gan_input))
gan = tf.keras.Model(gan_input, gan_output)
gan.compile(optimizer='adam', loss='binary_crossentropy')

# Training the GAN
(x_train, _), (_, _) = tf.keras.datasets.mnist.load_data()
x_train = (x_train.astype(np.float32) - 127.5) / 127.5  # Normalize to [-1, 1]
x_train = np.expand_dims(x_train, axis=-1)
batch_size = 64
```

```
epochs = 10000

for epoch in range(epochs):
    # Train discriminator
    idx = np.random.randint(0, x_train.shape[0], batch_size)
    real_images = x_train[idx]
    noise = np.random.normal(0, 1, (batch_size, 100))
    fake_images = generator.predict(noise)
    d_loss_real = discriminator.train_on_batch(real_images, np.ones((batch_size, 1)))
    d_loss_fake = discriminator.train_on_batch(fake_images, np.zeros((batch_size,
1)))
    d_loss = 0.5 * np.add(d_loss_real, d_loss_fake)

    # Train generator
    noise = np.random.normal(0, 1, (batch_size, 100))
    g_loss = gan.train_on_batch(noise, np.ones((batch_size, 1)))

    # Print progress
    if epoch % 1000 == 0:
        print(f"{epoch} [D loss: {d_loss[0]}, acc.: {d_loss[1] * 100}%] [G loss:
{g_loss}]")

# Generate new samples
noise = np.random.normal(0, 1, (10, 100))
generated_images = generator.predict(noise)

# Plot generated images
fig, axs = plt.subplots(1, 10, figsize=(20, 2))
for i, img in enumerate(generated_images):
    axs[i].imshow(img.squeeze(), cmap='gray')
    axs[i].axis('off')
plt.show()
```

Exercice 2 : Affiner un modèle GPT-4 pré-entraîné

Tâche : Affinez un modèle GPT-4 pré-entraîné pour une tâche spécifique de génération de texte en utilisant l'API OpenAI. Utilisez une invite personnalisée et générez du texte basé sur cette invite.

Solution :

```
import openai

# Set your OpenAI API key
openai.api_key = 'your-api-key-here'

# Define the prompt for GPT-4
prompt = "In a futuristic city, the AI robots started to develop their own
consciousness. One day,"

# Generate text using GPT-4
```

```
response = openai.Completion.create(
    engine="gpt-4",
    prompt=prompt,
    max_tokens=100,
    n=1,
    stop=None,
    temperature=0.7
)

# Extract the generated text
generated_text = response.choices[0].text.strip()
print(generated_text)
```

Exercice 3 : Implémenter une VAE Simple

Tâche : Implémentez une VAE simple pour générer de nouveaux échantillons à partir du jeu de données MNIST. Utilisez l'exemple fourni dans la section 2.2.2 et modifiez-le pour inclure des couches supplémentaires dans l'encodeur et le décodeur.

Solution :

```
import tensorflow as tf
from tensorflow.keras.layers import Dense, Flatten, Reshape, Lambda, Input, Conv2D,
Conv2DTranspose
from tensorflow.keras.models import Model
from tensorflow.keras.losses import binary_crossentropy
from tensorflow.keras import backend as K
import numpy as np
import matplotlib.pyplot as plt

# Sampling function
def sampling(args):
    z_mean, z_log_var = args
    batch = tf.shape(z_mean)[0]
    dim = tf.shape(z_mean)[1]
    epsilon = tf.keras.backend.random_normal(shape=(batch, dim))
    return z_mean + K.exp(0.5 * z_log_var) * epsilon

# Encoder model
input_img = Input(shape=(28, 28, 1))
x = Conv2D(32, 3, activation='relu', padding='same')(input_img)
x = Conv2D(64, 3, activation='relu', padding='same', strides=2)(x)
x = Conv2D(128, 3, activation='relu', padding='same', strides=2)(x)
x = Flatten()(x)
x = Dense(256, activation='relu')(x)
z_mean = Dense(2)(x)
z_log_var = Dense(2)(x)
z = Lambda(sampling, output_shape=(2,))([z_mean, z_log_var])
encoder = Model(input_img, z)

# Decoder model
```

```
decoder_input = Input(shape=(2,))
x = Dense(7*7*128, activation='relu')(decoder_input)
x = Reshape((7, 7, 128))(x)
x = Conv2DTranspose(128, 3, activation='relu', padding='same', strides=2)(x)
x = Conv2DTranspose(64, 3, activation='relu', padding='same', strides=2)(x)
x = Conv2DTranspose(32, 3, activation='relu', padding='same')(x)
output_img = Conv2DTranspose(1, 3, activation='sigmoid', padding='same')(x)
decoder = Model(decoder_input, output_img)

# VAE model
output_img = decoder(encoder(input_img))
vae = Model(input_img, output_img)

# VAE loss function
reconstruction_loss                = binary_crossentropy(K.flatten(input_img),
K.flatten(output_img))
reconstruction_loss *= 28 * 28
kl_loss = 1 + z_log_var - K.square(z_mean) - K.exp(z_log_var)
kl_loss = K.sum(kl_loss, axis=-1)
kl_loss *= -0.5
vae_loss = K.mean(reconstruction_loss + kl_loss)
vae.add_loss(vae_loss)
vae.compile(optimizer='adam')

# Training the VAE
(x_train, _), (_, _) = tf.keras.datasets.mnist.load_data()
x_train = (x_train.astype(np.float32) / 255.0) - 0.5
x_train = np.expand_dims(x_train, axis=-1)
vae.fit(x_train, epochs=50, batch_size=128, verbose=1)

# Generate new samples
z_sample = np.array([[0.0, 0.0]])
generated_image = decoder.predict(z_sample)

# Plot generated image
plt.imshow(generated_image[0].squeeze(), cmap='gray')
plt.axis('off')
plt.show()
```

Exercice 4 : Appliquer la normalisation spectrale à un discriminateur

Tâche : Implémentez la normalisation spectrale dans un modèle simple de discriminateur. Utilisez l'exemple fourni dans la section 2.3.2 et assurez-vous que le discriminateur est appliqué au jeu de données MNIST.

Solution :

```
import torch
import torch.nn as nn
import torch.optim as optim
from torchvision import datasets, transforms
```

```python
from torch.utils.data import DataLoader
import matplotlib.pyplot as plt

# Define a simple discriminator with spectral normalization
class Discriminator(nn.Module):
    def __init__(self):
        super(Discriminator, self).__init__()
        self.model = nn.Sequential(
            nn.utils.spectral_norm(nn.Conv2d(1, 64, 4, stride=2, padding=1)),
            nn.LeakyReLU(0.2, inplace=True),
            nn.utils.spectral_norm(nn.Conv2d(64, 128, 4, stride=2, padding=1)),
            nn.LeakyReLU(0.2, inplace=True),
            nn.Flatten(),
            nn.utils.spectral_norm(nn.Linear(128 * 7 * 7, 1))
        )

    def forward(self, x):
        return self.model(x)

# Load MNIST dataset
transform = transforms.Compose([
    transforms.ToTensor(),
    transforms.Normalize((0.5,),

 (0.5,))
])
dataset     =     datasets.MNIST(root='./data',     train=True,     download=True,
transform=transform)
dataloader = DataLoader(dataset, batch_size=64, shuffle=True)

# Instantiate the discriminator
discriminator = Discriminator()
optimizer = optim.Adam(discriminator.parameters(), lr=0.0002)
criterion = nn.BCELoss()

# Training loop
num_epochs = 5
for epoch in range(num_epochs):
    for images, _ in dataloader:
        optimizer.zero_grad()
        labels = torch.ones(images.size(0), 1)
        outputs = discriminator(images)
        loss = criterion(outputs, labels)
        loss.backward()
        optimizer.step()

    print(f'Epoch [{epoch+1}/{num_epochs}], Loss: {loss.item():.4f}')

# Generate fake data (for demonstration purposes)
noise = torch.randn(64, 1, 28, 28)
fake_images = noise
```

```
# Evaluate discriminator on fake data
with torch.no_grad():
    fake_outputs = discriminator(fake_images)
    print("Discriminator output on fake images:", fake_outputs[:5])
```

Exercice 5 : Implémentation d'un GAN 3D pour la génération d'objets à base de voxels

Tâche : Implémentez un GAN 3D simple pour générer des objets à base de voxels. Utilisez l'exemple fourni dans la section 2.3.3 et visualisez les objets 3D générés.

Solution :

```python
import torch
import torch.nn as nn
import numpy as np
import matplotlib.pyplot as plt
from mpl_toolkits.mplot3d import Axes3D

# Define a simple 3D GAN for voxel-based object generation
class VoxelGenerator(nn.Module):
    def __init__(self):
        super(VoxelGenerator, self).__init__()
        self.model = nn.Sequential(
            nn.Linear(100, 128),
            nn.ReLU(inplace=True),
            nn.Linear(128, 256),
            nn.ReLU(inplace=True),
            nn.Linear(256, 512),
            nn.ReLU(inplace=True),
            nn.Linear(512, 32*32*32),
            nn.Tanh()
        )

    def forward(self, z):
        return self.model(z).view(-1, 32, 32, 32)

# Instantiate the generator
voxel_generator = VoxelGenerator()

# Generate random latent vectors
num_voxels = 5
latent_vectors = torch.randn(num_voxels, 100)

# Generate 3D voxel objects
generated_voxels = voxel_generator(latent_vectors)

# Visualize the generated 3D objects
fig = plt.figure(figsize=(15, 15))
for i in range(num_voxels):
    ax = fig.add_subplot(1, num_voxels, i+1, projection='3d')
```

```
    ax.voxels(generated_voxels[i].detach().numpy() > 0, edgecolor='k')
    ax.axis('off')

plt.show()
```

Ces exercices pratiques devraient vous aider à renforcer votre compréhension des concepts abordés dans ce chapitre. En implémentant ces modèles et en expérimentant différentes configurations, vous acquerrez une expérience pratique des modèles génératifs et de leurs applications concrètes. Continuez à pratiquer et n'hésitez pas à explorer davantage par vous-même !

Résumé du Chapitre 2

Dans ce chapitre, nous avons plongé dans l'univers fascinant des modèles génératifs, qui ont révolutionné le domaine de l'intelligence artificielle en permettant aux machines de créer de nouvelles données imitant les données d'entraînement. Nous avons commencé par explorer le concept et l'importance des modèles génératifs, comprenant en quoi ils diffèrent des modèles discriminatifs. Les modèles génératifs apprennent la distribution sous-jacente des données, leur permettant de générer de nouveaux échantillons réalistes. Cette capacité est essentielle dans diverses applications, de l'augmentation de données et la détection d'anomalies aux tâches créatives comme la génération d'art et de musique.

Nous avons abordé différents types de modèles génératifs, notamment les Réseaux Antagonistes Génératifs (GANs), les Auto-encodeurs Variationnels (VAEs), les Modèles Autorégressifs et les Modèles basés sur les Flux. Les GANs, introduits par Ian Goodfellow, utilisent un générateur et un discriminateur dans une configuration compétitive pour produire des images et autres formes de données réalistes. Les VAEs combinent les auto-encodeurs avec l'inférence variationnelle, permettant la génération de nouvelles données en apprenant une représentation dans l'espace latent. Les modèles autorégressifs comme GPT-3 et GPT-4 prédisent le prochain élément d'une séquence en se basant sur les éléments précédents, excellant dans des tâches comme la génération de texte. Les modèles basés sur les flux, tels que les Flux Normalisants, utilisent des transformations inversibles pour mapper des distributions complexes vers des distributions simples, permettant une estimation précise de la vraisemblance et un échantillonnage efficace.

Nous avons également exploré les développements récents dans les modèles génératifs, mettant en lumière les avancées en matière d'architectures, de techniques d'entraînement et d'applications. Des architectures améliorées comme StyleGAN et BigGAN ont repoussé les limites de la génération d'images, produisant des images de haute résolution et de haute qualité. Des techniques d'entraînement comme la normalisation spectrale et l'apprentissage auto-supervisé ont résolu des défis tels que l'instabilité d'entraînement et l'effondrement de mode, améliorant les performances et la robustesse des modèles génératifs.

Les nouvelles applications des modèles génératifs couvrent divers domaines. Les techniques de super-résolution d'images ont été considérablement améliorées grâce aux GANs, permettant l'amélioration d'images à faible résolution. Dans la découverte de médicaments, les modèles génératifs sont utilisés pour proposer de nouvelles structures moléculaires, accélérant le développement de nouveaux médicaments. Dans le domaine de la génération d'objets 3D, les modèles génératifs créent des modèles 3D réalistes pour les jeux, la réalité virtuelle et les applications de conception.

À travers des exercices pratiques, nous avons renforcé notre compréhension de ces concepts en implémentant et en expérimentant divers modèles génératifs. De la construction de GANs et VAEs simples à l'exploration de techniques avancées comme la normalisation spectrale et l'apprentissage auto-supervisé, ces exercices ont fourni une expérience pratique des applications concrètes des modèles génératifs.

En résumé, ce chapitre a fourni un aperçu complet des modèles génératifs, leurs types, les avancées récentes et leurs diverses applications. En comprenant les fondements théoriques et en acquérant une expérience pratique, vous êtes maintenant bien équipé pour explorer le vaste potentiel des modèles génératifs dans vos propres projets. Au fur et à mesure que nous avançons, nous approfondirons des modèles spécifiques et leurs applications, en commençant par une exploration détaillée des Réseaux Antagonistes Génératifs (GANs) dans le prochain chapitre. Restez à l'écoute pour plus de perspectives passionnantes et d'exemples pratiques !

Quiz : Fondements de l'Apprentissage Profond

Testez votre compréhension des concepts fondamentaux abordés dans la première partie de ce livre avec ce quiz. Chaque question est conçue pour renforcer les points clés de chaque chapitre, vous assurant une solide maîtrise des bases de l'apprentissage profond et des modèles génératifs.

Chapitre 1 : Introduction à l'Apprentissage Profond/tu

Question 1 : Couches de Réseau Neuronal/tu

Quels sont les principaux types de couches dans un réseau neuronal, et quels sont leurs rôles ?

A) Couche d'Entrée, Couches Cachées, Couche de Sortie

B) Couche Convolutive, Couche Récurrente, Couche de Pooling

C) Couche d'Encodeur, Couche de Décodeur, Couche d'Attention

D) Couche Linéaire, Couche d'Activation, Couche de Dropout

Question 2 : Fonctions d'Activation

Quelle est la principale différence entre les fonctions d'activation Sigmoïde et ReLU ?

A) La Sigmoïde produit des valeurs entre -1 et 1, ReLU produit des valeurs entre 0 et 1

B) La Sigmoïde produit des valeurs entre 0 et 1, ReLU produit l'entrée si elle est positive, sinon zéro

C) La Sigmoïde est utilisée pour la classification, ReLU est utilisée pour la régression

D) La Sigmoïde est non-linéaire, ReLU est linéaire

Question 3 : Rétropropagation

Pourquoi la rétropropagation est-elle importante dans l'entraînement des réseaux neuronaux ?

A) Elle transmet l'entrée à travers le réseau

B) Elle initialise les poids du réseau

C) Elle met à jour les poids en calculant le gradient de la fonction de perte

D) Elle évalue la performance du réseau sur des données de test

Question 4 : Fonctions de Perte

Laquelle des fonctions suivantes est une fonction de perte couramment utilisée pour les tâches de classification binaire ?

A) Erreur Quadratique Moyenne (MSE)

B) Perte d'Entropie Croisée

C) Perte Hinge

D) Divergence de Kullback-Leibler

Question 5 : Surapprentissage

Qu'est-ce que le surapprentissage, et comment peut-il être atténué ?

A) Quand le modèle performe bien sur les données d'entraînement mais médiocrement sur les nouvelles données ; peut être atténué en utilisant un réseau plus grand

B) Quand le modèle performe médiocrement sur les données d'entraînement et les nouvelles données ; peut être atténué en utilisant plus de données

C) Quand le modèle performe bien sur les données d'entraînement mais médiocrement sur les nouvelles données ; peut être atténué en utilisant des techniques de régularisation et l'augmentation de données

D) Quand le modèle performe bien sur les nouvelles données mais médiocrement sur les données d'entraînement ; peut être atténué en utilisant l'arrêt précoce

Chapitre 2 : Comprendre les Modèles Génératifs

Question 6 : Modèles Génératifs vs. Discriminatifs

Quelle est la principale différence entre les modèles génératifs et discriminatifs ?

A) Les modèles génératifs classifient les données, les modèles discriminatifs génèrent de nouvelles données

B) Les modèles génératifs apprennent $P(Y|X)$, les modèles discriminatifs apprennent $P(X, Y)$

C) Les modèles génératifs apprennent $P(X, Y)$, les modèles discriminatifs apprennent $P(Y|X)$

D) Les modèles génératifs utilisent des données étiquetées, les modèles discriminatifs utilisent des données non étiquetées

Question 7 : Architecture GAN

Quels sont les deux principaux composants d'un Réseau Antagoniste Génératif (GAN) ?

A) Encodeur et Décodeur

B) Générateur et Discriminateur

C) Générateur et Encodeur

D) Discriminateur et Décodeur

Question 8 : Auto-Encodeurs Variationnels (VAEs)

Dans un Auto-Encodeur Variationnel (VAE), quel est le rôle de l'encodeur et du décodeur ?

A) L'encodeur génère des données, le décodeur les évalue

B) L'encodeur projette les données d'entrée dans un espace latent, le décodeur génère de nouvelles données à partir de l'espace latent

C) L'encodeur classifie les données, le décodeur les reconstruit

D) L'encodeur réduit la dimensionnalité des données, le décodeur l'augmente

Question 9 : Modèles Autorégressifs

Comment les modèles autorégressifs génèrent-ils des données ?

A) En générant tous les points de données en une fois

B) En générant un point de données à la fois, conditionné par les points précédents

C) En transformant des variables latentes

D) En utilisant un entraînement antagoniste

Question 10 : Flux Normalisants

Quelle est une caractéristique clé des Flux Normalisants ?

A) Ils utilisent une série de transformations non-inversibles

B) Ils fournissent une estimation exacte de la vraisemblance et un échantillonnage efficace

C) Ils sont principalement utilisés pour des tâches de classification

D) Ils ne nécessitent pas de données d'entraînement

Réponses

1. A) Couche d'Entrée, Couches Cachées, Couche de Sortie

2. B) La Sigmoïde produit des valeurs entre 0 et 1, ReLU produit l'entrée si elle est positive, sinon zéro

3. C) Elle met à jour les poids en calculant le gradient de la fonction de perte

4. B) Perte d'Entropie Croisée

5. C) Quand le modèle performe bien sur les données d'entraînement mais médiocrement sur les nouvelles données ; peut être atténué en utilisant des techniques de régularisation et l'augmentation de données

6. C) Les modèles génératifs apprennent $P(X, Y)$, les modèles discriminatifs apprennent $P(Y|X)$

7. B) Générateur et Discriminateur

8. B) L'encodeur projette les données d'entrée dans un espace latent, le décodeur génère de nouvelles données à partir de l'espace latent

9. B) En générant un point de données à la fois, conditionné par les points précédents

10. B) Ils fournissent une estimation exacte de la vraisemblance et un échantillonnage efficace

Ce quiz couvre les concepts de base à intermédiaires introduits dans la première partie du livre et vous aidera à consolider votre compréhension des fonctionnalités essentielles de l'apprentissage profond et des modèles génératifs.

Partie II : Réseaux Antagonistes Génératifs (GANs)

Chapitre 3 : Plongée Approfondie dans les Réseaux Antagonistes Génératifs (GANs)

Comme évoqué dans les chapitres précédents, les Réseaux Antagonistes Génératifs (GANs) ont révolutionné la modélisation générative depuis leur introduction par Ian Goodfellow et ses collègues en 2014. Grâce à leur capacité à générer des données hautement réalistes, les GANs sont rapidement devenus un domaine passionnant en apprentissage automatique et en intelligence artificielle. Ce chapitre propose un examen détaillé des GANs, incluant leurs principes fondamentaux, leur architecture, leur processus d'entraînement et leurs diverses applications.

Les GANs se composent de deux réseaux de neurones—le générateur et le discriminateur—qui s'affrontent dans un jeu à somme nulle. Cette relation antagoniste pousse le générateur à produire des données de plus en plus réalistes, tandis que le discriminateur devient meilleur pour distinguer les données réelles des fausses. Cette approche unique a conduit à des résultats impressionnants dans divers domaines, notamment la synthèse d'images, la génération de texte, et même la composition musicale.

Dans ce chapitre, nous commencerons par comprendre les concepts de base des GANs et leur architecture. Nous approfondirons ensuite les détails de l'entraînement des GANs, en abordant les défis courants et en introduisant des techniques avancées pour améliorer les performances. Nous explorerons également différentes variations de GANs qui ont été développées pour résoudre des problèmes spécifiques et améliorer les capacités du cadre GAN original. Enfin, nous examinerons certaines des applications les plus marquantes des GANs, mettant en évidence leur polyvalence et leur potentiel.

Commençons notre voyage en comprenant les principes fondamentaux des GANs et leur fonctionnement.

3.1 Comprendre les GANs

Les Réseaux Antagonistes Génératifs (GANs) sont un ensemble unique de modèles d'apprentissage automatique qui visent à générer de nouvelles données synthétiques correspondant étroitement à un ensemble de données d'entraînement donné. Au cœur des

GANs se trouvent deux réseaux de neurones, le générateur et le discriminateur, qui s'affrontent dans un scénario compétitif.

Le rôle du **générateur** est de créer des données qui reflètent les données d'entraînement. Il commence avec une graine de bruit aléatoire qu'il transforme en échantillons de données plausibles. L'objectif du générateur est de créer des données si convaincantes que le discriminateur ne peut pas les distinguer des données d'entraînement réelles.

De son côté, le rôle du **discriminateur** est de distinguer les données réelles de l'ensemble d'entraînement des données fausses produites par le générateur. Il produit une probabilité indiquant si un échantillon donné est réel ou faux. Le discriminateur est entraîné pour améliorer sa capacité à distinguer les données réelles des fausses, tandis que le générateur est entraîné pour produire des fausses données de plus en plus convaincantes.

Le processus d'entraînement des GANs est un jeu itératif entre le générateur et le discriminateur. Le générateur tente de tromper le discriminateur avec ses fausses données, tandis que le discriminateur s'efforce d'identifier correctement les données réelles et fausses. Ce processus antagoniste se poursuit jusqu'à ce que soit le générateur devienne si bon dans sa tâche qu'il puisse produire des données indiscernables des données réelles, soit le discriminateur ne puisse plus distinguer les deux avec une grande précision.

Le concept des GANs a révolutionné le domaine de la modélisation générative, avec des applications dans divers domaines tels que la synthèse d'images, la génération de texte, et même la composition musicale.

3.2 Architecture des GANs

L'architecture des Réseaux Antagonistes Génératifs (GANs), un ensemble unique de modèles d'apprentissage automatique, se compose de deux éléments principaux : le générateur et le discriminateur.

Le **réseau générateur** a pour tâche de créer de nouvelles instances de données. Ces instances devraient, idéalement, refléter les propriétés statistiques des données d'entraînement. Le générateur commence avec un vecteur de bruit aléatoire (vecteur latent) comme entrée, qu'il utilise pour produire des échantillons de données à travers une série de couches entièrement connectées, de couches convolutives et de couches de suréchantillonnage afin de générer des données de haute résolution.

Le **réseau discriminateur**, quant à lui, a pour tâche de distinguer les données réelles de l'ensemble d'entraînement et les fausses données produites par le générateur. Il prend un échantillon de données, réel ou généré, comme entrée, et le traite à travers une série de couches convolutives suivies de couches entièrement connectées. La sortie est une valeur unique ou une probabilité qui indique si l'entrée est réelle ou fausse.

L'entraînement des GANs implique la mise à jour itérative du générateur et du discriminateur. Le générateur vise à produire des données que le discriminateur confondra avec des données réelles, tandis que le discriminateur vise à identifier correctement les données réelles et fausses. Ce processus antagoniste se poursuit jusqu'à ce que soit le générateur devienne si bon qu'il puisse produire des données indiscernables des données réelles, soit le discriminateur ne puisse plus distinguer les deux avec une grande précision.

Malgré leur potentiel, l'entraînement des GANs peut être difficile en raison de plusieurs facteurs tels que l'effondrement de mode, l'instabilité d'entraînement et la sensibilité aux hyperparamètres. Cependant, les chercheurs ont développé diverses techniques et modifications pour relever ces défis et améliorer les capacités des GANs.

L'architecture des GANs est une structure fascinante et complexe qui a révolutionné le domaine de la modélisation générative. Comprendre leur architecture, leur processus d'entraînement et les défis associés est crucial pour appliquer efficacement les GANs à des problèmes du monde réel.

3.2.1 Le Réseau Générateur

Le générateur est un réseau de neurones qui prend un vecteur de bruit aléatoire en entrée et le transforme en un échantillon de données qui ressemble aux données d'entraînement. L'objectif du générateur est de produire des données indiscernables des données réelles par le discriminateur.

Architecture du Générateur

Le générateur se compose généralement de plusieurs couches, notamment :

- **Couches Denses (Entièrement Connectées) :** Un composant essentiel de l'architecture du réseau, ces couches jouent un rôle crucial dans le modèle. Elles fonctionnent en augmentant la dimensionnalité du vecteur de bruit d'entrée. En effectuant cette fonction, elles permettent efficacement au réseau d'apprendre des représentations plus complexes et détaillées, facilitant la production d'une gamme plus large de sorties à partir d'une entrée donnée. Cette augmentation de dimensionnalité donne au réseau la capacité de mieux comprendre et interpréter les données qu'il traite.

- **Couche de Remodelage :** C'est une partie cruciale de l'architecture du réseau, car elle transforme la sortie des couches denses précédentes. Cette transformation est nécessaire pour permettre un traitement ultérieur des données. Par exemple, si la tâche en question est la génération d'images, la couche de remodelage manipulera la sortie de la couche dense en une forme ou un format bidimensionnel. Ceci est essentiel car les images sont par nature des entités bidimensionnelles, et les couches suivantes du réseau nécessiteront probablement ce format 2D pour effectuer efficacement leurs tâches. Ainsi, la couche de remodelage sert de pont pour assurer la compatibilité entre les couches denses et les étapes suivantes du réseau.

- **Couches Convolutives Transposées (Conv2DTranspose) :** Ces couches, également connues sous le nom de couches déconvolutives, jouent un rôle central dans le processus de suréchantillonnage des données. La fonction principale de ces couches est d'augmenter la résolution des données - un processus qui est tout à fait intégral dans le domaine de l'apprentissage profond. L'augmentation de la résolution permet une analyse plus détaillée, permettant au modèle de capturer des motifs et des caractéristiques plus complexes dans les données. Cela peut améliorer considérablement les performances du modèle, en particulier lorsqu'il s'agit de données de haute dimension comme les images.

- **Couches d'Activation :** Dans le domaine des réseaux de neurones, les couches d'activation jouent un rôle crucial. Ces couches introduisent des propriétés non linéaires dans notre réseau, ce qui nous permet de modéliser une variable de réponse (également appelée variable cible) qui varie de manière non linéaire avec ses variables explicatives. Deux fonctions d'activation couramment utilisées dans ces couches sont les fonctions ReLU (Unité Linéaire Rectifiée) et Tanh (Tangente Hyperbolique). La fonction ReLU, en particulier, est largement utilisée dans les réseaux d'apprentissage profond en raison de ses propriétés bénéfiques pour de tels modèles, comme la capacité d'activer un nœud uniquement si l'entrée est supérieure à une certaine quantité. D'autre part, la fonction Tanh est une fonction mathématique qui a une courbe caractéristique en forme de S, et elle peut être utile pour normaliser la sortie des neurones.

Voici un exemple de réseau générateur conçu pour produire des images en niveaux de gris de 28x28 :

```python
import tensorflow as tf
from tensorflow.keras.layers import Dense, LeakyReLU, Reshape, Conv2DTranspose

def build_generator(latent_dim):
    model = tf.keras.Sequential([
        Dense(256 * 7 * 7, input_dim=latent_dim),
        LeakyReLU(alpha=0.2),
        Reshape((7, 7, 256)),
        Conv2DTranspose(128, kernel_size=4, strides=2, padding='same'),
        LeakyReLU(alpha=0.2),
        Conv2DTranspose(64, kernel_size=4, strides=2, padding='same'),
        LeakyReLU(alpha=0.2),
        Conv2DTranspose(1,      kernel_size=4,      strides=1,      padding='same',
activation='tanh')
    ])
    return model

# Instantiate and summarize the generator
latent_dim = 100
generator = build_generator(latent_dim)
generator.summary()
```

Dans cet exemple :

Le modèle générateur est construit à l'aide de la fonction build_generator(). Cette fonction prend un argument : la dimensionnalité du vecteur d'espace latent latent_dim. Le vecteur d'espace latent est une forme de représentation compressée des données, et il constitue l'entrée du modèle générateur.

La construction du modèle générateur commence par un objet tf.keras.Sequential, qui nous permet d'empiler les couches de manière linéaire, chaque couche transmettant sa sortie à la couche suivante.

La première couche du modèle générateur est une couche Dense avec 256 * 7 * 7 neurones, et elle prend une entrée de dimension latent_dim. La couche Dense, également connue sous le nom de couche entièrement connectée, est un composant crucial de ce modèle. Elle fonctionne en augmentant la dimensionnalité du vecteur de bruit d'entrée, permettant ainsi au réseau d'apprendre des représentations plus complexes et détaillées. Cette dimensionnalité accrue donne au réseau une meilleure compréhension et interprétation des données qu'il traite.

Ensuite, nous avons une fonction d'activation LeakyReLU avec une pente de 0,2 pour la partie négative. C'est une variante de la fonction d'activation Unité Linéaire Rectifiée (ReLU), qui introduit une non-linéarité dans le réseau, lui permettant d'apprendre des motifs complexes. La fonction LeakyReLU présente un avantage par rapport à la fonction ReLU classique car elle évite les "neurones morts" dans les scénarios où un neurone pourrait autrement cesser de transmettre des données à travers le réseau.

Une couche Reshape suit ensuite, transformant la sortie de la couche dense précédente en un format qui peut être traité par les couches suivantes. Dans ce cas, elle restructure la sortie en un tenseur de forme (7, 7, 256). Cette couche est importante pour la compatibilité entre les couches denses et les étapes suivantes du réseau, surtout si la tâche en question est la génération d'images, car les images sont par nature des entités bidimensionnelles.

Après la couche de restructuration se trouve une série de couches Conv2DTranspose, également connues sous le nom de couches déconvolutives. Elles sont essentielles dans le suréchantillonnage des données, qui est le processus d'augmentation de la résolution ou de la taille des données. Ceci est réalisé en remplissant les données d'entrée avec des zéros puis en appliquant une opération de convolution régulière. Ce processus est intégral dans le domaine de l'apprentissage profond car il permet une analyse plus détaillée, permettant au modèle de capturer des motifs et des caractéristiques plus complexes dans les données.

Chaque couche Conv2DTranspose est suivie d'une couche d'activation LeakyReLU qui introduit une non-linéarité et prévient le problème du "neurone mort". La dernière couche Conv2DTranspose utilise la fonction d'activation 'tanh' pour garantir que les valeurs de sortie se situent entre -1 et 1.

Après avoir créé le modèle générateur, une instance du générateur est créée en appelant build_generator(latent_dim), où latent_dim est fixé à 100. Enfin, generator.summary() est appelé pour afficher la structure du modèle générateur.

Ce modèle générateur est un composant clé d'un GAN. Il fonctionne en tandem avec un modèle discriminateur pour générer des données synthétiques qui ressemblent fortement aux données réelles. En entraînant ces deux modèles de manière itérative, les GANs peuvent produire des données hautement réalistes, ce qui en fait un outil puissant dans divers domaines tels que la synthèse d'images et de voix, la détection d'anomalies, et même la création artistique.

3.2.2 Le Réseau Discriminateur

Le discriminateur, qui est une partie intégrante d'un Réseau Antagoniste Génératif (GAN), est essentiellement un réseau de neurones. Ce réseau accepte un échantillon de données en entrée, qui peut être soit un point de données réel, soit un point généré, puis produit une probabilité. Cette probabilité indique si l'échantillon qui lui est fourni est réel ou faux.

La fonction principale du discriminateur, et en effet son objectif au sein du GAN, est de classer les données avec un haut degré de précision. Il vise à identifier correctement les points de données réels et à les distinguer des faux ou des points artificiellement générés. Ce rôle crucial du discriminateur permet au GAN d'améliorer progressivement ses capacités de génération, permettant ainsi la création de données synthétiques plus réalistes.

Architecture du Discriminateur

Le discriminateur se compose généralement de plusieurs couches, notamment :

- **Couches Convolutives (Conv2D) :** Ces couches sont un élément crucial des réseaux de neurones, spécifiquement conçues pour traiter les données de pixels et extraire des caractéristiques importantes des données d'entrée. Elles peuvent reconnaître des motifs par rapport aux hiérarchies spatiales et aux variations, ce qui les rend exceptionnellement efficaces pour les tâches de traitement d'images et de vidéos. Leur fonction principale est de scanner les données d'entrée à la recherche de certaines caractéristiques, qui peuvent être utiles pour la tâche en question.

- **Couche d'Aplatissement :** La couche d'aplatissement remplit une fonction importante dans notre modèle. Après que nos données d'entrée ont été traitées par les couches convolutives, elles sont dans un format 2D. Cependant, pour que notre réseau de neurones puisse traiter ces données, elles doivent être dans un format 1D. C'est là qu'intervient la couche d'aplatissement. Elle transforme efficacement, ou "aplatit", la sortie 2D des couches convolutives en un format de vecteur 1D. Cela permet aux données traitées d'être compatibles et prêtes pour les couches suivantes de notre réseau de neurones.

- **Couches Denses (Entièrement Connectées) :** Ce sont les couches qui prennent les vecteurs de caractéristiques de haute dimension générés par les couches précédentes du réseau de neurones et réduisent leur dimensionnalité à une seule valeur. Elles accomplissent cette tâche en appliquant une transformation qui inclut chaque caractéristique dans le vecteur, d'où le terme "entièrement connectées". La fonction principale de ces couches est d'interpréter les motifs complexes et de haute dimension identifiés par les couches précédentes et de les convertir en une forme qui peut être utilisée pour la prédiction, généralement une valeur scalaire unique.

- **Couches d'Activation :** Les couches d'activation dictent la sortie d'un neurone étant donné une entrée ou un ensemble d'entrées. Certaines des couches d'activation couramment utilisées comprennent LeakyReLU et Sigmoid. Le LeakyReLU est un type de fonction d'activation qui tente de résoudre le problème des Unités Linéaires Rectifiées (ReLU) mourantes. La fonction d'activation Sigmoid, quant à elle, mappe les valeurs d'entrée entre 0 et 1, ce qui est particulièrement utile dans la couche de sortie des problèmes de classification binaire.

Voici un exemple de réseau discriminateur conçu pour classer des images en niveaux de gris de 28x28 :

```python
import tensorflow as tf
from tensorflow.keras.layers import Conv2D, LeakyReLU, Flatten, Dense

def build_discriminator(img_shape):
    model = tf.keras.Sequential([
        Conv2D(64, kernel_size=4, strides=2, padding='same', input_shape=img_shape),
        LeakyReLU(alpha=0.2),
        Conv2D(128, kernel_size=4, strides=2, padding='same'),
        LeakyReLU(alpha=0.2),
        Flatten(),
        Dense(1, activation='sigmoid')
    ])
    return model

# Instantiate and summarize the discriminator
img_shape = (28, 28, 1)
discriminator = build_discriminator(img_shape)
discriminator.summary()
```

Dans cet exemple

Dans cet exemple, nous définissons l'architecture du réseau discriminateur en utilisant TensorFlow et son API de haut niveau Keras.

Le discriminateur est un type de réseau de neurones qui prend un échantillon de données en entrée. Cet échantillon peut être un point de données réel provenant du jeu de données d'entraînement ou un point synthétique généré par le réseau générateur. La sortie du discriminateur est une probabilité indiquant si l'échantillon est réel ou faux.

L'objectif du discriminateur est de classifier les données avec précision, c'est-à-dire d'identifier correctement les points de données réels et de les distinguer des points synthétiques. Cette capacité améliore la performance globale du GAN, car un meilleur discriminateur pousse le générateur à créer des données synthétiques plus convaincantes.

Le réseau discriminateur défini dans ce code est composé de plusieurs couches.

1. **Couches Conv2D :** La couche Conv2D est une couche de convolution particulièrement efficace pour le traitement d'images. La première couche Conv2D prend l'image d'entrée, applique 64 filtres de taille (4,4) chacun, et utilise un pas de 2. Le remplissage 'same' est utilisé pour que la sortie ait la même largeur et hauteur que l'entrée. La deuxième couche Conv2D prend la sortie de la première couche et applique 128 filtres avec les mêmes paramètres. Ces couches sont utilisées pour détecter diverses caractéristiques dans l'image d'entrée.

2. **Couches LeakyReLU :** Les couches LeakyReLU sont les fonctions d'activation pour les couches Conv2D. Elles aident à introduire une non-linéarité dans le modèle, lui permettant d'apprendre des motifs plus complexes. La fonction LeakyReLU est similaire à la fonction ReLU (Unité Linéaire Rectifiée) mais permet de petites valeurs négatives lorsque l'entrée est inférieure à zéro, atténuant ainsi le problème du "ReLU mourant".

3. **Couche d'Aplatissement :** La couche d'aplatissement convertit la sortie matricielle 2D des couches précédentes en un vecteur 1D. Cette étape est nécessaire car la couche Dense suivante attend des entrées au format 1D.

4. **Couche Dense :** La couche Dense est une couche entièrement connectée, ce qui signifie que tous les neurones de cette couche sont connectés à tous les neurones de la couche précédente. Cette couche possède une seule unité avec une fonction d'activation sigmoïde. Une fonction sigmoïde produit une valeur entre 0 et 1, ce qui la rend idéale pour les problèmes de classification binaire. Dans ce cas, une valeur proche de 1 indique que l'entrée est probablement réelle, et une valeur proche de 0 indique qu'elle est probablement fausse.

Après avoir défini l'architecture, le modèle discriminateur est compilé et un résumé est imprimé. Le résumé comprend les types de couches du modèle, la forme de sortie de chaque couche, le nombre de paramètres (poids et biais) dans chaque couche, et le nombre total de paramètres du modèle.

3.2.3 Interaction entre le Générateur et le Discriminateur

Les réseaux générateur et discriminateur sont entraînés en tandem, avec des rôles et des objectifs diamétralement opposés.

Le générateur et le discriminateur sont entraînés simultanément mais ont des objectifs opposés. Le but du générateur est de créer des données qui ressemblent le plus possible aux données réelles. Il commence avec une graine de bruit aléatoire et transforme ce bruit en échantillons de données. Au fur et à mesure que le générateur s'améliore avec le temps et les itérations d'entraînement, les données qu'il génère devraient devenir de plus en plus similaires aux données réelles.

D'autre part, l'objectif du discriminateur est de classifier précisément les données. Il est chargé de distinguer les données réelles du jeu d'entraînement des données fausses produites par le générateur. Idéalement, il devrait produire une probabilité élevée pour les données réelles et une probabilité faible pour les données fausses. La capacité du discriminateur à distinguer avec précision les données réelles des fausses améliore la performance globale du GAN, car un meilleur discriminateur pousse le générateur à créer des données synthétiques plus convaincantes.

Dans le processus d'entraînement, deux étapes principales sont impliquées. Premièrement, le discriminateur est entraîné sur des échantillons de données réelles et des échantillons de données fausses générées par le générateur, avec l'objectif de classifier correctement les échantillons réels comme réels et les échantillons faux comme faux. La deuxième étape implique l'entraînement du générateur pour produire des données que le discriminateur ne peut pas distinguer des données réelles. Dans ce cas, l'objectif du générateur est de maximiser l'erreur du discriminateur sur les échantillons faux, ce qui signifie que le générateur s'améliore lorsqu'il peut tromper le discriminateur en lui faisant croire que les données générées sont réelles.

Ce processus d'entraînement antagoniste se poursuit de manière itérative, chaque réseau apprenant et s'améliorant grâce aux retours de l'autre. Cela aboutit à un générateur capable de produire des données hautement réalistes, et à un discriminateur habile à détecter les données fausses. Cela fait des GANs un outil puissant dans des domaines comme la génération d'images, la super-résolution, et plus encore.

En résumé, le processus d'entraînement implique deux étapes principales :

1. **Entraînement du Discriminateur :**

   o   Le discriminateur est entraîné sur des échantillons de données réelles et des échantillons de données fausses générées par le générateur.

   o   L'objectif du discriminateur est de classifier correctement les échantillons réels comme réels et les échantillons faux comme faux.

   o   La fonction de perte pour le discriminateur utilise généralement l'entropie croisée binaire pour mesurer l'erreur de classification.

2. **Entraînement du Générateur :**

- o Le générateur est entraîné pour produire des données que le discriminateur ne peut pas distinguer des données réelles.

- o L'objectif du générateur est de maximiser l'erreur du discriminateur sur les échantillons faux (c'est-à-dire, tromper le discriminateur).

- o La fonction de perte pour le générateur utilise également l'entropie croisée binaire, mais elle est optimisée dans le contexte de tromper le discriminateur.

Ce processus d'entraînement antagoniste peut être résumé comme suit :

- **Perte du Discriminateur :** LD=−[log(D(x))+log(1−D(G(z)))]

- **Perte du Générateur :** LG=−log(D(G(z)))

Où D(x) est la sortie du discriminateur pour les données réelles x, et D(G(z)) est la sortie du discriminateur pour les données fausses G(z) générées à partir du bruit aléatoire z.

Exemple : Entraînement d'un GAN sur les Données MNIST

Ci-dessous est un exemple complet d'entraînement d'un GAN sur le jeu de données MNIST, incluant à la fois les étapes d'entraînement du générateur et du discriminateur :

```python
import tensorflow as tf
import numpy as np
import matplotlib.pyplot as plt

# Load and preprocess the MNIST dataset
(x_train, _), (_, _) = tf.keras.datasets.mnist.load_data()
x_train = (x_train.astype(np.float32) - 127.5) / 127.5  # Normalize to [-1, 1]
x_train = np.expand_dims(x_train, axis=-1)

# Training parameters
latent_dim = 100
epochs = 10000
batch_size = 64
sample_interval = 1000

# Build the generator and discriminator
generator = build_generator(latent_dim)
discriminator = build_discriminator(img_shape)
discriminator.compile(optimizer='adam',                    loss='binary_crossentropy',
metrics=['accuracy'])

# Build and compile the GAN
discriminator.trainable = False
gan_input = tf.keras.Input(shape=(latent_dim,))
img = generator(gan_input)
validity = discriminator(img)
gan = tf.keras.Model(gan_input, validity)
gan.compile(optimizer='adam', loss='binary_crossentropy')
```

```
# Training the GAN
for epoch in range(epochs):
    # Train the discriminator
    idx = np.random.randint(0, x_train.shape[0], batch_size)
    real_images = x_train[idx]
    noise = np.random.normal(0, 1, (batch_size, latent_dim))
    fake_images = generator.predict(noise)
    d_loss_real = discriminator.train_on_batch(real_images, np.ones((batch_size, 1)))
    d_loss_fake = discriminator.train_on_batch(fake_images, np.zeros((batch_size,
1)))
    d_loss = 0.5 * np.add(d_loss_real, d_loss_fake)

    # Train the generator
    noise = np.random.normal(0, 1, (batch_size, latent_dim))
    g_loss = gan.train_on_batch(noise, np.ones((batch_size, 1)))

    # Print progress
    if epoch % sample_interval == 0:
        print(f"{epoch} [D loss: {d_loss[0]}, acc.: {d_loss[1] * 100}%] [G loss:
{g_loss}]")

        # Generate and save images
        noise = np.random.normal(0, 1, (10, latent_dim))
        generated_images = generator.predict(noise)
        fig, axs = plt.subplots(1, 10, figsize=(20, 2))
        for i, img in enumerate(generated_images):
            axs[i].imshow(img.squeeze(), cmap='gray')
            axs[i].axis('off')
        plt.show()
```

Dans cet exemple :

Cet exemple est un script complet pour l'entraînement d'un Réseau Antagoniste Génératif (GAN) sur le célèbre jeu de données MNIST, qui est une collection de 70 000 images en niveaux de gris de chiffres manuscrits. Chaque image fait 28x28 pixels. L'objectif est d'utiliser le GAN pour générer de nouvelles images qui ressemblent aux chiffres manuscrits du jeu de données MNIST.

Dans ce modèle GAN, le générateur et le discriminateur sont entraînés par étapes alternées. Pendant la phase d'entraînement du discriminateur, celui-ci est entraîné à la fois sur des images réelles et des images fausses. Les images réelles proviennent directement du jeu de données MNIST, et les images fausses sont produites par le générateur. L'objectif du discriminateur est de classifier correctement les images réelles comme réelles et les images fausses comme fausses. Après cette phase d'entraînement, les poids du discriminateur sont mis à jour en fonction de la perte qu'il a subie.

Ensuite, pendant la phase d'entraînement du générateur, celui-ci produit un nouveau lot d'images fausses, et ces images sont introduites dans le discriminateur. Cependant, dans cette phase, les étiquettes pour ces images sont définies comme 'réelles' au lieu de 'fausses', ce qui signifie que le générateur est entraîné à tromper le discriminateur. Après cette phase d'entraînement, les poids du générateur sont mis à jour en fonction de sa capacité à tromper le discriminateur.

Ce processus d'entraînement alterné se poursuit pendant un nombre spécifié d'époques, qui dans ce code est fixé à 10 000. À intervalles réguliers pendant l'entraînement (après chaque 1 000 époques dans ce cas), le programme affiche le numéro d'époque actuel et les pertes subies par le discriminateur et le générateur. Il génère également un lot d'images à partir du générateur et les affiche. Cela permet de suivre la progression de l'entraînement et de voir comment les images générées s'améliorent au fil du temps.

En résumé, cet exemple fournit une implémentation complète d'un GAN. Il démontre comment entraîner le GAN sur un jeu de données spécifique, et comment générer et afficher de nouvelles images à partir du modèle entraîné. Ce code pourrait être utilisé comme point de départ pour entraîner un GAN sur différents types de jeux de données ou pour expérimenter avec différentes architectures de GAN.

Exemple : Architecture GAN de base avec TensorFlow/Keras

```python
import tensorflow as tf
from tensorflow.keras.layers import Dense, LeakyReLU, Reshape, Flatten, Conv2D, Conv2DTranspose
from tensorflow.keras.models import Sequential

# Generator model
def build_generator(latent_dim):
    model = Sequential([
        Dense(128 * 7 * 7, activation="relu", input_dim=latent_dim),
        Reshape((7, 7, 128)),
        Conv2DTranspose(128, kernel_size=4, strides=2, padding="same"),
        LeakyReLU(alpha=0.01),
        Conv2DTranspose(64, kernel_size=4, strides=2, padding="same"),
        LeakyReLU(alpha=0.01),
        Conv2DTranspose(1,        kernel_size=4,        strides=1,        padding="same",
activation="tanh")
    ])
    return model

# Discriminator model
def build_discriminator(img_shape):
    model = Sequential([
        Conv2D(64, kernel_size=4, strides=2, padding="same", input_shape=img_shape),
        LeakyReLU(alpha=0.01),
        Conv2D(128, kernel_size=4, strides=2, padding="same"),
        LeakyReLU(alpha=0.01),
        Flatten(),
        Dense(1, activation="sigmoid")
    ])
    return model
```

```
# Build and compile the GAN
latent_dim = 100
img_shape = (28, 28, 1)

# Instantiate the generator and discriminator
generator = build_generator(latent_dim)
discriminator = build_discriminator(img_shape)
discriminator.compile(optimizer='adam',                    loss='binary_crossentropy',
metrics=['accuracy'])

# Create the GAN
discriminator.trainable = False
gan_input = tf.keras.Input(shape=(latent_dim,))
img = generator(gan_input)
validity = discriminator(img)
gan = tf.keras.Model(gan_input, validity)
gan.compile(optimizer='adam', loss='binary_crossentropy')

# Summary of the models
generator.summary()
discriminator.summary()
gan.summary()
```

Cet exemple de code fournit une implémentation complète d'un Réseau Antagoniste Génératif (GAN) utilisant TensorFlow.

La tâche du générateur est de produire des données qui reflètent les données d'entraînement. Il commence avec une graine de bruit aléatoire et la transforme en échantillons de données plausibles. Le discriminateur, quant à lui, est chargé de distinguer les données réelles de l'ensemble d'entraînement des données factices produites par le générateur. Il génère une probabilité indiquant si un échantillon donné est réel ou faux.

Le code commence par les importations nécessaires de TensorFlow et Keras. Keras est une bibliothèque de réseaux de neurones conviviale écrite en Python qui s'exécute sur TensorFlow.

```
import tensorflow as tf
from tensorflow.keras.layers import Dense, LeakyReLU, Reshape, Flatten, Conv2D,
Conv2DTranspose
from tensorflow.keras.models import Sequential
```

Le modèle du générateur est défini dans la fonction build_generator. Cette fonction prend en entrée une dimension latente (latent_dim) et construit un modèle qui génère une image de 28x28. Le modèle est construit comme un modèle séquentiel, ce qui signifie que les couches sont empilées les unes sur les autres. La première couche est une couche Dense (ou entièrement connectée), suivie d'une couche Reshape pour organiser les données en une grille de 7x7 avec 128 canaux. Les couches suivantes sont des couches Conv2DTranspose (ou déconvolutionnelles), qui suréchantillonnent les données pour obtenir une image de plus grande taille. Des fonctions d'activation LeakyReLU sont utilisées entre les couches pour introduire de la non-linéarité et aider le réseau à apprendre des motifs complexes.

```python
def build_generator(latent_dim):
    model = Sequential([
        Dense(128 * 7 * 7, activation="relu", input_dim=latent_dim),
        Reshape((7, 7, 128)),
        Conv2DTranspose(128, kernel_size=4, strides=2, padding="same"),
        LeakyReLU(alpha=0.01),
        Conv2DTranspose(64, kernel_size=4, strides=2, padding="same"),
        LeakyReLU(alpha=0.01),
        Conv2DTranspose(1,      kernel_size=4,      strides=1,      padding="same",
activation="tanh")
    ])
    return model
```

Le modèle du discriminateur est défini dans la fonction build_discriminator. Celle-ci prend en entrée une forme d'image (img_shape) et construit un modèle qui catégorise les images comme réelles ou fausses. Le modèle est également construit comme un modèle séquentiel, avec des couches Conv2D (convolutionnelles) pour traiter les données d'image, suivies d'une couche Flatten pour préparer les données pour la couche Dense finale. Comme dans le générateur, des fonctions d'activation LeakyReLU sont utilisées pour introduire de la non-linéarité.

```python
def build_discriminator(img_shape):
    model = Sequential([
        Conv2D(64, kernel_size=4, strides=2, padding="same", input_shape=img_shape),
        LeakyReLU(alpha=0.01),
        Conv2D(128, kernel_size=4, strides=2, padding="same"),
        LeakyReLU(alpha=0.01),
        Flatten(),
        Dense(1, activation="sigmoid")
    ])
    return model
```

Le GAN est construit en combinant le générateur et le discriminateur. Le générateur et le discriminateur sont instanciés avec leurs fonctions respectives, et le discriminateur est compilé avec l'optimiseur Adam et la fonction de perte d'entropie croisée binaire. L'entraînement du discriminateur est désactivé pendant le processus d'entraînement du GAN pour garantir que seul le générateur apprend du retour du discriminateur.

```python
# Instantiate the generator and discriminator
generator = build_generator(latent_dim)
discriminator = build_discriminator(img_shape)
discriminator.compile(optimizer='adam',                 loss='binary_crossentropy',
metrics=['accuracy'])

# Create the GAN
discriminator.trainable = False
```

```
gan_input = tf.keras.Input(shape=(latent_dim,))
img = generator(gan_input)
validity = discriminator(img)
gan = tf.keras.Model(gan_input, validity)
gan.compile(optimizer='adam', loss='binary_crossentropy')
```

Enfin, le code affiche un résumé du générateur, du discriminateur et du modèle GAN combiné. Le résumé inclut les couches du modèle, les formes de sortie de chaque couche, et le nombre de paramètres (c'est-à-dire, les poids) dans chaque couche et au total.

```
# Summary of the models
generator.summary()
discriminator.summary()
gan.summary()
```

Cette implémentation de GAN est un exemple de base et constitue une bonne introduction aux GANs. Elle peut être adaptée et étendue pour s'accommoder à des tâches et des jeux de données plus complexes. Par exemple, elle peut être utilisée pour générer des images synthétiques pour l'augmentation de données, pour créer de l'art, ou pour produire des échantillons réalistes de n'importe quel type de données.

Autre exemple : Architecture GAN de base avec PyTorch

```
import torch
from torch import nn
from torch.nn import functional as F

class Discriminator(nn.Module):
  def __init__(self, in_shape=(28, 28, 1)):
    super(Discriminator, self).__init__()
    self.model = nn.Sequential(
        nn.Conv2d(in_channels=in_shape[0], out_channels=64, kernel_size=3, stride=2,
padding=1),
        nn.LeakyReLU(negative_slope=0.2),
        nn.Conv2d(64, 128, 3, 2, 1),
        nn.LeakyReLU(0.2),
        nn.Flatten(),
        nn.Linear(7 * 7 * 128, 1),
        nn.Sigmoid()
    )

  def forward(self, x):
    return self.model(x)

class Generator(nn.Module):
  def __init__(self, latent_dim=100):
    super(Generator, self).__init__()
    self.model = nn.Sequential(
        nn.Linear(latent_dim, 7 * 7 * 256, bias=False),
```

```python
        nn.BatchNorm2d(256),
        nn.ReLU(inplace=True),
        nn.ConvTranspose2d(256,    128,    kernel_size=3,    stride=2,    padding=1,
output_padding=1),
        nn.BatchNorm2d(128),
        nn.ReLU(inplace=True),
        nn.ConvTranspose2d(128, 1, 3, 2, 1, output_padding=1),
        nn.Tanh()
    )

  def forward(self, x):
    return self.model(x)

def train(epochs, batch_size, data_loader, generator, discriminator, device):
  # Optimizers
  g_optimizer = torch.optim.Adam(generator.parameters(), lr=0.0002)
  d_optimizer = torch.optim.Adam(discriminator.parameters(), lr=0.0002)

  for epoch in range(epochs):
    for real_images, _ in data_loader:
      real_images = real_images.to(device)

      # Train Discriminator: Maximize ability to distinguish real from fake
      d_optimizer.zero_grad()
      noise = torch.randn(batch_size, latent_dim, device=device)
      fake_images = generator(noise)
      fake_labels = torch.zeros(batch_size, device=device)
      d_real_loss  =  F.binary_cross_entropy_with_logits(discriminator(real_images),
torch.ones(batch_size, device=device))
      d_fake_loss                                                                    =
F.binary_cross_entropy_with_logits(discriminator(fake_images.detach()), fake_labels)
      d_loss = (d_real_loss + d_fake_loss) / 2
      d_loss.backward()
      d_optimizer.step()

      # Train Generator: Minimize discriminator ability to distinguish fake from real
      g_optimizer.zero_grad()
      noise = torch.randn(batch_size, latent_dim, device=device)
      fake_images = generator(noise)
      g_loss    =    F.binary_cross_entropy_with_logits(discriminator(fake_images),
torch.ones(batch_size, device=device))
      g_loss.backward()
      g_optimizer.step()

      # Print loss
      print(f"Epoch: {epoch+1}/{epochs} || D Loss: {d_loss.item():.4f} || G Loss:
{g_loss.item():.4f}")

# Example usage (assuming you have your data loader defined)
device = torch.device("cuda" if torch.cuda.is_available() else "cpu")
discriminator = Discriminator().to(device)
generator = Generator().to(device)
```

```
train(10, 32, data_loader, generator, discriminator, device)
```

Ce script est une implémentation d'un Réseau Antagoniste Génératif (GAN) utilisant la bibliothèque PyTorch.

Les GANs se composent de deux réseaux de neurones - le Générateur et le Discriminateur - qui s'affrontent dans une sorte de jeu. Le Générateur tente de créer des données qui ressemblent aux données d'entraînement, tandis que le Discriminateur essaie de différencier les données réelles de l'ensemble d'entraînement des données factices produites par le Générateur.

Dans ce script, le Discriminateur est défini comme une classe qui hérite de nn.Module de PyTorch. Le réseau du Discriminateur est un réseau neuronal convolutif qui prend une image en entrée et la traite à travers une série de couches convolutives et de fonctions d'activation. Il produit ensuite une valeur unique indiquant si l'image d'entrée est réelle ou fausse.

Le Générateur est également défini comme une classe héritant de nn.Module. Le réseau du Générateur prend en entrée un vecteur de bruit aléatoire (également connu sous le nom de vecteur latent) et le transforme en une image à travers une série de couches linéaires, de normalisation par lots et d'activation, ainsi que des couches convolutives transposées (qui peuvent être considérées comme l'inverse des couches convolutives).

La fonction d'entraînement définie dans ce script, train, effectue le processus itératif d'entraînement du GAN. Elle alterne entre l'entraînement du Discriminateur et du Générateur pendant un certain nombre d'époques. Le Discriminateur est entraîné à maximiser sa capacité à distinguer les données réelles des fausses en ajustant ses poids en fonction de la différence entre ses prédictions et les étiquettes réelles (qui sont toutes des uns pour les images réelles et des zéros pour les images fausses). Le Générateur, quant à lui, est entraîné à tromper le Discriminateur en générant des images que le Discriminateur classera comme réelles. Il ajuste ses poids en fonction de sa capacité à tromper le Discriminateur.

Le script se termine par un exemple d'utilisation de ces classes et de la fonction d'entraînement. Il définit d'abord le dispositif de calcul (qui sera un GPU si disponible, sinon il utilise par défaut un CPU). Il initialise ensuite des instances du Générateur et du Discriminateur, les déplace vers le dispositif approprié, et appelle finalement la fonction train pour entraîner le GAN sur un ensemble de données spécifié.

3.2.5 Améliorations et Modifications

Plusieurs améliorations et modifications innovantes ont été proposées pour répondre aux différents défis inhérents à l'entraînement des Réseaux Antagonistes Génératifs (GANs). Ces améliorations visent à offrir plus de stabilité et de fiabilité pendant le processus d'entraînement, et à augmenter la qualité globale des résultats.

- **Wasserstein GAN (WGAN) :** Il s'agit d'un changement de paradigme dans le processus d'entraînement des GANs, introduisant une nouvelle fonction de perte basée sur la distance Earth Mover, également connue sous le nom de distance de Wasserstein.

L'implémentation de cette fonction de perte a été déterminante pour améliorer la stabilité du processus d'entraînement, et a également grandement contribué à réduire le phénomène connu sous le nom d'effondrement de mode, un problème courant dans les GANs traditionnels.

- **Normalisation Spectrale :** Cette technique consiste à normaliser la norme spectrale des matrices de poids, contrôlant efficacement la constante de Lipschitz de la fonction du discriminateur. En améliorant la stabilité du GAN, cette modification rend le processus d'entraînement plus fiable.

- **Croissance Progressive des GANs :** Cette stratégie ingénieuse commence par la génération d'images de basse résolution au début du processus d'entraînement. Au fur et à mesure que l'entraînement progresse, la résolution de ces images est progressivement augmentée. Cela conduit à des résultats de qualité significativement supérieure par rapport aux GANs traditionnels.

Ces modifications et améliorations ont eu un impact profond sur la performance et la robustesse des GANs. Les améliorations ont non seulement rendu les GANs plus fiables et stables, mais ont également accru leur utilité pratique pour une variété d'applications.

3.3 Entraînement des GANs

Le processus d'entraînement des Réseaux Antagonistes Génératifs (GANs), un type de modèle d'apprentissage automatique, est une tâche complexe et délicate. Il nécessite l'optimisation simultanée de deux réseaux neuronaux distincts - à savoir le générateur et le discriminateur. L'objectif principal de cette procédure est d'atteindre un état où le générateur est capable de créer des données si convaincantes et réalistes que le réseau discriminateur est incapable de les différencier des données réelles et authentiques.

Dans la section suivante, nous nous lancerons dans une exploration du processus détaillé impliqué dans l'entraînement des GANs. Cela comprendra une discussion approfondie du processus d'entraînement étape par étape, un aperçu des défis communs souvent rencontrés dans cette entreprise, et un examen d'une gamme de techniques avancées. Ces techniques avancées sont spécifiquement conçues pour améliorer la stabilité et la performance de l'entraînement des GANs, rendant le processus plus efficace et les résultats plus performants.

3.3.1 Le Processus d'Entraînement

Le processus d'entraînement des Réseaux Antagonistes Génératifs est une procédure complexe mais fascinante. Il implique une alternance soigneusement coordonnée entre la mise à jour de deux composants clés : le discriminateur et le générateur.

Pour préciser, le processus commence par la mise à jour du discriminateur, suivie par les mises à jour nécessaires du générateur. Ce cycle est ensuite répété jusqu'à ce que l'entraînement soit jugé complet. L'équilibre entre ces deux composants est crucial pour le bon fonctionnement des GANs.

Voici une décomposition étape par étape du processus d'entraînement :

1. **Initialiser les Réseaux :**

   o   La première étape consiste à initialiser les réseaux du générateur et du discriminateur. Ces réseaux sont des réseaux de neurones profonds et ils sont initialisés avec des poids aléatoires. C'est une procédure standard lors de l'entraînement des réseaux de neurones.

2. **Entraîner le Discriminateur :**

   o   L'étape suivante est l'entraînement du discriminateur. Tout d'abord, un lot de données réelles est échantillonné à partir de l'ensemble d'entraînement. Ces données représentent le type de sortie que nous voulons que notre générateur produise.

   o   Ensuite, un lot de données factices est généré en utilisant le générateur. À ce stade, le générateur n'est pas entraîné, donc la qualité des données factices est faible.

   o   La perte du discriminateur est ensuite calculée sur les données réelles et factices. L'objectif du discriminateur est de classifier correctement les données comme réelles ou factices.

   o   Enfin, les poids du discriminateur sont mis à jour de manière à minimiser cette perte. La stratégie d'optimisation peut varier, mais elle implique généralement une forme de descente de gradient.

3. **Entraîner le Générateur :**

   o   La phase suivante est l'entraînement du générateur. Cela commence par l'échantillonnage d'un lot de vecteurs de bruit aléatoires. Ces vecteurs servent d'entrée pour le générateur.

   o   En utilisant ces vecteurs de bruit, le générateur produit un lot de données factices.

   o   Les prédictions du discriminateur sur ces données factices sont ensuite calculées. Le discriminateur a été mis à jour à l'étape précédente, il est donc légèrement meilleur pour distinguer les données réelles des données factices.

   o   La perte du générateur est calculée en fonction de ces prédictions. Contrairement au discriminateur, l'objectif du générateur est de tromper le discriminateur en lui faisant croire que les données factices sont réelles.

       o   Enfin, les poids du générateur sont mis à jour pour minimiser cette perte. Comme pour le discriminateur, cela implique généralement une forme de descente de gradient.

4. **Répéter :**

       o   Les étapes 2 et 3 sont répétées pour un nombre spécifié d'époques, ou jusqu'à ce que le générateur produise des données de haute qualité capables de tromper le discriminateur. Le nombre d'époques requises peut varier considérablement en fonction de la complexité des données et de l'architecture des réseaux.

       o   Initialiser les réseaux du générateur et du discriminateur avec des poids aléatoires.

Exemple : Entraînement d'un GAN de Base

```python
import numpy as np

# Load and preprocess the MNIST dataset
(x_train, _), (_, _) = tf.keras.datasets.mnist.load_data()
x_train = (x_train.astype(np.float32) - 127.5) / 127.5  # Normalize to [-1, 1]
x_train = np.expand_dims(x_train, axis=-1)

# Training parameters
epochs = 10000
batch_size = 64
sample_interval = 1000

# Training the GAN
for epoch in range(epochs):
    # Train the discriminator
    idx = np.random.randint(0, x_train.shape[0], batch_size)
    real_images = x_train[idx]
    noise = np.random.normal(0, 1, (batch_size, latent_dim))
    fake_images = generator.predict(noise)
    d_loss_real = discriminator.train_on_batch(real_images, np.ones((batch_size, 1)))
    d_loss_fake = discriminator.train_on_batch(fake_images, np.zeros((batch_size,
1)))
    d_loss = 0.5 * np.add(d_loss_real, d_loss_fake)

    # Train the generator
    noise = np.random.normal(0, 1, (batch_size, latent_dim))
    g_loss = gan.train_on_batch(noise, np.ones((batch_size, 1)))

    # Print progress
    if epoch % sample_interval == 0:
        print(f"{epoch} [D loss: {d_loss[0]}, acc.: {d_loss[1] * 100}%] [G loss:
{g_loss}]")

# Generate new samples
```

```
noise = np.random.normal(0, 1, (10, latent_dim))
generated_images = generator.predict(noise)

# Plot generated images
fig, axs = plt.subplots(1, 10, figsize=(20, 2))
for i, img in enumerate(generated_images):
    axs[i].imshow(img.squeeze(), cmap='gray')
    axs[i].axis('off')
plt.show()
```

Dans cet exemple simple :

Le code commence par importer les bibliothèques nécessaires.

Ensuite, le jeu de données MNIST est chargé à l'aide de l'API Keras. Les images dans ce jeu de données sont des images en niveaux de gris de taille 28x28. Avant de les intégrer dans le modèle, les images sont normalisées dans l'intervalle [-1, 1] en soustrayant la valeur moyenne (127,5) et en divisant par cette même valeur.

Les paramètres d'entraînement sont ensuite définis. Le paramètre 'epochs' détermine le nombre de fois où l'ensemble du jeu de données sera utilisé dans le processus d'entraînement, 'batch_size' est le nombre d'échantillons qui seront propagés à travers le réseau à la fois, et 'sample_interval' est la fréquence à laquelle la progression de l'entraînement sera imprimée et les images échantillons seront sauvegardées.

Le GAN est ensuite entraîné dans une boucle pour le nombre d'époques spécifié. Dans chaque époque, le discriminateur est d'abord entraîné sur un lot d'images réelles et un lot d'images fausses générées par le générateur. Les images réelles sont étiquetées avec des uns et les images fausses avec des zéros. La perte du discriminateur est calculée en fonction de sa capacité à classifier correctement ces images, et ses poids sont mis à jour en conséquence.

Ensuite, le générateur est entraîné. Il génère un lot d'images à partir de bruit aléatoire, et ces images sont introduites dans le discriminateur. Cependant, cette fois, les étiquettes sont toutes des uns, car l'objectif du générateur est de tromper le discriminateur en lui faisant croire que ses images sont réelles. La perte du générateur est calculée en fonction de sa capacité à tromper le discriminateur, et ses poids sont mis à jour en conséquence.

La progression de l'entraînement est imprimée à des intervalles spécifiés par le paramètre 'sample_interval'. Cela inclut l'époque actuelle, la perte et la précision du discriminateur, ainsi que la perte du générateur.

Après le processus d'entraînement, le générateur est utilisé pour générer 10 nouvelles images à partir de bruit aléatoire. Ces images sont tracées à l'aide de matplotlib et affichées. L'objectif est d'observer la qualité des images que le générateur entraîné peut produire.

Autre exemple : Entraînement d'un GAN sur les données MNIST

Voici un exemple complet d'entraînement d'un GAN sur le jeu de données MNIST, incluant à la fois les étapes d'entraînement du générateur et du discriminateur :

```python
import tensorflow as tf
import numpy as np
import matplotlib.pyplot as plt

# Load and preprocess the MNIST dataset
(x_train, _), (_, _) = tf.keras.datasets.mnist.load_data()
x_train = (x_train.astype(np.float32) - 127.5) / 127.5  # Normalize to [-1, 1]
x_train = np.expand_dims(x_train, axis=-1)

# Training parameters
latent_dim = 100
epochs = 10000
batch_size = 64
sample_interval = 1000

# Build the generator and discriminator
generator = build_generator(latent_dim)
discriminator = build_discriminator((28, 28, 1))
discriminator.compile(optimizer='adam',                 loss='binary_crossentropy',
metrics=['accuracy'])

# Build and compile the GAN
discriminator.trainable = False
gan_input = tf.keras.Input(shape=(latent_dim,))
img = generator(gan_input)
validity = discriminator(img)
gan = tf.keras.Model(gan_input, validity)
gan.compile(optimizer='adam', loss='binary_crossentropy')

# Training the GAN
for epoch in range(epochs):
    # Train the discriminator
    idx = np.random.randint(0, x_train.shape[0], batch_size)
    real_images = x_train[idx]
    noise = np.random.normal(0, 1, (batch_size, latent_dim))
    fake_images = generator.predict(noise)
    d_loss_real = discriminator.train_on_batch(real_images, np.ones((batch_size, 1)))
    d_loss_fake = discriminator.train_on_batch(fake_images, np.zeros((batch_size,
1)))
    d_loss = 0.5 * np.add(d_loss_real, d_loss_fake)

    # Train the generator
    noise = np.random.normal(0, 1, (batch_size, latent_dim))
    g_loss = gan.train_on_batch(noise, np.ones((batch_size, 1)))

    # Print progress
    if epoch % sample_interval == 0:
        print(f"{epoch} [D loss: {d_loss[0]}, acc.: {d_loss[1] * 100}%] [G loss:
{g_loss}]")
```

```
# Generate and save images
noise = np.random.normal(0, 1, (10, latent_dim))
generated_images = generator.predict(noise)
fig, axs = plt.subplots(1, 10, figsize=(20, 2))
for i, img in enumerate(generated_images):
    axs[i].imshow(img.squeeze(), cmap='gray')
    axs[i].axis('off')
plt.show()
```

Dans cet exemple

Ce code d'exemple démontre l'implémentation et l'entraînement d'un Réseau Antagoniste Génératif (GAN) sur le jeu de données MNIST. Le jeu de données MNIST est une collection complète d'images de chiffres manuscrits largement utilisée dans le domaine de l'apprentissage automatique et de la vision par ordinateur pour évaluer les performances des algorithmes.

Le code commence par charger et prétraiter le jeu de données MNIST. Les images sont normalisées pour avoir des valeurs comprises entre -1 et 1, et les données sont restructurées pour correspondre à la forme d'entrée du discriminateur.

Ensuite, le code définit les paramètres d'entraînement tels que la dimension latente (la taille du vecteur de bruit aléatoire que le générateur prend en entrée), le nombre d'époques d'entraînement, la taille des lots et l'intervalle d'échantillonnage.

Le Générateur et le Discriminateur sont ensuite construits à l'aide des fonctions 'build_generator' et 'build_discriminator', respectivement. Ces fonctions ne sont pas montrées dans le texte sélectionné mais sont supposées créer des modèles appropriés pour le Générateur et le Discriminateur.

Une fois que le Générateur et le Discriminateur sont compilés et prêts, l'entraînement proprement dit du GAN commence. Le processus d'entraînement implique l'exécution d'une boucle pour le nombre d'époques défini. Dans chaque époque, le Discriminateur est d'abord entraîné. Un lot d'images réelles et un lot d'images fausses sont sélectionnés, et le Discriminateur est entraîné à les classifier correctement comme réelles ou fausses.

Ensuite, le Générateur est entraîné. L'objectif du Générateur est de générer des images que le Discriminateur classifiera comme réelles. Par conséquent, les poids du Générateur sont mis à jour en fonction de sa capacité à tromper le Discriminateur.

Après un certain nombre d'époques (défini par 'sample_interval'), le code affiche la progression actuelle, génère un lot d'images en utilisant l'état actuel du Générateur et les affiche. L'objectif est d'observer comment les images générées s'améliorent au fur et à mesure que l'entraînement progresse.

L'entraînement se poursuit jusqu'à ce que toutes les époques soient terminées. À la fin de l'entraînement, le Générateur devrait générer des images qui ressemblent étroitement aux chiffres manuscrits réels de MNIST, et le Discriminateur devrait avoir du mal à distinguer les images réelles des images fausses.

L'exemple fournit un cadre de base pour comprendre et implémenter les GANs. Cependant, l'entraînement des GANs peut être difficile en raison de problèmes tels que l'effondrement de mode, les gradients qui s'évanouissent et la difficulté d'atteindre un équilibre entre le Générateur et le Discriminateur. Plusieurs techniques avancées et modifications ont été proposées pour résoudre ces défis et améliorer les performances des GANs.

3.3.2 Défis courants dans l'entraînement des GANs

Le processus d'entraînement des Réseaux Antagonistes Génératifs, ou GANs, présente souvent une série de défis qui peuvent potentiellement entraver la performance globale et la stabilité du modèle. Ces défis peuvent parfois être assez complexes, posant des obstacles significatifs à l'obtention des résultats souhaités. Voici quelques-uns des défis les plus répandus et couramment rencontrés dans ce domaine :

1. **Effondrement de mode :** Dans certaines situations, le générateur a tendance à limiter la variété des échantillons qu'il produit. Cela entraîne l'incapacité du générateur à capturer avec précision la diversité complète de la distribution des données. C'est un problème important car il entrave la capacité du générateur à fournir un large éventail de solutions potentielles.

   Solution : Pour surmonter cette limitation et encourager la diversité dans les échantillons générés, diverses techniques peuvent être employées. L'une de ces techniques est la discrimination par mini-lots. Cette méthode permet au modèle de créer un ensemble d'échantillons plus diversifié en rendant la sortie du générateur dépendante non seulement du vecteur de bruit d'entrée, mais aussi d'un lot de vecteurs de bruit. Une autre technique est l'utilisation des Réseaux Antagonistes Génératifs déroulés (unrolled GANs). Les GANs déroulés fournissent un mécanisme pour optimiser les paramètres du générateur en tenant compte des futures mises à jour du discriminateur, permettant ainsi une gamme plus diversifiée d'échantillons générés.

2. **Instabilité d'entraînement :** L'un des aspects les plus difficiles de l'entraînement des Réseaux Antagonistes Génératifs (GANs) est de faire face à l'instabilité. Cette instabilité est due à la nature antagoniste des GANs, dans laquelle le générateur et le discriminateur sont engagés dans une compétition constante. Cet aspect compétitif peut fréquemment conduire à des oscillations ou même à une divergence pendant le processus d'entraînement, ce qui peut compliquer considérablement la tâche d'atteindre un équilibre stable.

   Solution : Pour atténuer ce problème d'instabilité d'entraînement, plusieurs techniques ont été développées et appliquées avec succès. Parmi celles-ci, le GAN de

Wasserstein (WGAN) et la normalisation spectrale se distinguent comme particulièrement efficaces. Ces deux techniques ont démontré qu'elles stabilisent significativement le processus d'entraînement, facilitant ainsi l'atteinte de l'équilibre souhaité.

3. **Gradients qui s'évanouissent :** Dans le processus d'entraînement des GANs, un problème courant qui survient est le phénomène des gradients qui s'évanouissent. Cela se produit généralement lorsque le discriminateur devient trop performant pour distinguer les échantillons réels des faux. En conséquence, les gradients que le générateur reçoit pendant la rétropropagation deviennent extrêmement petits, presque évanescents. Cela entrave la capacité du générateur à apprendre et à s'améliorer, freinant ainsi son entraînement.

   Solution : Pour contrer ce problème, plusieurs techniques peuvent être employées. L'une de ces méthodes est l'utilisation de pénalités de gradient. Cela implique d'ajouter un terme de pénalité à la fonction de perte du discriminateur, ce qui aide à empêcher les gradients de diminuer. Une autre méthode est le lissage d'étiquettes, une technique où les étiquettes cibles sont lissées, réduisant ainsi la confiance du discriminateur dans ses décisions. Ces deux méthodes servent à équilibrer la dynamique d'entraînement entre le générateur et le discriminateur, garantissant qu'aucun ne domine l'autre.

4. **Hyperparamètres sensibles :** L'un des principaux défis lors de l'entraînement des Réseaux Antagonistes Génératifs (GANs) est qu'ils sont hautement sensibles au réglage des hyperparamètres. Ces hyperparamètres, qui incluent des aspects comme les taux d'apprentissage, les tailles de lots et les initialisations de poids, jouent un rôle significatif dans la détermination de la performance ultime du GAN. Si ces paramètres ne sont pas correctement calibrés, cela peut entraîner une performance sous-optimale ou l'échec du réseau à converger.

   Solution : Pour traiter efficacement la sensibilité des GANs aux hyperparamètres, il est recommandé de mener des recherches systématiques d'hyperparamètres. Cela implique de tester une gamme de valeurs pour chaque hyperparamètre afin d'identifier l'ensemble qui donne les meilleures performances. Pour améliorer davantage les performances, des techniques d'optimisation adaptative peuvent également être utilisées. Ces techniques ajustent le taux d'apprentissage et d'autres paramètres à la volée, en fonction de la progression de l'entraînement, ce qui peut conduire à un entraînement plus efficace et stable.

3.3.3 Techniques d'entraînement avancées

Plusieurs techniques avancées ont été développées pour répondre aux défis dans l'entraînement des GANs et améliorer leurs performances :

GAN de Wasserstein (WGAN) :

Le WGAN, ou Réseau Antagoniste Génératif de Wasserstein, introduit une nouvelle fonction de perte basée sur la distance Earth Mover, également connue sous le nom de distance de Wasserstein. Ce changement innovant vise à améliorer la stabilité pendant la phase d'entraînement du modèle et, en même temps, à réduire la prévalence de l'effondrement de mode, un problème courant dans les GANs traditionnels.

Dans le cadre du WGAN, le discriminateur, qui est judicieusement renommé critique, est conçu pour produire un nombre réel au lieu d'une probabilité. Cela représente un changement significatif de la tâche de classification binaire dans les GANs standard vers une sorte de tâche de classement dans les WGANs.

De plus, l'une des caractéristiques clés du WGAN est l'application d'une contrainte de Lipschitz. Pour y parvenir, les poids au sein du critique sont délibérément écrêtés dans une plage spécifiée. Cette contrainte particulière est un composant essentiel pour assurer la performance fiable du WGAN, car elle permet au modèle d'approximer plus efficacement la distance de Wasserstein.

Exemple :

```python
import tensorflow as tf
from tensorflow.keras.layers import Dense, Reshape, Flatten, Conv2D, Conv2DTranspose,
LeakyReLU, BatchNormalization
from tensorflow.keras.models import Sequential
from tensorflow.keras.optimizers import RMSprop

# WGAN generator
def build_generator(latent_dim):
    model = Sequential([
        Dense(128 * 7 * 7, activation="relu", input_dim=latent_dim),
        Reshape((7, 7, 128)),
        Conv2DTranspose(128, kernel_size=4, strides=2, padding='same'),
        BatchNormalization(momentum=0.8),
        LeakyReLU(alpha=0.2),
        Conv2DTranspose(64, kernel_size=4, strides=2, padding='same'),
        BatchNormalization(momentum=0.8),
        LeakyReLU(alpha=0.2),
        Conv2DTranspose(1,        kernel_size=4,       strides=1,        padding='same',
activation='tanh')
    ])
    return model

# WGAN discriminator (critic)
def build_critic(img_shape):
    model = Sequential([
        Conv2D(64, kernel_size=4, strides=2, padding="same", input_shape=img_shape),
        LeakyReLU(alpha=0.2),
        Conv2D(128, kernel_size=4, strides=2, padding="same"),
        LeakyReLU(alpha=0.2),
        Flatten(),
        Dense(1)
```

```
    ])
    return model

# Build the generator and critic
latent_dim = 100
img_shape = (28, 28, 1)
generator = build_generator(latent_dim)
critic = build_critic(img_shape)

# Compile the critic
critic.compile(optimizer=RMSprop(lr=0.00005), loss='mse')

# Compile the WGAN
critic.trainable = False
gan_input = tf.keras.Input(shape=(latent_dim,))
img = generator(gan_input)
validity = critic(img)
wgan = tf.keras.Model(gan_input, validity)
wgan.compile(optimizer=RMSprop(lr=0.00005), loss='mse')

# Clip the weights of the critic to enforce the Lipschitz constraint
for layer in critic.layers:
    weights = layer.get_weights()
    weights = [tf.clip_by_value(w, -0.01, 0.01) for w in weights]
    layer.set_weights(weights)

# Training parameters
epochs = 10000
batch_size = 64
sample_interval = 1000
n_critic = 5  # Number of critic updates per generator update

# Training the WGAN
for epoch in range(epochs):
    for _ in range(n_critic):
        # Train the critic
        idx = np.random.randint(0, x_train.shape[0], batch_size)
        real_images = x_train[idx]
        noise = np.random.normal(0, 1, (batch_size, latent_dim))
        fake_images = generator.predict(noise)
        d_loss_real = critic.train_on_batch(real_images, -np.ones((batch_size, 1)))
        d_loss_fake = critic.train_on_batch(fake_images, np.ones((batch_size, 1)))
        d_loss = 0.5 * np.add(d_loss_real, d_loss_fake)

    # Train the generator
    noise = np.random.normal(0, 1, (batch_size, latent_dim))
    g_loss = wgan.train_on_batch(noise, -np.ones((batch_size, 1)))

    # Print progress
    if epoch % sample_interval == 0:
        print(f"{epoch} [D loss: {d_loss}] [G loss: {g_loss}]")
```

```
# Generate and save images
noise = np.random.normal(0, 1, (10, latent_dim))
generated_images = generator.predict(noise)
fig, axs = plt.subplots(1, 10, figsize=(20, 2))
for i, img in enumerate(generated_images):
    axs[i].imshow(img.squeeze(), cmap='gray')
    axs[i].axis('off')
plt.show()
```

Dans cet exemple :

Dans l'exemple de code, la fonction 'build_generator' crée le modèle générateur. Le générateur est un réseau convolutif inverse (CNN). Il prend un point de l'espace latent en entrée et produit une image de 28x28x1. Le modèle générateur est créé à l'aide des couches de l'API Keras. Plus précisément, il se compose de couches Dense, Reshape, Conv2DTranspose (pour l'upsampling) et LeakyReLU. La normalisation par lots est également appliquée après les couches Conv2DTranspose pour stabiliser le processus d'apprentissage et réduire le temps d'entraînement.

Ensuite, la fonction 'build_critic' construit le modèle critique (également appelé discriminateur dans le contexte des GANs). Le modèle critique est un CNN basique qui prend une image en entrée et produit une valeur unique représentant si l'image d'entrée est réelle (provenant du dataset) ou générée. Il comprend des couches Conv2D, LeakyReLU, Flatten et Dense.

Une fois les modèles générateur et critique construits, le processus d'entraînement commence. L'une des caractéristiques distinctives des WGANs est l'écrêtage des poids. Dans ce code, les poids du critique sont écrêtés pour assurer la contrainte de Lipschitz, qui est une composante clé de la perte de Wasserstein utilisée dans les WGANs.

Le WGAN est ensuite compilé et entraîné pendant un certain nombre d'époques. Durant chaque époque, le critique et le générateur sont entraînés alternativement. Le critique est mis à jour plus fréquemment par époque (comme indiqué par 'n_critic'). Le critique apprend à distinguer les images réelles des fausses, et le générateur apprend à tromper le critique. La perte pour le générateur et le critique est calculée et affichée pour chaque époque.

À des intervalles de 'sample_interval' époques, les images générées sont produites et sauvegardées. Cela permet d'évaluer visuellement la qualité des images générées au fur et à mesure de l'entraînement.

Globalement, l'objectif de cet exemple de code est de définir et d'entraîner un WGAN pour générer de nouvelles images similaires à celles du dataset d'entraînement. En examinant les images sauvegardées et la perte au fil du temps, nous pouvons évaluer la performance du WGAN.

Normalisation Spectrale

La normalisation spectrale est une technique sophistiquée et hautement efficace qui est principalement utilisée afin de stabiliser le processus d'entraînement des Réseaux Antagonistes Génératifs (GANs). La fonction essentielle de cette technique est de normaliser la norme spectrale des matrices de poids. Ce faisant, elle contrôle efficacement la constante de Lipschitz du discriminateur.

Ce mécanisme de contrôle est d'une importance fondamentale car il impacte directement la régularité de la fonction que le discriminateur apprend. En essence, plus la fonction est régulière, plus le processus d'entraînement devient stable. La normalisation spectrale joue donc un rôle primordial pour assurer la robustesse et la fiabilité des GANs.

Exemple :

```python
import tensorflow as tf
from tensorflow.keras.layers import Conv2D, Dense, Flatten, LeakyReLU,
Conv2DTranspose, Reshape
from tensorflow.keras.models import Sequential
from tensorflow.keras.layers import Layer
from tensorflow.keras.initializers import RandomNormal

# Spectral normalization layer
class SpectralNormalization(Layer):
    def __init__(self, layer):
        super(SpectralNormalization, self).__init__()
        self.layer = layer

    def build(self, input_shape):
        self.layer.build(input_shape)
        self.u = self.add_weight(shape=(1, self.layer.kernel.shape[-1]),
initializer=RandomNormal(), trainable=False)

    def call(self, inputs):
        w = self.layer.kernel
        v = tf.linalg.matvec(tf.transpose(w), self.u)
        v = tf.linalg.matvec(tf.transpose(w), v / tf.linalg.norm(v))
        sigma = tf.linalg.norm(tf.linalg.matvec(w, v))
        self.layer.kernel.assign(w / sigma)
        return self.layer(inputs)

# Example of applying spectral normalization to a discriminator
def build_discriminator(img_shape):
    model = Sequential([
        SpectralNormalization(Conv2D(64, kernel_size=4, strides=2, padding="same",
input_shape=img_shape)),
        LeakyReLU(alpha=0.2),
        SpectralNormalization(Conv2D(128, kernel_size=4, strides=2, padding="same")),
        LeakyReLU(alpha=0.2),
        Flatten(),
        SpectralNormalization(Dense(1, activation='sigmoid'))
    ])
    return model
```

```
# Instantiate the discriminator
img_shape = (28, 28, 1)
discriminator = build_discriminator(img_shape)
discriminator.summary()
```

Dans cet exemple :

Dans ce code, nous importons d'abord les modules nécessaires de la bibliothèque tensorflow. Le module tensorflow.keras.layers est utilisé pour importer les couches qui seront utilisées pour construire les modèles. Le module tensorflow.keras.models est utilisé pour importer le type de modèle qui sera utilisé. Enfin, tensorflow.keras.initializers est utilisé pour importer l'initialiseur pour les poids des couches dans les modèles.

Comme discuté, la Normalisation Spectrale est une technique pour stabiliser l'entraînement du GAN en normalisant les poids des couches du modèle. Cela est fait dans la classe SpectralNormalization. Cette classe étend la classe Layer de keras.layers, et elle ajoute un wrapper de normalisation spectrale à la couche sur laquelle elle est appelée. La normalisation est effectuée dans la méthode call en divisant les poids de la couche par leur plus grande valeur singulière (norme spectrale). Cela aide à contrôler la constante de Lipschitz de la fonction discriminateur et à stabiliser l'entraînement du GAN.

La fonction build_discriminator est utilisée pour construire le modèle discriminateur. Le discriminateur est un modèle d'apprentissage profond qui prend une image en entrée et produit une valeur unique qui représente si l'entrée est réelle (provenant du dataset) ou fausse (générée). C'est un modèle Sequential qui comprend des couches convolutives avec la Normalisation Spectrale appliquée, des fonctions d'activation LeakyReLU, une couche d'aplatissement pour convertir les données 2D en 1D, et une couche de sortie dense avec une fonction d'activation sigmoïde pour produire la probabilité que l'entrée soit réelle.

Finalement, une instance du modèle discriminateur est créée avec la forme d'entrée de (28, 28, 1). Cela signifie que le discriminateur s'attend à des images de 28 par 28 pixels en niveaux de gris (1 canal de couleur). Le modèle discriminateur est ensuite compilé et l'architecture du modèle est affichée en utilisant la méthode summary.

En utilisant la Normalisation Spectrale dans le discriminateur, nous assurons un processus d'entraînement plus stable, ce qui peut conduire à de meilleurs résultats lors de l'entraînement du GAN.

Croissance Progressive des GANs

Cette technique avancée commence par initier le processus d'entraînement avec des images de basse résolution. Ce choix stratégique n'est pas arbitraire ; c'est une étape méthodique conçue pour simplifier les phases initiales du processus d'entraînement. Au fur et à mesure que l'entraînement progresse, il y a une augmentation graduelle de la résolution des images.

Cette augmentation méthodique se produit de manière progressive, soigneusement calibrée pour correspondre à la sophistication croissante de l'entraînement. Cette approche présente un double avantage : non seulement elle stabilise le processus d'entraînement, assurant qu'il peut se poursuivre sans volatilité perturbatrice, mais elle conduit également à des résultats de qualité supérieure.

Les résultats obtenus ne sont donc pas seulement plus détaillés mais présentent également une augmentation marquée de leur qualité globale, faisant de cette technique un choix privilégié pour beaucoup.

Exemple :

```python
import tensorflow as tf
from tensorflow.keras.layers import Dense, Reshape, Flatten, Conv2D, Conv2DTranspose,
LeakyReLU
from tensorflow.keras.models import Sequential

# Progressive Growing Generator
def build_generator(latent_dim, current_resolution):
    model = Sequential()
    initial_resolution = 4

    model.add(Dense(128      *      initial_resolution      *      initial_resolution,
input_dim=latent_dim))
    model.add(Reshape((initial_resolution, initial_resolution, 128)))
    model.add(LeakyReLU(alpha=0.2))

    current_layers = initial_resolution
    while current_layers < current_resolution:
        model.add(Conv2DTranspose(128, kernel_size=4, strides=2, padding='same'))
        model.add(LeakyReLU(alpha=0.2))
        current_layers *= 2

    model.add(Conv2D(1, kernel_size=3, padding='same', activation='tanh'))
    return model

# Progressive Growing Discriminator
def build_discriminator(current_resolution):
    model = Sequential()
    initial_resolution = current_resolution
    while initial_resolution > 4:
        model.add(Conv2D(128,      kernel_size=4,      strides=2,      padding='same',
input_shape=(initial_resolution, initial_resolution, 1)))
        model.add(LeakyReLU(alpha=0.2))
        initial_resolution //= 2

    model.add(Flatten())
    model.add(Dense(1, activation='sigmoid'))
    return model

# Example usage
```

```
latent_dim = 100
current_resolution = 32
generator = build_generator(latent_dim, current_resolution)
discriminator = build_discriminator(current_resolution)

generator.summary()
discriminator.summary()
```

Dans cet exemple :

La fonction build_generator définit l'architecture du modèle générateur. La fonction principale du générateur dans un GAN est de générer de nouvelles instances de données. Il commence par une couche dense qui prend un point de l'espace latent comme entrée. L'espace latent est un espace multidimensionnel de valeurs distribuées selon une loi gaussienne et sert de source d'aléatoire que le modèle utilisera pour générer de nouvelles instances. La sortie de la couche dense est ensuite remodelée pour avoir trois dimensions.

Le générateur ajoute ensuite des paires de couches Conv2DTranspose (également connues sous le nom de couches déconvolutionnelles) et LeakyReLU. Les couches Conv2DTranspose suréchantillonnent les données d'entrée, doublant les dimensions de largeur et de hauteur et augmentant efficacement la résolution de l'image générée. Les couches LeakyReLU ajoutent une non-linéarité au modèle, ce qui lui permet d'apprendre des motifs plus complexes. Ce processus continue tant que la résolution de l'image générée est inférieure à la résolution souhaitée.

Enfin, le générateur ajoute une couche Conv2D qui réduit la profondeur de l'image générée à 1, produisant ainsi une image en niveaux de gris. Cette couche utilise une fonction d'activation tanh, qui produit des valeurs entre -1 et 1, correspondant aux valeurs de pixels attendues des images générées.

La fonction build_discriminator définit l'architecture du modèle discriminateur. Le rôle du discriminateur dans un GAN est de classifier les images comme réelles (provenant de l'ensemble d'entraînement) ou fausses (générées par le générateur). Le discriminateur est essentiellement un réseau neuronal convolutif (CNN) qui commence avec une forme d'entrée correspondant à la résolution des images qu'il analysera.

Le discriminateur ajoute des paires de couches Conv2D et LeakyReLU, qui réduisent les dimensions de l'image d'entrée de moitié à chaque couche, diminuant efficacement la résolution. Ce processus continue jusqu'à ce que la résolution de l'image soit réduite à 4x4.

La sortie de la dernière couche convolutive est ensuite aplatie en une seule dimension et passée à travers une couche dense avec une fonction d'activation sigmoïde. La fonction sigmoïde produit une valeur entre 0 et 1, représentant la classification par le discriminateur de l'image d'entrée comme réelle ou fausse.

Le générateur et le discriminateur sont ensuite instanciés avec une dimension latente de 100 et une résolution actuelle de 32, et leurs résumés sont imprimés. La dimension latente correspond à la taille du vecteur de bruit aléatoire que le générateur prend en entrée, tandis que la résolution actuelle correspond à la largeur et la hauteur (en pixels) des images que le générateur produit et que le discriminateur analyse.

Ce code constitue la base d'un GAN à croissance progressive, un type avancé de GAN qui commence le processus d'entraînement avec des images de basse résolution et augmente progressivement la résolution au fur et à mesure de l'entraînement. Cette technique aide à stabiliser le processus d'entraînement et conduit souvent à des images générées de meilleure qualité.

3.3.4 Résumé

L'entraînement des Réseaux Antagonistes Génératifs (GANs) est un processus délicat et nuancé qui nécessite un équilibre minutieux dans la dynamique d'entraînement entre le générateur et le discriminateur, les deux composants fondamentaux de l'architecture GAN. Le générateur et le discriminateur s'engagent dans un jeu continu du chat et de la souris, où le générateur tente de produire des données que le discriminateur ne peut pas distinguer du dataset réel, tandis que l'objectif du discriminateur est d'identifier les données fausses.

Acquérir une compréhension profonde de ce processus d'entraînement fondamental est indispensable. Cela inclut de relever les défis communs qui surgissent durant le processus d'entraînement, tels que l'effondrement de mode, où le générateur produit une diversité limitée d'échantillons, et l'instabilité, où le générateur et le discriminateur ne convergent pas.

De plus, l'utilisation de techniques avancées peut grandement améliorer la stabilité et la performance globale des GANs. Des techniques telles que le Wasserstein GAN (WGAN), une amélioration par rapport aux GANs traditionnels qui modifie la fonction de perte pour utiliser une distance de Wasserstein et qui a prouvé son efficacité pour la stabilité de l'entraînement ; la normalisation spectrale, une méthode de normalisation qui stabilise l'entraînement du discriminateur ; et la croissance progressive, une méthodologie d'entraînement qui fait croître progressivement à la fois le générateur et le discriminateur, améliorant la qualité des images générées.

Maîtriser ces techniques et comprendre la dynamique des GANs sont cruciaux pour appliquer efficacement les GANs à diverses tâches de modélisation générative. Qu'il s'agisse de générer des images réalistes, d'effectuer une super-résolution d'image, ou de simuler des modèles 3D, l'application des GANs est vaste et son potentiel immense.

3.4 Évaluation des GANs

L'étape essentielle pour comprendre l'efficacité des Réseaux Antagonistes Génératifs (GANs) est leur évaluation. Ce processus d'évaluation garantit que les données générées par ces réseaux répondent aux standards de qualité initialement envisagés.

Ce n'est pas une tâche simple car, contrairement aux modèles d'apprentissage automatique plus traditionnels, les GANs ne disposent pas d'une métrique d'évaluation directe et simple. Cela est dû en grande partie à leur objectif principal, qui est de générer des données qui sont, dans leur complexité et leur détail, aussi réalistes que possible.

Dans cette section, nous nous embarquerons dans une exploration complète des diverses méthodes disponibles pour l'évaluation des GANs. Nous approfondirons les approches tant quantitatives que qualitatives, examinant leurs mérites respectifs et leurs inconvénients potentiels. De plus, nous explorerons certaines des métriques les plus couramment utilisées dans ce domaine d'étude. Pour compléter cette discussion théorique, nous fournirons également des exemples pratiques pour mieux éclairer les concepts et techniques en discussion.

3.4.1 Métriques d'Évaluation Quantitative

Les métriques d'évaluation quantitative offrent une gamme de mesures objectives qui sont cruciales pour évaluer la performance des Réseaux Antagonistes Génératifs (GANs). Ces métriques servent à fournir une évaluation claire, définitive et impartiale de l'efficacité de ces réseaux, et sont donc essentielles pour comprendre la performance globale et les améliorations potentielles qui pourraient optimiser le fonctionnement des GANs.

Parmi les métriques couramment utilisées figurent :

1. Score d'Inception (IS) :

Le Score d'Inception (IS) est une métrique quantitative importante utilisée pour évaluer la performance des Réseaux Antagonistes Génératifs (GANs), particulièrement en ce qui concerne la qualité des images qu'ils génèrent. Il a été introduit comme un moyen de quantifier et de qualifier les images générées sur la base de deux facteurs principaux : la diversité et la qualité.

La diversité fait référence à la gamme d'images différentes que le GAN peut produire. Un modèle qui génère une variété d'images, plutôt que de produire des images similaires ou identiques de façon répétée, serait considéré comme ayant une haute diversité. Un score plus élevé en diversité reflète la capacité du GAN à capturer une large représentation du jeu de données sur lequel il a été entraîné.

La qualité, quant à elle, concerne à quel point les images générées sont 'réelles' ou à quel point elles sont proches des images réelles dans le jeu de données d'entraînement. Des images de haute qualité devraient être indiscernables des photos réelles, démontrant que le GAN a correctement appris la distribution des données du jeu d'entraînement.

Le Score d'Inception utilise un réseau Inception v3 pré-entraîné pour calculer ces facteurs. Chaque image générée est passée dans le réseau Inception, qui produit une distribution d'étiquettes conditionnelle. Le score est ensuite calculé en utilisant ces distributions, avec l'hypothèse que les bons modèles produiraient des images diverses (haute entropie de la distribution marginale) mais seraient également confiants dans leurs prédictions pour les images individuelles (faible entropie de la distribution conditionnelle).

Un Score d'Inception élevé indique généralement que le GAN produit des images diverses et de haute qualité qui sont similaires aux données réelles. Cependant, il est important de noter que bien que le Score d'Inception puisse être un outil utile pour évaluer et comparer les GANs, il n'est pas parfait et a ses limites. Par exemple, il repose fortement sur le modèle Inception pour ses calculs, ce qui signifie que sa précision est limitée par la qualité de l'entraînement du modèle Inception.

Le Score d'Inception évalue la qualité et la diversité des images générées. Il utilise un réseau Inception v3 pré-entraîné pour calculer la distribution d'étiquettes conditionnelle $p(y|x)$ pour chaque image générée x et la distribution d'étiquettes marginale $p(y)$. Le score est donné par :

$$IS(G) = exp\big(Ex\big[DKL\big(p(y \mid x) \mid p(y)\big)\big]\big)$$

Un Score d'Inception élevé indique que les images générées sont à la fois diverses et de haute qualité.

2. Distance d'Inception de Fréchet (FID) :

La métrique FID calcule la similarité entre deux jeux de données d'images. Dans ce cas, elle est utilisée pour comparer la distribution des images générées par rapport à la distribution des images réelles.

Le calcul du FID implique l'utilisation d'un modèle Inception v3 pré-entraîné, un modèle qui a été initialement conçu et entraîné pour des tâches de classification d'images. Ce modèle est utilisé pour extraire des caractéristiques à la fois des images réelles et générées. Les caractéristiques extraites sont ensuite représentées sous forme de distribution gaussienne multivariée, caractérisée par une moyenne et une covariance.

La distance de Fréchet est ensuite calculée entre ces deux gaussiennes. Cette distance donne une mesure de la similarité entre les deux ensembles d'images. Plus le score FID est bas, plus les images générées sont proches des images réelles en termes de distributions de caractéristiques. Par conséquent, un FID plus faible indique que le modèle génératif a mieux réussi à produire des images plus réalistes.

Dans le contexte des GANs, le score FID est souvent utilisé comme mesure d'évaluation pour comparer la performance de différents modèles ou différentes configurations du même modèle. Il fournit une évaluation plus fiable et robuste que certaines autres métriques, comme le Score d'Inception, car il prend en compte la distribution multidimensionnelle complète des caractéristiques, plutôt que de se contenter d'examiner les distributions marginales et conditionnelles.

Le score FID mesure la distance entre les distributions d'images réelles et générées dans l'espace des caractéristiques d'un réseau Inception v3 pré-entraîné. Des scores FID plus bas indiquent que les images générées sont plus similaires aux images réelles.

$$FID = || \mu r - \mu g || 2 + Tr(\Sigma r + \Sigma g - 2(\Sigma r \Sigma g)1/2)$$

où $(\mu r, \Sigma r) and (\mu g, \Sigma g)$ sont la moyenne et la covariance des vecteurs de caractéristiques des images réelles et générées, respectivement.

3. Précision et Rappel pour les Distributions :

La Précision et le Rappel pour les Distributions sont des mesures statistiques utilisées pour évaluer la performance des Réseaux Antagonistes Génératifs (GANs), particulièrement en termes de qualité et de diversité des données qu'ils génèrent. Ces métriques sont empruntées au domaine de la recherche d'information et sont également couramment utilisées pour évaluer les tâches de classification en apprentissage automatique.

La Précision mesure la qualité des échantillons générés. Dans le contexte des GANs, elle évalue combien des échantillons générés sont 'réels' ou proches de la distribution des données réelles. Un score de précision élevé implique que la plupart des échantillons générés sont de haute qualité, ressemblant étroitement aux données réelles. Cela indique que le GAN fait un bon travail en générant des échantillons qui sont presque indiscernables des échantillons réels.

Le Rappel, d'autre part, mesure la couverture de la distribution des données réelles par les échantillons générés. Il évalue si le GAN est capable de générer des échantillons qui couvrent toute l'étendue de la distribution des données réelles. Un score de rappel élevé implique que le GAN a une bonne compréhension de la distribution des données réelles et est capable de générer des échantillons divers qui couvrent différents aspects des données réelles.

Ensemble, la précision et le rappel fournissent une évaluation complète des GANs. Des valeurs élevées de précision et de rappel indiquent que le GAN génère des échantillons de haute qualité qui couvrent la diversité des données réelles. Cependant, il y a souvent un compromis entre précision et rappel. Un modèle trop concentré sur l'obtention d'échantillons de haute qualité pourrait manquer de diversité dans les données (haute précision, faible rappel), tandis qu'un modèle qui se concentre sur la couverture de toute la distribution des données pourrait générer davantage d'échantillons de faible qualité (faible précision, haut rappel).

Pour obtenir une vision équilibrée de la performance du modèle, il est courant de combiner précision et rappel en une seule métrique appelée le score F1. Le score F1 est la moyenne harmonique de la précision et du rappel, et donne un poids égal aux deux mesures. Un score F1 élevé indique que le GAN performe bien dans les deux aspects, générant des échantillons divers et de haute qualité.

La Précision mesure la qualité des échantillons générés, tandis que le Rappel mesure la couverture de la distribution des données réelles par les échantillons générés. Des valeurs élevées de précision et de rappel indiquent que le GAN génère des échantillons de haute qualité qui couvrent la diversité des données réelles.

Exemple : Calcul du Score d'Inception et du FID

Voici comment vous pouvez calculer le Score d'Inception et le FID en utilisant TensorFlow et des modèles pré-entraînés :

```python
import tensorflow as tf
import numpy as np
from tensorflow.keras.applications.inception_v3 import InceptionV3, preprocess_input
from scipy.linalg import sqrtm

# Function to calculate Inception Score
def calculate_inception_score(images, num_splits=10):
    model = InceptionV3(include_top=False, pooling='avg', input_shape=(299, 299, 3))
    images = tf.image.resize(images, (299, 299))
    images = preprocess_input(images)
    preds = model.predict(images)

    scores = []
    for i in range(num_splits):
        part = preds[i * len(preds) // num_splits: (i + 1) * len(preds) // num_splits]
        py = np.mean(part, axis=0)
        scores.append(np.exp(np.mean([np.sum(p * np.log(p / py)) for p in part])))
    return np.mean(scores), np.std(scores)

# Function to calculate FID score
def calculate_fid(real_images, generated_images):
    model = InceptionV3(include_top=False, pooling='avg', input_shape=(299, 299, 3))
    real_images = tf.image.resize(real_images, (299, 299))
    real_images = preprocess_input(real_images)
    gen_images = tf.image.resize(generated_images, (299, 299))
    gen_images = preprocess_input(gen_images)

    act1 = model.predict(real_images)
    act2 = model.predict(gen_images)

    mu1, sigma1 = act1.mean(axis=0), np.cov(act1, rowvar=False)
    mu2, sigma2 = act2.mean(axis=0), np.cov(act2, rowvar=False)

    ssdiff = np.sum((mu1 - mu2) ** 2.0)
    covmean = sqrtm(sigma1.dot(sigma2))

    if np.iscomplexobj(covmean):
        covmean = covmean.real

    fid = ssdiff + np.trace(sigma1 + sigma2 - 2.0 * covmean)
    return fid

# Generate some fake images using the trained GAN generator
noise = np.random.normal(0, 1, (1000, 100))
generated_images = generator.predict(noise)

# Calculate Inception Score
```

```
is_mean, is_std = calculate_inception_score(generated_images)
print(f"Inception Score: {is_mean} ± {is_std}")

# Calculate FID Score
real_images = x_train[np.random.choice(x_train.shape[0], 1000, replace=False)]
fid_score = calculate_fid(real_images, generated_images)
print(f"FID Score: {fid_score}")
```

Cet exemple utilise la bibliothèque TensorFlow pour calculer deux métriques clés pour évaluer les Réseaux Antagonistes Génératifs (GANs) : le Score d'Inception (IS) et la Distance d'Inception de Fréchet (FID). Ces métriques sont essentielles pour évaluer la qualité et la diversité des images synthétiques produites par les GANs.

La première fonction, calculate_inception_score, est conçue pour calculer le Score d'Inception. Le Score d'Inception est une métrique qui évalue la qualité et la diversité des images produites par un GAN. Elle utilise un modèle pré-entraîné, spécifiquement le modèle InceptionV3, pour faire des prédictions sur les images générées. La fonction redimensionne les images pour correspondre à la forme d'entrée attendue par le modèle InceptionV3, les prétraite pour correspondre au format attendu par le modèle, puis les transmet au modèle pour obtenir des prédictions. Elle calcule ensuite le score basé sur ces prédictions.

Le calcul du score implique de diviser les prédictions en plusieurs sous-ensembles (dont le nombre est déterminé par le paramètre num_splits), de calculer la moyenne de chaque sous-ensemble, puis d'utiliser ces moyennes pour calculer la divergence KL entre la distribution des étiquettes prédites et la distribution uniforme. La divergence KL mesure à quel point une distribution de probabilité diffère d'une seconde distribution attendue. Le Score d'Inception final est l'exponentielle de la divergence KL moyenne à travers tous les sous-ensembles.

La deuxième fonction, calculate_fid, est utilisée pour calculer la Distance d'Inception de Fréchet. La Distance d'Inception de Fréchet est une autre métrique pour évaluer les GANs, mais elle mesure spécifiquement la similarité entre deux ensembles d'images. Dans le contexte des GANs, ces deux ensembles sont généralement les images réelles de l'ensemble d'entraînement et les images synthétiques générées par le GAN.

Le calcul FID implique l'utilisation du même modèle InceptionV3 pour extraire des caractéristiques à la fois des images réelles et générées. Ces caractéristiques sont ensuite utilisées pour créer une distribution gaussienne multivariée, caractérisée par une moyenne et une covariance. La distance de Fréchet entre ces deux distributions gaussiennes est alors calculée. La distance de Fréchet est une mesure de similarité entre deux distributions, donc un score FID plus bas indique que les images générées sont plus similaires aux images réelles.

Après avoir défini ces deux fonctions, le code génère des images factices à l'aide d'un générateur GAN. Le générateur est alimenté avec un bruit aléatoire, suivant une distribution normale, pour générer ces images synthétiques. Le Score d'Inception et le FID pour ces images générées sont ensuite calculés à l'aide des fonctions précédemment définies. Enfin, les résultats de ces calculs sont imprimés.

En résumé, cet exemple fournit une démonstration pratique de la façon d'évaluer la performance d'un Réseau Antagoniste Génératif (GAN) en utilisant deux métriques couramment utilisées : le Score d'Inception et la Distance d'Inception de Fréchet. Ces deux métriques fournissent des informations précieuses sur la qualité et la diversité des images générées par le GAN, qui sont cruciales pour évaluer l'efficacité du GAN.

Exemple de Distance d'Inception de Fréchet (FID) pour l'évaluation de GAN avec TensorFlow

Voici un exemple complet de calcul de FID pour l'évaluation de GAN en utilisant TensorFlow :

1. Dépendances :

```python
import tensorflow as tf
from tensorflow.keras.applications import inception_v3
from tensorflow.keras.preprocessing import image
from scipy import linalg
import numpy as np
```

2. Modèle InceptionV3 pour l'extraction de caractéristiques :

```python
def inception_model():
    """
    Loads the pre-trained InceptionV3 model for feature extraction.
    Removes the final classification layer.
    """
    model = inception_v3.InceptionV3(include_top=False, weights='imagenet')
    model.output = model.layers[-1].output
    return model
```

Cette fonction définit inception_model qui charge le modèle InceptionV3 pré-entraîné en excluant la couche de classification finale. Cette couche n'est pas nécessaire pour le calcul du FID, et nous voulons uniquement la représentation des caractéristiques apprise par le modèle.

3. Fonction de prétraitement :

```python
def preprocess_image(img_path):
    """
    Preprocesses an image for InceptionV3 input.
    """
    target_size = (299, 299)
    img = image.load_img(img_path, target_size=target_size)
    img = image.img_to_array(img)
    img = img / 255.0
    img = np.expand_dims(img, axis=0)
    return img
```

Cette fonction définit preprocess_image qui prend un chemin d'image et la prétraite pour l'entrée d'InceptionV3. Cela comprend le redimensionnement de l'image à la taille cible (299x299 pour InceptionV3) et la normalisation.

4.   Fonction d'extraction de caractéristiques :

```python
def extract_features(model, img_paths):
  """
  Extracts features from a list of images using the InceptionV3 model.
  """
  features = []
  for img_path in img_paths:
    img = preprocess_image(img_path)
    feature = model.predict(img)
    features.append(feature)
  return np.array(features)
```

Cette fonction définit extract_features qui prend le modèle InceptionV3 et une liste de chemins d'images. Elle parcourt chaque chemin, prétraite l'image, l'alimente au modèle et stocke les caractéristiques extraites dans un tableau NumPy.

5.   Fonction de calcul du FID :

```python
def calculate_fid(real_imgs, generated_imgs):
  """
  Calculates the Fréchet Inception Distance (FID) between two sets of images.
  """
  # Load InceptionV3 model
  model = inception_model()

  # Extract features for real and generated images
  real_features = extract_features(model, real_imgs)
  generated_features = extract_features(model, generated_imgs)

  # Calculate statistics for real and generated features
  real_mean = np.mean(real_features, axis=0)
  real_cov = np.cov(real_features.reshape(real_features.shape[0], -1), rowvar=False)
  generated_mean = np.mean(generated_features, axis=0)
  generated_cov = np.cov(generated_features.reshape(generated_features.shape[0], -1), rowvar=False)

  # Calculate squared mean difference
  ssdiff = np.sum((real_mean - generated_mean)**2)

  # Calculate FID
  covmean = linalg.sqrtm(np.dot(real_cov, generated_cov))
  if np.iscomplexobj(covmean):
    covmean = covmean.real
```

```
fid = ssdiff + np.trace(real_cov + generated_cov - 2.0 * covmean)
return fid
```

Cette fonction définit calculate_fid qui prend deux listes de chemins d'images (réelles et générées). Elle utilise les fonctions précédemment définies pour extraire les caractéristiques des deux ensembles, puis calcule le FID. Voici une décomposition des étapes clés :

- Extrait les caractéristiques des images réelles et générées en utilisant le modèle InceptionV3.

- Calcule la moyenne et la matrice de covariance pour les deux ensembles de caractéristiques.

- Calcule la différence quadratique moyenne entre les moyennes réelles et générées.

- Calcule la racine carrée du produit des covariances.

- Gère les problèmes potentiels de nombres complexes résultant de la racine carrée du produit.

- Le FID est défini comme la somme des différences quadratiques moyennes.

Exemple de Précision et Rappel pour les Modèles Génératifs avec TensorFlow

Bien qu'il n'existe pas d'implémentation standard utilisant TensorFlow pour la Précision et le Rappel (PR) spécifiquement conçue pour les modèles génératifs, nous pouvons explorer une approche similaire exploitant les caractéristiques d'Inception comme proposé dans l'article "Évaluation des Modèles Génératifs via la Précision et le Rappel". Voici une décomposition du concept et un exemple d'implémentation :

1. Comprendre PR pour les Modèles Génératifs :

- Précision : Mesure la qualité des échantillons générés par le modèle. Une précision élevée indique qu'un pourcentage plus élevé d'échantillons générés ressemble à la distribution des données réelles.

- Rappel : Mesure la capacité du modèle à capturer la diversité de la distribution des données réelles. Un rappel élevé indique que les échantillons générés couvrent un éventail plus large de variations présentes dans les données réelles.

2. Mise en correspondance des caractéristiques d'Inception :

Cette approche utilise le modèle InceptionV3 pré-entraîné pour extraire des caractéristiques à la fois des données réelles et générées. L'idée est de comparer ces caractéristiques pour évaluer dans quelle mesure les données générées s'alignent sur la distribution des données réelles.

3. Exemple d'implémentation :

```
import tensorflow as tf
```

```python
from tensorflow.keras.applications import inception_v3
from tensorflow.keras.preprocessing import image
import numpy as np

def inception_model():
  """
  Loads the pre-trained InceptionV3 model for feature extraction.
  """
  model = inception_v3.InceptionV3(include_top=False, weights='imagenet')
  model.output = model.layers[-1].output
  return model

def preprocess_image(img_path):
  """
  Preprocesses an image for InceptionV3 input.
  """
  target_size = (299, 299)
  img = image.load_img(img_path, target_size=target_size)
  img = image.img_to_array(img)
  img = img / 255.0
  img = np.expand_dims(img, axis=0)
  return img

def extract_features(model, img_paths):
  """
  Extracts features from a list of images using the InceptionV3 model.
  """
  features = []
  for img_path in img_paths:
    img = preprocess_image(img_path)
    feature = model.predict(img)
    features.append(feature)
  return np.array(features)

def compute_pr(real_features, generated_features):
  """
  Estimates precision and recall based on Inception feature distances.
  **Note:** This is a simplified approach and may not capture the full
  complexity of PR for generative models.

  Parameters:
      real_features: NumPy array of features from real data.
      generated_features: NumPy array of features from generated data.

  Returns:
      precision: Estimated precision value.
      recall: Estimated recall value.
  """
  # Calculate pairwise distances between real and generated features
  real_distances = np.linalg.norm(real_features[:, np.newaxis] - generated_features,
axis=2)
```

```
    # Threshold for considering a generated sample close to real data (hyperparameter)
    threshold = 0.5

    # Count samples within the threshold distance
    close_samples = np.sum(real_distances < threshold, axis=1)

    # Precision: Ratio of close generated samples to total generated samples
    precision = np.mean(close_samples / generated_features.shape[0])

    # Recall: Ratio of generated samples close to at least one real sample
    recall = np.mean(close_samples > 0)

    return precision, recall

# Example usage
model = inception_model()
real_imgs = ["path/to/real/image1.jpg", "path/to/real/image2.png"]
generated_imgs = ["path/to/generated/image1.jpg", "path/to/generated/image2.png"]

real_features = extract_features(model, real_imgs)
generated_features = extract_features(model, generated_imgs)

precision, recall = compute_pr(real_features, generated_features)

print(f"Precision: {precision:.4f}")
print(f"Recall: {recall:.4f}")
```

4. Remarque importante :

Cet exemple présente une approche simplifiée pour estimer la précision et le rappel des modèles génératifs en utilisant les caractéristiques d'Inception. Il utilise un seuil de distance pour catégoriser les échantillons générés comme étant "proches" des données réelles. Pour une évaluation plus complète, considérez les techniques issues de l'article original qui impliquent l'estimation de densité par noyau et le calcul des courbes PR sur une gamme de seuils.

Évaluation des modèles génératifs par la précision et le rappel : https://proceedings.neurips.cc/paper_files/paper/2018/file/f7696a9b362ac5a51c3dc8f098b739 23-Paper.pdf

3.4.2 Évaluation qualitative

L'évaluation qualitative implique l'inspection visuelle des échantillons générés pour évaluer leur qualité. Cette approche est subjective mais fournit des informations précieuses sur le réalisme et la diversité des données générées.

Dans le contexte des Réseaux Antagonistes Génératifs (GANs), l'évaluation qualitative consiste à examiner attentivement les échantillons générés pour évaluer leur niveau de réalisme et la diversité qu'ils présentent. Cela peut impliquer la recherche d'artefacts visuels, l'évaluation de la clarté ou du flou des échantillons, et la vérification de la façon dont les échantillons générés représentent la diversité des données réelles.

Par exemple, si le GAN est conçu pour générer des images de visages, une évaluation qualitative pourrait consister à examiner les visages générés pour voir à quel point ils ressemblent à de vrais visages humains et quelle est leur diversité en termes d'âge, de genre, d'ethnicité et d'autres caractéristiques.

Bien que l'évaluation qualitative ne fournisse pas une métrique concrète et numérique pour évaluer la performance comme le fait l'évaluation quantitative, elle offre des aperçus précieux qui peuvent aider à améliorer le modèle. Par exemple, si l'observateur remarque que les images générées sont majoritairement floues, cela pourrait indiquer que le générateur du GAN n'est pas assez puissant et doit être ajusté.

En plus de **l'inspection visuelle**, l'évaluation qualitative peut également impliquer une comparaison avec des données réelles. Cela consiste à comparer les échantillons générés côte à côte avec des échantillons de données réelles pour évaluer leur similarité. Cette méthode, bien que toujours subjective, peut fournir une comparaison plus objective que la seule inspection visuelle.

Dans l'ensemble, l'évaluation qualitative joue un rôle essentiel dans l'évaluation de la performance des Réseaux Antagonistes Génératifs. Bien qu'elle doive idéalement être utilisée en parallèle avec des méthodes quantitatives pour une évaluation plus complète, elle peut fournir des aperçus précieux qui peuvent guider l'ajustement fin du modèle.

Exemple : Inspection visuelle des images générées

```
import matplotlib.pyplot as plt

# Generate new samples
noise = np.random.normal(0, 1, (10, 100))
generated_images = generator.predict(noise)

# Plot generated images
fig, axs = plt.subplots(1, 10, figsize=(20, 2))
for i, img in enumerate(generated_images):
    axs[i].imshow(img.squeeze(), cmap='gray')
    axs[i].axis('off')
plt.show()
```

Dans cet exemple :

Cet extrait de code se concentre sur la visualisation des données générées par le GAN. Il commence par importer la bibliothèque Matplotlib, qui est largement utilisée en Python pour créer des visualisations statiques, animées et interactives.

La première partie de l'analyse concerne la génération de nouveaux échantillons de données. Cela se fait en créant du 'bruit' - des nombres aléatoires qui suivent une distribution normale (dans ce cas, centrée autour de 0 avec un écart-type de 1). Un tableau de taille 10x100 est créé, où chaque ligne représente un échantillon de bruit distinct. Ces échantillons de bruit servent d'entrées au générateur du GAN, qui les utilise pour créer de nouveaux échantillons de données. Dans ce cas, le générateur devrait renvoyer des images, d'où le nom 'generated_images'.

La deuxième partie de l'analyse concerne la visualisation de ces images générées. Une figure est créée avec une grille de 1 ligne et 10 colonnes, et une taille de 20x2. Chaque cellule de cette grille contiendra l'une des images générées. Les images sont tracées une par une dans chaque cellule. Les images sont compressées (pour supprimer les entrées unidimensionnelles de leurs formes) et converties en niveaux de gris pour une meilleure clarté visuelle. Les axes sont également désactivés pour chaque image, afin que les images elles-mêmes soient au centre de la visualisation.

Une fois toutes les images tracées, la figure est affichée à l'aide de plt.show(). Cette commande révèle l'ensemble de la figure et ses sous-graphiques comme une seule sortie. Cette visualisation offrirait un aperçu de la diversité et de la qualité des images générées par le GAN, basées sur les entrées de bruit aléatoires initiales.

Ce type de visualisation est extrêmement utile pour évaluer à quel point le GAN a appris à générer de nouvelles données. En inspectant visuellement les images générées, nous pouvons nous faire une idée de leur réalisme et de leur capacité à imiter les données d'entraînement. Cette évaluation qualitative, bien que subjective, constitue une partie importante de l'évaluation de l'efficacité des GANs.

3.4.3 Études utilisateurs

Le processus de réalisation d'études utilisateurs est une partie essentielle de l'évaluation de la qualité des données générées. Cette méthode implique l'obtention de précieux retours de participants humains qui interagissent avec les données. L'objectif principal de ces études est d'évaluer la qualité perçue et le réalisme des images générées par le système.

Les participants à ces études sont généralement invités à fournir leurs évaluations sur une variété de critères. Certains de ces critères peuvent inclure des aspects tels que le réalisme des images, la diversité des images produites et l'attrait visuel global des résultats générés. En sollicitant des retours sur ces aspects spécifiques, les chercheurs peuvent acquérir une compréhension complète de la performance du système en termes de génération de données.

Il est important de noter que les études utilisateurs offrent un avantage significatif par rapport à d'autres formes d'évaluation. Contrairement au fait de s'appuyer uniquement sur l'inspection visuelle, où l'évaluation peut être quelque peu subjective et sujette aux biais, les études utilisateurs fournissent une évaluation plus objective et robuste de la performance du système.

Cela est dû au fait qu'elles intègrent un large éventail de perspectives provenant de multiples participants, renforçant ainsi la fiabilité et la crédibilité des résultats d'évaluation.

Exemple : Réalisation d'une étude utilisateur

```
# Generate new samples for the user study
noise = np.random.normal(0, 1, (20, 100))
generated_images = generator.predict(noise)

# Save generated images to disk for user study
for i, img in enumerate(generated_images):
    plt.imsave(f'generated_image_{i}.png', img.squeeze(), cmap='gray')

# Instructions for the user study:
# 1. Show participants the saved generated images.
# 2. Ask participants to rate each image on a scale of 1 to 5 for realism and visual
appeal.
# 3. Collect the ratings and analyze the results to assess the quality of the GAN.
```

Ce code exemple génère de nouveaux échantillons d'images pour une étude utilisateur. Il crée un bruit aléatoire et l'utilise comme entrée pour un modèle génératif (le générateur) afin de produire des images. Ces images sont ensuite enregistrées sur le disque. Le reste des commentaires décrit les instructions pour une étude utilisateur.

Les utilisateurs doivent voir les images générées et sont invités à les noter sur une échelle de 1 à 5 pour leur réalisme et leur attrait visuel. Les notations recueillies sont ensuite analysées pour évaluer la qualité du Réseau Antagoniste Génératif (GAN) qui a produit les images.

3.4.4 Évaluation d'applications spécifiques

Les critères d'évaluation des Réseaux Antagonistes Génératifs (GANs) peuvent différer considérablement selon l'application particulière pour laquelle ils sont utilisés. Il est essentiel d'adapter les métriques d'évaluation pour répondre aux objectifs et aux exigences spécifiques de l'application concernée. Voici quelques exemples :

- **Super-résolution d'image :** Dans ce cas, l'essentiel est d'évaluer la qualité des images qui ont été suréchantillonnées. L'évaluation doit se concentrer sur la détermination de la netteté et de la clarté des images améliorées, pour lesquelles des métriques comme le rapport signal/bruit crête (PSNR) et l'indice de similarité structurelle (SSIM) sont généralement employées. Ce sont des mesures quantitatives qui fournissent une indication claire du succès du processus de super-résolution.

- **Génération de texte :** Lorsque les GANs sont utilisés pour la génération de texte, l'accent est mis sur l'évaluation de la fluidité et de la cohérence du texte généré. Ce processus peut être quelque peu subjectif, mais il existe des métriques établies, comme les scores BLEU ou ROUGE, qui fournissent une mesure objective de la qualité du texte généré.

- **Transfert de style :** Pour les applications impliquant le transfert de style, l'évaluation doit se concentrer sur la cohérence et la qualité artistique des styles qui ont été transférés sur les images cibles. Cela implique de comparer les images de sortie avec des images de référence pour déterminer dans quelle mesure le style a été capturé et transféré. La qualité du transfert de style peut souvent être une mesure plus subjective, car elle peut dépendre des perceptions individuelles de la qualité artistique.

Exemple : Évaluation de la super-résolution d'image

```
from skimage.metrics import peak_signal_noise_ratio as psnr
from skimage.metrics import structural_similarity as ssim

# Low-resolution and high-resolution images
low_res_images = ...  # Load low-resolution images
high_res_images = ...  # Load corresponding high-resolution images

# Generate super-resolved images using the GAN generator
super_res_images = generator.predict(low_res_images)

# Calculate PSNR and SSIM for each image
psnr_values = [psnr(hr, sr) for hr, sr in zip(high_res_images, super_res_images)]
ssim_values = [ssim(hr, sr, multichannel=True) for hr, sr in zip(high_res_images,
super_res_images)]

# Print average PSNR and SSIM
print(f"Average PSNR: {np.mean(psnr_values)}")
print(f"Average SSIM: {np.mean(ssim_values)}")
```

Ce code exemple calcule efficacement le PSNR (Rapport Signal-Bruit de Crête) et le SSIM (Indice de Similarité Structurelle) entre les images haute résolution (HR) et leurs images super-résolues (SR) correspondantes générées par un GAN.

Voici une analyse détaillée des étapes :

Importation des métriques :

- peak_signal_noise_ratio (psnr) et structural_similarity (ssim) sont importés depuis skimage.metrics. Ces fonctions sont utilisées pour calculer les métriques respectives.

Chargement des images :

- low_res_images : Cette variable contient probablement les images basse résolution préchargées que vous souhaitez utiliser pour la super-résolution.

- high_res_images : Cette variable contient les images haute résolution de référence correspondantes pour la comparaison.

Génération d'images super-résolues :

- super_res_images = generator.predict(low_res_images) : Cette ligne suppose que vous disposez d'un modèle GAN entraîné avec une fonction generator qui prend des images basse résolution en entrée et prédit des images super-résolues.

Calcul du PSNR et du SSIM :

- Le code parcourt les paires d'images HR et SR correspondantes en utilisant zip.

- psnr_values : Pour chaque paire, il calcule le PSNR entre les images HR et SR en utilisant la fonction psnr et ajoute la valeur à une liste nommée psnr_values.

- ssim_values : De même, il calcule le SSIM entre chaque paire d'images HR et SR en utilisant la fonction ssim avec multichannel=True (supposant des images RGB) et ajoute la valeur à une liste nommée ssim_values.

Affichage des valeurs moyennes :

- np.mean(psnr_values) calcule la moyenne du PSNR sur toutes les paires d'images.

- np.mean(ssim_values) calcule la moyenne du SSIM sur toutes les paires d'images.

- Enfin, le code affiche les valeurs moyennes de PSNR et de SSIM.

Dans l'ensemble, cet exemple de code évalue efficacement la qualité des images super-résolues générées en les comparant aux images haute résolution de référence à l'aide des métriques PSNR et SSIM.

3.5 Variations des GANs

Depuis l'introduction des innovants Réseaux Antagonistes Génératifs (GANs), une myriade de modifications et d'améliorations ont été méticuleusement développées dans le but de résoudre des défis spécifiques rencontrés et d'étendre considérablement les capacités du cadre GAN original.

Ces variations sont nombreuses et diverses, incluant, entre autres, les Deep Convolutional GANs (DCGANs), les innovants CycleGANs, et les très polyvalents StyleGANs.

Chacune de ces variations uniques introduit son propre ensemble de changements architecturaux spécifiques et de techniques d'entraînement novatrices. Ceux-ci sont soigneusement adaptés pour répondre à des applications spécifiques ou pour apporter des améliorations de performance. Dans cette section particulière, nous allons approfondir certaines des variations de GAN les plus importantes et largement reconnues qui ont révolutionné le domaine. Ce faisant, nous visons à fournir des explications détaillées faciles à comprendre, accompagnées d'exemples de code pour illustrer de manière vivante leur mise en œuvre pratique et leur utilisation dans des scénarios réels.

3.5.1 Deep Convolutional GANs (DCGANs)

Les Deep Convolutional GANs (DCGANs) ont été introduits par Radford et al. en 2015, et ils représentent une amélioration significative par rapport à l'architecture GAN originale. Ces DCGANs utilisent des couches convolutives dans les réseaux générateur et discriminateur, ce qui constitue un changement par rapport à l'utilisation de couches entièrement connectées.

Cette adaptation est particulièrement bénéfique pour traiter les données d'image et conduit à un entraînement plus stable et à des images générées de meilleure qualité.

Les caractéristiques clés des DCGANs comprennent :

- L'utilisation de couches convolutives au lieu de couches entièrement connectées.

- Le remplacement des couches de pooling par des convolutions à pas (strided convolutions) dans le discriminateur et des convolutions transposées dans le générateur.

- L'utilisation de la normalisation par lots (batch normalization) pour stabiliser l'entraînement.

- L'emploi de différentes fonctions d'activation dans le générateur et le discriminateur - activation ReLU dans le générateur et LeakyReLU dans le discriminateur.

Ces caractéristiques contribuent à la performance et à la stabilité améliorées des DCGANs par rapport aux GANs originaux. En utilisant des couches convolutives, les DCGANs peuvent efficacement apprendre les hiérarchies spatiales des caractéristiques de manière non supervisée, ce qui est hautement bénéfique pour les tâches impliquant des images.

Dans l'ensemble, les DCGANs représentent une étape importante dans le développement des GANs et ont ouvert la voie à de nombreuses variations et améliorations ultérieures dans l'architecture GAN.

Exemple : Implémentation de DCGAN avec TensorFlow/Keras

```
import tensorflow as tf
from    tensorflow.keras.layers    import    Conv2D,    Conv2DTranspose,    LeakyReLU,
BatchNormalization, Reshape, Dense, Flatten
from tensorflow.keras.models import Sequential
import numpy as np
import matplotlib.pyplot as plt

# DCGAN Generator
def build_dcgan_generator(latent_dim):
    model = Sequential([
        Dense(256 * 7 * 7, activation="relu", input_dim=latent_dim),
        Reshape((7, 7, 256)),
        BatchNormalization(),
        Conv2DTranspose(128, kernel_size=4, strides=2, padding='same'),
        BatchNormalization(),
        LeakyReLU(alpha=0.2),
        Conv2DTranspose(64, kernel_size=4, strides=2, padding='same'),
        BatchNormalization(),
        LeakyReLU(alpha=0.2),
        Conv2DTranspose(1,        kernel_size=4,        strides=1,        padding='same',
activation='tanh')
    ])
    return model
```

```python
# DCGAN Discriminator
def build_dcgan_discriminator(img_shape):
    model = Sequential([
        Conv2D(64, kernel_size=4, strides=2, padding='same', input_shape=img_shape),
        LeakyReLU(alpha=0.2),
        Conv2D(128, kernel_size=4, strides=2, padding='same'),
        BatchNormalization(),
        LeakyReLU(alpha=0.2),
        Conv2D(256, kernel_size=4, strides=2, padding='same'),
        BatchNormalization(),
        LeakyReLU(alpha=0.2),
        Flatten(),
        Dense(1, activation='sigmoid')
    ])
    return model

# Training the DCGAN
latent_dim = 100
img_shape = (28, 28, 1)

generator = build_dcgan_generator(latent_dim)
discriminator = build_dcgan_discriminator(img_shape)
discriminator.compile(optimizer='adam',                      loss='binary_crossentropy',
metrics=['accuracy'])

discriminator.trainable = False
gan_input = tf.keras.Input(shape=(latent_dim,))
generated_img = generator(gan_input)
validity = discriminator(generated_img)
dcgan = tf.keras.Model(gan_input, validity)
dcgan.compile(optimizer='adam', loss='binary_crossentropy')

# Load and preprocess the MNIST dataset
(x_train, _), (_, _) = tf.keras.datasets.mnist.load_data()
x_train = (x_train.astype(np.float32) - 127.5) / 127.5  # Normalize to [-1, 1]
x_train = np.expand_dims(x_train, axis=-1)

# Training parameters
epochs = 10000
batch_size = 64
sample_interval = 1000

for epoch in range(epochs):
    # Train the discriminator
    idx = np.random.randint(0, x_train.shape[0], batch_size)
    real_images = x_train[idx]
    noise = np.random.normal(0, 1, (batch_size, latent_dim))
    fake_images = generator.predict(noise)
    d_loss_real = discriminator.train_on_batch(real_images, np.ones((batch_size, 1)))
    d_loss_fake = discriminator.train_on_batch(fake_images, np.zeros((batch_size,
1)))
```

```
    d_loss = 0.5 * np.add(d_loss_real, d_loss_fake)

    # Train the generator
    noise = np.random.normal(0, 1, (batch_size, latent_dim))
    g_loss = dcgan.train_on_batch(noise, np.ones((batch_size, 1)))

    # Print progress
    if epoch % sample_interval == 0:
        print(f"{epoch} [D loss: {d_loss[0]}, acc.: {d_loss[1] * 100}%] [G loss:
{g_loss}]")

        # Generate and save images
        noise = np.random.normal(0, 1, (10, latent_dim))
        generated_images = generator.predict(noise)
        fig, axs = plt.subplots(1, 10, figsize=(20, 2))
        for i, img in enumerate(generated_images):
            axs[i].imshow(img.squeeze(), cmap='gray')
            axs[i].axis('off')
        plt.show()
```

Dans cet exemple :

Le script commence par importer les bibliothèques nécessaires, qui incluent TensorFlow, Keras, NumPy et Matplotlib. TensorFlow est une bibliothèque open-source populaire pour l'apprentissage automatique et l'intelligence artificielle, tandis que Keras est une API de réseaux de neurones de haut niveau, écrite en Python et capable de fonctionner sur TensorFlow. NumPy est utilisé pour les calculs numériques et Matplotlib est utilisé pour générer des graphiques.

Le script définit ensuite deux fonctions, build_dcgan_generator et build_dcgan_discriminator, qui créent respectivement les modèles du générateur et du discriminateur. Le modèle du générateur prend une dimension latente en entrée et produit une image, tandis que le discriminateur prend une image en entrée et produit une probabilité indiquant si l'image est réelle ou fausse. Le modèle du générateur est construit à l'aide d'une séquence de couches denses, de reshape, de normalisation par lots et de convolutions transposées, tandis que le modèle du discriminateur utilise une séquence de couches de convolution, de normalisation par lots, de LeakyReLU, d'aplatissement et de couches denses.

Après avoir défini les modèles, le script crée des instances du générateur et du discriminateur et compile le modèle du discriminateur. Le modèle du discriminateur est compilé avec l'optimiseur Adam et l'entropie croisée binaire comme fonction de perte. Pendant l'entraînement du GAN, les paramètres du modèle du discriminateur sont définis comme non entraînables.

Le script définit ensuite le modèle GAN, qui prend un vecteur latent en entrée et produit en sortie la validité de l'image générée, déterminée par le discriminateur. Le modèle GAN est compilé avec l'optimiseur Adam et l'entropie croisée binaire comme fonction de perte.

Ensuite, le script charge le jeu de données MNIST, qui est une grande base de données de chiffres manuscrits couramment utilisée pour l'entraînement de divers systèmes de traitement d'images. Après avoir chargé le jeu de données, le script normalise les données d'image pour qu'elles soient comprises entre -1 et 1 et étend la dimension du jeu de données.

Le script définit ensuite les paramètres d'entraînement, qui incluent le nombre d'époques, la taille du lot et l'intervalle d'échantillonnage. Il initialise également des tableaux pour stocker les pertes et les précisions du discriminateur ainsi que la perte du générateur.

Le script entre ensuite dans la boucle d'entraînement. Pour chaque époque, le script sélectionne un lot aléatoire d'images du jeu de données et génère un lot correspondant de vecteurs de bruit. Il utilise le modèle du générateur pour produire un lot d'images fausses à partir des vecteurs de bruit. Le modèle du discriminateur est ensuite entraîné sur les images réelles et fausses. Le modèle du générateur est ensuite entraîné à générer des images que le modèle du discriminateur considère comme réelles.

Toutes les 1000 époques, le script affiche le numéro de l'époque, la perte et la précision du discriminateur sur les images réelles et fausses, ainsi que la perte du générateur. Il génère également un lot d'images à partir du modèle du générateur en utilisant un lot fixe de vecteurs de bruit et affiche ces images dans une grille de 1 par 10.

3.5.2 CycleGAN

CycleGAN, introduit par Zhu et al. en 2017, est un type spécifique de Réseau Antagoniste Génératif (GAN) qui se concentre sur la traduction d'image à image. Sa principale caractéristique distinctive est sa capacité à transformer des images d'un domaine à un autre sans nécessiter d'exemples d'entraînement appariés. C'est une avancée significative par rapport aux modèles précédents car elle élimine le besoin d'un jeu de données contenant des paires d'images parfaitement correspondantes des domaines source et cible.

Par exemple, si vous souhaitez convertir des images de chevaux en images de zèbres, un modèle traditionnel de traduction d'image à image nécessiterait un jeu de données de photos correspondantes de chevaux et de zèbres. CycleGAN, cependant, peut apprendre cette transformation sans un tel jeu de données. Cela est particulièrement utile pour les tâches où des données d'entraînement appariées sont difficiles ou impossibles à collecter.

L'architecture de CycleGAN comprend deux réseaux de générateurs et deux réseaux de discriminateurs. Les réseaux de générateurs sont responsables de la transformation des images entre les deux domaines. Un générateur transforme du domaine source au domaine cible, tandis que l'autre transforme dans la direction inverse. Les réseaux de discriminateurs, quant à eux, sont utilisés pour garantir le réalisme des images transformées.

Outre les fonctions de perte GAN traditionnelles, CycleGAN introduit également une fonction de perte de cohérence cyclique. Cette fonction garantit qu'une image transformée d'un domaine à l'autre puis de nouveau sera identique à l'image originale. Ce processus cyclique aide le modèle à apprendre des correspondances précises et cohérentes entre les deux domaines.

Dans l'ensemble, CycleGAN a été déterminant dans le domaine de la traduction d'images et du transfert de style, permettant des transformations qui étaient auparavant difficiles ou impossibles avec les GANs traditionnels. Il a été utilisé dans une grande variété d'applications, de la conversion de peintures en photographies, au changement de saisons dans les images de paysages, et même à la traduction d'images Google Maps en images satellite.

Résumé des caractéristiques clés et des fonctionnalités de CycleGAN :

- CycleGAN utilise deux modèles de générateur distincts, chacun désigné pour un domaine spécifique, ainsi que deux modèles de discriminateur individuels. Cette approche, qui implique des voies duales, permet au modèle d'apprendre et de cartographier les caractéristiques d'un domaine à un autre.

- Une caractéristique unique et cruciale de CycleGAN est l'introduction de ce qu'on appelle la perte de cohérence cyclique. Ce mécanisme innovant impose le principe selon lequel lorsqu'une image est traduite de son domaine d'origine au domaine cible, puis retraduite au domaine d'origine, le modèle doit produire une image qui reflète l'image d'entrée originale. C'est un aspect fondamental de la conception du modèle car il contribue à garantir la précision des traductions entre les domaines.

Exemple : Implémentation de CycleGAN avec TensorFlow/Keras

```python
import tensorflow as tf
from    tensorflow.keras.layers    import    Conv2D,    Conv2DTranspose,    LeakyReLU,
BatchNormalization, Input
from tensorflow.keras.models import Model
import numpy as np
import matplotlib.pyplot as plt

# CycleGAN Generator
def build_cyclegan_generator(img_shape):
    input_img = Input(shape=img_shape)
    x = Conv2D(64, kernel_size=4, strides=2, padding='same')(input_img)
    x = LeakyReLU(alpha=0.2)(x)
    x = BatchNormalization()(x)
    x = Conv2D(128, kernel_size=4, strides=2, padding='same')(x)
    x = LeakyReLU(alpha=0.2)(x)
    x = BatchNormalization()(x)
    x = Conv2DTranspose(64, kernel_size=4, strides=2, padding='same')(x)
    x = LeakyReLU(alpha=0.2)(x)
    x = BatchNormalization()(x)
    output_img   =   Conv2DTranspose(3,   kernel_size=4,   strides=2,   padding='same',
activation='tanh')(x)
    return Model(input_img, output_img)

# CycleGAN Discriminator
def build_cyclegan_discriminator(img_shape):
    input_img = Input(shape=img_shape)
    x = Conv2D(64, kernel_size=4, strides=2, padding='same')(input_img)
    x = LeakyReLU(alpha=0.2)(x)
```

```python
    x = Conv2D(128, kernel_size=4, strides=2, padding='same')(x)
    x = LeakyReLU(alpha=0.2)(x)
    x = Flatten()(x)
    validity = Dense(1, activation='sigmoid')(x)
    return Model(input_img, validity)

# Build CycleGAN models
img_shape = (128, 128, 3)
G_AB = build_cyclegan_generator(img_shape)
G_BA = build_cyclegan_generator(img_shape)
D_A = build_cyclegan_discriminator(img_shape)
D_B = build_cyclegan_discriminator(img_shape)

D_A.compile(optimizer='adam', loss='binary_crossentropy', metrics=['accuracy'])
D_B.compile(optimizer='adam', loss='binary_crossentropy', metrics=['accuracy'])

# CycleGAN loss
def cycle_loss(y_true, y_pred):
    return tf.reduce_mean(tf.abs(y_true - y_pred))

# Full CycleGAN model
img_A = Input(shape=img_shape)
img_B = Input(shape=img_shape)

fake_B = G_AB(img_A)
reconstr_A = G_BA(fake_B)
fake_A = G_BA(img_B)
reconstr_B = G_AB(fake_A)

D_A.trainable = False
D_B.trainable = False

valid_A = D_A(fake_A)
valid_B = D_B(fake_B)

cycle_gan = Model(inputs=[img_A, img_B], outputs=[valid_A, valid_B, reconstr_A,
reconstr_B])
cycle_gan.compile(optimizer='adam',                        loss=['binary_crossentropy',
'binary_crossentropy', cycle_loss, cycle_loss])

# Summary of the models
G_AB.summary()
G_BA.summary()
D_A.summary()
D_B.summary()
cycle_gan.summary()
```

Dans cet exemple :

La première partie du script importe les bibliothèques nécessaires qui incluent TensorFlow pour l'apprentissage automatique, Keras pour l'API de réseau neuronal, numpy pour les calculs numériques, et matplotlib pour générer des graphiques.

Le script définit ensuite deux fonctions, build_cyclegan_generator et build_cyclegan_discriminator. Ces deux fonctions sont utilisées pour construire les modèles de générateur et de discriminateur du CycleGAN.

Le modèle de générateur est conçu pour transformer une image d'un domaine à un autre. Le modèle commence avec une image d'entrée et applique une série de couches convolutionnelles, d'activation LeakyReLU, et de normalisation par lots pour traiter l'image. L'image traitée est ensuite passée à travers un ensemble de couches convolutionnelles transposées pour générer l'image de sortie.

Le modèle de discriminateur est chargé de déterminer si une image donnée est réelle (provenant du jeu de données) ou fausse (générée par le générateur). Le modèle prend une image en entrée et applique une série de couches convolutionnelles et d'activation LeakyReLU. L'image traitée est ensuite aplatie et passée à travers une couche dense pour produire une valeur unique représentant la probabilité que l'image soit réelle.

Après avoir défini les modèles de générateur et de discriminateur, le script crée des instances de ces modèles pour deux domaines d'images, désignés comme A et B. Le script compile également les modèles de discriminateur, en spécifiant 'adam' comme optimiseur, 'binary_crossentropy' comme fonction de perte, et 'accuracy' comme métrique.

Le script définit ensuite une fonction de perte spéciale pour le CycleGAN, appelée perte cyclique. Cette fonction mesure la différence absolue entre l'image originale et l'image reconstruite (c'est-à-dire, une image qui a été transformée d'un domaine à l'autre puis de nouveau). La perte cyclique encourage le CycleGAN à apprendre des correspondances capables de reconstruire l'image originale avec précision.

Ensuite, le script construit le modèle CycleGAN complet. Ce modèle prend deux images en entrée (une du domaine A et une du domaine B), transforme chaque image vers l'autre domaine en utilisant les générateurs, puis la retransforme vers le domaine original. Le modèle fait également passer les images transformées par les discriminateurs pour déterminer leur réalisme. Les sorties du modèle incluent la validité des images transformées et les images reconstruites.

Le modèle CycleGAN est compilé avec l'optimiseur 'adam' et une liste de fonctions de perte qui incluent l'entropie croisée binaire pour les sorties de validité et la perte cyclique pour les sorties de reconstruction. De plus, pour garantir que l'entraînement du CycleGAN se concentre sur l'amélioration des générateurs, le script définit l'attribut trainable des discriminateurs à False avant de compiler le modèle CycleGAN.

Enfin, le script affiche un résumé de chaque modèle pour donner un aperçu de leurs architectures. Cela inclut les couches dans chaque modèle, la forme des sorties de chaque couche, et le nombre de paramètres dans chaque couche.

3.5.3 StyleGAN

StyleGAN, ou Style Generative Adversarial Network, est un type avancé de modèle GAN introduit par Karras et al. de NVIDIA en 2019. Ce modèle représente un bond significatif dans le domaine des modèles génératifs grâce à sa capacité à générer des images extrêmement réalistes et de haute qualité.

La principale innovation de StyleGAN réside dans son architecture unique de générateur basée sur le style. Cette nouvelle architecture permet un contrôle précis et spécifique à l'échelle du processus de synthèse d'image, séparant les influences des attributs de haut niveau et de la variation stochastique dans les images générées. Avec cela, il est possible de manipuler indépendamment des aspects spécifiques des images générées, ce qui n'était pas possible avec les modèles GAN précédents.

L'architecture de StyleGAN comprend un réseau de mapping et un réseau de synthèse. Le réseau de mapping prend un code latent et le transforme en un espace latent intermédiaire, qui contrôle les styles de divers aspects de l'image générée. Le réseau de synthèse prend ensuite cette représentation intermédiaire et génère l'image finale.

Les caractéristiques clés de StyleGAN incluent l'utilisation de la normalisation d'instance adaptative (AdaIN) pour la modulation de style, la croissance progressive du générateur et du discriminateur pour un entraînement stable et une qualité améliorée, et un réseau de mapping avec injection de style pour contrôler les attributs de l'image.

L'une des applications les plus connues de StyleGAN est le site web 'This Person Does Not Exist', où le modèle génère des visages humains hautement réalistes de personnes qui n'existent pas. D'autres applications incluent la manipulation de caractéristiques spécifiques d'une image, comme changer la couleur des cheveux ou l'âge d'une personne, et le transfert du style d'une image à une autre, comme transformer une photo de jour en photo de nuit.

En conclusion, StyleGAN représente une avancée significative dans le domaine des modèles génératifs, ouvrant de nouvelles possibilités pour la synthèse, la manipulation et la compréhension d'images.

Résumé des caractéristiques clés de StyleGAN :

- Utilise une architecture de générateur basée sur le style, qui offre une approche unique à la façon dont le générateur traite et transforme les vecteurs de bruit. Cette architecture est couplée avec la normalisation d'instance adaptative (AdaIN), une technique qui permet le transfert de style des images de style vers les images générées.

- Emploie une méthodologie de croissance progressive pour le générateur et le discriminateur. Cela signifie que le réseau commence l'entraînement avec des images de basse résolution, puis augmente progressivement la résolution en ajoutant plus de couches. Cette stratégie améliore considérablement la stabilité de l'entraînement et permet au réseau de générer des images de haute qualité.

- Offre la capacité de contrôler des attributs spécifiques de l'image, tels que le style et la structure des images générées. Cela est réalisé grâce à l'utilisation d'un réseau de mapping et d'injection de style. Le réseau de mapping permet au modèle d'apprendre des représentations plus désenchevêtrées, et l'injection de style fournit un moyen de contrôler le style à différents niveaux de détail.

Exemple : Utilisation d'un modèle StyleGAN pré-entraîné

Pour utiliser un modèle StyleGAN pré-entraîné, nous pouvons tirer parti de bibliothèques comme stylegan2-pytorch pour plus de simplicité. Voici un exemple :

```python
import torch
from stylegan2_pytorch import ModelLoader
import matplotlib.pyplot as plt

# Load pre-trained StyleGAN2 model
model = ModelLoader(name='ffhq', load_model=True)

# Generate random latent vectors
num_images = 5
latent_vectors = torch.randn(num_images, 512)

# Generate images using the model
generated_images = model.generate(latent_vectors)

# Plot the generated images
fig, axs = plt.subplots(1, num_images, figsize=(15, 15))
for i, img in enumerate(generated_images):
    axs[i].imshow(img.permute(1, 2, 0).cpu().numpy())
    axs[i].axis('off')

plt.show()
```

Cet exemple utilise la bibliothèque stylegan2-pytorch pour générer des images à partir d'un modèle StyleGAN2 pré-entraîné.

Voici une analyse détaillée des étapes :

Importation des bibliothèques :

- torch : La bibliothèque PyTorch pour l'apprentissage profond.

- from stylegan2_pytorch import ModelLoader : Importe la classe ModelLoader de la bibliothèque stylegan2-pytorch. Cette classe aide à charger et à gérer les modèles StyleGAN2.

- matplotlib.pyplot as plt : Utilisé pour l'affichage des images générées.

Chargement du modèle pré-entraîné :

- model = ModelLoader(name='ffhq', load_model=True) : Crée une instance ModelLoader nommée model.

  - name='ffhq' : Spécifie le nom du modèle pré-entraîné, probablement "ffhq" qui fait référence au dataset Flickr-Faces-HQ couramment utilisé pour l'entraînement de StyleGAN2.

  - load_model=True : Indique au ModelLoader de charger les paramètres du modèle pré-entraîné.

Génération de vecteurs latents aléatoires :

- num_images = 5 : Définit le nombre d'images à générer (fixé à 5 dans cet exemple).

- latent_vectors = torch.randn(num_images, 512) : Crée un tenseur aléatoire nommé latent_vectors avec les dimensions (num_images, 512). Ce tenseur représente le bruit latent utilisé pour générer les images. La dimensionnalité spécifique (512 dans ce cas) dépend de l'architecture du modèle pré-entraîné.

Génération d'images :

- generated_images = model.generate(latent_vectors) : Cette ligne utilise la fonction model.generate pour générer des images à partir des vecteurs latents fournis. Les images générées sont stockées dans le tenseur generated_images.

Affichage des images générées :

- plt.subplots(1, num_images, figsize=(15, 15)) : Crée une figure Matplotlib avec une seule ligne et num_images colonnes pour afficher les images générées. Définit également la taille de la figure à 15x15 pour une meilleure visualisation.

- La boucle parcourt chaque image dans generated_images :

  - axs[i].imshow(...) : Cette ligne affiche l'image actuelle sur un sous-graphique en utilisant la fonction imshow de Matplotlib.

    - .permute(1, 2, 0).cpu().numpy() : Cette ligne réorganise les dimensions du tenseur d'image du format PyTorch (canaux en premier) au format Matplotlib (canaux en dernier) et le convertit en tableau NumPy pour la compatibilité avec imshow.

  - axs[i].axis('off') : Désactive les étiquettes des axes pour une présentation plus épurée.

- plt.show() : Affiche les images générées à l'écran.

Dans l'ensemble, cet exemple démontre comment générer des images avec un modèle StyleGAN2 en fournissant un bruit latent aléatoire comme entrée et en visualisant les résultats obtenus.

3.5.4 Autres variations de GAN

1. Wasserstein GAN (WGAN) :

Wasserstein GAN, souvent abrégé en WGAN, est une variante des Réseaux Antagonistes Génératifs (GANs). Introduit par Martin Arjovsky, Soumith Chintala et Léon Bottou en 2017, les WGANs représentent un développement significatif dans le domaine des GANs, abordant principalement deux problèmes critiques qui affectent souvent les GANs traditionnels - l'instabilité d'entraînement et l'effondrement de mode.

Le nom "Wasserstein" provient du type de fonction de perte utilisée dans ces GANs, connue sous le nom de distance de Wasserstein ou distance du déplacement de terre (Earth Mover's distance). C'est une mesure de la distance entre deux distributions de probabilité qui est utilisée à la place des fonctions de perte traditionnelles des GANs, comme la divergence de Jensen-Shannon. Ce changement dans la fonction de perte conduit à une surface de perte plus lisse et plus significative, ce qui rend le processus d'entraînement plus stable.

Les WGANs introduisent également une caractéristique unique connue sous le nom d'écrêtage de poids (weight clipping), qui aide à garantir que la fonction du discriminateur (également appelé critique dans la terminologie WGAN) se situe dans un espace compact, facilitant le calcul de la distance de Wasserstein.

L'innovation des WGANs a eu un impact significatif sur l'amélioration de la qualité et de la diversité des échantillons générés, ainsi que sur la stabilité du processus d'entraînement des GANs. Elle a permis des processus d'entraînement plus fiables, ouvrant ainsi de nouvelles possibilités pour l'application des GANs dans divers domaines.

Cependant, il convient de noter que si les WGANs résolvent certains problèmes des GANs standard, ils ont aussi leur propre ensemble de défis et de limitations, comme des problèmes avec l'écrêtage de poids conduisant à des comportements de fonction indésirables. Ces problèmes ont conduit à des développements et améliorations supplémentaires dans le domaine des GANs, comme l'introduction de WGAN-GP (Wasserstein GAN avec pénalité de gradient) qui remplace l'écrêtage de poids par une pénalité de gradient pour un entraînement plus stable et efficace.

2. BigGAN :

BigGAN, abréviation de Big Generative Adversarial Network, est un type de modèle d'apprentissage automatique qui appartient à la classe des Réseaux Antagonistes Génératifs (GANs). Les GANs, introduits par Ian Goodfellow et ses collègues en 2014, sont conçus pour générer de nouvelles instances synthétiques de données qui peuvent passer pour des données réelles. Ils se composent de deux parties : un 'générateur' qui produit les données synthétiques, et un 'discriminateur' qui essaie de différencier entre les données générées et réelles.

Dans le contexte de BigGAN, le modèle est conçu pour produire des images de haute résolution, très réalistes qui peuvent souvent passer pour réelles à l'œil non averti. Le terme "big" fait référence à la nature à grande échelle du modèle, employant de grandes tailles de lots et des ensembles de données d'entraînement étendus pour créer ces images de haute qualité.

Le modèle BigGAN est une évolution dans le domaine des GANs, avec ses prédécesseurs incluant le modèle GAN original, DCGAN, WGAN, et d'autres. Chaque évolution vise généralement à résoudre certains des problèmes rencontrés par les modèles précédents ou à améliorer la qualité des données générées. Dans le cas de BigGAN, l'accent est mis sur l'amélioration de la résolution et du réalisme des images générées.

L'utilisation de BigGAN et de modèles similaires s'étend au-delà de la simple génération d'images d'aspect réaliste. Ils sont utilisés dans une grande variété d'applications, y compris l'amélioration d'image, le transfert de style, la traduction d'image à image, et plus encore. En améliorant continuellement la qualité et la polyvalence de tels modèles, les chercheurs repoussent les limites de ce qui est possible dans le domaine de la modélisation générative.

3. SRGAN (Super-Resolution GAN) :

SRGAN, abréviation de Super-Resolution Generative Adversarial Network, est une variante particulière des Réseaux Antagonistes Génératifs (GANs) conçue spécifiquement pour les tâches de super-résolution d'image. Ce type de GAN est principalement utilisé pour améliorer la résolution d'images à basse résolution tout en s'assurant que les images à haute résolution résultantes maintiennent une qualité visuelle élevée.

Le terme "super-résolution" fait référence au processus d'augmentation de la résolution d'une image, d'une vidéo ou d'un autre type d'imagerie. Dans le contexte de SRGAN, cela signifie transformer une image d'entrée à basse résolution en une sortie à haute résolution qui a plus de détails et est visuellement plus attrayante.

La structure de base de SRGAN, comme d'autres GANs, se compose de deux composants principaux : un réseau générateur et un réseau discriminateur. Le travail du réseau générateur est de prendre une image à basse résolution et de générer une version à haute résolution. Le réseau discriminateur, quant à lui, est chargé de déterminer si une image à haute résolution donnée provient de l'ensemble de données d'images réelles à haute résolution ou a été créée par le générateur.

L'une des caractéristiques clés de SRGAN qui le distingue des autres méthodes de super-résolution est sa capacité à récupérer des détails de texture plus fins dans l'image agrandie. Les méthodes traditionnelles produisent souvent des images à haute résolution qui sont plus floues et manquent de certaines textures détaillées présentes dans l'image originale. SRGAN surmonte cette limitation en utilisant une fonction de perte perceptuelle qui encourage le générateur à créer des images qui ont non seulement les bonnes valeurs de pixels de bas niveau mais aussi des caractéristiques de haut niveau qui correspondent à celles de l'image originale à haute résolution.

En raison de ces capacités, SRGAN a trouvé une large application dans les domaines où la haute qualité de résolution d'image est essentielle. Ceux-ci incluent l'imagerie médicale (par exemple, l'amélioration des IRM), l'imagerie satellite et aérienne, les graphiques de jeux vidéo et la diffusion vidéo, entre autres.

SRGAN représente une avancée importante dans le domaine de la super-résolution d'image, fournissant un outil puissant pour améliorer la qualité des images à basse résolution.

4. GAN Conditionnel (cGAN) :

Les Réseaux Antagonistes Génératifs Conditionnels (cGANs) sont un type de GAN qui inclut des informations auxiliaires pour les réseaux générateur et discriminateur. Ces informations supplémentaires viennent souvent sous forme d'étiquettes, ce qui permet au processus de génération de données de prendre en compte des conditions ou caractéristiques spécifiques.

Dans un GAN standard, le réseau générateur prend un vecteur de bruit aléatoire comme entrée et produit une instance de données synthétique (par exemple, une image). Le réseau discriminateur tente ensuite de classifier si cette instance de données est réelle (provenant de la véritable distribution de données) ou fausse (générée par le générateur). Les deux réseaux sont entraînés ensemble, le générateur essayant de tromper le discriminateur, et le discriminateur essayant de classifier correctement les instances réelles versus fausses.

Dans un cGAN, le générateur prend deux entrées : un vecteur de bruit aléatoire et une étiquette. L'étiquette fournit des informations supplémentaires sur le type d'instance de données que le générateur doit produire. Par exemple, si les étiquettes sont des chiffres de 0 à 9 et les instances de données sont des images de chiffres manuscrits, le générateur pourrait être conditionné pour produire une image d'un chiffre spécifique.

Le discriminateur dans un cGAN prend également deux entrées : une instance de données et une étiquette. Il doit déterminer non seulement si l'instance de données est réelle ou fausse, mais aussi si elle correspond à l'étiquette donnée.

L'avantage des cGANs est qu'ils peuvent générer des données sous des conditions spécifiques ou avec certaines caractéristiques, ce qui peut être très utile dans de nombreuses applications. Par exemple, dans la génération d'images, un cGAN pourrait générer des images de chats, de chiens ou d'autres objets spécifiques selon l'étiquette donnée. Dans l'augmentation de données, un cGAN pourrait générer des données supplémentaires pour une classe spécifique qui est sous-représentée dans les données d'entraînement.

L'implémentation d'un cGAN implique des modifications aux réseaux générateur et discriminateur pour accepter et traiter les informations d'étiquette supplémentaires. De plus, la procédure d'entraînement doit être ajustée pour prendre en compte la nature conditionnelle du processus de génération de données.

Dans l'ensemble, les cGANs représentent une extension importante du cadre GAN standard, permettant des tâches de génération de données plus contrôlées et spécifiques.

Exemple : Implémentation d'un GAN Conditionnel

```python
import tensorflow as tf
from tensorflow.keras.layers import Input, Embedding, multiply

# Conditional GAN Generator
def build_cgan_generator(latent_dim, num_classes):
    noise = Input(shape=(latent_dim,))
    label = Input(shape=(1,), dtype='int32')
    label_embedding = Flatten()(Embedding(num_classes, latent_dim)(label))
    model_input = multiply([noise, label_embedding])

    x = Dense(256 * 7 * 7, activation="relu")(model_input)
    x = Reshape((7, 7, 256))(x)
    x = BatchNormalization()(x)
    x = Conv2DTranspose(128, kernel_size=4, strides=2, padding='same')(x)
    x = BatchNormalization()(x)
    x = LeakyReLU(alpha=0.2)(x)
    x = Conv2DTranspose(64, kernel_size=4, strides=2, padding='same')(x)
    x = BatchNormalization()(x)
    x = LeakyReLU(alpha=0.2)(x)
    output_img = Conv2DTranspose(1, kernel_size=4, strides=1, padding='same',
activation='tanh')(x)

    return Model([noise, label], output_img)

# Conditional GAN Discriminator
def build_cgan_discriminator(img_shape, num_classes):
    img = Input(shape=img_shape)
    label = Input(shape=(1,), dtype='int32')
    label_embedding = Flatten()(Embedding(num_classes, np.prod(img_shape))(label))
    label_embedding = Reshape(img_shape)(label_embedding)
    model_input = multiply([img, label_embedding])

    x = Conv2D(64, kernel_size=4, strides=2, padding='same')(model_input)
    x = LeakyReLU(alpha=0.2)(x)
    x = Conv2D(128, kernel_size=4, strides=2, padding='same')(x)
    x = LeakyReLU(alpha=0.2)(x)
    x = Flatten()(x)
    validity = Dense(1, activation='sigmoid')(x)

    return Model([img, label], validity)

# Build and compile the Conditional GAN
latent_dim = 100
num_classes = 10
img_shape = (28, 28, 1)

generator = build_cgan_generator(latent_dim, num_classes)
discriminator = build_cgan_discriminator(img_shape, num_classes)
discriminator.compile(optimizer='adam',                loss='binary_crossentropy',
metrics=['accuracy'])
```

```
discriminator.trainable = False
noise = Input(shape=(latent_dim,))
label = Input(shape=(1,), dtype='int32')
generated_img = generator([noise, label])
validity = discriminator([generated_img, label])
cgan = Model([noise, label], validity)
cgan.compile(optimizer='adam', loss='binary_crossentropy')

# Summary of the models
generator.summary()
discriminator.summary()
cgan.summary()
```

Dans cet exemple :

La première étape du code consiste à importer les bibliothèques nécessaires. La bibliothèque TensorFlow est requise pour l'apprentissage automatique, avec son API Keras utilisée pour créer les modèles de réseaux neuronaux. Les fonctions Input, Embedding, Dense et multiply, entre autres, sont importées du module de couches Keras.

La partie suivante du script définit deux fonctions, build_cgan_generator et build_cgan_discriminator. Ces deux fonctions sont utilisées pour construire les modèles générateur et discriminateur du CGAN, respectivement.

La fonction build_cgan_generator prend comme entrées la dimension latente (la taille du vecteur de bruit aléatoire) et le nombre de classes (le nombre d'étiquettes). À l'intérieur de cette fonction, le modèle générateur est construit. Le générateur prend un vecteur de bruit aléatoire et une étiquette comme entrées. Le vecteur de bruit est un point dans l'espace latent, et l'étiquette est un vecteur encodé one-hot représentant la classe souhaitée de l'image générée. Le bruit et l'étiquette sont ensuite combinés et passés à travers une série de couches Dense, Reshape, BatchNormalization, Conv2DTranspose et LeakyReLU pour générer l'image de sortie finale.

La fonction build_cgan_discriminator prend également la forme de l'image et le nombre de classes comme entrées. À l'intérieur de cette fonction, le modèle discriminateur est construit. Le discriminateur prend une image et une étiquette comme entrées. L'image est l'image générée (ou réelle), et l'étiquette est la vraie étiquette de l'image. L'image et l'étiquette sont ensuite combinées et passées à travers une série de couches Conv2D, LeakyReLU, Flatten et Dense pour produire une valeur unique représentant si l'image est réelle ou fausse.

Après avoir défini les fonctions générateur et discriminateur, le script les utilise pour créer des instances de ces modèles. Le modèle discriminateur est ensuite compilé en utilisant l'optimiseur Adam et l'entropie croisée binaire comme fonction de perte. La métrique d'exactitude est également spécifiée pour mesurer la performance du discriminateur.

Ensuite, le script définit l'attribut trainable du discriminateur à False. Cela est fait car lors de l'entraînement du CGAN, on veut entraîner le générateur à tromper le discriminateur mais ne pas entraîner le discriminateur à mieux détecter le générateur. Par conséquent, les poids du discriminateur sont gelés pendant l'entraînement du CGAN.

Le modèle CGAN est ensuite construit et compilé. Le modèle CGAN se compose du générateur suivi du discriminateur. Un vecteur de bruit et une étiquette sont passés au générateur pour produire une image générée. Cette image générée et l'étiquette sont ensuite introduites dans le discriminateur pour produire la validité de l'image.

Enfin, le script affiche un résumé de chaque modèle. Cela fournit une vue d'ensemble des modèles générateur, discriminateur et CGAN, y compris les couches de chaque modèle, les formes de sortie de ces couches et le nombre de paramètres dans chaque couche.

Cet exemple fournit un guide étape par étape sur la façon d'implémenter un CGAN dans TensorFlow. En fournissant des étiquettes comme entrée supplémentaire au générateur et au discriminateur, un CGAN permet la génération de données avec des caractéristiques spécifiques désirées.

3.6 Cas d'utilisation et applications des GANs

Les GANs ont révolutionné le domaine de l'intelligence artificielle. Ils permettent aux machines de générer des données si similaires aux données réelles qu'elles sont presque indiscernables. Cette technologie révolutionnaire a créé de nombreuses opportunités et trouvé des applications dans divers domaines.

Parmi celles-ci, certaines des plus notables sont la génération et l'amélioration d'images, où les GANs sont utilisés pour générer des images réalistes de haute qualité ou pour améliorer des images existantes, améliorant leur qualité ou modifiant leurs attributs. De plus, les GANs sont un outil essentiel pour l'augmentation de données, où ils sont utilisés pour générer de nouvelles données basées sur des ensembles de données existants, offrant ainsi une solution au problème de disponibilité limitée des données.

En outre, les GANs se sont aventurés dans le domaine des arts créatifs, où ils sont utilisés pour générer de nouvelles œuvres d'art, repoussant ainsi les limites de la créativité et ouvrant de nouvelles voies pour l'expression artistique.

Dans cette section, nous approfondirons certains des cas d'utilisation et applications les plus impactants des GANs. Ici, nous ne nous contenterons pas de décrire ces applications en détail, mais nous fournirons également des exemples de code pour illustrer l'implémentation pratique de ces réseaux révolutionnaires. Cela vous donnera une compréhension complète de la façon dont les GANs sont utilisés en pratique et comment ils contribuent à façonner l'avenir de l'intelligence artificielle.

3.6.1 Génération et amélioration d'images

La puissance des GANs réside dans leur capacité unique à créer des images hautement réalistes et détaillées à partir de zéro. Cela signifie qu'ils peuvent produire des images presque indiscernables de celles prises par un appareil photo. De plus, les GANs ne se limitent pas à créer des images ; ils peuvent également prendre des images de basse qualité et améliorer considérablement leur résolution.

Cette application est particulièrement utile dans les domaines où les images à haute résolution sont essentielles mais pas toujours facilement disponibles, comme l'imagerie médicale ou l'imagerie satellite. Au-delà de cela, les GANs possèdent également la capacité passionnante de convertir des images d'un domaine à un autre, un processus connu sous le nom de traduction image-à-image.

Cela pourrait impliquer de changer le style d'une image, comme convertir une scène de jour en scène de nuit, ou même des transformations plus complexes. En effet, les applications potentielles des GANs dans le domaine du traitement d'images sont à la fois vastes et intrigantes.

1. Génération d'images :

Les GANs ont la remarquable capacité de générer des images de haute qualité qui sont presque indiscernables des images réelles. Cette capacité unique des GANs en a fait un outil inestimable dans divers domaines. Par exemple, dans l'industrie des médias et du divertissement, l'utilisation d'images réalistes est primordiale pour créer un contenu visuel crédible qui captive le public.

De même, dans le domaine de la réalité virtuelle, le succès de l'expérience dépend largement de la qualité et du réalisme des visuels. Par conséquent, la capacité des GANs à générer des images d'un réalisme convaincant est d'une valeur significative. Les implications de cette technologie s'étendent au-delà de ces domaines, ouvrant des possibilités passionnantes pour les applications futures.

Exemple : Génération d'images avec DCGAN

```python
import tensorflow as tf
import numpy as np
import matplotlib.pyplot as plt

# Define DCGAN generator model
def build_dcgan_generator(latent_dim):
    model = tf.keras.Sequential([
        tf.keras.layers.Dense(256 * 7 * 7, activation="relu", input_dim=latent_dim),
        tf.keras.layers.Reshape((7, 7, 256)),
        tf.keras.layers.BatchNormalization(),
        tf.keras.layers.Conv2DTranspose(128, kernel_size=4, strides=2, padding='same'),
        tf.keras.layers.BatchNormalization(),
```

```
        tf.keras.layers.LeakyReLU(alpha=0.2),
        tf.keras.layers.Conv2DTranspose(64,          kernel_size=4,          strides=2,
padding='same'),
        tf.keras.layers.BatchNormalization(),
        tf.keras.layers.LeakyReLU(alpha=0.2),
        tf.keras.layers.Conv2DTranspose(1, kernel_size=4, strides=1, padding='same',
activation='tanh')
    ])
    return model

# Instantiate the generator
latent_dim = 100
generator = build_dcgan_generator(latent_dim)

# Generate random latent vectors
num_images = 10
latent_vectors = np.random.normal(0, 1, (num_images, latent_dim))

# Generate images using the generator
generated_images = generator.predict(latent_vectors)

# Plot the generated images
fig, axs = plt.subplots(1, num_images, figsize=(20, 2))
for i, img in enumerate(generated_images):
    axs[i].imshow(img.squeeze(), cmap='gray')
    axs[i].axis('off')
plt.show()
```

Cet exemple de script démontre comment implémenter un Réseau Antagoniste Génératif Convolutionnel Profond (DCGAN). Il se concentre spécifiquement sur la construction du générateur à l'aide de TensorFlow.

Le générateur DCGAN est défini dans la fonction build_dcgan_generator(latent_dim). La fonction prend un paramètre, le latent_dim, qui représente la taille de l'espace latent. L'espace latent est un espace multidimensionnel dans lequel chaque point correspond à une combinaison unique de variables dans l'espace des données du monde réel, et c'est à partir de cet espace que le générateur échantillonnera pour générer de nouvelles instances de données.

Le modèle du générateur est construit en utilisant l'API Sequential de Keras, qui permet de créer des modèles couche par couche. La première couche est une couche Dense qui prend le vecteur latent comme entrée et produit une version remodelée qui peut être introduite dans les couches de convolution transposée. Cela est suivi d'un remodelage de la sortie en un tenseur de dimensions 7x7x256.

Ensuite, plusieurs couches Conv2DTranspose (également connues sous le nom de déconvolution) sont ajoutées. Ces couches vont suréchantillonner la couche précédente, augmentant la hauteur et la largeur des sorties. Les couches Conv2DTranspose utilisent une taille de noyau de 4 et une foulée de 2, ce qui signifie qu'elles doubleront les dimensions de hauteur et de largeur. Elles sont également configurées pour utiliser un remplissage 'same', ce qui signifie que la sortie aura les mêmes dimensions spatiales que l'entrée.

Entre les couches Conv2DTranspose, des couches BatchNormalization sont ajoutées. La normalisation par lots est une technique pour améliorer la vitesse, les performances et la stabilité des réseaux de neurones. Elle normalise les activations de la couche précédente à chaque lot, c'est-à-dire qu'elle applique une transformation qui maintient l'activation moyenne proche de 0 et l'écart-type d'activation proche de 1.

La fonction d'activation LeakyReLU est utilisée après chaque couche Conv2DTranspose. LeakyReLU est une variante de la fonction d'activation ReLU qui permet de petites valeurs négatives lorsque l'entrée est inférieure à zéro, ce qui peut empêcher les neurones morts et permettre au modèle résultant d'apprendre.

Enfin, la couche de sortie est une autre couche Conv2DTranspose avec un seul filtre et une fonction d'activation 'tanh', ce qui signifie que la sortie sera une image avec des valeurs de pixels comprises entre -1 et 1.

Après avoir défini le générateur, le script instancie ensuite un modèle de générateur avec une dimension latente de 100. Il génère 10 vecteurs latents aléatoires (chacun de dimension 100) en utilisant la fonction np.random.normal. Cette fonction renvoie un échantillon (ou des échantillons) de la distribution "normale standard".

Le modèle du générateur est ensuite utilisé pour prédire (ou générer) des images à partir de ces 10 vecteurs latents aléatoires. Les images générées sont stockées dans la variable generated_images.

Enfin, le script trace ces images générées à l'aide de matplotlib. Il crée une grille de sous-graphiques de 1x10 et trace chaque image dans son propre sous-graphique. Les images sont affichées en niveaux de gris (carte de couleurs 'gray') et sans axes. Cela fournit une visualisation des types d'images que le générateur DCGAN peut produire.

2. Super-Résolution :

Les GANs possèdent la remarquable capacité d'améliorer la résolution d'images initialement de faible qualité. Ce processus, appelé super-résolution, est d'une immense valeur dans divers domaines. En particulier, il peut être appliqué dans le domaine de l'imagerie médicale, où la clarté et la résolution des images sont primordiales pour des diagnostics précis et une planification efficace des traitements.

De même, dans l'imagerie satellite, la super-résolution peut faciliter des observations et des analyses plus précises en améliorant la qualité des images capturées depuis l'espace. En fait, tout domaine qui s'appuie fortement sur des images haute résolution pour son fonctionnement peut bénéficier considérablement de cette technologie. Ainsi, les GANs et leurs capacités de super-résolution ne sont pas seulement utiles, mais essentiels dans de nombreux domaines.

Exemple : Super-Résolution avec SRGAN

```python
import tensorflow as tf
import numpy as np
import matplotlib.pyplot as plt

# Define SRGAN generator model
def build_srgan_generator():
    model = tf.keras.Sequential([
        tf.keras.layers.Conv2D(64, kernel_size=9, padding='same', input_shape=(None,
None, 3)),
        tf.keras.layers.PReLU(),
        tf.keras.layers.Conv2D(64, kernel_size=3, padding='same'),
        tf.keras.layers.BatchNormalization(),
        tf.keras.layers.PReLU(),
        tf.keras.layers.Conv2DTranspose(64,          kernel_size=3,          strides=2,
padding='same'),
        tf.keras.layers.PReLU(),
        tf.keras.layers.Conv2DTranspose(3, kernel_size=3, strides=2, padding='same')
    ])
    return model

# Instantiate the generator
generator = build_srgan_generator()

# Load a low-resolution image and preprocess it
low_res_image = ...  # Load your low-resolution image here
low_res_image = np.expand_dims(low_res_image, axis=0)  # Add batch dimension

# Generate high-resolution image using the generator
high_res_image = generator.predict(low_res_image)

# Plot the low-resolution and high-resolution images
fig, axs = plt.subplots(1, 2, figsize=(10, 5))
axs[0].imshow(low_res_image[0].astype(np.uint8))
axs[0].set_title('Low-Resolution')
axs[0].axis('off')
axs[1].imshow(high_res_image[0].astype(np.uint8))
axs[1].set_title('High-Resolution')
axs[1].axis('off')
plt.show()
```

Cet exemple de code démontre l'implémentation d'un modèle générateur de Réseau Antagoniste Génératif de Super Résolution (SRGAN) utilisant TensorFlow. Ce modèle est capable d'améliorer la résolution des images, un processus souvent appelé super-résolution. Cette capacité à améliorer la qualité des images trouve de vastes applications dans divers domaines tels que l'imagerie médicale, l'imagerie satellite, et tout autre domaine qui dépend fortement d'images haute résolution.

Le modèle générateur SRGAN est défini en utilisant l'API Keras de TensorFlow. Le modèle est une séquence de couches, commençant par une couche Conv2D (Convolution 2D) avec 64 filtres, une taille de noyau de 9 et un remplissage 'same'. La forme d'entrée pour cette couche est définie comme (None, None, 3), ce qui permet au modèle de prendre en entrée des images de n'importe quelle taille.

La couche Conv2D est suivie d'une fonction d'activation PReLU (Unité Linéaire Rectifiée Paramétrique). La fonction d'activation PReLU est un type d'unité linéaire rectifiée avec fuite (ReLU) qui ajoute une petite pente pour permettre des valeurs négatives lorsque l'entrée est inférieure à zéro. Cela peut aider le réseau à apprendre des motifs plus complexes dans les données.

Ensuite, une autre couche Conv2D est ajoutée, cette fois avec une taille de noyau de 3. Après une autre couche PReLU, une couche BatchNormalization est ajoutée. La normalisation par lots est une technique pour améliorer la vitesse, les performances et la stabilité des réseaux de neurones. Elle normalise les activations de la couche précédente, ce qui signifie qu'elle maintient l'activation moyenne proche de 0 et l'écart-type d'activation proche de 1.

Après la couche BatchNormalization, il y a deux couches Conv2DTranspose, également connues sous le nom de couches de déconvolution. Ces couches sont utilisées pour effectuer une opération de convolution inverse, qui suréchantillonne l'image d'entrée à une résolution plus élevée.

Enfin, le modèle générateur SRGAN est instancié. Le modèle est ensuite utilisé pour améliorer la résolution d'une image basse résolution. L'image basse résolution est d'abord chargée et prétraitée en ajoutant une dimension de lot. L'image est ensuite passée à travers le générateur pour créer une version haute résolution de la même image.

Le code se termine par le traçage et l'affichage de l'image originale basse résolution et de l'image haute résolution générée par le SRGAN. Les deux images sont affichées côte à côte pour une comparaison facile. Les étiquettes 'Low-Resolution' et 'High-Resolution' sont ajoutées pour indiquer clairement quelle image est laquelle. La commande axs[i].axis('off') est utilisée pour masquer les axes sur les deux images.

3. Traduction d'Image à Image :

Les CycleGANs, ainsi que des modèles similaires, possèdent la remarquable capacité de convertir des images d'un domaine à un autre. Des exemples de cela incluent la transformation de photos standard en peintures qui pourraient passer pour l'œuvre d'artistes renommés ou la modification d'images de chevaux jusqu'à ce qu'elles ressemblent à des zèbres.

Les implications de cette technologie vont bien au-delà de la simple manipulation d'images. Cette technologie a trouvé une multitude d'utilisations dans divers domaines créatifs. Dans le monde de l'art, elle offre une nouvelle façon pour les artistes d'expérimenter avec le style et la forme. Dans l'industrie du divertissement, elle propose des méthodes uniques pour créer du contenu visuellement captivant.

De plus, dans le domaine du transfert de style, elle offre la possibilité de prendre n'importe quelle image et de l'adapter parfaitement pour correspondre à un style artistique ou une esthétique spécifique. En somme, l'avènement de modèles comme les CycleGANs a ouvert un monde de possibilités pour l'expression créative et l'innovation.

Exemple : Traduction d'Image à Image avec CycleGAN

```python
import tensorflow as tf
import numpy as np
import matplotlib.pyplot as plt

# Define CycleGAN generator model
def build_cyclegan_generator(img_shape):
    input_img = tf.keras.Input(shape=img_shape)
    x       =       tf.keras.layers.Conv2D(64,       kernel_size=4,       strides=2,
padding='same')(input_img)
    x = tf.keras.layers.LeakyReLU(alpha=0.2)(x)
    x = tf.keras.layers.BatchNormalization()(x)
    x = tf.keras.layers.Conv2D(128, kernel_size=4, strides=2, padding='same')(x)
    x = tf.keras.layers.LeakyReLU(alpha=0.2)(x)
    x = tf.keras.layers.BatchNormalization()(x)
    x       =       tf.keras.layers.Conv2DTranspose(64,       kernel_size=4,       strides=2,
padding='same')(x)
    x = tf.keras.layers.LeakyReLU(alpha=0.2)(x)
    x = tf.keras.layers.BatchNormalization()(x)
    output_img    =    tf.keras.layers.Conv2DTranspose(3,    kernel_size=4,    strides=2,
padding='same', activation='tanh')(x)
    return tf.keras.Model(input_img, output_img)

# Instantiate the generator
img_shape = (128, 128, 3)
generator = build_cyclegan_generator(img_shape)

# Load an image and preprocess it
input_image = ...  # Load your image here
input_image = np.expand_dims(input_image, axis=0)  # Add batch dimension

# Translate the image using the generator
translated_image = generator.predict(input_image)

# Plot the input and translated images
fig, axs = plt.subplots(1, 2, figsize=(10, 5))
axs[0].imshow(input_image[0].astype(np.uint8))
axs[0].set_title('Input Image')
axs[0].axis('off')
axs[1].imshow(translated_image[0].astype(np.uint8))
axs[1].set_title('Translated Image')
axs[1].axis('off')
plt.show()
```

Cet exemple de code illustre le processus d'implémentation d'un Réseau Antagoniste Génératif (GAN) pour la traduction d'image à image en utilisant CycleGAN, une architecture GAN populaire.

La partie initiale du code commence par l'importation des bibliothèques nécessaires. TensorFlow est utilisé comme bibliothèque principale pour la construction et l'entraînement du modèle CycleGAN. Numpy est utilisé pour les opérations numériques, et Matplotlib est utilisé pour visualiser les images.

Ensuite, il définit une fonction build_cyclegan_generator(img_shape) pour construire le modèle générateur dans le CycleGAN. Le modèle générateur est conçu pour traduire une image d'entrée en une image de sortie dans un style différent.

La fonction prend une forme d'image en entrée, indiquant la hauteur, la largeur et le nombre de canaux des images d'entrée. Elle commence par définir une couche Input qui accepte des images de la forme spécifiée.

Ensuite, une série de couches Conv2D, LeakyReLU et BatchNormalization sont ajoutées. Les couches Conv2D apprennent les hiérarchies spatiales de l'image, réduisant progressivement ses dimensions avec une foulée de 2. Les couches LeakyReLU introduisent une non-linéarité au modèle, lui permettant d'apprendre des mappages complexes de l'entrée à la sortie. Les couches BatchNormalization normalisent les sorties de la couche précédente, améliorant la vitesse d'entraînement et la stabilité du modèle.

Après avoir sous-échantillonné l'image, des couches Conv2DTranspose sont utilisées pour sur-échantillonner l'image à ses dimensions d'origine. Ces couches fonctionnent à l'inverse des couches Conv2D, doublant la hauteur et la largeur de la sortie de la couche précédente.

La sortie du modèle générateur est une autre couche Conv2DTranspose avec 3 filtres et une fonction d'activation 'tanh', produisant une image de sortie avec des valeurs de pixels dans la plage de -1 à 1.

Après la définition du modèle générateur, il est instancié avec une forme d'image de 128x128 pixels et 3 canaux de couleur (pour RGB).

La partie suivante du code charge et prétraite une image. L'image est chargée à partir d'une source non spécifiée puis prétraitée en ajoutant une dimension supplémentaire, convertissant l'image d'un tenseur 3D à un tenseur 4D. Cela est fait pour correspondre à la forme d'entrée attendue par le générateur, qui nécessite une dimension de lot.

L'image chargée et prétraitée est ensuite traduite à l'aide du modèle générateur. La fonction predict du modèle générateur est utilisée pour effectuer la traduction, générant une image de sortie dans un style différent.

Enfin, les images originales et traduites sont visualisées à l'aide de Matplotlib. Une figure avec deux sous-graphiques est créée pour afficher les images originales et traduites côte à côte. Les images sont reconverties au format entier non signé 8 bits pour un affichage correct, et les étiquettes d'axes sont désactivées pour une visualisation plus propre.

3.6.2 Augmentation de Données

Les Réseaux Antagonistes Génératifs possèdent la remarquable capacité de générer des données synthétiques. Cette aptitude s'avère être exceptionnellement bénéfique lorsqu'il s'agit d'augmenter des ensembles de données existants, une tâche particulièrement utile dans les situations où le processus de collecte de données réelles et authentiques peut être incroyablement coûteux ou remarquablement chronophage.

Les données synthétiques que produisent les GANs ne sont pas simplement pour la démonstration. Elles ont une application très pratique : elles peuvent être utilisées pour entraîner des modèles d'apprentissage automatique. En s'entraînant sur ces données synthétiques, ces modèles peuvent s'améliorer considérablement en termes de performance. Ils peuvent faire des prédictions plus précises, traiter l'information plus rapidement et généralement effectuer leurs tâches plus efficacement.

De plus, l'utilisation de données synthétiques peut également améliorer la robustesse de ces modèles d'apprentissage automatique, les rendant plus résilients et fiables, même lorsqu'ils sont confrontés à des scénarios difficiles ou inattendus.

1. Imagerie Médicale :

Dans le domaine de l'imagerie médicale, les GANs ont la capacité de générer des images synthétiques, mais néanmoins très réalistes, de diverses maladies. Cette technique innovante peut être utilisée pour augmenter et enrichir les ensembles de données d'entraînement utilisés en apprentissage automatique.

En complétant ces ensembles de données avec une pléthore d'images synthétiques, nous pouvons immensément augmenter la variété et le volume de données disponibles pour l'entraînement. Par conséquent, cela conduit à l'amélioration de la précision et de la fiabilité des modèles de diagnostic, améliorant ainsi les résultats globaux dans la détection des maladies et les soins aux patients.

Exemple : Augmentation de Données en Imagerie Médicale

```python
import tensorflow as tf
import numpy as np
import matplotlib.pyplot as plt

# Define a simple GAN generator for medical imaging
def build_medical_gan_generator(latent_dim, img_shape):
    model = tf.keras.Sequential([
        tf.keras.layers.Dense(256 * 7 * 7, activation="relu", input_dim=latent_dim),
        tf.keras.layers.Reshape((7, 7, 256)),
        tf.keras.layers.BatchNormalization(),
        tf.keras.layers.Conv2DTranspose(128,            kernel_size=4,            strides=2,
padding='same'),
```

```
        tf.keras.layers.BatchNormalization(),
        tf.keras.layers.LeakyReLU(alpha=0.2),
        tf.keras.layers.Conv2DTranspose(64,          kernel_size=4,          strides=2,
padding='same'),
        tf.keras.layers.BatchNormalization(),
        tf.keras.layers.LeakyReLU(alpha=0.2),
        tf.keras.layers.Conv2DTranspose(1, kernel_size=4, strides=1, padding='same',
activation='tanh')
    ])
    return model

# Instantiate the generator
latent_dim = 100
img_shape = (64, 64, 1)
generator = build_medical_gan_generator(latent_dim, img_shape)

# Generate random latent vectors
num_images = 10
latent_vectors = np.random.normal(0, 1, (num_images, latent_dim))

# Generate synthetic medical images using the generator
synthetic_images = generator.predict(latent_vectors)

# Plot the synthetic images
fig, axs = plt.subplots(1, num_images, figsize=(20, 2))
for i, img in enumerate(synthetic_images):
    axs[i].imshow(img.squeeze(), cmap='gray')
    axs[i].axis('off')
plt.show()
```

Ce code est un exemple d'utilisation de TensorFlow pour construire un GAN, spécifiquement conçu pour générer des images médicales synthétiques. La génération d'images médicales synthétiques peut être utile dans des situations où les images médicales réelles sont difficiles à obtenir en raison de préoccupations de confidentialité ou de limitations de ressources.

La fonction build_medical_gan_generator est définie pour créer la partie génératrice du GAN. Le générateur est le composant du GAN qui est responsable de la génération de nouvelles données - dans ce cas, les images médicales synthétiques.

Le modèle générateur est construit comme un modèle séquentiel, qui est un empilement linéaire de couches. Il commence par une couche Dense, qui est une couche de réseau neuronal entièrement connectée où chaque nœud d'entrée est connecté à chaque nœud de sortie. La couche Dense possède 256 7 7 unités (neurones) et utilise la fonction d'activation ReLU (Unité Linéaire Rectifiée). La dimension d'entrée est définie sur latent_dim, qui est la taille du vecteur d'espace latent à partir duquel les images synthétiques sont générées.

Ensuite, une couche Reshape est utilisée pour modifier les dimensions de la sortie de la couche Dense en une image 7x7 avec 256 canaux. Cela est suivi d'une couche BatchNormalization, qui normalise les activations de la couche précédente (c'est-à-dire, ajuste et met à l'échelle les activations) pour maintenir l'activation moyenne proche de 0 et l'écart-type d'activation proche de 1.

Après cela, le modèle utilise un Conv2DTranspose (également connu sous le nom de couche déconvolutionnelle) avec 128 filtres, une taille de noyau de 4 et une foulée de 2. Cette couche fonctionne en effectuant une opération de convolution inverse qui augmente les dimensions de l'image, "sur-échantillonnant" efficacement l'image. Une autre couche BatchNormalization est utilisée pour normaliser les sorties, suivie d'une couche d'activation LeakyReLU avec un alpha de 0,2 pour introduire une non-linéarité dans le modèle.

Cette séquence d'une couche Conv2DTranspose, BatchNormalization et de couches LeakyReLU est répétée deux fois de plus, mais avec 64 filtres dans la deuxième séquence et 1 filtre dans la séquence finale.

La couche Conv2DTranspose finale utilise la fonction d'activation 'tanh', qui dimensionne la sortie pour être comprise entre -1 et 1, et renvoie une image 2D.

Une fois le modèle générateur défini, il est instancié avec un latent_dim de 100 et un img_shape de (64, 64, 1), ce qui représente une image en niveaux de gris de 64x64.

Le modèle générateur est ensuite utilisé pour créer des images médicales synthétiques. Tout d'abord, un ensemble de 10 vecteurs latents aléatoires est généré à partir d'une distribution normale avec une moyenne de 0 et un écart-type de 1. Ces vecteurs latents servent d'entrée au générateur.

La fonction predict du modèle générateur est utilisée pour créer les images synthétiques. Cette fonction fait passer les vecteurs latents à travers le modèle et renvoie les images générées.

Enfin, les images synthétiques sont visualisées à l'aide de Matplotlib. Une figure et des axes sont créés à l'aide de plt.subplots. Chaque image synthétique est redimensionnée en 2D et affichée en niveaux de gris dans un sous-graphique. La fonction axis('off') est utilisée pour désactiver l'axe sur chaque sous-graphique.

2. Conduite Autonome :

Dans le domaine de la conduite autonome, les Réseaux Antagonistes Génératifs jouent un rôle essentiel. Ils peuvent générer des scènes de conduite synthétiques, créant essentiellement des environnements artificiels qui aident à augmenter les ensembles de données d'entraînement existants pour les voitures autonomes.

Ce processus est crucial car il améliore la capacité de ces véhicules à naviguer dans une grande diversité d'environnements. En générant un large éventail de scénarios potentiels, les ensembles de données d'entraînement deviennent plus complets, préparant les systèmes autonomes à réagir correctement à une multitude de circonstances différentes qu'ils pourraient rencontrer sur la route.

Exemple : Augmentation de Données pour la Conduite Autonome

```python
import tensorflow as tf
import numpy as np
import matplotlib.pyplot as plt

# Define a simple GAN generator for autonomous driving
def build_driving_gan_generator(latent_dim, img_shape):
    model = tf.keras.Sequential([
        tf.keras.layers.Dense(256 * 8 *

8, activation="relu", input_dim=latent_dim),
        tf.keras.layers.Reshape((8, 8, 256)),
        tf.keras.layers.BatchNormalization(),
        tf.keras.layers.Conv2DTranspose(128,        kernel_size=4,        strides=2,
padding='same'),
        tf.keras.layers.BatchNormalization(),
        tf.keras.layers.LeakyReLU(alpha=0.2),
        tf.keras.layers.Conv2DTranspose(64,        kernel_size=4,        strides=2,
padding='same'),
        tf.keras.layers.BatchNormalization(),
        tf.keras.layers.LeakyReLU(alpha=0.2),
        tf.keras.layers.Conv2DTranspose(3, kernel_size=4, strides=2, padding='same',
activation='tanh')
    ])
    return model

# Instantiate the generator
latent_dim = 100
img_shape = (64, 64, 3)
generator = build_driving_gan_generator(latent_dim, img_shape)

# Generate random latent vectors
num_images = 10
latent_vectors = np.random.normal(0, 1, (num_images, latent_dim))

# Generate synthetic driving scenes using the generator
synthetic_images = generator.predict(latent_vectors)

# Plot the synthetic images
fig, axs = plt.subplots(1, num_images, figsize=(20, 2))
for i, img in enumerate(synthetic_images):
    axs[i].imshow(img.astype(np.uint8))
    axs[i].axis('off')
plt.show()
```

La première partie du script comprend plusieurs importations de packages : TensorFlow, numpy et matplotlib. TensorFlow est la bibliothèque principale utilisée pour construire et entraîner le modèle GAN, numpy est utilisé pour les opérations numériques comme la génération de vecteurs latents aléatoires, et matplotlib est utilisé pour visualiser les images générées.

La fonction build_driving_gan_generator(latent_dim, img_shape) est définie pour construire le modèle générateur du GAN. Le modèle générateur est conçu pour générer des images synthétiques à partir d'un espace latent, qui est une représentation compressée des données.

La fonction prend deux paramètres : latent_dim et img_shape. latent_dim est la taille de l'espace latent, et img_shape est la forme des images à générer.

Le modèle générateur est un modèle séquentiel, ce qui signifie qu'il consiste en une pile linéaire de couches. Il commence par une couche Dense, qui est une couche entièrement connectée où chaque neurone de la couche est connecté à chaque neurone de la couche précédente. Ensuite, il redimensionne la sortie de la couche Dense en une forme qui peut être transmise à la couche Conv2DTranspose suivante.

La normalisation par lots est appliquée pour normaliser les sorties de la couche Dense, ce qui peut aider à améliorer la vitesse et la stabilité du modèle. Le processus de normalisation implique la mise à l'échelle des valeurs de sortie de la couche pour avoir une moyenne de 0 et un écart-type de 1.

Les couches Conv2DTranspose fonctionnent à l'opposé des couches Conv2D, effectuant une opération de convolution inverse qui augmente les dimensions de l'image. C'est aussi connu sous le nom de 'suréchantillonnage' de l'image. Elles sont suivies par des couches BatchNormalization et LeakyReLU. LeakyReLU est un type de fonction d'activation qui permet un petit gradient lorsque l'unité n'est pas active, défini par le paramètre alpha. Cela aide à prévenir le problème des neurones mourants, qui se produit lorsque les neurones deviennent inactifs et ne produisent que 0.

La couche Conv2DTranspose finale a 3 filtres et utilise la fonction d'activation 'tanh'. Cela produit une image de sortie avec des valeurs de pixels comprises entre -1 et 1.

Après avoir défini le modèle générateur, une instance de celui-ci est créée en utilisant une dimension latente de 100 et une forme d'image de (64, 64, 3). Cela signifie que le générateur créera des images de 64 pixels de hauteur, 64 pixels de largeur et avec 3 canaux de couleur (RVB).

Le script génère ensuite un certain nombre de vecteurs latents aléatoires. Ce sont des vecteurs de nombres aléatoires distribués normalement qui servent d'entrée au générateur. Le générateur utilise ces vecteurs latents pour générer des images synthétiques.

Enfin, les images synthétiques sont visualisées à l'aide de matplotlib. Les images sont affichées dans une grille, chaque image étant affichée dans son propre sous-graphique.

Ce script fournit un exemple de la façon dont les GAN peuvent être utilisés pour générer des données synthétiques, dans ce cas, des scènes de conduite synthétiques. Cela pourrait être utile dans des situations où les données réelles sont difficiles à obtenir, par exemple, dans le développement de véhicules autonomes où une grande variété de scènes de conduite est nécessaire à des fins de test.

3.6.3 Arts Créatifs et Divertissement

Les Réseaux Antagonistes Génératifs ont révolutionné les industries des arts créatifs et du divertissement en fournissant une méthode novatrice pour la génération de contenu. Cela a donné lieu à un large éventail d'applications, notamment la création de morceaux de musique uniques, d'œuvres d'art innovantes et d'animations captivantes.

Leur capacité à apprendre et à imiter divers styles, puis à générer un nouveau contenu original qui adhère à ces styles, a ouvert des frontières auparavant inimaginables dans ces domaines. En conséquence, ils ont offert de nouvelles opportunités et défis tant pour les artistes que pour les professionnels du divertissement.

1. Génération d'Art :

Les GAN possèdent la capacité extraordinaire de générer des œuvres d'art uniques. Ils le font en apprenant et en assimilant divers styles artistiques existants dans leur cadre d'intelligence artificielle. Une fois que ces styles sont ancrés dans le système, les GAN peuvent alors utiliser ces connaissances acquises pour permettre la création de nouvelles œuvres d'art innovantes.

Ces nouvelles œuvres d'art se distinguent par le fait qu'elles mélangent différents éléments artistiques, souvent d'une manière à laquelle les humains n'auraient pas pensé. Cela ouvre des possibilités sans précédent dans le monde de l'art, repoussant les limites de la créativité et de l'innovation.

Exemple : Génération d'Art avec GAN

```python
import tensorflow as tf
import numpy as np
import matplotlib.pyplot as plt

# Define a simple GAN generator for art generation
def build_art_gan_generator(latent_dim, img_shape):
    model = tf.keras.Sequential([
        tf.keras.layers.Dense(256 * 8 * 8, activation="relu", input_dim=latent_dim),
        tf.keras.layers.Reshape((8, 8, 256)),
        tf.keras.layers.BatchNormalization(),
        tf.keras.layers.Conv2DTranspose(128,         kernel_size=4,         strides=2,
padding='same'),
        tf.keras.layers.BatchNormalization(),
        tf.keras.layers.LeakyReLU(alpha=0.2),
        tf.keras.layers.Conv2DTranspose(64,          kernel_size=4,         strides=2,
padding='same'),
        tf.keras.layers.BatchNormalization(),
        tf.keras.layers.LeakyReLU(alpha=0.2),
        tf.keras.layers.Conv2DTranspose(3, kernel_size=4, strides=2, padding='same',
activation='tanh')
    ])
    return model

# Instantiate the generator
```

```
latent_dim = 100
img_shape = (128, 128, 3)
generator = build_art_gan_generator(latent_dim, img_shape)

# Generate random latent vectors
num_images = 10
latent_vectors = np.random.normal(0, 1, (num_images, latent_dim))

# Generate artworks using the generator
artworks = generator.predict(latent_vectors)

# Plot the generated artworks
fig, axs = plt.subplots(1, num_images, figsize=(20, 5))
for i, img in enumerate(artworks):
    axs[i].imshow(img.astype(np.uint8))
    axs[i].axis('off')
plt.show()
```

L'exemple commence par importer les bibliothèques nécessaires. TensorFlow est utilisé comme bibliothèque principale pour les fonctionnalités d'apprentissage automatique, NumPy pour les calculs numériques, et Matplotlib pour visualiser les images générées.

Après les importations, la fonction build_art_gan_generator est définie. Cette fonction est responsable de la mise en place de l'architecture du modèle générateur. Le modèle générateur est la partie du GAN qui génère de nouvelles données - dans ce cas, il génère des œuvres d'art numériques.

La fonction prend deux paramètres : latent_dim et img_shape. latent_dim est la taille de l'espace latent, qui est une représentation compressée des données. img_shape est la forme des images à générer, qui est définie à (128, 128, 3) représentant une image de 128x128 pixels avec 3 canaux de couleur (RVB).

Le modèle générateur est construit en utilisant l'API Keras Sequential, permettant d'empiler les couches les unes sur les autres de manière séquentielle. Il commence par une couche Dense avec une taille de 256 8 8. La couche Dense est une couche entièrement connectée, et la taille de la couche est basée sur la taille de sortie souhaitée. La fonction d'activation utilisée est ReLU (Unité Linéaire Rectifiée), qui introduit une non-linéarité dans le modèle.

La sortie de la couche Dense est ensuite remodelée en une image de 8x8 avec 256 canaux en utilisant la couche Reshape. Cela est suivi d'une couche BatchNormalization, qui normalise les activations de la couche précédente, maintenant l'activation moyenne proche de 0 et l'écart-type d'activation proche de 1.

Le modèle utilise ensuite une séquence de couches Conv2DTranspose (ou déconvolutionnelles), qui effectuent une opération de convolution inverse qui augmente les dimensions de l'image, en effectuant efficacement un 'suréchantillonnage' de l'image. Ces couches Conv2DTranspose sont alternées avec des couches BatchNormalization et des couches d'activation LeakyReLU.

LeakyReLU est une variante de la fonction d'activation ReLU qui permet un petit gradient lorsque l'unité n'est pas active, ce qui aide à atténuer le problème des neurones mourants où les neurones deviennent inactifs et ne produisent que 0.

La dernière couche du modèle est une autre couche Conv2DTranspose, mais avec 3 filtres et une fonction d'activation 'tanh'. Cela produit une image de sortie avec des valeurs de pixels dans la plage de -1 à 1.

Une fois le modèle générateur défini, il est instancié avec un latent_dim de 100 et le img_shape précédemment défini de (128, 128, 3).

La partie suivante du code génère dix vecteurs latents aléatoires à partir d'une distribution normale avec une moyenne de 0 et un écart-type de 1. Ces vecteurs latents servent d'entrée au générateur.

La fonction predict du modèle générateur est ensuite utilisée pour créer les œuvres d'art numériques. Cette fonction accepte les vecteurs latents comme entrée et renvoie les images générées.

Enfin, les œuvres d'art générées sont visualisées à l'aide de Matplotlib. Une figure et des axes sont créés en utilisant plt.subplots. Chaque image générée est affichée dans son propre sous-graphique. La fonction axis('off') est utilisée pour désactiver l'axe sur chaque sous-graphique, offrant une visualisation plus claire des images.

2. Génération de Musique :

Les GAN possèdent la remarquable capacité de générer des compositions musicales fraîches et inédites. Cela est réalisé grâce à leur aptitude à apprendre et à comprendre les modèles à partir de jeux de données musicaux existants. Cette technologie innovante a le potentiel de révolutionner l'industrie musicale en offrant une nouvelle plateforme pour la créativité. Grâce aux GAN, les compositeurs peuvent explorer un éventail plus large de possibilités musicales, ajoutant une nouvelle dimension au potentiel créatif de l'industrie.

Exemple : Génération de Musique avec GAN

Pour la génération de musique, nous utilisons généralement des architectures GAN spécialisées et des jeux de données. Voici un exemple utilisant un modèle GAN musical hypothétique :

```python
# This is a placeholder code as implementing a full music GAN requires specialized
architectures and datasets

import tensorflow as tf
import numpy as np

# Define a simple GAN generator for music generation (hypothetical)
def build_music_gan_generator(latent_dim):
    model = tf.keras.Sequential([
        tf.keras.layers.Dense(256, activation="relu", input_dim=latent_dim),
        tf.keras.layers.BatchNormalization(),
```

```
        tf.keras.layers.LeakyReLU(alpha=0.2),
        tf.keras.layers.Dense(512, activation="relu"),
        tf.keras.layers.BatchNormalization(),
        tf.keras.layers.LeakyReLU(alpha=0.2),
        tf.keras.layers.Dense(1024, activation="relu"),
        tf.keras.layers.BatchNormalization(),
        tf.keras.layers.LeakyReLU(alpha=0.2),
        tf.keras.layers.Dense(2048, activation="relu"),
        tf.keras.layers.BatchNormalization(),
        tf.keras.layers.LeakyReLU(alpha=0.2),
        tf.keras.layers.Dense(44100, activation="tanh")  # Assuming 1 second of audio
at 44.1kHz
    ])
    return model

# Instantiate the generator
latent_dim = 100
generator = build_music_gan_generator(latent_dim)

# Generate random latent vectors
num_samples = 5
latent_vectors = np.random.normal(0, 1, (num_samples, latent_dim))

# Generate music samples using the generator
music_samples = generator.predict(latent_vectors)

# Placeholder for playing generated music samples
# In practice, you'd save the generated samples to audio files and play them using an
audio library
print("Generated music samples:", music_samples)
```

L'exemple commence par importer TensorFlow et NumPy, une bibliothèque pour le langage de programmation Python qui fournit un support pour les tableaux et matrices multidimensionnels de grande taille, ainsi qu'une large collection de fonctions mathématiques de haut niveau pour opérer sur ces tableaux.

La fonction build_music_gan_generator() est ensuite définie. Cette fonction est responsable de la création de la partie génératrice du GAN. Le générateur est le composant du GAN qui est chargé de générer de nouvelles données. Dans ce cas, les nouvelles données sont de la musique.

La fonction prend comme argument latent_dim, qui fait référence à la taille de l'espace latent. L'espace latent est une représentation compressée et abstraite des données à partir desquelles les données synthétiques (dans ce cas, la musique) sont générées.

Le modèle générateur est construit en utilisant l'API Keras Sequential, qui permet un empilement linéaire des couches dans le modèle. Le modèle commence par une couche Dense qui possède 256 unités et utilise la fonction d'activation ReLU (Unité Linéaire Rectifiée). Elle prend également latent_dim comme dimension d'entrée.

La couche Dense est suivie d'une couche BatchNormalization, qui normalise les activations de la couche précédente à chaque lot (c'est-à-dire, ajuste et met à l'échelle les activations afin qu'elles maintiennent une activation moyenne de sortie de 0 et un écart-type de 1).

La couche BatchNormalization est suivie d'une autre couche d'activation, LeakyReLU, avec un alpha de 0,2. La fonction LeakyReLU permet un petit gradient lorsque l'unité n'est pas active, ce qui peut aider à prévenir le problème des "neurones mourants" dans lequel un neurone ne s'active jamais.

Cette séquence (couche Dense, BatchNormalization, LeakyReLU) est répétée quatre fois au total, mais avec un nombre différent d'unités dans la couche Dense à chaque fois (256, 512, 1024, 2048).

La dernière couche du modèle est une autre couche Dense. Cette couche possède 44100 unités et utilise la fonction d'activation tangente hyperbolique (tanh), qui met à l'échelle la sortie pour qu'elle soit comprise entre -1 et 1. Le nombre d'unités dans cette couche est supposé correspondre à 1 seconde d'audio à un taux d'échantillonnage de 44,1 kHz.

Une fois le modèle générateur défini, il est instancié avec un latent_dim de 100.

Ensuite, le code génère des vecteurs latents aléatoires. Ces vecteurs sont générés à partir d'une distribution normale avec une moyenne de 0 et un écart-type de 1. Le nombre de vecteurs générés est de 5 (comme spécifié par num_samples), et la taille de chaque vecteur est de 100 (identique à latent_dim).

Ces vecteurs latents servent d'entrée au générateur. Ils sont transmis à la fonction predict du générateur, qui génère les échantillons musicaux.

Les échantillons musicaux générés sont ensuite affichés sur la console. Dans une application pratique, vous sauvegarderiez probablement ces échantillons dans des fichiers audio et les liriez à l'aide d'une bibliothèque audio, plutôt que de simplement les afficher sur la console.

Il convient de noter que ce code est un exemple simplifié. La mise en œuvre d'un GAN musical complet nécessiterait des architectures et des ensembles de données spécialisés qui ne sont pas présentés dans cet exemple d'introduction.

3. Génération d'Animation et de Vidéo :

Les Réseaux Antagonistes Génératifs ont la capacité de construire des animations et des vidéos réalistes. Ils y parviennent en générant des images individuelles qui sont non seulement cohérentes, mais également esthétiquement agréables à l'œil. Cela résulte en une expérience visuelle fluide et captivante. Les applications potentielles de cette technologie sont vastes et variées.

Par exemple, dans l'industrie cinématographique, les GANs peuvent être utilisés pour créer des effets visuels de haute qualité ou même des scènes entières, réduisant ainsi le besoin de méthodes traditionnelles coûteuses et chronophages. Dans le domaine du jeu vidéo, les GANs peuvent contribuer au développement d'environnements et de personnages plus réalistes, améliorant ainsi l'expérience globale de jeu.

De plus, dans le domaine de la réalité virtuelle, les GANs peuvent être exploités pour créer des mondes virtuels plus immersifs et crédibles. Cela démontre l'incroyable potentiel et la versatilité des GANs dans divers domaines.

Exemple : Génération de Vidéo avec GAN

Pour la génération de vidéo, nous utilisons des modèles comme VideoGAN qui étendent le cadre GAN au domaine temporel. Voici un exemple simplifié :

```python
# This is a placeholder code as implementing a full video GAN requires specialized
architectures and datasets

import tensorflow as tf
import numpy as np

# Define a simple GAN generator for video generation (hypothetical)
def build_video_gan_generator(latent_dim, img_shape, num_frames):
    model = tf.keras.Sequential([
        tf.keras.layers.Dense(256 * 4 * 4 * num_frames, activation="relu",
input_dim=latent_dim),
        tf.keras.layers.Reshape((num_frames, 4, 4, 256)),
        tf.keras.layers.BatchNormalization(),
        tf.keras.layers.Conv2DTranspose(128, kernel_size=4, strides=2,
padding='same'),
        tf.keras.layers.BatchNormalization(),
        tf.keras.layers.LeakyReLU(alpha=0.2),
        tf.keras.layers.Conv2DTranspose(64, kernel_size=4, strides=2,
padding='same'),
        tf.keras.layers.BatchNormalization(),
        tf.keras.layers.LeakyReLU(alpha=0.2),
        tf.keras.layers.Conv2DTranspose(3, kernel_size=4, strides=2, padding='same',
activation='tanh')
    ])
    return model

# Instantiate the generator
latent_dim = 100
img_shape = (64, 64, 3)
num_frames = 16
generator = build_video_gan_generator(latent_dim, img_shape, num_frames)

# Generate random latent vectors
num_videos = 2
latent_vectors = np.random.normal(0, 1, (num_videos, latent_dim))

# Generate video samples using the generator
video_samples = generator.predict(latent_vectors)
```

```
# Placeholder for displaying generated video samples
# In practice, you'd save the generated samples to video files and play them using a
video library
print("Generated video samples:", video_samples)
```

L'exemple commence par définir la structure du générateur, un composant clé d'un GAN. Le rôle du générateur est de créer de nouveaux échantillons de données synthétiques - dans ce cas, des vidéos. Chaque vidéo est composée de plusieurs images, et chaque image est une frame.

Le modèle générateur est construit en utilisant l'API Keras de TensorFlow. Il utilise plusieurs couches, notamment des couches Dense, des couches de Normalisation par lots (Batch Normalization), et des couches Conv2DTranspose (également connues sous le nom de couches déconvolutionnelles).

Les couches Dense, qui sont des couches entièrement connectées, transforment les données d'entrée (vecteurs latents) en une représentation différente. Les couches de Normalisation par lots normalisent ensuite ces valeurs de sortie, contribuant à améliorer la vitesse et la stabilité du modèle.

Les couches Conv2DTranspose effectuent une opération de convolution inverse, "suréchantillonnant" efficacement l'image et augmentant ses dimensions. Elles sont suivies par des couches LeakyReLU, un type de fonction d'activation qui permet un petit gradient lorsque l'unité n'est pas active, ce qui peut aider à prévenir le problème des "neurones mourants" où les neurones deviennent inactifs et ne produisent que des 0.

Les couches sont structurées de manière à ce que les dimensions des données de sortie augmentent à chaque couche, partant d'une représentation aplatie et aboutissant à une représentation 3D (hauteur, largeur, canaux de couleur) adaptée à une image. La couche finale utilise la fonction d'activation 'tanh', qui met à l'échelle la sortie pour qu'elle soit comprise entre -1 et 1, appropriée pour une image.

Le script passe ensuite à l'instanciation du modèle générateur. Le générateur est initialisé avec une taille spécifique des vecteurs latents (latent_dim), la forme de l'image (img_shape), et le nombre d'images dans chaque vidéo (num_frames). La dimension latente est fixée à 100, la forme de l'image est définie à (64,64,3), ce qui implique une image de 64x64 pixels avec 3 canaux de couleur, et le nombre d'images est fixé à 16.

Par la suite, le script génère un ensemble de vecteurs latents aléatoires à partir d'une distribution normale. Le nombre de vecteurs générés est défini par la variable num_videos, et la taille de chaque vecteur est identique à la dimension latente définie. Ces vecteurs servent d'entrée au générateur.

La fonction 'predict' du générateur est ensuite utilisée pour créer les échantillons vidéo à partir des vecteurs latents. Cette fonction fait passer les vecteurs latents à travers le modèle, les transformant en données vidéo synthétiques.

Enfin, le script affiche les échantillons vidéo générés. Dans une application pratique, ces échantillons seraient probablement sauvegardés dans des fichiers vidéo et lus à l'aide d'une bibliothèque de lecture ou de traitement vidéo. Cependant, dans cet exemple simplifié, la sortie du générateur est simplement affichée sur la console.

Il est important de noter qu'il s'agit d'un exemple simplifié et hypothétique d'un GAN vidéo. La construction d'un GAN vidéo pleinement fonctionnel nécessiterait des architectures et des ensembles de données spécialisés qui dépassent le cadre de ce script.

3.7 Innovations Récentes dans les GANs

Les Réseaux Antagonistes Génératifs (GANs) ont connu des avancées rapides depuis leur création, conduisant à diverses innovations qui étendent leurs capacités et applications. Ces innovations répondent à des défis spécifiques, améliorent les performances et ouvrent de nouvelles possibilités d'utilisation des GANs dans des scénarios plus complexes et diversifiés.

Dans cette section, nous explorerons certaines des innovations les plus récentes dans les GANs, y compris les GANs pour la génération de vidéo, les GANs conditionnels, et d'autres développements de pointe. Des explications détaillées et des exemples de code seront fournis pour illustrer ces innovations.

3.7.1 GANs pour la Génération de Vidéo

Comme discuté en détail dans la section 3.6.3, l'innovation de la génération de vidéo avec les Réseaux Antagonistes Génératifs (GANs) marque une avancée considérable, passant de la génération d'images statiques à la création de séquences dynamiques d'images. Ce développement révolutionnaire permet l'application des GANs dans une variété de domaines tels que la synthèse vidéo, l'animation, et même le monde immersif de la réalité virtuelle, élargissant ainsi la portée et le potentiel de cette technologie.

Un exemple remarquable de modèle qui est essentiel pour la génération de vidéo est le **VideoGAN**. Ce modèle étend ingénieusement le cadre des GANs pour gérer efficacement la dimension temporelle intrinsèque aux données vidéo, en faisant un outil puissant dans le monde de la génération vidéo.

Les **Caractéristiques Clés de VideoGAN** qui le distinguent comprennent :

- **Cohérence Temporelle :** Cette caractéristique garantit que les images générées sont temporellement cohérentes, ce qui est crucial pour produire des vidéos fluides et réalistes. C'est cette cohérence temporelle qui confère une transition sans heurts entre les images, améliorant le réalisme des vidéos générées.

- **Couches Spatiotemporelles :** Ces couches sont une combinaison unique de convolutions spatiales et temporelles. Cette union permet à VideoGAN de capturer à la fois les détails spatiaux complexes et la dynamique temporelle inhérente aux données vidéo, créant ainsi des vidéos plus complètes et détaillées.

- **Convolutions 3D :** VideoGAN utilise des couches convolutives 3D pour traiter les données vidéo. Contrairement aux convolutions 2D traditionnelles, les convolutions 3D prennent en compte la dimension supplémentaire du temps, traitant les données vidéo comme une séquence d'images. Cela permet une compréhension et un traitement plus nuancés des données, résultant en une génération vidéo supérieure.

Exemple : Implémentation d'un VideoGAN Simple

```python
import tensorflow as tf
import numpy as np
import matplotlib.pyplot as plt

# Define VideoGAN generator model
def build_videogan_generator(latent_dim, img_shape, num_frames):
    model = tf.keras.Sequential([
        tf.keras.layers.Dense(256 * 4 * 4 * num_frames, activation="relu",
input_dim=latent_dim),
        tf.keras.layers.Reshape((num_frames, 4, 4, 256)),
        tf.keras.layers.BatchNormalization(),
        tf.keras.layers.Conv3DTranspose(128, kernel_size=4, strides=(2, 2, 2),
padding='same'),
        tf.keras.layers.BatchNormalization(),
        tf.keras.layers.LeakyReLU(alpha=0.2),
        tf.keras.layers.Conv3DTranspose(64, kernel_size=4, strides=(2, 2, 2),
padding='same'),
        tf.keras.layers.BatchNormalization(),
        tf.keras.layers.LeakyReLU(alpha=0.2),
        tf.keras.layers.Conv3DTranspose(3, kernel_size=4, strides=(2, 2, 2),
padding='same', activation='tanh')
    ])
    return model

# Instantiate the generator
latent_dim = 100
img_shape = (64, 64, 3)
num_frames = 16
generator = build_videogan_generator(latent_dim, img_shape, num_frames)

# Generate random latent vectors
num_videos = 2
latent_vectors = np.random.normal(0, 1, (num_videos, latent_dim))

# Generate video samples using the generator
video_samples = generator.predict(latent_vectors)

# Placeholder for displaying generated video samples
# In practice, you'd save the generated samples to video files and play them using a
video library
```

```
print("Generated video samples:", video_samples)
```

Voici une explication étape par étape du script :

1. **Importation des bibliothèques requises** : Le script commence par importer les bibliothèques Python nécessaires - TensorFlow, NumPy et Matplotlib. TensorFlow est la bibliothèque principale utilisée ici, et elle fournit les outils nécessaires pour construire et entraîner le modèle. NumPy est utilisé pour les opérations numériques, et Matplotlib est utilisé pour générer des graphiques.

2. **Définition du modèle de générateur VideoGAN** : Le modèle de générateur est défini comme une fonction, build_videogan_generator(). Cette fonction prend comme arguments la dimension de l'espace latent (latent_dim), la forme des images à générer (img_shape), et le nombre d'images dans chaque vidéo (num_frames). À l'intérieur de la fonction, un modèle est construit en utilisant l'API Keras de TensorFlow. Ce modèle est une séquence de couches qui transforme un vecteur latent en vidéo. Cette transformation se produit en plusieurs étapes, impliquant des couches denses, des couches de normalisation par lots, et des couches convolutives 3D transposées (également connues sous le nom de couches déconvolutives).

3. **Instanciation du générateur** : Une fois le modèle de générateur défini, une instance de celui-ci est créée. Cela se fait en appelant la fonction build_videogan_generator() avec les arguments requis : la dimension de l'espace latent, la forme de l'image, et le nombre d'images.

4. **Génération de vecteurs latents aléatoires** : Par la suite, le script génère un ensemble de vecteurs latents aléatoires à partir d'une distribution normale. Ces vecteurs servent d'entrée au générateur. Le nombre de vecteurs générés est déterminé par la variable num_videos, et la taille de chaque vecteur est identique à la dimension latente définie.

5. **Génération d'échantillons vidéo** : La fonction 'predict' du générateur est ensuite utilisée pour créer les échantillons vidéo à partir des vecteurs latents. Cette fonction fait passer les vecteurs latents à travers le modèle, les transformant en données vidéo synthétiques.

6. **Affichage des échantillons vidéo générés** : Enfin, le script affiche les échantillons vidéo générés. Dans une application pratique, ces échantillons seraient probablement sauvegardés dans des fichiers vidéo et lus à l'aide d'une bibliothèque de lecture ou de traitement vidéo. Cependant, dans cet exemple simplifié, la sortie du générateur est simplement imprimée sur la console.

Il est important de noter que ce script est un exemple simplifié d'un générateur VideoGAN. Dans un VideoGAN pleinement fonctionnel, il y aurait également un modèle discriminateur qui tenterait de distinguer les vidéos générées des vidéos réelles. Cette interaction entre le générateur et le discriminateur est ce qui permet à un GAN de générer des données synthétiques de haute qualité.

3.7.2 GANs Conditionnels (cGANs)

Les Réseaux Antagonistes Génératifs Conditionnels représentent un bond en avant significatif dans le monde des modèles génératifs en incorporant des informations externes supplémentaires dans le cadre traditionnel des GANs.

Ces informations supplémentaires peuvent prendre diverses formes, telles que des étiquettes de classe ou même des descriptions textuelles. L'avantage principal de cette approche est qu'elle permet la génération de données de manière contrôlée, c'est-à-dire que les données de sortie sont directement conditionnées par les informations fournies, permettant ainsi une génération de données ciblée et spécifique.

Caractéristiques clés des cGANs :

- **Entrées conditionnelles :** L'une des caractéristiques définissant les cGANs est l'utilisation d'entrées conditionnelles. Dans un cGAN typique, tant le générateur que le discriminateur reçoivent ces informations supplémentaires. Cela garantit que les données générées par le générateur non seulement paraissent réalistes mais correspondent également étroitement aux conditions spécifiées, d'où le terme 'conditionnel' dans le nom.

- **Contrôle amélioré sur les sorties :** Un autre avantage clé des cGANs est qu'ils offrent un degré de contrôle beaucoup plus élevé sur les sorties générées par rapport aux GANs traditionnels. Ce contrôle amélioré rend possible la génération de types spécifiques de données, ce qui peut être extrêmement utile dans une variété d'applications pratiques.

Exemple : Implémentation d'un GAN Conditionnel

```python
import tensorflow as tf
import numpy as np
import matplotlib.pyplot as plt

# Define Conditional GAN generator model
def build_cgan_generator(latent_dim, num_classes, img_shape):
    noise = tf.keras.Input(shape=(latent_dim,))
    label = tf.keras.Input(shape=(1,), dtype='int32')
    label_embedding                                                    =
tf.keras.layers.Flatten()(tf.keras.layers.Embedding(num_classes, latent_dim)(label))
    model_input = tf.keras.layers.multiply([noise, label_embedding])

    x = tf.keras.layers.Dense(256 * 7 * 7, activation="relu")(model_input)
    x = tf.keras.layers.Reshape((7, 7, 256))(x)
    x = tf.keras.layers.BatchNormalization()(x)
    x      =      tf.keras.layers.Conv2DTranspose(128,      kernel_size=4,      strides=2,
padding='same')(x)
```

```python
    x = tf.keras.layers.BatchNormalization()(x)
    x = tf.keras.layers.LeakyReLU(alpha=0.2)(x)
    x       =        tf.keras.layers.Conv2DTranspose(64,      kernel_size=4,      strides=2,
padding='same')(x)
    x = tf.keras.layers.BatchNormalization()(x)
    x = tf.keras.layers.LeakyReLU(alpha=0.2)(x)
    output_img    =    tf.keras.layers.Conv2DTranspose(img_shape[-1],    kernel_size=4,
strides=1, padding='same', activation='tanh')(x)

    return tf.keras.Model([noise, label], output_img)

# Define Conditional GAN discriminator model
def build_cgan_discriminator(img_shape, num_classes):
    img = tf.keras.Input(shape=img_shape)
    label = tf.keras.Input(shape=(1,), dtype='int32')
    label_embedding                                                                =
tf.keras.layers.Flatten()(tf.keras.layers.Embedding(num_classes,
np.prod(img_shape))(label))
    label_embedding = tf.keras.layers.Reshape(img_shape)(label_embedding)
    model_input = tf.keras.layers.multiply([img, label_embedding])

    x       =        tf.keras.layers.Conv2D(64,        kernel_size=4,        strides=2,
padding='same')(model_input)
    x = tf.keras.layers.LeakyReLU(alpha=0.2)(x)
    x = tf.keras.layers.Conv2D(128, kernel_size=4, strides=2, padding='same')(x)
    x = tf.keras.layers.LeakyReLU(alpha=0.2)(x)
    x = tf.keras.layers.Flatten()(x)
    validity = tf.keras.layers.Dense(1, activation='sigmoid')(x)

    return tf.keras.Model([img, label], validity)

# Build and compile the Conditional GAN
latent_dim = 100
num_classes = 10
img_shape = (28, 28, 1)

generator = build_cgan_generator(latent_dim, num_classes, img_shape)
discriminator = build_cgan_discriminator(img_shape, num_classes)
discriminator.compile(optimizer='adam',              loss='binary_crossentropy',
metrics=['accuracy'])

discriminator.trainable = False
noise = tf.keras.Input(shape=(latent_dim,))
label = tf.keras.Input(shape=(1,), dtype='int32')
generated_img = generator([noise, label])
validity = discriminator([generated_img, label])
cgan = tf.keras.Model([noise, label], validity)
cgan.compile(optimizer='adam', loss='binary_crossentropy')

# Summary of the models
generator.summary()
discriminator.summary()
```

```
cgan.summary()
```

Dans cet exemple :

La première partie du script définit le modèle de générateur pour le CGAN. Ce modèle est conçu pour générer des données factices. Il prend en entrée un vecteur de bruit latent et une étiquette. Le vecteur de bruit est généralement échantillonné à partir d'une distribution normale et l'étiquette représente typiquement une forme d'information catégorielle.

Dans ce contexte, l'étiquette pourrait représenter une classe spécifique d'image que nous voulons que le générateur crée. Le modèle de générateur intègre d'abord l'étiquette puis la multiplie avec le vecteur de bruit. Cette entrée combinée est ensuite traitée à travers une série de couches comprenant des couches denses, des couches de restructuration, des couches de normalisation par lots et des couches de convolution transposées (également connues sous le nom de couches de déconvolution) pour produire une image de sortie.

La deuxième partie du script définit le modèle de discriminateur. Ce modèle prend en entrée une image et une étiquette et produit une probabilité indiquant si l'image d'entrée est réelle ou fausse. Le modèle intègre d'abord l'étiquette, la restructure pour correspondre à la forme de l'image, et la multiplie avec l'image d'entrée. Cette entrée combinée est ensuite traitée à travers une série de couches comprenant des couches de convolution, des couches LeakyReLU, et une couche d'aplatissement pour produire une valeur unique représentant la probabilité que l'image soit réelle.

Après avoir défini les deux modèles, le modèle CGAN est construit en enchaînant efficacement le générateur et le discriminateur. Le générateur prend un vecteur de bruit et une étiquette, et produit une image. Cette image générée, ainsi que l'étiquette, sont ensuite transmises au discriminateur qui produit une probabilité indiquant s'il pense que l'image générée est réelle ou fausse.

Le modèle de discriminateur est compilé avec l'optimiseur Adam et la fonction de perte d'entropie croisée binaire. Il est important de noter que lors de l'entraînement d'un GAN, le discriminateur est d'abord entraîné à distinguer les données réelles des fausses, après quoi le générateur est entraîné à tromper le discriminateur. Par conséquent, lorsque le modèle CGAN est utilisé pour entraîner le générateur, le discriminateur ne doit pas être entraînable, comme indiqué par la ligne discriminator.trainable = False.

Enfin, le résumé des modèles du générateur, du discriminateur et du CGAN est imprimé. Cela fournit un aperçu de l'architecture du modèle, montrant les types de couches utilisées, la forme des sorties à chaque couche, et le nombre de paramètres à chaque étape.

3.7.3 Apprentissage Auto-Supervisé avec les GANs

Le processus d'apprentissage auto-supervisé avec les Réseaux Antagonistes Génératifs (GANs) implique la mise en œuvre de tâches auxiliaires qui aident à l'apprentissage de représentations précieuses à partir de données non étiquetées, une méthode qui ne dépend pas d'annotations manuelles.

Cette approche unique renforce considérablement la capacité du discriminateur à différencier les données réelles des données simulées, améliorant ainsi les performances globales et l'efficacité du modèle GAN.

Ci-dessous sont présentées les principales caractéristiques des GANs Auto-Supervisés :

- **Utilisation de Tâches Auxiliaires :** Dans un effort pour apprendre des représentations plus riches et plus profondes, le discriminateur se voit assigner des problèmes supplémentaires à résoudre. Ceux-ci peuvent aller de la prédiction de l'angle de rotation des images à l'identification de la séquence des images dans une vidéo. Cela permet non seulement au modèle d'en apprendre davantage sur les données, mais l'encourage également à se concentrer sur la structure inhérente et les détails au sein des données.

- **Performance Améliorée du Discriminateur :** L'introduction de tâches auxiliaires dans le rôle du discriminateur conduit à un modèle plus robuste et fiable. Les tâches supplémentaires fournissent au discriminateur plus de contexte sur les données, lui permettant de prendre de meilleures décisions. Cela conduit à une dynamique d'entraînement améliorée et, à son tour, contribue à la génération de données synthétisées de meilleure qualité.

Exemple : Implémentation d'un GAN Auto-Supervisé

```python
import tensorflow as tf
import numpy as np
import matplotlib.pyplot as plt

# Define Self-Supervised GAN discriminator model with auxiliary tasks
def build_ssgan_discriminator(img_shape):
    img = tf.keras.Input(shape=img_shape)
    x = tf.keras.layers.Conv2D(64, kernel_size=4, strides=2, padding='same')(img)
    x = tf.keras.layers.LeakyReLU(alpha=0.2)(x)
    x = tf.keras.layers.Conv2D(128, kernel_size=4, strides=2, padding='same')(x)
    x = tf.keras.layers.LeakyReLU(alpha=0.2)(x)
    x = tf.keras.layers.Flatten()(x)
    validity = tf.keras.layers.Dense(1, activation='sigmoid')(x)
    rotation_pred = tf.keras.layers.Dense(4, activation='softmax')(x)   # Auxiliary
task: predicting rotation angle

    return tf.keras.Model(img, [validity, rotation_pred])

# Define Self-Supervised GAN generator model
def build_ssgan_generator(latent_dim, img_shape):
    model = tf.keras.Sequential([
        tf.keras.layers.Dense(256 * 7 * 7, activation="relu", input_dim=latent_dim),
        tf.keras.layers.Reshape((7, 7, 256)),
```

```
        tf.keras.layers.BatchNormalization(),
        tf.keras.layers.Conv2DTranspose(128,        kernel_size=4,        strides=2,
padding='same'),
        tf.keras.layers.BatchNormalization(),
        tf.keras.layers.LeakyReLU(alpha=0.2),
        tf.keras.layers.Conv2DTranspose(64,        kernel_size=4,        strides=2,
padding='same'),
        tf.keras.layers.BatchNormalization(),
        tf.keras.layers.LeakyReLU(alpha=0.2),
        tf.keras.layers.Conv2DTranspose(img_shape[-1], kernel_size
=4, strides=1, padding='same', activation='tanh')
    ])
    return model

# Instantiate the Self-Supervised GAN
latent_dim = 100
img_shape = (28, 28, 1)

generator = build_ssgan_generator(latent_dim, img_shape)
discriminator = build_ssgan_discriminator(img_shape)
discriminator.compile(optimizer='adam',              loss=['binary_crossentropy',
'sparse_categorical_crossentropy'], metrics=['accuracy'])

discriminator.trainable = False
noise = tf.keras.Input(shape=(latent_dim,))
generated_img = generator(noise)
validity, rotation_pred = discriminator(generated_img)
ssgan = tf.keras.Model(noise, [validity, rotation_pred])
ssgan.compile(optimizer='adam',                      loss=['binary_crossentropy',
'sparse_categorical_crossentropy'])

# Summary of the models
generator.summary()
discriminator.summary()
ssgan.summary()
```

Dans cet exemple :

1. **Importation des bibliothèques nécessaires** : Le script commence par importer les
    bibliothèques Python nécessaires - TensorFlow pour construire et entraîner le modèle,
    NumPy pour les opérations numériques, et Matplotlib pour générer des graphiques.

2. **Définition du modèle Discriminateur** : Le discriminateur est un réseau de neurones
    qui apprend à distinguer entre les données réelles et synthétisées. La fonction
    build_ssgan_discriminator(img_shape) définit l'architecture de ce réseau. Elle utilise
    des couches Conv2D (couches de convolution 2D), des fonctions d'activation
    LeakyReLU, et une couche Flatten. La sortie du discriminateur comprend un score de

validité (indiquant si l'image est réelle ou fausse) et une prédiction de rotation (la tâche auxiliaire, prédisant l'angle de rotation de l'image d'entrée).

3. **Définition du modèle Générateur** : Le générateur est un autre réseau de neurones qui apprend à créer de nouvelles données ressemblant aux données originales sur lesquelles il a été entraîné. La fonction build_ssgan_generator(latent_dim, img_shape) définit l'architecture de ce réseau. Elle utilise des couches Dense, des couches Reshape, des couches BatchNormalization, des couches Conv2DTranspose (qui effectuent l'opération inverse d'une couche Conv2D), et des fonctions d'activation LeakyReLU.

4. **Instanciation du SSGAN** : Maintenant que les modèles générateur et discriminateur sont définis, une instance de chacun est créée. Le modèle discriminateur est compilé avec l'optimiseur Adam et deux fonctions de perte (entropie croisée binaire pour le score de validité et entropie croisée catégorielle éparse pour la prédiction de rotation). Le discriminateur est ensuite défini comme non-entraînable, ce qui signifie que ses poids ne seront pas mis à jour pendant l'entraînement du générateur.

5. **Création du modèle SSGAN** : Le modèle SSGAN complet est créé en connectant le générateur et le discriminateur. Le générateur prend un vecteur de bruit en entrée et génère une image. Cette image générée est ensuite transmise au discriminateur, qui produit un score de validité et une prédiction de rotation. Le modèle SSGAN est compilé avec l'optimiseur Adam et les mêmes deux fonctions de perte que le discriminateur.

6. **Affichage des résumés des modèles** : Enfin, le script affiche le résumé des modèles générateur, discriminateur et SSGAN. Cela donne un aperçu détaillé des architectures, montrant le type et l'ordre des couches, la forme des sorties à chaque couche, et le nombre de paramètres.

L'ensemble du processus décrit dans ce code représente un exemple d'implémentation d'un GAN Auto-Supervisé. Il est important de noter que ce script définit uniquement les modèles et n'inclut pas le code pour l'entraînement des modèles, ce qui implique généralement d'alimenter les modèles avec des données, d'exécuter les passes avant et arrière, et de mettre à jour les poids.

3.7.4 Inférence Apprise de Manière Antagoniste (ALI)

L'Inférence Apprise de Manière Antagoniste (ALI) est un développement fascinant dans le monde des Réseaux Antagonistes Génératifs (GANs). Elle améliore les capacités des GANs en incorporant un mécanisme d'apprentissage dual.

Ce mécanisme permet à ALI non seulement de générer des données mais aussi d'inférer la représentation latente des données réelles. Cette fusion de capacités combine la prouesse générative des GANs avec les capacités d'inférence d'une classe distincte de modèles connus sous le nom d'autoencodeurs variationnels (VAEs), élargissant ainsi les applications potentielles des GANs dans divers domaines.

Caractéristiques Distinctives d'ALI :

- **Mappage Bidirectionnel :** ALI se distingue des autres modèles GAN par son processus d'apprentissage unique. Contrairement aux GANs traditionnels qui se concentrent sur la génération de nouvelles données à partir d'un espace latent donné, ALI va plus loin en apprenant un mappage bidirectionnel. Cela signifie qu'il apprend à mapper de l'espace latent vers l'espace de données, ce qui est le processus de génération standard, mais il apprend également à mapper dans la direction opposée - de l'espace de données vers l'espace latent. Ce mappage inverse, connu sous le nom de processus d'inférence, permet au modèle d'inférer la représentation latente des données réelles. Cette capacité à apprendre dans les deux directions enrichit les capacités de traitement et de compréhension des données d'ALI, le rendant plus polyvalent et efficace dans la gestion de tâches complexes.

- **Apprentissage de Représentation Amélioré :** Les capacités d'apprentissage d'ALI ne se limitent pas à la génération et à l'inférence. Il est conçu pour dériver des représentations latentes significatives à partir des données. Ces représentations ne sont pas de simples symboles ou concepts abstraits ; elles portent des informations importantes sur la structure sous-jacente et les caractéristiques des données. Elles peuvent être efficacement utilisées pour diverses tâches en aval. Cela inclut des tâches telles que le clustering, où les points de données sont regroupés en fonction de leurs similitudes, et la classification, où les points de données sont assignés à des catégories prédéfinies en fonction de leurs caractéristiques. La capacité à fournir de telles représentations enrichies améliore la performance de ces tâches, conduisant à des résultats plus précis et perspicaces. Ce niveau accru d'apprentissage de représentation fait d'ALI un outil puissant dans le domaine de l'analyse de données et de l'apprentissage automatique.

Alors que le développement de différentes variantes de GANs a significativement contribué au domaine de la modélisation générative, l'avènement de modèles comme ALI, qui combinent les forces de multiples approches, ouvre de nouvelles voies passionnantes. En comprenant et en exploitant ces modèles avancés, nous pouvons débloquer de nouvelles possibilités et repousser les limites de ce qui peut être réalisé avec la modélisation générative.

Exemple : Implémentation de l'Inférence Apprise de Manière Antagoniste

```python
import tensorflow as tf
import numpy as np
import matplotlib.pyplot as plt

# Define ALI encoder model
def build_ali_encoder(img_shape, latent_dim):
    img = tf.keras.Input(shape=img_shape)
    x = tf.keras.layers.Conv2D(64, kernel_size=4, strides=2, padding='same')(img)
    x = tf.keras.layers.LeakyReLU(alpha=0.2)(x)
    x = tf.keras.layers.Conv2D(128, kernel_size=4, strides=2, padding='same')(x)
    x = tf.keras.layers.LeakyReLU(alpha=0.2)(x)
    x = tf.keras.layers.Flatten()(x)
```

```python
    latent_repr = tf.keras.layers.Dense(latent_dim)(x)

    return tf.keras.Model(img, latent_repr)

# Define ALI generator model
def build_ali_generator(latent_dim, img_shape):
    latent = tf.keras.Input(shape=(latent_dim,))
    x = tf.keras.layers.Dense(256 * 7 * 7, activation="relu")(latent)
    x = tf.keras.layers.Reshape((7, 7, 256))(x)
    x = tf.keras.layers.BatchNormalization()(x)
    x = tf.keras.layers.Conv2DTranspose(128, kernel_size=4, strides=2,
padding='same')(x)
    x = tf.keras.layers.BatchNormalization()(x)
    x = tf.keras.layers.LeakyReLU(alpha=0.2)(x)
    x = tf.keras.layers.Conv2DTranspose(64, kernel_size=4, strides=2,
padding='same')(x)
    x = tf.keras.layers.BatchNormalization()(x)
    x = tf.keras.layers.LeakyReLU(alpha=0.2)(x)
    output_img = tf.keras.layers.Conv2DTranspose(img_shape[-1], kernel_size=4,
strides=1, padding='same', activation='tanh')(x)

    return tf.keras.Model(latent, output_img)

# Define ALI discriminator model
def build_ali_discriminator(img_shape, latent_dim):
    img = tf.keras.Input(shape=img_shape)
    latent = tf.keras.Input(shape=(latent_dim,))
    latent_repeated = tf.keras.layers.Reshape((1, 1, latent_dim))(latent)
    latent_repeated = tf.keras.layers.UpSampling2D(size=(img_shape[0],
img_shape[1]))(latent_repeated)
    combined_input = tf.keras.layers.Concatenate(axis=-1)([img, latent_repeated])

    x = tf.keras.layers.Conv2D(64, kernel_size=4, strides=2,
padding='same')(combined_input)
    x = tf.keras.layers.LeakyReLU(alpha=0.2)(x)
    x = tf.keras.layers.Conv2D(128, kernel_size=4, strides=2, padding='same')(x)
    x = tf.keras.layers.LeakyReLU(alpha=0.2)(x)
    x = tf.keras.layers.Flatten()(x)
    validity = tf.keras.layers.Dense(1, activation='sigmoid')(x)

    return tf.keras.Model([img, latent], validity)

# Instantiate the ALI
latent_dim = 100
img_shape = (28, 28, 1)

encoder = build_ali_encoder(img_shape, latent_dim)
generator = build_ali_generator(latent_dim, img_shape)
discriminator = build_ali_discriminator(img_shape, latent_dim)
discriminator.compile(optimizer='adam', loss='binary_crossentropy',
metrics=['accuracy'])
```

```
discriminator.trainable = False
real_img = tf.keras.Input(shape=img_shape)
latent = tf.keras.Input(shape=(latent_dim,))
encoded_repr = encoder(real_img)
generated_img = generator(latent)
validity_real = discriminator([real_img, encoded_repr])
validity_fake = discriminator([generated_img, latent])
ali = tf.keras.Model([real_img, latent], [validity_real, validity_fake])
ali.compile(optimizer='adam', loss='binary_crossentropy')

# Summary of the models
encoder.summary()
generator.summary()
discriminator.summary()
ali.summary()
```

Dans cet exemple :

Le script commence par importer les modules nécessaires, qui incluent TensorFlow pour construire les modèles, numpy pour les opérations numériques, et matplotlib pour les graphiques.

Trois modèles distincts sont ensuite définis : un encodeur, un générateur et un discriminateur.

Le modèle d'encodeur est conçu pour établir une correspondance entre l'espace de données et l'espace latent. Ce modèle prend une image en entrée et applique une série de couches Conv2D, suivies de fonctions d'activation LeakyReLU. La sortie de ces couches est ensuite aplatie et transmise à travers une couche Dense pour produire la représentation latente de l'image d'entrée.

Le modèle générateur est responsable d'établir une correspondance entre l'espace latent et l'espace de données. Il commence par une couche Dense qui restructure l'entrée latente dans une dimension spécifique, suivie de couches BatchNormalization et Conv2DTranspose, avec LeakyReLU agissant comme fonction d'activation. La sortie est une image générée qui ressemble aux données réelles.

Le modèle discriminateur prend à la fois une image et une représentation latente en entrée. Il concatène ensuite les deux entrées et les fait passer à travers une série de couches Conv2D et LeakyReLU. La couche Dense à la fin produit la validité de l'entrée, indiquant s'il considère que l'image d'entrée est réelle ou fausse.

Une fois ces modèles définis, le script instancie les modèles d'encodeur, de générateur et de discriminateur avec les dimensions latentes et d'image spécifiées. Le modèle discriminateur est compilé avec l'optimiseur Adam et l'entropie croisée binaire comme fonction de perte. Le discriminateur est ensuite défini comme non-entraînable, indiquant que ses poids ne seront pas mis à jour pendant l'entraînement du générateur.

Le modèle ALI global est ensuite défini en chaînant l'encodeur, le générateur et le discriminateur. Il prend une image réelle et une représentation latente en entrée et produit deux sorties : la validité de l'image réelle et la validité de l'image générée. Le modèle est ensuite compilé avec l'optimiseur Adam et l'entropie croisée binaire comme fonction de perte.

Enfin, le script affiche un résumé de l'encodeur, du générateur, du discriminateur et du modèle ALI global, fournissant un aperçu des architectures, des types de couches, des formes de sortie à chaque couche, et du nombre de paramètres à chaque étape.

Il est important de noter que ce script définit uniquement les modèles et n'inclut pas le code pour l'entraînement des modèles, ce qui impliquerait d'alimenter les modèles avec des données, d'exécuter les passes avant et arrière, et de mettre à jour les poids selon la fonction de perte.

Exercices Pratiques pour le Chapitre 3 : Plongée Approfondie dans les Réseaux Antagonistes Génératifs (GANs)

Ces exercices pratiques sont conçus pour renforcer les concepts abordés dans ce chapitre. En travaillant sur ces exercices, vous acquerrez une expérience pratique avec les GANs, incluant leur architecture, leur entraînement, leur évaluation et les innovations récentes.

Exercice 1 : Construire et Entraîner un GAN Basique

Tâche : Construire et entraîner un GAN basique pour générer des images en niveaux de gris de 28x28 similaires au jeu de données MNIST.

Solution :

```python
import tensorflow as tf
import numpy as np
import matplotlib.pyplot as plt

# Define the generator model
def build_generator(latent_dim):
    model = tf.keras.Sequential([
        tf.keras.layers.Dense(256 * 7 * 7, activation="relu", input_dim=latent_dim),
        tf.keras.layers.Reshape((7, 7, 256)),
        tf.keras.layers.BatchNormalization(),
        tf.keras.layers.Conv2DTranspose(128,         kernel_size=4,         strides=2,
padding='same'),
        tf.keras.layers.BatchNormalization(),
        tf.keras.layers.LeakyReLU(alpha=0.2),
        tf.keras.layers.Conv2DTranspose(64,          kernel_size=4,         strides=2,
padding='same'),
        tf.keras.layers.BatchNormalization(),
        tf.keras.layers.LeakyReLU(alpha=0.2),
```

```python
        tf.keras.layers.Conv2DTranspose(1, kernel_size=4, strides=1, padding='same',
activation='tanh')
    ])
    return model

# Define the discriminator model
def build_discriminator(img_shape):
    model = tf.keras.Sequential([
        tf.keras.layers.Conv2D(64, kernel_size=4, strides=2, padding='same',
input_shape=img_shape),
        tf.keras.layers.LeakyReLU(alpha=0.2),
        tf.keras.layers.Conv2D(128, kernel_size=4, strides=2, padding='same'),
        tf.keras.layers.LeakyReLU(alpha=0.2),
        tf.keras.layers.Flatten(),
        tf.keras.layers.Dense(1, activation='sigmoid')
    ])
    return model

# Instantiate the GAN
latent_dim = 100
img_shape = (28, 28, 1)

generator = build_generator(latent_dim)
discriminator = build_discriminator(img_shape)
discriminator.compile(optimizer='adam', loss='binary_crossentropy',
metrics=['accuracy'])

discriminator.trainable = False
gan_input = tf.keras.Input(shape=(latent_dim,))
generated_img = generator(gan_input)
validity = discriminator(generated_img)
gan = tf.keras.Model(gan_input, validity)
gan.compile(optimizer='adam', loss='binary_crossentropy')

# Load and preprocess the MNIST dataset
(x_train, _), (_, _) = tf.keras.datasets.mnist.load_data()
x_train = (x_train.astype(np.float32) - 127.5) / 127.5  # Normalize to [-1, 1]
x_train = np.expand_dims(x_train, axis=-1)

# Training parameters
epochs = 10000
batch_size = 64
sample_interval = 1000

for epoch in range(epochs):
    # Train the discriminator
    idx = np.random.randint(0, x_train.shape[0], batch_size)
    real_images = x_train[idx]
    noise = np.random.normal(0, 1, (batch_size, latent_dim))
    fake_images = generator.predict(noise)
    d_loss_real = discriminator.train_on_batch(real_images, np.ones((batch_size, 1)))
```

```
    d_loss_fake = discriminator.train_on_batch(fake_images, np.zeros((batch_size,
1)))
    d_loss = 0.5 * np.add(d_loss_real, d_loss_fake)

    # Train the generator
    noise = np.random.normal(0, 1, (batch_size, latent_dim))
    g_loss = gan.train_on_batch(noise, np.ones((batch_size, 1)))

    # Print progress
    if epoch % sample_interval == 0:
        print(f"{epoch} [D loss: {d_loss[0]}, acc.: {d_loss[1] * 100}%] [G loss:
{g_loss}]")

        # Generate and save images
        noise = np.random.normal(0, 1, (10, latent_dim))
        generated_images = generator.predict(noise)
        fig, axs = plt.subplots(1, 10, figsize=(20, 2))
        for i, img in enumerate(generated_images):
            axs[i].imshow(img.squeeze(), cmap='gray')
            axs[i].axis('off')
        plt.show()
```

Exercice 2 : Implémenter et Évaluer un DCGAN

Tâche : Implémenter un Réseau Antagoniste Génératif Convolutif Profond (DCGAN) pour générer des images RGB de 64x64. Évaluer le modèle en utilisant le Score d'Inception (IS) et la Distance d'Inception de Fréchet (FID).

Solution :

```
import tensorflow as tf
import numpy as np
import matplotlib.pyplot as plt
from tensorflow.keras.applications.inception_v3 import InceptionV3, preprocess_input
from scipy.linalg import sqrtm

# Define DCGAN generator model
def build_dcgan_generator(latent_dim):
    model = tf.keras.Sequential([
        tf.keras.layers.Dense(256 * 8 * 8, activation="relu", input_dim=latent_dim),
        tf.keras.layers.Reshape((8, 8, 256)),
        tf.keras.layers.BatchNormalization(),
        tf.keras.layers.Conv2DTranspose(128,            kernel_size=4,            strides=2,
padding='same'),
        tf.keras.layers.BatchNormalization(),
        tf.keras.layers.LeakyReLU(alpha=0.2),
        tf.keras.layers.Conv2DTranspose(64,            kernel_size=4,            strides=2,
padding='same'),
        tf.keras.layers.BatchNormalization(),
        tf.keras.layers.LeakyReLU(alpha=0.2),
```

```
        tf.keras.layers.Conv2DTranspose(3, kernel_size=4, strides=2, padding='same',
activation='tanh')
    ])
    return model

# Define DCGAN discriminator model
def build_dcgan_discriminator(img_shape):
    model = tf.keras.Sequential([
        tf.keras.layers.Conv2D(64,    kernel_size=4,    strides=2,    padding='same',
input_shape=img_shape),
        tf.keras.layers.LeakyReLU(alpha=0.2),
        tf.keras.layers.Conv2D(128, kernel_size=4, strides=2, padding='same'),
        tf.keras.layers.BatchNormalization(),
        tf.keras.layers.LeakyReLU(alpha=0.2),
        tf.keras.layers.Conv2D(256, kernel_size=4, strides=2, padding='same'),
        tf.keras.layers.BatchNormalization(),
        tf.keras.layers.LeakyReLU(alpha=0.2),
        tf.keras.layers.Flatten(),
        tf.keras.layers.Dense(1, activation='sigmoid')
    ])
    return model

# Training parameters
latent_dim = 100
img_shape = (64, 64, 3)
epochs = 10000
batch_size = 64
sample_interval = 1000

# Instantiate the DCGAN
generator = build_dcgan_generator(latent_dim)
discriminator = build_dcgan_discriminator(img_shape)
discriminator.compile(optimizer='adam',                 loss='binary_crossentropy',
metrics=['accuracy'])

discriminator.trainable = False
gan_input = tf.keras.Input(shape=(latent_dim,))
generated_img = generator(gan_input)
validity = discriminator(generated_img)
dcgan = tf.keras.Model(gan_input, validity)
dcgan.compile(optimizer='adam', loss='binary_crossentropy')

# Load and preprocess the dataset (e.g., CIFAR-10)
(x_train, _), (_, _) = tf.keras.datasets.cifar10.load_data()
x_train = (x_train.astype(np.float32) - 127.5) / 127.5  # Normalize to [-1, 1]

# Training loop
for epoch in range(epochs):
    # Train the discriminator
    idx = np.random.randint(0, x_train.shape[0], batch_size)
    real_images = x_train[idx]
    noise = np.random.normal(0, 1, (batch_size, latent_dim))
```

```python
    fake_images = generator.predict(noise)
    d_loss_real = discriminator.train_on_batch(real_images, np.ones((batch_size, 1)))
    d_loss_fake = discriminator.train_on_batch(fake_images, np.zeros((batch_size,
1)))
    d_loss = 0.5 * np.add(d_loss_real, d_loss_fake)

    # Train the generator
    noise = np.random.normal(0, 1, (batch_size, latent_dim))
    g_loss = dcgan.train_on_batch(noise, np.ones((batch_size, 1)))

    # Print progress
    if epoch % sample_interval == 0:
        print(f"{epoch} [D loss: {d_loss[0]}, acc.: {d_loss[1] * 100}%] [G loss:
{g_loss}]")

        # Generate and save images
        noise = np.random.normal(0, 1, (10, latent_dim))
        generated_images = generator.predict(noise)
        fig, axs = plt.subplots(1, 10, figsize=(20, 2))
        for i, img in enumerate(generated_images):
            axs[i].imshow((img * 127.5 + 127.5).astype(np.uint8))
            axs[i].axis('off')
        plt.show()

# Function to calculate Inception Score
def calculate_inception_score(images, num_splits=10):
    model = InceptionV3(include_top=False, pooling='avg', input_shape=(299, 299, 3))
    images = tf.image.resize(images, (299, 299))

 images = preprocess_input(images)
    preds = model.predict(images)

    scores = []
    for i in range(num_splits):
        part = preds[i * len(preds) // num_splits: (i + 1) * len(preds) // num_splits]
        py = np.mean(part, axis=0)
        scores.append(np.exp(np.mean([np.sum(p * np.log(p / py)) for p in part])))
    return np.mean(scores), np.std(scores)

# Function to calculate FID score
def calculate_fid(real_images, generated_images):
    model = InceptionV3(include_top=False, pooling='avg', input_shape=(299, 299, 3))
    real_images = tf.image.resize(real_images, (299, 299))
    real_images = preprocess_input(real_images)
    gen_images = tf.image.resize(generated_images, (299, 299))
    gen_images = preprocess_input(gen_images)

    act1 = model.predict(real_images)
    act2 = model.predict(gen_images)

    mu1, sigma1 = act1.mean(axis=0), np.cov(act1, rowvar=False)
    mu2, sigma2 = act2.mean(axis=0), np.cov(act2, rowvar=False)
```

```
    ssdiff = np.sum((mu1 - mu2) ** 2.0)
    covmean = sqrtm(sigma1.dot(sigma2))

    if np.iscomplexobj(covmean):
        covmean = covmean.real

    fid = ssdiff + np.trace(sigma1 + sigma2 - 2.0 * covmean)
    return fid

# Generate some fake images using the trained GAN generator
noise = np.random.normal(0, 1, (1000, latent_dim))
generated_images = generator.predict(noise)

# Calculate Inception Score
is_mean, is_std = calculate_inception_score(generated_images)
print(f"Inception Score: {is_mean} ± {is_std}")

# Calculate FID Score
real_images = x_train[np.random.choice(x_train.shape[0], 1000, replace=False)]
fid_score = calculate_fid(real_images, generated_images)
print(f"FID Score: {fid_score}")
```

Exercice 3 : Implémenter et Entraîner un CycleGAN

Tâche : Implémenter et entraîner un CycleGAN pour effectuer une traduction d'image à image entre deux domaines, comme la transformation de photos en peintures.

Solution :

```
import tensorflow as tf
import numpy as np
import matplotlib.pyplot as plt

# Define CycleGAN generator model
def build_cyclegan_generator(img_shape):
    input_img = tf.keras.Input(shape=img_shape)
    x         =         tf.keras.layers.Conv2D(64,         kernel_size=4,         strides=2,
padding='same')(input_img)
    x = tf.keras.layers.LeakyReLU(alpha=0.2)(x)
    x = tf.keras.layers.BatchNormalization()(x)
    x = tf.keras.layers.Conv2D(128, kernel_size=4, strides=2, padding='same')(x)
    x = tf.keras.layers.LeakyReLU(alpha=0.2)(x)
    x = tf.keras.layers.BatchNormalization()(x)
    x         =         tf.keras.layers.Conv2DTranspose(64,         kernel_size=4,         strides=2,
padding='same')(x)
    x = tf.keras.layers.LeakyReLU(alpha=0.2)(x)
    x = tf.keras.layers.BatchNormalization()(x)
    output_img     =     tf.keras.layers.Conv2DTranspose(3,     kernel_size=4,     strides=2,
padding='same', activation='tanh')(x)
    return tf.keras.Model(input_img, output_img)
```

```python
# Define CycleGAN discriminator model
def build_cyclegan_discriminator(img_shape):
    input_img = tf.keras.Input(shape=img_shape)
    x           =         tf.keras.layers.Conv2D(64,        kernel_size=4,        strides=2,
padding='same')(input_img)
    x = tf.keras.layers.LeakyReLU(alpha=0.2)(x)
    x = tf.keras.layers.Conv2D(128, kernel_size=4, strides=2, padding='same')(x)
    x = tf.keras.layers.LeakyReLU(alpha=0.2)(x)
    x = tf.keras.layers.Flatten()(x)
    validity = tf.keras.layers.Dense(1, activation='sigmoid')(x)
    return tf.keras.Model(input_img, validity)

# Build CycleGAN models
img_shape = (128, 128, 3)
G_AB = build_cyclegan_generator(img_shape)
G_BA = build_cyclegan_generator(img_shape)
D_A = build_cyclegan_discriminator(img_shape)
D_B = build_cyclegan_discriminator(img_shape)

D_A.compile(optimizer='adam', loss='binary_crossentropy', metrics=['accuracy'])
D_B.compile(optimizer='adam', loss='binary_crossentropy', metrics=['accuracy'])

# CycleGAN loss
def cycle_loss(y_true, y_pred):
    return tf.reduce_mean(tf.abs(y_true - y_pred))

# Full CycleGAN model
img_A = tf.keras.Input(shape=img_shape)
img_B = tf.keras.Input(shape=img_shape)

fake_B = G_AB(img_A)
reconstr_A = G_BA(fake_B)
fake_A = G_BA(img_B)
reconstr_B = G_AB(fake_A)

D_A.trainable = False
D_B.trainable = False

valid_A = D_A(fake_A)
valid_B = D_B(fake_B)

cycle_gan    =    tf.keras.Model(inputs=[img_A,    img_B],    outputs=[valid_A,    valid_B,
reconstr_A, reconstr_B])
cycle_gan.compile(optimizer='adam',                           loss=['binary_crossentropy',
'binary_crossentropy', cycle_loss, cycle_loss])

# Summary of the models
G_AB.summary()
G_BA.summary()
D_A.summary()
D_B.summary()
```

```python
cycle_gan.summary()

# Training parameters
epochs = 10000
batch_size = 64
sample_interval = 1000

# Load and preprocess the dataset (e.g., two image domains such as photos and paintings)
# Placeholder code for dataset loading
domain_A = ...  # Load your domain A images
domain_B = ...  # Load your domain B images

# Training loop
for epoch in range(epochs):
    # Train the discriminators
    idx_A = np.random.randint(0, domain_A.shape[0], batch_size)
    idx_B = np.random.randint(0, domain_B.shape[0], batch_size)
    real_A = domain_A[idx_A]
    real_B = domain_B[idx_B]

    fake_B = G_AB.predict(real_A)
    fake_A = G_BA.predict(real_B)

    dA_loss_real = D_A.train_on_batch(real_A, np.ones((batch_size, 1)))
    dA_loss_fake = D_A.train_on_batch(fake_A, np.zeros((batch_size, 1)))
    dA_loss = 0.5 * np.add(dA_loss_real, dA_loss_fake)

    dB_loss_real = D_B.train_on_batch(real_B, np.ones((batch_size, 1)))
    dB_loss_fake = D_B.train_on_batch(fake_B, np.zeros((batch_size, 1)))
    dB_loss = 0.5 * np.add(dB_loss_real, dB_loss_fake)

    # Train the generators
    g_loss = cycle_gan.train_on_batch([real_A, real_B], [np.ones((batch_size, 1)),
np.ones((batch_size, 1)), real_A, real_B])

    # Print progress
    if epoch % sample_interval == 0:
        print(f"{epoch} [D_A loss: {dA_loss[0]}, acc.: {dA_loss[1] * 100}%] [D_B loss:
{dB_loss[0]}, acc.: {dB_loss[1] * 100}%] [G loss: {g_loss}]")

        # Generate and save translated images
        fake_B = G_AB.predict(real_A)
        fake_A = G_BA.predict(real_B)
        fig, axs = plt.subplots(2, 10, figsize=(20, 4))
        for i in range(10):
            axs[0, i].imshow(fake_B[i])
            axs[0, i].axis('off')
            axs[1, i].imshow(fake_A[i])
            axs[1, i].axis('off')
        plt.show()
```

Exercice 4 : Implémenter un GAN Conditionnel (cGAN)

Tâche : Implémenter un GAN Conditionnel (cGAN) pour générer des images conditionnées par des étiquettes de classe à partir du jeu de données MNIST.

Solution :

```python
import tensorflow as tf
import numpy as np
import matplotlib.pyplot as plt

# Define Conditional GAN generator model
def build_cgan_generator(latent_dim, num_classes, img_shape):
    noise = tf.keras.Input(shape=(latent_dim,))
    label = tf.keras.Input(shape=(1,), dtype='int32')
    label_embedding                                                           =
tf.keras.layers.Flatten()(tf.keras.layers.Embedding(num_classes, latent_dim)(label))
    model_input = tf.keras.layers.multiply([noise, label_embedding])

    x = tf.keras.layers.Dense(256 * 7 * 7, activation="relu")(model_input)
    x = tf.keras.layers.Reshape((7, 7, 256))(x)
    x = tf.keras.layers.BatchNormalization()(x)
    x     =     tf.keras.layers.Conv2DTranspose(128,    kernel_size=4,    strides=2,
padding='same')(x)
    x = tf.keras.layers.BatchNormalization()(x)
    x = tf.keras.layers.LeakyReLU(alpha=0.2

)(x)
    x     =     tf.keras.layers.Conv2DTranspose(64,    kernel_size=4,    strides=2,
padding='same')(x)
    x = tf.keras.layers.BatchNormalization()(x)
    x = tf.keras.layers.LeakyReLU(alpha=0.2)(x)
    output_img    =    tf.keras.layers.Conv2DTranspose(img_shape[-1],    kernel_size=4,
strides=1, padding='same', activation='tanh')(x)

    return tf.keras.Model([noise, label], output_img)

# Define Conditional GAN discriminator model
def build_cgan_discriminator(img_shape, num_classes):
    img = tf.keras.Input(shape=img_shape)
    label = tf.keras.Input(shape=(1,), dtype='int32')
    label_embedding                                                           =
tf.keras.layers.Flatten()(tf.keras.layers.Embedding(num_classes,
np.prod(img_shape))(label))
    label_embedding = tf.keras.layers.Reshape(img_shape)(label_embedding)
    model_input = tf.keras.layers.multiply([img, label_embedding])

    x     =     tf.keras.layers.Conv2D(64,    kernel_size=4,    strides=2,
padding='same')(model_input)
    x = tf.keras.layers.LeakyReLU(alpha=0.2)(x)
    x = tf.keras.layers.Conv2D(128, kernel_size=4, strides=2, padding='same')(x)
    x = tf.keras.layers.LeakyReLU(alpha=0.2)(x)
```

```
    x = tf.keras.layers.Flatten()(x)
    validity = tf.keras.layers.Dense(1, activation='sigmoid')(x)

    return tf.keras.Model([img, label], validity)

# Build and compile the Conditional GAN
latent_dim = 100
num_classes = 10
img_shape = (28, 28, 1)

generator = build_cgan_generator(latent_dim, num_classes, img_shape)
discriminator = build_cgan_discriminator(img_shape, num_classes)
discriminator.compile(optimizer='adam',                      loss='binary_crossentropy',
metrics=['accuracy'])

discriminator.trainable = False
noise = tf.keras.Input(shape=(latent_dim,))
label = tf.keras.Input(shape=(1,), dtype='int32')
generated_img = generator([noise, label])
validity = discriminator([generated_img, label])
cgan = tf.keras.Model([noise, label], validity)
cgan.compile(optimizer='adam', loss='binary_crossentropy')

# Load and preprocess the MNIST dataset
(x_train, y_train), (_, _) = tf.keras.datasets.mnist.load_data()
x_train = (x_train.astype(np.float32) - 127.5) / 127.5  # Normalize to [-1, 1]
x_train = np.expand_dims(x_train, axis=-1)

# Training parameters
epochs = 10000
batch_size = 64
sample_interval = 1000

# Training loop
for epoch in range(epochs):
    # Train the discriminator
    idx = np.random.randint(0, x_train.shape[0], batch_size)
    real_images = x_train[idx]
    real_labels = y_train[idx]
    noise = np.random.normal(0, 1, (batch_size, latent_dim))
    fake_labels = np.random.randint(0, num_classes, batch_size)
    fake_images = generator.predict([noise, fake_labels])
    d_loss_real   =   discriminator.train_on_batch([real_images,    real_labels],
np.ones((batch_size, 1)))
    d_loss_fake   =   discriminator.train_on_batch([fake_images,    fake_labels],
np.zeros((batch_size, 1)))
    d_loss = 0.5 * np.add(d_loss_real, d_loss_fake)

    # Train the generator
    noise = np.random.normal(0, 1, (batch_size, latent_dim))
    sampled_labels = np.random.randint(0, num_classes, batch_size)
    g_loss = cgan.train_on_batch([noise, sampled_labels], np.ones((batch_size, 1)))
```

```
    # Print progress
    if epoch % sample_interval == 0:
        print(f"{epoch} [D loss: {d_loss[0]}, acc.: {d_loss[1] * 100}%] [G loss:
{g_loss}]")

        # Generate and save images
        noise = np.random.normal(0, 1, (10, latent_dim))
        sampled_labels = np.arange(0, 10).reshape(-1, 1)
        generated_images = generator.predict([noise, sampled_labels])
        fig, axs = plt.subplots(1, 10, figsize=(20, 2))
        for i, img in enumerate(generated_images):
            axs[i].imshow(img.squeeze(), cmap='gray')
            axs[i].axis('off')
        plt.show()
```

Exercice 5 : Évaluer un GAN en utilisant le Score d'Inception et le FID

Tâche : Évaluer la performance d'un GAN entraîné en utilisant le Score d'Inception (IS) et la Distance d'Inception de Fréchet (FID) sur des images générées.

Solution :

```
import tensorflow as tf
import numpy as np
from tensorflow.keras.applications.inception_v3 import InceptionV3, preprocess_input
from scipy.linalg import sqrtm

# Function to calculate Inception Score
def calculate_inception_score(images, num_splits=10):
    model = InceptionV3(include_top=False, pooling='avg', input_shape=(299, 299, 3))
    images = tf.image.resize(images, (299, 299))
    images = preprocess_input(images)
    preds = model.predict(images)

    scores = []
    for i in range(num_splits):
        part = preds[i * len(preds) // num_splits: (i + 1) * len(preds) // num_splits]
        py = np.mean(part, axis=0)
        scores.append(np.exp(np.mean([np.sum(p * np.log(p / py)) for p in part])))
    return np.mean(scores), np.std(scores)

# Function to calculate FID score
def calculate_fid(real_images, generated_images):
    model = InceptionV3(include_top=False, pooling='avg', input_shape=(299, 299, 3))
    real_images = tf.image.resize(real_images, (299, 299))
    real_images = preprocess_input(real_images)
    gen_images = tf.image.resize(generated_images, (299, 299))
    gen_images = preprocess_input(gen_images)

    act1 = model.predict(real_images)
```

```
    act2 = model.predict(gen_images)

    mu1, sigma1 = act1.mean(axis=0), np.cov(act1, rowvar=False)
    mu2, sigma2 = act2.mean(axis=0), np.cov(act2, rowvar=False)

    ssdiff = np.sum((mu1 - mu2) ** 2.0)
    covmean = sqrtm(sigma1.dot(sigma2))

    if np.iscomplexobj(covmean):
        covmean = covmean.real

    fid = ssdiff + np.trace(sigma1 + sigma2 - 2.0 * covmean)
    return fid
# Example: Evaluate a trained GAN on CIFAR-10 dataset
latent_dim = 100
img_shape = (32, 32, 3)

# Load CIFAR-10 dataset
(x_train, _), (_, _) = tf.keras.datasets.cifar10.load_data()
x_train = (x_train.astype(np.float32) - 127.5) / 127.5  # Normalize to [-1, 1]

# Assume generator is the trained GAN generator
# Generate some fake images using the trained GAN generator
noise = np.random.normal(0, 1, (1000, latent_dim))
generated_images = generator.predict(noise)

# Calculate Inception Score
is_mean, is_std = calculate_inception_score(generated_images)
print(f"Inception Score: {is_mean} ± {is_std}")

# Calculate FID Score
real_images = x_train[np.random.choice(x_train.shape[0], 1000, replace=False)]
fid_score = calculate_fid(real_images, generated_images)
print(f"FID Score: {fid_score}")
```

Ces exercices offrent une expérience pratique pour construire, entraîner et évaluer différents types de GANs. En travaillant sur ces exercices, vous approfondirez votre compréhension des GANs et de leurs applications pratiques dans différents domaines.

Résumé du Chapitre

Dans ce chapitre, nous avons exploré en profondeur les Réseaux Antagonistes Génératifs (GANs), en examinant leurs concepts fondamentaux, leurs architectures, leurs processus d'entraînement, leurs méthodes d'évaluation, leurs variations, leurs cas d'utilisation et leurs innovations récentes. Les GANs sont devenus un cadre puissant dans la modélisation générative, permettant la génération de données hautement réalistes dans divers domaines.

Comprendre les GANs

Nous avons commencé par comprendre le concept central des GANs, qui implique deux réseaux de neurones—le générateur et le discriminateur—engagés dans un processus d'apprentissage compétitif. Le générateur vise à produire des données qui imitent les données réelles, tandis que le discriminateur s'efforce de distinguer entre les données réelles et générées. Cette dynamique antagoniste pousse les deux réseaux à s'améliorer, aboutissant à la génération de données réalistes.

Architecture des GANs

L'architecture des GANs comprend la conception des réseaux générateur et discriminateur. Le générateur transforme un bruit aléatoire en échantillons de données, utilisant généralement des couches comme les couches denses, les couches de remodelage et les couches convolutives transposées. Le discriminateur, quant à lui, classe les échantillons de données comme réels ou faux, en utilisant des couches convolutives, des couches d'aplatissement et des couches denses. Comprendre l'interaction entre ces réseaux et leurs fonctions de perte respectives est crucial pour un entraînement efficace des GANs.

Entraînement des GANs

L'entraînement des GANs implique la mise à jour itérative des réseaux générateur et discriminateur. Le discriminateur est entraîné pour maximiser sa précision dans la distinction entre données réelles et fausses, tandis que le générateur est entraîné pour tromper le discriminateur. Ce processus nécessite un équilibre délicat pour éviter des problèmes tels que l'effondrement de mode et l'instabilité d'entraînement. Des techniques comme le Wasserstein GAN (WGAN), la normalisation spectrale et la croissance progressive ont été développées pour relever ces défis et améliorer l'entraînement des GANs.

Évaluation des GANs

L'évaluation des GANs est un processus à multiples facettes qui comprend des méthodes à la fois quantitatives et qualitatives. Des métriques quantitatives telles que le Score d'Inception (IS) et la Distance d'Inception de Fréchet (FID) fournissent des mesures objectives de la qualité et de la diversité des données générées. L'évaluation qualitative implique l'inspection visuelle des échantillons générés pour évaluer leur réalisme. Les études utilisateurs et les critères spécifiques aux applications contribuent davantage à une évaluation complète des GANs.

Variations des GANs

Nous avons exploré plusieurs variations des GANs, chacune conçue pour répondre à des défis ou applications spécifiques. Les GANs Convolutifs Profonds (DCGANs) améliorent la stabilité de l'entraînement et la qualité d'image en utilisant des couches convolutives. Les CycleGANs permettent la traduction d'image à image sans données appariées en introduisant une perte de cohérence cyclique. Les StyleGANs offrent un contrôle précis sur les images générées grâce à des architectures basées sur le style. D'autres variations comme WGAN, BigGAN, SRGAN et les GANs conditionnels (cGANs) étendent les capacités des GANs pour diverses tâches.

Cas d'Utilisation et Applications

Les GANs ont de nombreuses applications dans différents domaines. Ils sont utilisés pour la génération d'images, la super-résolution, la traduction d'image à image, l'augmentation de données, la génération d'art et de musique, et la génération de vidéos. Ces applications démontrent la polyvalence et le potentiel des GANs pour relever des défis réels et créer de nouvelles opportunités d'innovation.

Innovations Récentes

Les innovations récentes dans les GANs comprennent des avancées dans la génération de vidéos, les GANs conditionnels, l'apprentissage auto-supervisé et l'Inférence Apprise de manière Antagoniste (ALI). Ces innovations élargissent la portée des GANs, leur permettant de gérer des tâches plus complexes et d'améliorer leurs performances dans diverses applications.

En conclusion, les GANs représentent une technologie transformative dans la modélisation générative, offrant des outils puissants pour créer des données réalistes et ouvrant de nouvelles possibilités dans divers domaines. En comprenant les principes, les architectures et les avancées des GANs, vous pouvez efficacement tirer parti de cette technologie pour vos propres projets de modélisation générative.

Chapitre 4 : Projet de génération de visages avec les GANs

Dans ce chapitre, nous nous lançons dans un projet complet axé sur la génération de visages humains réalistes à l'aide des réseaux antagonistes génératifs (GANs). Ce projet vous guidera à travers chaque étape du processus, de la collecte et du prétraitement des données à la création, l'entraînement et l'évaluation du modèle. À la fin de ce chapitre, vous aurez acquis une expérience pratique dans la mise en œuvre d'un GAN capable de générer des images faciales de haute qualité.

La génération de visages est une application fascinante des GANs, démontrant la puissance de la modélisation générative pour produire des résultats réalistes et diversifiés. Ce projet renforce non seulement les concepts théoriques abordés dans les chapitres précédents, mais fournit également des aperçus pratiques pour aborder les tâches de modélisation générative du monde réel.

4.1 Collecte et prétraitement des données

La première étape de notre projet de génération de visages consiste à collecter et prétraiter les données. Des ensembles de données de haute qualité et diversifiés sont essentiels pour l'entraînement des GANs, car ils ont un impact direct sur la qualité et le réalisme des images générées. Pour ce projet, nous utiliserons le jeu de données CelebA, une base de données de visages à grande échelle largement utilisée dans la communauté de recherche.

4.1.1 Téléchargement du jeu de données CelebA

Le jeu de données CelebA contient plus de 200 000 images de célébrités avec une large gamme d'attributs faciaux. Il est disponible au téléchargement à partir de diverses sources, notamment le site officiel et les dépôts académiques. Voici comment vous pouvez télécharger et préparer le jeu de données pour notre projet :

1. **Télécharger le jeu de données :** Visitez la page du jeu de données CelebA (http://mmlab.ie.cuhk.edu.hk/projects/CelebA.html) et téléchargez la version alignée et recadrée du jeu de données.

2. **Extraire les images :** Une fois téléchargées, extrayez les images dans un répertoire sur votre machine locale.

3. **Structure du répertoire :** Assurez-vous que les images sont organisées dans une structure de répertoire facilement accessible pour le chargement et le prétraitement.

4.1.2 Prétraitement des images

Le prétraitement est une étape cruciale dans la préparation des données pour l'entraînement. Il implique le redimensionnement, la normalisation et l'augmentation des images pour s'assurer qu'elles sont adaptées à l'entrée du GAN. Examinons les étapes de prétraitement :

1. **Redimensionnement :** Redimensionnez les images à une taille constante (par exemple, 64x64 pixels) pour standardiser les dimensions d'entrée pour le GAN.

2. **Normalisation :** Normalisez les valeurs des pixels dans l'intervalle [-1, 1], ce qui est une pratique courante pour l'entraînement des GANs.

3. **Augmentation (Optionnelle) :** Appliquez des techniques d'augmentation de données telles que le retournement horizontal, la rotation et le recadrage pour augmenter la diversité des données d'entraînement.

Exemple : Code de prétraitement

Voici un exemple de code pour prétraiter le jeu de données CelebA en utilisant TensorFlow :

```python
import tensorflow as tf
import numpy as np
import os
from tensorflow.keras.preprocessing.image import img_to_array, load_img

# Define the path to the dataset directory
dataset_dir = 'path/to/celeba/dataset'

# Define image dimensions
img_height, img_width = 64, 64

# Function to load and preprocess images
def preprocess_image(img_path):
    img = load_img(img_path, target_size=(img_height, img_width))
    img_array = img_to_array(img)
    img_array = (img_array - 127.5) / 127.5  # Normalize to [-1, 1]
    return img_array

# Load and preprocess the dataset
def load_dataset(dataset_dir):
    img_paths    =    [os.path.join(dataset_dir,    fname)    for    fname    in
os.listdir(dataset_dir)]
    dataset = np.array([preprocess_image(img_path) for img_path in img_paths])
    return dataset
```

```
# Load the dataset
celeba_dataset = load_dataset(dataset_dir)

# Verify the shape and range of the dataset
print(f'Dataset shape: {celeba_dataset.shape}')
print(f'Min    pixel    value:    {celeba_dataset.min()},    Max    pixel    value:
{celeba_dataset.max()}')
```

Ce script d'exemple utilise les bibliothèques TensorFlow et NumPy pour charger et prétraiter un ensemble de données d'images. D'abord, il définit le chemin vers l'ensemble de données et les dimensions des images. Ensuite, il définit une fonction pour prétraiter chaque image : elle redimensionne l'image aux dimensions définies, la convertit en tableau, et normalise ses valeurs de pixels pour qu'elles soient comprises entre -1 et 1.

Une autre fonction est définie pour charger l'ensemble de données. Cette fonction obtient les chemins de toutes les images dans le répertoire de l'ensemble de données, prétraite chaque image en utilisant la fonction précédemment définie, et stocke toutes les images prétraitées dans un tableau NumPy.

Enfin, le script charge l'ensemble de données en utilisant la fonction de chargement, et affiche la forme de l'ensemble de données (c'est-à-dire ses dimensions) ainsi que les valeurs minimales et maximales des pixels dans l'ensemble de données. Cette dernière étape vérifie si les images ont été correctement chargées et prétraitées.

4.1.3 Division de l'ensemble de données

Pour un entraînement et une évaluation efficaces, il est important de diviser l'ensemble de données en ensembles d'entraînement et de validation. Cela nous permet de surveiller les performances du modèle sur des données non vues et d'éviter le surapprentissage.

Exemple : Code de division

Voici comment vous pouvez diviser l'ensemble de données CelebA :

```
from sklearn.model_selection import train_test_split

# Split the dataset into training and validation sets
train_images,    val_images    =    train_test_split(celeba_dataset,    test_size=0.1,
random_state=42)

# Verify the shapes of the splits
print(f'Training set shape: {train_images.shape}')
print(f'Validation set shape: {val_images.shape}')
```

Ce code d'exemple utilise la fonction 'train_test_split' de la bibliothèque 'sklearn.model_selection' pour diviser un ensemble de données nommé 'celeba_dataset' en deux parties : un ensemble d'entraînement plus grand et un ensemble de validation plus petit.

La division est faite de telle sorte que 90% des données vont à l'ensemble d'entraînement et 10% à l'ensemble de validation ('test_size=0.1'). Le 'random_state=42' garantit que les divisions générées sont reproductibles. Après avoir divisé les données, le code affiche la forme (nombre d'échantillons et de caractéristiques) des ensembles d'entraînement et de validation.

4.1.4 Chargement et traitement par lots des données

Un chargement et un traitement par lots efficaces des données sont essentiels pour l'entraînement des GANs, en particulier lorsqu'il s'agit de grands ensembles de données. L'API de données de TensorFlow fournit des utilitaires pratiques pour créer des pipelines de données qui chargent et traitent efficacement les données par lots pendant l'entraînement.

Exemple : Code de chargement et de traitement par lots des données

Voici comment vous pouvez créer un pipeline de données en utilisant l'API de données de TensorFlow :

```
# Create a TensorFlow dataset from the training images
train_dataset = tf.data.Dataset.from_tensor_slices(train_images)

# Define data augmentation function (optional)
def augment_image(image):
    image = tf.image.random_flip_left_right(image)
    return image

# Apply data augmentation and batch the dataset
batch_size = 64
train_dataset = train_dataset.map(augment_image, num_parallel_calls=tf.data.AUTOTUNE)
train_dataset = train_dataset.batch(batch_size)
train_dataset = train_dataset.prefetch(tf.data.AUTOTUNE)

# Verify the shape of a batch
for batch in train_dataset.take(1):
    print(f'Batch shape: {batch.shape}')
```

Ce code exemple utilise TensorFlow pour préparer un ensemble de données pour l'entraînement d'un modèle d'apprentissage automatique. Il crée d'abord un ensemble de données TensorFlow à partir d'images d'entraînement. Ensuite, il définit une fonction pour augmenter les images en les retournant aléatoirement de gauche à droite. Cette technique est utilisée pour augmenter artificiellement la taille et la diversité de l'ensemble de données d'entraînement.

Le code applique ensuite cette fonction à l'ensemble de données, regroupe les images par lots de 64 pour un entraînement plus efficace et précharge les lots pour réduire le temps d'entraînement. Enfin, il affiche la forme d'un lot pour vérifier la transformation.

En suivant ces étapes, vous disposerez d'un ensemble de données bien préparé et prêt pour l'entraînement d'un GAN afin de générer des visages humains réalistes. Dans les sections suivantes, nous aborderons la création et l'entraînement du modèle GAN, l'évaluation de ses performances et la génération de nouveaux visages.

4.2 Création du modèle

La création d'un modèle GAN implique la conception à la fois du générateur et du discriminateur. Le rôle du générateur est de produire des images réalistes à partir de bruit aléatoire, tandis que le rôle du discriminateur est de distinguer entre les images réelles provenant de l'ensemble de données et les images fausses générées par le générateur. En entraînant ces deux réseaux de manière antagoniste, nous visons à produire un générateur capable de créer des images faciales hautement réalistes.

4.2.1 Construction du générateur

Le générateur est un réseau de neurones qui prend du bruit aléatoire en entrée et le transforme en une image réaliste. Pour notre projet de génération de visages, nous utiliserons un générateur convolutif profond. L'architecture comprendra plusieurs couches de convolutions transposées, de normalisation par lots et de fonctions d'activation pour augmenter progressivement la résolution du bruit d'entrée jusqu'à une image de taille complète.

Composants clés :

- **Couche dense :** La première couche sera une couche dense qui prend le bruit d'entrée et le projette dans un espace de dimension supérieure.

- **Couche de remodelage :** Cette couche transforme la sortie de la couche dense en un tenseur 3D adapté aux opérations convolutives.

- **Couches convolutives transposées :** Ces couches (également connues sous le nom de couches déconvolutives) augmenteront la résolution du tenseur jusqu'à la taille d'image souhaitée.

- **Normalisation par lots :** La normalisation par lots sera appliquée après chaque convolution transposée pour stabiliser et accélérer le processus d'entraînement.

- **Fonctions d'activation :** Nous utiliserons des activations LeakyReLU dans les couches cachées et une activation Tanh dans la couche de sortie pour garantir que les valeurs des pixels soient dans l'intervalle [-1, 1].

Exemple : Code du générateur

```
import tensorflow as tf
from tensorflow.keras.layers import Dense, Reshape, BatchNormalization, LeakyReLU,
Conv2DTranspose
from tensorflow.keras.models import Sequential

def build_generator(latent_dim):
```

```
model = Sequential()

# Dense layer
model.add(Dense(256 * 8 * 8, activation="relu", input_dim=latent_dim))
model.add(Reshape((8, 8, 256)))

# Transposed convolutional layers
model.add(Conv2DTranspose(128, kernel_size=4, strides=2, padding='same'))
model.add(BatchNormalization())
model.add(LeakyReLU(alpha=0.2))

model.add(Conv2DTranspose(64, kernel_size=4, strides=2, padding='same'))
model.add(BatchNormalization())
model.add(LeakyReLU(alpha=0.2))

model.add(Conv2DTranspose(32, kernel_size=4, strides=2, padding='same'))
model.add(BatchNormalization())
model.add(LeakyReLU(alpha=0.2))

# Output layer
model.add(Conv2DTranspose(3,     kernel_size=4,     strides=2,     padding='same',
activation='tanh'))

return model

# Define the latent dimension (size of the random noise vector)
latent_dim = 100
generator = build_generator(latent_dim)
generator.summary()
```

Le modèle est construit en utilisant l'API Sequential, commençant par une couche dense qui prend le latent_dim (taille du vecteur de bruit aléatoire) comme entrée. La sortie est remodelée en un tenseur 8x8x256.

Il applique ensuite plusieurs couches de convolution transposée (Conv2DTranspose), chacune suivie d'une normalisation par lots et d'une activation LeakyReLU. Ces couches augmentent progressivement l'échantillonnage du tenseur vers des dimensions spatiales plus grandes.

La dernière couche Conv2DTranspose produit un tenseur avec une forme correspondant à une image, avec 3 canaux de couleur (RVB), et une activation tanh.

À la fin, la structure du générateur est affichée en utilisant la méthode summary().

4.2.2 Construction du discriminateur

Le discriminateur est un réseau de neurones qui prend une image en entrée et produit une probabilité indiquant si l'image est réelle (provenant de l'ensemble de données) ou fausse (générée par le générateur). Pour notre projet, nous utiliserons un discriminateur convolutif profond avec plusieurs couches convolutives, une normalisation par lots et des fonctions d'activation.

Composants clés :

- **Couches convolutives :** Ces couches réduiront l'échantillonnage de l'image d'entrée, extrayant des caractéristiques hiérarchiques à différents niveaux d'abstraction.

- **Normalisation par lots :** Appliquée après chaque couche convolutive pour stabiliser et accélérer l'entraînement.

- **Fonctions d'activation :** Nous utiliserons des activations LeakyReLU dans les couches cachées pour permettre de petits gradients négatifs et une activation sigmoïde dans la couche de sortie pour produire une probabilité.

Exemple : Code du discriminateur

```python
import tensorflow as tf
from tensorflow.keras.layers import Conv2D, Flatten, Dense, LeakyReLU,
BatchNormalization
from tensorflow.keras.models import Sequential

def build_discriminator(img_shape):
    model = Sequential()

    # Convolutional layers
    model.add(Conv2D(64, kernel_size=4, strides=2, padding='same',
input_shape=img_shape))
    model.add(LeakyReLU(alpha=0.2))

    model.add(Conv2D(128, kernel_size=4, strides=2, padding='same'))
    model.add(BatchNormalization())
    model.add(LeakyReLU(alpha=0.2))

    model.add(Conv2D(256, kernel_size=4, strides=2, padding='same'))
    model.add(BatchNormalization())
    model.add(LeakyReLU(alpha=0.2))

    model.add(Conv2D(512, kernel_size=4, strides=2, padding='same'))
    model.add(BatchNormalization())
    model.add(LeakyReLU(alpha=0.2))

    # Output layer
    model.add(Flatten())
    model.add(Dense(1, activation='sigmoid'))

    return model

# Define the image shape (e.g., 64x64 RGB images)
img_shape = (64, 64, 3)
discriminator = build_discriminator(img_shape)
```

```
discriminator.summary()
```

Ce code d'exemple définit une fonction qui construit un modèle de discriminateur pour un Réseau Antagoniste Génératif (GAN) en utilisant les bibliothèques TensorFlow et Keras. Le modèle comporte une série de couches convolutives, chacune suivie d'une fonction d'activation LeakyReLU et certaines incluent une Normalisation par lots.

Ces couches sont utilisées pour extraire des caractéristiques des images d'entrée. La couche de sortie est une couche dense avec une seule unité et une fonction d'activation sigmoïde, qui produira la probabilité que l'image d'entrée soit réelle. Le modèle est ensuite construit avec une forme d'image spécifiée et la structure du modèle est affichée.

4.2.3 Compilation des modèles

Avant d'entraîner le GAN, nous devons compiler le discriminateur et le modèle GAN combiné. Le discriminateur sera compilé séparément avec une fonction de perte d'entropie croisée binaire et un optimiseur. Le modèle GAN combiné, qui inclut le générateur et le discriminateur, sera également compilé avec une fonction de perte d'entropie croisée binaire et un optimiseur.

Compilation du discriminateur :

```
# Compile the discriminator
discriminator.compile(optimizer='adam',                loss='binary_crossentropy',
metrics=['accuracy'])
```

Le modèle sera entraîné pour minimiser une fonction appelée 'entropie croisée binaire' (couramment utilisée dans les problèmes de classification binaire) et la précision du modèle sera suivie comme métrique pendant le processus d'entraînement.

Compilation du modèle GAN combiné :

Pour le modèle GAN combiné, nous devons d'abord geler les poids du discriminateur pour garantir que seul le générateur soit entraîné pendant la phase d'entraînement du modèle combiné. Le modèle combiné prend du bruit en entrée, génère une image, puis évalue l'image générée en utilisant le discriminateur.

```
from tensorflow.keras.models import Model
from tensorflow.keras.layers import Input

# Freeze the discriminator's weights during the combined model training
discriminator.trainable = False

# Create the combined GAN model
gan_input = Input(shape=(latent_dim,))
generated_img = generator(gan_input)
gan_output = discriminator(generated_img)

gan = Model(gan_input, gan_output)
```

```
gan.compile(optimizer='adam', loss='binary_crossentropy')

# Summary of the combined GAN model
gan.summary()
```

Ici, les poids du Discriminateur sont gelés pour l'empêcher de s'entraîner pendant l'entraînement du modèle combiné. Le Générateur prend une entrée (la dimension latente) et génère une image. Cette image générée est ensuite transmise au Discriminateur qui la classifie comme réelle ou fausse.

Le modèle GAN combiné est compilé avec l'optimiseur 'adam' et la fonction de perte 'binary_crossentropy', qui est adaptée à un problème de classification binaire.

Enfin, un résumé du modèle GAN combiné est affiché, offrant une vue d'ensemble de l'architecture et des paramètres du modèle.

4.2.4 Visualisation des architectures du modèle

Visualiser les architectures du générateur et du discriminateur peut fournir des aperçus de leurs structures et aider à identifier d'éventuels problèmes.

Visualisation du Générateur :

```
from tensorflow.keras.utils import plot_model

plot_model(generator,       to_file='generator_model.png',       show_shapes=True,
show_layer_names=True)
```

La fonction 'plot_model' est utilisée pour créer cette visualisation, qui sera enregistrée sous le nom 'generator_model.png'. Le paramètre 'show_shapes' est défini sur 'True' pour afficher les dimensions des couches du modèle, et 'show_layer_names' est défini sur 'True' pour afficher les noms de chaque couche du modèle.

Visualisation du Discriminateur :

```
plot_model(discriminator,    to_file='discriminator_model.png',    show_shapes=True,
show_layer_names=True)
```

Cette ligne de code utilise la fonction plot_model de la bibliothèque Keras pour créer une visualisation de la structure du modèle 'discriminateur'. Elle enregistre cette visualisation sous forme de fichier .png nommé 'discriminator_model.png'. Les paramètres 'show_shapes=True' et 'show_layer_names=True' indiquent que la visualisation doit inclure les formes des couches du modèle et les noms de chaque couche.

En créant et compilant avec succès le générateur, le discriminateur et le modèle GAN combiné, nous avons posé les bases pour l'entraînement de notre GAN. Les prochaines étapes impliquent l'entraînement du GAN sur le jeu de données CelebA, le suivi de ses performances et l'évaluation de la qualité des images générées.

4.3 Entraînement du GAN

L'entraînement d'un Réseau Antagoniste Génératif (GAN) est un processus nuancé qui implique la mise à jour itérative des réseaux générateur et discriminateur pour améliorer la qualité des images générées. Cette section vous guidera à travers les étapes d'entraînement d'un GAN pour générer des visages humains réalistes, y compris les boucles d'entraînement nécessaires, les fonctions de perte et les techniques de surveillance.

4.3.1 Aperçu du processus d'entraînement

Le processus d'entraînement d'un GAN implique deux étapes principales à chaque itération :

1. **Entraînement du Discriminateur :** Le discriminateur est entraîné à différencier les images réelles provenant du jeu de données et les images fausses générées par le générateur.

2. **Entraînement du Générateur :** Le générateur est entraîné à produire des images qui peuvent tromper le discriminateur en les classifiant comme réelles.

Pour y parvenir, la boucle d'entraînement consiste à :

* Générer un lot d'images fausses à partir de bruit aléatoire.

* Obtenir un lot d'images réelles du jeu de données.

* Entraîner le discriminateur sur les images réelles et fausses.

* Entraîner le générateur via le modèle GAN combiné, où les poids du discriminateur sont gelés.

4.3.2 Entraînement du Discriminateur

Le discriminateur est entraîné à maximiser la probabilité de classifier correctement les images réelles et fausses. La fonction de perte utilisée est l'entropie croisée binaire.

Perte du Discriminateur :

$$LD = -m1 \sum i = 1m \left[yilog\big(D(xi)\big) + (1 - yi)log\left(1 - D\big(G(zi)\big)\right) \right]$$

où yi est l'étiquette (1 pour réel, 0 pour faux), $D(xi)$ est la prédiction du discriminateur pour les images réelles, et $D\big(G(zi)\big)$ est la prédiction du discriminateur pour les images fausses.

Exemple : Code d'entraînement du Discriminateur

```
import numpy as np
```

```
# Training parameters
epochs = 10000
batch_size = 64
sample_interval = 1000

# Adversarial ground truths
real = np.ones((batch_size, 1))
fake = np.zeros((batch_size, 1))

# Training loop for discriminator
for epoch in range(epochs):
    # Train the discriminator

    # Select a random batch of real images
    idx = np.random.randint(0, train_images.shape[0], batch_size)
    real_images = train_images[idx]

    # Generate a batch of fake images
    noise = np.random.normal(0, 1, (batch_size, latent_dim))
    fake_images = generator.predict(noise)

    # Train the discriminator on real and fake images
    d_loss_real = discriminator.train_on_batch(real_images, real)
    d_loss_fake = discriminator.train_on_batch(fake_images, fake)
    d_loss = 0.5 * np.add(d_loss_real, d_loss_fake)

    # Print progress
    if epoch % sample_interval == 0:
        print(f"{epoch} [D loss: {d_loss[0]}, acc.: {d_loss[1] * 100}%]")
```

Les paramètres d'entraînement indiquent que le processus d'entraînement se poursuivra pendant 10 000 époques, avec une taille de lot de 64 et un intervalle d'échantillonnage de 1000.

Les variables 'real' et 'fake' représentent respectivement les étiquettes pour les images réelles et fausses, qui sont utilisées pendant l'entraînement du discriminateur.

À l'intérieur de la boucle d'entraînement, pour chaque époque, le discriminateur est entraîné sur un lot d'images réelles et un lot d'images fausses. À chaque itération, un lot d'images réelles est sélectionné aléatoirement à partir des données d'entraînement, et un lot d'images fausses est généré par le générateur.

La perte du discriminateur est calculée pour les images réelles et fausses, et la moyenne est prise. Si l'époque actuelle est un multiple de l'intervalle d'échantillonnage, le programme affiche le numéro d'époque ainsi que la perte et la précision du discriminateur.

4.3.3 Entraînement du Générateur

Le générateur est entraîné pour maximiser la probabilité que le discriminateur classe ses sorties comme réelles. Cela est réalisé en entraînant le générateur via le modèle GAN combiné, où les poids du discriminateur sont gelés.

Perte du Générateur :

$$LG = -m1 \sum i = 1m \log \left(D\big(G(zI) \big) \right)$$

Exemple : Code d'entraînement du Générateur

```python
# Training loop for generator
for epoch in range(epochs):
    # Train the discriminator
    idx = np.random.randint(0, train_images.shape[0], batch_size)
    real_images = train_images[idx]

    noise = np.random.normal(0, 1, (batch_size, latent_dim))
    fake_images = generator.predict(noise)

    d_loss_real = discriminator.train_on_batch(real_images, real)
    d_loss_fake = discriminator.train_on_batch(fake_images, fake)
    d_loss = 0.5 * np.add(d_loss_real, d_loss_fake)

    # Train the generator
    noise = np.random.normal(0, 1, (batch_size, latent_dim))
    g_loss = gan.train_on_batch(noise, real)

    # Print progress
    if epoch % sample_interval == 0:
        print(f"{epoch} [D loss: {d_loss[0]}, acc.: {d_loss[1] * 100}%] [G loss:
{g_loss}]")

        # Generate and save images
        noise = np.random.normal(0, 1, (10, latent_dim))
        generated_images = generator.predict(noise)
        fig, axs = plt.subplots(1, 10, figsize=(20, 2))
        for i, img in enumerate(generated_images):
            axs[i].imshow((img * 127.5 + 127.5).astype(np.uint8))
            axs[i].axis('off')
        plt.show()
```

Tout d'abord, un ensemble d'images réelles est sélectionné et un ensemble d'images fausses est généré par le générateur. Le discriminateur est entraîné sur ces deux ensembles. La perte moyenne du discriminateur est ensuite calculée.

Ensuite, le générateur est entraîné en utilisant le même bruit comme entrée mais avec les étiquettes des images réelles. L'objectif ici est de tromper le discriminateur en lui faisant croire que les images générées sont réelles.

Le script affiche ensuite la progression de l'entraînement, incluant la perte du discriminateur et du générateur. Si un certain nombre d'époques a été atteint (déterminé par sample_interval), le générateur produira et sauvegardera quelques images échantillons pour inspection. Les images sont normalisées et affichées à l'aide de matplotlib.

4.3.4 Surveillance du processus d'entraînement

Pour s'assurer que le GAN s'entraîne efficacement, il est essentiel de surveiller le processus d'entraînement. Cela comprend :

- **Surveillance des pertes :** Suivi des valeurs de perte du discriminateur et du générateur au fil du temps.

- **Échantillons générés :** Génération et visualisation périodiques d'images pour évaluer qualitativement les performances du générateur.

- **Sauvegarde des modèles :** Sauvegarde des poids du modèle à intervalles réguliers pour se prémunir contre d'éventuelles interruptions d'entraînement et faciliter l'évaluation future ou la poursuite de l'entraînement.

Exemple : Code de surveillance

```python
import matplotlib.pyplot as plt

# Function to plot generated images
def plot_generated_images(epoch, generator, examples=10, dim=(1, 10), figsize=(20, 2)):
    noise = np.random.normal(0, 1, (examples, latent_dim))
    generated_images = generator.predict(noise)
    generated_images = (generated_images * 127.5 + 127.5).astype(np.uint8)

    plt.figure(figsize=figsize)
    for i in range(examples):
        plt.subplot(dim[0], dim[1], i + 1)
        plt.imshow(generated_images[i])
        plt.axis('off')
    plt.tight_layout()
    plt.savefig(f"gan_generated_image_epoch_{epoch}.png")
    plt.close()

# Training loop with monitoring
for epoch in range(epochs):
    idx = np.random.randint(0, train_images.shape[0], batch_size)
    real_images = train_images[idx]

    noise = np.random.normal(0, 1, (batch_size, latent_dim))
```

```
    fake_images = generator.predict(noise)

    d_loss_real = discriminator.train_on_batch(real_images, real)
    d_loss_fake = discriminator.train_on_batch(fake_images, fake)
    d_loss = 0.5 * np.add(d_loss_real, d_loss_fake)

    noise = np.random.normal(0, 1, (batch_size, latent_dim))
    g_loss = gan.train_on_batch(noise, real)

    if epoch % sample_interval == 0:
        print(f"{epoch} [D loss: {d_loss[0]}, acc.: {d_loss[1] * 100}%] [G loss:
{g_loss}]")
        plot_generated_images(epoch, generator)

    if epoch % 1000 == 0:
        generator.save(f'generator_epoch_{epoch}.h5')
        discriminator.save(f'discriminator_epoch_{epoch}.h5')
```

Les GANs se composent de deux parties : un générateur et un discriminateur. Le générateur crée de nouvelles instances de données, tandis que le discriminateur évalue leur authenticité.

La fonction "plot_generated_images" est définie pour visualiser les images générées par le GAN après certaines époques.

Ensuite, une boucle d'entraînement est mise en place où des images réelles sont introduites dans le discriminateur avec des fausses générées par le générateur. Le discriminateur est entraîné à faire la différence entre les images réelles et fausses.

Le générateur est également entraîné à tromper le discriminateur en lui faisant croire que les images du générateur sont réelles. Les pertes du discriminateur et du générateur sont enregistrées pour inspection.

Si l'époque actuelle est un multiple du "sample_interval", le code affiche les pertes et trace les images générées. Si l'époque actuelle est un multiple de 1000, les modèles du générateur et du discriminateur sont sauvegardés.

Résumé

L'entraînement d'un GAN pour générer des visages humains réalistes implique un équilibre délicat entre l'entraînement du discriminateur et du générateur. En mettant à jour de façon itérative les deux réseaux, en surveillant leurs performances et en sauvegardant les modèles à intervalles réguliers, nous pouvons créer un GAN puissant capable de produire des images de haute qualité. Ce processus nécessite une attention minutieuse aux détails, car l'instabilité de l'entraînement peut entraîner des problèmes tels que l'effondrement de mode.

Une fois le processus d'entraînement mis en place et en cours d'exécution, les prochaines étapes se concentreront sur l'évaluation du GAN entraîné, l'amélioration de ses performances et l'exploitation des images générées pour diverses applications.

4.4 Génération de nouveaux visages

Après avoir entraîné notre modèle GAN, la prochaine étape passionnante consiste à générer de nouveaux visages. Cette section vous guidera à travers le processus de génération de nouvelles images en utilisant le modèle de générateur entraîné. Nous aborderons comment générer des images à partir de bruit aléatoire, comment sauvegarder ces images et comment affiner le générateur pour améliorer la qualité des visages générés.

4.4.1 Génération d'images à partir de bruit aléatoire

Le modèle de générateur, une fois entraîné, peut prendre un vecteur de bruit aléatoire en entrée et le transformer en une image de visage réaliste. Ce vecteur de bruit, souvent appelé vecteur latent, est échantillonné à partir d'une distribution normale standard. Le processus de génération de nouveaux visages implique l'échantillonnage de plusieurs vecteurs latents et leur passage à travers le générateur.

Exemple : Code de génération d'images

Voici comment vous pouvez générer et visualiser de nouvelles images de visages en utilisant le modèle de générateur entraîné :

```python
import numpy as np
import matplotlib.pyplot as plt

# Function to generate and plot new faces
def generate_and_plot_faces(generator, latent_dim, n_samples=10):
    noise = np.random.normal(0, 1, (n_samples, latent_dim))
    generated_images = generator.predict(noise)
    generated_images = (generated_images * 127.5 + 127.5).astype(np.uint8)  # Rescale
to [0, 255]

    plt.figure(figsize=(20, 2))
    for i in range(n_samples):
        plt.subplot(1, n_samples, i + 1)
        plt.imshow(generated_images[i])
        plt.axis('off')
    plt.show()

# Generate and plot new faces
latent_dim = 100
generate_and_plot_faces(generator, latent_dim, n_samples=10)
```

La fonction 'generate_and_plot_faces' prend un générateur (vraisemblablement un modèle entraîné, comme un Réseau Antagoniste Génératif), une dimension latente donnée, et un nombre spécifié d'échantillons.

La fonction génère du 'bruit' suivant une distribution normale, qui est ensuite introduit dans le modèle générateur pour créer les 'generated_images'. Ces images sont redimensionnées d'une plage de [-1, 1] à [0, 255] pour correspondre à l'échelle RGB standard.

Les images sont ensuite affichées sur une grille en utilisant matplotlib. Chaque image est présentée comme un sous-graphique dans une seule ligne. La variable 'latent_dim' est fixée à 100 et la fonction est appelée pour générer et afficher 10 nouveaux visages.

4.4.2 Sauvegarde des images générées

Pour sauvegarder les images générées en vue d'une utilisation ultérieure ou d'un partage, nous pouvons utiliser des bibliothèques de traitement d'images telles que PIL (Python Imaging Library). Cela nous permet de sauvegarder les images générées dans différents formats tels que PNG ou JPEG.

Exemple : Code de sauvegarde d'images

Voici comment vous pouvez sauvegarder les images générées sur le disque :

```python
from PIL import Image

# Function to generate and save new faces
def     generate_and_save_faces(generator,        latent_dim,        n_samples=10,
save_dir='generated_faces'):
    noise = np.random.normal(0, 1, (n_samples, latent_dim))
    generated_images = generator.predict(noise)
    generated_images = (generated_images * 127.5 + 127.5).astype(np.uint8)  # Rescale
to [0, 255]

    for i in range(n_samples):
        img = Image.fromarray(generated_images[i])
        img.save(f'{save_dir}/face_{i}.png')

# Generate and save new faces
generate_and_save_faces(generator, latent_dim, n_samples=10)
```

La fonction generate_and_save_faces prend en entrée un modèle générateur, une taille de dimension latente, un nombre d'échantillons et un répertoire pour sauvegarder les images. Elle génère des vecteurs de bruit aléatoires, les utilise comme entrée pour le générateur afin de créer de nouvelles images, met à l'échelle les valeurs des pixels des images générées entre 0 et 255, puis sauvegarde les images sous forme de fichiers .png dans le répertoire spécifié.

4.4.3 Affinage du générateur

Bien que notre générateur puisse déjà produire des résultats impressionnants, il existe toujours des moyens d'affiner et d'améliorer la qualité des images générées. L'affinage peut impliquer l'ajustement de l'architecture du modèle, des hyperparamètres ou du processus d'entraînement. Voici quelques stratégies :

1. **Réglage des hyperparamètres :**

    o   Expérimentez avec différents taux d'apprentissage, tailles de lots et paramètres d'optimiseur pour trouver la meilleure combinaison pour votre jeu de données.

2. **Augmentation des données :**

    o   Augmentez la diversité des données d'entraînement en appliquant diverses techniques d'augmentation comme la rotation, le zoom et les décalages de couleur.

3. **Améliorations architecturales :**

    o   Expérimentez avec différentes architectures de générateur et de discriminateur, comme l'ajout de couches supplémentaires, l'utilisation de différents types de couches ou l'ajustement des tailles de couches.

4. **Entraînement plus long :**

    o   Entraînez le modèle pour plus d'époques ou utilisez l'arrêt précoce avec des points de contrôle pour garantir que le modèle le plus performant soit sauvegardé.

5. **Croissance progressive :**

    o   Commencez avec une résolution plus basse et augmentez progressivement la résolution des images pendant l'entraînement. Cette technique peut aider le modèle à apprendre plus efficacement à chaque échelle.

Exemple : Code d'affinage

Voici comment vous pouvez ajuster le taux d'apprentissage et ré-entraîner le modèle pour des époques supplémentaires :

```python
# Adjust the learning rate and recompile the models
learning_rate = 0.0002
generator_optimizer = tf.keras.optimizers.Adam(learning_rate, beta_1=0.5)
discriminator_optimizer = tf.keras.optimizers.Adam(learning_rate, beta_1=0.5)

discriminator.compile(optimizer=discriminator_optimizer, loss='binary_crossentropy',
metrics=['accuracy'])

discriminator.trainable = False
gan_input = tf.keras.Input(shape=(latent_dim,))
generated_img = generator(gan_input)
gan_output = discriminator(generated_img)
gan = tf.keras.Model(gan_input, gan_output)
gan.compile(optimizer=generator_optimizer, loss='binary_crossentropy')

# Continue training with the adjusted learning rate
```

```
for epoch in range(epochs, epochs + 5000):
    idx = np.random.randint(0, train_images.shape[0], batch_size)
    real_images = train_images[idx]

    noise = np.random.normal(0, 1, (batch_size, latent_dim))
    fake_images = generator.predict(noise)

    d_loss_real = discriminator.train_on_batch(real_images, real)
    d_loss_fake = discriminator.train_on_batch(fake_images, fake)
    d_loss = 0.5 * np.add(d_loss_real, d_loss_fake)

    noise = np.random.normal(0, 1, (batch_size, latent_dim))
    g_loss = gan.train_on_batch(noise, real)

    if epoch % sample_interval == 0:
        print(f"{epoch} [D loss: {d_loss[0]}, acc.: {d_loss[1] * 100}%] [G loss:
{g_loss}]")
        plot_generated_images(epoch, generator)

    if epoch % 1000 == 0:
        generator.save(f'generator_epoch_{epoch}.h5')
        discriminator.save(f'discriminator_epoch_{epoch}.h5')
```

Cela commence par ajuster le taux d'apprentissage à 0,0002 et recompiler les modèles avec ce nouveau taux d'apprentissage. L'entraînabilité du discriminateur est ensuite définie sur False pour geler ses poids lors de l'entraînement du GAN.

Dans la boucle d'entraînement, des images réelles sont échantillonnées à partir de l'ensemble d'entraînement et des images fausses sont générées par le générateur. Le discriminateur est entraîné sur ces images réelles et fausses. Le générateur est ensuite entraîné à tromper le discriminateur en utilisant le modèle GAN.

Tous les quelques époques (tel que défini par 'sample_interval'), les pertes du discriminateur et du générateur ainsi que la précision du discriminateur sont affichées. Les images générées par le générateur sont également tracées.

Toutes les 1000 époques, les modèles actuels du générateur et du discriminateur sont sauvegardés. Cela permet de poursuivre ultérieurement le processus d'entraînement à partir de ces modèles ou d'utiliser ces modèles pour générer de nouvelles données.

4.4.4 Évaluation des visages générés

Une fois que vous avez généré des visages, il est important d'évaluer leur qualité à la fois quantitativement et qualitativement. L'évaluation quantitative peut être effectuée à l'aide de métriques telles que l'Inception Score (IS) et la Fréchet Inception Distance (FID), comme abordé dans les sections précédentes. L'évaluation qualitative implique l'inspection visuelle des images pour évaluer leur réalisme et leur diversité.

Exemple : Code d'évaluation

Voici un bref rappel de la façon d'évaluer en utilisant l'Inception Score et la FID :

```
# Calculate Inception Score
is_mean, is_std = calculate_inception_score(generated_images)
print(f"Inception Score: {is_mean} ± {is_std}")

# Calculate FID Score
real_images = x_train[np.random.choice(x_train.shape[0], 1000, replace=False)]
fid_score = calculate_fid(real_images, generated_images)
print(f"FID Score: {fid_score}")
```

La première partie calcule l'Inception Score des images générées, qui mesure à la fois la qualité et la diversité des images. Le score et son écart-type sont affichés sur la console.

La deuxième partie calcule le score FID entre les images générées et un ensemble d'images réelles sélectionnées aléatoirement dans l'ensemble d'entraînement. Le score FID mesure la similarité entre les deux ensembles d'images ; un FID plus bas indique que les distributions d'images générées et réelles sont plus proches l'une de l'autre. Le score FID calculé est affiché sur la console.

En suivant ces étapes, vous serez en mesure de générer des visages réalistes de haute qualité en utilisant votre modèle GAN entraîné. L'affinage du modèle et l'évaluation des visages générés sont essentiels pour obtenir les meilleurs résultats possibles.

4.5 Évaluation du modèle

Évaluer la performance d'un réseau antagoniste génératif (GAN) est crucial pour comprendre à quel point le modèle génère des images réalistes et pour identifier les domaines à améliorer. Cette section couvrira à la fois les méthodes qualitatives et quantitatives pour évaluer le modèle GAN entraîné sur la génération de visages. Nous discuterons des métriques comme l'Inception Score (IS) et la Fréchet Inception Distance (FID), et fournirons des exemples de codes pour calculer ces métriques.

4.5.1 Évaluation qualitative

L'évaluation qualitative implique l'inspection visuelle des images générées pour évaluer leur réalisme et leur diversité. Cette méthode est subjective mais essentielle pour acquérir une compréhension initiale de la performance du modèle. Voici quelques aspects à considérer lors de l'évaluation qualitative :

- **Réalisme :** Les images générées ressemblent-elles à de vrais visages ?

- **Diversité :** Les images générées sont-elles diverses, couvrant une large gamme de caractéristiques faciales et d'expressions ?

- **Artefacts :** Y a-t-il des artefacts ou des incohérences notables dans les images générées ?

Exemple : Visualisation des images générées

Vous pouvez visualiser les images générées en utilisant matplotlib pour effectuer une évaluation qualitative :

```python
import matplotlib.pyplot as plt
import numpy as np

def plot_generated_images(generator, latent_dim, n_samples=10):
    noise = np.random.normal(0, 1, (n_samples, latent_dim))
    generated_images = generator.predict(noise)
    generated_images = (generated_images * 127.5 + 127.5).astype(np.uint8)  # Rescale
to [0, 255]

    plt.figure(figsize=(20, 2))
    for i in range(n_samples):
        plt.subplot(1, n_samples, i + 1)
        plt.imshow(generated_images[i])
        plt.axis('off')
    plt.show()

# Generate and plot new faces for qualitative evaluation
latent_dim = 100
plot_generated_images(generator, latent_dim, n_samples=10)
```

La fonction plot_generated_images génère un nombre spécifié d'images (par défaut 10) en utilisant le générateur. Elle crée un bruit aléatoire avec une distribution normale, l'introduit dans le modèle générateur, puis redimensionne les images produites pour avoir des valeurs de pixels dans la plage [0, 255]. Les images sont ensuite affichées dans un graphique avec la taille de figure spécifiée.

Les deux dernières lignes de code appellent cette fonction en utilisant un modèle générateur et une dimension latente de 100, générant et affichant 10 images.

4.5.2 Évaluation quantitative

L'évaluation quantitative fournit des mesures objectives de la qualité et de la diversité des images générées. Deux métriques largement utilisées pour évaluer les GANs sont l'Inception Score (IS) et la Fréchet Inception Distance (FID).

Inception Score (IS)

L'Inception Score mesure la qualité et la diversité des images générées en évaluant leur correspondance avec les étiquettes de classe prédites par un réseau Inception pré-entraîné. Des scores plus élevés indiquent une meilleure qualité et diversité.

Formule :

$FID = || \mu r - \mu g || 2 + Tr(\Sigma r + \Sigma g - 2(\Sigma r \Sigma g)1/2)$ où $\mu r, \Sigma r$ et $\mu g, \Sigma g$ sont respectivement les moyennes et covariances des distributions d'images réelles et générées.

Exemple : Calcul de l'Inception Score

```python
from tensorflow.keras.applications.inception_v3 import InceptionV3, preprocess_input
from scipy.stats import entropy
import numpy as np

def calculate_inception_score(images, n_split=10, eps=1E-16):
    # Load InceptionV3 model
    model = InceptionV3(include_top=False, pooling='avg', input_shape=(299, 299, 3))
    images_resized = tf.image.resize(images, (299, 299))
    images_preprocessed = preprocess_input(images_resized)
    # Predict the probability distribution
    preds = model.predict(images_preprocessed)
    # Calculate the mean KL divergence
    split_scores = []
    for i in range(n_split):
        part = preds[i * preds.shape[0] // n_split: (i + 1) * preds.shape[0] //
n_split]
        py = np.mean(part, axis=0)
        scores = []
        for p in part:
            scores.append(entropy(p, py))
        split_scores.append(np.exp(np.mean(scores)))
    return np.mean(split_scores), np.std(split_scores)

# Generate images
n_samples = 1000
noise = np.random.normal(0, 1, (n_samples, latent_dim))
generated_images = generator.predict(noise)

# Calculate Inception Score
is_mean, is_std = calculate_inception_score(generated_images)
print(f"Inception Score: {is_mean} ± {is_std}")
```

Le code importe d'abord les modules nécessaires et définit une fonction 'calculate_inception_score'. Cette fonction utilise le modèle InceptionV3 de TensorFlow pour prédire la distribution de probabilité des classes pour chaque image. Elle calcule ensuite la divergence de Kullback-Leibler (KL) entre les distributions prédites et la distribution moyenne, qui est utilisée pour calculer l'Inception Score.

Un Inception Score élevé indique que le modèle génère des images diverses et réalistes. La fonction renvoie la moyenne et l'écart-type des Inception Scores pour un ensemble d'images donné.

La dernière partie du code génère des images à partir d'un bruit aléatoire en utilisant un modèle 'générateur', puis calcule et affiche l'Inception Score pour ces images.

Fréchet Inception Distance (FID)

La Fréchet Inception Distance mesure la distance entre les distributions d'images réelles et générées. Des scores FID plus bas indiquent une meilleure qualité et diversité des images générées.

Formule:

$FID = \| \mu r - \mu g \| 2 + Tr(\Sigma r + \Sigma g - 2(\Sigma r \Sigma g)1/2)$ où $\mu r, \Sigma r$ et $\mu g, \Sigma g$ sont respectivement les moyennes et covariances des distributions d'images réelles et générées.

Exemple : Calcul de la FID

```python
from numpy import cov, trace, iscomplexobj
from scipy.linalg import sqrtm

def calculate_fid(real_images, generated_images):
    # Load InceptionV3 model
    model = InceptionV3(include_top=False, pooling='avg', input_shape=(299, 299, 3))
    # Resize and preprocess images
    real_images_resized = tf.image.resize(real_images, (299, 299))
    generated_images_resized = tf.image.resize(generated_images, (299, 299))
    real_images_preprocessed = preprocess_input(real_images_resized)
    generated_images_preprocessed = preprocess_input(generated_images_resized)
    # Calculate activations
    act1 = model.predict(real_images_preprocessed)
    act2 = model.predict(generated_images_preprocessed)
    # Calculate mean and covariance
    mu1, sigma1 = act1.mean(axis=0), cov(act1, rowvar=False)
    mu2, sigma2 = act2.mean(axis=0), cov(act2, rowvar=False)
    # Calculate FID
    ssdiff = np.sum((mu1 - mu2)**2.0)
    covmean = sqrtm(sigma1.dot(sigma2))
    if iscomplexobj(covmean):
        covmean = covmean.real
    fid = ssdiff + trace(sigma1 + sigma2 - 2.0*covmean)
    return fid

# Generate images
n_samples = 1000
noise = np.random.normal(0, 1, (n_samples, latent_dim))
generated_images = generator.predict(noise)

# Sample real images
real_images = x_train[np.random.choice(x_train.shape[0], n_samples, replace=False)]

# Calculate FID
fid_score = calculate_fid(real_images, generated_images)
print(f"FID Score: {fid_score}")
```

Le script inclut une fonction calculate_fid(real_images, generated_images) qui calcule le score FID. Elle utilise le modèle InceptionV3 de Keras pour calculer les activations des images réelles et générées. Ces activations sont ensuite utilisées pour calculer la moyenne et la covariance des ensembles d'images.

Le score FID est calculé comme la somme de la différence au carré entre les moyennes et la trace de la somme des covariances moins deux fois la racine carrée du produit des covariances.

La fonction est ensuite utilisée avec un ensemble d'images réelles et un ensemble d'images générées pour calculer un score FID. Les images générées sont créées par un réseau générateur à partir d'un bruit aléatoire, et les images réelles sont échantillonnées à partir d'un ensemble d'entraînement x_train. Enfin, le score FID est affiché.

4.5.3 Comparaison avec des modèles de référence

Pour comprendre la performance de votre modèle GAN, il est utile de comparer les résultats avec des modèles de référence. Cela pourrait impliquer :

- Comparer avec un GAN entraîné avec une architecture différente.

- Comparer avec un GAN entraîné avec différents hyperparamètres.

- Comparer avec d'autres modèles génératifs comme les VAE (Auto-encodeurs Variationnels).

4.5.4 Résolution des problèmes courants

Lors de l'évaluation, vous pourriez rencontrer des problèmes courants tels que :

- **Effondrement de mode :** Le générateur produit une diversité limitée dans les images de sortie. Ce problème peut être résolu par des techniques telles que la discrimination par mini-batch, les GANs déroulés, ou l'utilisation de différentes fonctions de perte.

- **Instabilité d'entraînement :** Les pertes du générateur et du discriminateur oscillent de manière significative. Cela peut être atténué en utilisant des techniques comme les GANs de Wasserstein (WGANs) ou la normalisation spectrale.

Résumé

L'évaluation d'un GAN implique à la fois des méthodes qualitatives et quantitatives pour s'assurer que les images générées sont réalistes et diverses. L'évaluation qualitative par inspection visuelle aide à identifier les problèmes immédiats, tandis que les métriques quantitatives comme l'Inception Score et la Fréchet Inception Distance fournissent des mesures objectives de performance. En évaluant et en comparant systématiquement les sorties du modèle, vous pouvez identifier les domaines à améliorer et affiner votre GAN pour produire des images de haute qualité.

4.6 Amélioration de la génération de visages avec StyleGAN

StyleGAN représente une avancée significative dans le domaine des Réseaux Antagonistes Génératifs (GANs), offrant une architecture novatrice qui permet un contrôle précis des images générées. Cette section explorera les subtilités de StyleGAN, expliquant son architecture, le générateur basé sur le style, et comment l'utiliser pour générer des images de visage de haute qualité. Nous inclurons également du code d'exemple pour vous aider à implémenter et expérimenter avec StyleGAN.

4.6.1 Introduction à StyleGAN

StyleGAN, introduit par les chercheurs de NVIDIA, améliore les GANs traditionnels en incorporant une architecture de générateur basée sur le style. Cette architecture permet la séparation des attributs de haut niveau (styles) des détails de bas niveau, permettant un contrôle plus précis du processus de génération. StyleGAN utilise la normalisation d'instance adaptative (AdaIN) pour injecter des styles à différentes couches du générateur, résultant en des images avec une large gamme de variations et de caractéristiques détaillées.

Caractéristiques clés de StyleGAN :

- **Générateur basé sur le style :** Module les styles à divers niveaux du générateur pour contrôler des aspects spécifiques de l'image.

- **Croissance progressive :** Entraîne le modèle en augmentant progressivement la résolution des images générées, améliorant la stabilité et la qualité.

- **Injection de bruit :** Ajoute une variation stochastique aux images en injectant du bruit à plusieurs couches, améliorant la diversité des échantillons générés.

4.6.2 Architecture du générateur basé sur le style

Le générateur dans StyleGAN se compose d'un réseau de mapping et d'un réseau de synthèse. Le réseau de mapping transforme le vecteur latent d'entrée en un espace latent intermédiaire, qui est ensuite utilisé par le réseau de synthèse pour générer des images.

Réseau de mapping :

- Se compose de plusieurs couches entièrement connectées.

- Transforme le vecteur latent d'entrée (z) en un espace latent intermédiaire (w).

Réseau de synthèse :

- Utilise le vecteur latent intermédiaire (w) pour contrôler les styles à chaque couche.

- Emploie la normalisation d'instance adaptative (AdaIN) pour moduler les cartes de caractéristiques en fonction des styles.

- Ajoute du bruit aux cartes de caractéristiques à divers niveaux pour introduire une variation stochastique.

Exemple : Code du générateur basé sur le style

```python
import tensorflow as tf
from tensorflow.keras.layers import Dense, Reshape, Conv2D, Conv2DTranspose, Input,
LeakyReLU, Layer
from tensorflow.keras.models import Model, Sequential
from tensorflow.keras.initializers import RandomNormal

# Custom layer for Adaptive Instance Normalization (AdaIN)
class AdaIN(Layer):
    def __init__(self):
        super(AdaIN, self).__init__()

    def call(self, inputs):
        content, style = inputs
        mean, variance = tf.nn.moments(content, axes=[1, 2], keepdims=True)
        std_dev = tf.sqrt(variance + 1e-8)
        norm_content = (content - mean) / std_dev

        style_mean, style_std_dev = tf.nn.moments(style, axes=[1, 2], keepdims=True)
        return norm_content * style_std_dev + style_mean

# Mapping network to map latent vector z to intermediate latent space w
def build_mapping_network(latent_dim):
    model = Sequential()
    for _ in range(8):
        model.add(Dense(latent_dim, activation='relu'))
    return model

# Synthesis network to generate images
def build_synthesis_network(img_shape, latent_dim):
    init = RandomNormal(mean=0.0, stddev=1.0)
    inputs = Input(shape=(latent_dim,))
    x = Dense(4 * 4 * 512, activation='relu', kernel_initializer=init)(inputs)
    x = Reshape((4, 4, 512))(x)

    for filters in [512, 256, 128, 64]:
        x = Conv2DTranspose(filters, kernel_size=4, strides=2, padding='same',
kernel_initializer=init)(x)
        style_input = Input(shape=(latent_dim,))
        x = AdaIN()([x, style_input])
        x = LeakyReLU(alpha=0.2)(x)
        x = Conv2D(filters, kernel_size=3, padding='same',
kernel_initializer=init)(x)
        x = AdaIN()([x, style_input])
        x = LeakyReLU(alpha=0.2)(x)

    outputs = Conv2D(3, kernel_size=3, padding='same', activation='tanh')(x)
    return Model(inputs=[inputs, style_input], outputs=outputs)
```

```
# Build StyleGAN generator
latent_dim = 100
mapping_network = build_mapping_network(latent_dim)
synthesis_network = build_synthesis_network((64, 64, 3), latent_dim)
mapping_network.summary()
synthesis_network.summary()
```

Dans cet exemple :

1. Importation des bibliothèques et modules nécessaires.

2. Définition d'une couche TensorFlow personnalisée (AdaIN ou Normalisation d'Instance Adaptative) qui normalise les caractéristiques du contenu en fonction des caractéristiques de style.

3. Définition d'un réseau de mapping. C'est une partie de l'architecture StyleGAN qui transforme le vecteur latent d'entrée en un espace latent intermédiaire.

4. Définition d'un réseau de synthèse. Celui-ci prend la sortie du réseau de mapping et génère l'image finale. Le réseau de synthèse utilise des couches Conv2DTranspose pour l'upscaling, avec la couche AdaIN utilisée pour appliquer les caractéristiques de style à chaque échelle.

5. Construction du générateur StyleGAN en créant des instances des réseaux de mapping et de synthèse, puis en résumant leurs architectures.

4.6.3 Entraînement de StyleGAN

L'entraînement de StyleGAN comporte deux phases : le pré-entraînement du réseau de mapping, puis l'entraînement du modèle StyleGAN complet en utilisant la croissance progressive. La croissance progressive commence avec des images de basse résolution et augmente progressivement la résolution, stabilisant le processus d'entraînement et améliorant la qualité des images générées.

Exemple : Boucle d'entraînement à croissance progressive

Voici comment vous pouvez implémenter la boucle d'entraînement à croissance progressive :

```
# Define progressive growing parameters
initial_resolution = 4
final_resolution = 64
num_steps_per_resolution = 10000
batch_size = 64

# Function to train at a given resolution
def train_at_resolution(generator, discriminator, gan, resolution, steps):
    for step in range(steps):
        # Generate real and fake images
        idx = np.random.randint(0, train_images.shape[0], batch_size)
```

```python
        real_images = train_images[idx]
        noise = np.random.normal(0, 1, (batch_size, latent_dim))
        fake_images = generator.predict([noise, noise])

        # Train discriminator
        d_loss_real = discriminator.train_on_batch(real_images, np.ones((batch_size,
1)))
        d_loss_fake = discriminator.train_on_batch(fake_images, np.zeros((batch_size,
1)))
        d_loss = 0.5 * np.add(d_loss_real, d_loss_fake)

        # Train generator
        noise = np.random.normal(0, 1, (batch_size, latent_dim))
        g_loss = gan.train_on_batch([noise, noise], np.ones((batch_size, 1)))

        # Print progress
        if step % 100 == 0:
            print(f"Resolution {resolution}x{resolution}, Step {step}/{steps}, D
loss: {d_loss[0]}, G loss: {g_loss}")

        # Save models periodically
        if step % 1000 == 0:
            generator.save(f'generator_res_{resolution}_step_{step}.h5')
            discriminator.save(f'discriminator_res_{resolution}_step_{step}.h5')

# Initialize and compile models
generator = build_synthesis_network((initial_resolution, initial_resolution, 3),
latent_dim)
discriminator = build_discriminator((initial_resolution, initial_resolution, 3))
gan_input = Input(shape=(latent_dim,))
gan_output = discriminator(generator([gan_input, gan_input]))
gan = Model(gan_input, gan_output)
generator.compile(optimizer='adam', loss='binary_crossentropy')
discriminator.compile(optimizer='adam', loss='binary_crossentropy')
gan.compile(optimizer='adam', loss='binary_crossentropy')

# Train progressively
for resolution in [4, 8, 16, 32, 64]:
    train_at_resolution(generator, discriminator, gan, resolution,
num_steps_per_resolution)
```

Le code définit des paramètres pour la croissance progressive du GAN, tels que les résolutions initiale et finale et le nombre d'étapes d'entraînement par résolution. Il définit également une fonction pour entraîner le GAN à une résolution donnée.

Cette fonction parcourt un nombre spécifié d'étapes, générant des lots d'images réelles et fausses, entraînant le discriminateur sur ces images, puis entraînant le générateur. Les métriques de performance sont imprimées périodiquement, et les modèles sont sauvegardés à certains intervalles.

Les modèles GAN sont ensuite initialisés et compilés, et la fonction d'entraînement est appelée pour chaque résolution dans une plage spécifiée, permettant au réseau de croître progressivement pendant son entraînement.

4.6.4 Réglage fin et Évaluation de StyleGAN

Après avoir entraîné StyleGAN, il est essentiel d'effectuer un réglage fin et d'évaluer le modèle pour assurer une génération d'images de haute qualité. Cela implique :

- **Réglage fin :** Ajuster les hyperparamètres, ajouter des étapes d'entraînement supplémentaires, et utiliser des techniques comme la réduction progressive du taux d'apprentissage pour affiner le modèle.

- **Évaluation :** Utiliser des méthodes qualitatives et quantitatives telles que l'inspection visuelle, le Score d'Inception (IS), et la Distance d'Inception de Fréchet (FID) pour évaluer la qualité des images générées.

Exemple : Code de Réglage fin

```
# Adjust learning rate and recompile models for fine-tuning
fine_tune_learning_rate = 0.0001
generator.compile(optimizer=tf.keras.optimizers.Adam(fine_tune_learning_rate),
loss='binary_crossentropy')
discriminator.compile(optimizer=tf.keras.optimizers.Adam(fine_tune_learning_rate),
loss='binary_crossentropy')
gan.compile(optimizer=tf.keras.optimizers.Adam(fine_tune_learning_rate),
loss='binary_crossentropy')

# Fine-tuning loop
fine_tune_steps = 5000
train_at_resolution(generator, discriminator, gan, final_resolution, fine_tune_steps)
```

Tout d'abord, un nouveau taux d'apprentissage pour le réglage fin est défini, et les modèles du générateur, du discriminateur et du GAN sont recompilés avec ce taux d'apprentissage en utilisant l'optimiseur Adam et la fonction de perte d'entropie croisée binaire.

Ensuite, un nombre spécifique d'étapes de réglage fin est défini, et le modèle GAN est entraîné à une résolution spécifiée pour ce nombre d'étapes.

4.6.5 Génération et Évaluation des Images Finales

Une fois le modèle affiné, générez les images finales et évaluez leur qualité.

Exemple : Génération des Images Finales

```
# Generate final images using the fine-tuned model
def generate_final_images(generator, latent_dim, n_samples=10):
    noise = np.random.normal(0, 1, (n_samples, latent_dim))
    generated_images = generator.predict([noise, noise])
```

```
    generated_images = (generated_images * 127.5 + 127.5).astype(np.uint8)  # Rescale
to [0, 255]

    plt.figure(figsize=(20, 2))
    for i in range(n_samples):
        plt.subplot(1, n_samples, i + 1)
        plt.imshow(generated_images[i])
        plt.axis('off')
    plt.show()

# Generate and plot final images
generate_final_images(generator, latent_dim, n_samples=10)
```

Cette fonction est utilisée pour générer et afficher des images finales à l'aide d'un modèle de générateur qui a été affiné. La fonction prend trois arguments : le modèle générateur, la dimension de l'espace latent, et le nombre d'échantillons à générer (qui est fixé par défaut à 10 si non spécifié).

Elle génère d'abord une entrée de bruit aléatoire pour le modèle générateur en utilisant une distribution normale. Les images générées sont ensuite prédites par le modèle générateur. Ces images générées sont remises à l'échelle pour se situer dans la plage [0, 255] afin de correspondre à la plage typique des valeurs de pixels dans une image.

Un graphique est ensuite créé avec un sous-graphique pour chaque image générée. Les images sont affichées sans axes. Enfin, le graphique est affiché.

L'amélioration de la génération de visages avec StyleGAN offre des améliorations significatives dans la qualité et le contrôle des images générées. En exploitant l'architecture du générateur basée sur le style, l'entraînement à croissance progressive et les techniques d'affinage, vous pouvez obtenir des images de visages de haute qualité, diverses et réalistes. L'évaluation du modèle à l'aide de méthodes à la fois qualitatives et quantitatives garantit que les images générées répondent aux normes souhaitées.

En continuant à explorer les capacités de StyleGAN, vous pouvez expérimenter différents styles, résolutions et stratégies d'affinage pour améliorer davantage vos projets de modélisation générative. Cette technique puissante ouvre de nouvelles possibilités pour les applications créatives, la recherche et les implémentations pratiques dans divers domaines.

Résumé du Chapitre

Dans ce chapitre, nous nous sommes lancés dans un voyage passionnant dans la génération de visages à l'aide des Réseaux Antagonistes Génératifs (GANs). Nous avons commencé par les étapes fondamentales de collecte et de prétraitement des données, suivies par la construction et l'entraînement de notre modèle GAN. Enfin, nous avons exploré les capacités avancées de StyleGAN, qui représente un bond significatif dans le domaine de la modélisation générative.

Collecte et Prétraitement des Données

La base de tout projet GAN réussi est un ensemble de données de haute qualité. Nous avons choisi le jeu de données CelebA, une grande collection de visages de célébrités, pour entraîner notre modèle. Les étapes de prétraitement comprenaient le redimensionnement des images à une taille uniforme, la normalisation des valeurs de pixels et l'application de techniques facultatives d'augmentation des données. Cela a assuré que notre jeu de données était bien préparé pour le processus d'entraînement, améliorant la capacité du modèle à apprendre efficacement à partir des données.

Construction du Modèle GAN

La construction du modèle GAN impliquait la création à la fois du générateur et du discriminateur. Le rôle du générateur est de produire des images réalistes à partir de bruit aléatoire, tandis que la tâche du discriminateur est de distinguer entre les images réelles et fausses. Nous avons soigneusement conçu ces réseaux en utilisant des couches convolutives, la normalisation par lots et des fonctions d'activation. En configurant les architectures des modèles et en les compilant avec des fonctions de perte et des optimiseurs appropriés, nous avons posé les bases pour l'entraînement de notre GAN.

Entraînement du GAN

L'entraînement du GAN était un processus nuancé qui nécessitait d'équilibrer les dynamiques d'apprentissage du générateur et du discriminateur. Nous avons implémenté une boucle d'entraînement qui alternait l'entraînement du discriminateur et du générateur, surveillant attentivement leurs performances pour assurer la stabilité. Ce processus itératif, combiné à un suivi régulier et à la sauvegarde des poids du modèle, nous a permis d'améliorer progressivement la qualité des images générées.

Génération de Nouveaux Visages

Une fois entraîné, le modèle générateur était capable de produire des images de visages réalistes et de haute qualité à partir de bruit aléatoire. Nous avons exploré des méthodes pour générer et sauvegarder ces images, nous permettant de visualiser et de partager les résultats de notre processus d'entraînement. Cette étape a été particulièrement gratifiante, car elle a démontré les résultats tangibles de nos efforts dans l'entraînement du GAN.

Évaluation du Modèle

L'évaluation du GAN impliquait des méthodes à la fois qualitatives et quantitatives. L'évaluation qualitative par inspection visuelle nous a aidés à identifier les problèmes immédiats, tandis que les métriques quantitatives comme le Score d'Inception (IS) et la Distance d'Inception de Fréchet (FID) ont fourni des mesures objectives de la performance du modèle. En évaluant systématiquement les images générées, nous avons pu affiner le modèle et améliorer ses résultats.

Amélioration avec StyleGAN

Nous avons approfondi les capacités avancées de StyleGAN, qui offre un contrôle précis sur les images générées grâce à son architecture innovante de générateur basée sur le style. L'utilisation par StyleGAN de la normalisation d'instance adaptative (AdaIN) et de la croissance progressive améliore significativement la qualité et la diversité des images générées. En implémentant et en entraînant StyleGAN, nous avons obtenu une génération de visages encore plus réaliste et de haute qualité.

Conclusion

Ce chapitre a fourni un guide complet pour générer des visages en utilisant les GANs, de la collecte de données aux techniques avancées avec StyleGAN. En suivant ces étapes, vous avez maintenant une solide compréhension de la façon de construire, entraîner, évaluer et améliorer les modèles GAN pour la génération d'images de haute qualité.

Les compétences et connaissances acquises ici peuvent être appliquées à divers projets de modélisation générative, ouvrant de nouvelles possibilités pour la créativité et l'innovation dans le domaine de l'apprentissage profond et de l'intelligence artificielle. En continuant à explorer et à expérimenter avec les GANs, vous serez bien équipé pour repousser les limites de ce qui est possible avec les modèles génératifs.

Quiz : Réseaux Antagonistes Génératifs (GANs)

Testez votre compréhension des concepts et techniques abordés dans la Partie II de "La Nouvelle Ère de l'Apprentissage Profond Génératif avec Python : Libérez le Pouvoir Créatif des Modèles d'IA" avec ce quiz. Chaque question est conçue pour renforcer les points clés de chaque chapitre, vous assurant une solide maîtrise des GANs et de leurs applications.

Chapitre 3 : Plongée Profonde dans les Réseaux Antagonistes Génératifs (GANs)

Question 1 : Compréhension Fondamentale des GANs

Quels sont les deux principaux composants d'un GAN ?

A) Générateur et Transformateur

B) Encodeur et Décodeur

C) Générateur et Discriminateur

D) Discriminateur et Encodeur

Question 2 : Entraînement des GANs

Quelle fonction de perte est couramment utilisée pour entraîner le générateur dans un GAN ?

A) Erreur Quadratique Moyenne

B) Entropie Croisée Binaire

C) Entropie Croisée Catégorielle

D) Perte Hinge

Question 3 : Architecture DCGAN

Dans le contexte du DCGAN, que signifie "DC" ?

A) Convolutionnel Dual

B) Convolutionnel Profond

C) Convolutionnel Différentiable

D) Convolutionnel Dynamique

Question 4 : Évaluation des GANs

Que mesure la Distance d'Inception de Fréchet (FID) ?

A) La qualité et la diversité des images générées par rapport aux images réelles

B) L'efficacité computationnelle du GAN

C) La vitesse de convergence du processus d'entraînement du GAN

D) La stabilité du GAN pendant l'entraînement

Question 5 : Variantes des GANs

Quelle variante de GAN est spécifiquement conçue pour les tâches de traduction d'image à image ?

A) CycleGAN

B) DCGAN

C) StyleGAN

D) BigGAN

Question 6 : Problèmes Courants dans les GANs

Qu'est-ce que l'effondrement de mode dans les GANs ?

A) Quand le discriminateur surpasse le générateur

B) Quand le générateur ne produit qu'une variété limitée de résultats

C) Quand le processus d'entraînement devient instable

D) Quand le GAN ne parvient pas à converger

Question 7 : Innovations dans les GANs

Quelle technique est utilisée par StyleGAN pour contrôler des aspects spécifiques de l'image générée à différentes couches ?

A) Croissance Progressive

B) Entrées Conditionnelles

C) Normalisation d'Instance Adaptative (AdaIN)

D) Perte de Wasserstein

Chapitre 4 : Projet : Génération de Visages avec les GANs

Question 8 : Prétraitement des Données

Pourquoi la normalisation est-elle importante dans le prétraitement des images pour l'entraînement des GANs ?

A) Pour augmenter la taille du jeu de données

B) Pour s'assurer que toutes les images sont de la même taille

C) Pour standardiser la plage d'entrée et améliorer la stabilité de l'entraînement

D) Pour réduire le coût computationnel de l'entraînement

Question 9 : Boucle d'Entraînement

Dans une boucle d'entraînement typique d'un GAN, quel est l'objectif principal du discriminateur ?

A) Générer des images réalistes

B) Minimiser la perte du générateur

C) Distinguer entre les images réelles et fausses

D) Optimiser l'espace latent

Question 10 : Réglage Fin des GANs

Laquelle des techniques suivantes est couramment utilisée pour le réglage fin d'un GAN ?

A) Réduire la taille du lot

B) Ajouter plus de couches convolutionnelles au générateur

C) Utiliser la diminution progressive du taux d'apprentissage

D) Supprimer le bruit de l'entrée

Question 11 : StyleGAN

Comment StyleGAN introduit-il de la variation stochastique dans les images générées ?

A) En utilisant un vecteur de bruit distinct pour chaque couche

B) En augmentant la taille du vecteur latent

C) En appliquant des transformations aléatoires aux images d'entrée

D) En ajustant le taux d'apprentissage pendant l'entraînement

Question 12 : Évaluation des GANs

Quelle méthode qualitative est couramment utilisée pour évaluer la performance d'un GAN ?

A) Erreur Quadratique Moyenne

B) Inspection visuelle des images générées

C) Calcul du Score F1

D) Mesure du temps d'entraînement

Réponses

1. C) Générateur et Discriminateur

2. B) Entropie Croisée Binaire

3. B) Convolutionnel Profond

4. A) La qualité et la diversité des images générées par rapport aux images réelles

5. A) CycleGAN

6. B) Quand le générateur ne produit qu'une variété limitée de résultats

7. C) Normalisation d'Instance Adaptative (AdaIN)

8. C) Pour standardiser la plage d'entrée et améliorer la stabilité de l'entraînement

9. C) Distinguer entre les images réelles et fausses

10. C) Utiliser la diminution progressive du taux d'apprentissage

11. A) En utilisant un vecteur de bruit distinct pour chaque couche

12. B) Inspection visuelle des images générées

Ce quiz couvre les concepts essentiels introduits dans la Partie II du livre, vous aidant à renforcer votre compréhension des GANs et de leurs applications dans la modélisation générative.

Partie III : Auto-encodeurs Variationnels (VAE)

Chapitre 5 : Explorer les Auto-encodeurs Variationnels (VAE)

Dans ce chapitre complet, nous nous embarquerons dans un voyage enrichissant pour découvrir le fascinant monde des Auto-encodeurs Variationnels (VAE). Les VAE sont une classe puissante de modèles génératifs qui associent intelligemment les principes des réseaux de neurones et de la modélisation probabiliste, aboutissant à un outil computationnel unique aux capacités remarquables.

Ce qui distingue les VAE est leur capacité inégalée à apprendre des représentations latentes significatives et de haute qualité des données. Ces représentations peuvent être exploitées à de multiples fins, notamment, mais sans s'y limiter, la génération de nouveaux échantillons qui imitent les données d'entraînement, la compression des données pour un stockage efficace, et diverses autres applications passionnantes qui s'étendent à de nombreux domaines et industries.

Notre exploration approfondie nous conduira à travers les fondements théoriques des VAE. Nous nous efforcerons de comprendre pleinement leur architecture complexe mais élégante, et comment elle contribue à leur impressionnante fonctionnalité. Comme démonstration pratique de la théorie, nous retrousserons nos manches et mettrons progressivement en œuvre un VAE à partir de zéro. Cette expérience pratique est conçue pour offrir une compréhension intuitive de la façon dont les différents composants interagissent pour générer des données.

Lorsque vous tournerez la dernière page de ce chapitre, vous aurez non seulement une compréhension solide du fonctionnement interne des VAE, mais vous serez également doté des connaissances pratiques nécessaires pour les appliquer à la résolution de problèmes concrets. Vous serez prêt à exploiter la puissance des VAE dans vos propres projets de science des données, repoussant les limites du possible avec la modélisation générative.

5.1 Comprendre les VAE

Les Auto-encodeurs Variationnels, également connus sous le nom de VAE, sont un type unique de modèle génératif. Ces modèles sont conçus avec l'objectif spécifique d'apprendre à représenter efficacement les données dans un espace latent de dimension inférieure.

L'espace latent est simplement une construction mathématique destinée à condenser et à capturer les caractéristiques essentielles des données. En représentant les données sous cette forme plus concentrée, il devient possible de générer de nouveaux échantillons de données qui présentent une similarité notable avec les données originales, imitant essentiellement les caractéristiques principales des données d'origine.

Les VAE sont construits à partir de deux composants essentiels : l'encodeur et le décodeur. L'encodeur, comme son nom l'indique, est chargé d'encoder, ou de mapper, les données d'entrée vers une distribution latente spécifique. Cette distribution latente encapsule les caractéristiques critiques des données sous une forme compacte.

D'autre part, le décodeur du VAE fonctionne dans la direction inverse. Il mappe ou traduit les échantillons tirés de cette distribution latente vers l'espace des données. Ce processus implique essentiellement la génération de nouveaux échantillons de données analogues aux données originales, basés sur la représentation condensée dans l'espace latent. Ainsi, grâce à une combinaison de processus d'encodage et de décodage, les VAE peuvent générer de nouveaux échantillons de données similaires aux données originales.

5.1.1 Fondements théoriques

Les fondements théoriques des Auto-encodeurs Variationnels (VAE) sont ancrés dans le concept d'inférence variationnelle. Cette technique est utilisée pour approximer des distributions de probabilité complexes.

Contrairement aux auto-encodeurs traditionnels, qui mappent les données d'entrée vers un espace latent déterministe, les VAE introduisent une approche probabiliste à ce processus. Plutôt que de mapper chaque entrée à un point unique dans l'espace latent, les VAE mappent les entrées à une distribution sur l'espace latent. Cette différence nuancée permet aux VAE de capturer l'incertitude inhérente et la variabilité des données, ce qui en fait un outil puissant pour des tâches telles que la génération de nouveaux échantillons ressemblant aux données d'entraînement ou la compression de données pour un stockage efficace.

L'objectif principal d'un VAE est de maximiser la vraisemblance des données sous le modèle. Cela signifie essentiellement que le modèle vise à trouver la configuration de paramètres la plus probable qui aurait pu générer les données observées. Simultanément, il s'assure également que l'espace latent adhère à une distribution connue, généralement une gaussienne. Cette distribution connue, appelée prior, est généralement choisie pour sa commodité mathématique et la conviction qu'elle encapsule nos hypothèses sur la nature de l'espace latent avant même d'observer des données.

Atteindre ce double objectif est rendu possible en optimisant l'Evidence Lower Bound (ELBO), une quantité dérivée des principes de l'inférence variationnelle. L'ELBO se compose de deux termes : la Perte de Reconstruction et la Divergence KL.

La Perte de Reconstruction est une mesure de la capacité du décodeur du VAE à reconstruire les données d'entrée à partir de la représentation latente. En essence, elle quantifie l'écart entre les données originales et les données régénérées à partir de l'espace latent, une perte de reconstruction plus faible indiquant une meilleure performance du VAE.

La Divergence KL, quant à elle, sert de régularisateur dans le processus d'optimisation. Elle garantit que la distribution latente apprise est proche de la distribution prior (par exemple, une gaussienne standard). En minimisant la Divergence KL, le VAE est encouragé à ne pas s'écarter drastiquement de nos hypothèses préalables concernant l'espace latent.

En optimisant ces deux composantes de l'ELBO, les VAE peuvent apprendre à générer des représentations latentes de haute qualité des données qui peuvent être utilisées pour une variété d'applications. Cet équilibre entre la fidélité aux données (via la perte de reconstruction) et l'adhérence aux croyances préalables (via la divergence KL) est ce qui fait des VAE un outil unique et puissant dans le monde de la modélisation générative.

Mathématiquement :

$$ELBO = Eq(z \mid x)[logp(x \mid z)] - KL\big(q(z \mid x) \parallel p(z)\big)$$

Où :

- $\big(q(z|x)\big)$ est l'approximation par l'encodeur de la distribution postérieure.

- $\big(p(x|z)\big)$ est la vraisemblance du décodeur des données étant donné la variable latente.

- $\big(p(z)\big)$ est la distribution prior sur les variables latentes, généralement une distribution normale standard.

5.1.2 Une introduction à l'architecture VAE

L'architecture d'un Auto-encodeur Variationnel (VAE) se compose de deux réseaux neuronaux principaux : l'encodeur et le décodeur. La fonction du réseau encodeur est de compresser les données d'entrée, généralement de haute dimension, en une représentation compacte dans l'espace latent.

Cet espace latent, souvent de dimension inférieure, sert de goulot d'étranglement qui encode les caractéristiques essentielles des données d'entrée. Ensuite, le réseau décodeur entre en jeu. Le décodeur prend la représentation compressée de l'espace latent et reconstruit les données originales à partir de celle-ci.

Cette reconstruction est une tentative de refléter au plus près les données d'entrée originales, permettant ainsi au VAE de générer de nouvelles données qui partagent des caractéristiques similaires avec le jeu de données original.

Encodeur :

L'encodeur joue un rôle crucial dans le processus d'entraînement du modèle. Sa fonction principale est d'accepter les données d'entrée, de les traiter, puis de produire les paramètres qui définissent la distribution latente. Ces paramètres consistent généralement en la moyenne et la variance.

Pendant la phase d'entraînement, les variables latentes, qui sont cruciales pour les processus d'apprentissage et de prédiction du modèle, sont ensuite échantillonnées à partir de cette distribution. Ce processus d'échantillonnage permet au modèle de générer un ensemble diversifié de sorties et l'aide à apprendre plus efficacement la structure sous-jacente des données.

Décodeur :

Le rôle principal du décodeur est de prendre les variables latentes échantillonnées, qui ont été extraites et transformées par l'encodeur, et de les traiter pour générer les données reconstruites. Ces données reconstruites sont une approximation proche de l'entrée originale.

L'objectif majeur de ce processus est de garantir que les caractéristiques clés des données d'entrée sont préservées, ce qui permet au modèle d'atteindre son objectif de compression de données et de réduction du bruit.

L'encodeur et le décodeur sont entraînés simultanément pour minimiser la perte de reconstruction et la divergence KL.

Exemple : Code d'architecture VAE

Commençons par implémenter l'architecture VAE en utilisant TensorFlow et Keras :

```python
import tensorflow as tf
from tensorflow.keras.layers import Input, Dense, Lambda, Layer
from tensorflow.keras.models import Model
from tensorflow.keras.losses import mse
from tensorflow.keras import backend as K

# Define the sampling layer
class Sampling(Layer):
    def call(self, inputs):
        z_mean, z_log_var = inputs
        batch = tf.shape(z_mean)[0]
        dim = tf.shape(z_mean)[1]
        epsilon = tf.keras.backend.random_normal(shape=(batch, dim))
        return z_mean + tf.exp(0.5 * z_log_var) * epsilon

# Encoder architecture
def build_encoder(input_shape, latent_dim):
    inputs = Input(shape=input_shape)
    x = Dense(512, activation='relu')(inputs)
    x = Dense(256, activation='relu')(x)
    z_mean = Dense(latent_dim, name='z_mean')(x)
    z_log_var = Dense(latent_dim, name='z_log_var')(x)
    z = Sampling()([z_mean, z_log_var])
    return Model(inputs, [z_mean, z_log_var, z], name='encoder')

# Decoder architecture
def build_decoder(latent_dim, output_shape):
    latent_inputs = Input(shape=(latent_dim,))
```

```
    x = Dense(256, activation='relu')(latent_inputs)
    x = Dense(512, activation='relu')(x)
    outputs = Dense(output_shape, activation='sigmoid')(x)
    return Model(latent_inputs, outputs, name='decoder')

# VAE architecture
input_shape = (784,)
latent_dim = 2

encoder = build_encoder(input_shape, latent_dim)
decoder = build_decoder(latent_dim, input_shape[0])

# Instantiate VAE
inputs = Input(shape=input_shape)
z_mean, z_log_var, z = encoder(inputs)
outputs = decoder(z)
vae = Model(inputs, outputs, name='vae')
```

Le script se décompose en plusieurs parties :

1. Importation des bibliothèques nécessaires : TensorFlow et Keras (une bibliothèque de réseaux de neurones conviviale qui fonctionne sur TensorFlow).

2. Définition d'une couche d'Échantillonnage : C'est une couche personnalisée utilisée dans l'encodeur du VAE pour échantillonner à partir de la distribution apprise. Elle utilise l'astuce de reparamétrisation pour permettre aux gradients de traverser la couche.

3. Définition d'une fonction d'encodeur : Le modèle d'encodeur prend une entrée, la fait passer par deux couches denses (chacune suivie d'une fonction d'activation ReLU), et produit deux vecteurs : un vecteur de moyenne (z_mean) et un vecteur de log-variance (z_log_var). La couche d'Échantillonnage prélève ensuite un point de la distribution définie par ces vecteurs.

4. Définition d'une fonction de décodeur : Le modèle de décodeur prend un vecteur généré par l'encodeur, le fait passer par deux couches denses (chacune suivie d'une fonction d'activation ReLU), et produit un vecteur de la même taille que les données d'entrée originales.

5. Création du modèle VAE : Le modèle VAE est créé en reliant les modèles d'encodeur et de décodeur.

Le VAE peut être utilisé pour générer de nouvelles données similaires aux données d'entraînement, ce qui le rend utile pour des tâches comme le débruitage, la détection d'anomalies et la génération de données.

5.1.3 Une introduction à l'entraînement du VAE

L'entraînement du VAE implique de minimiser la fonction de perte, qui est une combinaison de la perte de reconstruction et de la divergence KL. La perte de reconstruction peut être mesurée en utilisant l'erreur quadratique moyenne (MSE) ou l'entropie croisée binaire (BCE), selon les données.

La perte de reconstruction mesure la capacité du modèle à recréer les données originales à partir de la représentation latente. Si la reconstruction est précise, les données reconstruites correspondront étroitement aux données originales, ce qui entraîne une perte de reconstruction plus faible. En revanche, si la reconstruction est imprécise, les données reconstruites différeront considérablement des données originales, ce qui entraîne une perte de reconstruction plus élevée. La perte de reconstruction peut être calculée en utilisant soit l'erreur quadratique moyenne (MSE), soit l'entropie croisée binaire (BCE), selon le type de données.

La divergence KL, quant à elle, sert de régularisateur dans le processus d'optimisation. Elle garantit que la distribution latente apprise est proche de la distribution prior (généralement une gaussienne standard). En minimisant la Divergence KL, le VAE est encouragé à ne pas s'écarter drastiquement de nos hypothèses préalables concernant l'espace latent.

L'équilibre entre la réduction de la perte de reconstruction et la minimisation de la divergence KL est ce qui rend l'entraînement d'un VAE une tâche complexe mais enrichissante. En optimisant ces deux composantes, les VAE peuvent apprendre à générer des représentations latentes de haute qualité des données qui peuvent être utilisées pour diverses applications, repoussant les limites de ce qui est possible avec la modélisation générative.

Fonction de perte : $VAE\ Loss = Reconstruction\ Loss + KL\ Divergence$

Exemple : Code d'entraînement

```
# Define the VAE loss
def vae_loss(inputs, outputs, z_mean, z_log_var):
    reconstruction_loss = mse(inputs, outputs)
    reconstruction_loss *= input_shape[0]
    kl_loss = 1 + z_log_var - K.square(z_mean) - K.exp(z_log_var)
    kl_loss = K.sum(kl_loss, axis=-1)
    kl_loss *= -0.5
    return K.mean(reconstruction_loss + kl_loss)

# Compile the VAE
vae.compile(optimizer='adam', loss=lambda x, y: vae_loss(x, y, z_mean, z_log_var))

# Load and preprocess the dataset (e.g., MNIST)
(x_train, _), (x_test, _) = tf.keras.datasets.mnist.load_data()
x_train = x_train.astype('float32') / 255.
x_test = x_test.astype('float32') / 255.
x_train = x_train.reshape((x_train.shape[0], np.prod(x_train.shape[1:])))
x_test = x_test.reshape((x_test.shape[0], np.prod(x_test.shape[1:])))
```

```
# Train the VAE
vae.fit(x_train, x_train, epochs=50, batch_size=128, validation_data=(x_test,
x_test))
```

Dans cet exemple :

La première partie du code définit la fonction de perte pour le VAE. Cette fonction de perte est une combinaison de deux composantes : la perte de reconstruction et la divergence de Kullback-Leibler (KL). La perte de reconstruction est calculée en utilisant l'erreur quadratique moyenne (mse) entre les entrées originales et les sorties reconstruites. Cette perte mesure la capacité du modèle à recréer les données originales à partir de la représentation latente. Une perte de reconstruction plus faible indique que le modèle peut reconstruire efficacement les données d'entrée, ce qui est une propriété souhaitée d'un bon auto-encodeur.

La divergence KL, quant à elle, agit comme un terme de régularisation dans la fonction de perte. Elle mesure à quel point la distribution de variables latentes apprise s'écarte d'une distribution normale standard. La distribution normale standard est souvent utilisée comme distribution prior pour les variables latentes dans les VAE en raison de sa simplicité mathématique et de la conviction qu'elle encapsule nos hypothèses sur la nature de l'espace latent avant même d'observer des données. En minimisant la divergence KL, le VAE est encouragé à maintenir la distribution latente apprise proche de la distribution prior.

Après avoir défini la fonction de perte, le modèle VAE est compilé. Au cours de cette étape, l'optimiseur Adam est utilisé, qui est un choix populaire pour l'entraînement des modèles d'apprentissage profond car il combine les avantages de deux autres extensions de la descente de gradient stochastique : AdaGrad et RMSProp. La fonction de perte utilisée pour la compilation est celle définie précédemment, qui prend comme entrées les entrées originales, les sorties reconstruites et les paramètres de la distribution latente apprise.

La partie suivante du code concerne le chargement et le prétraitement du jeu de données. Dans ce cas, le jeu de données MNIST est utilisé, qui est une grande base de données de chiffres manuscrits couramment utilisée pour l'entraînement de divers systèmes de traitement d'images. Les images sont chargées, normalisées pour avoir des valeurs de pixels entre 0 et 1, et remodelées de tableaux 2D en tableaux 1D (ou vecteurs), ce qui est la forme d'entrée requise pour le VAE.

Enfin, le modèle VAE est entraîné en utilisant le jeu de données MNIST prétraité. Le modèle est entraîné pendant 50 époques avec une taille de lot de 128. Les mêmes données sont utilisées à la fois pour l'entrée et la cible car les VAE sont des modèles d'apprentissage non supervisé qui visent à recréer leur entrée. Les données de validation utilisées pendant l'entraînement sont les données de test du jeu de données MNIST.

En exécutant ce code, vous pouvez entraîner un VAE à partir de zéro et comprendre son fonctionnement interne. Cependant, gardez à l'esprit que le processus d'entraînement peut prendre un certain temps, surtout si vous n'utilisez pas une machine puissante ou un GPU.

5.1.4 Échantillonnage de l'espace latent

Une fois le VAE entraîné, nous pouvons échantillonner à partir de l'espace latent pour générer de nouvelles données. Cela implique d'échantillonner des variables latentes à partir de la distribution prior (une gaussienne standard) et de les faire passer par le décodeur pour générer de nouveaux échantillons.

Le processus de génération de nouvelles données implique un échantillonnage de l'espace latent. Cela se fait en tirant des variables latentes de la distribution prior, qui est généralement une distribution gaussienne standard. Cette distribution prior est choisie en raison de sa commodité mathématique et parce qu'elle encapsule nos hypothèses sur la nature de l'espace latent avant d'observer des données.

Ces variables latentes échantillonnées sont ensuite passées à travers le composant décodeur du VAE. Le décodeur est responsable de la traduction des échantillons tirés de la distribution latente vers l'espace de données. C'est pendant ce processus que de nouveaux échantillons de données sont générés. Ces nouveaux échantillons sont, en substance, une recréation basée sur la représentation condensée dans l'espace latent.

Ainsi, le processus de génération de nouvelles données à partir du VAE implique une combinaison d'encodage des données d'entrée dans une distribution latente spécifique, puis de décodage ou de traduction d'échantillons de cette distribution pour générer de nouveaux échantillons similaires aux données originales.

En exploitant la puissance des Auto-encodeurs Variationnels de cette manière, nous pouvons créer une gamme de nouveaux échantillons de données qui imitent étroitement les données d'entraînement originales, ce qui peut être utile dans une variété d'applications de science des données et d'apprentissage automatique.

Exemple : Code d'échantillonnage

```python
import matplotlib.pyplot as plt
import numpy as np

# Generate new samples
def generate_samples(decoder, latent_dim, n_samples=10):
    random_latent_vectors = np.random.normal(size=(n_samples, latent_dim))
    generated_images = decoder.predict(random_latent_vectors)
    generated_images = generated_images.reshape((n_samples, 28, 28))
    return generated_images

# Plot generated samples
generated_images = generate_samples(decoder, latent_dim)
plt.figure(figsize=(10, 2))
```

```
for i in range(generated_images.shape[0]):
    plt.subplot(1, generated_images.shape[0], i + 1)
    plt.imshow(generated_images[i], cmap='gray')
    plt.axis('off')
plt.show()
```

Dans cet exemple :

La fonction generate_samples(decoder, latent_dim, n_samples=10) génère un nombre spécifié d'échantillons (par défaut 10) à partir du modèle décodeur. Le décodeur est l'une des deux principales composantes d'un VAE (l'autre étant l'encodeur), et il est responsable de la génération de nouveaux échantillons de données à partir de l'espace latent. L'espace latent est une représentation de dimension inférieure des données, et c'est là que le VAE encode les caractéristiques clés des données.

La fonction commence par générer des vecteurs latents aléatoires à partir d'une distribution normale. La taille de ces vecteurs est déterminée par les paramètres n_samples et latent_dim. n_samples est le nombre d'échantillons à générer, et latent_dim est la dimensionnalité de l'espace latent.

La ligne decoder.predict(random_latent_vectors) utilise le modèle décodeur pour générer de nouveaux échantillons de données à partir de ces vecteurs latents aléatoires. Ces échantillons générés sont ensuite remodelés en images au format 28x28 pixels, une taille courante pour les images dans des jeux de données comme MNIST. Les images remodelées sont renvoyées par la fonction.

Le bloc de code suivant visualise ces images générées sur une seule ligne en utilisant Matplotlib. Il crée une nouvelle figure, parcourt les images générées et ajoute chacune à la figure comme un sous-graphique. Les images sont affichées en niveaux de gris, comme spécifié par cmap='gray', et les étiquettes des axes sont désactivées avec plt.axis('off'). Enfin, plt.show() est appelé pour afficher la figure.

Ce processus de génération et de visualisation de nouveaux échantillons est une partie cruciale du travail avec les VAE et autres modèles génératifs. En visualisant les échantillons générés, nous pouvons avoir une idée de la qualité avec laquelle le modèle a appris à imiter les données d'entraînement et si l'espace latent est structuré de manière utile.

Résumé

Dans la première section de ce chapitre, nous avons approfondi les concepts fondamentaux et essentiels qui sous-tendent les Auto-encodeurs Variationnels (VAE), un type de modèle génératif innovant et puissant. Notre exploration nous a permis de comprendre la façon unique dont les VAE utilisent l'inférence variationnelle comme moyen d'apprendre et d'internaliser une représentation probabiliste de l'espace latent des données. Cela est réalisé en combinant habilement les forces de deux réseaux cruciaux - un encodeur et un décodeur.

Nous avons approfondi notre compréhension en implémentant concrètement l'architecture des VAE. Cela nous a permis de saisir les mécanismes et les subtilités du modèle de manière pratique. Le jeu de données MNIST a servi de plateforme idéale pour cet exercice, étant une référence dans le domaine pour évaluer les performances.

En plus d'implémenter l'architecture, nous avons également entraîné le modèle sur le jeu de données MNIST. Ce processus a illustré les capacités d'apprentissage des VAE, approfondissant notre compréhension de leur potentiel et de leurs limites. Après l'entraînement, nous avons démontré la puissance des VAE en échantillonnant à partir de l'espace latent pour générer de nouvelles images inédites. Cette application concrète a mis en évidence l'utilité pratique des VAE et leur potentiel pour créer des données réalistes nouvelles.

En conclusion, les VAE sont un outil incroyablement puissant pour la modélisation générative. Ils possèdent la capacité unique de permettre la génération d'une large gamme de données réalistes et diverses. En même temps, ils fournissent des représentations latentes significatives, ajoutant une autre dimension à leur fonction. Avec leur combinaison d'utilité pratique et d'intérêt théorique, les VAE offrent une voie prometteuse pour l'exploration et le développement futurs dans le domaine de la modélisation générative.

5.2 Architecture des VAE

Comme nous l'avons introduit dans la section 5.1, les Auto-encodeurs Variationnels (VAE) possèdent une architecture brillamment conçue pour apprendre efficacement des représentations latentes des données d'entrée, puis générer de nouveaux échantillons de données en utilisant ces représentations.

Cette conception leur permet d'effectuer des tâches telles que le débruitage ou la détection d'anomalies, entre autres. Dans cette section, nous plongerons dans l'architecture complexe des VAE, en explorant les multiples composants qui constituent cette structure et en observant comment ils interagissent les uns avec les autres.

Notamment, un VAE est composé de deux composants principaux : l'encodeur et le décodeur. L'encodeur prend les données d'entrée et les compresse dans un espace latent de dimension inférieure. Le décodeur, quant à lui, prend ces représentations compressées et reconstruit les données originales à partir de celles-ci. Comprendre ces composants et leurs interactions est crucial pour appréhender le fonctionnement des VAE.

Pour faciliter une compréhension plus complète, nous fournirons également des exemples pratiques et des codes pour illustrer ces concepts. Ces exemples vous donneront une expérience pratique sur la façon d'implémenter et d'utiliser les VAE, vous permettant ainsi de mieux saisir les concepts. Alors, embarquons dans ce voyage d'apprentissage pour explorer et comprendre l'architecture fascinante des Auto-encodeurs Variationnels.

5.2.1 Vue d'ensemble de l'architecture VAE

Comme nous le savons, l'architecture VAE comprend deux réseaux neuronaux principaux connus sous le nom d'encodeur et de décodeur. Ces réseaux fonctionnent conjointement pour apprendre une correspondance probabiliste de l'espace des données vers l'espace latent et vice versa. Cette correspondance permet à un VAE de générer de nouveaux échantillons de données similaires aux données originales basés sur des représentations apprises.

Encodeur :

Le rôle de l'encodeur dans un VAE est de projeter les données d'entrée vers un espace latent spécifique. Le résultat de ce processus de projection est deux vecteurs : le vecteur moyen, noté (μ), et le logarithme du vecteur de variance, noté ($log\ \sigma^2$).

Ces deux vecteurs définissent les paramètres de la distribution de la variable latente, qui est supposée gaussienne pour les VAE standard. Il est important de noter que ces vecteurs représentent respectivement les tendances centrales et la dispersion de la distribution, encapsulant ainsi la structure inhérente des données d'entrée.

Décodeur :

De l'autre côté de l'architecture VAE, nous avons le décodeur. La fonction du décodeur est de prendre des échantillons de la distribution latente, qui est définie par l'encodeur, et de reconstruire les données originales à partir de ces échantillons.

Ce processus permet au VAE de générer de nouveaux échantillons de données statistiquement similaires aux données originales. Le décodeur agit essentiellement comme un modèle génératif, créant de nouvelles instances de données basées sur les représentations apprises dans l'espace latent.

5.2.2 Réseau d'encodeur

Le réseau d'encodeur, composant intégral du processus, fonctionne essentiellement comme un compresseur de données sophistiqué. Il prend en entrée les données brutes, qui peuvent souvent être assez complexes et de haute dimension, et s'efforce de les condenser en un espace latent de dimension inférieure beaucoup plus gérable.

Cet espace latent, bien que de dimension inférieure, est conçu pour conserver les caractéristiques et les motifs essentiels des données originales. La tâche principale de l'encodeur, et sa fonction la plus importante, est de produire les paramètres qui définissent cette distribution latente.

Dans la plupart des cas, ces paramètres sont représentés par deux mesures statistiques clés : la moyenne et le logarithme de la variance. Ces deux mesures fournissent un résumé puissant de la distribution latente, capturant sa tendance centrale et le degré de dispersion ou de variabilité autour de cette valeur centrale.

Composants clés du réseau d'encodeur :

- **Couche d'entrée :** C'est le point de contact initial pour les données originales. Elle reçoit ces informations brutes et commence le processus d'alimentation à travers le réseau.

- **Couches denses :** Suite à la couche d'entrée, les données passent par une série de couches entièrement connectées. Ces couches denses jouent un rôle crucial dans le traitement des données d'entrée, aidant à distiller l'information sous une forme plus gérable.

- **Variables latentes :** L'étape finale dans le réseau d'encodeur, cette couche produit la moyenne (μ) et le logarithme de la variance ($log\ \sigma^2$) de la distribution latente. Ces valeurs représentent la forme compressée des données d'entrée originales, prêtes à être décodées ou utilisées pour un traitement ultérieur.

Représentation mathématique : $z = \mu + \sigma \cdot \epsilon$ où (ϵ) est échantillonné à partir d'une distribution normale standard.

Exemple : Code du réseau d'encodeur

```python
import tensorflow as tf
from tensorflow.keras.layers import Input, Dense, Lambda, Layer
from tensorflow.keras.models import Model
from tensorflow.keras import backend as K

# Sampling layer
class Sampling(Layer):
    def call(self, inputs):
        z_mean, z_log_var = inputs
        batch = tf.shape(z_mean)[0]
        dim = tf.shape(z_mean)[1]
        epsilon = K.random_normal(shape=(batch, dim))
        return z_mean + K.exp(0.5 * z_log_var) * epsilon

# Encoder network
def build_encoder(input_shape, latent_dim):
    inputs = Input(shape=input_shape)
    x = Dense(512, activation='relu')(inputs)
    x = Dense(256, activation='relu')(x)
    z_mean = Dense(latent_dim, name='z_mean')(x)
    z_log_var = Dense(latent_dim, name='z_log_var')(x)
    z = Sampling()([z_mean, z_log_var])
    return Model(inputs, [z_mean, z_log_var, z], name='encoder')

input_shape = (784,)
latent_dim = 2
encoder = build_encoder(input_shape, latent_dim)
encoder.summary()
```

Dans cet exemple :

Les premières lignes de code importent les bibliothèques nécessaires. TensorFlow est utilisé pour construire et entraîner le réseau de neurones, tandis que Keras, une API de haut niveau construite sur TensorFlow, est utilisée pour définir les couches du réseau.

Le réseau d'encodeur commence par deux couches entièrement connectées (aussi connues sous le nom de couches Dense), comprenant respectivement 512 et 256 neurones. Ces couches utilisent la fonction d'activation ReLU (Rectified Linear Unit), qui introduit une non-linéarité dans le modèle, lui permettant d'apprendre des motifs plus complexes.

Le réseau d'encodeur produit deux vecteurs : un vecteur moyen (z_mean) et un vecteur de log-variance (z_log_var). Ces deux vecteurs sont de la même taille que l'espace latent souhaité (latent_dim). L'espace latent est un espace de dimension inférieure où le VAE encode les caractéristiques clés des données.

Une couche personnalisée, Sampling, est définie pour échantillonner un point à partir de la distribution normale définie par les vecteurs de moyenne et de variance. La couche d'échantillonnage génère un tenseur normal aléatoire (epsilon) et le multiplie par l'exponentielle de la moitié du log-variance, puis ajoute la moyenne. Cette procédure est également connue sous le nom d'"astuce de reparamétrisation", et elle permet au modèle de rétropropager les gradients à travers le processus d'échantillonnage aléatoire.

Enfin, le modèle d'encodeur est instancié en utilisant le réseau d'encodeur défini. Le modèle prend les données originales en entrée et produit la moyenne, la log-variance, et un point échantillonné dans l'espace latent. Le résumé du modèle est ensuite imprimé, détaillant l'architecture du réseau d'encodeur.

Ce modèle d'encodeur est un composant crucial du VAE, car il est responsable de l'apprentissage d'une représentation compacte et significative des données d'entrée dans l'espace latent. Cette représentation apprise peut ensuite être utilisée par la partie décodeur du VAE pour reconstruire les données originales ou générer de nouveaux échantillons de données.

5.2.3 Réseau de décodeur

Le réseau de décodeur, dans le cadre du processus de reconstruction des données, fonctionne par l'utilisation de variables latentes, ou variables qui ne sont pas directement observées mais plutôt déduites à travers un modèle mathématique à partir d'autres variables qui sont observées.

Ce réseau particulier est fondamentalement responsable de la cartographie de l'espace latent, un espace abstrait dans lequel les points de données sont représentés, vers l'espace de données original. L'importance de cette étape ne peut être sous-estimée, car c'est par cette cartographie que le réseau est capable de recréer avec précision les données d'entrée.

De plus, la capacité du réseau de décodeur à revenir à l'espace des données est ce qui facilite la génération de nouveaux échantillons, améliorant ainsi la capacité du réseau à prédire et à modéliser les données futures.

Composants clés :

- **Entrée latente :** Ce composant reçoit les variables latentes qui ont été échantillonnées. Ces variables latentes sont cruciales pour le fonctionnement du réseau de décodeur, car elles fournissent les données nécessaires qui doivent être reconstruites dans les étapes suivantes.

- **Couches denses :** Ces couches sont des séries de couches entièrement connectées. Leur fonction principale est de transformer les variables latentes en données de sortie. Ce processus de transformation est essentiel à la fonctionnalité du réseau de décodeur car il permet la conversion des variables latentes en un format qui peut être utilisé dans la sortie finale.

- **Couche de sortie :** La couche de sortie est responsable de la production des données reconstruites. Elle utilise généralement une activation sigmoïde pour les valeurs de pixels afin de s'assurer qu'elles se situent dans l'intervalle [0, 1]. Ceci est crucial car cela garantit que les données de sortie conservent un format standard, les rendant adaptées à une analyse ou une utilisation ultérieure.

Exemple : Code du réseau de décodeur

```python
# Decoder network
def build_decoder(latent_dim, output_shape):
    latent_inputs = Input(shape=(latent_dim,))
    x = Dense(256, activation='relu')(latent_inputs)
    x = Dense(512, activation='relu')(x)
    outputs = Dense(output_shape, activation='sigmoid')(x)
    return Model(latent_inputs, outputs, name='decoder')

output_shape = 784
decoder = build_decoder(latent_dim, output_shape)
decoder.summary()
```

Dans cet exemple :

Le réseau de décodeur est responsable de la seconde moitié de la fonction du VAE : prendre les données compressées dans l'espace latent et générer de nouvelles données qui ressemblent étroitement aux données d'entrée originales. Le décodeur agit essentiellement comme un générateur, créant de nouvelles instances de données basées sur les représentations apprises dans l'espace latent.

Le code d'exemple commence par définir une fonction build_decoder qui prend deux arguments : latent_dim et output_shape. latent_dim fait référence aux dimensions de l'espace latent, la représentation condensée des données originales. output_shape, quant à lui, correspond aux dimensions des données de sortie, qui sont censées correspondre à la forme des données d'entrée originales.

Dans la fonction build_decoder, une couche Input est définie pour recevoir des données de forme latent_dim. C'est le point à partir duquel le décodeur commence à extrapoler et à générer de nouvelles données. Après la couche Input, deux couches Dense sont créées. Ce sont des couches de réseau neuronal entièrement connectées où chaque nœud d'entrée est connecté à chaque nœud de sortie. La première couche Dense contient 256 neurones et la seconde en contient 512, utilisant toutes deux la fonction d'activation 'relu' (Unité Linéaire Rectifiée). La fonction 'relu' introduit une non-linéarité dans le modèle, lui permettant d'apprendre des motifs plus complexes dans les données.

La couche finale du réseau de décodeur est la couche de sortie. Cette couche utilise la fonction d'activation 'sigmoid' et a une taille égale à output_shape. La fonction 'sigmoid' garantit que les valeurs de sortie se situent dans une plage entre 0 et 1, ce qui est utile dans ce contexte car le modèle traite des valeurs de pixels normalisées.

La fonction renvoie ensuite un modèle construit à partir des entrées latentes et des sorties spécifiées, le nommant 'decoder'. Ce modèle retourné représente l'ensemble du réseau de décodeur.

Après la définition de la fonction, build_decoder est invoquée avec latent_dim et output_shape comme arguments pour construire le réseau de décodeur. La structure du réseau de décodeur créé est ensuite imprimée à l'aide de decoder.summary(). Cela fournit un résumé des couches du modèle, de la forme de sortie de chaque couche et du nombre de paramètres (poids et biais) que le modèle doit apprendre pendant l'entraînement.

5.2.4 Inférence variationnelle et l'astuce de reparamétrisation

L'Auto-encodeur Variationnel (VAE) emploie la technique d'inférence variationnelle pour apprendre efficacement l'espace latent, approximant ainsi la vraie distribution postérieure. C'est un aspect crucial de sa conception, facilitant la capacité du modèle à générer de nouvelles données similaires aux données d'entrée sur lesquelles il a été entraîné.

L'une des techniques clés utilisées dans l'architecture VAE est connue sous le nom d'astuce de reparamétrisation. Cette méthode innovante permet au VAE de rétropropager les gradients à travers le processus d'échantillonnage stochastique traditionnellement difficile.

Ceci est essentiel pour l'entraînement du VAE, car il assure la mise à jour efficace des paramètres du modèle en réponse aux données observées. Ainsi, l'astuce de reparamétrisation améliore considérablement la capacité du VAE à apprendre des représentations significatives à partir de données complexes.

Astuce de reparamétrisation :

Permet au gradient de circuler à travers le processus d'échantillonnage en exprimant la variable latente z comme :

$$z = \mu + \sigma \cdot \epsilon$$

où $\epsilon \sim \mathcal{N}(0,1)$.

Cette astuce garantit que l'étape d'échantillonnage est différentiable, permettant au réseau d'être entraîné en utilisant des techniques d'optimisation standards basées sur le gradient.

Exemple : Code de reparamétrisation

La couche Sampling implémentée précédemment est un exemple de l'astuce de reparamétrisation. Voici un bref rappel :

```
class Sampling(Layer):
    def call(self, inputs):
        z_mean, z_log_var = inputs
        batch = tf.shape(z_mean)[0]
        dim = tf.shape(z_mean)[1]
        epsilon = K.random_normal(shape=(batch, dim))
        return z_mean + K.exp(0.5 * z_log_var) * epsilon
```

Dans cet exemple :

Le code définit une classe appelée Sampling qui hérite de la classe Layer fournie par la bibliothèque Keras. Une couche dans Keras est un composant fondamental d'un modèle d'apprentissage profond. C'est un module de traitement de données qui prend un ou plusieurs tenseurs en entrée et produit un ou plusieurs tenseurs en sortie.

La classe Sampling possède une méthode call, qui est l'une des méthodes principales dans les couches Keras. C'est là que réside la logique de la couche.

Dans la méthode call, nous avons z_mean et z_log_var comme arguments d'entrée. Ce sont la moyenne et la log-variance de l'espace latent que la partie encodeur du VAE a produit.

La méthode récupère ensuite la forme du tenseur z_mean pour obtenir la taille du lot et la dimension du tenseur. Cela est réalisé en utilisant la fonction shape de TensorFlow.

Ensuite, un tenseur normal aléatoire appelé epsilon est créé en utilisant la fonction random_normal de Keras. Ce tenseur a la même forme que le tenseur z_mean. C'est une partie essentielle de la stochasticité du VAE, introduisant de l'aléatoire qui aide le VAE à générer des sorties diverses.

Enfin, la méthode renvoie un échantillon de la distribution de l'espace latent. Cela est fait en utilisant la formule de l'astuce de reparamétrisation, qui est z_mean + exp(0.5 * z_log_var) * epsilon. L'astuce de reparamétrisation est une méthode qui permet aux VAE de rétropropager les gradients à travers le processus d'échantillonnage aléatoire, ce qui est essentiel pour l'entraînement du VAE.

5.2.5 Fonction de perte VAE

La fonction de perte pour les Auto-encodeurs Variationnels est une combinaison de la perte de reconstruction et de la divergence de Kullback-Leibler (KL). La perte de reconstruction, qui est un composant essentiel de la fonction de perte, mesure l'efficacité du décodeur dans la reconstruction des données d'entrée. Elle sert essentiellement de métrique de comparaison entre les données originales et les données régénérées par le décodeur.

D'autre part, la divergence KL, un autre composant vital de la fonction de perte, mesure à quel point la distribution latente apprise s'aligne avec la distribution a priori, qui est généralement une distribution normale standard dans de nombreux cas. Ces deux éléments forment ensemble la base de la fonction de perte globale dans les Auto-encodeurs Variationnels, fournissant une mesure complète de la performance du modèle.

Perte VAE : $VAE\ Loss = Reconstruction\ Loss + KL\ Divergence$

Perte de reconstruction :

- Souvent mesurée en utilisant l'Erreur Quadratique Moyenne (MSE) ou l'Entropie Croisée Binaire (BCE).

Divergence KL :

- Mesure la différence entre la distribution apprise et la distribution a priori.

Exemple : Code de la fonction de perte VAE

```
# Define the VAE loss
def vae_loss(inputs, outputs, z_mean, z_log_var):
    reconstruction_loss = tf.keras.losses.binary_crossentropy(inputs, outputs)
    reconstruction_loss *= input_shape[0]
    kl_loss = 1 + z_log_var - K.square(z_mean) - K.exp(z_log_var)
    kl_loss = K.sum(kl_loss, axis=-1)
    kl_loss *= -0.5
    return K.mean(reconstruction_loss + kl_loss)

# Compile the VAE model
vae.compile(optimizer='adam', loss=lambda x, y: vae_loss(x, y, z_mean, z_log_var))
```

Dans cet exemple :

La fonction de perte définie dans cet extrait de code, vae_loss, se compose de deux parties principales : la reconstruction_loss et la kl_loss.

La reconstruction_loss évalue la capacité du décodeur du VAE à recréer les données d'entrée originales. Elle utilise l'entropie croisée binaire comme métrique pour comparer les entrées originales et les sorties reproduites par le décodeur. L'entropie croisée binaire est une fonction de perte populaire pour les tâches impliquant une classification binaire, et dans ce contexte, elle mesure la différence entre l'entrée originale et la reconstruction. La perte de reconstruction est ensuite mise à l'échelle par la taille de la forme d'entrée.

La kl_loss, quant à elle, est la divergence de Kullback-Leibler, une mesure de l'écart entre une distribution de probabilité et une seconde distribution de probabilité attendue. Dans le contexte des VAE, la divergence KL mesure la différence entre la distribution latente apprise et la distribution a priori, qui est généralement une distribution normale standard. La divergence KL est calculée en utilisant la moyenne et la log-variance de la distribution latente, puis est mise à l'échelle par -0,5.

La perte globale du VAE est ensuite calculée comme la somme de la perte de reconstruction et de la divergence KL. Cette fonction de perte combinée garantit que le VAE apprend à encoder les données d'entrée de manière à ce que le décodeur puisse reconstruire avec précision les données originales, tout en s'assurant que la distribution latente apprise correspond étroitement à la distribution a priori.

Enfin, le modèle VAE est compilé en utilisant l'optimiseur Adam et la fonction de perte VAE personnalisée. L'optimiseur Adam est un choix populaire pour l'entraînement des modèles d'apprentissage profond, connu pour son efficacité et ses faibles besoins en mémoire. L'utilisation d'une fonction lambda dans l'argument de perte permet au modèle d'utiliser la fonction de perte VAE personnalisée qui nécessite des paramètres supplémentaires au-delà des paramètres par défaut (y_true, y_pred) que Keras utilise généralement pour ses fonctions de perte.

5.3 Entraînement des VAE

Comme nous l'avons évoqué précédemment dans la section 5.1, le processus d'entraînement d'un Auto-encodeur Variationnel (VAE), un type de modèle génératif, implique plusieurs étapes essentielles et soigneusement séquencées. Ces étapes sont la préparation du jeu de données, la définition de l'architecture du modèle, l'implémentation de la fonction de perte et l'optimisation du modèle.

Dans cette section, nous prévoyons d'explorer chacune de ces étapes plus en profondeur, dans le but de vous fournir une compréhension plus complète du processus d'entraînement. Tout d'abord, nous examinerons comment préparer le jeu de données, en nous assurant qu'il est dans le format correct et divisé en sous-ensembles appropriés pour l'entraînement et la validation.

Ensuite, nous passerons à la tâche de définition de l'architecture du modèle. Cette étape consiste à concevoir la structure du réseau neuronal, ce qui inclut la décision du nombre de couches, des types de couches (convolutives, entièrement connectées, etc.) et des connexions entre elles.

Suite à cela, nous porterons notre attention sur l'implémentation de la fonction de perte. Cette étape implique de choisir la bonne fonction de perte qui peut mesurer avec précision l'écart entre les prédictions du modèle et les données réelles.

Enfin, nous plongerons dans les subtilités de l'optimisation du modèle. Cela implique d'ajuster les paramètres du modèle pour minimiser la fonction de perte, une tâche souvent réalisée par des méthodes telles que la descente de gradient stochastique ou l'optimisation Adam.

À la fin de cette section, notre objectif est que vous compreniez non seulement chaque étape impliquée dans l'entraînement d'un VAE, mais que vous disposiez également des connaissances nécessaires et des extraits de code pour entraîner efficacement un VAE sur n'importe quel jeu de données adapté de votre choix.

5.3.1 Préparation du jeu de données

La toute première et plus critique phase dans le processus complexe d'entraînement d'un Auto-encodeur Variationnel (VAE) tourne autour de la préparation méticuleuse du jeu de données. Le jeu de données forme, en essence, la colonne vertébrale même du processus d'entraînement. C'est la matière première à partir de laquelle le modèle apprend et développe sa capacité à effectuer des tâches. Dans le but d'illustrer ce processus dans un contexte pratique, nous emploierons l'utilisation du très respecté et largement reconnu jeu de données MNIST.

Le jeu de données MNIST est une bibliothèque complète et étendue de chiffres manuscrits. Il a, au fil du temps, gagné une reconnaissance et une popularité substantielles au sein de la communauté de l'apprentissage automatique, particulièrement pour son application dans l'entraînement de systèmes orientés vers le traitement d'images.

Le jeu de données MNIST se distingue par sa fiabilité, son efficacité et le volume considérable de données qu'il englobe. Ces qualités en font une ressource inestimable non seulement dans le domaine de l'apprentissage automatique, mais aussi dans le domaine plus large de la reconnaissance d'images, de l'intelligence artificielle et de la vision par ordinateur.

Étapes détaillées :

- Commencez par charger le jeu de données dans votre environnement. C'est la première étape qui vous permettra d'interagir avec les données.

- Procédez à la normalisation des valeurs de pixels contenues dans le jeu de données. Cette étape implique de convertir les valeurs de pixels afin qu'elles se situent toutes dans une plage spécifiée, dans ce cas, entre 0 et 1. La normalisation est une étape cruciale car elle aide à standardiser les données, les rendant plus faciles à traiter pour le modèle.

- Enfin, restructurez les données pour vous assurer qu'elles s'alignent avec les exigences d'entrée du VAE. Cette étape implique de modifier la structure du jeu de données pour s'assurer qu'il peut être efficacement ingéré par le VAE pendant le processus d'entraînement.

Exemple : Préparation du jeu de données MNIST

```
import numpy as np
import tensorflow as tf

# Load the MNIST dataset
(x_train, _), (x_test, _) = tf.keras.datasets.mnist.load_data()
```

```
# Normalize the pixel values to the range [0, 1]
x_train = x_train.astype('float32') / 255.
x_test = x_test.astype('float32') / 255.

# Reshape the data to (num_samples, num_features)
x_train = x_train.reshape((x_train.shape[0], np.prod(x_train.shape[1:])))
x_test = x_test.reshape((x_test.shape[0], np.prod(x_test.shape[1:])))

print(f"Training data shape: {x_train.shape}")
print(f"Test data shape: {x_test.shape}")
```

Dans cet exemple :

Premièrement, les bibliothèques nécessaires sont importées. Numpy, un package fondamental pour le calcul scientifique avec Python, est importé pour les opérations numériques. TensorFlow, une puissante bibliothèque open-source pour l'apprentissage automatique et le calcul numérique, est également importée.

L'étape suivante consiste à charger le jeu de données MNIST. La base de données MNIST (Modified National Institute of Standards and Technology database) est une vaste collection de chiffres manuscrits largement utilisée pour l'entraînement et les tests dans le domaine de l'apprentissage automatique. Le jeu de données est chargé en utilisant la fonction tf.keras.datasets.mnist.load_data(). Cette fonction renvoie deux tuples : un pour le jeu de données d'entraînement et l'autre pour le jeu de test. Chaque tuple contient un ensemble d'images et leurs étiquettes correspondantes. Cependant, comme nous sommes uniquement intéressés par les images (puisque les VAE sont des modèles d'apprentissage non supervisé), les étiquettes (indiquées par des tirets bas '_') sont ignorées.

Une fois le jeu de données MNIST chargé, les valeurs des pixels des images doivent être normalisées. Les modèles d'apprentissage automatique fonctionnent souvent mieux avec des données normalisées. La normalisation est une technique de mise à l'échelle où les valeurs sont décalées et redimensionnées pour qu'elles se situent entre 0 et 1. Pour normaliser les valeurs des pixels dans l'intervalle [0, 1], le code convertit d'abord le type de données des tableaux d'images en 'float32'. Cette conversion est nécessaire car les images originales sont stockées sous forme d'entiers 8 bits pour économiser de l'espace, ce qui permet des valeurs de pixels entre 0 et 255. En convertissant le type de données en 'float32', les valeurs fractionnaires peuvent être prises en compte. Les valeurs des pixels sont ensuite divisées par 255 (la valeur maximale possible pour un entier 8 bits), ramenant toutes les valeurs dans l'intervalle [0, 1].

Les données sont ensuite remodelées. Les images MNIST originales font 28x28 pixels. Cependant, le VAE attend une entrée sous forme de tableau unidimensionnel. Par conséquent, les images bidimensionnelles doivent être remodelées (ou "aplaties") en un tableau unidimensionnel. Ainsi, les images de 28x28 sont remodelées en tableaux de longueur 784.

Enfin, les formes des jeux de données d'entraînement et de test sont affichées à l'aide de la fonction d'impression intégrée de Python. Cette étape est utile pour vérifier que les données ont été correctement chargées et prétraitées. Elle affiche le nombre d'échantillons et le nombre de caractéristiques pour chaque jeu de données, ce qui est une information importante à connaître avant d'entraîner le modèle.

5.3.2 Définition de l'architecture du modèle VAE

Dans l'étape suivante, nous procédons à la définition de la structure de l'Auto-encodeur Variationnel (VAE), qui est principalement composée de deux parties essentielles - les réseaux encodeur et décodeur. Ces deux réseaux jouent des rôles cruciaux dans le fonctionnement du VAE.

Le réseau encodeur prend les données d'entrée et les transforme en un ensemble de paramètres dans un espace latent. Cet espace latent est unique en ce qu'il représente les données non pas comme des points discrets, mais comme une distribution de probabilité.

Ensuite, le réseau décodeur agit sur ces paramètres, reconstruisant les données d'entrée originales à partir de la forme encodée. L'ensemble du processus permet une représentation compacte et efficace de données complexes.

Encodeur : Compresse les données d'entrée dans un espace latent, produisant la moyenne et la log-variance des variables latentes.

Décodeur : Reconstruit les données d'entrée à partir des variables latentes, générant des échantillons de données qui ressemblent à l'entrée originale.

Exemple : Définition de l'Encodeur et du Décodeur

```python
from tensorflow.keras.layers import Input, Dense, Lambda, Layer
from tensorflow.keras.models import Model
from tensorflow.keras import backend as K

# Sampling layer using the reparameterization trick
class Sampling(Layer):
    def call(self, inputs):
        z_mean, z_log_var = inputs
        batch = tf.shape(z_mean)[0]
        dim = tf.shape(z_mean)[1]
        epsilon = K.random_normal(shape=(batch, dim))
        return z_mean + K.exp(0.5 * z_log_var) * epsilon

# Encoder network
def build_encoder(input_shape, latent_dim):
    inputs = Input(shape=input_shape)
    x = Dense(512, activation='relu')(inputs)
    x = Dense(256, activation='relu')(x)
    z_mean = Dense(latent_dim, name='z_mean')(x)
    z_log_var = Dense(latent_dim, name='z_log_var')(x)
    z = Sampling()([z_mean, z_log_var])
```

```
    return Model(inputs, [z_mean, z_log_var, z], name='encoder')

# Decoder network
def build_decoder(latent_dim, output_shape):
    latent_inputs = Input(shape=(latent_dim,))
    x = Dense(256, activation='relu')(latent_inputs)
    x = Dense(512, activation='relu')(x)
    outputs = Dense(output_shape, activation='sigmoid')(x)
    return Model(latent_inputs, outputs, name='decoder')

# Define the input shape and latent dimension
input_shape = (784,)
latent_dim = 2

# Build the encoder and decoder
encoder = build_encoder(input_shape, latent_dim)
decoder = build_decoder(latent_dim, input_shape[0])

# Define the VAE model
inputs = Input(shape=input_shape)
z_mean, z_log_var, z = encoder(inputs)
outputs = decoder(z)
vae = Model(inputs, outputs, name='vae')
vae.summary()
```

Dans cet exemple :

Le code commence par importer les modules nécessaires de TensorFlow, Keras et du backend Keras.

La section suivante du code définit une classe personnalisée de couche Keras appelée Sampling. L'objectif de cette classe est de générer un échantillon à partir de l'espace latent en utilisant l'astuce de reparamétrisation, une technique utilisée pour permettre à la rétropropagation de traverser le processus d'échantillonnage aléatoire dans les VAE.

La classe Sampling définit une méthode call, qui est une méthode fondamentale dans les classes de couche Keras. Cette méthode prend en entrée la moyenne et la log-variance de l'espace latent (représentées par z_mean et z_log_var), génère un tenseur aléatoire epsilon de même forme que z_mean en utilisant la fonction random_normal de Keras, et renvoie un échantillon de la distribution de l'espace latent en utilisant la formule de l'astuce de reparamétrisation : z_mean + exp(0.5 * z_log_var) * epsilon.

Après la définition de la classe Sampling, le code définit deux fonctions : build_encoder et build_decoder.

La fonction build_encoder construit la partie encodeur du VAE. L'encodeur prend un tenseur d'entrée d'une forme donnée et le projette dans un espace latent. Il se compose de deux couches entièrement connectées (Dense) avec une activation ReLU, suivies de deux couches Dense sans activation pour produire z_mean et z_log_var. Ces deux sorties sont ensuite transmises à une couche d'échantillonnage pour générer un échantillon à partir de l'espace latent.

De façon similaire, la fonction build_decoder construit la partie décodeur du VAE. Le décodeur prend un échantillon de l'espace latent et le projette dans l'espace d'entrée original. Il se compose de deux couches entièrement connectées (Dense) avec activation ReLU, suivies d'une couche Dense avec activation sigmoïde pour produire l'entrée reconstruite.

Une fois que la classe Sampling et les fonctions build_encoder et build_decoder sont définies, le code établit la forme d'entrée et la dimension latente, construit l'encodeur et le décodeur en utilisant ces paramètres, puis les combine pour former le VAE complet.

Le modèle VAE prend un tenseur d'entrée, le fait passer par l'encodeur pour obtenir z_mean, z_log_var, et un échantillon de l'espace latent (représenté par z). Cet échantillon z est ensuite passé par le décodeur pour obtenir l'entrée reconstruite. L'ensemble du modèle VAE est encapsulé comme un modèle Keras et sa structure est affichée à l'aide de la méthode summary().

5.3.3 Implémentation de la fonction de perte du VAE

La fonction de perte pour les Auto-encodeurs Variationnels (VAE) est une combinaison de deux composantes distinctes : la perte de reconstruction et la divergence de Kullback-Leibler (KL). Chacune de ces composantes joue un rôle crucial dans le fonctionnement du VAE.

La perte de reconstruction est responsable de mesurer la capacité du décodeur à reconstruire les données d'entrée originales à partir de la représentation de l'espace latent encodé. Essentiellement, elle quantifie la qualité des données reconstruites par rapport à l'entrée originale.

D'autre part, la divergence KL sert de mesure de la différence entre la distribution latente apprise, qui est dérivée des données d'entrée, et la distribution a priori. La distribution a priori est généralement une distribution normale standard, qui est un choix courant en raison de sa tractabilité mathématique et de sa symétrie.

Cette partie de la fonction de perte encourage la distribution latente apprise à ressembler à la distribution a priori, ce qui aide à assurer un espace latent bien structuré et continu.

Exemple : Fonction de perte VAE

```
# Define the VAE loss function
def vae_loss(inputs, outputs, z_mean, z_log_var):
    # Reconstruction loss
    reconstruction_loss = tf.keras.losses.binary_crossentropy(inputs, outputs)
    reconstruction_loss *= input_shape[0]

    # KL divergence
    kl_loss = 1 + z_log_var - K.square(z_mean) - K.exp(z_log_var)
    kl_loss = K.sum(kl_loss, axis=-1)
    kl_loss *= -0.5
```

```
    # Combine the reconstruction loss and the KL divergence
    return K.mean(reconstruction_loss + kl_loss)

# Compile the VAE model
vae.compile(optimizer='adam', loss=lambda x, y: vae_loss(x, y, z_mean, z_log_var))
```

Dans cet exemple :

La fonction de perte VAE définie ici, vae_loss, se compose de deux parties principales : la reconstruction_loss et la kl_loss.

La reconstruction_loss est conçue pour évaluer la capacité du décodeur du VAE à recréer les données d'entrée originales. Cette partie de la fonction de perte utilise l'entropie croisée binaire comme métrique de comparaison entre les entrées originales et les sorties produites par le décodeur. L'entropie croisée binaire est une fonction de perte populaire pour les tâches impliquant une classification binaire, et dans ce contexte, elle mesure la différence entre l'entrée originale et la reconstruction. La perte de reconstruction est ensuite mise à l'échelle par la taille de la forme d'entrée, représentée par input_shape[0].

La kl_loss, quant à elle, représente la divergence de Kullback-Leibler, une mesure de l'écart entre une distribution de probabilité et une seconde distribution de probabilité attendue. Dans le contexte des VAE, la divergence KL mesure la différence entre la distribution latente apprise et la distribution a priori, qui est généralement une distribution normale standard. La divergence KL est calculée en utilisant la moyenne (z_mean) et la log-variance (z_log_var) de la distribution latente, puis est mise à l'échelle par -0,5.

La perte globale du VAE est ensuite calculée comme la somme de la perte de reconstruction et de la divergence KL. Cette fonction de perte combinée garantit que le VAE apprend à encoder les données d'entrée de manière à ce que le décodeur puisse reconstruire avec précision les données originales, tout en s'assurant que la distribution latente apprise correspond étroitement à la distribution a priori.

Après la définition de la fonction de perte, le modèle VAE est compilé en utilisant l'optimiseur Adam et la fonction de perte VAE personnalisée. L'optimiseur Adam est un choix populaire pour l'entraînement des modèles d'apprentissage profond, connu pour son efficacité et ses faibles besoins en mémoire. L'utilisation d'une fonction lambda dans l'argument de perte permet au modèle d'utiliser la fonction de perte VAE personnalisée qui nécessite des paramètres supplémentaires au-delà des paramètres par défaut (y_true, y_pred) que Keras utilise généralement pour ses fonctions de perte.

5.3.4 Entraînement du modèle VAE

Ayant préparé avec diligence notre jeu de données, défini notre modèle avec précision et méticuleusement implémenté notre fonction de perte, nous nous trouvons au seuil de l'entraînement de notre Auto-encodeur Variationnel (VAE). Cette étape significative dans notre processus sera entreprise avec le plus grand soin.

Nos données d'entraînement soigneusement organisées seront employées pour optimiser les paramètres à la fois de l'encodeur et du décodeur. Cette optimisation est une étape cruciale, car elle influence directement la performance de notre modèle.

En minimisant la fonction de perte combinée, que nous avons implémentée précédemment, nous pouvons assurer la représentation la plus précise possible de nos données. C'est l'objectif ultime de notre processus d'entraînement, et nous sommes maintenant prêts à nous embarquer dans ce voyage.

Exemple : Entraînement du VAE

```
# Train the VAE model
vae.fit(x_train, x_train, epochs=50, batch_size=128, validation_data=(x_test,
x_test))
```

Dans cet exemple :

La méthode 'fit' est utilisée pour entraîner le modèle pendant un nombre spécifié d'époques (itérations sur l'ensemble du jeu de données), qui est de 50 dans ce cas. Le modèle est entraîné en utilisant 'x_train' à la fois comme données d'entrée et comme sortie cible - ceci est typique pour les auto-encodeurs, qui tentent de reconstruire leurs données d'entrée. La taille du lot est fixée à 128, ce qui signifie que les poids du modèle seront mis à jour après 128 échantillons. Les données de validation, utilisées pour évaluer la performance du modèle à la fin de chaque époque, sont 'x_test'.

5.3.5 Suivi du progrès de l'entraînement

Garder un œil attentif sur le progrès de l'entraînement est une étape essentielle dans le processus de développement d'un modèle d'apprentissage automatique. En surveillant cela, nous pouvons acquérir une compréhension claire de l'efficacité avec laquelle le modèle apprend des données et assimile les modèles qu'il est supposé apprendre.

Non seulement cela nous donne un aperçu de la performance actuelle du modèle, mais cela nous fournit également les informations nécessaires pour effectuer les ajustements qui pourraient être requis pour améliorer son processus d'apprentissage. Parmi les outils que nous pouvons utiliser pour suivre le progrès de l'entraînement figurent TensorBoard et d'autres outils de visualisation.

Ces outils offrent une représentation visuelle des pertes d'entraînement et de validation au fil du temps, fournissant ainsi un aperçu plus tangible et facile à comprendre du progrès d'apprentissage du modèle. C'est grâce à ce processus attentif de suivi et d'ajustement que nous pouvons nous assurer que notre modèle atteint la meilleure performance possible.

Exemple : Utilisation de TensorBoard pour le suivi

```
import tensorflow as tf

# Define TensorBoard callback
tensorboard_callback = tf.keras.callbacks.TensorBoard(log_dir='./logs')

# Train the VAE model with TensorBoard callback
vae.fit(x_train,  x_train,  epochs=50,  batch_size=128,  validation_data=(x_test,
x_test), callbacks=[tensorboard_callback])
```

Dans cet exemple :

Le script commence par importer TensorFlow, une bibliothèque puissante pour le calcul numérique, particulièrement adaptée aux tâches d'apprentissage automatique et d'apprentissage profond.

Ensuite, le script définit un callback TensorBoard. TensorBoard est un outil fourni avec TensorFlow qui permet aux utilisateurs de visualiser le processus d'entraînement de leurs modèles. Il peut afficher des métriques telles que la perte et la précision, ainsi que des visualisations plus complexes comme les graphes de modèles ou les histogrammes des poids et des biais. Le callback est défini avec un répertoire de journalisation './logs', ce qui signifie que TensorBoard écrira les métriques et autres données dans ce répertoire pendant l'entraînement.

L'appel de fonction vae.fit est l'endroit où se déroule l'entraînement réel du modèle VAE. Les arguments de cette fonction précisent les détails du processus d'entraînement :

- x_train : Ce sont les données d'entraînement à partir desquelles le modèle va apprendre. Dans un VAE, les mêmes données sont utilisées à la fois comme entrées et comme cibles car le modèle essaie d'apprendre à reconstruire ses données d'entrée.

- epochs=50 : Ceci spécifie que le processus d'entraînement consistera en 50 époques. Une époque est un passage complet à travers l'ensemble des données d'entraînement.

- batch_size=128 : Ceci définit le nombre d'exemples d'entraînement utilisés dans une itération de mise à jour des poids du modèle. Après que le modèle ait vu 128 exemples, il mettra à jour ses poids.

- validation_data=(x_test, x_test) : Ce sont les données sur lesquelles le modèle sera évalué après chaque époque. Elles sont utilisées pour surveiller la performance du modèle sur des données qu'il n'a pas vues pendant l'entraînement.

- callbacks=[tensorboard_callback] : Ceci ajoute le callback TensorBoard au processus d'entraînement. Avec ce callback, TensorBoard enregistrera les métriques et autres données pendant l'entraînement, qui pourront être visualisées dans l'interface TensorBoard.

Le résultat de ce script sera un modèle VAE entraîné qui a été surveillé à l'aide de TensorBoard. En utilisant TensorBoard, l'utilisateur peut visualiser comment la perte du modèle (et potentiellement d'autres métriques) a évolué au cours de l'entraînement, ce qui peut être utile pour comprendre le processus d'apprentissage du modèle et diagnostiquer d'éventuels problèmes.

5.3.6 Génération de nouveaux échantillons

Une fois que l'Auto-encodeur Variationnel (VAE) a été entraîné avec succès, il devient possible d'utiliser le composant décodeur du VAE pour générer de nouveaux échantillons. Cela est réalisé en effectuant une opération d'échantillonnage à partir de l'espace latent, qui est un composant clé de la structure du VAE.

Ces échantillons, qui sont prélevés de l'espace latent, sont ensuite passés à travers le décodeur. Le décodeur agit alors sur ces échantillons pour produire de nouvelles sorties uniques. Ce processus ouvre ainsi un large éventail de possibilités pour générer de nouvelles données basées sur l'entrée originale.

Exemple : Génération de nouveaux échantillons

```python
import matplotlib.pyplot as plt
import numpy as np

# Function to generate new samples from the latent space
def generate_samples(decoder, latent_dim, n_samples=10):
    random_latent_vectors = np.random.normal(size=(n_samples, latent_dim))
    generated_images = decoder.predict(random_latent_vectors)
    generated_images = generated_images.reshape((n_samples, 28, 28))
    return generated_images

# Generate and plot new samples
generated_images = generate_samples(decoder, latent_dim)
plt.figure(figsize=(10, 2))
for i in range(generated_images.shape[0]):
    plt.subplot(1, generated_images.shape[0], i + 1)
    plt.imshow(generated_images[i], cmap='gray')
    plt.axis('off')
plt.show()
```

Dans cet exemple :

La fonction 'generate_samples' dans le code prend trois paramètres : un décodeur, une taille de dimension latente, et un nombre optionnel d'échantillons à générer (qui est fixé par défaut à 10 si non spécifié). La dimension latente fait référence à l'espace abstrait dans lequel le VAE représente les données d'entrée, et c'est une composante cruciale du fonctionnement des VAE.

La fonction commence par générer un ensemble de vecteurs latents aléatoires. Cela est réalisé en tirant d'une distribution normale (gaussienne), en utilisant la fonction NumPy 'np.random.normal'. La taille du tableau généré est déterminée par le nombre d'échantillons et la taille de la dimension latente.

Ces vecteurs latents aléatoires sont ensuite passés à travers le décodeur, qui a été entraîné pour transformer les points de l'espace latent en images. Cela est fait en utilisant la fonction 'predict' du décodeur. La sortie du décodeur est un tableau de valeurs de pixels, qui représentent les images générées.

Cependant, les images générées doivent être redimensionnées en un format 2D pour être correctement affichées en tant qu'images. Cela est fait en utilisant la fonction 'reshape' de NumPy, transformant le tableau 1D de valeurs de pixels en un tableau 2D de dimensions 28x28 (la taille standard pour les images du dataset MNIST).

Enfin, les images générées sont affichées en utilisant Matplotlib. Une figure est créée, et pour chaque image générée, un nouveau sous-graphique est ajouté à la figure. L'image est affichée en niveaux de gris (comme indiqué par le paramètre 'cmap' réglé sur 'gray'), et les axes sont désactivés pour un affichage d'image plus propre.

Ce code fournit un exemple clair de la façon dont les VAE peuvent être utilisés pour générer de nouvelles données qui ressemblent aux données sur lesquelles ils ont été entraînés. Il démontre le processus d'échantillonnage à partir de l'espace latent et comment le décodeur transforme ces échantillons en données interprétables. En tant que tel, il offre une application pratique des VAE dans le domaine de la modélisation générative.

Résumé

L'entraînement des Auto-encodeurs Variationnels (VAE) implique une série d'étapes, notamment la préparation du jeu de données, la définition de l'architecture du modèle, l'implémentation de la fonction de perte, et l'optimisation du modèle. En suivant attentivement ces étapes, vous pouvez entraîner un VAE pour apprendre des représentations latentes significatives des données et générer de nouveaux échantillons.

Le processus implique d'équilibrer la perte de reconstruction et la divergence KL pour s'assurer que l'espace latent appris est à la fois utile et aligné avec la distribution a priori. Le suivi du progrès de l'entraînement et l'affinement du modèle selon les besoins aident à obtenir les meilleurs résultats possibles.

Avec les connaissances et les compétences acquises dans cette section, vous êtes bien équipé pour entraîner des VAE sur divers jeux de données, débloquant ainsi le potentiel de la modélisation générative dans vos projets.

5.4 Évaluation des VAE

Le processus d'évaluation des VAE est crucial pour s'assurer que le modèle a appris des représentations latentes significatives des données et peut générer des échantillons de haute qualité. Cette évaluation est réalisée grâce à une combinaison de méthodes quantitatives et qualitatives.

Du côté quantitatif, des métriques d'évaluation comme la Perte de Reconstruction, la Divergence de Kullback-Leibler (KL), l'Inception Score (IS), et la Fréchet Inception Distance (FID) sont utilisées. La Perte de Reconstruction mesure à quel point le décodeur du VAE peut recréer les données d'entrée originales. La Divergence KL mesure la différence entre la distribution latente apprise et une distribution a priori, habituellement une distribution normale standard. L'Inception Score (IS) évalue la qualité et la diversité des images générées, tandis que la Fréchet Inception Distance (FID) mesure la distance entre les distributions des images réelles et générées.

Du côté qualitatif, des méthodes comme l'inspection visuelle et la traversée de l'espace latent sont utilisées. L'inspection visuelle implique de générer un ensemble d'images et de les examiner pour leur réalisme et leur diversité. La traversée de l'espace latent implique d'interpoler entre des points dans l'espace latent et de générer des images à chaque étape. Cela peut révéler la structure de l'espace latent et montrer à quel point le VAE transite en douceur entre différents points de données.

Le processus d'évaluation est crucial pour affiner le modèle et identifier les domaines à améliorer, menant finalement à une meilleure performance générative. En évaluant soigneusement le VAE à l'aide de ces méthodes, vous pouvez vous assurer que le modèle a appris des représentations latentes significatives et peut générer des échantillons de haute qualité.

Cette section couvre à la fois les approches quantitatives et qualitatives. À la fin de cette section, vous aurez une compréhension complète de la façon d'évaluer la performance des VAE et d'interpréter les résultats.

5.4.1 Métriques d'Évaluation Quantitative

Les métriques d'évaluation quantitative sont des outils essentiels qui fournissent des mesures objectives pour évaluer la performance des Auto-encodeurs Variationnels (VAE), un type particulier de modèles d'apprentissage automatique. Ces métriques offrent un moyen robuste de quantifier à quel point les modèles performent dans leurs tâches.

Parmi les métriques les plus couramment utilisées dans ce domaine figurent la Perte de Reconstruction, la Divergence de Kullback-Leibler (KL), l'Inception Score (IS), et la Fréchet Inception Distance (FID). Chacune d'entre elles joue un rôle différent dans l'évaluation du modèle.

La Perte de Reconstruction mesure à quel point le modèle peut reconstruire les données d'entrée, la Divergence KL quantifie la différence entre la distribution apprise par le modèle et la vraie distribution des données, l'Inception Score (IS) évalue la qualité et la diversité des échantillons générés, et la Fréchet Inception Distance (FID) compare la distribution des échantillons générés aux échantillons réels.

Comprendre la Perte de Reconstruction

La perte de reconstruction est une composante critique dans l'évaluation des Auto-encodeurs Variationnels (VAE). Elle mesure essentiellement l'efficacité du décodeur à reconstruire les données d'entrée originales à partir des variables latentes. Ces variables latentes sont un ensemble de représentations qui capturent des informations utiles et simplifiées sur les données originales.

Dans le contexte d'un VAE, la perte de reconstruction sert de moyen pour quantifier la qualité des données générées par le décodeur. Elle est calculée en comparant les données générées aux données d'entrée originales. L'idée ici est qu'un VAE performant devrait être capable de recréer des données qui correspondent très étroitement à l'entrée originale.

Par conséquent, une perte de reconstruction plus faible est un indicateur positif de performance. Cela suggère que le VAE est capable de générer des données qui sont très similaires à l'entrée originale. Plus les données générées sont proches de l'original, plus la perte de reconstruction est faible. C'est une mesure clé pour comprendre l'efficacité du VAE et sa capacité à générer des résultats crédibles et précis.

Formule :

$$ReconstructionLoss = Eq(z \mid x)[-logp(x \mid z)]$$

Divergence de Kullback-Leibler (KL)

La divergence de Kullback-Leibler (KL), également connue sous le nom d'entropie relative, est une mesure qui quantifie la différence entre deux distributions de probabilité. Dans le contexte de l'apprentissage automatique, la divergence KL est souvent utilisée pour évaluer la disparité entre la distribution latente apprise et la distribution a priori.

La distribution latente est apprise à partir des données pendant le processus d'entraînement, tandis que la distribution a priori est une distribution prédéfinie que nous souhaitons que la distribution latente ressemble. La divergence KL fournit une mesure numérique de la façon dont la distribution latente apprise s'écarte de la distribution a priori.

Une valeur de divergence KL plus faible indique que la distribution latente apprise est plus proche de la distribution a priori souhaitée. En essence, plus la divergence KL est petite, mieux le modèle appris approxime la distribution souhaitée. Par conséquent, minimiser la divergence KL est souvent un objectif dans les tâches d'apprentissage automatique.

Formule :

$$KLDivergence = DKL\big(q(z \mid x) \parallel p(z)\big)$$

Exemple : Calcul de la Perte de Reconstruction et de la Divergence KL

```
import numpy as np

# Calculate Reconstruction Loss and KL Divergence
def calculate_losses(vae, x_test):
    z_mean, z_log_var, z = vae.get_layer('encoder').predict(x_test)
```

```
    x_decoded = vae.predict(x_test)

    # Reconstruction Loss
    reconstruction_loss = tf.keras.losses.binary_crossentropy(x_test, x_decoded)
    reconstruction_loss = np.mean(reconstruction_loss * x_test.shape[1])

    # KL Divergence
    kl_loss = 1 + z_log_var - np.square(z_mean) - np.exp(z_log_var)
    kl_loss = np.mean(-0.5 * np.sum(kl_loss, axis=-1))

    return reconstruction_loss, kl_loss

# Calculate losses on test data
reconstruction_loss, kl_loss = calculate_losses(vae, x_test)
print(f"Reconstruction Loss: {reconstruction_loss}")
print(f"KL Divergence: {kl_loss}")
```

Cet exemple de code définit une fonction pour calculer deux types de pertes, la Perte de Reconstruction et la Divergence KL, dans un auto-encodeur variationnel (VAE).

La fonction 'calculate_losses' prend le modèle VAE et les données de test comme entrées. Elle utilise d'abord la partie encodeur du VAE pour prédire le vecteur latent 'z' à partir des données de test, puis utilise le VAE complet pour générer les données reconstruites.

La Perte de Reconstruction est la perte moyenne d'entropie croisée binaire entre les données de test originales et les données reconstruites, mise à l'échelle par le nombre de caractéristiques dans les données.

La perte de Divergence de Kullback-Leibler (KL) est calculée à partir de la moyenne et de la variance logarithmique du vecteur latent 'z'. Elle mesure la divergence de la distribution apprise de 'z' par rapport à la distribution normale standard.

Enfin, la fonction renvoie les deux pertes. La dernière partie du code utilise cette fonction pour calculer les pertes sur les données de test et les afficher.

Score d'Inception (IS)

Le Score d'Inception est une métrique populaire utilisée pour évaluer la qualité et la diversité des images générées par des modèles génératifs, principalement les Réseaux Antagonistes Génératifs (GANs). Il agit comme une mesure quantitative qui reflète la qualité des images générées.

Le Score d'Inception utilise un réseau Inception pré-entraîné, un type de réseau neuronal convolutif profond conçu pour la classification d'images. Ce réseau pré-entraîné est utilisé pour prédire les étiquettes de classe des images générées. Les étiquettes de classe, dans ce cas, pourraient être n'importe quelles catégories prédéfinies dans lesquelles les images pourraient potentiellement s'inscrire.

Une fois ces étiquettes de classe prédites, le Score d'Inception calcule alors la divergence de Kullback-Leibler (KL) entre la distribution de classes prédite et la distribution marginale des classes. La divergence KL mesure essentiellement comment une distribution de probabilité diverge d'une seconde distribution de probabilité attendue. Dans ce contexte, une divergence KL plus élevée signifie que les images générées couvrent une plus large gamme de catégories, indiquant à la fois une bonne qualité et une diversité des images produites par le modèle génératif.

Formule :

$$IS = exp\big(Ex\big[DKL\big(p(y \mid x) \parallel p(y)\big)\big]\big)$$

Où :

- $p(y \mid x)$ est la probabilité conditionnelle de l'étiquette y étant donné l'image x, telle que prédite par le réseau Inception.

- $p(y)$ est la distribution marginale des étiquettes, calculée comme la moyenne de $p(y \mid x)$ sur les images générées.

Cette formule calcule la divergence KL entre la distribution d'étiquettes conditionnelle pour chaque image et la distribution d'étiquettes marginale, moyennée sur toutes les images générées, puis exponentielle. Le Score d'Inception mesure ainsi à la fois la qualité (prédictions à haute confiance) et la diversité (distribution similaire aux images réelles) des images générées.

Exemple : Calcul du Score d'Inception

```python
from tensorflow.keras.applications.inception_v3 import InceptionV3, preprocess_input
from scipy.stats import entropy

# Function to calculate Inception Score
def calculate_inception_score(images, n_split=10, eps=1E-16):
    model = InceptionV3(include_top=False, pooling='avg', input_shape=(299, 299, 3))
    images_resized = tf.image.resize(images, (299, 299))
    images_preprocessed = preprocess_input(images_resized)
    preds = model.predict(images_preprocessed)

    split_scores = []
    for i in range(n_split):
        part = preds[i * preds.shape[0] // n_split: (i + 1) * preds.shape[0] // n_split]
        py = np.mean(part, axis=0)
        scores = []
        for p in part:
            scores.append(entropy(p, py))
        split_scores.append(np.exp(np.mean(scores)))
    return np.mean(split_scores), np.std(split_scores)

# Generate images for evaluation
n_samples = 1000
```

```
random_latent_vectors = np.random.normal(size=(n_samples, latent_dim))
generated_images = decoder.predict(random_latent_vectors)
generated_images = generated_images.reshape((n_samples, 28, 28, 1))

# Calculate Inception Score
is_mean, is_std = calculate_inception_score(generated_images)
print(f"Inception Score: {is_mean} ± {is_std}")
```

Dans cet exemple :

La fonction calculate_inception_score dans le code prend trois paramètres : un ensemble d'images, le nombre de parties dans lesquelles diviser ces images (n_split), et une petite constante (eps) pour éviter les erreurs de division par zéro ou de logarithme de zéro. La fonction commence par charger un modèle InceptionV3 pré-entraîné depuis le module d'applications Keras. Ce modèle est un réseau neuronal convolutif profond qui a été entraîné sur plus d'un million d'images de la base de données ImageNet, et il est capable de classer les images en 1000 catégories d'objets.

Ensuite, la fonction redimensionne les images pour correspondre à la forme d'entrée attendue par le modèle InceptionV3 (299x299 pixels), et applique les étapes de prétraitement nécessaires. Elle utilise ensuite le modèle InceptionV3 pour prédire les étiquettes de classe pour les images prétraitées. Les prédictions résultantes sont des probabilités pour chacune des 1000 catégories d'objets, pour chaque image.

Après cela, la fonction calcule le Score d'Inception pour chaque partie des images divisées. Elle le fait en divisant les prédictions en parties, et pour chaque partie, elle calcule la prédiction moyenne (qui sert d'estimation de la distribution marginale des classes). Ensuite, pour chaque image de la partie, elle calcule l'entropie entre la distribution de classes prédite de l'image et la distribution de classes moyenne. L'entropie mesure la similarité entre ces deux distributions, avec des valeurs plus petites indiquant des distributions plus similaires. La fonction calcule ensuite l'exponentielle de la moyenne de ces entropies, pour obtenir le Score d'Inception pour la partie.

Ce processus est répété pour toutes les parties, et la fonction renvoie finalement la moyenne et l'écart-type de tous les Scores d'Inception. Ces deux valeurs donnent une mesure globale de la qualité et de la diversité des images générées, avec des valeurs moyennes plus élevées indiquant une meilleure qualité et diversité, et des valeurs d'écart-type plus faibles indiquant des résultats plus cohérents entre les différentes parties.

Enfin, le code génère un certain nombre d'images à l'aide d'un décodeur. C'est une partie d'un modèle génératif (comme un GAN ou un VAE) qui transforme des points dans un espace latent en images. L'espace latent est un espace de dimension inférieure que le modèle a appris à représenter les données d'entrée.

Le code génère des points aléatoires dans cet espace latent, en utilisant la distribution normale standard, et applique le décodeur à ces points pour générer des images. Il redimensionne ensuite les images à la forme souhaitée et calcule leur Score d'Inception en utilisant la fonction définie précédemment. Le Score d'Inception résultant donne une mesure quantitative de la qualité et de la diversité des images que le modèle génératif est capable de produire.

Distance d'Inception de Fréchet (FID)

La Distance d'Inception de Fréchet, souvent abrégée en FID, est une métrique qui quantifie la différence entre la distribution des images générées par un modèle et la distribution des images réelles. Cette mesure est basée sur le concept de la distance de Fréchet, qui peut être comprise comme une mesure de similarité entre deux distributions statistiques.

Dans le contexte de la FID, ces deux distributions sont dérivées des caractéristiques extraites d'une couche intermédiaire du réseau Inception. Une distribution est obtenue à partir d'images authentiques, réelles, tandis que l'autre est dérivée d'images générées par un modèle.

Le principe central qui sous-tend le score FID est que si les images générées sont de haute qualité, les deux distributions devraient être similaires, résultant ainsi en un score FID plus bas. Inversement, si les images générées sont moins semblables aux images réelles, le score FID sera plus élevé. Par conséquent, un score FID plus bas est indicatif d'une meilleure performance car il signifie que les images générées par le modèle sont plus similaires à la distribution des images réelles.

Formule :

$FID = || \mu r - \mu g || 2 + Tr(\Sigma r + \Sigma g - 2(\Sigma r \Sigma g)1/2)$ où $\mu r, \Sigma r$ et $\mu g, \Sigma g$ sont respectivement les moyennes et covariances des distributions d'images réelles et générées.

Exemple : Calcul de la FID

```python
from numpy import cov, trace, iscomplexobj
from scipy.linalg import sqrtm

# Function to calculate FID
def calculate_fid(real_images, generated_images):
    model = InceptionV3(include_top=False, pooling='avg', input_shape=(299, 299, 3))
    real_images_resized = tf.image.resize(real_images, (299, 299))
    generated_images_resized = tf.image.resize(generated_images, (299, 299))
    real_images_preprocessed = preprocess_input(real_images_resized)
    generated_images_preprocessed = preprocess_input(generated_images_resized)
    act1 = model.predict(real_images_preprocessed)
    act2 = model.predict(generated_images_preprocessed)

    mu1, sigma1 = act1.mean(axis=0), cov(act1, rowvar=False)
    mu2, sigma2 = act2.mean(axis=0), cov(act2, rowvar=False)
    ssdiff = np.sum((mu1 - mu2) ** 2.0)
    covmean = sqrtm(sigma1.dot(sigma2))
    if iscomplexobj(covmean):
        covmean = covmean.real
    fid = ssdiff + trace(sigma1 + sigma2 - 2.0 * covmean)
    return fid
```

```
# Sample real images
real_images = x_test[:n_samples].reshape((n_samples, 28, 28, 1))

# Calculate FID
fid_score = calculate_fid(real_images, generated_images)
print(f"FID Score: {fid_score}")
```

Dans cet exemple :

Le code commence par importer les bibliothèques nécessaires et définir une fonction, calculate_fid(), qui prend en entrée les deux ensembles d'images à comparer.

Ensuite, le script charge le modèle InceptionV3. Ce modèle est un réseau de neurones convolutif pré-entraîné qui a été formé sur un large ensemble de données d'images et peut classifier les images en mille catégories différentes. Il est très efficace pour extraire des caractéristiques utiles des images et est souvent utilisé dans des tâches qui nécessitent de comprendre le contenu des images.

Le code redimensionne ensuite les images d'entrée pour correspondre à la taille d'entrée attendue par le modèle InceptionV3 de 299x299 pixels. Les images sont également prétraitées pour correspondre au format attendu par le modèle.

Les images prétraitées et redimensionnées sont ensuite passées à travers le modèle InceptionV3 pour extraire les activations. Ces activations servent de sorte de "résumé" du contenu de l'image, capturant les caractéristiques importantes tout en écartant les informations redondantes.

Suite à cela, le script calcule la moyenne et la covariance des activations pour les images réelles et générées. Ces propriétés statistiques capturent des caractéristiques importantes des distributions des images dans l'espace latent (espace de caractéristiques).

Le score FID est ensuite calculé en utilisant une formule qui prend en compte à la fois la différence des moyennes et des covariances des images réelles et générées. La racine carrée du produit des covariances est calculée à l'aide de la fonction sqrtm() de la bibliothèque scipy.linalg. Si le résultat est un nombre complexe, seule la partie réelle est conservée.

Le score FID final est calculé en ajoutant la somme des différences au carré entre les moyennes des images réelles et générées et la trace de la somme des covariances des images réelles et générées moins deux fois la racine carrée du produit des covariances.

La fonction calculate_fid() renvoie ce score FID calculé. Plus le score FID est bas, plus les deux ensembles d'images sont similaires en termes de leurs distributions dans l'espace latent. Par conséquent, ce score sert de mesure efficace de la qualité des images générées par le GAN ou des modèles similaires.

Un échantillon d'images réelles est ensuite sélectionné à partir de l'ensemble de test et remodelé pour répondre aux exigences du modèle.

Enfin, le score FID est calculé pour les images réelles et générées, et le résultat est affiché sur la console. Ce score fournit une mesure quantifiable de la performance du modèle dans la génération de nouvelles images qui ressemblent aux images réelles.

5.4.2 Évaluation qualitative

L'évaluation qualitative est une étape cruciale dans le processus d'évaluation de la sortie de tout modèle génératif. Cette méthode non numérique implique une inspection visuelle détaillée des images que le modèle produit. L'objectif principal de cette inspection visuelle est d'évaluer la qualité et la diversité des images générées.

Bien que cette méthode puisse sembler subjective en raison de la dépendance à l'évaluation visuelle, elle offre en réalité des aperçus précieux sur les performances du modèle que les méthodes quantitatives pourraient ne pas capturer.

En évaluant visuellement les images, nous pouvons nous faire une idée de la capacité du modèle à produire des sorties diverses et à capturer les caractéristiques essentielles des données d'entrée. Cela, à son tour, nous aide à comprendre les forces et les faiblesses du modèle et à prendre des décisions éclairées concernant d'éventuelles améliorations ou ajustements.

Processus d'inspection visuelle

Le processus d'inspection visuelle implique la création d'un ensemble diversifié d'images qui sont ensuite soigneusement examinées pour évaluer leur niveau de réalisme et la variété qu'elles présentent. Cette approche pratique est cruciale pour identifier tout problème flagrant qui pourrait être présent.

Certains de ces problèmes potentiels pourraient inclure un manque de netteté résultant en un flou, des éléments indésirables ou des irrégularités appelés artefacts, ou un phénomène connu sous le nom d'effondrement modal. Ce dernier est une situation où le modèle, au lieu de générer une grande variété de sorties, produit de façon répétitive les mêmes images ou des images très similaires.

Grâce à cette inspection visuelle détaillée, nous pouvons nous assurer que les images générées apparaissent non seulement réalistes, mais affichent également une large gamme de caractéristiques différentes, améliorant ainsi la performance globale et l'application pratique du modèle.

Exemple : Visualisation des images générées

```
import matplotlib.pyplot as plt

# Function to visualize generated images
def visualize_generated_images(decoder, latent_dim, n_samples=10):
```

```
    random_latent_vectors = np.random.normal(size=(n_samples, latent_dim))
    generated_images = decoder.predict(random_latent_vectors)
    generated_images = generated_images.reshape((n_samples, 28, 28))

    plt.figure(figsize=(10, 2))
    for i in range(n_samples):
        plt.subplot(1, n_samples, i + 1)
        plt.imshow(generated_images[i], cmap='gray')
        plt.axis('off')
    plt.show()

# Visualize generated images
visualize_generated_images(decoder, latent_dim)
```

Dans cet exemple :

Le code Python fourni est utilisé pour visualiser les images qui sont générées par un décodeur, un composant du VAE. La fonction visualize_generated_images prend trois paramètres : decoder, latent_dim, et n_samples. Le decoder est un modèle entraîné qui peut générer des images à partir de points dans l'espace latent. Le latent_dim est la dimension de l'espace latent, et n_samples est le nombre d'images à générer.

La fonction commence par générer des vecteurs latents aléatoires. Ces vecteurs sont des points dans l'espace latent à partir desquels les images seront générées. Les vecteurs latents sont générés à partir d'une distribution normale standard avec une taille de (n_samples, latent_dim).

Ces vecteurs latents aléatoires sont ensuite passés au decoder en utilisant la fonction predict. Le decoder génère les images à partir de ces vecteurs latents. Les images générées sont ensuite remodelées à un format 2D adapté à la visualisation.

La fonction crée ensuite une figure en utilisant matplotlib.pyplot et affiche chaque image générée dans un sous-graphique. Les images sont affichées en niveaux de gris. La fonction axis('off') est utilisée pour désactiver l'axe de chaque sous-graphique.

Enfin, la fonction affiche le graphique en utilisant plt.show().

La dernière ligne de code dans l'extrait appelle cette fonction, en passant le decoder et latent_dim comme arguments, pour visualiser les images générées par le décodeur à partir de l'espace latent. Cette visualisation est utile dans les évaluations qualitatives du modèle VAE, où la qualité et la diversité des images générées par le modèle sont évaluées.

Traversée de l'espace latent

La traversée de l'espace latent est une technique puissante qui concerne principalement l'interpolation entre des points distincts au sein de l'espace latent, qui est une représentation compressée de nos données. À chaque étape de ce processus, des images sont générées qui fournissent une représentation visuelle de ces points dans l'espace latent.

Cette méthode sert d'outil important pour la visualisation des transitions fluides que l'Auto-encodeur Variationnel (VAE) effectue entre différents points de données. En observant ces transitions, nous pouvons obtenir des aperçus précieux sur la façon dont le VAE traite et interprète les données.

De plus, la traversée de l'espace latent peut être utilisée pour révéler la structure inhérente de l'espace latent. En comprenant cette structure, nous pouvons mieux appréhender comment le VAE apprend à encoder et décoder les données, et comment il identifie et exploite les caractéristiques clés des données pour créer une représentation robuste et efficace.

Exemple : Traversée de l'espace latent

```python
# Function to perform latent space traversal
def latent_space_traversal(decoder, latent_dim, n_steps=10):
    start_point = np.random.normal(size=(1, latent_dim))
    end_point = np.random.normal(size=(1, latent_dim))
    interpolation = np.linspace(start_point, end_point, n_steps)

    generated_images = decoder.predict(interpolation)
    generated_images = generated_images.reshape((n_steps, 28, 28))

    plt.figure(figsize=(15, 2))
    for i in range(n_steps):
        plt.subplot(1, n_steps, i + 1)
        plt.imshow(generated_images[i], cmap='gray')
        plt.axis('off')
    plt.show()

# Perform latent space traversal
latent_space_traversal(decoder, latent_dim)
```

Cet exemple de code définit et exécute une fonction appelée latent_space_traversal. Cette fonction est utilisée pour explorer l'espace latent dans les modèles génératifs, tels que les auto-encodeurs ou les GANs.

Dans cette fonction, un point de départ et un point d'arrivée sont sélectionnés aléatoirement dans l'espace latent. Ensuite, une interpolation linéaire entre ces deux points est créée. Le décodeur est utilisé pour générer des images à partir de ces points interpolés.

Les images générées sont ensuite remodelées et affichées en ligne, fournissant une représentation visuelle de la traversée à travers l'espace latent du point de départ au point d'arrivée.

Résumé

L'évaluation des Auto-encodeurs Variationnels (VAE) implique une combinaison de méthodes quantitatives et qualitatives. Les métriques quantitatives telles que la Perte de Reconstruction, la Divergence KL, le Score d'Inception (IS), et la Distance d'Inception de Fréchet (FID) fournissent des mesures objectives de la performance du modèle.

L'évaluation qualitative par inspection visuelle et traversée de l'espace latent offre des aperçus sur la qualité et la diversité des images générées. En évaluant minutieusement le VAE à l'aide de ces méthodes, vous pouvez vous assurer que le modèle a appris des représentations latentes significatives et peut générer des échantillons de haute qualité. Ce processus d'évaluation complet aide à affiner le modèle et à identifier les domaines à améliorer, menant finalement à de meilleures performances génératives.

5.5 Variantes des VAE (Beta-VAE, VAE Conditionnel)

Les Auto-encodeurs Variationnels, ou VAE, sont apparus comme un cadre novateur et fondamental dans le monde de l'apprentissage automatique. De nombreuses extensions et modifications ont été développées à partir de ce modèle de base, chacune avec l'objectif de répondre à des défis spécifiques ou d'améliorer certains aspects du modèle VAE original.

Ce développement et cette avancée continus dans le domaine ont rendu ces modèles de plus en plus complets et robustes. Dans cette section, nous approfondirons les spécificités de deux de ces variantes populaires : le Beta-VAE et le VAE Conditionnel.

Ces adaptations du modèle VAE principal introduisent un impressionnant degré de flexibilité et de contrôle supplémentaires. Ce niveau accru d'adaptabilité étend davantage la gamme d'applications pour lesquelles les modèles VAE peuvent être utilisés, en faisant un outil encore plus puissant dans le domaine de l'apprentissage automatique et de l'analyse de données.

5.5.1 Beta-VAE

Le Beta-VAE est un modèle innovant qui introduit un nouvel hyperparamètre, noté (β), à la fonction objectif d'un Auto-encodeur Variationnel (VAE) traditionnel. Cet élément ajouté fournit un niveau amélioré de contrôle sur l'équilibre délicat entre deux composantes clés de la fonction : la perte de reconstruction et la divergence de Kullback-Leibler (KL).

La perte de reconstruction concerne la capacité du modèle à recréer les données d'entrée, tandis que la divergence KL mesure la différence entre la distribution de probabilité apprise par le modèle et la distribution réelle.

En ajustant soigneusement la valeur de (β), le modèle Beta-VAE peut encourager plus efficacement l'apprentissage de représentations désenchevêtrées au sein de l'espace latent. Les représentations désenchevêtrées peuvent conduire à une meilleure interprétabilité et robustesse du modèle, faisant du Beta-VAE une avancée significative dans le domaine.

Fonction Objectif :

$$Beta - VAE\ Loss = Reconstruction\ Loss + \beta \times KL\ Divergence$$

Un (β) plus élevé met davantage l'accent sur le terme de divergence KL, favorisant le désenchevêtrement au détriment potentiel de la qualité de reconstruction. À l'inverse, un (β) plus faible privilégie la précision de reconstruction.

Exemple : Implémentation du Beta-VAE

```python
import tensorflow as tf
from tensorflow.keras.layers import Input, Dense, Lambda, Layer
from tensorflow.keras.models import Model
from tensorflow.keras import backend as K

# Sampling layer using the reparameterization trick
class Sampling(Layer):
    def call(self, inputs):
        z_mean, z_log_var = inputs
        batch = tf.shape(z_mean)[0]
        dim = tf.shape(z_mean)[1]
        epsilon = K.random_normal(shape=(batch, dim))
        return z_mean + K.exp(0.5 * z_log_var) * epsilon

# Encoder network
def build_encoder(input_shape, latent_dim):
    inputs = Input(shape=input_shape)
    x = Dense(512, activation='relu')(inputs)
    x = Dense(256, activation='relu')(x)
    z_mean = Dense(latent_dim, name='z_mean')(x)
    z_log_var = Dense(latent_dim, name='z_log_var')(x)
    z = Sampling()([z_mean, z_log_var])
    return Model(inputs, [z_mean, z_log_var, z], name='encoder')

# Decoder network
def build_decoder(latent_dim, output_shape):
    latent_inputs = Input(shape=(latent_dim,))
    x = Dense(256, activation='relu')(latent_inputs)
    x = Dense(512, activation='relu')(x)
    outputs = Dense(output_shape, activation='sigmoid')(x)
    return Model(latent_inputs, outputs, name='decoder')

# Define the input shape and latent dimension
input_shape = (784,)
latent_dim = 2

# Build the encoder and decoder
encoder = build_encoder(input_shape, latent_dim)
decoder = build_decoder(latent_dim, input_shape[0])

# Define the Beta-VAE model
inputs = Input(shape=input_shape)
z_mean, z_log_var, z = encoder(inputs)
outputs = decoder(z)
beta_vae = Model(inputs, outputs, name='beta_vae')
```

```
# Define the Beta-VAE loss function
def beta_vae_loss(inputs, outputs, z_mean, z_log_var, beta=1.0):
    reconstruction_loss = tf.keras.losses.binary_crossentropy(inputs, outputs)
    reconstruction_loss *= input_shape[0]
    kl_loss = 1 + z_log_var - K.square(z_mean) - K.exp(z_log_var)
    kl_loss = K.sum(kl_loss, axis=-1)
    kl_loss *= -0.5
    return K.mean(reconstruction_loss + beta * kl_loss)

# Compile the Beta-VAE model
beta_vae.compile(optimizer='adam', loss=lambda x, y: beta_vae_loss(x, y, z_mean,
z_log_var, beta=4.0))

# Train the Beta-VAE model
beta_vae.fit(x_train, x_train, epochs=50, batch_size=128, validation_data=(x_test,
x_test))
```

Dans cet exemple :

Le script importe d'abord les bibliothèques nécessaires et définit une couche Sampling, qui est utilisée pour tirer des échantillons aléatoires de l'espace latent en utilisant l'astuce de reparamétrisation.

Il définit ensuite des fonctions pour construire les parties encodeur et décodeur du VAE, chacune étant un réseau neuronal profond. L'encodeur transforme l'entrée en une représentation latente, et le décodeur reconstruit l'entrée originale à partir de la représentation latente.

La forme d'entrée et la dimension latente sont ensuite définies, et l'encodeur et le décodeur sont construits en utilisant ces paramètres.

Le modèle Beta-VAE est ensuite défini, connectant les réseaux encodeur et décodeur.

Une fonction de perte personnalisée pour le Beta-VAE est ensuite définie, qui comprend à la fois la perte de reconstruction et la divergence de Kullback-Leibler (KL). La divergence KL mesure l'écart entre la distribution latente apprise et la distribution a priori. Le facteur 'bêta' contrôle l'équilibre entre la perte de reconstruction et la divergence KL.

Enfin, le modèle Beta-VAE est compilé et entraîné en utilisant la fonction de perte définie, un optimiseur 'adam', et des données d'entraînement et de test.

5.5.2 VAE Conditionnel (CVAE)

L'Auto-encodeur Variationnel Conditionnel (CVAE) est une extension de l'Auto-encodeur Variationnel (VAE) standard, un modèle génératif populaire. Le CVAE améliore la fonctionnalité du VAE en conditionnant à la fois l'encodeur, qui est responsable de la compression des données d'entrée en une représentation latente, et le décodeur, qui reconstruit les données originales à partir de cette représentation latente, sur des informations supplémentaires telles que les étiquettes de classe.

Ce conditionnement supplémentaire permet au modèle de générer des données qui respectent des attributs spécifiques. Par conséquent, si vous cherchez à générer des données qui suivent un certain critère ou si vous voulez avoir plus de contrôle sur les caractéristiques des données générées, le CVAE est particulièrement utile.

Cela en fait un excellent choix pour les tâches nécessitant une génération contrôlée où vous devez avoir un certain degré d'influence sur le résultat.

Fonction Objectif :

$$CVAELoss = Eq(z \mid x,y)[-logp(x \mid z,y)] + DKL\big(q(z \mid x,y) \parallel p(z \mid y)\big)$$

Dans cette formulation, (y) représente l'information de conditionnement supplémentaire (par exemple, les étiquettes de classe).

Exemple : Implémentation d'un VAE Conditionnel

```python
# Encoder network for CVAE
def build_cvae_encoder(input_shape, num_classes, latent_dim):
    inputs = Input(shape=input_shape)
    labels = Input(shape=(num_classes,))
    x = Dense(512, activation='relu')(inputs)
    x = tf.keras.layers.concatenate([x, labels])
    x = Dense(256, activation='relu')(x)
    z_mean = Dense(latent_dim, name='z_mean')(x)
    z_log_var = Dense(latent_dim, name='z_log_var')(x)
    z = Sampling()([z_mean, z_log_var])
    return Model([inputs, labels], [z_mean, z_log_var, z], name='cvae_encoder')

# Decoder network for CVAE
def build_cvae_decoder(latent_dim, num_classes, output_shape):
    latent_inputs = Input(shape=(latent_dim,))
    labels = Input(shape=(num_classes,))
    x = Dense(256, activation='relu')(latent_inputs)
    x = tf.keras.layers.concatenate([x, labels])
    x = Dense(512, activation='relu')(x)
    outputs = Dense(output_shape, activation='sigmoid')(x)
    return Model([latent_inputs, labels], outputs, name='cvae_decoder')

# Define the input shape, number of classes, and latent dimension
input_shape = (784,)
num_classes = 10
latent_dim = 2

# Build the encoder and decoder for CVAE
cvae_encoder = build_cvae_encoder(input_shape, num_classes, latent_dim)
cvae_decoder = build_cvae_decoder(latent_dim, num_classes, input_shape[0])

# Define the Conditional VAE model
inputs = Input(shape=input_shape)
labels = Input(shape=(num_classes,))
z_mean, z_log_var, z = cvae_encoder([inputs, labels])
```

```
outputs = cvae_decoder([z, labels])
cvae = Model([inputs, labels], outputs, name='cvae')

# Define the CVAE loss function
def cvae_loss(inputs, outputs, z_mean, z_log_var):
    reconstruction_loss = tf.keras.losses.binary_crossentropy(inputs, outputs)
    reconstruction_loss *= input_shape[0]
    kl_loss = 1 + z_log_var - K.square(z_mean) - K.exp(z_log_var)
    kl_loss = K.sum(kl_loss, axis=-1)
    kl_loss *= -0.5
    return K.mean(reconstruction_loss + kl_loss)

# Compile the CVAE model
cvae.compile(optimizer='adam', loss=lambda x, y: cvae_loss(x, y, z_mean, z_log_var))

# Prepare the labels for training
y_train = tf.keras.utils.to_categorical(y_train, num_classes)
y_test = tf.keras.utils.to_categorical(y_test, num_classes)

# Train the CVAE model
cvae.fit([x_train,       y_train],      x_train,      epochs=50,      batch_size=128,
validation_data=([x_test, y_test], x_test))
```

Dans cet exemple :

Le script commence par définir une fonction pour construire la partie encodeur du CVAE. Le rôle de l'encodeur dans un CVAE est de prendre les données d'entrée et de les encoder dans un espace latent de dimension inférieure. Cela se fait en utilisant des couches denses (entièrement connectées) et la fonction d'activation 'relu'. La fonction d'encodeur prend comme arguments la forme d'entrée, le nombre de classes et la dimension latente, et renvoie un modèle qui effectue cet encodage.

Le script définit ensuite une fonction pour construire la partie décodeur du CVAE. Le rôle du décodeur est de prendre un point dans l'espace latent et de le décoder pour revenir à l'espace de données original. Comme l'encodeur, le décodeur est construit à l'aide de couches denses et de la fonction d'activation 'relu'. Il prend comme arguments la dimension latente, le nombre de classes et la forme de sortie, et renvoie un modèle qui effectue ce décodage.

Après avoir défini les fonctions pour construire l'encodeur et le décodeur, le script définit ensuite les paramètres spécifiques pour ce CVAE, notamment la forme d'entrée, le nombre de classes et la dimension latente. Il utilise ensuite ces paramètres et les fonctions précédemment définies pour construire l'encodeur et le décodeur.

La partie suivante du script définit le modèle CVAE global. Cela se fait en définissant d'abord des couches d'entrée pour les entrées et les étiquettes. Ces entrées et étiquettes sont ensuite passées à travers l'encodeur pour obtenir la moyenne et la variance logarithmique de l'espace latent, ainsi qu'un point échantillonné dans l'espace latent. Ce point échantillonné et les étiquettes sont ensuite passés à travers le décodeur pour obtenir les sorties. Le modèle CVAE est alors défini comme prenant les entrées et les étiquettes et produisant ces sorties.

Le script définit ensuite une fonction de perte personnalisée pour le CVAE. Cette fonction de perte comprend à la fois une perte de reconstruction (qui mesure la capacité du décodeur à reconstruire l'entrée originale à partir de l'espace latent) et une divergence KL (qui mesure à quel point la distribution latente apprise s'écarte de la distribution a priori). Cette fonction de perte est ensuite utilisée pour compiler le modèle CVAE avec l'optimiseur Adam.

La dernière partie du script prépare les étiquettes pour l'entraînement en les convertissant au format catégorique, puis entraîne le modèle CVAE en utilisant les données d'entraînement, les étiquettes préparées et la fonction de perte précédemment définie. Le modèle est entraîné pendant 50 époques avec une taille de lot de 128, et les données de validation sont également fournies pour que le modèle évalue sa performance sur des données non vues.

Résumé

Les variations de VAE, telles que le Beta-VAE et le VAE Conditionnel, étendent les capacités des VAE standards en introduisant une flexibilité et un contrôle supplémentaires. Le Beta-VAE incorpore un hyperparamètre β pour équilibrer le compromis entre la perte de reconstruction et la divergence KL, encourageant des représentations désenchevêtrées. Le VAE Conditionnel (CVAE) permet une génération contrôlée de données en conditionnant le modèle sur des informations supplémentaires, comme les étiquettes de classe.

En implémentant et en expérimentant avec ces variations, vous pouvez adapter les VAE pour mieux répondre à des tâches et applications spécifiques, améliorant la capacité du modèle à apprendre des représentations latentes significatives et à générer des données de haute qualité. Cette compréhension complète des variations de VAE ouvre de nouvelles possibilités pour la recherche et les applications pratiques en modélisation générative.

5.6 Cas d'utilisation et applications des VAE

Les Auto-encodeurs Variationnels (VAE) sont des modèles génératifs puissants qui ont suscité une attention considérable dans le domaine de l'apprentissage automatique en raison de leur large éventail d'applications potentielles. Ces modèles innovants sont connus pour leur capacité à apprendre des représentations latentes significatives des données, leur permettant de capturer la structure sous-jacente et la variabilité présente dans des ensembles de données complexes. Cette caractéristique unique leur permet de générer des données de haute qualité, les rendant particulièrement adaptés à une variété de tâches dans différents domaines.

Dans cette section, nous plongerons plus profondément dans le monde des VAE, explorant une multitude de cas d'utilisation et d'applications qui soulignent leur polyvalence et leur utilité pratique. Nous examinerons de plus près comment ces modèles peuvent être exploités dans différents scénarios, de la génération d'images à la détection d'anomalies, ainsi que leurs contributions potentielles au domaine de l'apprentissage non supervisé.

En plus de détailler ces applications, nous fournirons également des exemples de code étape par étape. Ces démonstrations pratiques illustreront comment les VAE peuvent être efficacement appliqués à ces tâches, offrant une approche pratique pour comprendre le fonctionnement et la mise en œuvre de ces puissants modèles génératifs.

5.6.1 Génération et reconstruction d'images

Les VAE ont de multiples applications, mais l'une des principales et des plus courantes se situe dans le domaine de la génération et de la reconstruction d'images. En utilisant les puissantes capacités des VAE, il est possible d'apprendre et de comprendre la distribution sous-jacente des données d'image. Ce processus d'apprentissage permet ensuite de générer de nouvelles images qui ressemblent étroitement aux données utilisées dans le processus d'entraînement.

Cette capacité unique des VAE s'avère très utile dans une variété de tâches. Dans le domaine de l'augmentation de données, par exemple, les VAE peuvent générer des données d'entraînement supplémentaires, ce qui peut être déterminant pour améliorer les performances des modèles d'apprentissage automatique. De plus, les VAE trouvent également une application dans le débruitage d'images, un processus où l'objectif est d'améliorer la qualité des images en éliminant le bruit.

Une autre application significative des VAE est dans l'inpainting d'images, qui consiste à combler les parties manquantes ou corrompues des images avec un contenu plausible. Cela se fait en apprenant à partir des données d'image existantes et en les utilisant pour prédire les éléments manquants, résultant ainsi en une image complète et cohérente.

Exemple : Génération d'images

```python
import numpy as np
import matplotlib.pyplot as plt

# Function to generate new images from the latent space
def generate_images(decoder, latent_dim, n_samples=10):
    random_latent_vectors = np.random.normal(size=(n_samples, latent_dim))
    generated_images = decoder.predict(random_latent_vectors)
    generated_images = generated_images.reshape((n_samples, 28, 28))

    plt.figure(figsize=(10, 2))
    for i in range(n_samples):
        plt.subplot(1, n_samples, i + 1)
        plt.imshow(generated_images[i], cmap='gray')
        plt.axis('off')
    plt.show()

# Generate and visualize new images
generate_images(decoder, latent_dim)
```

Ce script utilise les bibliothèques numpy et matplotlib pour créer et afficher de nouvelles images.

La fonction 'generate_images' génère de nouvelles images à partir de l'espace latent (caché) d'un décodeur donné. L'espace latent est une représentation compressée et abstraite des données au sein d'un modèle d'apprentissage automatique.

La fonction crée d'abord des vecteurs latents aléatoires d'une taille spécifiée à partir d'une distribution normale. Ensuite, elle utilise le décodeur pour générer des images à partir de ces vecteurs latents. Les images générées sont redimensionnées au format d'images de 28x28 pixels.

La bibliothèque matplotlib est utilisée pour visualiser les images générées. Une figure de taille 10x2 est créée, et chacune des images générées est affichée comme un sous-graphique en niveaux de gris.

Après avoir défini la fonction, le script l'appelle pour générer et visualiser de nouvelles images.

Exemple : Reconstruction d'image

```
# Function to reconstruct images using the VAE
def reconstruct_images(vae, x_test, n_samples=10):
    reconstructed_images = vae.predict(x_test[:n_samples])
    original_images = x_test[:n_samples].reshape((n_samples, 28, 28))
    reconstructed_images = reconstructed_images.reshape((n_samples, 28, 28))

    plt.figure(figsize=(10, 4))
    for i in range(n_samples):
        plt.subplot(2, n_samples, i + 1)
        plt.imshow(original_images[i], cmap='gray')
        plt.axis('off')
        plt.subplot(2, n_samples, n_samples + i + 1)
        plt.imshow(reconstructed_images[i], cmap='gray')
        plt.axis('off')
    plt.show()

# Reconstruct and visualize images
reconstruct_images(vae, x_test)
```

La deuxième partie de l'exemple définit la fonction 'reconstruct_images()'. Cette fonction est utilisée pour recréer des images à l'aide d'un Auto-encodeur Variationnel (VAE). Elle accepte un VAE, un ensemble test d'images 'x_test', et un paramètre optionnel 'n_samples' avec une valeur par défaut de 10.

À l'intérieur de la fonction, elle sélectionne d'abord un nombre d'échantillons de l'ensemble test et prédit leurs sorties en utilisant le VAE. Elle redimensionne ensuite ces sorties et les images originales pour qu'elles soient adaptées à l'affichage.

Un graphique est créé avec deux rangées : la première rangée affiche les images originales et la deuxième rangée affiche les images reconstruites. Les images originales et reconstruites sont affichées en niveaux de gris et sans axes.

Enfin, la fonction 'reconstruct_images()' est appelée avec le VAE et les images de test comme paramètres.

5.6.2 Augmentation de données

Les VAE ont la puissante capacité d'augmenter les jeux de données d'entraînement en générant des échantillons entièrement nouveaux. Cette capacité devient particulièrement avantageuse lorsqu'on traite des scénarios où les données disponibles sont limitées. En créant des données supplémentaires grâce à l'utilisation des VAE, nous pouvons augmenter substantiellement la quantité d'informations disponibles pour l'entraînement.

Cela aide, à son tour, à améliorer la performance des modèles d'apprentissage automatique en leur fournissant des données plus diverses pour l'apprentissage. De plus, cela contribue également à renforcer la robustesse de ces modèles, les équipant pour mieux gérer de nouvelles données non vues à l'avenir.

Exemple : Augmentation de données avec les VAE

```python
# Function to augment the dataset with generated images
def augment_dataset(decoder, x_train, y_train, latent_dim, n_augment=10000):
    random_latent_vectors = np.random.normal(size=(n_augment, latent_dim))
    generated_images = decoder.predict(random_latent_vectors)
    generated_images = generated_images.reshape((n_augment, 28, 28, 1))

    augmented_x_train = np.concatenate((x_train, generated_images), axis=0)
    augmented_y_train = np.concatenate((y_train, np.zeros((n_augment,))), axis=0)  #
Assuming class label 0 for generated images
    return augmented_x_train, augmented_y_train

# Augment the training dataset
augmented_x_train, augmented_y_train = augment_dataset(decoder, x_train, y_train,
latent_dim)
print(f"Original training data shape: {x_train.shape}")
print(f"Augmented training data shape: {augmented_x_train.shape}")
```

Cet exemple de code définit une fonction appelée "augment_dataset" qui génère de nouvelles données pour entraîner un modèle d'apprentissage automatique. Elle utilise un modèle de décodeur pour produire de nouvelles images à partir de vecteurs latents aléatoires, qui sont des tableaux de nombres que le décodeur peut transformer en images.

La fonction combine ensuite ces nouvelles images avec les données d'entraînement originales (x_train et y_train) pour créer un jeu de données d'entraînement "augmenté". L'objectif est généralement d'améliorer les performances du modèle en lui fournissant des données d'entraînement plus diverses. La fonction suppose que l'étiquette de classe pour ces images générées est 0.

Après avoir défini la fonction, le code l'utilise pour augmenter réellement le jeu de données d'entraînement et affiche les dimensions des jeux de données originaux et augmentés pour montrer la quantité de nouvelles données ajoutées.

5.6.3 Détection d'anomalies

Les Auto-encodeurs Variationnels ont la capacité d'être utilisés pour la détection d'anomalies. Ils y parviennent en apprenant et en se familiarisant avec la distribution normale des données. Une fois que cette distribution est bien établie et comprise, les VAE ont alors la capacité d'identifier les échantillons qui présentent un écart significatif par rapport à cette distribution apprise.

Ce processus et cette application des VAE peuvent être incroyablement bénéfiques dans une gamme de domaines et d'applications. Par exemple, dans le domaine de la détection des fraudes, les VAE peuvent aider à identifier les activités frauduleuses en reconnaissant les données qui ne correspondent pas aux modèles typiques.

De même, dans le domaine de la sécurité des réseaux, ils peuvent aider à identifier les menaces de sécurité potentielles qui s'écartent du flux de données réseau normal. De plus, dans la surveillance industrielle, les VAE peuvent être déterminants pour identifier les lectures ou les points de données anormaux qui pourraient signaler des problèmes ou des dysfonctionnements potentiels.

Par conséquent, l'utilisation des VAE dans ces applications peut aider à la détection précoce et à la prévention de problèmes potentiels.

Exemple : Détection d'anomalies avec les VAE

```
# Function to detect anomalies using the VAE
def detect_anomalies(vae, x_test, threshold=0.01):
    reconstructed_images = vae.predict(x_test)
    reconstruction_errors = np.mean(np.abs(x_test - reconstructed_images), axis=1)
    anomalies = reconstruction_errors > threshold
    return anomalies, reconstruction_errors

# Detect anomalies in the test dataset
anomalies, reconstruction_errors = detect_anomalies(vae, x_test)
print(f"Number of anomalies detected: {np.sum(anomalies)}")
```

Cet exemple définit une fonction detect_anomalies qui utilise un Auto-encodeur Variationnel (VAE) pour détecter des anomalies dans un jeu de données. La fonction prend un modèle VAE, un jeu de données de test et une valeur de seuil optionnelle comme entrées. Elle reconstruit les données de test en utilisant le VAE et calcule les erreurs de reconstruction.

Si l'erreur est supérieure au seuil, elle est considérée comme une anomalie. La fonction renvoie une liste de valeurs booléennes indiquant si chaque point de données est une anomalie, ainsi que les erreurs de reconstruction correspondantes.

Le code utilise ensuite cette fonction pour détecter les anomalies dans un jeu de données x_test en utilisant un modèle VAE vae, et affiche le nombre d'anomalies détectées.

5.6.4 Réduction de dimensionnalité et visualisation

Les VAE ont une application très puissante dans le domaine de la réduction de dimensionnalité. Le processus de réduction de dimensionnalité consiste à transformer des données de haute dimension en un espace de dimension inférieure sans perdre l'essence ou les caractéristiques clés des données originales. Les VAE sont capables de fournir une représentation compacte et de faible dimension de ces données de haute dimension.

Les avantages de la réduction de dimensionnalité deviennent évidents dans des tâches telles que la visualisation de données, où la représentation des données en deux ou trois dimensions rend les modèles plus discernables, et le clustering, où elle simplifie le processus de regroupement des points de données similaires.

Ainsi, l'utilisation des VAE peut améliorer considérablement l'efficacité et l'efficience de ces tâches.

Exemple : Réduction de dimensionnalité avec les VAE

```python
from sklearn.manifold import TSNE

# Function to perform dimensionality reduction and visualization
def visualize_latent_space(encoder, x_test, y_test, latent_dim):
    z_mean, _, _ = encoder.predict(x_test)
    tsne = TSNE(n_components=2)
    z_tsne = tsne.fit_transform(z_mean)

    plt.figure(figsize=(10, 10))
    scatter = plt.scatter(z_tsne[:, 0], z_tsne[:, 1], c=y_test, cmap='viridis')
    plt.colorbar(scatter)
    plt.xlabel('t-SNE dimension 1')
    plt.ylabel('t-SNE dimension 2')
    plt.title('2D Visualization of the Latent Space')
    plt.show()

# Visualize the latent space of the test dataset
visualize_latent_space(encoder, x_test, y_test, latent_dim)
```

Le code d'exemple utilise la technique de t-Distributed Stochastic Neighbor Embedding (t-SNE) de la bibliothèque sklearn pour réduire la dimensionnalité de la représentation encodée du jeu de données de test (x_test).

La fonction 'visualize_latent_space' visualise ces données de dimension inférieure dans un nuage de points, avec des couleurs indiquant les classes de données (y_test). Cela permet une visualisation en 2 dimensions de l'espace latent, ce qui peut aider à observer le regroupement ou la séparation des différentes classes dans l'espace latent.

5.6.5 Génération de texte et complétion de phrases

Les Auto-encodeurs Variationnels ont la capacité d'être étendus et adaptés pour manipuler des données séquentielles, comme les informations textuelles. Leur flexibilité dans le traitement de ce type de données leur permet d'être utilisés dans une multitude d'applications.

Par exemple, ils peuvent être utilisés dans le domaine de la génération de texte, où ils peuvent créer de nouveaux textes ou même des articles entiers. De plus, ils peuvent être employés dans la tâche de complétion de phrases, en comblant les mots ou expressions manquants dans une phrase donnée en fonction du contexte.

En outre, les VAE peuvent également être déterminants dans le domaine de la traduction automatique, où ils peuvent convertir un texte d'une langue à une autre tout en préservant le sens original. Ainsi, l'application des VAE dans ces domaines ouvre une multitude de possibilités pour les avancées dans le domaine du traitement du langage naturel.

Exemple : Génération de texte avec les VAE

```
# This example requires additional preprocessing and model setup for text data

from tensorflow.keras.preprocessing.text import Tokenizer
from tensorflow.keras.preprocessing.sequence import pad_sequences

# Load and preprocess text data (example with simple sentences)
texts = ["this is a sentence", "another example sentence", "more text data for VAE"]
tokenizer = Tokenizer()
tokenizer.fit_on_texts(texts)
sequences = tokenizer.texts_to_sequences(texts)
x_train_text = pad_sequences(sequences, padding='post')

# Define text VAE (similar architecture but with embedding and LSTM layers)
# Training and evaluation would follow similar steps as with image data

print("Text data preprocessing completed. Training text VAE would follow similar steps
as image VAE.")
```

Ce script est un exemple de base de prétraitement de données pour un Auto-encodeur Variationnel (VAE) textuel, utilisant le module Keras de TensorFlow.

Il commence par importer les modules nécessaires. Le script charge et prétraite ensuite quelques exemples de données textuelles. Cela comprend la tokenisation des phrases et leur conversion en séquences numériques qui sont ensuite complétées pour s'assurer qu'elles sont toutes de même longueur.

Il mentionne que la définition d'un VAE textuel nécessitera une architecture similaire à celle d'un VAE pour images, mais avec des couches d'embedding et LSTM. Le processus d'entraînement et d'évaluation suivrait également des étapes similaires à celles utilisées pour les données d'images. Le script se termine par l'affichage d'un message indiquant que le prétraitement des données textuelles est terminé et que l'entraînement du VAE textuel se déroulerait de manière similaire à celui d'un VAE pour images.

5.7 Avancées récentes dans les VAE

Depuis l'émergence des Auto-encodeurs Variationnels (VAE), il y a eu une évolution et un progrès significatifs dans ce domaine. L'objectif de ces avancées a constamment été de surmonter les limitations inhérentes aux VAE traditionnels et d'amplifier leurs performances dans un large éventail d'applications.

Dans cette section, nous nous plongerons dans une exploration approfondie de certains des développements les plus récents qui ont émergé dans le monde des VAE. Cela inclura un aperçu des architectures avancées qui ont été conçues pour améliorer la fonctionnalité et l'efficacité de ces systèmes. Nous discuterons également des techniques d'entraînement améliorées qui ont été développées pour optimiser le processus d'apprentissage de ces auto-encodeurs. De plus, nous aborderons les nouvelles applications où ces avancées ont été mises en œuvre avec succès et ont montré des résultats prometteurs.

Dans le but de fournir une compréhension approfondie de ces sujets, nous fournirons des explications détaillées qui décomposent les concepts complexes en informations digestes. De plus, nous partagerons des exemples de code pour vous donner une compréhension pratique et vous permettre d'implémenter ces avancées dans vos propres projets. Cette exploration détaillée vise à vous équiper des connaissances et des compétences nécessaires pour naviguer dans le paysage évolutif des Auto-encodeurs Variationnels.

5.7.1 Architectures VAE améliorées

Les avancées récentes de la recherche ont conduit à l'introduction de plusieurs améliorations architecturales significatives, spécifiquement conçues pour améliorer les performances des Auto-encodeurs Variationnels (VAE). Ces améliorations incluent les VAE hiérarchiques, les VAE discrets et les VQ-VAE, également connus sous le nom d'Auto-encodeurs Variationnels à Quantification Vectorielle.

Auto-encodeurs Variationnels Hiérarchiques (VAE)

Le monde de l'apprentissage automatique et de l'intelligence artificielle évolue constamment, et l'une des approches les plus innovantes qui a émergé est l'utilisation des Auto-encodeurs Variationnels Hiérarchiques (VAE). Cette technique représente une avancée significative dans le domaine et se distingue par sa structure unique.

Les VAE hiérarchiques introduisent plusieurs couches de variables latentes dans le processus de modélisation. Chacune de ces couches sert un objectif spécifique – elles capturent les dépendances hiérarchiques qui existent au sein des données. Cela signifie qu'elles sont capables de représenter différents niveaux d'abstraction au sein de la structure des données, rendant possible la compréhension et la modélisation des subtilités des données d'une manière plus nuancée.

Cette approche de la modélisation des données est particulièrement efficace lorsqu'on traite des distributions de données complexes. Comparés aux VAE standard, les VAE hiérarchiques offrent une méthode plus raffinée pour comprendre et interpréter les données. Ils permettent une analyse plus approfondie des données en capturant la structure hiérarchique inhérente à celles-ci.

Cela est particulièrement bénéfique dans les cas où les données présentent une structure hiérarchique, car cela permet une compréhension plus nuancée des modèles et des relations sous-jacents. Ces modèles et relations pourraient autrement être négligés dans des approches de modélisation plus traditionnelles, faisant des VAE hiérarchiques un outil précieux dans la boîte à outils de tout scientifique des données.

Concepts clés à retenir :

- Les VAE hiérarchiques incorporent plusieurs couches de variables latentes dans le processus de modélisation.

- Chaque couche dans la structure capture différents niveaux d'abstraction au sein des données.

- Les VAE hiérarchiques offrent une modélisation améliorée des distributions de données complexes, fournissant une compréhension plus nuancée des données.

Exemple : Implémentation de VAE hiérarchique

```python
import tensorflow as tf
from tensorflow.keras.layers import Input, Dense, Lambda, Layer
from tensorflow.keras.models import Model
from tensorflow.keras import backend as K

# Sampling layer using the reparameterization trick
class Sampling(Layer):
    def call(self, inputs):
        z_mean, z_log_var = inputs
        batch = tf.shape(z_mean)[0]
        dim = tf.shape(z_mean)[1]
        epsilon = K.random_normal(shape=(batch, dim))
        return z_mean + K.exp(0.5 * z_log_var) * epsilon

# Hierarchical Encoder network
def build_hierarchical_encoder(input_shape, latent_dim1, latent_dim2):
    inputs = Input(shape=input_shape)
    x = Dense(512, activation='relu')(inputs)
    z_mean1 = Dense(latent_dim1, name='z_mean1')(x)
    z_log_var1 = Dense(latent_dim1, name='z_log_var1')(x)
    z1 = Sampling()([z_mean1, z_log_var1])
```

```python
    x = Dense(256, activation='relu')(z1)
    z_mean2 = Dense(latent_dim2, name='z_mean2')(x)
    z_log_var2 = Dense(latent_dim2, name='z_log_var2')(x)
    z2 = Sampling()([z_mean2, z_log_var2])

    return Model(inputs, [z_mean1, z_log_var1, z1, z_mean2, z_log_var2, z2],
name='hierarchical_encoder')

# Hierarchical Decoder network
def build_hierarchical_decoder(latent_dim2, latent_dim1, output_shape):
    latent_inputs2 = Input(shape=(latent_dim2,))
    x = Dense(256, activation='relu')(latent_inputs2)

    z_mean1 = Dense(latent_dim1, name='z_mean1')(x)
    z_log_var1 = Dense(latent_dim1, name='z_log_var1')(x)
    z1 = Sampling()([z_mean1, z_log_var1])

    x = Dense(512, activation='relu')(z1)
    outputs = Dense(output_shape, activation='sigmoid')(x)
    return Model(latent_inputs2, outputs, name='hierarchical_decoder')

# Define the input shape and latent dimensions
input_shape = (784,)
latent_dim1 = 8
latent_dim2 = 2

# Build the hierarchical encoder and decoder
hierarchical_encoder = build_hierarchical_encoder(input_shape, latent_dim1,
latent_dim2)
hierarchical_decoder = build_hierarchical_decoder(latent_dim2, latent_dim1,
input_shape[0])

# Define the Hierarchical VAE model
inputs = Input(shape=input_shape)
z_mean1, z_log_var1, z1, z_mean2, z_log_var2, z2 = hierarchical_encoder(inputs)
outputs = hierarchical_decoder(z2)
hierarchical_vae = Model(inputs, outputs, name='hierarchical_vae')

# Define the Hierarchical VAE loss function
def hierarchical_vae_loss(inputs, outputs, z_mean1, z_log_var1, z_mean2, z_log_var2):
    reconstruction_loss = tf.keras.losses.binary_crossentropy(inputs, outputs)
    reconstruction_loss *= input_shape[0]

    kl_loss1 = 1 + z_log_var1 - K.square(z_mean1) - K.exp(z_log_var1)
    kl_loss1 = K.sum(kl_loss1, axis=-1)
    kl_loss1 *= -0.5

    kl_loss2 = 1 + z_log_var2 - K.square(z_mean2) - K.exp(z_log_var2)
    kl_loss2 = K.sum(kl_loss2, axis=-1)
    kl_loss2 *= -0.5

    return K.mean(reconstruction_loss + kl_loss1 + kl_loss2)
```

```
# Compile the Hierarchical VAE model
hierarchical_vae.compile(optimizer='adam', loss=lambda x, y: hierarchical_vae_loss(x,
y, z_mean1, z_log_var1, z_mean2, z_log_var2))

# Train the Hierarchical VAE model
hierarchical_vae.fit(x_train,       x_train,       epochs=50,       batch_size=128,
validation_data=(x_test, x_test))
```

Dans cet exemple :

Le script commence par importer les bibliothèques nécessaires et définir une couche d'Échantillonnage, qui implémente l'astuce de reparamétrisation pour permettre la rétropropagation à travers l'étape d'échantillonnage aléatoire du VAE.

Deux fonctions sont définies pour construire les réseaux d'encodeur et de décodeur hiérarchiques. Ces réseaux sont composés de couches Dense avec des fonctions d'activation ReLU. L'encodeur produit les moyennes et les log-variances de deux espaces latents distincts, et le décodeur prend le second espace latent comme entrée pour reconstruire l'entrée originale.

Le script définit ensuite la forme d'entrée et les dimensions des deux espaces latents, construit l'encodeur et le décodeur, et assemble le modèle VAE complet.

Après cela, une fonction de perte personnalisée est définie, qui comprend la perte de reconstruction (mesurée comme l'entropie croisée binaire entre l'entrée et la sortie) et deux termes distincts de divergence KL pour les deux espaces latents, appliquant ainsi le principe variationnel.

Ensuite, le modèle VAE est compilé avec l'optimiseur Adam et la fonction de perte personnalisée, et enfin, il est entraîné sur les données d'apprentissage pendant un nombre spécifié d'époques.

Auto-encodeurs Variationnels à Quantification Vectorielle (VQ-VAEs)

Les VQ-VAEs représentent une avancée notable dans le domaine de l'apprentissage profond et des auto-encodeurs, car ils introduisent le concept de variables latentes discrètes. Cette combinaison des capacités des Auto-encodeurs Variationnels (VAEs) avec les avantages des représentations discrètes constitue une avancée significative pour le domaine.

Dans un VAE conventionnel, les variables latentes sont continues, ce qui peut parfois limiter leur efficacité. Cependant, en rendant ces variables latentes discrètes, les VQ-VAEs sont capables de surmonter ces limitations. Cette approche peut conduire à de meilleures performances dans certaines tâches, particulièrement celles qui peuvent bénéficier de représentations discrètes, comme la génération et la compression d'images.

Concepts clés :

- L'introduction de variables latentes discrètes : C'est une rupture significative par rapport aux variables latentes continues généralement utilisées dans les VAEs, repoussant les limites de ce qui est possible avec ces modèles.

- Amélioration des performances dans les tâches nécessitant des représentations discrètes : En utilisant des variables latentes discrètes, les VQ-VAEs sont capables d'améliorer les performances dans les tâches où les représentations discrètes peuvent offrir un avantage, comme dans la génération et la compression d'images.

Exemple : Implémentation de VQ-VAE

```python
import tensorflow as tf
from tensorflow.keras.layers import Input, Dense, Conv2D, Conv2DTranspose, Embedding
from tensorflow.keras.models import Model
from tensorflow.keras import backend as K

# Vector Quantization layer
class VectorQuantizer(Layer):
    def __init__(self, num_embeddings, embedding_dim):
        super(VectorQuantizer, self).__init__()
        self.num_embeddings = num_embeddings
        self.embedding_dim = embedding_dim
        self.embeddings         =         self.add_weight(shape=(self.num_embeddings,
self.embedding_dim),
                                        initializer='uniform', trainable=True)

    def call(self, inputs):
        flat_inputs = tf.reshape(inputs, [-1, self.embedding_dim])
        distances = (tf.reduce_sum(flat_inputs**2, axis=1, keepdims=True)
                    + tf.reduce_sum(self.embeddings**2, axis=1)
                    - 2 * tf.matmul(flat_inputs, self.embeddings, transpose_b=True))
        encoding_indices = tf.argmax(-distances, axis=1)
        encodings = tf.one_hot(encoding_indices, self.num_embeddings)
        quantized = tf.matmul(encodings, self.embeddings)
        quantized = tf.reshape(quantized, tf.shape(inputs))
        return quantized, encodings

# Encoder network for VQ-VAE
def build_vqvae_encoder(input_shape, latent_dim):
    inputs = Input(shape=input_shape)
    x = Conv2D(32, 4, activation='relu', strides=2, padding='same')(inputs)
    x = Conv2D(64, 4, activation='relu', strides=2, padding='same')(x)
    x = Conv2D(128, 4, activation='relu', strides=2, padding='same')(x)
    x = Conv2D(latent_dim, 1, activation=None)(x)
    return Model(inputs, x, name='vqvae_encoder')

# Decoder network for VQ-VAE
def build_vqvae_decoder(latent_dim, output_shape):
    latent_inputs = Input(shape=(output_shape[0]//8, output_shape[1]//8, latent_dim))
    x    =    Conv2DTranspose(128,    4,    activation='relu',    strides=2,
padding='same')(latent_inputs)
```

```
    x = Conv2DTranspose(64, 4, activation='relu', strides=2, padding='same')(x)
    x = Conv2DTranspose(32, 4, activation='relu', strides=2, padding='same')(x)
    outputs = Conv2DTranspose(output_shape[-1], 1, activation='sigmoid')(x)
    return Model(latent_inputs, outputs, name='vqvae_decoder')

# Define the input shape and latent dimension
input_shape = (28, 28, 1)
latent_dim = 64
num_embeddings = 512

# Build the VQ-VAE encoder and decoder
vqvae_encoder = build_vqvae_encoder(input_shape, latent_dim)
vqvae_decoder = build_vqvae_decoder(latent_dim, input_shape)

# Define the VQ-VAE model
inputs = Input(shape=input_shape)
encoder_output = vqvae_encoder(inputs)
quantized, encodings = VectorQuantizer(num_embeddings, latent_dim)(encoder_output)
outputs = vqvae_decoder(quantized)
vqvae = Model(inputs, outputs, name='vqvae')

# Define the VQ-VAE loss function
def vqvae_loss(inputs, outputs, quantized, encoder_output):
    reconstruction_loss = tf.keras.losses.binary_crossentropy(inputs, outputs)
    reconstruction_loss = tf.reduce_mean(reconstruction_loss)

    commitment_loss      =       tf.reduce_mean((tf.stop_gradient(quantized) -
encoder_output)**2)
    quantization_loss      =          tf.reduce_mean((quantized -
tf.stop_gradient(encoder_output))**2)

    return reconstruction_loss + commitment_loss + quantization_loss

# Compile the VQ-VAE model
vqvae.compile(optimizer='adam', loss=lambda x, y

: vqvae_loss(x, y, quantized, encoder_output))

# Train the VQ-VAE model
vqvae.fit(x_train, x_train, epochs=50, batch_size=128, validation_data=(x_test,
x_test))
```

Dans cet exemple :

Le code commence par importer les modules nécessaires de TensorFlow. Il procède ensuite à définir une couche personnalisée, VectorQuantizer, qui sera utilisée pour quantifier la sortie du réseau encodeur. Cette couche est définie comme une classe qui hérite de la classe Layer de Keras, l'API de haut niveau de TensorFlow pour construire et entraîner des modèles d'apprentissage profond. La classe VectorQuantizer comprend une méthode d'initialisation qui configure les paramètres nécessaires et une méthode intégrée, call, qui définit la logique de la couche.

Suite à la définition de la couche VectorQuantizer, le code définit deux fonctions pour construire les réseaux encodeur et décodeur du modèle VQ-VAE. Le réseau encodeur est construit en utilisant des couches Conv2D, qui sont adaptées au traitement des données en forme de grille comme les images. Le réseau décodeur, quant à lui, est construit en utilisant des couches Conv2DTranspose, qui sont utilisées pour l'upsampling des cartes de caractéristiques du réseau encodeur.

Une fois les réseaux encodeur et décodeur définis, le modèle VQ-VAE est alors défini. Cela implique de définir la couche d'entrée, de la faire passer par le réseau encodeur, de quantifier la sortie à l'aide de la couche VectorQuantizer, et enfin de faire passer la sortie quantifiée par le réseau décodeur. Le modèle est donc un composite des réseaux encodeur, VectorQuantizer et décodeur.

Ensuite, la fonction de perte du modèle VQ-VAE est définie. Cette fonction de perte est une composition de la perte de reconstruction, qui mesure à quel point le VQ-VAE peut reconstruire ses données d'entrée à partir des représentations encodées et quantifiées, et de la perte d'engagement, qui encourage la sortie de l'encodeur à être proche de la sortie du VectorQuantizer.

Une fois le modèle VQ-VAE et sa fonction de perte définis, le modèle peut alors être compilé. L'étape de compilation implique de spécifier l'optimiseur à utiliser pour l'entraînement du modèle (dans ce cas, l'optimiseur Adam est utilisé) et la fonction de perte. Dans ce cas, une fonction lambda est utilisée pour envelopper la fonction de perte personnalisée afin qu'elle puisse recevoir les arguments nécessaires.

Enfin, le modèle VQ-VAE est entraîné en utilisant les données d'entraînement avec la fonction de perte et l'optimiseur définis. Les données d'entraînement sont passées à la méthode fit du modèle, qui entraîne le modèle pendant un nombre spécifié d'époques.

Ce code représente un pipeline complet pour construire, compiler et entraîner un modèle VQ-VAE en utilisant TensorFlow. Il met en évidence la flexibilité et la puissance de TensorFlow pour construire des modèles d'apprentissage profond complexes.

5.7.2 Techniques d'entraînement améliorées

Ces dernières années, il y a eu un certain nombre d'avancées significatives dans les techniques d'entraînement utilisées pour les Auto-encodeurs Variationnels (VAE). Ces percées ont eu un effet transformateur sur la performance globale des VAE, améliorant leurs capacités et les rendant plus efficaces et efficients.

Parmi les techniques les plus impactantes figurent la pondération d'importance, l'entraînement adversarial et l'implémentation d'algorithmes d'optimisation avancés. La pondération d'importance est une méthode qui attribue des poids variables à différentes parties des données, mettant effectivement l'accent sur les zones les plus critiques pendant l'entraînement.

L'entraînement adversarial, d'autre part, implique l'utilisation de deux réseaux de neurones en compétition pour améliorer la performance et la robustesse des VAE. Enfin, l'utilisation d'algorithmes d'optimisation avancés a permis aux chercheurs d'affiner les VAE de manières qui n'étaient pas possibles auparavant, conduisant à des résultats plus précis et fiables.

Auto-encodeurs à pondération d'importance (IWAE)

Les Auto-encodeurs à pondération d'importance, ou plus communément appelés IWAE, sont une technique innovante qui utilise le concept d'échantillonnage d'importance pour fournir une borne plus précise et plus serrée sur la log-vraisemblance. Cette méthodologie améliore significativement le processus d'entraînement et la performance globale des Auto-encodeurs Variationnels (VAE), un type populaire d'auto-encodeur utilisé pour les modèles génératifs.

Concepts clés expliqués :

- Échantillonnage d'importance : C'est une technique statistique qui est utilisée pour estimer les propriétés d'une population particulière, dans ce cas, la distribution du modèle. Dans le contexte des IWAE, elle permet une estimation plus efficace de la log-vraisemblance.

- Borne plus serrée sur la log-vraisemblance : La log-vraisemblance est une mesure de la probabilité des données observées, étant donné les paramètres du modèle. Une borne plus serrée sur cette mesure implique un modèle plus précis, et dans le cas des IWAE, ceci est réalisé grâce à l'utilisation de l'échantillonnage d'importance.

Exemple : Implémentation d'IWAE

```python
# Define the IWAE loss function
def iwae_loss(inputs, outputs, z_mean, z_log_var, k=5):
    reconstruction_loss = tf.keras.losses.binary_crossentropy(inputs, outputs)
    reconstruction_loss *= input_shape[0]

    kl_loss = 1 + z_log_var - K.square(z_mean) - K.exp(z_log_var)
    kl_loss = K.sum(kl_loss, axis=-1)
    kl_loss *= -0.5

    log_w = -reconstruction_loss - kl_loss
    log_w = tf.reshape(log_w, (-1, k))
    w = tf.nn.softmax(log_w, axis=-1)
    return -tf.reduce_mean(tf.reduce_sum(w * log_w, axis=-1))

# Compile the IWAE model
vae.compile(optimizer='adam', loss=lambda x, y: iwae_loss(x, y, z_mean, z_log_var, k=5))

# Train the IWAE model
vae.fit(x_train, x_train, epochs=50, batch_size=128, validation_data=(x_test, x_test))
```

Cet exemple utilise les bibliothèques TensorFlow et Keras pour implémenter l'entraînement d'un modèle d'Auto-encodeur Variationnel (VAE) avec une fonction de perte spécifique connue sous le nom de perte d'Auto-encodeur à Pondération d'Importance (IWAE).

La fonction 'iwae_loss' est définie pour calculer la valeur de perte pour le modèle VAE. Elle calcule la perte de reconstruction (qui mesure la capacité du VAE à reconstruire les données d'entrée) et la perte de divergence de Kullback-Leibler (KL) (qui mesure à quel point la distribution de la variable latente s'écarte d'une distribution normale standard).

Un aspect important de l'IWAE est l'utilisation de multiples échantillons 'k' de l'espace latent, et la pondération de ces échantillons dans le calcul final de la perte. Ceci est réalisé en appliquant la fonction softmax aux poids logarithmiques, puis en utilisant ces poids pour calculer la perte finale.

Le modèle VAE est ensuite compilé en utilisant l'optimiseur 'adam' et la fonction 'iwae_loss' comme fonction de perte. Enfin, le modèle VAE est entraîné sur les données 'x_train' pendant 50 époques avec une taille de lot de 128, et validé sur les données 'x_test'.

5.7.3 Applications Novatrices

Les Auto-encodeurs Variationnels, ou VAE, ont été employés de manière innovante dans une variété d'applications qui dépassent les frontières des tâches traditionnelles de modélisation générative. Ces applications uniques englobent des domaines tels que l'apprentissage semi-supervisé, l'apprentissage par renforcement, et même la découverte de médicaments.

Apprentissage Semi-Supervisé

Dans le domaine de l'apprentissage semi-supervisé, les VAE peuvent être exploités d'une manière qui tire parti à la fois des données étiquetées et non étiquetées. Cette méthodologie améliore les performances sur des tâches où la disponibilité des données étiquetées pourrait être limitée.

En combinant l'utilisation des données étiquetées et non étiquetées, les VAE peuvent aider à construire des modèles plus robustes et précis, offrant un avantage dans des scénarios où l'acquisition de données étiquetées suffisantes est difficile ou coûteuse.

Résumé

Les avancées récentes dans les Auto-encodeurs Variationnels (VAE) ont considérablement amélioré leurs performances et élargi leurs applications. Des architectures améliorées, telles que les VAE hiérarchiques et les VQ-VAE, offrent de meilleures capacités de modélisation pour les distributions de données complexes. Les techniques d'entraînement avancées, notamment la pondération d'importance et l'entraînement adversarial, conduisent à un entraînement plus efficace et à de meilleures performances génératives.

De plus, les VAE ont trouvé des applications novatrices dans l'apprentissage semi-supervisé, l'apprentissage par renforcement et la découverte de médicaments, démontrant leur polyvalence et leur potentiel dans divers domaines. En comprenant et en implémentant ces avancées récentes, vous pouvez exploiter toute la puissance des VAE pour une large gamme de tâches et d'applications.

Exercices Pratiques

Cette section propose des exercices pratiques pour renforcer votre compréhension des Auto-encodeurs Variationnels (VAE) et leurs variantes. Chaque exercice comprend un énoncé du problème et une solution avec des exemples de code le cas échéant.

Exercice 1 : Implémenter un VAE Basique

Énoncé du problème : Implémentez un Auto-encodeur Variationnel (VAE) basique en utilisant TensorFlow et Keras. Entraînez le VAE sur le jeu de données MNIST et visualisez les images reconstruites.

Solution :

```python
import tensorflow as tf
from tensorflow.keras.layers import Input, Dense, Lambda, Layer
from tensorflow.keras.models import Model
from tensorflow.keras import backend as K
import numpy as np
import matplotlib.pyplot as plt

# Load the MNIST dataset
(x_train, _), (x_test, _) = tf.keras.datasets.mnist.load_data()
x_train = x_train.astype('float32') / 255.
x_test = x_test.astype('float32') / 255.
x_train = x_train.reshape((x_train.shape[0], -1))
x_test = x_test.reshape((x_test.shape[0], -1))

# Sampling layer using the reparameterization trick
class Sampling(Layer):
    def call(self, inputs):
        z_mean, z_log_var = inputs
        batch = tf.shape(z_mean)[0]
        dim = tf.shape(z_mean)[1]
        epsilon = K.random_normal(shape=(batch, dim))
        return z_mean + K.exp(0.5 * z_log_var) * epsilon

# Encoder network
def build_encoder(input_shape, latent_dim):
    inputs = Input(shape=input_shape)
    x = Dense(512, activation='relu')(inputs)
    x = Dense(256, activation='relu')(x)
    z_mean = Dense(latent_dim, name='z_mean')(x)
    z_log_var = Dense(latent_dim, name='z_log_var')(x)
    z = Sampling()([z_mean, z_log_var])
    return Model(inputs, [z_mean, z_log_var, z], name='encoder')
```

```python
# Decoder network
def build_decoder(latent_dim, output_shape):
    latent_inputs = Input
```

```python
(shape=(latent_dim,))
    x = Dense(256, activation='relu')(latent_inputs)
    x = Dense(512, activation='relu')(x)
    outputs = Dense(output_shape, activation='sigmoid')(x)
    return Model(latent_inputs, outputs, name='decoder')

# Define the input shape and latent dimension
input_shape = (784,)
latent_dim = 2

# Build the encoder and decoder
encoder = build_encoder(input_shape, latent_dim)
decoder = build_decoder(latent_dim, input_shape[0])

# Define the VAE model
inputs = Input(shape=input_shape)
z_mean, z_log_var, z = encoder(inputs)
outputs = decoder(z)
vae = Model(inputs, outputs, name='vae')

# Define the VAE loss function
def vae_loss(inputs, outputs, z_mean, z_log_var):
    reconstruction_loss = tf.keras.losses.binary_crossentropy(inputs, outputs)
    reconstruction_loss *= input_shape[0]

    kl_loss = 1 + z_log_var - K.square(z_mean) - K.exp(z_log_var)
    kl_loss = K.sum(kl_loss, axis=-1)
    kl_loss *= -0.5

    return K.mean(reconstruction_loss + kl_loss)

# Compile the VAE model
vae.compile(optimizer='adam', loss=lambda x, y: vae_loss(x, y, z_mean, z_log_var))

# Train the VAE model
vae.fit(x_train,  x_train,  epochs=50,  batch_size=128,  validation_data=(x_test,
x_test))

# Reconstruct images
def reconstruct_images(vae, x_test, n_samples=10):
    reconstructed_images = vae.predict(x_test[:n_samples])
    original_images = x_test[:n_samples].reshape((n_samples, 28, 28))
    reconstructed_images = reconstructed_images.reshape((n_samples, 28, 28))

    plt.figure(figsize=(10, 4))
    for i in range(n_samples):
```

```
        plt.subplot(2, n_samples, i + 1)
        plt.imshow(original_images[i], cmap='gray')
        plt.axis('off')
        plt.subplot(2, n_samples, n_samples + i + 1)
        plt.imshow(reconstructed_images[i], cmap='gray')
        plt.axis('off')
    plt.show()

# Visualize the reconstructed images
reconstruct_images(vae, x_test)
```

Exercice 2 : Implémenter un Beta-VAE

Énoncé du problème : Implémentez un Beta-VAE en modifiant le VAE de base pour inclure un hyperparamètre bêta. Entraînez le Beta-VAE sur le jeu de données MNIST et visualisez l'espace latent.

Solution :

```
# Define the Beta-VAE loss function
def beta_vae_loss(inputs, outputs, z_mean, z_log_var, beta=4.0):
    reconstruction_loss = tf.keras.losses.binary_crossentropy(inputs, outputs)
    reconstruction_loss *= input_shape[0]

    kl_loss = 1 + z_log_var - K.square(z_mean) - K.exp(z_log_var)
    kl_loss = K.sum(kl_loss, axis=-1)
    kl_loss *= -0.5

    return K.mean(reconstruction_loss + beta * kl_loss)

# Compile the Beta-VAE model
vae.compile(optimizer='adam', loss=lambda x, y: beta_vae_loss(x, y, z_mean, z_log_var,
beta=4.0))

# Train the Beta-VAE model
vae.fit(x_train,  x_train,  epochs=50,  batch_size=128,  validation_data=(x_test,
x_test))

# Visualize the latent space
def plot_latent_space(encoder, x_test, y_test, n_samples=10000):
    z_mean, _, _ = encoder.predict(x_test)
    plt.figure(figsize=(10, 10))
    scatter  =  plt.scatter(z_mean[:n_samples,  0],  z_mean[:n_samples,  1],
c=y_test[:n_samples], cmap='viridis')
    plt.colorbar(scatter)
    plt.xlabel('z[0]')
    plt.ylabel('z[1]')
    plt.title('Latent Space')
    plt.show()

# Plot the latent space
```

```
plot_latent_space(encoder, x_test, _)
```

Exercice 3 : Implémenter un Auto-encodeur Variationnel Conditionnel (CVAE)

Énoncé du problème : Implémentez un Auto-encodeur Variationnel Conditionnel (CVAE) qui se conditionne sur les étiquettes de chiffres du jeu de données MNIST. Entraînez le CVAE et générez des images conditionnées sur des étiquettes spécifiques.

Solution :

```python
from tensorflow.keras.layers import Concatenate

# Encoder network for CVAE
def build_cvae_encoder(input_shape, num_classes, latent_dim):
    inputs = Input(shape=input_shape)
    labels = Input(shape=(num_classes,))
    x = Dense(512, activation='relu')(inputs)
    x = Concatenate()([x, labels])
    x = Dense(256, activation='relu')(x)
    z_mean = Dense(latent_dim, name='z_mean')(x)
    z_log_var = Dense(latent_dim, name='z_log_var')(x)
    z = Sampling()([z_mean, z_log_var])
    return Model([inputs, labels], [z_mean, z_log_var, z], name='cvae_encoder')

# Decoder network for CVAE
def build_cvae_decoder(latent_dim, num_classes, output_shape):
    latent_inputs = Input(shape=(latent_dim,))
    labels = Input(shape=(num_classes,))
    x = Dense(256, activation='relu')(latent_inputs)
    x = Concatenate()([x, labels])
    x = Dense(512, activation='relu')(x)
    outputs = Dense(output_shape, activation='sigmoid')(x)
    return Model([latent_inputs, labels], outputs, name='cvae_decoder')

# Define the input shape, number of classes, and latent dimension
input_shape = (784,)
num_classes = 10
latent_dim = 2

# Build the encoder and decoder for CVAE
cvae_encoder = build_cvae_encoder(input_shape, num_classes, latent_dim)
cvae_decoder = build_cvae_decoder(latent_dim, num_classes, input_shape[0])

# Define the Conditional VAE model
inputs = Input(shape=input_shape)
labels = Input(shape=(num_classes,))
z_mean, z_log_var, z = cvae_encoder([inputs, labels])
outputs = cvae_decoder([z, labels])
cvae = Model([inputs, labels], outputs, name='cvae')

# Define the CVAE loss function
```

```python
def cvae_loss(inputs, outputs, z_mean, z_log_var):
    reconstruction_loss = tf.keras.losses.binary_crossentropy(inputs, outputs)
    reconstruction_loss *= input_shape[0]

    kl_loss = 1 + z_log_var - K.square(z_mean) - K.exp(z_log_var)
    kl_loss = K.sum(kl_loss, axis=-1)
    kl_loss *= -0.5

    return K.mean(reconstruction_loss + kl_loss)

# Compile the CVAE model
cvae.compile(optimizer='adam', loss=lambda x, y: cvae_loss(x, y, z_mean, z_log_var))

# Prepare the labels for training
y_train = tf.keras.utils.to_categorical(_, num_classes)
y_test = tf.keras.utils.to_categorical(_, num_classes)

# Train the CVAE model
cvae.fit([x_train,     y_train],     x_train,     epochs=50,     batch_size=128,
validation_data=([x_test, y_test], x_test))

# Generate images conditioned on specific labels
def    generate_conditioned_images(cvae_decoder,    label,    latent_dim,    num_classes,
n_samples=10):
    label_vector = tf.keras.utils.to_categorical([label] * n_samples, num_classes)
    random_latent_vectors = np.random.normal(size=(n_samples, latent_dim))
    generated_images = cvae_decoder.predict([random_latent_vectors, label_vector])
    generated_images = generated_images.reshape((n_samples, 28, 28))

    plt.figure(figsize=(10, 2))
    for i in range(n_samples):
        plt.subplot(1, n_samples, i + 1)
        plt.imshow(generated_images[i], cmap='gray')
        plt.axis('off')
    plt.show()

# Generate and visualize images conditioned on the digit '5'
generate_conditioned_images(cvae_decoder, 5, latent_dim, num_classes)
```

Ces exercices pratiques offrent une expérience pratique avec les Auto-encodeurs Variationnels (VAE) et leurs variations. En implémentant un VAE basique, un Beta-VAE et un VAE Conditionnel, vous pouvez approfondir votre compréhension de ces modèles et de leurs applications.

Ces exercices couvrent les aspects essentiels des VAE, notamment la génération d'images, la reconstruction, la visualisation des espaces latents et la génération conditionnelle, vous aidant à appliquer ces techniques à diverses tâches de modélisation générative.

Résumé du chapitre

Dans ce chapitre, nous avons plongé dans le monde fascinant des Auto-encodeurs Variationnels (VAE), explorant leurs fondements théoriques, leurs conceptions architecturales, leurs processus d'entraînement et leurs variations avancées. Les VAE sont une puissante classe de modèles génératifs qui combinent réseaux de neurones et modélisation probabiliste pour apprendre des représentations latentes significatives et générer de nouveaux échantillons de données.

Nous avons commencé par comprendre les concepts fondamentaux des VAE. Les VAE utilisent l'inférence variationnelle pour approximer des distributions de probabilité complexes, permettant au modèle de mapper les données d'entrée vers un espace latent probabiliste, puis de générer des échantillons de données à partir de cet espace latent. Cette approche implique deux composantes principales : l'encodeur, qui compresse les données d'entrée en variables latentes, et le décodeur, qui reconstruit les données à partir de ces variables latentes. L'astuce de reparamétrisation, une technique clé dans les VAE, garantit que le modèle peut être entraîné en utilisant des méthodes d'optimisation standard basées sur le gradient.

Ensuite, nous avons exploré l'architecture détaillée des VAE, y compris la conception des réseaux encodeur et décodeur. Nous avons implémenté ces composants en utilisant TensorFlow et Keras, montrant comment construire et entraîner un modèle VAE basique sur le jeu de données MNIST. Nous avons également examiné la fonction de perte des VAE, qui combine la perte de reconstruction et la divergence KL, garantissant que l'espace latent soit à la fois utile et aligné avec une distribution a priori.

Le processus d'entraînement des VAE a été couvert en détail, du prétraitement des données à l'optimisation du modèle. Nous avons souligné l'importance de surveiller la progression de l'entraînement et d'évaluer les performances du modèle. Des métriques quantitatives telles que la Perte de Reconstruction, la Divergence KL, le Score d'Inception (IS) et la Distance d'Inception de Fréchet (FID) ont été discutées, fournissant des mesures objectives pour évaluer la qualité et la diversité des échantillons générés. Nous avons également souligné l'importance de l'évaluation qualitative par inspection visuelle et traversée de l'espace latent.

En plus du VAE standard, nous avons exploré plusieurs variations avancées, notamment le Beta-VAE et le VAE Conditionnel (CVAE). Le Beta-VAE introduit un hyperparamètre pour équilibrer le compromis entre la précision de reconstruction et la séparation de l'espace latent, tandis que le CVAE permet une génération de données contrôlée en conditionnant le modèle sur des informations supplémentaires, telles que des étiquettes de classe.

Nous avons discuté du large éventail d'applications des VAE, de la génération et reconstruction d'images à l'augmentation de données, la détection d'anomalies, la réduction de dimensionnalité et la génération de texte. Les VAE se sont avérés être des outils polyvalents pour la modélisation générative, avec des applications couvrant de multiples domaines.

Enfin, nous avons examiné les avancées récentes dans la recherche sur les VAE, y compris les VAE hiérarchiques, les VAE à Quantification Vectorielle (VQ-VAE), et les techniques d'entraînement améliorées comme les Auto-encodeurs à Pondération d'Importance (IWAE). Ces avancées ont considérablement amélioré la performance et l'applicabilité des VAE, ouvrant de nouvelles possibilités pour la recherche et les applications pratiques.

Grâce à des exercices pratiques, nous avons renforcé les concepts couverts dans le chapitre, offrant une expérience pratique de l'implémentation et de l'évaluation des VAE et de leurs variations. En maîtrisant ces techniques, vous êtes bien équipé pour exploiter les VAE pour un large éventail de tâches de modélisation générative, exploitant leur potentiel pour répondre à divers défis en apprentissage automatique et en science des données.

Cette exploration complète des VAE fournit non seulement une base solide en modélisation générative, mais encourage également l'expérimentation et l'innovation futures, ouvrant la voie à de futures avancées dans le domaine.

Chapitre 6 : Projet : Génération de chiffres manuscrits avec les VAE

Dans ce chapitre, nous entreprendrons un projet pratique pour générer des chiffres manuscrits en utilisant les Auto-encodeurs Variationnels (VAE). Ce projet offrira une expérience pratique de l'ensemble du processus des VAE, de la collecte et du prétraitement des données à la construction, l'entraînement et l'évaluation du modèle. À la fin de ce chapitre, vous aurez une compréhension approfondie de l'application des VAE aux données réelles et de la génération d'images de haute qualité.

Notre projet se concentrera sur le jeu de données MNIST, un ensemble de données de référence de chiffres manuscrits couramment utilisé en apprentissage automatique. Le jeu de données MNIST contient 70 000 images en niveaux de gris de chiffres (0-9), chacune de taille 28x28 pixels. Nous exploiterons la puissance des VAE pour apprendre la distribution sous-jacente de ces chiffres et générer de nouveaux échantillons réalistes.

Nous aborderons les sujets suivants dans ce chapitre :

1. Collecte et prétraitement des données

2. Création du modèle

3. Entraînement du VAE

4. Génération de nouveaux chiffres manuscrits

5. Évaluation du modèle

Commençons par la première étape de notre projet : la collecte et le prétraitement des données.

6.1 Collecte et prétraitement des données

La collecte et le prétraitement des données sont des étapes cruciales dans tout projet d'apprentissage automatique. Des données correctement préparées garantissent que le modèle peut apprendre efficacement et bien généraliser à de nouvelles données. Dans cette section, nous nous concentrerons sur la collecte du jeu de données MNIST et son prétraitement pour le rendre adapté à l'entraînement de notre VAE.

6.1.1 Collecte du jeu de données MNIST

Le jeu de données MNIST est facilement disponible dans de nombreuses bibliothèques d'apprentissage automatique, notamment TensorFlow et Keras. Nous utiliserons TensorFlow pour télécharger et charger le jeu de données. Celui-ci est divisé en un ensemble d'entraînement de 60 000 images et un ensemble de test de 10 000 images.

Exemple : Chargement du jeu de données MNIST

```
import tensorflow as tf

# Load the MNIST dataset
(x_train, y_train), (x_test, y_test) = tf.keras.datasets.mnist.load_data()

# Print the shape of the datasets
print(f"Training data shape: {x_train.shape}")
print(f"Test data shape: {x_test.shape}")
```

Le code d'exemple sert à importer la bibliothèque TensorFlow, à charger le jeu de données MNIST et à afficher les dimensions des ensembles d'entraînement et de test. Le jeu de données MNIST, couramment utilisé pour les tâches d'apprentissage automatique et de vision par ordinateur, est une vaste base de données de chiffres manuscrits. Les dimensions des jeux de données représentent les dimensions des tableaux de données, l'ensemble d'entraînement étant généralement plus grand que l'ensemble de test.

6.1.2 Prétraitement des données

Le prétraitement des données comprend plusieurs étapes :

1. Normalisation des valeurs de pixels.

2. Remodelage des données pour répondre aux exigences d'entrée du VAE.

3. (Optionnel) Application de techniques d'augmentation de données.

Normalisation :

La normalisation met à l'échelle les valeurs de pixels dans l'intervalle [0, 1], ce qui aide le modèle à converger plus rapidement et à mieux performer.

Remodelage :

Le VAE attend des données d'entrée dans une forme spécifique. Pour le jeu de données MNIST, chaque image fait 28x28 pixels. Nous devons aplatir ces images en vecteurs de longueur 784 (28 * 28).

Augmentation des données :

L'augmentation des données peut enrichir le jeu de données en créant des versions modifiées des images existantes, comme des images pivotées ou décalées. Cette étape est facultative mais peut améliorer la robustesse du modèle.

Exemple : Prétraitement des données

```python
import numpy as np

# Normalize the pixel values to the range [0, 1]
x_train = x_train.astype('float32') / 255.0
x_test = x_test.astype('float32') / 255.0

# Reshape the data to (num_samples, num_features)
x_train = x_train.reshape((x_train.shape[0], -1))
x_test = x_test.reshape((x_test.shape[0], -1))

# Print the shape of the reshaped datasets
print(f"Reshaped training data shape: {x_train.shape}")
print(f"Reshaped test data shape: {x_test.shape}")
```

Il commence par importer la bibliothèque numpy, utilisée pour les opérations numériques. Ensuite, il normalise les valeurs de pixels des jeux de données x_train et x_test en convertissant le type de données en 'float32' et en divisant par 255. Le processus de normalisation garantit que les valeurs de pixels se situent dans l'intervalle [0, 1], ce qui est une pratique courante pour les données d'image avant de les intégrer à un modèle d'apprentissage automatique.

L'étape suivante consiste à remodeler les données en deux dimensions : (nombre d'échantillons, nombre de caractéristiques). Cela permet de préparer les données pour un modèle d'apprentissage automatique qui attend des entrées dans ce format. Enfin, il affiche la forme des jeux de données d'entraînement et de test remodelés.

6.1.3 Augmentation des données (Optionnel)

L'augmentation des données peut être effectuée à l'aide de diverses techniques pour créer de nouveaux échantillons d'entraînement. Cette étape est facultative mais recommandée pour améliorer les performances du modèle, notamment lorsque l'on travaille avec des données limitées. Dans ce projet, nous nous concentrerons sur les étapes de prétraitement de base et n'effectuerons pas d'augmentation de données.

Exemple : Augmentation des données (Optionnel)

```python
from tensorflow.keras.preprocessing.image import ImageDataGenerator

# Create an image data generator with augmentation options
datagen = ImageDataGenerator(
    rotation_range=10,
    width_shift_range=0.1,
    height_shift_range=0.1
)
```

```
# Apply data augmentation to the training data
datagen.fit(x_train.reshape(-1, 28, 28, 1))

# Example of using the data generator
for x_batch, y_batch in datagen.flow(x_train.reshape(-1, 28, 28, 1), y_train,
batch_size=32):
    # Visualize the augmented images
    for i in range(9):
        plt.subplot(3, 3, i+1)
        plt.imshow(x_batch[i].reshape(28, 28), cmap='gray')
        plt.axis('off')
    plt.show()
    break
```

Dans ce code, un ImageDataGenerator est créé avec des options pour la rotation et le décalage de la largeur et de la hauteur. Ces options randomisent les transformations qui seront appliquées à chaque image, aidant le modèle à mieux généraliser.

La ligne datagen.fit applique l'augmentation définie aux données d'entraînement, 'x_train'.

La dernière partie du code est un exemple d'utilisation du générateur de données. Pour chaque lot d'images augmentées et leurs étiquettes correspondantes, il visualise les neuf premières images. Après avoir affiché le premier lot d'images augmentées, il interrompt la boucle.

Résumé

Dans cette section, nous avons réussi à collecter et prétraiter le jeu de données MNIST. Nous avons normalisé les valeurs de pixels dans l'intervalle [0, 1] et remodelé les données pour répondre aux exigences d'entrée du VAE. Nous avons également discuté de l'étape optionnelle d'augmentation des données, qui peut aider à améliorer la robustesse du modèle.

Avec nos données préparées, nous sommes prêts à passer à l'étape suivante : la création du modèle VAE.

6.2 Création du modèle

Dans cette section, nous nous concentrerons sur la création du modèle d'Auto-encodeur Variationnel (VAE) pour générer des chiffres manuscrits. Le modèle se compose de deux éléments principaux : l'encodeur et le décodeur. L'encodeur projette les images d'entrée dans un espace latent, tandis que le décodeur reconstruit les images à partir de l'espace latent. Nous mettrons également en œuvre l'astuce de reparamétrisation pour garantir que le modèle puisse être entraîné efficacement en utilisant la descente de gradient.

6.2.1 Définition de l'encodeur

L'encodeur compresse les données d'entrée dans un espace latent de dimension inférieure. Il produit les paramètres de la distribution latente, généralement la moyenne et la log-variance.

Composants clés :

- Couche d'entrée : Reçoit les données d'image originales.

- Couches denses : Traitent les données d'entrée.

- Variables latentes : Produisent la moyenne et la log-variance de la distribution latente.

Exemple : Implémentation de l'encodeur

```python
import tensorflow as tf
from tensorflow.keras.layers import Input, Dense, Lambda, Layer
from tensorflow.keras.models import Model
from tensorflow.keras import backend as K

# Define the sampling layer using the reparameterization trick
class Sampling(Layer):
    def call(self, inputs):
        z_mean, z_log_var = inputs
        batch = tf.shape(z_mean)[0]
        dim = tf.shape(z_mean)[1]
        epsilon = K.random_normal(shape=(batch, dim))
        return z_mean + K.exp(0.5 * z_log_var) * epsilon

# Build the encoder network
def build_encoder(input_shape, latent_dim):
    inputs = Input(shape=input_shape)
    x = Dense(512, activation='relu')(inputs)
    x = Dense(256, activation='relu')(x)
    z_mean = Dense(latent_dim, name='z_mean')(x)
    z_log_var = Dense(latent_dim, name='z_log_var')(x)
    z = Sampling()([z_mean, z_log_var])
    return Model(inputs, [z_mean, z_log_var, z], name='encoder')

# Define the input shape and latent dimension
input_shape = (784,)
latent_dim = 2

# Build the encoder
encoder = build_encoder(input_shape, latent_dim)
encoder.summary()
```

Cet exemple de code utilise la bibliothèque TensorFlow pour créer la partie encodeur d'un Auto-encodeur Variationnel (VAE). Il définit une couche d'Échantillonnage, qui utilise l'astuce de reparamétrisation pour permettre la rétropropagation à travers l'opération d'échantillonnage aléatoire.

Le réseau encodeur est construit avec des couches denses et génère deux sorties, z_mean et z_log_var, qui représentent les paramètres de la distribution de l'espace latent. La couche d'Échantillonnage utilise ensuite ces paramètres pour échantillonner un point dans l'espace latent. Le modèle d'encodeur est finalement construit en utilisant la forme d'entrée et la dimension latente définies.

6.2.2 Définition du Décodeur

Le décodeur reconstruit les données d'entrée à partir des variables latentes. Il mappe l'espace latent vers l'espace des données, générant de nouvelles images qui ressemblent à l'entrée originale.

Composants clés :

- Entrée latente : Reçoit les variables latentes échantillonnées.

- Couches denses : Transforment les variables latentes en données de sortie.

- Couche de sortie : Produit les images reconstruites, généralement en utilisant une activation sigmoïde pour les valeurs de pixels dans [0, 1].

Exemple : Implémentation du Décodeur

```
# Build the decoder network
def build_decoder(latent_dim, output_shape):
    latent_inputs = Input(shape=(latent_dim,))
    x = Dense(256, activation='relu')(latent_inputs)
    x = Dense(512, activation='relu')(x)
    outputs = Dense(output_shape, activation='sigmoid')(x)
    return Model(latent_inputs, outputs, name='decoder')

# Build the decoder
decoder = build_decoder(latent_dim, input_shape[0])
decoder.summary()
```

Le réseau décodeur est construit en utilisant l'API fonctionnelle de Keras. Il commence par une couche d'entrée qui prend des données de forme latent_dim. Ceci est suivi de deux couches denses (ou entièrement connectées) avec respectivement 256 et 512 neurones, chacune utilisant la fonction d'activation ReLU (Unité Linéaire Rectifiée). La couche finale est une autre couche dense avec output_shape neurones et utilise la fonction d'activation sigmoïde.

Après avoir défini cette structure de réseau décodeur dans la fonction build_decoder, une instance du décodeur est construite et son résumé (un aperçu concis des couches et paramètres du réseau) est affiché.

6.2.3 Combinaison de l'Encodeur et du Décodeur

Ensuite, nous allons combiner l'encodeur et le décodeur pour créer le modèle VAE. Le VAE prend une image d'entrée, l'encode dans l'espace latent, puis la décode à nouveau en une image. Le VAE est entraîné pour minimiser la perte de reconstruction et la divergence KL.

Architecture VAE :

- Entrées : Données d'image originales.

- Encodeur : Compresse les données d'entrée en variables latentes.

- Décodeur : Reconstruit les données d'entrée à partir des variables latentes.

- Sorties : Images reconstruites.

Exemple : Implémentation du modèle VAE

```
# Define the VAE model
inputs = Input(shape=input_shape)
z_mean, z_log_var, z = encoder(inputs)
outputs = decoder(z)
vae = Model(inputs, outputs, name='vae')
vae.summary()
```

Ce code commence par définir la forme d'entrée, puis il crée la partie encodeur du modèle qui prend l'entrée et produit la moyenne, la log-variance, et un vecteur latent 'z'. Ensuite, la partie décodeur du modèle prend le vecteur latent 'z' et produit la sortie. Ces composants sont ensuite combinés pour former le modèle VAE global. La dernière ligne du code affiche le résumé du modèle.

6.2.4 Définition de la fonction de perte

La fonction de perte pour les VAE combine la perte de reconstruction et la divergence KL. La perte de reconstruction mesure la capacité du décodeur à reconstruire les données d'entrée, tandis que la divergence KL mesure la différence entre la distribution latente apprise et la distribution a priori (généralement une distribution normale standard).

Fonction de perte :

$$VAE\ Loss = Reconstruction\ Loss + KL\ Divergence$$

Perte de reconstruction : Souvent mesurée en utilisant l'entropie croisée binaire (BCE) lorsque les données d'entrée sont normalisées entre [0, 1].

Divergence KL : Mesure la différence entre la distribution apprise et la distribution a priori.

Exemple : Implémentation de la fonction de perte

```
# Define the VAE loss function
def vae_loss(inputs, outputs, z_mean, z_log_var):
```

```
    reconstruction_loss = tf.keras.losses.binary_crossentropy(inputs, outputs)
    reconstruction_loss *= input_shape[0]

    kl_loss = 1 + z_log_var - K.square(z_mean) - K.exp(z_log_var)
    kl_loss = K.sum(kl_loss, axis=-1)
    kl_loss *= -0.5

    return K.mean(reconstruction_loss + kl_loss)
# Compile the VAE model
vae.compile(optimizer='adam', loss=lambda x, y: vae_loss(x, y, z_mean, z_log_var))
```

La fonction 'vae_loss' calcule à la fois la perte de reconstruction et la perte de divergence KL.

- La 'perte de reconstruction' mesure la capacité du VAE à reproduire les données d'entrée après les avoir encodées et décodées. Elle utilise l'entropie croisée binaire comme mesure de différence entre les entrées originales et reconstruites.

- La 'perte de divergence KL' mesure l'écart entre la distribution de variables latentes apprise et la distribution a priori (qui est une distribution normale standard dans ce cas).

Le modèle VAE est ensuite compilé avec l'optimiseur Adam et la fonction de perte définie.

6.2.5 Entraînement du VAE

L'entraînement du VAE implique de minimiser la fonction de perte combinée en utilisant la descente de gradient. Nous utiliserons le jeu de données MNIST pour entraîner le VAE, et surveillerons le processus d'entraînement pour assurer que le modèle apprend efficacement.

Exemple : Entraînement du VAE

```
# Train the VAE model
vae.fit(x_train,  x_train,  epochs=50,  batch_size=128,  validation_data=(x_test,
x_test))
```

La fonction fit est utilisée pour entraîner le modèle pendant 50 époques (itérations sur l'ensemble du jeu de données) avec une taille de lot de 128 (le nombre d'échantillons par mise à jour du gradient). Les mêmes données sont utilisées à la fois comme entrée et comme cible, ce qui est typique pour les autoencodeurs. La performance du modèle est validée à l'aide d'un jeu de données de test distinct.

Résumé

Dans cette section, nous avons créé avec succès le modèle d'Auto-encodeur Variationnel (VAE) pour générer des chiffres manuscrits. Nous avons défini les réseaux encodeur et décodeur, les avons combinés pour former le VAE, et implémenté l'astuce de reparamétrisation. Nous avons également défini la fonction de perte VAE, qui combine la perte de reconstruction et la divergence KL, et entraîné le modèle en utilisant le jeu de données MNIST.

Avec le modèle VAE entraîné, nous sommes prêts à passer à l'étape suivante : générer de nouveaux chiffres manuscrits.

6.3 Génération de nouveaux chiffres manuscrits

Avec notre modèle d'Auto-encodeur Variationnel (VAE) entraîné, nous pouvons maintenant l'utiliser pour générer de nouveaux chiffres manuscrits. Cette section vous guidera à travers le processus d'échantillonnage de l'espace latent et d'utilisation du décodeur pour générer de nouvelles images. Nous discuterons également de la façon de visualiser ces chiffres générés et d'interpréter les résultats.

6.3.1 Échantillonnage de l'espace latent

L'espace latent est un espace de dimension inférieure où le VAE encode les données d'entrée. Pour générer de nouvelles images, nous devons échantillonner des points de cet espace latent et les faire passer par le décodeur pour produire des images.

Puisque les variables latentes sont modélisées comme des distributions gaussiennes, nous pouvons échantillonner à partir d'une distribution normale standard pour générer de nouvelles variables latentes.

Exemple : Échantillonnage et génération d'images

```python
import numpy as np
import matplotlib.pyplot as plt

# Function to generate new images from the latent space
def generate_images(decoder, latent_dim, n_samples=10):
    # Sample random latent vectors from a standard normal distribution
    random_latent_vectors = np.random.normal(size=(n_samples, latent_dim))
    # Generate images by decoding the latent vectors
    generated_images = decoder.predict(random_latent_vectors)
    # Reshape the generated images for visualization
    generated_images = generated_images.reshape((n_samples, 28, 28))

    # Plot the generated images
    plt.figure(figsize=(10, 2))
    for i in range(n_samples):
        plt.subplot(1, n_samples, i + 1)
        plt.imshow(generated_images[i], cmap='gray')
        plt.axis('off')
    plt.show()

# Generate and visualize new images
generate_images(decoder, latent_dim)
```

La fonction 'generate_images' prend en entrée un décodeur, la dimension de l'espace latent et le nombre d'échantillons à générer. Elle échantillonne d'abord des vecteurs latents aléatoires à partir d'une distribution normale standard. Ces vecteurs sont ensuite transmis au décodeur pour générer de nouvelles images. Les images générées sont redimensionnées pour la visualisation puis affichées à l'aide de matplotlib.

6.3.2 Visualisation de l'espace latent

La visualisation de l'espace latent peut fournir des indications sur la façon dont le VAE a appris à représenter les données. En interpolant entre des points dans l'espace latent, nous pouvons observer comment les images générées changent de manière fluide, ce qui indique que le VAE a appris une représentation significative des données.

Exemple : Interpolation de l'espace latent

```python
# Function to perform latent space interpolation
def interpolate_latent_space(decoder, latent_dim, n_interpolations=10):
    # Sample two random latent vectors from a standard normal distribution
    start_point = np.random.normal(size=(1, latent_dim))
    end_point = np.random.normal(size=(1, latent_dim))
    # Linearly interpolate between the two points
    interpolation = np.linspace(start_point, end_point, n_interpolations)

    # Generate images by decoding the interpolated latent vectors
    generated_images = decoder.predict(interpolation)
    generated_images = generated_images.reshape((n_interpolations, 28, 28))

    # Plot the interpolated images
    plt.figure(figsize=(15, 2))
    for i in range(n_interpolations):
        plt.subplot(1, n_interpolations, i + 1)
        plt.imshow(generated_images[i], cmap='gray')
        plt.axis('off')
    plt.show()

# Interpolate and visualize the latent space
interpolate_latent_space(decoder, latent_dim)
```

L'exemple de code définit une fonction appelée interpolate_latent_space, qui effectue une interpolation dans l'espace latent.

La fonction fonctionne comme suit :

1. Elle échantillonne deux vecteurs aléatoires à partir d'une distribution normale standard. Ces vecteurs représentent des points dans l'espace latent (le point de départ et le point d'arrivée).

2. Elle génère ensuite une série de points entre ces deux points en utilisant une interpolation linéaire. Le nombre de points est défini par n_interpolations.

3. La fonction utilise ensuite un decoder (une partie du modèle qui transforme les points de l'espace latent en points de données) pour générer de nouvelles images à partir de ces points interpolés.

4. Ces images sont ensuite redimensionnées et affichées pour visualisation. Les images représentent la transformation progressive de la représentation des données du point de départ à celle du point d'arrivée dans l'espace latent.

Enfin, la fonction interpolate_latent_space est appelée avec decoder et latent_dim comme arguments pour effectuer et visualiser l'interpolation de l'espace latent.

6.3.3 Génération de chiffres avec des caractéristiques spécifiques

En explorant différentes régions de l'espace latent, nous pouvons générer des chiffres avec des caractéristiques spécifiques. Par exemple, nous pourrions découvrir que certaines zones de l'espace latent correspondent à des chiffres avec des formes ou des traits particuliers. Cela peut être utile pour des applications nécessitant des types spécifiques de chiffres.

Exemple : Explorer des caractéristiques latentes spécifiques

```python
# Function to explore specific latent features
def explore_latent_features(decoder, latent_dim, feature_vector, variation_range=(-3, 3), n_variations=10):
    # Create a set of latent vectors varying one feature
    feature_variations = np.linspace(variation_range[0], variation_range[1], n_variations)
    latent_vectors = np.zeros((n_variations, latent_dim))
    for i, variation in enumerate(feature_variations):
        latent_vectors[i] = feature_vector
        latent_vectors[i, 0] = variation  # Vary the first feature for demonstration

    # Generate images by decoding the latent vectors
    generated_images = decoder.predict(latent_vectors)
    generated_images = generated_images.reshape((n_variations, 28, 28))

    # Plot the generated images
    plt.figure(figsize=(15, 2))
    for i in range(n_variations):
        plt.subplot(1, n_variations, i + 1)
        plt.imshow(generated_images[i], cmap='gray')
        plt.axis('off')
    plt.show()

# Example feature vector
example_feature_vector = np.random.normal(size=(latent_dim,))

# Explore specific latent features
explore_latent_features(decoder, latent_dim, example_feature_vector)
```

Ce code définit une fonction nommée 'explore_latent_features'. Cette fonction est conçue pour examiner des caractéristiques latentes spécifiques dans le décodeur d'un réseau neuronal.

La fonction prend en entrée un décodeur, la dimension de l'espace latent, un vecteur de caractéristiques, et deux paramètres optionnels définissant la plage de variation et le nombre de variations.

Elle fonctionne en créant un ensemble de vecteurs latents qui font varier une caractéristique sur une plage spécifiée par l'utilisateur. Ces vecteurs latents sont ensuite transmis au décodeur pour générer des images.

Les images générées sont redimensionnées et affichées pour visualiser comment la variation de la caractéristique latente spécifique affecte le résultat. La fonction est ensuite appelée avec un vecteur de caractéristiques d'exemple pour démontrer son utilisation.

6.3.4 Génération de chiffres variés

Pour générer un ensemble varié de chiffres, nous pouvons échantillonner plusieurs points de l'espace latent. En s'assurant que l'espace latent est bien structuré et diversifié, nous pouvons générer une grande variété de chiffres qui ressemblent aux données d'entraînement.

Exemple : Génération d'un ensemble varié de chiffres

```python
# Function to generate a diverse set of digits
def generate_diverse_digits(decoder, latent_dim, n_samples=100):
    # Sample random latent vectors from a standard normal distribution
    random_latent_vectors = np.random.normal(size=(n_samples, latent_dim))
    # Generate images by decoding the latent vectors
    generated_images = decoder.predict(random_latent_vectors)
    generated_images = generated_images.reshape((n_samples, 28, 28))

    # Plot a subset of the generated images
    n_display = 10
    plt.figure(figsize=(10, 2))
    for i in range(n_display):
        plt.subplot(1, n_display, i + 1)
        plt.imshow(generated_images[i], cmap='gray')
        plt.axis('off')
    plt.show()

# Generate and visualize a diverse set of digits
generate_diverse_digits(decoder, latent_dim)
```

Ce script définit et appelle une fonction nommée "generate_diverse_digits". L'objectif de cette fonction est de générer un ensemble diversifié d'images de chiffres en utilisant un modèle décodeur et une dimension latente.

La fonction fonctionne de la manière suivante :

1. Elle échantillonne des vecteurs latents aléatoires à partir d'une distribution normale standard. Le nombre d'échantillons est déterminé par le paramètre n_samples, et la dimensionnalité de chaque vecteur est déterminée par latent_dim.

2. Elle utilise le modèle décodeur pour générer des images à partir des vecteurs latents aléatoires. Les images générées sont redimensionnées en une grille 2D d'images de 28x28 pixels.

3. Elle affiche un sous-ensemble des images générées. Le nombre d'images à afficher est déterminé par n_display. Pour chaque image générée, elle crée un sous-graphique, affiche l'image en niveaux de gris et supprime l'axe.

Enfin, la fonction est appelée avec le modèle décodeur et la dimension latente pour générer et visualiser un ensemble diversifié de chiffres.

Résumé

Dans cette section, nous avons exploré le processus de génération de nouveaux chiffres manuscrits à l'aide d'un Auto-encodeur Variationnel (VAE) entraîné. Nous avons discuté de la façon d'échantillonner à partir de l'espace latent et d'utiliser le décodeur pour générer des images. Nous avons également démontré comment visualiser l'espace latent par interpolation et explorer des caractéristiques latentes spécifiques. En générant des ensembles diversifiés de chiffres, nous avons mis en évidence la capacité du VAE à produire une grande variété d'images réalistes.

Ces techniques fournissent des informations précieuses sur les capacités des VAE et leurs applications potentielles dans la modélisation générative.

6.4 Évaluation du modèle

L'évaluation des performances d'un Auto-encodeur Variationnel (VAE) est cruciale pour s'assurer qu'il a appris des représentations latentes significatives et qu'il peut générer des images de haute qualité. Dans cette section, nous discuterons de diverses méthodes pour évaluer notre VAE, y compris des métriques quantitatives et des évaluations qualitatives. Nous fournirons également des exemples de code pour démontrer ces techniques d'évaluation.

6.4.1 Métriques d'évaluation quantitatives

Les métriques quantitatives fournissent des mesures objectives de la performance du modèle. Pour les VAE, certaines métriques courantes comprennent la Perte de Reconstruction, la Divergence KL, le Score d'Inception (IS) et la Distance d'Inception de Fréchet (FID).

Perte de Reconstruction

La perte de reconstruction mesure à quel point le décodeur peut reconstruire les images d'entrée à partir des variables latentes. Une perte de reconstruction plus faible indique que le modèle est capable de générer des images qui ressemblent étroitement à l'entrée originale.

Exemple : Calcul de la Perte de Reconstruction

```python
import numpy as np
from tensorflow.keras.losses import binary_crossentropy

# Calculate reconstruction loss for the test set
reconstructed_images = vae.predict(x_test)
reconstruction_loss = np.mean(binary_crossentropy(x_test, reconstructed_images))

print(f"Reconstruction Loss: {reconstruction_loss}")
```

Le script charge d'abord les bibliothèques nécessaires. Ensuite, il utilise le modèle VAE entraîné pour créer des images reconstruites à partir du jeu de données de test. La perte de reconstruction, qui mesure la différence entre les images originales et reconstruites, est ensuite calculée à l'aide de la fonction de perte d'entropie croisée binaire. Enfin, la perte de reconstruction est affichée.

Divergence KL

La divergence KL mesure la différence entre la distribution latente apprise et la distribution a priori (généralement une distribution normale standard). Une divergence KL plus faible indique que la distribution latente est plus proche de la distribution a priori souhaitée.

Exemple : Calcul de la Divergence KL

```python
# Calculate KL Divergence for the test set
def calculate_kl_divergence(encoder, x_test):
    z_mean, z_log_var, _ = encoder.predict(x_test)
    kl_divergence = 1 + z_log_var - np.square(z_mean) - np.exp(z_log_var)
    kl_divergence = np.sum(kl_divergence, axis=-1)
    kl_divergence *= -0.5
    return np.mean(kl_divergence)

kl_divergence = calculate_kl_divergence(encoder, x_test)
print(f"KL Divergence: {kl_divergence}")
```

La fonction calculate_kl_divergence prend un encoder et x_test comme entrées. L'encoder prédit la moyenne et la log-variance (z_mean et z_log_var) qui sont utilisées pour calculer la divergence KL. La divergence KL est calculée pour chaque point de données dans le jeu de test, puis la divergence KL moyenne sur l'ensemble du jeu est renvoyée.

Enfin, la divergence KL est calculée à l'aide de cette fonction et affichée dans la console.

Score d'Inception (IS)

Le Score d'Inception évalue la qualité et la diversité des images générées. Il utilise un réseau Inception pré-entraîné pour classifier les images générées et calcule la divergence KL entre la distribution conditionnelle des étiquettes et la distribution marginale des étiquettes.

Exemple : Calcul du Score d'Inception

```python
from tensorflow.keras.applications.inception_v3 import InceptionV3, preprocess_input
from scipy.stats import entropy

# Function to calculate Inception Score
def calculate_inception_score(images, n_split=10, eps=1E-16):
    model = InceptionV3(include_top=False, pooling='avg', input_shape=(299, 299, 3))
    images_resized = tf.image.resize(images, (299, 299))
    images_preprocessed = preprocess_input(images_resized)
    preds = model.predict(images_preprocessed)

    split_scores = []
    for i in range(n_split):
        part = preds[i * preds.shape[0] // n_split: (i + 1) * preds.shape[0] // n_split]
        py = np.mean(part, axis=0)
        scores = []
        for p in part:
            scores.append(entropy(p, py))
        split_scores.append(np.exp(np.mean(scores)))
    return np.mean(split_scores), np.std(split_scores)

# Generate images for evaluation
n_samples = 1000
random_latent_vectors = np.random.normal(size=(n_samples, latent_dim))
generated_images = decoder.predict(random_latent_vectors)
generated_images = generated_images.reshape((n_samples, 28, 28, 1))

# Calculate Inception Score
is_mean, is_std = calculate_inception_score(generated_images)
print(f"Inception Score: {is_mean} ± {is_std}")
```

La fonction calculate_inception_score prend un ensemble d'images en entrée, redimensionne les images à la taille appropriée pour le modèle InceptionV3, et prétraite les images. Ensuite, elle utilise le modèle InceptionV3 pour faire des prédictions sur les images prétraitées.

La fonction calcule le Score d'Inception en divisant les prédictions en parties, en calculant l'entropie entre chaque partie et la moyenne de toutes les parties, puis en faisant la moyenne des scores d'entropie exponentiés sur toutes les parties.

Enfin, elle génère un ensemble d'images à partir de vecteurs latents aléatoires en utilisant un décodeur (probablement issu d'un GAN), redimensionne les images, et calcule le Score d'Inception pour les images générées. La moyenne et l'écart-type du Score d'Inception sont ensuite affichés.

Distance d'Inception de Fréchet (FID)

La FID mesure la distance entre les distributions d'images réelles et générées. Des scores FID plus bas indiquent que les images générées sont plus similaires aux images réelles.

Exemple : Calcul de la FID

```
from numpy import cov, trace, iscomplexobj
from scipy.linalg import sqrtm

# Function to calculate FID
def calculate_fid(real_images, generated_images):
    model = InceptionV3(include_top=False, pooling='avg', input_shape=(299, 299, 3))
    real_images_resized = tf.image.resize(real_images, (299, 299))
    generated_images_resized = tf.image.resize(generated_images, (299, 299))
    real_images_preprocessed = preprocess_input(real_images_resized)
    generated_images_preprocessed = preprocess_input(generated_images_resized)
    act1 = model.predict(real_images_preprocessed)
    act2 = model.predict(generated_images_preprocessed)

    mu1, sigma1 = act1.mean(axis=0), cov(act1, rowvar=False)
    mu2, sigma2 = act2.mean(axis=0), cov(act2, rowvar=False)
    ssdiff = np.sum((mu1 - mu2) ** 2.0)
    covmean = sqrtm(sigma1.dot(sigma2))
    if iscomplexobj(covmean):
        covmean = covmean.real
    fid = ssdiff + trace(sigma1 + sigma2 - 2.0 * covmean)
    return fid

# Sample real images
real_images = x_test[:n_samples].reshape((n_samples, 28, 28, 1))

# Calculate FID
fid_score = calculate_fid(real_images, generated_images)
print(f"FID Score: {fid_score}")
```

La fonction calculate_fid prend deux paramètres : real_images et generated_images. Elle redimensionne d'abord les images aux dimensions attendues par le modèle InceptionV3 (299x299 pixels). Les images sont ensuite prétraitées et introduites dans le modèle pour obtenir leurs activations.

La moyenne et la covariance des activations sont calculées, puis utilisées pour déterminer le score FID. Le score FID est une mesure de similarité entre les deux ensembles d'images ; des scores plus bas indiquent des images générées de meilleure qualité ou plus similaires aux originales.

Enfin, le score FID entre un échantillon d'images réelles et les images générées est calculé et affiché.

6.4.2 Évaluation qualitative

L'évaluation qualitative consiste à inspecter visuellement les images générées pour évaluer leur qualité et leur diversité. Cette méthode est subjective mais fournit des informations précieuses sur les performances du modèle.

Inspection visuelle

L'inspection visuelle consiste à générer un ensemble d'images et à les examiner pour évaluer leur réalisme et leur diversité. Cela aide à identifier les problèmes évidents tels que le flou, les artefacts ou l'effondrement modal.

Exemple : Visualisation des images générées

```python
# Function to visualize generated images
def visualize_generated_images(decoder, latent_dim, n_samples=10):
    random_latent_vectors = np.random.normal(size=(n_samples, latent_dim))
    generated_images = decoder.predict(random_latent_vectors)
    generated_images = generated_images.reshape((n_samples, 28, 28))

    plt.figure(figsize=(10, 2))
    for i in range(n_samples):
        plt.subplot(1, n_samples, i + 1)
        plt.imshow(generated_images[i], cmap='gray')
        plt.axis('off')
    plt.show()

# Visualize generated images
visualize_generated_images(decoder, latent_dim)
```

Cet exemple définit une fonction, visualize_generated_images, et l'utilise. Cette fonction génère des images à partir de vecteurs latents aléatoires (un type de représentation de données) en utilisant un modèle de décodeur donné. Elle redimensionne ensuite les images générées et les visualise dans une grille de sous-graphiques de 1 par n_samples. Après avoir défini la fonction, le script l'appelle pour visualiser des images générées par le modèle 'decoder' avec un 'latent_dim' (dimension latente) spécifié.

Parcours de l'espace latent

Le parcours de l'espace latent consiste à interpoler entre des points dans l'espace latent et à générer des images à chaque étape. Cette technique aide à visualiser la fluidité des transitions du VAE entre différents points de données et peut révéler la structure de l'espace latent.

Exemple : Parcours de l'espace latent

```python
# Function to perform latent space traversal
def latent_space_traversal(decoder, latent_dim, n_steps=10):
    start_point = np.random.normal(size=(1, latent_dim))
    end_point = np.random.normal(size=(1, latent_dim))
    interpolation = np.linspace(start_point, end_point, n_steps)

    generated_images = decoder.predict(interpolation)
    generated_images = generated_images.reshape((n_steps, 28, 28))

    plt.figure(figsize=(15, 2))
    for i in range(n_steps):
```

```
        plt.subplot(1, n_steps, i + 1)
        plt.imshow(generated_images[i], cmap='gray')
        plt.axis('off')
    plt.show()

# Perform latent space traversal
latent_space_traversal(decoder, latent_dim)
```

Ceci est une fonction nommée 'latent_space_traversal'. Elle prend trois paramètres : un décodeur, une dimension latente, et un nombre d'étapes optionnel qui est fixé à 10 par défaut. La fonction génère deux points aléatoires dans l'espace latent, qui sont les points de départ et d'arrivée. Ensuite, elle crée une interpolation linéaire entre ces deux points.

Les points générés dans l'espace latent sont ensuite passés à travers le décodeur pour générer des images. Ces images sont alors redimensionnées au format 28x28 pixels (courant pour les images du jeu de données MNIST) et affichées dans un graphique. La dernière ligne de code appelle et exécute la fonction.

6.4.3 Évaluation des caractéristiques spécifiques

En explorant différentes régions de l'espace latent, nous pouvons générer des chiffres avec des caractéristiques spécifiques et évaluer dans quelle mesure le VAE a appris à représenter ces caractéristiques.

Exemple : Explorer les caractéristiques latentes spécifiques

```
# Function to explore specific latent features
def explore_latent_features(decoder, latent_dim, feature_vector, variation_range=(-3,
3), n_variations=10):
    feature_variations    =    np.linspace(variation_range[0],    variation_range[1],
n_variations)
    latent_vectors = np.zeros((n_variations, latent_dim))
    for i, variation in enumerate(feature_variations):
        latent_vectors[i] = feature_vector
        latent_vectors[i, 0] = variation  # Vary the first feature for demonstration

    generated_images = decoder.predict(latent_vectors)
    generated_images = generated_images.reshape((n_variations, 28, 28))

    plt.figure(figsize=(15, 2))
    for i in range(n_variations):
        plt.subplot(1, n_variations, i + 1)
        plt.imshow(generated_images[i], cmap='gray')
        plt.axis('off')
    plt.show()

# Example feature vector
example_feature_vector = np.random.normal(size=(latent_dim,))

# Explore specific latent features
```

```
explore_latent_features(decoder, latent_dim, example_feature_vector)
```

Cet exemple de code correspond à une fonction nommée explore_latent_features. Cette fonction est utilisée pour explorer et visualiser les effets de la variation de caractéristiques latentes spécifiques dans un modèle génératif, comme un Auto-encodeur Variationnel (VAE). La fonction prend un modèle décodeur, la dimensionnalité de l'espace latent (latent_dim), un vecteur de caractéristiques (feature_vector), et des paramètres pour la plage et le nombre de variations à appliquer au vecteur de caractéristiques.

La fonction génère d'abord un ensemble de nouveaux vecteurs latents en appliquant une série de variations au vecteur de caractéristiques d'entrée. Elle utilise ensuite le modèle décodeur pour générer des images à partir de ces vecteurs latents et redimensionne les images pour la visualisation.

Ensuite, elle affiche les images générées sur une ligne, montrant les effets de la variation de la caractéristique latente spécifique sur les images générées. Elle utilise un vecteur de caractéristiques exemple généré aléatoirement à partir d'une distribution normale pour la démonstration.

Dans l'exemple, la première caractéristique est variée pour la démonstration. Cependant, vous pouvez modifier l'indice pour explorer d'autres caractéristiques latentes.

6.5 Amélioration de la génération de chiffres avec Beta-VAE

Beta-VAE est une extension du VAE standard qui introduit un hyperparamètre β pour contrôler l'équilibre entre la perte de reconstruction et la divergence KL dans la fonction de perte. Cette modification peut encourager le modèle à apprendre des représentations plus désenchevêtrées dans l'espace latent, ce qui peut être particulièrement utile pour générer des images de haute qualité et diversifiées. Dans cette section, nous améliorerons notre projet de génération de chiffres en implémentant un Beta-VAE et en explorant ses avantages.

6.5.1 Comprendre le Beta-VAE

L'idée clé derrière le Beta-VAE est d'introduire un hyperparamètre (β) dans la fonction de perte pour pondérer le terme de divergence KL. En ajustant (β), nous pouvons contrôler le compromis entre la fidélité des reconstructions et la régularité de l'espace latent.

Fonction de perte du Beta-VAE:

$$Beta - VAE\ Loss = Reconstruction\ Loss + \beta \times KL\ Divergence$$

Lorsque $(\beta > 1)$, le modèle met davantage l'accent sur la divergence KL, favorisant des représentations désenchevêtrées. À l'inverse, lorsque $(\beta < 1)$, le modèle se concentre davantage sur des reconstructions précises.

6.5.2 Implémentation du Beta-VAE

Nous allons modifier notre implémentation VAE existante pour incorporer l'hyperparamètre (β). Cela implique de mettre à jour la fonction de perte et de recompiler le modèle.

Exemple : Implémentation du Beta-VAE

```python
import tensorflow as tf
from tensorflow.keras.layers import Input, Dense, Lambda, Layer
from tensorflow.keras.models import Model
from tensorflow.keras import backend as K

# Define the sampling layer using the reparameterization trick
class Sampling(Layer):
    def call(self, inputs):
        z_mean, z_log_var = inputs
        batch = tf.shape(z_mean)[0]
        dim = tf.shape(z_mean)[1]
        epsilon = K.random_normal(shape=(batch, dim))
        return z_mean + K.exp(0.5 * z_log_var) * epsilon

# Build the encoder network
def build_encoder(input_shape, latent_dim):
    inputs = Input(shape=input_shape)
    x = Dense(512, activation='relu')(inputs)
    x = Dense(256, activation='relu')(x)
    z_mean = Dense(latent_dim, name='z_mean')(x)
    z_log_var = Dense(latent_dim, name='z_log_var')(x)
    z = Sampling()([z_mean, z_log_var])
    return Model(inputs, [z_mean, z_log_var, z], name='encoder')

# Build the decoder network
def build_decoder(latent_dim, output_shape):
    latent_inputs = Input(shape=(latent_dim,))
    x = Dense(256, activation='relu')(latent_inputs)
    x = Dense(512, activation='relu')(x)
    outputs = Dense(output_shape, activation='sigmoid')(x)
    return Model(latent_inputs, outputs, name='decoder')

# Define the input shape and latent dimension
input_shape = (784,)
latent_dim = 2

# Build the encoder and decoder
encoder = build_encoder(input_shape, latent_dim)
decoder = build_decoder(latent_dim, input_shape[0])

# Define the Beta-VAE model
inputs = Input(shape=input_shape)
z_mean, z_log_var, z = encoder(inputs)
outputs = decoder(z)
beta_vae = Model(inputs, outputs, name='beta_vae')
```

```
# Define the Beta-VAE loss function
def beta_vae_loss(inputs, outputs, z_mean, z_log_var, beta=4.0):
    reconstruction_loss = tf.keras.losses.binary_crossentropy(inputs, outputs)
    reconstruction_loss *= input_shape[0]

    kl_loss = 1 + z_log_var - K.square(z_mean) - K.exp(z_log_var)
    kl_loss = K.sum(kl_loss, axis=-1)
    kl_loss *= -0.5

    return K.mean(reconstruction_loss + beta * kl_loss)
# Compile the Beta-VAE model
beta_vae.compile(optimizer='adam', loss=lambda x, y: beta_vae_loss(x, y, z_mean,
z_log_var, beta=4.0))

# Train the Beta-VAE model
beta_vae.fit(x_train, x_train, epochs=50, batch_size=128, validation_data=(x_test,
x_test))
```

Ce code contient les étapes principales suivantes :

1. Importer les bibliothèques et modules nécessaires de TensorFlow.

2. Définir une couche personnalisée Sampling qui utilise l'astuce de reparamétrisation pour échantillonner depuis l'espace latent.

3. Définir des fonctions pour construire les parties encodeur et décodeur du VAE. L'encodeur prend les données d'entrée et produit les paramètres de la distribution de l'espace latent (moyenne et log-variance), ainsi qu'un vecteur latent échantillonné. Le décodeur prend un vecteur latent et produit un point de données reconstruit.

4. Définir la forme d'entrée et la dimension latente, puis construire l'encodeur et le décodeur.

5. Définir le modèle Beta-VAE, qui prend les données d'entrée, les passe à travers l'encodeur pour obtenir un vecteur latent échantillonné, puis passe ce vecteur latent à travers le décodeur pour obtenir les données reconstruites.

6. Définir une fonction de perte personnalisée pour le Beta-VAE, qui combine une perte de reconstruction (à quel point le VAE peut reconstruire les données d'entrée) et une perte de divergence KL (à quel point la distribution de l'espace latent correspond à une distribution cible).

7. Compiler le modèle Beta-VAE avec l'optimiseur Adam et la fonction de perte personnalisée.

8. Entraîner le modèle Beta-VAE sur des données d'entraînement 'x_train' et le valider sur des données de test 'x_test'.

6.5.3 Évaluation du Beta-VAE

Après l'entraînement du Beta-VAE, nous évaluerons sa performance en utilisant les mêmes métriques et techniques que nous avons utilisées pour le VAE standard. Cela nous aidera à comprendre l'impact du paramètre (β) sur la capacité du modèle à générer des images de haute qualité et diversifiées.

Exemple : Évaluation du Beta-VAE

```python
# Calculate reconstruction loss for the Beta-VAE
reconstructed_images = beta_vae.predict(x_test)
beta_reconstruction_loss = np.mean(binary_crossentropy(x_test, reconstructed_images))

print(f"Beta-VAE Reconstruction Loss: {beta_reconstruction_loss}")

# Calculate KL Divergence for the Beta-VAE
beta_kl_divergence = calculate_kl_divergence(encoder, x_test)
print(f"Beta-VAE KL Divergence: {beta_kl_divergence}")

# Generate images for evaluation
n_samples = 1000
random_latent_vectors = np.random.normal(size=(n_samples, latent_dim))
beta_generated_images = decoder.predict(random_latent_vectors)
beta_generated_images = beta_generated_images.reshape((n_samples, 28, 28, 1))

# Calculate Inception Score for Beta-VAE
beta_is_mean, beta_is_std = calculate_inception_score(beta_generated_images)
print(f"Beta-VAE Inception Score: {beta_is_mean} ± {beta_is_std}")

# Calculate FID for Beta-VAE
beta_fid_score = calculate_fid(real_images, beta_generated_images)
print(f"Beta-VAE FID Score: {beta_fid_score}")
```

Ce extrait de code Python est destiné à évaluer la performance d'un Beta-VAE

1. Il calcule d'abord la perte de reconstruction en comparant les images de test originales avec les images reconstruites par le Beta-VAE.

2. Il calcule ensuite la divergence de Kullback-Leibler (KL) comme mesure de la différence entre une distribution de probabilité et une seconde distribution de référence.

3. Il génère des images à partir du Beta-VAE en utilisant des vecteurs latents aléatoires.

4. Il calcule le score d'Inception (IS), une métrique utilisée pour évaluer la qualité des images générées dans les modèles génératifs.

5. Enfin, il calcule la distance d'Inception de Fréchet (FID), une autre métrique pour évaluer la qualité des images générées par le modèle, en les comparant avec des images réelles.

6.5.4 Visualisation des résultats du Beta-VAE

Nous inspecterons visuellement les images générées par le Beta-VAE pour évaluer leur qualité et leur diversité. Cette évaluation qualitative nous aidera à comprendre comment le Beta-VAE s'améliore par rapport au VAE standard.

Exemple : Visualisation des images générées par Beta-VAE

```
# Visualize generated images from Beta-VAE
visualize_generated_images(decoder, latent_dim)

# Perform latent space traversal for Beta-VAE
latent_space_traversal(decoder, latent_dim)

# Explore specific latent features for Beta-VAE
explore_latent_features(decoder, latent_dim, example_feature_vector)
```

1. **visualize_generated_images(decoder, latent_dim) :** Cette fonction est utilisée pour visualiser les images générées par le modèle Beta-VAE. Les paramètres "decoder" et "latent_dim" sont vraisemblablement la partie décodeur du modèle et la dimensionnalité de l'espace latent, respectivement.

2. **latent_space_traversal(decoder, latent_dim) :** Cette fonction effectue probablement une traversée de l'espace latent du Beta-VAE. C'est une technique utilisée pour explorer et comprendre les représentations apprises dans l'espace latent.

3. **explore_latent_features(decoder, latent_dim, example_feature_vector) :** Cette fonction est vraisemblablement utilisée pour explorer des caractéristiques spécifiques dans l'espace latent du Beta-VAE. Le paramètre "example_feature_vector" est probablement un vecteur spécifique dans l'espace latent pour lequel la fonction génèrera et affichera une image.

Résumé

Dans cette section, nous avons amélioré notre projet de génération de chiffres en implémentant un Beta-VAE. Nous avons introduit l'hyperparamètre (β) pour contrôler l'équilibre entre la perte de reconstruction et la divergence KL, favorisant des représentations plus désenchevêtrées dans l'espace latent. Nous avons mis à jour notre fonction de perte, entraîné le Beta-VAE et évalué sa performance en utilisant des méthodes à la fois quantitatives et qualitatives.

Le Beta-VAE a démontré une performance améliorée dans la génération d'images de haute qualité et diversifiées, mettant en évidence les avantages d'utiliser le paramètre (β) pour contrôler le compromis entre la précision de reconstruction et la régularité de l'espace latent. En comprenant et en exploitant ces techniques, vous pouvez améliorer vos projets de modélisation générative et obtenir de meilleurs résultats dans diverses applications.

Quiz : Auto-encodeurs Variationnels (VAEs)

Testez votre compréhension des concepts et techniques abordés dans la Partie III. Ce quiz vous aidera à renforcer vos connaissances sur les Auto-encodeurs Variationnels (VAEs), leurs applications, et le projet spécifique que nous avons réalisé.

Question 1 : Les bases des VAEs

Quel est l'objectif principal du terme de Divergence KL dans la fonction de perte du VAE ?

A) Mesurer l'erreur de reconstruction du décodeur.

B) Garantir que l'espace latent suit une distribution préalable.

C) Augmenter la complexité du modèle.

D) Réduire le nombre de paramètres dans l'encodeur.

Question 2 : Prétraitement des données

Pourquoi est-il important de normaliser les valeurs des pixels du dataset MNIST dans l'intervalle [0, 1] avant d'entraîner le VAE ?

A) Pour rendre les données plus lisibles.

B) Pour améliorer l'efficacité et la performance de l'entraînement.

C) Pour réduire la taille du dataset.

D) Pour simplifier l'architecture du réseau.

Question 3 : Architecture du modèle

Dans le contexte des VAEs, quel est l'objectif de l'astuce de reparamétrisation ?

A) Réduire la dimensionnalité des données d'entrée.

B) Permettre la rétropropagation à travers le processus d'échantillonnage stochastique.

C) Améliorer la capacité du décodeur à reconstruire les images.

D) Normaliser l'espace latent.

Question 4 : Beta-VAE

Quel effet a l'augmentation du paramètre β dans un Beta-VAE sur le modèle ?

A) Il réduit la précision de reconstruction tout en favorisant le désenchevêtrement dans l'espace latent.

B) Il augmente la précision de reconstruction et réduit la divergence KL.

C) Il simplifie l'architecture du réseau.

D) Il élimine le besoin d'un réseau décodeur.

Question 5 : Espace latent

Laquelle des techniques suivantes peut être utilisée pour visualiser la structure de l'espace latent appris par un VAE ?

A) Matrice de confusion

B) Analyse en composantes principales (PCA)

C) Traversée de l'espace latent

D) Courbe ROC

Question 6 : Modèles génératifs

Laquelle des affirmations suivantes concernant le décodeur dans un VAE est correcte ?

A) Il encode les données d'entrée en variables latentes.

B) Il reconstruit les données d'entrée à partir des variables latentes.

C) Il calcule la divergence KL.

D) Il normalise les données d'entrée.

Question 7 : Métriques d'évaluation

Quelle métrique est utilisée pour évaluer la diversité et la qualité des images générées par un VAE ?

A) Erreur quadratique moyenne (MSE)

B) Score d'Inception (IS)

C) Courbe Précision-Rappel

D) Matrice de confusion

Question 8 : Implémentation du projet

Dans notre projet, quel dataset avons-nous utilisé pour entraîner le VAE à générer des chiffres manuscrits ?

A) CIFAR-10

B) ImageNet

C) MNIST

D) Fashion MNIST

Question 9 : Application pratique

Comment le Beta-VAE peut-il être bénéfique par rapport au VAE standard dans les applications pratiques ?

A) En réduisant la complexité computationnelle.

B) En améliorant la précision des tâches de classification d'images.

C) En apprenant des représentations plus désenchevêtrées dans l'espace latent.

D) En augmentant la vitesse d'entraînement.

Question 10 : Perte de reconstruction

Qu'indique une perte de reconstruction plus faible dans le contexte des VAEs ?

A) Le modèle a un espace latent plus régulier.

B) Le modèle génère des images avec une plus grande diversité.

C) Le décodeur peut reconstruire fidèlement les images d'entrée originales.

D) Le modèle nécessite moins d'époques d'entraînement.

Réponses

1. B) Garantir que l'espace latent suit une distribution préalable.

2. B) Pour améliorer l'efficacité et la performance de l'entraînement.

3. B) Permettre la rétropropagation à travers le processus d'échantillonnage stochastique.

4. A) Il réduit la précision de reconstruction tout en favorisant le désenchevêtrement dans l'espace latent.

5. C) Traversée de l'espace latent

6. B) Il reconstruit les données d'entrée à partir des variables latentes.

7. B) Score d'Inception (IS)

8. C) MNIST

9. C) En apprenant des représentations plus désenchevêtrées dans l'espace latent.

10. C) Le décodeur peut reconstruire fidèlement les images d'entrée originales.

Ce quiz couvre les concepts et techniques essentiels introduits dans la Partie III du livre et vous aide à renforcer votre compréhension des Auto-encodeurs Variationnels (VAEs) et de leurs applications.

Partie IV : Modèles Autorégressifs

Chapitre 7 : Comprendre les modèles autorégressifs

Les modèles autorégressifs ont été au centre d'un intérêt considérable dans le vaste domaine de l'apprentissage profond. Cet intérêt est largement dû à leur impressionnante capacité à modéliser des distributions de données complexes avec une grande précision et à générer des échantillons de haute qualité. Ces modèles fonctionnent en prédisant chaque point de données sur la base des précédents. Cette caractéristique unique les rend particulièrement efficaces pour les tâches impliquant des données séquentielles et la génération d'images, où l'ordre et la séquence des points de données sont cruciaux.

Dans ce chapitre, nous plongerons dans les détails complexes des modèles autorégressifs. Nous explorerons les concepts fondamentaux qui régissent leur fonctionnement, approfondirons les structures de leurs architectures, et acquerrons une compréhension solide de leur application à diverses tâches dans différents domaines. Cette discussion mettra en lumière la polyvalence et la puissance de ces modèles, et fournira des aperçus de leurs mécanismes.

Nous commencerons notre discussion en examinant en détail deux modèles autorégressifs pionniers : PixelRNN et PixelCNN. Ces modèles révolutionnaires ont posé les fondements de nombreuses avancées ultérieures dans le domaine. Ils sont reconnus pour leur remarquable capacité à générer des images de haute fidélité, témoignant de la sophistication de leur conception et de l'efficacité de l'approche autorégressive. À travers ces modèles, nous aurons un aperçu du potentiel des modèles autorégressifs et des avancées qu'ils ont rendues possibles dans le domaine de l'apprentissage profond.

7.1 PixelRNN et PixelCNN

PixelRNN et PixelCNN sont deux modèles révolutionnaires dans le domaine de l'apprentissage profond, spécifiquement conçus pour générer des images de haute qualité. Ce sont tous deux des modèles autorégressifs, ce qui signifie qu'ils génèrent des images en prédisant chaque pixel sur la base des précédents.

PixelRNN utilise des réseaux de neurones récurrents (RNN) pour capturer les dépendances entre les pixels d'une image. Il fonctionne de manière séquentielle, traitant les images dans un ordre de balayage en trame. Cela signifie qu'il prédit chaque pixel en fonction des précédents, parcourant l'image ligne par ligne, de gauche à droite et de haut en bas. Il utilise des composants comme les Unités Récurrentes à Portes (GRU) ou les unités de Mémoire à Long-Court Terme (LSTM) pour capturer les dépendances à long terme dans les images, résultant en des sorties très détaillées.

De son côté, PixelCNN améliore PixelRNN en utilisant des réseaux de neurones convolutifs (CNN) au lieu des RNN. Ce changement architectural significatif permet à PixelCNN de paralléliser les calculs, ce qui accélère les processus d'entraînement et d'inférence. Pour garantir que chaque pixel ne soit influencé que par les pixels situés au-dessus et à gauche de lui (préservant ainsi la propriété autorégressive), PixelCNN introduit un concept appelé convolutions masquées. De plus, il emploie souvent des connexions résiduelles pour stabiliser l'entraînement et améliorer la performance globale du modèle.

PixelRNN et PixelCNN ont tous deux été influents dans le domaine de la modélisation générative, car ils sont capables de créer des images hautement réalistes et cohérentes à partir de distributions de données complexes. Bien qu'ils aient des approches et des structures différentes, tous deux ont significativement contribué aux avancées dans les tâches de génération d'images.

7.1.1 PixelRNN

PixelRNN est un type influent de réseau de neurones artificiels spécifiquement conçu pour générer des images de haute qualité. C'est un type de modèle autorégressif, ce qui signifie qu'il génère des images en prédisant chaque pixel sur la base des précédents.

PixelRNN utilise un type d'architecture de réseau connu sous le nom de réseaux de neurones récurrents (RNN) pour capturer les dépendances entre les pixels d'une image. Ce modèle fonctionne de manière séquentielle, traitant les images dans un ordre de balayage en trame. Cela signifie qu'il prédit chaque pixel en fonction des précédents, parcourant l'image ligne par ligne, de gauche à droite et de haut en bas.

Le modèle PixelRNN utilise souvent des composants comme les Unités Récurrentes à Portes (GRU) ou les unités de Mémoire à Long-Court Terme (LSTM) pour capturer les dépendances à long terme dans les images, ce qui donne des sorties hautement détaillées. Ces composants avancés aident le modèle à mémoriser des informations sur de longues périodes, ce qui est particulièrement utile lorsqu'il y a une quantité significative de temps ou de points de données entre les informations pertinentes dans les données.

La conception et l'efficacité de PixelRNN ont rendu possible la génération d'images de haute fidélité, témoignant de la sophistication de l'approche autorégressive. Cela a entraîné des avancées significatives dans le domaine de l'apprentissage profond, faisant de PixelRNN un outil fondamental dans les tâches de modélisation générative.

Composants clés de PixelRNN :

- **Réseaux de neurones récurrents (RNN) :** Ce sont les blocs de construction fondamentaux de PixelRNN. Les RNN sont utilisés pour capturer les dépendances entre les pixels, permettant au modèle de comprendre et d'apprendre les relations entre différentes parties de l'image. Ceci est crucial pour générer des images cohérentes et visuellement plaisantes.

- **Ordre de balayage en trame :** C'est la méthode par laquelle PixelRNN traite l'image. Il analyse les pixels ligne par ligne, se déplaçant de gauche à droite et de haut en bas, comme la lecture d'un livre. Cette approche systématique assure que tous les pixels sont traités de manière cohérente et organisée.

- **Unités Récurrentes à Portes (GRU) ou unités de Mémoire à Long-Court Terme (LSTM) :** Ce sont des types spécialisés de RNN souvent utilisés dans PixelRNN pour améliorer la capacité du modèle à capturer des dépendances à long terme. Ils sont conçus pour mémoriser des informations pendant de longues périodes et peuvent apprendre d'expériences lointaines dans le passé ou le futur, les rendant particulièrement efficaces pour des tâches comme la génération d'images où la compréhension contextuelle est essentielle.

Exemple : Implémentation de PixelRNN

```python
import tensorflow as tf
from tensorflow.keras.layers import Input, Conv2D, ConvLSTM2D, Conv2DTranspose
from tensorflow.keras.models import Model

# Define the PixelRNN model
def build_pixelrnn(input_shape):
    inputs = Input(shape=input_shape)
    x = Conv2D(64, (7, 7), padding='same', activation='relu')(inputs)
    x = ConvLSTM2D(64, (3, 3), padding='same', activation='relu',
return_sequences=True)(x)
    x = ConvLSTM2D(64, (3, 3), padding='same', activation='relu',
return_sequences=True)(x)
    outputs = Conv2D(1, (1, 1), activation='sigmoid')(x)
    return Model(inputs, outputs, name='pixelrnn')

# Define the input shape
input_shape = (28, 28, 1)

# Build the PixelRNN model
pixelrnn = build_pixelrnn(input_shape)
pixelrnn.summary()
```

Dans cet exemple :

Le script Python commence par importer les modules nécessaires depuis TensorFlow. Le module tensorflow.keras.layers contient les classes de couches nécessaires pour le modèle, tandis que le module tensorflow.keras.models fournit la classe Model nécessaire pour créer le modèle.

La fonction build_pixelrnn définit le modèle PixelRNN. La couche Input est utilisée pour instancier un tenseur Keras, qui est un objet symbolique de type tenseur, et la forme des données d'entrée est définie ici. La couche Conv2D crée une couche convolutive avec un nombre spécifié de filtres et une taille de noyau. La couche ConvLSTM2D est un type de couche récurrente où les connexions récurrentes ont des poids convolutifs. Elle est conçue pour apprendre à partir de séquences de données spatiales. La couche Conv2DTranspose effectue l'inverse d'une opération de convolution 2D, qui peut être utilisée pour augmenter les dimensions spatiales de la sortie.

Dans cette implémentation, le modèle se compose d'une couche d'entrée, de deux couches ConvLSTM2D, et d'une couche Conv2D finale. Les couches ConvLSTM2D ont chacune 64 filtres, et utilisent toutes deux des noyaux 3x3. La couche Conv2D a 1 filtre et utilise un noyau 1x1. La fonction d'activation 'relu' est utilisée dans les couches Conv2D et ConvLSTM2D, tandis que la fonction d'activation 'sigmoid' est utilisée dans la couche de sortie.

Après que le modèle est défini, la forme d'entrée pour les images est spécifiée comme (28, 28, 1), ce qui représente une image en niveaux de gris de 28x28 pixels. Le modèle PixelRNN est ensuite construit en utilisant la forme d'entrée définie, et le résumé du modèle est imprimé à l'aide de la méthode summary. Cela fournit un aperçu rapide de l'architecture du modèle, montrant les types et le nombre de couches, les formes de sortie de chaque couche, et le nombre total de paramètres.

7.1.2 PixelCNN

PixelCNN améliore PixelRNN en utilisant des réseaux de neurones convolutifs (CNN) au lieu des RNN. Ce changement architectural permet à PixelCNN de paralléliser les calculs, accélérant considérablement les processus d'entraînement et d'inférence. PixelCNN introduit également des convolutions masquées pour garantir que chaque pixel n'est influencé que par les pixels au-dessus et à gauche de lui, maintenant ainsi la propriété autorégressive.

L'idée fondamentale derrière PixelCNN est de décomposer la distribution conjointe de l'image comme un produit de conditionnels, où chaque pixel est modélisé comme une distribution conditionnelle sur les valeurs de pixel étant donné tous les pixels précédemment générés.

PixelCNN est une extension du modèle PixelRNN, et l'améliore en employant des Réseaux de Neurones Convolutifs (CNN) au lieu des Réseaux de Neurones Récurrents (RNN). Ce changement architectural permet à PixelCNN de paralléliser les calculs, entraînant une accélération significative des processus d'entraînement et d'inférence.

Une caractéristique importante de PixelCNN est son utilisation de convolutions masquées. Cela garantit que la prédiction pour chaque pixel ne dépend que des pixels "au-dessus" et "à gauche" de celui-ci, maintenant ainsi la propriété autorégressive.

PixelCNN a été influent dans le domaine de la modélisation générative, démontrant la capacité de générer des images hautement réalistes et détaillées à partir de distributions de données complexes. C'est un outil essentiel dans le domaine des tâches de génération d'images et offre une technique puissante pour générer des images réalistes et cohérentes à partir de distributions de données complexes.

Examen approfondi des composants clés de PixelCNN :

- **Réseaux de Neurones Convolutifs (CNN) :** Ce sont une partie fondamentale du modèle PixelCNN. Les CNN sont des algorithmes innovants utilisés dans le domaine de l'apprentissage profond, en particulier pour le traitement d'images. Dans ce contexte, les CNN sont utilisés pour capturer efficacement les dépendances spatiales entre les pixels. Cela signifie qu'ils peuvent identifier et apprendre des relations et des motifs parmi les pixels d'une image, ce qui est essentiel pour les tâches de génération et de reconnaissance d'images.

- **Convolutions masquées :** Les convolutions masquées sont une caractéristique unique de PixelCNN qui lui permettent de maintenir la propriété autorégressive. En essence, pendant l'opération de convolution, les pixels futurs sont "masqués" ou cachés du modèle. C'est une étape clé qui garantit que le modèle n'utilise que des informations provenant de pixels qui ont été vus auparavant dans le processus de génération, maintenant ainsi la nature autorégressive cruciale du modèle.

- **Connexions résiduelles :** Les connexions résiduelles, également connues sous le nom de connexions de raccourci, sont un autre composant crucial du modèle PixelCNN. Elles sont souvent employées pour stabiliser le processus d'entraînement et améliorer la performance globale du modèle d'apprentissage profond. En créant des raccourcis ou des "contournements" pour que les gradients puissent circuler, elles aident à combattre le problème des gradients évanescents, rendant possible l'entraînement de réseaux plus profonds. Dans le contexte de PixelCNN, cela se traduit par un modèle plus robuste et efficace.

Exemple : Implémentation de PixelCNN

```
import tensorflow as tf
from tensorflow.keras.layers import Input, Conv2D, ReLU, Add
from tensorflow.keras.models import Model

# Define the masked convolution layer
class MaskedConv2D(tf.keras.layers.Conv2D):
    def __init__(self, *args, mask_type=None, **kwargs):
        super(MaskedConv2D, self).__init__(*args, **kwargs)
        self.mask_type = mask_type

    def build(self, input_shape):
        super(MaskedConv2D, self).build(input_shape)
        self.kernel_mask = self.add_weight(
```

```
                shape=self.kernel.shape,
                initializer=tf.constant_initializer(1),
                trainable=False,
                name='kernel_mask'
            )
        if self.mask_type is not None:
            self.kernel_mask = self.kernel_mask.numpy()
            center_h, center_w = self.kernel.shape[0] // 2, self.kernel.shape[1] // 2
            if self.mask_type == 'A':
                self.kernel_mask[center_h, center_w + 1:, :] = 0
                self.kernel_mask[center_h + 1:, :, :] = 0
            elif self.mask_type == 'B':
                self.kernel_mask[center_h, center_w + 1:, :] = 0
                self.kernel_mask[center_h + 1:, :, :] = 0
            self.kernel_mask          =          tf.convert_to_tensor(self.kernel_mask,
dtype=self.kernel.dtype)

    def call(self, inputs):
        self.kernel.assign(self.kernel * self.kernel_mask)
        return super(MaskedConv2D, self).call(inputs)

# Define the PixelCNN model
def build_pixelcnn(input_shape):
    inputs = Input(shape=input_shape)
    x    =    MaskedConv2D(64,    (7,    7),    padding='same',    activation='relu',
mask_type='A')(inputs)
    for _ in range(5):
        x    =    MaskedConv2D(64,    (3,    3),    padding='same',    activation='relu',
mask_type='B')(x)
        x = ReLU()(x)
    outputs = Conv2D(1, (1, 1), activation='sigmoid')(x)
    return Model(inputs, outputs, name='pixelcnn')

# Define the input shape
input_shape = (28, 28, 1)

# Build the PixelCNN model
pixelcnn = build_pixelcnn(input_shape)
pixelcnn.summary()
```

Dans cet exemple :

Le script commence par définir une classe personnalisée pour la couche MaskedConv2D. Il s'agit d'une couche convolutive avec une propriété supplémentaire de masque qui est appliquée aux noyaux de la couche. Ce masque garantit que lors de la prédiction de chaque pixel, le modèle ne considère que les pixels situés au-dessus et à gauche du pixel actuel. Cela correspond à la propriété autorégressive, où chaque point de données est prédit en fonction des précédents. Le type de masque est défini lors de la création de la couche, avec le type 'A' pour la première couche et le type 'B' pour toutes les couches suivantes. Le masque est implémenté dans la méthode build de la classe.

Ensuite, le modèle PixelCNN est défini. Le modèle commence par une couche d'entrée, qui définit la forme des données d'entrée. Puis, une couche MaskedConv2D avec un masque de type 'A' est appliquée. Cela est suivi de plusieurs couches MaskedConv2D avec un masque de type 'B', chacune suivie d'une fonction d'activation ReLU (Unité de Rectification Linéaire). La fonction ReLU est une fonction d'activation largement utilisée dans les modèles d'apprentissage profond qui aide à introduire une non-linéarité dans le modèle. Enfin, une couche Conv2D avec une fonction d'activation sigmoïde est appliquée pour garantir que les valeurs de sortie se situent entre 0 et 1, ce qui est idéal pour les valeurs de pixels d'image.

La fonction build_pixelcnn encapsule le processus de définition du modèle. Elle prend la forme d'entrée comme paramètre et renvoie un objet Keras Model. L'avantage de définir le modèle dans une fonction comme celle-ci est qu'il permet une réutilisation facile de la définition du modèle.

Dans la dernière partie du script, la forme d'entrée est définie comme (28, 28, 1). Cela correspond à des images en niveaux de gris de taille 28x28 pixels. Ensuite, le modèle PixelCNN est construit en utilisant la forme d'entrée définie, et le résumé du modèle est imprimé. Le résumé fournit un aperçu rapide de l'architecture du modèle, montrant les types et le nombre de couches, les formes de sortie de chaque couche, et le nombre total de paramètres.

7.2 Modèles basés sur les Transformers (GPT, GPT-3, GPT-4)

Ces dernières années, les modèles basés sur les Transformers ont profondément transformé et révolutionné le domaine du traitement automatique du langage naturel (TALN). Ils ont apporté un changement significatif dans notre approche du traitement du langage, grâce à leur capacité sans précédent à gérer les dépendances à longue portée et à générer du texte cohérent et significatif.

Ces modèles, incluant la série très influente des Transformers Génératifs Pré-entraînés (GPT), ont démontré des performances exceptionnelles dans un large éventail de tâches et d'applications. Cela s'étend de la modélisation du langage à la génération de texte, démontrant la polyvalence et le potentiel de ces modèles.

Dans cette section, nous approfondirons l'architecture sophistiquée et les concepts clés qui sous-tendent les modèles basés sur les Transformers. Nous mettrons particulièrement l'accent sur la série GPT, incluant GPT, GPT-3, et le dernier modèle GPT-4. Cette exploration fournira une compréhension complète de ces modèles révolutionnaires de TALN, en mettant en lumière leurs mécanismes, leurs forces, et leurs développements potentiels futurs.

7.2.1 L'Architecture du Transformer

L'architecture du Transformer, qui a été présentée pour la première fois dans un article novateur intitulé "Attention is All You Need" par Vaswani et al., constitue la structure sous-jacente de nombreux modèles de langage modernes, y compris la série très influente des modèles GPT.

La principale innovation apportée par l'architecture du Transformer est l'introduction de ce qu'on appelle le mécanisme d'auto-attention. Ce mécanisme est un composant clé du modèle qui lui permet d'attribuer différents poids à chaque mot dans une phrase en fonction de leur importance lorsqu'il s'agit de faire des prédictions.

Cela signifie que lorsque le modèle traite une phrase, il ne considère pas tous les mots de manière égale. Au lieu de cela, il reconnaît que certains mots jouent un rôle plus important dans la signification globale de la phrase que d'autres. Par conséquent, le modèle accorde plus d'attention à ces mots lorsqu'il fait ses prédictions.

En donnant au modèle la capacité de se concentrer sur les parties les plus importantes de l'entrée, le mécanisme d'auto-attention augmente la précision et l'efficacité de l'architecture du Transformer, en faisant un outil puissant pour les tâches impliquant le traitement du langage naturel.

Aperçu approfondi des composants clés du Transformer :

- **Mécanisme d'auto-attention :** C'est un élément crucial du modèle Transformer. Il calcule une somme pondérée des représentations d'entrée, ce qui permet au modèle de se concentrer sur les parties les plus pertinentes de l'entrée pour une tâche donnée. Ce mécanisme est conçu pour optimiser la capacité du modèle à gérer les dépendances complexes entre les mots et les phrases dans le texte.

- **Encodage positionnel :** Le modèle Transformer ne capture pas intrinsèquement l'ordre des séquences. Ainsi, un encodage positionnel est ajouté pour fournir des informations sur l'emplacement de chaque mot dans la séquence. Cette caractéristique garantit que le modèle peut comprendre efficacement le contexte et la relation entre les mots, indépendamment de leur position.

- **Réseaux de neurones Feed-Forward :** Ces réseaux sont appliqués indépendamment à chaque position dans la séquence. Ils aident à traiter davantage les informations reçues des couches précédentes. Après l'application de ces réseaux, la normalisation des couches est effectuée pour assurer la stabilité et l'efficacité du processus d'apprentissage du modèle.

- **Attention Multi-Têtes :** Cette fonctionnalité permet au modèle de se concentrer sur différentes parties de l'entrée simultanément. Elle améliore la capacité du modèle à comprendre et à interpréter divers aspects de l'entrée, améliorant ainsi sa performance globale et sa précision.

- **Structure Encodeur-Décodeur :** Bien que non utilisée dans les modèles GPT, cette structure est vitale pour des tâches comme la traduction automatique. L'encodeur traite les données d'entrée et les transmet au décodeur, qui génère ensuite une sortie dans la langue cible. Cette structure garantit que le modèle peut traduire efficacement le texte tout en maintenant la signification et le contexte originaux.

Exemple : Mécanisme d'auto-attention

```python
import tensorflow as tf

# Define the scaled dot-product attention mechanism
def scaled_dot_product_attention(q, k, v, mask):
    matmul_qk = tf.matmul(q, k, transpose_b=True)
    dk = tf.cast(tf.shape(k)[-1], tf.float32)
    scaled_attention_logits = matmul_qk / tf.math.sqrt(dk)

    if mask is not None:
        scaled_attention_logits += (mask * -1e9)

    attention_weights = tf.nn.softmax(scaled_attention_logits, axis=-1)
    output = tf.matmul(attention_weights, v)
    return output, attention_weights

# Example usage of self-attention mechanism
q = tf.random.normal((1, 60, 512))  # Query
k = tf.random.normal((1, 60, 512))  # Key
v = tf.random.normal((1, 60, 512))  # Value
output, attention_weights = scaled_dot_product_attention(q, k, v, mask=None)
print(output.shape)
print(attention_weights.shape)
```

Dans cet exemple :

La fonction d'attention par produit scalaire normalisé, scaled_dot_product_attention, accepte quatre paramètres – q (requête), k (clé), v (valeur), et mask. Ceux-ci représentent les entrées du mécanisme d'attention dans un modèle Transformer :

- q (requête) : Représente l'entrée transformée que nous utilisons pour sonder la séquence.

- k (clé) : Représente l'entrée transformée que nous comparons à la requête.

- v (valeur) : Représente les valeurs d'entrée originales, qui sont pondérées selon les scores d'attention.

- mask : Un paramètre optionnel qui permet d'ignorer certaines parties de l'entrée par le mécanisme d'attention.

La fonction fonctionne d'abord en calculant la multiplication matricielle de la requête et de la clé (avec la clé transposée). Le résultat de cette multiplication matricielle nous donne les scores d'attention bruts pour chaque paire d'éléments dans la séquence d'entrée.

Ensuite, elle normalise les scores d'attention en les divisant par la racine carrée de la dimension de la clé. Cette normalisation est effectuée pour éviter que les résultats du produit scalaire ne deviennent trop importants en magnitude, ce qui peut conduire à des gradients devenant trop petits lors de la rétropropagation.

Si un masque est fourni, la fonction l'applique aux scores d'attention normalisés. Cela se fait en ajoutant le masque multiplié par -1e9 (un nombre négatif très grand, proche de moins l'infini) aux scores. Cela définit efficacement les positions masquées à moins l'infini, garantissant qu'elles produisent des valeurs proches de zéro après l'application de la fonction softmax.

La fonction applique ensuite la fonction softmax aux logits d'attention normalisés, les convertissant en poids d'attention. Ces poids représentent la probabilité que chaque élément de la séquence contribue au résultat final.

Enfin, la fonction calcule la sortie en effectuant la multiplication matricielle des poids d'attention et de la valeur. Cela donne une somme pondérée des valeurs d'entrée, où les poids sont déterminés par le mécanisme d'attention. La fonction renvoie ensuite la sortie et les poids d'attention.

Dans l'exemple d'utilisation du mécanisme, des valeurs aléatoires sont générées pour la requête, la clé et la valeur. Celles-ci sont ensuite passées à la fonction scaled_dot_product_attention sans masque. La sortie résultante et les poids d'attention sont imprimés, leurs formes étant affichées pour vérifier que la fonction a été correctement implémentée.

7.2.2 GPT : Transformer Génératif Pré-entraîné

Le Transformer Génératif Pré-entraîné, communément appelé GPT, est un type spécifique de modèle Transformer principalement utilisé pour les tâches de modélisation du langage. La caractéristique principale de ce modèle est sa capacité générative, ce qui signifie qu'il peut générer du texte contextuellement pertinent et cohérent.

La première itération de ce modèle, GPT-1, a été introduite par le laboratoire de recherche en intelligence artificielle influent, OpenAI. Le modèle GPT-1 d'OpenAI a démontré l'immense puissance du pré-entraînement d'un modèle sur un large corpus de texte, suivi d'un affinage pour des tâches spécifiques.

La phase de pré-entraînement implique l'entraînement du modèle sur un ensemble de données massif, lui permettant d'apprendre les nuances et les subtilités de la langue. Une fois le modèle pré-entraîné, il est ensuite affiné sur un ensemble de données plus petit, spécifique à une tâche. Cette méthode de pré-entraînement et d'affinage permet au modèle de performer exceptionnellement bien sur les tâches spécifiques pour lesquelles il est affiné, tout en conservant les connaissances étendues acquises lors de la phase de pré-entraînement.

Caractéristiques principales du Transformer Génératif Pré-entraîné (GPT) :

- **Modèle autorégressif :** Fonctionnant comme un modèle autorégressif, GPT est conçu pour prédire le mot suivant dans une séquence en utilisant le contexte de tous les mots précédents. Cela lui permet de générer du texte semblable à celui d'un humain en comprenant la relation sémantique entre les mots dans une phrase.

- **Pré-entraînement et affinage :** Une autre caractéristique essentielle de GPT est sa capacité de pré-entraînement et d'affinage. Initialement, le modèle est pré-entraîné sur un vaste corpus de texte, ce qui lui permet d'apprendre une grande variété de modèles de langage. Par la suite, il est affiné sur des tâches spécifiques, comme la traduction ou la réponse aux questions, pour améliorer sa performance et s'adapter aux particularités de la tâche.

- **Attention unidirectionnelle :** GPT emploie une forme d'attention unidirectionnelle. Dans ce mécanisme, chaque token (mot ou sous-mot) dans l'entrée ne peut être attentif qu'aux tokens qui le précèdent. Cette caractéristique est cruciale pour assurer la nature autorégressive du modèle et maintenir l'ordre de la séquence lors de la génération de nouveau texte.

Exemple : Implémentation simple de GPT

```
from transformers import GPT2Tokenizer, TFGPT2LMHeadModel

# Load pre-trained GPT-2 tokenizer and model
tokenizer = GPT2Tokenizer.from_pretrained("gpt2")
model = TFGPT2LMHeadModel.from_pretrained("gpt2")

# Encode input text
input_text = "Once upon a time"
input_ids = tokenizer.encode(input_text, return_tensors='tf')

# Generate text
output = model.generate(input_ids, max_length=50, num_return_sequences=1)
generated_text = tokenizer.decode(output[0], skip_special_tokens=True)
print(generated_text)
```

Dans cet exemple :

Le script commence par importer les classes nécessaires de la bibliothèque transformers, à savoir le GPT2Tokenizer et le TFGPT2LMHeadModel.

Le GPT2Tokenizer est utilisé pour convertir le texte d'entrée dans un format que le modèle peut comprendre. Cela implique de transformer chaque mot ou caractère en une valeur numérique ou jeton correspondant. La méthode from_pretrained("gpt2") est utilisée pour charger le tokenizer GPT-2 pré-entraîné.

Le TFGPT2LMHeadModel est la classe pour le modèle GPT-2. Similaire au tokenizer, la méthode from_pretrained("gpt2") est utilisée pour charger le modèle GPT-2 pré-entraîné.

Une fois que le tokenizer et le modèle ont été chargés, le texte d'entrée ("Once upon a time") est encodé en jetons à l'aide de la méthode encode du tokenizer. L'argument return_tensors='tf' est utilisé pour renvoyer des tenseurs TensorFlow.

Le texte d'entrée encodé, maintenant sous forme de jetons, est ensuite utilisé comme entrée pour la méthode generate du modèle. Cette méthode génère un nouveau texte basé sur l'entrée. L'argument max_length spécifie la longueur maximale du texte généré à 50 jetons, tandis que num_return_sequences=1 précise qu'une seule séquence doit être renvoyée.

Après avoir généré le nouveau texte, le script décode ensuite ce texte en une forme lisible par l'humain en utilisant la méthode decode du tokenizer. L'argument skip_special_tokens=True est utilisé pour supprimer tous les jetons spéciaux qui ont été ajoutés pendant le processus d'encodage.

Enfin, le script affiche le texte généré, qui devrait être une continuation cohérente du texte d'entrée "Once upon a time".

7.2.3 GPT-3 : La Troisième Génération

GPT-3, la troisième itération de la série GPT, marque un bond significatif dans le développement des modèles de langage. Avec un nombre impressionnant de 175 milliards de paramètres, c'est l'un des modèles de langage les plus grands et les plus avancés jamais créés. Ce nombre immense de paramètres permet à GPT-3 de comprendre et de générer un texte incroyablement cohérent et contextuellement pertinent.

Les capacités de cette version vont au-delà de la simple génération de texte. Elle a démontré une capacité remarquable à répondre à des instructions complexes et nuancées d'une manière auparavant impensable. Le texte qu'elle génère n'est pas seulement cohérent ; il reflète avec précision les subtilités et les nuances des instructions qui lui sont données. Cette capacité témoigne des progrès significatifs réalisés dans le domaine des modèles de langage et de l'intelligence artificielle.

Avec GPT-3, nous assistons à une nouvelle ère dans le développement et l'application des modèles de langage. Les utilisations potentielles d'une telle technologie sont vastes et passionnantes, promettant de révolutionner de nombreux aspects de nos vies numériques.

Aperçu détaillé des caractéristiques clés de GPT-3 :

- **Échelle sans précédent :** Avec un impressionnant total de 175 milliards de paramètres, GPT-3 se distingue de ses prédécesseurs. Cette échelle massive lui permet de comprendre et de générer du texte de manière plus nuancée, améliorant considérablement ses capacités par rapport aux modèles précédents.

- **Apprentissage par peu d'exemples innovant :** GPT-3 apporte la puissance de l'apprentissage par peu d'exemples, une méthode où le modèle est capable d'effectuer des tâches avec un minimum de données spécifiques à la tâche. Contrairement à d'autres modèles, GPT-3 ne nécessite pas d'entraînement extensif sur un large ensemble de données pour chaque tâche spécifique. Au lieu de cela, il exploite les exemples fournis dans l'instruction d'entrée, s'adaptant rapidement à la tâche à accomplir avec seulement quelques exemples.

- **Polyvalence remarquable :** L'une des caractéristiques clés de GPT-3 est sa polyvalence. Il peut être appliqué à un large éventail de tâches, de la traduction linguistique aux réponses aux questions. Cette flexibilité signifie qu'il n'a pas besoin d'un affinage spécifique à une tâche ; au lieu de cela, il peut comprendre le contexte et accomplir des tâches dans différents domaines, ce qui en fait un outil incroyablement polyvalent.

Exemple : Utilisation de GPT-3 avec l'API OpenAI

```python
import openai

# Set up OpenAI API key
openai.api_key = 'your-api-key-here'

# Define the prompt
prompt = "Once upon a time, in a land far, far away,"

# Generate text using GPT-3
response = openai.Completion.create(
    engine="davinci",
    prompt=prompt,
    max_tokens=50
)

# Print the generated text
print(response.choices[0].text.strip())
```

Voici une analyse détaillée du script :

1. **import openai :** Cette ligne importe le module openai, qui est un client Python pour l'API OpenAI. Ce module fournit des fonctions et des classes pour interagir avec l'API.

2. **openai.api_key = 'your-api-key-here' :** Cette ligne définit la clé API, qui est nécessaire pour authentifier vos requêtes auprès de l'API OpenAI. Vous devez remplacer 'your-api-key-here' par votre clé API réelle.

3. **prompt = "Once upon a time, in a land far, far away," :** Cette ligne définit une variable de type chaîne de caractères nommée prompt. La valeur de cette variable est le texte initial à partir duquel vous souhaitez que le modèle poursuive.

4. **response = openai.Completion.create(engine="davinci", prompt=prompt, max_tokens=50) :** Cette ligne génère du texte basé sur l'invite. La fonction

openai.Completion.create est utilisée pour créer une complétion, c'est-à-dire pour générer du texte. Le paramètre engine est défini sur "davinci", qui est le nom du modèle GPT-3. Le paramètre prompt est défini sur la variable prompt précédemment définie. Le paramètre max_tokens est défini sur 50, ce qui correspond au nombre maximum de tokens (approximativement des mots) que le texte généré doit contenir.

5. **print(response.choices[0].text.strip()) :** Cette ligne affiche le texte généré. L'objet response renvoyé par openai.Completion.create contient le texte généré parmi d'autres informations. response.choices[0].text.strip() extrait le texte généré et supprime les espaces blancs en début et fin de texte.

En résumé, ce script initialise une connexion à l'API OpenAI, définit une invite, utilise le modèle GPT-3 pour générer un texte basé sur cette invite, et enfin affiche le texte généré.

7.2.4 GPT-4 : La nouvelle frontière de la modélisation du langage

Architecture et entraînement

GPT-4, également connu sous le nom de "Generative Pre-trained Transformer 4", est un modèle à la pointe de la technologie dans le domaine de l'intelligence artificielle. Bien qu'OpenAI ait gardé secrets les détails exacts de sa conception architecturale, certaines caractéristiques peuvent être déduites de ses performances phénoménales ainsi que des bases établies par ses prédécesseurs :

1. Il est probable qu'il emploie une version plus sophistiquée de l'architecture transformer. Cette architecture constitue le fondement de la majorité des modèles de langage à grande échelle depuis sa création en 2017, en raison de sa capacité à gérer des tâches linguistiques complexes avec une efficacité remarquable.

2. On suppose que le modèle possède un nombre astronomique de paramètres, potentiellement des centaines de milliards, voire plus d'un billion. Cette immense quantité de paramètres permet au modèle de traiter un large éventail de tâches et d'obtenir des résultats impressionnants. Cependant, OpenAI n'a pas divulgué publiquement le chiffre exact.

3. GPT-4 a été entraîné sur un corpus de données textuelles incroyablement vaste, provenant de diverses sources, notamment Internet, des livres et de nombreuses autres ressources. Ces données d'entraînement extensives ont été accumulées jusqu'à une date limite de connaissances en 2022, permettant au modèle d'être à jour avec l'usage actuel de la langue et les connaissances contemporaines.

4. Une caractéristique notable de GPT-4 est son utilisation d'une technique connue sous le nom d'"IA constitutionnelle". Cette approche innovante est conçue pour améliorer l'alignement du modèle avec les valeurs humaines et minimiser la probabilité de générer des résultats qui pourraient être jugés nuisibles ou inappropriés. Cela reflète un effort conscient d'OpenAI pour aligner leurs modèles d'IA avec des considérations éthiques et des normes sociétales.

Capacités

GPT-4, la dernière itération des modèles Generative Pre-trained Transformer, présente des améliorations substantielles par rapport à ses prédécesseurs dans plusieurs domaines clés :

1. **Compréhension du langage :** GPT-4 démontre une compréhension profonde du langage. Il peut saisir le contexte, discerner les nuances et déduire des informations implicites dans le texte de manière beaucoup plus efficace que les versions précédentes. Cela conduit à des réponses plus précises et contextuellement appropriées.

2. **Raisonnement :** Démontrant ses avancées en IA, GPT-4 peut effectivement réaliser des tâches de raisonnement complexes. Cela inclut des capacités en résolution de problèmes mathématiques et en déductions logiques, ce qui en fait un outil puissant pour un large éventail d'applications.

3. **Créativité :** Les capacités créatives de GPT-4 sont particulièrement remarquables. Il fait preuve d'une aptitude accrue pour l'écriture, la génération d'idées et la résolution de problèmes. Cela peut être exploité pour des tâches allant de la création de contenu à l'élaboration de solutions innovantes.

4. **Traitement multimodal :** Marquant une rupture significative avec GPT-3, GPT-4 possède la capacité de traiter et d'analyser des images en plus du texte. Cette capacité de traitement multimodal ouvre un tout nouveau monde d'applications et d'utilisations potentielles.

5. **Cohérence :** L'une des améliorations clés de GPT-4 est sa capacité à maintenir la cohérence et le contexte sur des conversations et des documents plus longs. Cela en fait un outil idéal pour les tâches qui nécessitent le maintien d'un fil continu de pensée ou de narration.

6. **Compétence multilingue :** Démontrant la véritable applicabilité mondiale de ce modèle d'IA, GPT-4 fait preuve d'une grande compétence dans une multitude de langues, ce qui en fait un outil polyvalent pour la communication internationale et la traduction.

Applications

GPT-4, avec ses capacités avancées, ouvre la porte à un large éventail d'applications pratiques qui pourraient révolutionner divers secteurs :

1. **Création de contenu :** Il peut être utilisé pour rédiger des articles engageants, des histoires créatives, des scénarios pour des pièces de théâtre ou des films, et des textes marketing convaincants qui peuvent captiver les audiences et communiquer efficacement le message souhaité.

2. **Génération et débogage de code :** Il peut servir d'outil essentiel pour les programmeurs en les aidant à coder dans divers langages de programmation, ainsi qu'à déboguer, rendant le processus plus efficace et moins chronophage.

3. **Éducation :** GPT-4 peut révolutionner le secteur de l'éducation grâce à un tutorat personnalisé, offrant des supports d'étude adaptés aux besoins individuels des étudiants. De plus, il peut articuler des concepts complexes de manière plus compréhensible, améliorant ainsi l'expérience d'apprentissage.

4. **Recherche et analyse :** Dans le milieu académique et divers secteurs industriels, il peut être utilisé pour résumer des articles de recherche, effectuer des revues exhaustives de littérature, et même pour recueillir des informations à partir de vastes quantités de données, rendant ainsi la recherche plus accessible et efficace.

5. **Service client :** Le modèle avancé peut alimenter des chatbots sophistiqués et des assistants virtuels capables de fournir des réponses rapides et précises, améliorant considérablement l'expérience du service client.

6. **Traduction linguistique :** Contrairement aux outils de traduction traditionnels, GPT-4 peut fournir des traductions plus nuancées et conscientes du contexte, garantissant que le message original est transmis avec précision dans différentes langues.

7. **Collaboration créative :** Il peut être un collaborateur précieux dans les séances de brainstorming et la génération d'idées pour divers projets créatifs, potentiellement en enrichissant le processus créatif en apportant des perspectives fraîches et des idées nouvelles.

Limites et considérations éthiques de GPT-4

Malgré ses capacités avancées et ses performances impressionnantes, GPT-4, comme tous les modèles d'intelligence artificielle, présente plusieurs limites et considérations éthiques qui doivent être reconnues :

1. **Hallucinations :** L'une des principales limites de GPT-4 est sa propension aux "hallucinations". En termes d'IA, l'hallucination fait référence à la capacité du modèle à parfois générer des informations qui semblent plausibles mais qui sont, en fait, incorrectes ou trompeuses. Bien que les données puissent sembler cohérentes, elles n'ont aucun fondement réel ni ancrage dans des informations factuelles.

2. **Biais :** Une autre limite importante à noter est le potentiel de biais. Comme tous les modèles d'IA, GPT-4 peut involontairement refléter les biais présents dans les données sur lesquelles il a été entraîné. Cela signifie que tous préjugés, idées fausses ou perspectives biaisées présents dans les données d'entraînement pourraient potentiellement se refléter dans les résultats générés par le modèle.

3. **Manque de véritable compréhension :** Bien que GPT-4 puisse traiter et générer du texte dont la complexité et la cohérence sont semblables à celles des humains, il ne

comprend pas véritablement les concepts qu'il manipule de la même manière que les humains. Ce manque de compréhension authentique est une limitation fondamentale du modèle.

4. **Limitations temporelles :** Les connaissances de GPT-4 sont également limitées par la date limite de ses données d'entraînement. Cela signifie qu'il ne peut pas générer ou traiter des informations qui ont été publiées après la date à laquelle il a été formé pour la dernière fois. Cette limitation temporelle peut restreindre son utilité dans certaines situations.

5. **Préoccupations éthiques :** Enfin, comme pour toutes les technologies puissantes, il existe d'importantes considérations éthiques associées à l'utilisation de GPT-4. Des discussions sont en cours concernant l'utilisation potentiellement abusive de tels modèles d'IA puissants. Les préoccupations incluent la possibilité que le modèle soit utilisé pour générer de la désinformation, usurper l'identité d'individus ou d'autres activités malveillantes. Ces questions éthiques doivent être soigneusement prises en compte dans le développement et le déploiement de GPT-4 et des modèles d'IA similaires.

Impact et développements futurs

GPT-4 a été salué comme une étape importante vers l'intelligence artificielle générale (IAG). Il a déjà commencé à avoir un impact substantiel dans une multitude d'industries, y compris mais sans s'y limiter, la technologie, l'éducation et la santé, révolutionnant la façon dont nous opérons et interagissons avec ces secteurs.

En regardant vers l'avenir, les développements futurs de GPT-4 et des itérations suivantes pourraient englober une gamme d'améliorations et de nouvelles capacités :

1. Nous pourrions observer de nouvelles améliorations dans le traitement multimodal, qui inclut non seulement le texte, mais aussi la vidéo et l'audio. Cela permettrait à l'IA de comprendre et d'interpréter une plus large gamme de données, élargissant ainsi son applicabilité.

2. Il existe un potentiel pour des capacités améliorées d'apprentissage et d'adaptation en temps réel. Cela permettrait à l'IA de répondre plus efficacement aux nouvelles informations ou aux circonstances changeantes, augmentant ainsi son utilité dans des situations du monde réel dynamiques.

3. Les versions futures pourraient incorporer des techniques d'alignement plus sophistiquées, qui viseraient à aligner plus étroitement les objectifs et les actions de l'IA avec les valeurs humaines. Cela pourrait rendre les systèmes d'IA encore plus fiables et bénéfiques pour l'humanité, minimisant les risques potentiels et maximisant les résultats positifs.

4. L'intégration avec d'autres systèmes d'IA, tels que la robotique, est également une possibilité. Cela pourrait conduire à des applications plus complètes dans le monde

réel, permettant à l'IA d'interagir plus directement avec le monde physique et d'effectuer un plus large éventail de tâches.

Alors que nous continuons à assister à des avancées rapides dans la technologie de l'IA, GPT-4 représente une étape importante dans notre voyage continu vers la création de systèmes d'intelligence artificielle plus capables, efficaces et bénéfiques.

Exemple :

```python
from openai import OpenAI

# Initialize the OpenAI client with your API key
client = OpenAI(api_key='your_api_key_here')

# Function to generate text using GPT-4
def generate_text(prompt):
    response = client.chat.completions.create(
        model="gpt-4",  # Specify the GPT-4 model
        messages=[
            {"role": "system", "content": "You are a helpful assistant."},
            {"role": "user", "content": prompt}
        ],
        max_tokens=150,
        temperature=0.7,
        top_p=1.0,
        frequency_penalty=0.0,
        presence_penalty=0.0
    )
    return response.choices[0].message.content

# Example usage
user_prompt = "Explain the concept of machine learning in simple terms."
generated_text = generate_text(user_prompt)
print(generated_text)
```

Voici une explication du code :

1. Nous importons la bibliothèque OpenAI et initialisons le client avec votre clé API.

2. La fonction **generate_text** prend un prompt en entrée et envoie une requête au modèle GPT-4.

3. Nous spécifions divers paramètres dans l'appel API :

   o **model** : Défini sur "gpt-4" pour utiliser le modèle GPT-4.

   o **messages** : Une liste d'objets message qui inclut un message système et le prompt de l'utilisateur.

   o **max_tokens** : Limite la longueur de la réponse générée.

- **temperature** : Contrôle l'aléatoire de la sortie (0,7 est une valeur équilibrée).

- **top_p**, **frequency_penalty**, et **presence_penalty** : Paramètres supplémentaires pour affiner la sortie.

4. La fonction renvoie le texte généré à partir de la réponse du modèle.

5. Dans l'exemple d'utilisation, nous fournissons un prompt d'exemple et affichons le texte généré.

Pour utiliser ce code, vous aurez besoin de :

1. Installer la bibliothèque OpenAI : **pip install openai**

2. Remplacer 'your_api_key_here' par votre véritable clé API OpenAI.

3. Vous assurer que vous avez accès à l'API GPT-4, car cela peut nécessiter des autorisations spécifiques ou une approbation sur liste d'attente.

N'oubliez pas que l'utilisation de l'API GPT-4 entraîne des coûts basés sur le nombre de tokens traités, alors surveillez attentivement votre utilisation.

7.2.5 GPT-4o

GPT-4o, qui signifie Generative Pre-trained Transformer 4 Omni, est le modèle de langage de grande taille le plus récent et le plus avancé qui a été développé et annoncé par OpenAI. Cette annonce révolutionnaire a été faite le 13 mai 2024. La lettre 'o' dans GPT-4o représente le terme 'omni'.

Ce choix a été fait délibérément pour refléter les impressionnantes et innovantes capacités multimodales du modèle. En incorporant des capacités multimodales, GPT-4o a été conçu pour comprendre et générer non seulement du texte, mais aussi d'autres formes de données, comme des images et du son, ce qui en fait un modèle extrêmement polyvalent et complet.

Voici une explication détaillée de GPT-4o :

Explorer l'architecture et les capacités de GPT-4o

Le modèle GPT-4o présente des avancées impressionnantes par rapport à ses prédécesseurs. Notamment, il a la capacité de traiter plusieurs modes d'entrée et de générer les sorties correspondantes. C'est un bond significatif par rapport aux modèles précédents, qui nécessitaient des modèles distincts pour chaque modalité.

1. **Traitement multimodal :** GPT-4o n'est pas simplement un modèle basé sur le texte. Il est doté de la capacité de gérer une variété d'entrées incluant texte, images, audio et vidéo. De plus, il ne se contente pas de traiter ces entrées mais génère également des sorties sous forme de texte, d'images et d'audio. Cette capacité à gérer et à générer plusieurs modalités représente une progression remarquable par rapport aux modèles précédents.

2. **Modèle unifié :** Le modèle GPT-4o se distingue de ses prédécesseurs par sa nature unifiée. Ce n'est pas une combinaison de modèles séparés ; c'est plutôt un modèle unique et cohérent qui a été entraîné de bout en bout sur le texte, la vision et l'audio. Cette intégration est particulièrement bénéfique car elle assure des réponses plus cohérentes et conscientes du contexte à travers différentes modalités.

3. **Performance améliorée :** En termes de performance, GPT-4o surpasse les modèles précédents de manière considérable. Il a été testé dans divers benchmarks et a prouvé sa supériorité dans de nombreux domaines. Ceux-ci incluent sa compréhension des langues non-anglaises, la reconnaissance visuelle et la compréhension audio. La performance améliorée du modèle témoigne des avancées réalisées en apprentissage machine et en intelligence artificielle.

Caractéristiques clés

1. **Conversation en temps réel :** GPT-4o est conçu pour fournir des interactions instantanées et fluides en temps réel à travers plusieurs modalités. Il garantit que les conversations se déroulent de manière fluide et naturelle, imitant un échange semblable à celui des humains.

2. **Support multilingue amélioré :** Ce modèle porte le support multilingue à un nouveau niveau. Il peut non seulement comprendre mais aussi générer du contenu dans plus de 50 langues, avec une compétence et une précision accrues.

3. **Génération multimodale :** GPT-4o se distingue par sa capacité à créer des sorties qui combinent plusieurs formats de manière transparente. Il peut générer un mélange de texte, d'images et d'audio, offrant une expérience utilisateur riche et immersive.

4. **Conscience contextuelle :** Avec sa compréhension améliorée du contexte, GPT-4o fournit des réponses qui sont non seulement pertinentes mais aussi cohérentes. Il prend en compte l'intention de l'utilisateur, les connaissances préalables et l'historique de la conversation pour élaborer ses réponses.

5. **Garde-fous éthiques et de sécurité renforcés :** Une caractéristique clé de GPT-4o est son fort accent sur la sécurité et l'éthique. Le modèle est conçu avec plusieurs garde-fous pour garantir que les sorties sont responsables, impartiales et factuellement exactes, maintenant ainsi un haut niveau de fiabilité.

Capacités spécifiques

1. **Traitement de texte :** GPT-4o est une IA avancée qui est équipée pour engager des conversations naturelles, semblables à celles des humains. Il a la capacité de répondre à des questions complexes avec une grande précision et peut générer du contenu de haute qualité de manière fluide à travers un large éventail de domaines, ce qui en fait un outil polyvalent pour diverses applications.

2. **Capacités visuelles :** GPT-4o n'est pas seulement compétent pour traiter du texte. Il étend ses capacités aux données visuelles également. Il peut analyser et interpréter des images, des graphiques et des diagrammes avec un haut niveau de précision. Au-delà de l'interprétation, GPT-4o a aussi la capacité de générer de nouvelles images basées sur des prompts textuels, marquant un bond significatif dans le domaine de l'IA.

3. **Traitement audio :** Les capacités de GPT-4o s'étendent aussi aux données audio. Il peut gérer efficacement des tâches liées à la reconnaissance vocale, à la conversion texte-parole et à l'analyse audio détaillée. Notamment, il exhibe un contrôle impressionnant sur la voix qu'il génère, incluant des facteurs comme la vitesse, le ton, et même le chant, offrant une expérience plus dynamique et immersive aux utilisateurs.

4. **Compréhension vidéo :** Bien que les détails spécifiques soient limités à ce stade, il est rapporté que GPT-4o possède la capacité de traiter des entrées vidéo. Cela suggère un potentiel pour un large éventail d'applications, incluant l'analyse et l'interprétation de contenu vidéo, ce qui révolutionnera notre façon d'interagir avec et de comprendre le contenu vidéo.

Performance et efficacité améliorées

1. **Optimisation de la vitesse :** GPT-4o a été conçu pour fonctionner à une vitesse deux fois supérieure à celle de son prédécesseur, GPT-4 Turbo. Cette augmentation significative de la vitesse permet un traitement des données plus efficace.

2. **Rentabilité :** En termes de rapport coût-efficacité, GPT-4o excelle en étant 50% moins cher que GPT-4 Turbo. Le coût pour les tokens d'entrée a été réduit à 5$ par million, tandis que les tokens de sortie sont maintenant au prix de 15$ par million, le rendant plus abordable.

3. **Limite de débit accrue :** L'une des principales améliorations est la limite de débit améliorée. GPT-4o peut gérer cinq fois la limite de débit de GPT-4 Turbo, ainsi, il peut traiter jusqu'à un impressionnant 10 millions de tokens par minute. Cette augmentation significative de la capacité permet de gérer des volumes de données plus importants plus rapidement.

4. **Fenêtre contextuelle :** Malgré ces améliorations, GPT-4o maintient une généreuse fenêtre contextuelle de 128K. Cela équivaut à pouvoir analyser environ 300 pages de texte en un seul prompt. Cela signifie qu'il peut gérer des données textuelles étendues, fournissant une analyse complète et approfondie.

Disponibilité et accès : Informations détaillées

1. **Déploiement progressif :** À partir du 13 mai 2024, le très attendu GPT-4o est dévoilé et progressivement mis à la disposition des utilisateurs. Ce processus nous permet

d'assurer une transition en douceur et de résoudre tout problème potentiel qui pourrait survenir pendant les étapes initiales de son lancement.

2. **Disponibilité sur les plateformes :** GPT-4o est accessible via une variété de plateformes pour la commodité de notre base d'utilisateurs diversifiée. Cela inclut ChatGPT, disponible dans les niveaux gratuit et Plus, et la robuste API OpenAI. De plus, les utilisateurs professionnels peuvent utiliser la technologie via Microsoft Azure qui fournit un processus d'intégration transparent.

3. **Applications mobiles et de bureau :** Dans un effort pour rendre GPT-4o encore plus accessible, nous l'intégrons dans des applications mobiles pour les appareils iOS et Android. Cela signifie que les utilisateurs peuvent profiter des avantages de GPT-4o en déplacement. En outre, nous développons sa présence dans les applications de bureau Mac, élargissant davantage la portée de son utilisation. Pour nos utilisateurs Windows, nous tenons à vous rassurer qu'une version pour votre plateforme est en préparation et prévue pour sortir plus tard dans l'année.

Impact et implications futures

Le développement de GPT-4o représente une avancée importante dans le domaine de l'intelligence artificielle. Il a le potentiel de transformer complètement un large éventail d'industries et d'applications. Cette forme robuste d'IA, avec son approche multimodale unifiée, offre une opportunité sans précédent de favoriser des interactions plus naturelles et intuitives entre humains et machines.

Les capacités de GPT-4o s'étendent à travers de multiples domaines, incluant mais sans s'y limiter, l'assistance virtuelle, la création de contenu, l'analyse de données et la résolution de problèmes complexes. Son potentiel pour améliorer les assistants virtuels signifie que les utilisateurs peuvent s'attendre à une expérience plus personnalisée et efficace. Dans la création de contenu, les écrivains, marketeurs et communicateurs pourraient exploiter l'IA pour générer des productions créatives ou ébaucher des versions initiales de leur travail. De plus, son utilisation dans l'analyse de données peut rationaliser le processus d'extraction d'informations utiles à partir de vastes ensembles de données, et sa prouesse en résolution de problèmes peut être exploitée pour s'attaquer à des défis multiformes dans divers domaines.

Cependant, la sortie d'une IA aussi avancée que GPT-4o déclenche également d'importantes discussions sur les considérations éthiques et l'utilisation responsable. Les implications de GPT-4o pourraient être vastes et variées, impactant une multitude de domaines et de professions. Alors que nous embrassons les avantages d'une telle percée technologique, nous devons également considérer les risques potentiels et développer des stratégies pour les atténuer. Il doit y avoir un dialogue continu sur le déploiement éthique de GPT-4o, assurant que son utilisation serve à augmenter la capacité humaine, plutôt que de la remplacer ou de la diminuer.

Exemple :

Installez la bibliothèque Python OpenAI :

```
pip install openai
```

Obtenez votre clé API OpenAI sur le site web d'OpenAI.

```python
import openai

# Set your OpenAI API key
openai.api_key = 'your_api_key_here'

# Function to generate text using GPT-4o
def generate_text(prompt):
    response = openai.ChatCompletion.create(
        model="gpt-4o",  # Specify the GPT-4o model
        messages=[
            {"role": "system", "content": "You are a helpful assistant."},
            {"role": "user", "content": prompt}
        ],
        max_tokens=150,
        temperature=0.7,
        top_p=1.0,
        frequency_penalty=0.0,
        presence_penalty=0.0
    )
    return response.choices[0].message['content']

# Function to analyze an image using GPT-4o
def analyze_image(image_path):
    with open(image_path, "rb") as image_file:
        image_data = image_file.read()

    response = openai.Image.create(
        model="gpt-4o",  # Specify the GPT-4o model
        image=image_data,
        task="analyze"
    )
    return response['data']['text']

# Example usage for text generation
user_prompt = "Explain the concept of machine learning in simple terms."
generated_text = generate_text(user_prompt)
print("Generated Text:", generated_text)

# Example usage for image analysis
image_path = "path_to_your_image.jpg"
image_analysis = analyze_image(image_path)
print("Image Analysis:", image_analysis)
```

Dans cet exemple :

1. **Importation de la bibliothèque OpenAI :** Cela est nécessaire pour interagir avec l'API OpenAI.

2. **Configuration de la clé API :** Remplacez 'your_api_key_here' par votre véritable clé API OpenAI.

3. **Fonction de génération de texte :**

   o   generate_text(prompt) : Cette fonction prend un prompt textuel en entrée et génère une réponse en utilisant le modèle GPT-4o.

   o   La méthode ChatCompletion.create est utilisée pour interagir avec le modèle, en spécifiant des paramètres comme model, messages, max_tokens, temperature, top_p, frequency_penalty et presence_penalty.

4. **Fonction d'analyse d'image :**

   o   analyze_image(image_path) : Cette fonction prend le chemin d'un fichier image, lit les données de l'image et les envoie au modèle GPT-4o pour analyse.

   o   La méthode Image.create est utilisée pour interagir avec le modèle, en spécifiant les paramètres model, image et task.

5. **Exemple d'utilisation :**

   o   Pour la génération de texte, un prompt d'exemple est fourni, et le texte généré est imprimé.

   o   Pour l'analyse d'image, un chemin d'image d'exemple est fourni, et le résultat de l'analyse est imprimé.

Notes

- Assurez-vous d'avoir les permissions nécessaires et l'accès pour utiliser le modèle GPT-4o.

- La fonctionnalité d'analyse d'image est hypothétique et basée sur les capacités multimodales de GPT-4o. Ajustez le code selon les besoins en fonction de la documentation API réelle et des capacités fournies par OpenAI.

Cet exemple démontre comment exploiter les puissantes capacités multimodales de GPT-4o pour les tâches de traitement de texte et d'image.

7.3 Cas d'utilisation et applications des modèles autorégressifs

Les modèles autorégressifs, particulièrement ceux qui exploitent la puissance de l'architecture Transformer, ont apporté une révolution significative dans de nombreuses applications dans le domaine du traitement du langage naturel (NLP) et au-delà.

Ces modèles sont connus pour leur capacité exceptionnelle à modéliser et comprendre des interactions et dépendances complexes au sein de données séquentielles. Cette caractéristique unique rend les modèles autorégressifs hautement polyvalents et adaptés à un large éventail de tâches. Ces tâches vont de la génération de texte à la traduction linguistique, et de la génération d'images à de nombreuses autres.

Dans cette section, nous visons à approfondir l'exploration détaillée de plusieurs cas d'utilisation et applications clés où les modèles autorégressifs excellent. Chacune de ces applications sera discutée en grand détail, accompagnée d'explications complètes qui clarifient le fonctionnement de ces modèles. De plus, nous fournirons des exemples de code pour illustrer leurs capacités et montrer comment ils peuvent être efficacement mis en œuvre dans la pratique.

Cette exploration servira à souligner la puissance et la large applicabilité des modèles autorégressifs dans le traitement de données séquentielles complexes à travers divers domaines.

7.3.1 Génération de texte

La génération de texte est indéniablement l'une des applications les plus passionnantes et populaires des modèles autorégressifs. Ces modèles, tels que le largement reconnu GPT-3, sont capables de générer du texte qui est non seulement cohérent mais aussi contextuellement pertinent. Cela est réalisé sur la base d'un prompt donné, qui agit comme une sorte de principe directeur ou point de départ pour le texte généré.

Les modèles, grâce à leurs algorithmes sophistiqués et leur formation approfondie, peuvent produire du texte qui semble être écrit par un humain, maintenant un ton naturel et cohérent tout au long. Ce niveau de réalisme et de pertinence en fait un outil inestimable pour une gamme de tâches.

Par exemple, ils peuvent être utilisés dans l'écriture créative pour générer des idées d'histoires ou développer des concepts existants. Ils peuvent également être employés dans la création de contenu où ils peuvent rédiger des articles, créer des publications engageantes sur les réseaux sociaux, ou écrire des descriptions de produits.

De plus, dans le secteur du service client, ces modèles peuvent être utilisés pour automatiser les réponses aux requêtes des clients, assurant que les réponses sont rapides, cohérentes et répondent avec précision aux préoccupations du client. Cela pourrait conduire à une amélioration de la satisfaction client et de l'efficacité dans le processus de service client.

En conclusion, l'application des modèles autorégressifs, particulièrement dans la génération de texte, a un vaste potentiel et montre déjà sa valeur dans une variété d'industries.

Exemple : Génération de texte avec GPT-3

```python
import openai

# Set up OpenAI API key
openai.api_key = 'your-api-key-here'

# Define the prompt
prompt = "Once upon a time, in a land far, far away, there lived a wise old wizard named Gandalf."

# Generate text using GPT-3
response = openai.Completion.create(
    engine="davinci",
    prompt=prompt,
    max_tokens=150,
    n=1,
    stop=None,
    temperature=0.7
)

# Print the generated text
print(response.choices[0].text.strip())
```

Le code configure la clé API, définit un prompt ("Il était une fois, dans un pays lointain, très lointain, vivait un vieux sage sorcier nommé Gandalf."), puis fait appel au moteur GPT-3 pour générer une continuation du prompt. Le texte généré est ensuite imprimé.

Exemple de génération de texte avec GPT-4o

```python
from openai import OpenAI
import base64

# Initialize the OpenAI client
client = OpenAI(api_key='your_api_key_here')

# Function to encode image to base64
def encode_image(image_path):
    with open(image_path, "rb") as image_file:
        return base64.b64encode(image_file.read()).decode('utf-8')

# Path to your image
image_path = "path/to/your/image.jpg"
```

```python
# Encode the image
base64_image = encode_image(image_path)

# Prepare the messages
messages = [
    {
        "role": "system",
        "content": "You are a helpful assistant capable of analyzing images and generating text."
    },
    {
        "role": "user",
        "content": [
            {
                "type": "text",
                "text": "Describe this image and then write a short story inspired by it."
            },
            {
                "type": "image_url",
                "image_url": {
                    "url": f"data:image/jpeg;base64,{base64_image}"
                }
            }
        ]
    }
]

# Generate text using GPT-4o
response = client.chat.completions.create(
    model="gpt-4o",
    messages=messages,
    max_tokens=300,
    temperature=0.7
)

# Print the generated text
print(response.choices[0].message.content)
```

Ce code fait ce qui suit :

1. Il importe les bibliothèques nécessaires et initialise le client OpenAI avec votre clé API.

2. La fonction **encode_image** est définie pour convertir un fichier image en chaîne encodée en base64, qui est le format requis par l'API pour les entrées d'image.

3. Nous préparons les messages pour l'appel API. Cela inclut un message système définissant le rôle de l'assistant et un message utilisateur contenant à la fois du texte et du contenu image.

4. La méthode **chat.completions.create** est appelée avec le modèle GPT-4o, nos messages préparés et quelques paramètres de génération.

5. Enfin, nous imprimons le texte généré à partir de la réponse du modèle.

Pour utiliser ce code :

1. Remplacez **'your_api_key_here'** par votre véritable clé API OpenAI.

2. Mettez à jour **"path/to/your/image.jpg"** avec le chemin vers l'image que vous souhaitez analyser.

3. Assurez-vous d'avoir la bibliothèque **openai** installée (**pip install openai**).

Cet exemple met en évidence la capacité de GPT-4o à traiter à la fois des entrées texte et image pour générer une réponse créative. Le modèle décrira l'image fournie puis créera une courte histoire inspirée par celle-ci, démontrant ses capacités multimodales.

7.3.2 Traduction linguistique

Dans le domaine de la traduction linguistique, il y a eu une transformation significative due à l'application des modèles autorégressifs. Ces modèles, qui ont apporté une amélioration notable de la qualité de la traduction automatique, sont principalement capables de capturer les dépendances à longue distance dans un texte d'entrée donné. Cette caractéristique essentielle est le résultat de l'exploitation d'un mécanisme connu sous le nom d'auto-attention, qui contribue à générer des traductions plus précises et fluides.

Lorsque nous approfondissons les types de modèles utilisés dans le domaine de la traduction linguistique, nous rencontrons des modèles basés sur les transformers. Des exemples notables de ces modèles incluent BERT et GPT, qui sont reconnus pour leur efficacité et leur fiabilité.

Ces modèles peuvent être affinés spécifiquement pour des tâches de traduction, un processus qui leur permet d'offrir un niveau de performance inégalé, souvent décrit comme état de l'art. L'utilisation généralisée de ces modèles dans la traduction linguistique souligne leur importance dans ce domaine.

Exemple : Traduction linguistique avec Hugging Face Transformers

```
from transformers import MarianMTModel, MarianTokenizer

# Load pre-trained MarianMT model and tokenizer
model_name = 'Helsinki-NLP/opus-mt-en-de'
tokenizer = MarianTokenizer.from_pretrained(model_name)
model = MarianMTModel.from_pretrained(model_name)

# Define the input text
text = "Hello, how are you?"

# Tokenize the input text
inputs = tokenizer(text, return_tensors="pt")
```

```
# Perform translation
translated = model.generate(**inputs)

# Decode the translated text
translated_text = tokenizer.decode(translated[0], skip_special_tokens=True)
print(translated_text)
```

Cet exemple utilise le modèle MarianMT de la bibliothèque transformers pour traduire du texte anglais vers l'allemand. Le modèle et le tokenizer sont chargés à partir du modèle pré-entraîné 'Helsinki-NLP/opus-mt-en-de'. Un texte d'entrée "Hello, how are you?" est défini et tokenisé.

L'entrée tokenisée est transmise au modèle de traduction, qui renvoie une séquence de tokens représentant le texte traduit. Ces tokens sont ensuite décodés en texte, en ignorant les tokens spéciaux, et le texte traduit est affiché.

7.3.3 Résumé de texte

Le résumé de texte est une technique très utile dont l'objectif principal est de générer un résumé concis et significatif d'un texte plus long et plus complexe. Ceci est particulièrement utile dans les cas où l'utilisateur n'a pas suffisamment de temps pour parcourir l'intégralité du texte ou dans les cas où seuls les points principaux du texte sont nécessaires pour une analyse ultérieure.

Des modèles tels que GPT-3 et GPT-4o, qui sont très avancés et capables de comprendre et de générer du texte semblable à celui d'un humain, peuvent être spécifiquement affinés ou invités à produire ces résumés. Avec l'application d'un entraînement approprié et d'une ingénierie de prompts, ces modèles peuvent être amenés à générer des résumés qui capturent l'essence du texte original, tout en maintenant le résumé concis et cohérent.

Cela fait des modèles autorégressifs comme GPT-3 et GPT-4o des outils extrêmement précieux dans les domaines de la recherche d'informations et de la consommation de contenu. Ils peuvent être utilisés pour résumer des articles d'actualité, des articles de recherche ou toute forme de texte long, permettant ainsi aux utilisateurs de comprendre rapidement les points principaux sans avoir à lire l'intégralité du texte. Cela peut considérablement améliorer l'efficacité de l'acquisition et de la consommation d'informations dans une variété de contextes professionnels et personnels.

Exemple : Résumé de texte avec GPT-3

```
import openai

# Set up OpenAI API key
openai.api_key = 'your-api-key-here'

# Define the prompt for summarization
prompt = ("Summarize the following text:\\n\\n"
```

```
        "Artificial intelligence (AI) is intelligence demonstrated by machines, in
contrast to the natural intelligence displayed by humans and animals. "
        "Leading AI textbooks define the field as the study of 'intelligent agents':
any device that perceives its environment and takes actions that maximize its chance
of successfully achieving its goals. "
        "Colloquially, the term 'artificial intelligence' is often used to describe
machines (or computers) that mimic 'cognitive' functions that humans associate with
the human mind, "
        "such as 'learning' and 'problem solving'.")

# Generate summary using GPT-3
response = openai.Completion.create(
    engine="davinci",
    prompt=prompt,
    max_tokens=60,
    n=1,
    stop=None,
    temperature=0.7
)

# Print the generated summary
print(response.choices[0].text.strip())
```

Dans cet exemple :

Il configure d'abord la clé API OpenAI, puis définit un prompt (le texte à résumer). Ensuite, il utilise le modèle GPT-3 (appelé 'davinci' dans le script) pour générer un résumé du texte. Il limite la réponse à 60 tokens et le paramètre 'temperature' est fixé à 0,7, ce qui signifie que la sortie sera un équilibre entre caractère aléatoire et déterminisme. Enfin, il affiche le résumé généré.

Exemple : Résumé de texte avec GPT-4o

Voici un exemple de la façon d'utiliser GPT-4o pour le résumé de texte. Ce script prendra un texte plus long en entrée et générera un résumé concis en utilisant les capacités avancées de compréhension du langage de GPT-4o.

```
from openai import OpenAI

*# Initialize the OpenAI client*
client = OpenAI(api_key='your_api_key_here')

def summarize_text(text, max_summary_length=150):
    *# Prepare the messages*
    messages = [
        {
            "role": "system",
            "content": "You are a highly skilled AI assistant specialized in
summarizing text. Your task is to provide concise, accurate summaries while retaining
the key points of the original text."
        },
```

```
        {
            "role": "user",
            "content": f"Please  summarize  the  following  text  in  about
{max_summary_length} words:\\n\\n{text}"}
    ]

    *# Generate summary using GPT-4o*
    response = client.chat.completions.create(
        model="gpt-4o",
        messages=messages,
        max_tokens=max_summary_length,
        temperature=0.5,
        top_p=1.0,
        frequency_penalty=0.0,
        presence_penalty=0.0
    )

    *#        Extract        and        return        the        summary*return
response.choices[0].message.content.strip()

*# Example usage*
long_text = """
The Internet of Things (IoT) is a system of interrelated computing devices, mechanical
and digital machines, objects, animals or people that are provided with unique
identifiers and the ability to transfer data over a network without requiring human-
to-human or human-to-computer interaction. The IoT has evolved from the convergence
of wireless technologies, micro-electromechanical systems (MEMS), microservices and
the internet. The convergence has helped tear down the silos between operational
technology (OT) and information technology (IT), allowing unstructured machine-
generated data to be analyzed for insights that will drive improvements. A thing in
the internet of things can be a person with a heart monitor implant, a farm animal
with a biochip transponder, an automobile that has built-in sensors to alert the driver
when tire pressure is low or any other natural or man-made object that can be assigned
an Internet Protocol (IP) address and is able to transfer data over a network.
Increasingly, organizations in a variety of industries are using IoT to operate more
efficiently, better understand customers to deliver enhanced customer service, improve
decision-making and increase the value of the business.
"""

summary = summarize_text(long_text)
print("Summary:")
print(summary)
```

Voici une analyse du code :

1. Nous importons la bibliothèque OpenAI et initialisons le client avec votre clé API.

2. La fonction **summarize_text** est définie, qui prend le texte long en entrée et un paramètre optionnel pour la longueur maximale du résumé.

3. À l'intérieur de la fonction, nous préparons les messages pour l'appel API :

- Un message système qui définit le rôle de l'IA comme spécialiste en résumé de texte.

- Un message utilisateur qui inclut l'instruction de résumer et le texte à résumer.

4. Nous appelons la méthode **chat.completions.create** avec le modèle GPT-4o, nos messages préparés, et quelques paramètres de génération :

- La valeur **max_tokens** est définie sur la longueur souhaitée du résumé.

- La **temperature** est fixée à 0,5 pour un équilibre entre créativité et cohérence.

- D'autres paramètres comme **top_p**, **frequency_penalty**, et **presence_penalty** sont définis avec des valeurs par défaut mais peuvent être ajustés selon les besoins.

5. Le résumé généré est extrait de la réponse et renvoyé.

6. Dans l'exemple d'utilisation, nous fournissons un exemple de texte long sur l'Internet des Objets (IoT) et appelons la fonction **summarize_text** avec ce texte.

7. Enfin, nous affichons le résumé généré.

Pour utiliser ce code :

1. Remplacez **'your_api_key_here'** par votre véritable clé API OpenAI.

2. Assurez-vous d'avoir installé la bibliothèque **openai** (**pip install openai**).

3. Vous pouvez remplacer la variable **long_text** par n'importe quel texte que vous souhaitez résumer.

Cet exemple démontre la capacité de GPT-4o à comprendre et condenser des informations complexes, mettant en valeur ses capacités avancées de traitement du langage dans le contexte du résumé de texte.

7.3.4 Génération d'images

Les modèles autorégressifs, bien que communément associés aux données textuelles, ne sont pas limités à ce médium. En fait, ils peuvent être remarquablement efficaces lorsqu'ils sont appliqués à la tâche de génération d'images. C'est un processus complexe qui implique la production de contenu visuel, pixel par pixel, et les modèles autorégressifs tels que PixelRNN et PixelCNN ont été développés pour effectuer cette tâche.

Ces modèles fonctionnent en capturant les dépendances complexes qui existent entre les pixels individuels d'une image. Ce faisant, ils peuvent générer de nouvelles images qui maintiennent un niveau élevé de qualité et de détail. C'est une réalisation remarquable compte tenu de la complexité et des nuances impliquées dans la création d'images visuellement attrayantes et cohérentes à partir de zéro, un pixel à la fois.

Exemple : Génération d'images avec PixelCNN

```python
import numpy as np
import matplotlib.pyplot as plt
from tensorflow.keras.layers import Input, Conv2D
from tensorflow.keras.models import Model

# Define the PixelCNN model (simplified version)
def build_pixelcnn(input_shape):
    inputs = Input(shape=input_shape)
    x = Conv2D(64, (7, 7), padding='same', activation='relu')(inputs)
    x = Conv2D(64, (7, 7), padding='same', activation='relu')(x)
    outputs = Conv2D(1, (1, 1), activation='sigmoid')(x)
    return Model(inputs, outputs, name='pixelcnn')

# Generate random noise as input
input_shape = (28, 28, 1)
noise = np.random.rand(1, *input_shape)

# Build the PixelCNN model
pixelcnn = build_pixelcnn(input_shape)
pixelcnn.compile(optimizer='adam', loss='binary_crossentropy')

# Generate an image (for demonstration purposes, normally you would train the model
first)
generated_image = pixelcnn.predict(noise).reshape(28, 28)

# Display the generated image
plt.imshow(generated_image, cmap='gray')
plt.axis('off')
plt.show()
```

Dans cet exemple :

Tout d'abord, les bibliothèques nécessaires sont importées : numpy pour les opérations numériques, matplotlib pour le tracé, et des modules spécifiques de TensorFlow pour créer et gérer le modèle de réseau neuronal.

La fonction build_pixelcnn définit l'architecture du modèle PixelCNN, qui se compose de deux couches convolutives avec 64 filtres chacune, suivies d'une couche convolutive qui produit l'image finale.

Un bruit aléatoire est généré comme entrée pour le modèle à l'aide de numpy. Ensuite, le modèle PixelCNN est construit en utilisant la fonction définie précédemment, et compilé avec l'optimiseur Adam et l'entropie croisée binaire comme fonction de perte.

Dans ce cas, le modèle est utilisé pour générer une image directement à partir du bruit aléatoire sans aucun entraînement, ce qui est inhabituel et uniquement à des fins de démonstration.

L'image générée est redimensionnée en une image en niveaux de gris de 28x28 et affichée à l'aide de la fonction imshow de matplotlib.

7.3.5 Génération et Reconnaissance de la Parole

Dans le domaine de la génération et de la reconnaissance de la parole, les modèles autorégressifs ont trouvé des applications et des succès significatifs. Ces modèles, comme WaveNet, sont capables de générer de l'audio de haute qualité. Cela est rendu possible par la capacité du modèle à prédire les formes d'onde audio échantillon par échantillon, conduisant ainsi à une sortie audio plus précise et finement ajustée.

D'autre part, il existe des modèles qui ont été construits sur l'architecture Transformer, un modèle qui a révolutionné de nombreux domaines de l'apprentissage automatique. Ces modèles basés sur Transformer excellent dans la tâche de transcription de la parole en texte.

Leur performance est étonnante, étant capables de convertir le langage parlé en texte écrit avec un niveau de précision vraiment remarquable. Cela a de vastes implications et utilisations, des services de transcription aux assistants vocaux et au-delà.

Exemple : Génération de parole avec WaveNet (conceptuel)

```python
# Note: This is a conceptual example. Implementing WaveNet from scratch requires
significant computational resources.

import tensorflow as tf
from tensorflow.keras.layers import Input, Conv1D, Add, Activation
from tensorflow.keras.models import Model

# Define the WaveNet model (simplified version)
def build_wavenet(input_shape):
    inputs = Input(shape=input_shape)
    x       =      Conv1D(64,     kernel_size=2,     dilation_rate=1,      padding='causal',
activation='relu')(inputs)
    for dilation_rate in [2, 4, 8, 16]:
        x = Conv1D(64, kernel_size=2, dilation_rate=dilation_rate, padding='causal',
activation='relu')(x)
        x = Add()([inputs, x])
    outputs = Conv1D(1, kernel_size=1, activation='tanh')(x)
    return Model(inputs, outputs, name='wavenet')

# Build the WaveNet model
input_shape = (None, 1)  # Variable length input
wavenet = build_wavenet(input_shape)
wavenet.summary()

# Generate a waveform (for demonstration purposes, normally you would train the model
first)
input_waveform = np.random.rand(1, 16000, 1)  # 1-second random noise at 16kHz
generated_waveform = wavenet.predict(input_waveform).reshape(-1)
```

```
# Display the generated waveform
plt.plot(generated_waveform[:1000])  # Display the first 1000 samples
plt.show()
```

Dans cet exemple :

Le script commence par l'importation des bibliothèques nécessaires, qui comprennent TensorFlow et des modules spécifiques de l'API Keras de TensorFlow. TensorFlow est un framework puissant d'apprentissage automatique open-source, tandis que Keras est une API de haut niveau facile à utiliser pour la construction et l'entraînement de modèles d'apprentissage profond.

Ensuite, une fonction nommée build_wavenet est définie. Cette fonction est responsable de la construction de l'architecture du modèle WaveNet. L'architecture comprend une couche d'entrée (Input), suivie de plusieurs couches Conv1D, et une couche Add qui ajoute l'entrée à la sortie des convolutions. Il s'agit d'une version très simplifiée de WaveNet, qui en réalité implique des composants plus complexes comme des activations à portes et des connexions résiduelles.

Les couches Conv1D avec différents taux de dilatation permettent au modèle d'apprendre des motifs à différentes échelles temporelles. Le rembourrage 'causal' garantit que les convolutions ne considèrent que les données passées et actuelles, ce qui est crucial pour les modèles autorégressifs qui génèrent des séquences une étape à la fois.

Le modèle est ensuite construit avec une entrée de longueur variable, ce qui signifie qu'il peut prendre des séquences de n'importe quelle longueur. C'est pratique pour des tâches comme la synthèse vocale où les longueurs des entrées (texte) et des sorties (audio) peuvent varier considérablement.

Le modèle construit n'est pas entraîné dans ce script. Au lieu de cela, à des fins de démonstration, le script génère une forme d'onde en alimentant un signal de bruit aléatoire d'une seconde à une fréquence d'échantillonnage de 16 kHz dans le modèle et en recueillant sa sortie. Dans un scénario plus réaliste, le modèle serait d'abord entraîné sur un grand ensemble de données d'échantillons audio avant de pouvoir générer des formes d'onde significatives.

Enfin, le script trace les 1000 premiers échantillons de la forme d'onde générée en utilisant matplotlib, une bibliothèque populaire de visualisation de données en Python. Même si le modèle n'est pas entraîné et que la sortie est probablement juste un bruit aléatoire, cette partie du script illustre comment on pourrait visualiser l'audio généré par WaveNet.

Exemple : Utilisation de GPT-4o pour la génération et la reconnaissance vocale

Voici un exemple d'utilisation de GPT-4o pour la génération vocale (texte-parole) et la reconnaissance vocale (parole-texte) avec Python. Cet exemple démontre comment convertir du texte en parole et reconnaître la parole à partir d'un fichier audio.

```
pip install openai
```

```
import openai
import base64

# Set your OpenAI API key
openai.api_key = 'your_api_key_here'

# Function to generate speech from text using GPT-4o
def text_to_speech(text, language='en'):
    response = openai.Audio.create(
        model="gpt-4o",
        input=text,
        input_type="text",
        output_type="audio",
        language=language
    )
    audio_content = response['data']['audio']
    audio_bytes = base64.b64decode(audio_content)
    with open("output_speech.wav", "wb") as audio_file:
        audio_file.write(audio_bytes)
    print("Speech generated and saved as output_speech.wav")

# Function to recognize speech from an audio file using GPT-4o
def speech_to_text(audio_path, language='en'):
    with open(audio_path, "rb") as audio_file:
        audio_data = audio_file.read()

    response = openai.Audio.create(
        model="gpt-4o",
        input=base64.b64encode(audio_data).decode('utf-8'),
        input_type="audio",
        output_type="text",
        language=language
    )
    return response['data']['text']

# Example usage for text-to-speech
text = "Hello, this is a demonstration of GPT-4o's text-to-speech capabilities."
text_to_speech(text)

# Example usage for speech-to-text
audio_path = "path/to/your/audio_file.wav"
recognized_text = speech_to_text(audio_path)
print("Recognized Text:", recognized_text)
```

Explication

1. Importation de la bibliothèque OpenAI : Ceci est nécessaire pour interagir avec l'API OpenAI.

2. Configuration de la clé API : Remplacez 'your_api_key_here' par votre véritable clé API OpenAI.

3. Fonction Texte-vers-Parole :

    ○   **text_to_speech(text, language='en')** : Cette fonction prend une chaîne de texte et un paramètre de langue optionnel, envoie une requête au modèle GPT-4o pour générer de la parole, et sauvegarde l'audio résultant dans un fichier.

    ○   La méthode **Audio.create** est utilisée pour interagir avec le modèle, en spécifiant des paramètres comme **model**, **input**, **input_type**, **output_type**, et **language**.

    ○   Le contenu audio généré est encodé en base64, il est donc décodé et sauvegardé en tant que fichier **.wav**.

4. Fonction Parole-vers-Texte :

    ○   **speech_to_text(audio_path, language='en')** : Cette fonction prend le chemin d'un fichier audio et un paramètre de langue optionnel, envoie une requête au modèle GPT-4o pour reconnaître la parole, et renvoie le texte transcrit.

    ○   Le fichier audio est lu et encodé en base64 avant d'être envoyé à l'API.

    ○   La méthode **Audio.create** est utilisée de façon similaire à la fonction texte-vers-parole, mais avec **input_type** défini sur "audio" et **output_type** défini sur "text".

5. Exemple d'utilisation :

    ○   Pour le texte-vers-parole, un exemple de texte est fourni, et la parole générée est sauvegardée sous **output_speech.wav**.

    ○   Pour la parole-vers-texte, un exemple de chemin de fichier audio est fourni, et le texte reconnu est affiché.

Remarques

•   Assurez-vous d'avoir les autorisations nécessaires et l'accès pour utiliser le modèle GPT-4o.

•   Le fichier audio pour la parole-vers-texte doit être dans un format pris en charge (par exemple, .wav).

•   Ajustez le paramètre language selon vos besoins pour correspondre à la langue du texte ou de l'audio d'entrée.

Cet exemple démontre les capacités avancées de GPT-4o dans la génération de parole naturelle à partir de texte et dans la reconnaissance vocale à partir d'audio, mettant en valeur sa fonctionnalité multimodale.

Exercices pratiques

Cette section propose des exercices pratiques pour renforcer votre compréhension des modèles autorégressifs et de leurs applications. Chaque exercice comprend un énoncé du problème et une solution avec des exemples de code le cas échéant.

Exercice 1 : Implémenter un modèle simple de génération de texte

Énoncé du problème : Implémentez un modèle simple de génération de texte en utilisant l'architecture GPT-2. Affinez le modèle sur un petit ensemble de données personnalisé et générez du texte à partir d'une amorce donnée.

Solution :

```
from transformers import GPT2Tokenizer, TFGPT2LMHeadModel, TextDataset,
DataCollatorForLanguageModeling
from transformers import Trainer, TrainingArguments

# Load pre-trained GPT-2 tokenizer and model
tokenizer = GPT2Tokenizer.from_pretrained("gpt2")
model = TFGPT2LMHeadModel.from_pretrained("gpt2")

# Prepare a small custom dataset
text = "Your custom dataset text goes here. Make sure to have a substantial amount of
text for fine-tuning."
with open("custom_dataset.txt", "w") as f:
    f.write(text)

# Load the dataset and prepare for training
dataset = TextDataset(
    tokenizer=tokenizer,
    file_path="custom_dataset.txt",
    block_size=128
)

data_collator = DataCollatorForLanguageModeling(
    tokenizer=tokenizer,
    mlm=False
)

# Define training arguments
training_args = TrainingArguments(
    output_dir="./results",
    overwrite_output_dir=True,
    num_train_epochs=3,
```

```
    per_device_train_batch_size=2,
    save_steps=10_000,
    save_total_limit=2,
)

# Fine-tune the model
trainer = Trainer(
    model=model,
    args=training_args,
    data_collator=data_collator,
    train_dataset=dataset,
)

trainer.train()

# Generate text using the fine-tuned model
input_text = "Once upon a time"
input_ids = tokenizer.encode(input_text, return_tensors='tf')

# Generate text
output = model.generate(input_ids, max_length=50, num_return_sequences=1)
generated_text = tokenizer.decode(output[0], skip_special_tokens=True)
print(generated_text)
```

Exercice 2 : Traduire un texte avec un modèle Transformer

Énoncé du problème : Utilisez un modèle MarianMT préentraîné pour traduire une phrase donnée de l'anglais vers l'allemand.

Solution :

```
from transformers import MarianMTModel, MarianTokenizer

# Load pre-trained MarianMT model and tokenizer
model_name = 'Helsinki-NLP/opus-mt-en-de'
tokenizer = MarianTokenizer.from_pretrained(model_name)
model = MarianMTModel.from_pretrained(model_name)

# Define the input text
text = "Hello, how are you?"

# Tokenize the input text
inputs = tokenizer(text, return_tensors="pt")

# Perform translation
translated = model.generate(**inputs)

# Decode the translated text
translated_text = tokenizer.decode(translated[0], skip_special_tokens=True)
print(translated_text)
```

Exercice 3 : Résumer un texte long

Énoncé du problème : Implémentez un modèle de résumé de texte en utilisant GPT-3. Fournissez un texte long et générez un résumé concis.

Solution :

```python
import openai

# Set up OpenAI API key
openai.api_key = 'your-api-key-here'

# Define the prompt for summarization
prompt = ("Summarize the following text:\\n\\n"
        "Artificial intelligence (AI) is intelligence demonstrated by machines, in
contrast to the natural intelligence displayed by humans and animals. "
        "Leading AI textbooks define the field as the study of 'intelligent agents':
any device that perceives its environment and takes actions that maximize its chance
of successfully achieving its goals. "
        "Colloquially, the term 'artificial intelligence' is often used to describe
machines (or computers) that mimic 'cognitive' functions that humans associate with
the human mind, "
        "such as 'learning' and 'problem solving'.")

# Generate summary using GPT-3
response = openai.Completion.create(
    engine="davinci",
    prompt=prompt,
    max_tokens=60,
    n=1,
    stop=None,
    temperature=0.7
)

# Print the generated summary
print(response.choices[0].text.strip())
```

Exercice 4 : Générer une image en utilisant PixelCNN

Énoncé du problème : Implémenter un modèle PixelCNN simple pour générer une image basée sur une entrée de bruit aléatoire.

Solution :

```python
import numpy as np
import matplotlib.pyplot as plt
from tensorflow.keras.layers import Input, Conv2D
from tensorflow.keras.models import Model

# Define the PixelCNN model (simplified version)
def build_pixelcnn(input_shape):
```

```
    inputs = Input(shape=input_shape)
    x = Conv2D(64, (7, 7), padding='same', activation='relu')(inputs)
    x = Conv2D(64, (7, 7), padding='same', activation='relu')(x)
    outputs = Conv2D(1, (1, 1), activation='sigmoid')(x)
    return Model(inputs, outputs, name='pixelcnn')

# Generate random noise as input
input_shape = (28, 28, 1)
noise = np.random.rand(1, *input_shape)

# Build the PixelCNN model
pixelcnn = build_pixelcnn(input_shape)
pixelcnn.compile(optimizer='adam', loss='binary_crossentropy')

# Generate an image (for demonstration purposes, normally you would train the model
first)
generated_image = pixelcnn.predict(noise).reshape(28, 28)

# Display the generated image
plt.imshow(generated_image, cmap='gray')
plt.axis('off')
plt.show()
```

Exercice 5 : Générer de la parole avec WaveNet (Conceptuel)

Énoncé du problème : Implémenter un modèle conceptuel WaveNet pour la génération de parole.

Solution :

```
# Note: This is a conceptual example. Implementing WaveNet from scratch requires
significant computational resources.

import tensorflow as tf
from tensorflow.keras.layers import Input, Conv1D, Add, Activation
from tensorflow.keras.models import Model

# Define the WaveNet model (simplified version)
def build_wavenet(input_shape):
    inputs = Input(shape=input_shape)
    x    =    Conv1D(64,    kernel_size=2,    dilation_rate=1,    padding='causal',
activation='relu')(inputs)
    for dilation_rate in [2, 4, 8, 16]:
        x = Conv1D(64, kernel_size=2, dilation_rate=dilation_rate, padding='causal',
activation='relu')(x)
        x = Add()([inputs, x])
    outputs = Conv1D(1, kernel_size=1, activation='tanh')(x)
    return Model(inputs, outputs, name='wavenet')

# Build the WaveNet model
input_shape = (None, 1)  # Variable length input
```

```
wavenet = build_wavenet(input_shape)
wavenet.summary()

# Generate a waveform (for demonstration purposes, normally you would train the model
first)
input_waveform = np.random.rand(1, 16000, 1)  # 1-second random noise at 16kHz
generated_waveform = wavenet.predict(input_waveform).reshape(-1)

# Display the generated waveform
plt.plot(generated_waveform[:1000])  # Display the first 1000 samples
plt.show()
```

Ces exercices pratiques offrent une expérience concrète avec les modèles autorégressifs et leurs applications. En implémentant des modèles de génération de texte, de traduction, de résumé, de génération d'images et de génération de parole, vous pouvez approfondir votre compréhension du fonctionnement de ces modèles puissants et comment ils peuvent être appliqués à des tâches réelles. Chaque exercice est conçu pour renforcer les concepts et techniques clés, vous aidant à exploiter efficacement les modèles autorégressifs dans vos projets.

Résumé du chapitre

Dans ce chapitre, nous avons exploré le monde fascinant des modèles autorégressifs, en nous concentrant sur leur architecture, leurs composants clés et leurs diverses applications. Les modèles autorégressifs sont devenus une pierre angulaire dans le domaine de l'apprentissage profond en raison de leur capacité à modéliser des dépendances complexes dans les données séquentielles, les rendant particulièrement efficaces pour des tâches allant de la génération de texte à la synthèse d'images et de parole.

Nous avons commencé par comprendre les principes fondamentaux des modèles autorégressifs, en soulignant leur capacité à prédire chaque point de données en fonction des précédents. Cette caractéristique les rend particulièrement adaptés aux tâches séquentielles, où l'ordre et le contexte des points de données sont cruciaux. Nous avons ensuite approfondi deux modèles autorégressifs influents spécifiquement conçus pour la génération d'images : PixelRNN et PixelCNN.

PixelRNN utilise des réseaux de neurones récurrents (RNN) pour modéliser les dépendances entre les pixels, traitant les images dans un ordre de balayage de trame. Cela lui permet de capturer des dépendances à long terme et de générer des images hautement cohérentes et détaillées. En revanche, PixelCNN utilise des réseaux de neurones convolutifs (CNN) avec des convolutions masquées pour maintenir la propriété autorégressive. Ce changement architectural permet à PixelCNN de paralléliser les calculs, accélérant considérablement les processus d'entraînement et d'inférence tout en produisant des images de haute qualité.

Ensuite, nous avons exploré les modèles basés sur les Transformers, notamment la série des Transformers Génératifs Pré-entraînés (GPT). L'architecture Transformer, avec son mécanisme d'auto-attention, a révolutionné la façon dont les modèles gèrent les dépendances à long terme dans le texte. GPT-3, GPT-4 et GPT-4o ont démontré des capacités impressionnantes en génération de texte, traduction linguistique et diverses autres tâches de traitement du langage naturel (NLP). Nous avons examiné l'architecture et les caractéristiques clés de ces modèles, soulignant leur capacité à générer du texte cohérent et contextuellement pertinent, à effectuer un apprentissage avec peu d'exemples (few-shot learning), et à gérer un large éventail de tâches sans ajustement spécifique.

Les applications pratiques des modèles autorégressifs sont vastes et variées. Nous avons discuté de plusieurs cas d'utilisation clés, notamment la génération de texte, la traduction linguistique, le résumé de texte, la génération d'images et la synthèse vocale. Grâce à des exercices pratiques, nous avons implémenté des modèles pour chacune de ces tâches, offrant une expérience concrète de leur application et renforçant les concepts théoriques abordés dans le chapitre.

Les modèles de génération de texte, tels que ceux basés sur GPT-3, GPT-4 et GPT-4o, peuvent générer du texte créatif et contextuellement approprié pour des tâches comme la création de contenu et le service client automatisé. Les modèles de traduction linguistique exploitent le mécanisme d'auto-attention des Transformers pour produire des traductions précises et fluides. Les modèles de résumé de texte condensent de longs textes en résumés concis, facilitant la recherche d'informations et la consommation de contenu. Les modèles de génération d'images, comme PixelCNN, créent des images de haute qualité en capturant les dépendances entre pixels, tandis que les modèles de synthèse vocale, comme WaveNet, génèrent des formes d'ondes audio réalistes.

En conclusion, les modèles autorégressifs sont des outils puissants dans l'arsenal de l'apprentissage automatique, capables de gérer un large éventail de tâches de données séquentielles. En comprenant leur architecture, leurs composants clés et leurs applications pratiques, vous êtes bien équipé pour exploiter ces modèles dans divers projets, stimulant l'innovation et obtenant des résultats remarquables dans le domaine de l'IA et de l'apprentissage profond. L'évolution continue de ces modèles promet des avancées encore plus importantes, ouvrant de nouvelles possibilités et repoussant les limites de ce qui peut être réalisé avec l'apprentissage automatique.

Chapitre 8 : Projet : Génération de texte avec des modèles autorégressifs

Dans ce chapitre, nous allons entreprendre un projet passionnant de génération de texte à l'aide de modèles autorégressifs. Ce projet offrira une expérience pratique couvrant l'ensemble du processus de construction, d'entraînement et d'évaluation d'un modèle autorégressif pour la génération de texte. À la fin de ce chapitre, vous aurez une compréhension complète de la façon d'appliquer ces modèles pour créer du texte cohérent et contextuellement pertinent.

Notre projet se concentrera sur l'utilisation du modèle GPT-2, un modèle populaire basé sur Transformer autorégressif, pour générer du texte à partir d'une amorce donnée. Nous couvrirons les sujets suivants dans ce chapitre :

1. Collecte et prétraitement des données
2. Création du modèle
3. Entraînement du modèle
4. Génération de texte
5. Évaluation du modèle

Commençons par la première étape de notre projet : la collecte et le prétraitement des données.

8.1 Collecte et prétraitement des données

La collecte et le prétraitement des données sont des étapes cruciales dans tout projet d'apprentissage automatique. Des données correctement préparées garantissent que le modèle peut apprendre efficacement et bien généraliser à de nouvelles données. Dans cette section, nous nous concentrerons sur la collecte et le prétraitement des données textuelles nécessaires à l'entraînement de notre modèle autorégressif.

8.1.1 Collecte des données textuelles

Pour notre projet de génération de texte, nous avons besoin d'une quantité substantielle de données textuelles. Il existe diverses sources à partir desquelles nous pouvons collecter des données textuelles, comme des livres, des articles et du contenu en ligne. Pour simplifier, nous utiliserons un jeu de données de textes accessibles au public.

Nous utiliserons la bibliothèque Datasets de Hugging Face pour télécharger et charger le jeu de données. La bibliothèque Datasets de Hugging Face donne accès à une large gamme de jeux de données textuelles couramment utilisés pour les tâches de traitement du langage naturel.

Exemple : Chargement d'un jeu de données textuel

```
from datasets import load_dataset

# Load the WikiText-2 dataset
dataset = load_dataset("wikitext", "wikitext-2-raw-v1")

# Print the first example from the training set
print(dataset["train"][0])
```

8.1.2 Prétraitement des données textuelles

Le prétraitement des données textuelles comprend plusieurs étapes :

1. **Tokenisation** : Conversion du texte en une séquence de tokens (mots ou sous-mots).

2. **Normalisation** : Mise en minuscules, suppression de la ponctuation et gestion des caractères spéciaux.

3. **Création de séquences** : Division du texte en séquences de longueur fixe pouvant être introduites dans le modèle.

Nous utiliserons le tokeniseur GPT-2 fourni par la bibliothèque Transformers de Hugging Face pour la tokenisation. Ce tokeniseur est conçu pour fonctionner parfaitement avec le modèle GPT-2 et gérera les étapes de prétraitement nécessaires.

Exemple : Prétraitement des données textuelles

```
from transformers import GPT2Tokenizer

# Load the GPT-2 tokenizer
tokenizer = GPT2Tokenizer.from_pretrained("gpt2")

# Define a function to preprocess the text data
def preprocess_text(examples):
    return tokenizer(examples["text"], truncation=True, padding="max_length",
max_length=512)

# Apply the preprocessing function to the dataset
tokenized_dataset = dataset.map(preprocess_text, batched=True)

# Print the first tokenized example from the training set
print(tokenized_dataset["train"][0])
```

Ce code utilise la bibliothèque transformers pour charger un tokeniseur GPT-2. Le tokeniseur est utilisé pour prétraiter les données textuelles d'un jeu de données. La fonction de prétraitement tronque ou complète le texte jusqu'à une longueur maximale de 512 tokens. Le jeu de données tokenisé est ensuite créé en appliquant la fonction de prétraitement au jeu de données original. La dernière ligne du code affiche le premier exemple tokenisé de l'ensemble d'entraînement.

8.1.3 Création de séquences d'entraînement

Après la tokenisation, nous devons créer des séquences d'entraînement qui peuvent être introduites dans le modèle. Chaque séquence doit avoir une longueur fixe, et les séquences consécutives doivent se chevaucher pour garantir que le modèle puisse apprendre les dépendances entre les mots à travers les limites des séquences.

Nous diviserons le texte tokenisé en séquences de longueur fixe, avec un chevauchement entre les séquences consécutives.

Exemple : Création de séquences d'entraînement

```python
import numpy as np

# Define the sequence length and the overlap size
sequence_length = 128
overlap_size = 64

# Function to create training sequences
def create_sequences(tokenized_text, seq_length, overlap):
    total_length = len(tokenized_text)
    sequences = []
    for i in range(0, total_length - seq_length, seq_length - overlap):
        seq = tokenized_text[i:i + seq_length]
        sequences.append(seq)
    return sequences

# Extract the tokenized text from the dataset
tokenized_text = tokenized_dataset["train"]["input_ids"]

# Create training sequences
training_sequences = create_sequences(tokenized_text, sequence_length, overlap_size)

# Print the first training sequence
print(training_sequences[0])
```

Ce code importe la bibliothèque numpy, définit la longueur de séquence et la taille de chevauchement, puis définit une fonction pour créer des séquences. Il applique cette fonction à un texte tokenisé du jeu de données, créant des séquences qui se chevauchent d'une longueur spécifiée. La première séquence d'entraînement est ensuite affichée.

8.2 Création du modèle

Dans cette section, nous nous concentrerons sur la création du modèle autorégressif pour notre projet de génération de texte. Nous utiliserons le modèle GPT-2, un modèle bien connu basé sur Transformer, qui s'est avéré très efficace pour les tâches de génération de texte. Nous exploiterons la bibliothèque Transformers de Hugging Face pour charger et configurer le modèle GPT-2 selon nos besoins spécifiques.

8.2.1 Chargement du modèle GPT-2 pré-entraîné

La première étape de la création du modèle consiste à charger un modèle GPT-2 pré-entraîné. L'utilisation d'un modèle pré-entraîné nous permet de bénéficier des vastes quantités de données sur lesquelles le modèle a déjà été entraîné, ce qui facilite son ajustement pour notre tâche spécifique.

Exemple : Chargement du modèle GPT-2 pré-entraîné

```
from transformers import GPT2LMHeadModel, GPT2Tokenizer

# Load the GPT-2 tokenizer and model
tokenizer = GPT2Tokenizer.from_pretrained("gpt2")
model = GPT2LMHeadModel.from_pretrained("gpt2")

# Print the model architecture
model.summary()
```

8.2.2 Configuration du modèle pour l'ajustement fin

Pour adapter le modèle GPT-2 à notre tâche de génération de texte, nous devons le configurer pour l'ajustement fin. Cela implique de définir les paramètres d'entraînement et de s'assurer que l'architecture du modèle est compatible avec nos données.

Configurations clés :

- **Taux d'apprentissage** : Détermine la rapidité avec laquelle le modèle ajuste ses poids pendant l'entraînement.

- **Taille du lot** : Nombre d'échantillons d'entraînement utilisés dans une itération.

- **Nombre d'époques** : Nombre de fois où le modèle parcourra l'ensemble du jeu de données d'entraînement.

Exemple : Configuration du modèle pour l'ajustement fin

```
from transformers import Trainer, TrainingArguments

# Define training arguments
training_args = TrainingArguments(
    output_dir='./results',
```

```
    overwrite_output_dir=True,
    num_train_epochs=3,
    per_device_train_batch_size=2,
    save_steps=10_000,
    save_total_limit=2,
    logging_dir='./logs',
)

# Print training arguments to verify configuration
print(training_args)
```

Le code utilise la classe TrainingArguments de la bibliothèque 'transformers' pour définir plusieurs paramètres d'entraînement importants :

- output_dir spécifie le répertoire où les résultats d'entraînement (comme le modèle entraîné) seront stockés.

- overwrite_output_dir est un paramètre booléen qui, lorsqu'il est défini sur 'True', permet au script d'écraser les fichiers existants dans le répertoire de sortie.

- num_train_epochs détermine le nombre de passages (époques) sur l'ensemble des données d'entraînement.

- per_device_train_batch_size définit le nombre d'exemples par lot de données pour l'entraînement. Cela peut impacter à la fois la vitesse d'entraînement et la qualité du modèle.

- save_steps détermine après combien d'étapes le point de contrôle du modèle sera sauvegardé.

- save_total_limit limite le nombre total de points de contrôle qui peuvent être conservés sur le disque.

- logging_dir est le répertoire pour stocker les journaux générés pendant l'entraînement.

Après avoir défini ces arguments, le script les affiche pour vérifier leurs valeurs avant de procéder à l'entraînement. Cela permet de s'assurer que les paramètres sont définis comme prévu, et peut être particulièrement utile lors du dépannage ou de l'optimisation du processus d'entraînement.

8.2.3 Création d'un jeu de données personnalisé pour l'ajustement fin

Pour effectuer un ajustement fin du modèle, nous devons créer un jeu de données personnalisé qui peut être introduit dans l'API Trainer fournie par la bibliothèque Transformers de Hugging Face. Ce jeu de données utilisera les données textuelles prétraitées que nous avons préparées précédemment.

Exemple : Création d'un jeu de données personnalisé

```
import torch
from torch.utils.data import Dataset

class TextDataset(Dataset):
    def __init__(self, sequences):
        self.sequences = sequences

    def __len__(self):
        return len(self.sequences)

    def __getitem__(self, idx):
        item = torch.tensor(self.sequences[idx])
        return {"input_ids": item, "labels": item}

# Create an instance of the custom dataset
train_dataset = TextDataset(training_sequences)

# Print the first example from the dataset
print(train_dataset[0])
```

Cet exemple importe les bibliothèques nécessaires et définit une classe de jeu de données textuelles personnalisée à l'aide de PyTorch. La classe, TextDataset, prend une liste de séquences en entrée. Elle possède trois méthodes principales : __init__, __len__, et __getitem__.

__init__ initialise la classe avec les séquences en entrée. __len__ renvoie le nombre total de séquences dans le jeu de données. __getitem__ permet d'indexer la classe, renvoyant un dictionnaire avec les clés 'input_ids' et 'labels', ayant toutes deux le même tenseur de séquence comme valeur.

Après la définition de la classe, une instance du jeu de données est créée en utilisant 'training_sequences' et le premier élément du jeu de données est affiché.

8.2.4 Initialisation du Trainer

L'API Trainer simplifie le processus d'entraînement en gérant de nombreux détails impliqués dans l'entraînement et l'évaluation du modèle. Nous initialiserons le Trainer avec notre modèle, les arguments d'entraînement et notre jeu de données personnalisé.

Exemple : Initialisation du Trainer

```
# Initialize the Trainer
trainer = Trainer(
    model=model,
    args=training_args,
    train_dataset=train_dataset,
)

# Print the Trainer configuration to verify initialization
print(trainer)
```

8.2.5 Ajustement fin du modèle

Avec le Trainer initialisé, nous pouvons maintenant effectuer un ajustement fin du modèle GPT-2 sur notre jeu de données personnalisé. L'ajustement fin consiste à entraîner le modèle sur les nouvelles données tout en exploitant les poids pré-entraînés pour améliorer les performances sur la tâche spécifique.

Exemple : Ajustement fin du modèle

```
# Fine-tune the GPT-2 model
trainer.train()
```

8.3 Génération de texte avec le modèle affiné

Dans cette section, nous nous concentrerons sur la génération de texte à l'aide du modèle GPT-2 affiné. La génération de texte implique d'utiliser le modèle entraîné pour prédire les mots suivants dans une séquence, créant un texte cohérent et contextuellement pertinent à partir d'une amorce donnée. Nous explorerons comment générer du texte avec divers paramètres et évaluer la qualité du texte généré.

8.3.1 Génération de texte avec une amorce

L'utilisation principale de notre modèle GPT-2 affiné est de générer du texte à partir d'une amorce initiale. Cela consiste à fournir au modèle une séquence initiale de mots et à le laisser prédire les mots suivants pour compléter le texte.

Exemple : Génération de texte avec une amorce

```
# Define the prompt
prompt = "In the heart of the city, there was a secret garden where"

# Tokenize the prompt
input_ids = tokenizer.encode(prompt, return_tensors='pt')

# Generate text
output = model.generate(input_ids, max_length=100, num_return_sequences=1)

# Decode the generated text
generated_text = tokenizer.decode(output[0], skip_special_tokens=True)
print(generated_text)
```

Cet exemple de code est un script simple qui utilise un modèle de langage pré-entraîné pour générer du texte à partir d'une amorce donnée. L'amorce, "In the heart of the city, there was a secret garden where", est tokenisée (convertie dans un format que le modèle peut comprendre), puis transmise au modèle. Le modèle génère ensuite une séquence de mots qui continue l'amorce, jusqu'à une longueur maximale de 100 mots. Le texte généré est ensuite décodé dans un format lisible par l'humain et affiché sur la console.

8.3.2 Ajustement des paramètres de génération

La génération de texte peut être influencée par plusieurs paramètres qui contrôlent la qualité, la diversité et la longueur du texte généré. Les paramètres clés incluent :

- **Longueur maximale** : Le nombre maximum de tokens à générer.

- **Température** : Contrôle l'aléatoire des prédictions en mettant à l'échelle les logits avant d'appliquer softmax. Des valeurs plus basses (par ex., 0.7) rendent la sortie plus déterministe, tandis que des valeurs plus élevées (par ex., 1.0) augmentent la diversité.

- **Échantillonnage Top-k** : Limite le pool d'échantillonnage aux k tokens suivants les plus probables.

- **Échantillonnage Top-p (Nucleus)** : Limite le pool d'échantillonnage au plus petit ensemble de tokens dont la probabilité cumulative dépasse un seuil (par ex., 0.9).

Exemple : Ajustement des paramètres de génération

```
# Generate text with different parameters
output = model.generate(
    input_ids,
    max_length=150,
    num_return_sequences=1,
    temperature=0.7,
    top_k=50,
    top_p=0.9
)

# Decode and print the generated text
generated_text = tokenizer.decode(output[0], skip_special_tokens=True)
print(generated_text)
```

La fonction 'model.generate' est appelée avec plusieurs paramètres qui influencent la sortie : 'input_ids' sont l'entrée pour le modèle, 'max_length' est la longueur maximale du texte généré, 'num_return_sequences' est le nombre de séquences générées à renvoyer, 'temperature' affecte l'aléatoire dans la sortie (plus basse signifie plus déterministe), 'top_k' limite le nombre de choix de plus haute probabilité que le modèle peut faire, et 'top_p' implémente l'échantillonnage par noyau, où le modèle ne sélectionne que le plus petit ensemble possible de mots dont la probabilité cumulative dépasse la valeur spécifiée. La sortie générée est ensuite décodée et affichée.

8.3.3 Génération de variations multiples

L'un des avantages d'utiliser un modèle génératif comme GPT-2 est la capacité de générer plusieurs variations de texte basées sur la même amorce. Cela peut être utile pour des tâches qui nécessitent des résultats créatifs, comme l'écriture d'histoires, la génération de dialogues et la création de contenu.

Exemple : Génération de variations multiples

```python
# Define the prompt
prompt = "The mysterious cave was hidden behind the waterfall,"

# Tokenize the prompt
input_ids = tokenizer.encode(prompt, return_tensors='pt')

# Generate multiple variations of text
outputs = model.generate(input_ids, max_length=100, num_return_sequences=3,
temperature=0.7)

# Decode and print each generated variation
for i, output in enumerate(outputs):
    generated_text = tokenizer.decode(output, skip_special_tokens=True)
    print(f"Variation {i+1}:\\n{generated_text}\\n")
```

Ce code Python utilise un modèle pré-entraîné et un tokenizer pour générer du texte. L'entrée du modèle est une amorce, "The mysterious cave was hidden behind the waterfall,". Le modèle génère ensuite trois continuations différentes de cette amorce, chacune avec une longueur maximale de 100 tokens. Le paramètre 'temperature' contrôle l'aléatoire de la sortie ; une valeur plus basse rend la sortie plus déterministe, tandis qu'une valeur plus élevée la rend plus aléatoire. Le texte généré est ensuite décodé (converti des ID de tokens en mots) et affiché.

8.3.4 Gestion de la génération de texte long

Pour les tâches qui nécessitent la génération de textes plus longs, comme des articles ou des rapports, il est important de gérer la capacité du modèle à maintenir la cohérence et le contexte sur des séquences plus longues. Cela peut être réalisé en générant du texte par morceaux et en réintroduisant le texte généré dans le modèle comme nouvelle amorce.

Exemple : Génération de texte long

```python
# Define the initial prompt
prompt = "In the beginning, the universe was a vast expanse of nothingness, until"

# Tokenize the prompt
input_ids = tokenizer.encode(prompt, return_tensors='pt')

# Initialize the generated text
generated_text = prompt

# Generate text in chunks
for _ in range(5):  # Generate 5 chunks of text
    output = model.generate(input_ids, max_length=100, num_return_sequences=1,
temperature=0.7)
```

```
    chunk = tokenizer.decode(output[0], skip_special_tokens=True)
    generated_text += chunk
    input_ids = tokenizer.encode(chunk, return_tensors='pt')

print(generated_text)
```

L'invite initiale ("In the beginning, the universe...") est encodée en tokens par le tokenizer, puis ces tokens sont transmis au modèle. Le modèle génère de nouveaux tokens représentant un morceau de texte. Ce morceau de texte est ensuite décodé en texte lisible par l'humain et ajouté au texte généré.

Ce processus est répété cinq fois dans une boucle. Chaque itération utilise le dernier morceau de texte généré comme entrée pour le prochain morceau de texte à générer. Le paramètre 'temperature' dans la fonction 'model.generate' contrôle l'aléatoire de la sortie. Des valeurs plus basses rendent la sortie plus déterministe, tandis que des valeurs plus élevées ajoutent plus de variabilité.

Enfin, l'ensemble du texte généré est affiché.

8.4 Évaluation du modèle

Évaluer la performance d'un modèle de génération de texte est crucial pour s'assurer qu'il génère un texte de haute qualité, cohérent et contextuellement approprié. Dans cette section, nous discuterons de diverses méthodes pour évaluer notre modèle GPT-2 affiné, incluant à la fois des métriques quantitatives et des évaluations qualitatives. Nous fournirons également des exemples de code pour démontrer ces techniques d'évaluation.

8.4.1 Métriques d'évaluation quantitative

Les métriques quantitatives fournissent des mesures objectives de la performance du modèle. Pour la génération de texte, les métriques courantes incluent la Perplexité, le score BLEU et le score ROUGE. Ces métriques aident à évaluer la fluidité, la cohérence et la pertinence du texte généré.

Perplexité

La perplexité mesure à quel point une distribution de probabilité ou un modèle de probabilité prédit un échantillon. Une perplexité plus basse indique une meilleure performance, car cela signifie que le modèle attribue des probabilités plus élevées aux données réelles.

Exemple : Calcul de la perplexité

```
import torch
from transformers import GPT2LMHeadModel, GPT2Tokenizer

# Load the pre-trained GPT-2 model and tokenizer
tokenizer = GPT2Tokenizer.from_pretrained("gpt2")
```

```
model = GPT2LMHeadModel.from_pretrained("gpt2")

# Define a function to calculate perplexity
def calculate_perplexity(text):
    input_ids = tokenizer.encode(text, return_tensors='pt')
    with torch.no_grad():
        outputs = model(input_ids, labels=input_ids)
        loss = outputs.loss
        perplexity = torch.exp(loss)
    return perplexity.item()

# Example text for perplexity calculation
text = "The quick brown fox jumps over the lazy dog."
perplexity = calculate_perplexity(text)
print(f"Perplexity: {perplexity}")
```

Tout d'abord, le modèle GPT-2 pré-entraîné et son tokenizer correspondant sont chargés. Le tokenizer est utilisé pour convertir le texte d'entrée dans un format que le modèle peut comprendre, tandis que le modèle lui-même est utilisé pour générer des prédictions.

Ensuite, une fonction nommée calculate_perplexity est définie, qui prend en entrée un morceau de texte. Dans cette fonction, le texte d'entrée est tokenisé et converti en tenseurs PyTorch à l'aide du tokenizer chargé. Ces tenseurs sont ensuite transmis au modèle, qui génère des prédictions sous forme de logits.

La fonction model est appelée avec les input ids et les labels (qui sont également les input ids dans ce cas), et elle renvoie la perte du modèle. La perte est une mesure de la correspondance entre les prédictions du modèle et les résultats réels. Dans le contexte de la modélisation du langage, une perte plus faible signifie que les probabilités prédites par le modèle pour la séquence de mots sont plus proches de la séquence réelle.

La perte est ensuite utilisée pour calculer la perplexité, qui est une mesure d'incertitude. Elle est calculée en prenant l'exponentielle de la perte. Dans le contexte des modèles de langage, une perplexité plus basse est préférable, car cela signifie que le modèle est plus certain de ses prédictions.

Enfin, un exemple de texte est fourni ("The quick brown fox jumps over the lazy dog.") pour démontrer comment utiliser la fonction calculate_perplexity. La perplexité calculée est ensuite affichée. Cela permet aux utilisateurs de voir comment le modèle prédit le texte exemple et donne une idée de la performance globale du modèle.

Score BLEU

Le score BLEU (Bilingual Evaluation Understudy) évalue la qualité du texte qui a été traduit automatiquement d'une langue à une autre. Il est également utilisé pour évaluer les modèles de génération de texte en comparant le texte généré à des textes de référence.

Exemple : Calcul du score BLEU

```
from nltk.translate.bleu_score import sentence_bleu

# Reference and candidate texts
reference = "The quick brown fox jumps over the lazy dog."
candidate = "The quick brown fox jumps over the lazy dog."

# Calculate BLEU score
bleu_score = sentence_bleu([reference.split()], candidate.split())
print(f"BLEU Score: {bleu_score}")
```

Dans cet exemple, la ligne from nltk.translate.bleu_score import sentence_bleu importe la fonction requise sentence_bleu de NLTK.

Ensuite, il définit deux phrases - la phrase de 'référence' et la phrase 'candidate'. La phrase de référence est le texte que nous considérons comme la version correcte, tandis que la phrase candidate est le texte généré par la machine que nous voulons évaluer. Dans ce cas, les phrases de référence et candidate sont identiques.

La fonction sentence_bleu est ensuite appelée avec la phrase de référence et la phrase candidate comme arguments. La phrase de référence est divisée en mots individuels à l'aide de la méthode split() car le calcul du score BLEU nécessite que les phrases soient tokenisées (c'est-à-dire divisées en mots individuels).

Le résultat de la fonction, bleu_score, est le score BLEU de la phrase candidate par rapport à la phrase de référence. Le score BLEU est un nombre entre 0 et 1 - un score de 1 signifie que la phrase candidate correspond parfaitement à la phrase de référence, tandis qu'un score de 0 signifie qu'il n'y a aucune correspondance.

Dans ce cas, puisque la phrase de référence et la phrase candidate sont identiques, le score BLEU devrait être 1, indiquant une correspondance parfaite.

Enfin, le score BLEU est affiché avec une chaîne formatée.

Score ROUGE

ROUGE (Recall-Oriented Understudy for Gisting Evaluation) mesure le chevauchement entre le texte généré et les textes de référence, en se concentrant sur le rappel. Il est couramment utilisé pour les tâches de résumé.

Exemple : Calcul du score ROUGE

```
from rouge_score import rouge_scorer

# Reference and candidate texts
reference = "The quick brown fox jumps over the lazy dog."
candidate = "The quick brown fox leaps over the lazy dog."

# Calculate ROUGE score
scorer = rouge_scorer.RougeScorer(['rouge1', 'rougeL'], use_stemmer=True)
```

```
scores = scorer.score(reference, candidate)
print(f"ROUGE-1 Score: {scores['rouge1'].fmeasure}")
print(f"ROUGE-L Score: {scores['rougeL'].fmeasure}")
```

La première étape du code consiste à importer le rouge_scorer du module rouge_score. Ce scorer est un outil permettant de calculer les scores ROUGE.

Ensuite, le code définit deux phrases - la phrase de 'référence' et la phrase 'candidate'. La phrase de référence est le texte que nous considérons comme la version correcte, tandis que la phrase candidate est le texte généré par machine que nous souhaitons évaluer. Ici, la référence est "The quick brown fox jumps over the lazy dog." et le candidat est "The quick brown fox leaps over the lazy dog."

Pour calculer le score ROUGE, le code crée une instance de RougeScorer, qui est initialisée avec les types de scores ROUGE que nous voulons calculer. Dans ce cas, 'rouge1' et 'rougeL' sont utilisés. 'rouge1' fait référence au chevauchement des unigrammes (mots individuels) entre les textes de référence et candidat. 'rougeL' utilise des statistiques basées sur la plus longue sous-séquence commune (LCS). LCS désigne la plus longue séquence de mots identiques entre les textes de référence et candidat, dans le même ordre.

L'argument use_stemmer=True signifie que le scorer appliquera la racinisation aux mots avant de calculer les scores. La racinisation est un processus qui réduit les mots à leur forme racine, ce qui peut aider à faire correspondre des mots similaires.

La ligne scorer.score(reference, candidate) est celle qui calcule effectivement les scores ROUGE. La variable scores résultante est un dictionnaire qui contient les scores calculés pour 'rouge1' et 'rougeL'.

Les deux dernières lignes du code affichent la F-mesure pour 'rouge1' et 'rougeL'. La F-mesure, ou score F1, est la moyenne harmonique de la précision et du rappel, offrant un équilibre entre ces deux mesures.

8.4.2 Évaluation qualitative

L'évaluation qualitative implique d'inspecter manuellement le texte généré pour évaluer sa fluidité, sa cohérence et sa pertinence. Cette méthode est subjective mais fournit des informations précieuses sur les performances du modèle.

Inspection visuelle

L'inspection visuelle consiste à générer un ensemble de textes et à les examiner pour vérifier leur correction grammaticale, leur cohérence et leur pertinence par rapport à l'amorce. Cela peut aider à identifier tout problème évident comme des phrases répétitives, un manque de cohérence ou un contenu inapproprié.

Exemple : Inspection visuelle

```
# Define a prompt
prompt = "In the quiet village of Rivendell,"
```

```
# Generate text using the fine-tuned GPT-2 model
input_ids = tokenizer.encode(prompt, return_tensors='pt')
output    =    model.generate(input_ids,    max_length=100,    num_return_sequences=1,
temperature=0.7)
generated_text = tokenizer.decode(output[0], skip_special_tokens=True)

# Print the generated text
print(generated_text)
```

Cet exemple commence par une amorce prédéfinie, "Dans le village tranquille de Rivendell,". L'amorce est encodée en tokens adaptés au modèle, puis le modèle génère du texte jusqu'à une longueur maximale de 100 tokens à partir de cette entrée. Le texte généré est ensuite décodé en texte lisible par l'homme et affiché.

Évaluation humaine

L'évaluation humaine consiste à demander à un groupe de personnes de noter les textes générés selon des critères tels que la cohérence, la fluidité et la pertinence. Cette méthode fournit une évaluation plus robuste des performances du modèle, mais peut être chronophage et exigeante en ressources.

Exemple : Critères d'évaluation humaine

- **Cohérence** : Le texte a-t-il un sens logique et s'enchaîne-t-il naturellement ?
- **Fluidité** : Le texte est-il grammaticalement correct et facile à lire ?
- **Pertinence** : Le texte reste-t-il dans le sujet et répond-il de manière appropriée à l'amorce ?

8.4.3 Évaluation de la diversité et de la créativité

Pour évaluer la diversité et la créativité du texte généré, nous pouvons analyser la variation des résultats obtenus avec différentes amorces ou de légères variations de la même amorce. Cela permet de s'assurer que le modèle ne produit pas des textes répétitifs ou trop similaires.

Exemple : Évaluation de la diversité

```
# Define a set of similar prompts
prompts = [
    "Once upon a time in a faraway land,",
    "Long ago in a distant kingdom,",
    "In a realm beyond the mountains,",
]

# Generate and print text for each prompt
for i, prompt in enumerate(prompts):
    input_ids = tokenizer.encode(prompt, return_tensors='pt')
```

```
    output    =    model.generate(input_ids,    max_length=100,    num_return_sequences=1,
temperature=0.7)
    generated_text = tokenizer.decode(output[0], skip_special_tokens=True)
    print(f"Prompt {i+1}:\\n{generated_text}\\n")
```

Cet exemple de code définit d'abord une liste d'amorces, chacune étant la phrase d'introduction d'une histoire potentielle. Il utilise ensuite un tokenizer et un modèle préexistants pour générer et afficher une histoire pour chaque amorce.

La fonction tokenizer.encode est utilisée pour convertir l'amorce dans un format que le modèle peut comprendre (c'est-à-dire, un tenseur d'identifiants entiers). La fonction model.generate est ensuite utilisée pour générer une continuation de l'amorce jusqu'à une longueur de 100 tokens. Le paramètre temperature permet de contrôler l'aléatoire de la sortie (des valeurs plus élevées conduisant à une sortie plus aléatoire).

Enfin, la fonction tokenizer.decode est utilisée pour reconvertir la sortie du modèle en texte lisible par l'humain, et ce texte est affiché dans la console.

Quiz : Modèles Autorégressifs

Testez votre compréhension des concepts et techniques abordés dans la Partie IV. Ce quiz vous aidera à renforcer vos connaissances des modèles autorégressifs et leurs applications, ainsi que du projet spécifique que nous avons réalisé.

Question 1 : Principes fondamentaux des modèles autorégressifs

Quelle est la caractéristique principale des modèles autorégressifs ?

A) Ils prédisent chaque point de données en se basant sur l'ensemble du jeu de données.

B) Ils prédisent chaque point de données en se basant sur les précédents.

C) Ils n'utilisent aucun point de données précédent pour les prédictions.

D) Ils fonctionnent uniquement avec des données non séquentielles.

Question 2 : PixelRNN

Laquelle des affirmations suivantes est vraie concernant PixelRNN ?

A) Il utilise des couches convolutives pour modéliser les dépendances entre les pixels.

B) Il traite les pixels dans un ordre aléatoire.

C) Il utilise des réseaux de neurones récurrents pour modéliser les dépendances entre les pixels.

D) Il peut uniquement être utilisé pour la génération de texte.

Question 3 : Architecture Transformer

Quelle est l'innovation clé introduite par l'architecture Transformer ?

A) Couches récurrentes

B) Couches convolutives

C) Mécanisme d'auto-attention

D) Couches de dropout

Question 4 : Modèles GPT

Laquelle des affirmations suivantes concernant GPT-3 est correcte ?

A) GPT-3 possède 1,5 milliard de paramètres.

B) GPT-3 utilise des mécanismes d'attention bidirectionnelle.

C) GPT-3 peut effectuer de l'apprentissage avec peu d'exemples (few-shot learning).

D) GPT-3 est uniquement utilisé pour la traduction linguistique.

Question 5 : Paramètres de génération de texte

Quel paramètre dans la génération de texte contrôle l'aspect aléatoire des prédictions ?

A) Longueur maximale

B) Température

C) Échantillonnage top-k

D) Échantillonnage top-p

Question 6 : Perplexité

Qu'indique un score de perplexité plus bas ?

A) Une meilleure performance du modèle

B) Une moins bonne performance du modèle

C) Une génération de texte plus diverse

D) Une génération de texte moins diverse

Question 7 : Score BLEU

Dans quel but le score BLEU est-il utilisé dans l'évaluation de la génération de texte ?

A) Mesurer la fluidité du texte généré

B) Mesurer la cohérence du texte généré

C) Mesurer la similarité entre le texte généré et le texte de référence

D) Mesurer la diversité du texte généré

Question 8 : Score ROUGE

Quel aspect de la génération de texte le score ROUGE mesure-t-il principalement ?

A) Fluidité

B) Cohérence

C) Rappel

D) Précision

Question 9 : Inspection visuelle

Lequel des éléments suivants N'EST PAS un critère pour l'évaluation humaine du texte généré ?

A) Cohérence

B) Fluidité

C) Pertinence

D) Latence

Question 10 : Diversité dans la génération de texte

Comment peut-on évaluer la diversité du texte généré ?

A) En calculant la perplexité

B) En utilisant une seule instruction fixe pour toutes les générations

C) En analysant les variations des résultats obtenus avec différentes instructions

D) En mesurant la vitesse de génération du texte

Réponses

1. B) Ils prédisent chaque point de données en se basant sur les précédents.

2. C) Il utilise des réseaux de neurones récurrents pour modéliser les dépendances entre les pixels.

3. C) Mécanisme d'auto-attention

4. C) GPT-3 peut effectuer de l'apprentissage avec peu d'exemples (few-shot learning).

5. B) Température

6. A) Une meilleure performance du modèle

7. C) Mesurer la similarité entre le texte généré et le texte de référence

8. C) Rappel

9. D) Latence

10. C) En analysant les variations des résultats obtenus avec différentes instructions

Ce quiz couvre les concepts et techniques essentiels présentés dans la Partie IV du livre et vous aide à renforcer votre compréhension des modèles autorégressifs et leurs applications.

Partie V : Modèles de Diffusion

Chapitre 9 : Explorer les modèles de diffusion

Les modèles de diffusion, une classe puissante et robuste de modèles génératifs, ont récemment émergé sur le devant de la scène grâce à leur impressionnante capacité à générer des images de haute qualité ainsi que d'autres formes de données complexes. Ces modèles de pointe, qui s'inspirent du processus physique de diffusion, utilisent une série d'étapes soigneusement ordonnées pour transformer progressivement un bruit élémentaire en données structurées et significatives.

Dans ce chapitre approfondi, nous nous embarquerons dans un voyage intellectuel pour démêler les concepts et mécanismes complexes qui constituent l'épine dorsale des modèles de diffusion. Notre exploration traversera leur architecture unique, les subtilités impliquées dans le processus d'entraînement, et le large éventail d'applications qu'ils sont capables d'améliorer.

Notre voyage commencera par une plongée profonde dans les principes fondamentaux qui sous-tendent les modèles de diffusion. Celle-ci sera suivie par des explications détaillées enrichies d'exemples pratiques de code pour illustrer ces concepts abstraits de manière claire et accessible.

L'objectif principal de ce chapitre complet est de fournir une base solide pour ceux qui souhaitent travailler avec les modèles de diffusion. Nous espérons que cette connaissance vous permettra d'appliquer ces techniques avancées à une myriade de tâches génératives, ouvrant ainsi de nouvelles voies d'exploration et d'innovation.

9.1 Comprendre les modèles de diffusion

Ce concept de diffusion est emprunté au domaine de la physique, où il décrit avec justesse le processus spontané de particules qui se dispersent ou se déplacent d'une zone de haute concentration vers une zone de faible concentration.

Cependant, dans le contexte unique des modèles génératifs, ce concept de diffusion est habilement inversé de manière innovante. Au lieu de partir d'un point de haute concentration, nous commençons avec quelque chose s'apparentant à un bruit aléatoire - un point de départ non structuré et brut.

À partir de ce point, nous procédons ensuite à raffiner et structurer ce bruit de manière itérative, étape par étape, petit à petit, jusqu'à ce que nous atteignions notre objectif final - un élément de données structuré et significatif. Cela peut prendre diverses formes, mais un exemple courant est celui des images.

Grâce à ce processus, le bruit aléatoire est transformé et façonné en quelque chose de compréhensible et structuré, démontrant la véritable puissance et le potentiel des modèles de diffusion.

9.1.1 Le processus de diffusion avant

Le processus de diffusion avant est une technique déployée dans l'analyse de données caractérisée par l'introduction progressive de bruit dans l'ensemble de données sur une série d'étapes temporelles. Ce processus étape par étape assure élégamment que les données se transforment graduellement et s'alignent avec une distribution de bruit. La structure originale des données est progressivement perdue au fur et à mesure que le bruit est ajouté, et à la fin du processus, les données sont pratiquement indiscernables d'un bruit aléatoire.

D'un point de vue mathématique, ce processus peut être représenté comme une séquence de transformations, chacune ajoutant un petit incrément de bruit gaussien aux données. Le bruit gaussien, également connu sous le nom de bruit blanc, est un type de bruit statistique dont l'amplitude à chaque point dans l'espace ou le temps est définie par une fonction gaussienne. Ce bruit est ajouté aux données à chaque étape de la séquence, brouillant davantage la structure originale et orientant les données vers la distribution de bruit ciblée.

En essence, le processus de diffusion avant sert à transformer les données en introduisant du bruit de manière contrôlée et graduelle, ce qui en fait un outil puissant dans le domaine de l'analyse de données.

Exemple : Processus de diffusion avant

```python
import numpy as np
import matplotlib.pyplot as plt

def forward_diffusion(data, num_steps, noise_scale=0.1):
    """
    Applies forward diffusion process to the data.

    Parameters:
    - data: The original data (e.g., an image represented as a NumPy array).
    - num_steps: The number of diffusion steps.
    - noise_scale: The scale of the Gaussian noise to be added at each step.

    Returns:
    - A list of noisy data at each diffusion step.
    """
    noisy_data = [data]
    for step in range(num_steps):
        noise = np.random.normal(scale=noise_scale, size=data.shape)
        noisy_data.append(noisy_data[-1] + noise)
    return noisy_data
```

```
# Example usage with a simple 1D signal
data = np.sin(np.linspace(0, 2 * np.pi, 100))
noisy_data = forward_diffusion(data, num_steps=10, noise_scale=0.1)

# Plot the noisy data
plt.figure(figsize=(10, 6))
for i, noisy in enumerate(noisy_data):
    plt.plot(noisy, label=f"Step {i}")
plt.legend()
plt.title("Forward Diffusion Process")
plt.show()
```

Dans cet exemple :

La fonction forward_diffusion définie dans le script applique le processus de diffusion avant aux données d'entrée. Cette fonction prend trois paramètres : les données originales (qui sont souvent une image représentée sous forme de tableau NumPy), le nombre d'étapes de diffusion, et l'échelle du bruit gaussien à ajouter à chaque étape, qui est fixée à 0,1 par défaut.

Cette fonction commence par initialiser une liste de données bruitées avec les données originales. Ensuite, pour chaque étape dans la plage spécifiée, elle génère un bruit gaussien avec l'échelle et la forme des données d'entrée en utilisant la fonction np.random.normal. Ce bruit est ensuite ajouté au dernier élément de la liste de données bruitées. Le résultat est ajouté à la liste de données bruitées, créant ainsi efficacement une nouvelle version des données avec du bruit ajouté à chaque étape. Une fois toutes les étapes terminées, la fonction renvoie la liste des données bruitées.

Après la déclaration de la fonction, le script présente un exemple d'utilisation de cette fonction. Il crée un signal 1D simple en générant une onde sinusoïdale avec 100 points entre 0 et 2π. Ce signal est ensuite transmis à la fonction forward_diffusion avec le nombre d'étapes et l'échelle de bruit. Le résultat est une liste de versions bruitées du signal original, chaque version étant plus corrompue par le bruit que la précédente.

Enfin, le script trace les données bruitées en utilisant des fonctions de la bibliothèque Matplotlib. Il crée une nouvelle figure, puis parcourt la liste des données bruitées, traçant chaque version du signal avec une étiquette indiquant le numéro de l'étape. Après que toutes les versions ont été tracées, il ajoute une légende au graphique, définit le titre sur "Forward Diffusion Process" (Processus de Diffusion Avant), et affiche le graphique en utilisant plt.show().

Le graphique résultant démontre visuellement comment le processus de diffusion avant affecte les données, ajoutant progressivement du bruit jusqu'à ce qu'elles soient indiscernables d'un bruit aléatoire.

9.1.2 Le Processus de Diffusion Inverse

Le processus de diffusion inverse est une technique sophistiquée conçue pour contrecarrer le processus de diffusion avant. L'objectif principal de cette méthode est d'éliminer méticuleusement le bruit des données, ce qui est fait de manière systématique, étape par étape.

Dans le contexte du processus de diffusion inverse, un modèle est stratégiquement entraîné non seulement à prédire le bruit qui a été ajouté à chaque étape individuelle, mais aussi à le soustraire. Cette approche aboutit à un débruitage efficace des données, ce qui est un aspect crucial de ce processus.

Une des caractéristiques définissantes du processus de diffusion inverse est qu'il encourage le modèle à apprendre et à s'adapter. Grâce à ce processus, le modèle est capable d'approximer la vraie distribution des données. Il le fait en utilisant les données bruitées comme outil d'apprentissage et guide. Cela lui permet de se rapprocher de la représentation précise des données, ce qui est l'objectif ultime de ce processus.

Exemple : Processus de Diffusion Inverse

```python
import tensorflow as tf
from tensorflow.keras.layers import Input, Dense, Flatten, Reshape
from tensorflow.keras.models import Model

def build_denoising_model(input_shape):
    """
    Builds a simple denoising model.

    Parameters:
    - input_shape: Shape of the input data.

    Returns:
    - A Keras model for denoising.
    """
    inputs = Input(shape=input_shape)
    x = Flatten()(inputs)
    x = Dense(128, activation='relu')(x)
    x = Dense(np.prod(input_shape), activation='linear')(x)
    outputs = Reshape(input_shape)(x)
    return Model(inputs, outputs)

# Example usage with 1D data
input_shape = (100,)
denoising_model = build_denoising_model(input_shape)
denoising_model.summary()
```

Dans cet exemple :

Ce modèle est un réseau neuronal conçu pour éliminer le bruit des données, ce qui constitue un aspect essentiel du processus de diffusion inverse dans les modèles de diffusion.

Le script définit une fonction build_denoising_model(input_shape) qui prend un argument :

- **input_shape :** C'est la forme des données d'entrée que le modèle va traiter.

Examinons la fonction plus en détail :

1. **inputs = Input(shape=input_shape) :** Cette ligne crée une couche d'entrée pour le modèle. La forme de cette couche correspond à la forme des données d'entrée.

2. **x = Flatten()(inputs) :** Les données d'entrée sont ensuite aplaties. Aplatir un tableau multidimensionnel signifie le convertir en un tableau unidimensionnel. Cela est fait car certaines couches de notre modèle, comme Dense, fonctionnent avec des données 1D.

3. **x = Dense(128, activation='relu')(x) :** Les données d'entrée aplaties sont ensuite passées à travers une couche Dense, qui est un type de couche qui effectue un produit scalaire des entrées et des poids et ajoute un biais. Cette couche Dense possède 128 unités (neurones) et utilise la fonction d'activation ReLU (Unité Linéaire Rectifiée). ReLU est une fonction d'activation couramment utilisée dans les réseaux de neurones qui renvoie directement l'entrée si elle est positive ; sinon, elle renvoie zéro.

4. **x = Dense(np.prod(input_shape), activation='linear')(x) :** Les données passent ensuite par une autre couche Dense. Cette couche Dense utilise une fonction d'activation linéaire, ce qui implique effectivement que cette couche ne réalisera qu'une transformation proportionnelle à l'entrée (c'est-à-dire une transformation linéaire). Le nombre de neurones dans cette couche est déterminé par le produit des dimensions de la forme d'entrée.

5. **outputs = Reshape(input_shape)(x) :** Enfin, la sortie de la couche Dense précédente est remodelée pour retrouver la forme d'entrée originale. Cela est fait pour s'assurer que la sortie de notre modèle a la même forme que les données d'entrée.

6. **return Model(inputs, outputs) :** Cette ligne crée un Modèle en utilisant nos entrées et sorties définies. Ce Modèle est un modèle de réseau neuronal complet, ce qui signifie qu'il comprend à la fois les couches d'entrée et de sortie, ainsi que tout ce qui se trouve entre les deux.

Le script fournit ensuite un exemple d'utilisation de cette fonction avec des données 1D. Il définit input_shape à (100,), ce qui signifie que les données d'entrée ont 100 éléments, et crée un modèle de débruitage en appelant build_denoising_model(input_shape). Il affiche ensuite un résumé de l'architecture du modèle à l'aide de denoising_model.summary().

En résumé, ce modèle de débruitage simple prend des données bruitées en entrée, les transforme à travers une série de couches pour extraire des caractéristiques utiles et supprimer le bruit, puis les remodèle à la forme d'entrée originale, fournissant ainsi une version plus propre et débruitée des données d'entrée.

9.1.3 Introduction à l'entraînement d'un modèle de diffusion

Le processus d'entraînement d'un modèle de diffusion est crucial et il s'articule autour du concept de minimisation de l'écart entre le bruit prédit par le modèle et le bruit réel qui est ajouté à chaque étape du processus de diffusion. C'est une étape essentielle car elle permet au modèle de capturer avec précision la distribution sous-jacente des données.

L'approche standard pour y parvenir consiste à utiliser un type spécifique de fonction de perte, plus précisément, la fonction de perte d'erreur quadratique moyenne (MSE). Le choix de cette fonction est motivé par ses propriétés qui la rendent particulièrement adaptée aux problèmes de régression, ce qui est essentiellement le type de problème auquel nous sommes confrontés lors de l'entraînement d'un modèle de diffusion.

Au fur et à mesure que l'entraînement se déroule, le modèle s'engage dans un parcours d'apprentissage où il acquiert la capacité de débruiter les données, un processus qui est effectué de manière itérative. Ce processus de débruitage n'est pas aléatoire ; il suit plutôt un chemin spécifique qui commence à partir de l'état final bruité obtenu après le processus de diffusion. De là, le modèle remonte progressivement, étape par étape, visant à restaurer progressivement les données à leur forme originale, libres de tout bruit.

Grâce à ce processus itératif, le modèle apprend non seulement à éliminer le bruit, mais comprend également la structure des données, ce qui lui permet finalement de générer de nouvelles données qui s'alignent sur la même distribution.

Exemple : Entraînement du modèle de diffusion

```
# Generate synthetic training data
def generate_synthetic_data(num_samples, length):
    data  =  np.array([np.sin(np.linspace(0,  2  *  np.pi,  length))  for  _  in
range(num_samples)])
    return data

# Create synthetic training data
num_samples = 1000
data_length = 100
training_data = generate_synthetic_data(num_samples, data_length)

# Apply forward diffusion to the training data
num_steps = 10
noise_scale = 0.1
noisy_training_data = [forward_diffusion(data, num_steps, noise_scale) for data in
training_data]

# Prepare data for training
X_train = np.array([noisy[-1] for noisy in noisy_training_data])  # Final noisy state
y_train = np.array([data for data in training_data])  # Original data

# Compile the denoising model
denoising_model.compile(optimizer='adam', loss='mse')
```

```
# Train the denoising model
denoising_model.fit(X_train, y_train, epochs=20, batch_size=32)
```

Dans cet exemple :

La première section du script concerne la génération de données d'entraînement synthétiques. La fonction generate_synthetic_data(num_samples, length) est définie pour générer un nombre spécifié d'échantillons de formes d'ondes sinusoïdales d'une longueur donnée. Le nombre d'échantillons et la longueur de chaque échantillon sont spécifiés par les variables num_samples et data_length. Les formes d'onde sont générées à l'aide des fonctions np.sin et np.linspace de la bibliothèque numpy, qui créent des valeurs uniformément espacées sur une plage spécifiée et calculent le sinus de chaque valeur, respectivement.

Une fois les données d'entraînement synthétiques générées, un processus de diffusion directe leur est appliqué. Ce processus introduit du bruit dans les données sur un nombre spécifié d'étapes, résultant en une liste de versions progressivement plus bruitées des données d'origine. Le nombre d'étapes et l'échelle du bruit introduit à chaque étape sont déterminés par les variables num_steps et noise_scale.

L'étape suivante consiste à préparer les données pour l'entraînement. Les données d'entrée (X_train) pour le modèle correspondent à l'état final (le plus bruité) des données d'entraînement bruitées. Les données de sortie cibles (y_train) sont les données d'entraînement synthétiques originales (sans bruit). L'objectif du modèle sera d'apprendre à transformer les données d'entrée bruitées en données originales sans bruit.

Le modèle de débruitage est ensuite compilé en utilisant l'optimiseur 'adam' et la fonction de perte 'erreur quadratique moyenne'. L'optimiseur 'adam' est un choix populaire pour l'entraînement des modèles d'apprentissage profond en raison de son efficacité et de ses faibles besoins en mémoire, tandis que la fonction de perte 'erreur quadratique moyenne' est couramment utilisée dans les problèmes de régression, ce qui correspond essentiellement à la nature de cette tâche de débruitage.

Enfin, le modèle est entraîné à l'aide de la méthode fit. Les données d'entrée et les données de sortie cibles sont fournies, ainsi que le nombre d'époques d'entraînement (passages complets à travers l'ensemble des données d'entraînement) et la taille des lots (nombre d'échantillons utilisés pour calculer le gradient à chaque étape d'entraînement). Le choix de ces paramètres peut avoir un impact significatif sur la vitesse et l'efficacité du processus d'entraînement, ainsi que sur la qualité du modèle final entraîné.

9.2 Architecture des modèles de diffusion

L'architecture des modèles de diffusion fait référence à la structure et à la conception de ces modèles informatiques, qui sont utilisés pour simuler le processus de diffusion. La diffusion, dans ce contexte, se réfère à la propagation de quelque chose au sein d'une zone ou d'un groupe particulier. Ce "quelque chose" peut désigner une large gamme d'éléments - des particules dans un fluide se propageant d'une zone à forte concentration vers une zone à faible concentration, aux tendances se répandant au sein d'une population.

Dans le domaine de l'apprentissage automatique et de l'analyse de données, les modèles de diffusion possèdent une architecture unique et complexe qui leur permet d'accomplir une tâche remarquable. Ils peuvent transformer un bruit aléatoire et non structuré en données cohérentes et structurées. Ce processus, également connu sous le nom de débruitage, est crucial dans de nombreux domaines, notamment le traitement d'images et de signaux, où il est important d'extraire des informations utiles à partir de données bruitées.

En comprenant l'architecture des modèles de diffusion, vous pouvez mettre en œuvre et optimiser efficacement ces modèles pour une gamme de tâches, telles que le débruitage d'images, l'amélioration de la qualité des signaux audio, ou même la génération de nouvelles données qui s'alignent sur la même distribution que les données originales. Cette connaissance est cruciale pour quiconque souhaite exploiter la puissance des modèles de diffusion, que ce soit dans la recherche académique, les applications industrielles ou les projets personnels.

9.2.1 Composants clés des modèles de diffusion

L'architecture des modèles de diffusion, un système complexe et intriqué, s'articule autour de plusieurs composants fondamentaux qui opèrent en synergie pour faciliter le processus de transformation du bruit en données. Ces composants clés, chacun jouant un rôle intégral pour assurer la fonctionnalité du modèle, sont les suivants :

1. **Couche d'ajout de bruit** : C'est le premier composant du modèle de diffusion et sa fonction principale est d'introduire délibérément du bruit gaussien dans les données d'entrée à chaque étape individuelle du processus de diffusion. C'est une partie cruciale du processus global car le bruit sert de catalyseur pour les opérations suivantes.

2. **Réseau de débruitage** : Le deuxième composant est un réseau neuronal sophistiqué, dont le rôle est de prédire le bruit gaussien ajouté et de l'éliminer efficacement. Ce réseau fonctionne comme le cœur du modèle, faisant des prédictions calculées et exécutant l'élimination du bruit.

3. **Encodage des étapes** : Ce composant joue un rôle vital dans l'encodage de l'étape temporelle spécifique du processus de diffusion. Son objectif principal est de fournir au réseau de débruitage des informations temporelles, aidant essentiellement le réseau à comprendre la progression du processus au fil du temps.

4. **Fonction de perte** : Enfin, la fonction de perte mesure la différence entre le bruit prédit et le bruit réel. C'est une partie essentielle du modèle car elle guide le processus d'entraînement, servant essentiellement de boussole, orientant le modèle vers une performance optimale.

9.2.2 Couche d'ajout de bruit

La couche d'ajout de bruit, composant critique du système, est chargée de la responsabilité d'incorporer du bruit gaussien dans les données d'entrée à chaque étape du processus de diffusion. Cette couche reflète essentiellement le processus de diffusion directe, convertissant progressivement les données originales en une distribution caractérisée principalement par du bruit.

Objectif

La fonction principale d'une Couche d'Ajout de Bruit est d'**introduire artificiellement du bruit** pendant le processus d'entraînement d'un réseau neuronal. Cela peut sembler contre-intuitif, mais l'ajout de bruit contrôlé peut agir comme un régularisateur, conduisant à plusieurs avantages :

Réduit le surapprentissage : En introduisant du bruit dans les données d'entraînement, le réseau est forcé d'apprendre des caractéristiques plus robustes qui généralisent mieux aux données non vues. Le surapprentissage se produit lorsque le réseau mémorise trop bien les données d'entraînement et fonctionne mal sur de nouveaux exemples. L'ajout de bruit aide à prévenir cela en rendant les données d'entraînement légèrement différentes à chaque itération.

Améliore la capacité de généralisation du modèle : Avec l'introduction de bruit, le réseau ne peut pas uniquement s'appuyer sur des détails ou des modèles spécifiques dans les données d'entraînement. Il doit apprendre les relations sous-jacentes qui sont cohérentes même avec les variations causées par le bruit. Cela peut conduire à des modèles qui fonctionnent mieux sur des données non vues comportant un bruit inhérent.

Encourage la stabilité des poids : L'ajout de bruit peut aider à empêcher le réseau de se retrouver bloqué dans des minima locaux pendant l'entraînement. Les fluctuations aléatoires causées par le bruit encouragent les poids à explorer un éventail plus large de solutions, pouvant potentiellement conduire à une meilleure performance globale.

Implémentation

Le concept de Couche d'Ajout de Bruit (CAB) peut ne pas être un composant intégré, mais son implémentation peut être exécutée de multiples façons. Ces méthodes peuvent être adaptées pour correspondre aux besoins spécifiques et aux nuances de la recherche menée ou du cadre utilisé. Examinons deux des approches les plus universellement adoptées :

Injection de bruit dans les données d'entrée : Cette approche est la plus répandue dans le domaine. Elle implique l'ajout de bruit directement aux données d'entrée avant qu'elles ne soient introduites dans le réseau pendant le processus d'entraînement. Le bruit ajouté peut prendre diverses formes, mais le bruit gaussien est souvent le choix privilégié. Le bruit gaussien consiste en des valeurs aléatoires qui suivent une distribution normale. Cependant, le type de bruit n'est pas limité au bruit gaussien et peut varier en fonction des exigences spécifiques du problème abordé.

Ajout de bruit aux activations : Cette méthode est une autre voie populaire explorée par les chercheurs. Elle intègre l'ajout de bruit aux activations qui se produisent entre les couches cachées au sein du réseau. L'ajout de bruit peut être exécuté après la fonction d'activation dans chaque couche correspondante. Le type de bruit introduit et la quantité dans laquelle il est ajouté peuvent être méticuleusement contrôlés et ajustés par un hyperparamètre, offrant ainsi flexibilité et contrôle dans le processus.

Considérations clés :

Les Couches d'Ajout de Bruit (CAB) sont un concept important à comprendre et à appliquer correctement. Voici quelques considérations critiques à garder à l'esprit lors de leur utilisation :

Trouver le bon niveau de bruit : L'un des éléments clés dans l'utilisation efficace des CAB est de déterminer la quantité correcte de bruit à ajouter. C'est crucial car si trop de bruit est ajouté, cela peut en fait entraver le processus d'apprentissage en confondant le modèle. D'autre part, si le niveau de bruit est trop faible, il pourrait ne pas fournir un effet de régularisation assez significatif pour faire une différence notable. L'ajustement fin de cet équilibre implique souvent beaucoup d'expérimentation et d'ajustements basés sur les données spécifiques et les tâches en question.

Sélection du type de bruit : Un autre facteur important est la sélection du type de bruit qui sera ajouté. Cela peut être adapté pour convenir à la tâche spécifique que le modèle est conçu pour effectuer. Par exemple, dans les tâches impliquant des données d'image avec des variations aléatoires, le bruit gaussien pourrait être un choix approprié. Alternativement, pour les images qui ont du bruit impulsif, un type différent de bruit appelé bruit sel-et-poivre pourrait être plus approprié.

Inconvénients potentiels : Bien que les avantages des Couches d'Ajout de Bruit soient substantiels, ils s'accompagnent de certains pièges potentiels. L'un de ces inconvénients est qu'ils peuvent introduire un coût computationnel supplémentaire pendant le processus d'entraînement. Cela peut ralentir l'entraînement et nécessiter des ressources additionnelles. De plus, si les Couches d'Ajout de Bruit ne sont pas implémentées soigneusement et judicieusement, elles pourraient en fait conduire à une dégradation des performances du modèle. Cela souligne l'importance de comprendre et d'appliquer correctement cette technique.

Globalement, les Couches d'Ajout de Bruit représentent une approche intéressante pour régulariser les réseaux neuronaux. En introduisant soigneusement du bruit contrôlé pendant l'entraînement, elles peuvent aider à résoudre le problème de surapprentissage et améliorer la capacité de généralisation du modèle.

Exemple : Couche d'ajout de bruit

```python
import numpy as np

def add_noise(data, noise_scale=0.1):
```

```
    """
    Adds Gaussian noise to the data.

    Parameters:
    - data: The original data (e.g., an image represented as a NumPy array).
    - noise_scale: The scale of the Gaussian noise to be added.

    Returns:
    - Noisy data.
    """
    noise = np.random.normal(scale=noise_scale, size=data.shape)
    return data + noise

# Example usage with a simple 1D signal
data = np.sin(np.linspace(0, 2 * np.pi, 100))
noisy_data = add_noise(data, noise_scale=0.1)

# Plot the original and noisy data
import matplotlib.pyplot as plt
plt.plot(data, label="Original Data")
plt.plot(noisy_data, label="Noisy Data")
plt.legend()
plt.title("Noise Addition")
plt.show()
```

Dans cet exemple :

Cet exemple de code définit une fonction appelée add_noise qui ajoute du bruit gaussien à un tableau de données. Voici une analyse détaillée du code :

1. Import NumPy : Importe la bibliothèque numpy sous le nom np pour les opérations numériques.

2. Fonction add_noise :

    o Définition : def add_noise(data, noise_scale=0.1): définit une fonction nommée add_noise qui prend deux arguments :

        ▪ data : Représente les données originales auxquelles vous souhaitez ajouter du bruit. Il est prévu que ce soit un tableau NumPy.

        ▪ noise_scale (optionnel) : Cet argument contrôle l'échelle du bruit. Par défaut, il est fixé à 0,1, ce qui détermine l'écart-type de la distribution du bruit gaussien. Des valeurs plus élevées produisent un bruit plus important.

    o Docstring : La docstring explique l'objectif de la fonction et les paramètres qu'elle prend.

- ○ Génération de bruit : noise = np.random.normal(scale=noise_scale, size=data.shape) : Cette ligne génère du bruit gaussien en utilisant np.random.normal.

  - scale=noise_scale : Définit l'écart-type de la distribution du bruit à la valeur noise_scale fournie.

  - size=data.shape : Assure que le tableau de bruit généré a la même forme que les données d'entrée data pour l'addition élément par élément.

- ○ Ajout de bruit : return data + noise : Cette ligne ajoute le bruit généré aux données originales élément par élément et renvoie les données bruitées.

3. Exemple d'utilisation :

- ○ Création de données : data = np.sin(np.linspace(0, 2 * np.pi, 100)) : Crée un signal 1D simple représenté par une onde sinusoïdale avec 100 points de données.

- ○ Ajout de bruit : noisy_data = add_noise(data, noise_scale=0.1) : Appelle la fonction add_noise avec les données originales et une échelle de bruit de 0,1, stockant le résultat dans noisy_data.

- ○ Traçage : (Cette section utilise matplotlib.pyplot)

  - Importe matplotlib.pyplot sous le nom plt pour le traçage.

  - Trace les données originales et bruitées en utilisant des lignes séparées avec des étiquettes.

  - Ajoute un titre et une légende pour plus de clarté.

  - Affiche le graphique en utilisant plt.show().

Dans l'ensemble, cet exemple démontre comment ajouter du bruit gaussien aux données en utilisant une fonction et visualise l'impact du bruit sur un signal 1D simple.

9.2.3 Réseau de Débruitage

Un Réseau de Débruitage est un type de réseau neuronal spécifiquement conçu pour éliminer le bruit des images ou des signaux. Le bruit peut être introduit lors de l'acquisition, de la transmission ou du traitement de l'image, et peut réduire considérablement la qualité de l'image et entraver des analyses ultérieures. Les réseaux de débruitage visent à apprendre une correspondance entre les images bruitées et leurs homologues propres.

Voici une explication plus approfondie du concept :

Architecture

Les réseaux de débruitage sont généralement construits en utilisant une architecture encodeur-décodeur qui joue un rôle crucial dans le traitement et le nettoyage des images.

Encodeur : L'encodeur, servant de phase initiale, accepte l'image bruitée comme entrée et la traite à travers une série de couches convolutives. Ces couches fonctionnent pour extraire des caractéristiques de l'image, comprenant à la fois le signal sous-jacent et le bruit. L'extraction de ces caractéristiques est une étape fondamentale dans les réseaux de débruitage car elle pose les bases pour les étapes suivantes.

Représentation latente : De l'encodeur, nous passons à la représentation latente, qui est la sortie de l'encodeur. Cette représentation latente encapsule l'information essentielle de l'image dans un format plus compressé. Idéalement, cette représentation devrait contenir principalement le signal propre avec un minimum de bruit, car cela améliore l'efficacité du processus de débruitage.

Décodeur : Enfin, le décodeur, qui est la dernière étape, prend la représentation latente et reconstruit une image propre à travers plusieurs couches de sur-échantillonnage ou déconvolutionnelles. Ces couches augmentent progressivement la résolution de la représentation et éliminent les artefacts de bruit restants. Cette étape est cruciale car elle améliore non seulement la qualité de l'image en augmentant la résolution, mais assure également l'élimination complète de tout élément de bruit résiduel.

Processus d'Entraînement

Les réseaux neuronaux de débruitage sont spécifiquement entraînés pour effectuer la tâche de débruitage d'image. Ce processus est généralement réalisé en utilisant une méthode connue sous le nom d'apprentissage supervisé. Les éléments clés de ce processus peuvent être décomposés comme suit :

Données d'Entraînement : Afin d'apprendre efficacement à débruiter des images, le réseau doit être fourni avec un ensemble de données substantiel d'images appariées. Chaque paire dans cet ensemble de données consiste en une image bruitée, qui est l'image contenant un certain niveau de bruit ou de distorsion, et son image de vérité terrain propre correspondante. L'image de vérité terrain sert de résultat idéal que le réseau devrait viser à reproduire à travers ses efforts de débruitage.

Fonction de Perte : Une fois les données d'entraînement établies, le réseau de débruitage entre ensuite dans la phase d'entraînement. Pendant cette phase, le réseau prend chaque image d'entrée bruitée et tente de prédire à quoi l'image propre devrait ressembler. Afin de mesurer la précision de ces prédictions, une fonction de perte est utilisée. Cette fonction de perte, qui pourrait être une méthode telle que l'erreur quadratique moyenne (MSE) ou la perte de similarité structurelle (SSIM), compare l'image propre prédite avec l'image propre de vérité terrain réelle. Le résultat de cette comparaison est une mesure quantifiable de l'écart entre la prédiction du réseau et la vérité réelle.

Optimiseur : Avec les données d'entraînement et la fonction de perte en place, la dernière pièce du puzzle est l'optimiseur. Un optimiseur, tel qu'Adam ou SGD, est utilisé pour ajuster les poids du réseau en réponse à la perte calculée. En ajustant ces poids, le réseau est capable de minimiser itérativement la fonction de perte. Ce processus permet au réseau d'apprendre progressivement la relation entre les images bruitées et propres, améliorant sa capacité à débruiter les images au fil du temps.

En résumé, le processus d'entraînement d'un réseau neuronal de débruitage implique l'utilisation d'images appariées comme données d'entraînement, une fonction de perte pour évaluer la précision des prédictions, et un optimiseur pour ajuster les paramètres du réseau en fonction de ce retour d'information. Grâce à ce processus, le réseau est effectivement capable d'apprendre la relation entre les images bruitées et propres, qu'il peut ensuite utiliser pour débruiter efficacement les images.

Types de Bruit

Les réseaux de débruitage sont des systèmes sophistiqués spécifiquement conçus pour gérer divers types de bruit qui peuvent impacter négativement la qualité d'une image.

Bruit Gaussien : Ce type particulier de bruit est de nature aléatoire et suit un modèle de distribution normale. Il apparaît comme une texture granuleuse dans l'image, obscurcissant souvent la clarté et la netteté de l'image.

Bruit de Grenaille : Ce type de bruit émerge en raison du timing aléatoire des arrivées de photons pendant le processus d'acquisition d'image. Il se manifeste sous forme de ce qu'on appelle souvent le bruit sel et poivre dans l'image, créant une perturbation visuelle qui peut dégrader significativement l'image.

Artefacts de Compression : Ce sont des artefacts indésirables et souvent malvenus qui sont introduits pendant le processus de compression d'image. Ces artefacts peuvent se manifester de plusieurs façons, tels que des motifs en blocs ou des effets de rebond, qui peuvent nuire à l'esthétique globale et à la clarté de l'image.

En essence, le rôle des réseaux de débruitage est de combattre ces types de bruit, assurant que l'intégrité et la qualité de l'image restent intactes.

Avantages

Les réseaux de débruitage, un développement récent dans le domaine du traitement d'image, offrent plusieurs avantages par rapport aux méthodes de débruitage traditionnelles, les rendant de plus en plus populaires :

Approche basée sur l'apprentissage : L'un des avantages clés des réseaux de débruitage est qu'ils sont basés sur l'apprentissage. Contrairement aux méthodes traditionnelles qui s'appuient sur des filtres conçus manuellement, qui peuvent ne pas toujours être capables de capturer avec précision des motifs de bruit complexes, les réseaux de débruitage ont la capacité d'apprendre ces motifs de bruit complexes à partir des données d'entraînement qui leur sont fournies. Cela leur permet de réduire plus précisément et efficacement le bruit dans les images.

Capacités adaptatives : Un autre avantage significatif des réseaux de débruitage est leur capacité à s'adapter. Ils peuvent s'ajuster à différents types de bruit en apprenant à partir d'ensembles de données d'entraînement appropriés. Cette adaptabilité les rend polyvalents et applicables à une variété de conditions de bruit, améliorant leur utilité dans divers scénarios de traitement d'image.

Élimination Efficace du Bruit : Peut-être l'avantage le plus notable des réseaux de débruitage est leur efficacité à éliminer le bruit. Ils ont démontré des performances de pointe dans la réduction du bruit, tout en préservant les détails de l'image. C'est une amélioration significative par rapport aux méthodes traditionnelles, qui ont souvent du mal à maintenir les détails de l'image tout en essayant d'éliminer le bruit.

Inconvénients

Bien que les réseaux de débruitage offrent un potentiel considérable, il est important de reconnaître également certaines des limitations qui peuvent survenir dans leur application :

Données d'Entraînement : L'un des aspects cruciaux de la performance d'un réseau est la qualité et la diversité des données d'entraînement utilisées. Plus les données d'entraînement sont diverses et de haute qualité, meilleure est la capacité du réseau à généraliser et à gérer une large gamme de types de bruit. Cependant, si les données disponibles manquent de représentation de certains types de bruit, la capacité du réseau à traiter et débruiter efficacement ces types peut être significativement limitée.

Coût Computationnel : Une autre considération importante est le coût computationnel impliqué à la fois dans l'entraînement et l'utilisation des réseaux de débruitage. Les architectures larges et complexes peuvent être particulièrement gourmandes en ressources, nécessitant une puissance de calcul substantielle. Cela peut être une limitation significative, particulièrement dans des scénarios où les ressources sont limitées ou lorsque le traitement doit être effectué en temps réel ou presque.

Potentiel d'Artefacts : Enfin, il convient de noter que selon l'architecture spécifique du réseau et le processus d'entraînement utilisé, les réseaux de débruitage peuvent parfois introduire de nouveaux artefacts dans l'image pendant le processus de reconstruction. C'est un inconvénient potentiel car ces artefacts peuvent affecter la qualité globale de l'image résultante, la rendant moins claire ou introduisant des distorsions qui n'étaient pas présentes dans l'image bruitée originale.

Dans l'ensemble, les Réseaux de Débruitage sont un outil puissant pour la restauration d'image et le traitement du signal. Ils offrent des avancées significatives par rapport aux méthodes traditionnelles, mais il est important de considérer leurs limitations et leurs exigences d'entraînement pour une performance optimale.

Exemple : Réseau de Débruitage Simple

```
import tensorflow as tf
from tensorflow.keras.layers import Input, Dense, Flatten, Reshape
from tensorflow.keras.models import Model

def build_denoising_network(input_shape):
    """
    Builds a simple denoising network.

    Parameters:
    - input_shape: Shape of the input data.

    Returns:
    - A Keras model for denoising.
    """
    inputs = Input(shape=input_shape)
    x = Flatten()(inputs)
    x = Dense(128, activation='relu')(x)
    x = Dense(np.prod(input_shape), activation='linear')(x)
    outputs = Reshape(input_shape)(x)
    return Model(inputs, outputs)

# Example usage with 1D data
input_shape = (100,)
denoising_network = build_denoising_network(input_shape)
denoising_network.summary()
```

Dans cet exemple :

Le script définit principalement une fonction nommée build_denoising_network(input_shape). Cette fonction construit et renvoie un modèle Keras - un type de modèle fourni par TensorFlow pour implémenter et entraîner des réseaux d'apprentissage profond. L'argument input_shape est utilisé pour spécifier la forme des données d'entrée que le modèle traitera.

La fonction commence par définir la couche d'entrée du modèle avec la ligne inputs = Input(shape=input_shape). Cette couche est celle qui reçoit les données d'entrée pour le modèle, et sa forme correspond à la forme des données d'entrée.

Ensuite, les données d'entrée sont aplaties en utilisant x = Flatten()(inputs). L'aplatissement est un processus dans lequel un tableau multidimensionnel est converti en un tableau unidimensionnel. Cela est fait parce que certains types de couches dans un réseau neuronal, comme les couches Dense, nécessitent des données unidimensionnelles.

Les données aplaties sont ensuite passées à travers une couche Dense avec x = Dense(128, activation='relu')(x). Les couches Dense dans un réseau neuronal effectuent un produit scalaire des entrées et des poids, ajoutent un biais, puis appliquent une fonction d'activation. La couche Dense ici a 128 unités (également appelées neurones), et utilise la fonction d'activation ReLU (Unité Linéaire Rectifiée). La fonction ReLU est un choix populaire pour l'activation en raison de sa simplicité et de son efficacité. Elle renvoie simplement l'entrée directement si elle est positive ; sinon, elle renvoie zéro.

La sortie de la première couche Dense est ensuite passée à travers une autre couche Dense, définie par x = Dense(np.prod(input_shape), activation='linear')(x). Cette couche Dense utilise une fonction d'activation linéaire, ce qui implique essentiellement que cette couche ne fera qu'une transformation proportionnelle à l'entrée (c'est-à-dire, une transformation linéaire). Le nombre de neurones dans cette couche est déterminé par le produit des dimensions de la forme d'entrée.

Enfin, la sortie de la couche Dense précédente est remodelée pour retrouver la forme d'entrée originale avec outputs = Reshape(input_shape)(x). Cela est fait pour s'assurer que la sortie du modèle a la même forme que les données d'entrée, ce qui est important pour comparer la sortie du modèle à la sortie cible pendant l'entraînement.

La fonction conclut en renvoyant un objet Model avec return Model(inputs, outputs). L'objet Model représente le modèle complet du réseau neuronal, qui inclut les couches d'entrée et de sortie ainsi que toutes les couches intermédiaires.

Le script fournit également un exemple de la façon d'utiliser la fonction build_denoising_network(input_shape). Il crée un input_shape de (100,), ce qui signifie que les données d'entrée sont unidimensionnelles avec 100 éléments. La fonction est ensuite appelée pour créer un réseau de débruitage, qui est stocké dans la variable denoising_network. Enfin, le script affiche un résumé de l'architecture du réseau en utilisant denoising_network.summary(). Ce résumé comprend des informations sur chaque couche du réseau, telles que le type de couche, la forme de sortie de la couche et le nombre de paramètres entraînables dans la couche.

9.2.4 Encodage des étapes

L'encodage des étapes est une technique utilisée pour fournir au réseau de débruitage des informations sur l'étape temporelle actuelle du processus de diffusion. Cette information est cruciale pour que le réseau comprenne le niveau de bruit dans les données d'entrée et fasse des prédictions précises. L'encodage des étapes peut être implémenté en utilisant des techniques simples comme les encodages sinusoïdaux ou les embeddings appris.

L'encodage des étapes fonctionne en ajoutant progressivement du bruit à une image propre en une série d'étapes, la transformant finalement en bruit aléatoire. Pour inverser ce processus et générer de nouvelles images, le modèle apprend à éliminer le bruit ajouté étape par étape. L'encodage des étapes joue un rôle vital pour guider le modèle pendant ce processus de "débruitage".

Voici une décomposition de l'encodage des étapes :

Processus de diffusion :

Imaginez une image propre, X_0. Le processus de diffusion prend cette image et injecte du bruit progressivement à travers un nombre prédéfini d'étapes (T). À chaque étape, t (de 1 à T), une nouvelle version bruitée de l'image, Xt, est obtenue en utilisant l'équation suivante :

$$Xt = \epsilon(t) * X_{(t-1)} + z_t$$

- $\epsilon(t)$ est un calendrier de bruit qui contrôle la quantité de bruit ajoutée à chaque étape. C'est généralement une fonction de l'étape actuelle (t) et diminue à mesure que le numéro d'étape augmente.

- z_t représente le bruit aléatoire, généralement échantillonné à partir d'une distribution gaussienne.

Les complexités et défis du débruitage :

Dans le domaine du traitement d'image, l'objectif principal d'un modèle de diffusion est de comprendre et de maîtriser la procédure inverse : il commence avec une image bruitée ou déformée, désignée comme (Xt), et le but est de prédire ou de recréer l'image originale, propre, appelée (X_0). Cependant, la tâche de prédiction directe de l'image propre à partir de versions hautement bruitées, particulièrement celles des étapes ultérieures de la séquence, est une entreprise extrêmement difficile qui nécessite un modèle précis et efficace.

Le rôle de l'encodage des étapes dans le processus :

Pour relever ce défi persistant, une technique connue sous le nom d'encodage des étapes est employée. L'encodage des étapes sert la fonction vitale de fournir au modèle des informations supplémentaires sur l'étape actuelle (t) pendant l'opération de débruitage. Ces données supplémentaires aident le modèle à faire des prédictions plus précises. Voici un bref aperçu de deux approches couramment utilisées pour l'encodage des étapes :

- **Encodage sinusoïdal :** Cette méthode innovante exploite la puissance des fonctions mathématiques sinus et cosinus pour encoder les informations d'étape. La taille d'embedding, qui fait référence au nombre de dimensions, est un hyperparamètre. Tout au long du processus d'entraînement, le modèle acquiert la capacité d'extraire et d'utiliser des informations pertinentes de ces embeddings, améliorant ainsi sa précision de prédiction.

- **Embeddings appris :** Une approche plus flexible permet au modèle d'apprendre ses propres embeddings uniques pour chaque étape du processus. Au lieu d'utiliser des fonctions prédéfinies, cette approche aide le modèle à développer un ensemble distinctif d'embeddings. Bien que cette méthode offre une flexibilité accrue, elle exige également un volume plus élevé de données d'entraînement. Cela est dû au fait que le modèle a besoin d'une quantité substantielle de données pour apprendre des représentations efficaces et efficientes.

Avantages de l'encodage des étapes

L'encodage des étapes est un composant crucial du fonctionnement du modèle, car il fournit au modèle des informations sur les étapes qui aident à diverses fonctions. Celles-ci comprennent :

- **Compréhension du niveau de bruit :** Un aspect fondamental de l'encodage des étapes est qu'il permet au modèle d'évaluer l'ampleur du bruit présent dans l'image actuelle (Xt). Cette fonctionnalité est particulièrement bénéfique car elle permet au modèle de concentrer ses efforts sur l'élimination d'un niveau approprié de bruit à chaque étape. Il le fait en utilisant l'encodage des étapes pour faire une estimation précise du niveau de bruit.

- **Débruitage graduel :** Un autre avantage significatif de fournir des informations sur les étapes est la capacité à mener un processus de débruitage plus contrôlé et progressif. Cela signifie que le modèle peut procéder systématiquement pour éliminer le bruit, en commençant par les caractéristiques grossières dans les premières étapes. Après cela, il peut affiner progressivement les détails à mesure qu'il progresse vers l'obtention d'une image propre. Cette approche étape par étape assure un processus de débruitage complet et approfondi.

- **Efficacité d'entraînement améliorée :** Enfin, l'inclusion de l'encodage des étapes améliore significativement l'efficacité d'entraînement du modèle. Cela est dû au fait qu'il fournit des conseils supplémentaires, permettant ainsi au modèle de converger plus rapidement pendant l'entraînement. Avec la connaissance de l'étape actuelle fournie par l'encodage des étapes, le modèle peut apprendre et mettre en œuvre des stratégies de débruitage plus efficaces. Cela aboutit finalement à un processus d'entraînement plus efficace et productif, assurant une performance supérieure du modèle.

L'encodage des étapes est un composant essentiel des modèles de diffusion. En fournissant des informations sur les étapes, il permet au modèle de comprendre le niveau de bruit, d'effectuer un débruitage contrôlé et, finalement, de générer des images de haute qualité. L'implémentation spécifique de l'encodage des étapes peut varier, mais il joue un rôle significatif dans le succès des modèles de diffusion.

Exemple : Encodage des étapes

```
def sinusoidal_step_encoding(t, d_model):
    """
    Computes sinusoidal step encoding.

    Parameters:
    - t: Current time step.
    - d_model: Dimensionality of the model.

    Returns:
    - Sinusoidal step encoding vector.
    """
```

```
    angle_rates  =  1  /  np.power(10000,  (2  *  (np.arange(d_model)  //  2))  /
np.float32(d_model))
    angle_rads = t * angle_rates
    angle_rads[:, 0::2] = np.sin(angle_rads[:, 0::2])
    angle_rads[:, 1::2] = np.cos(angle_rads[:, 1::2])
    return angle_rads

# Example usage with a specific time step and model dimensionality
t = np.arange(10).reshape(-1, 1)
d_model = 128
step_encoding = sinusoidal_step_encoding(t, d_model)

# Print the step encoding
print(step_encoding)
```

L'exemple de code concerne une fonction nommée sinusoidal_step_encoding, qui calcule des encodages sinusoïdaux pour une étape temporelle et une dimensionnalité de modèle données. C'est une technique couramment utilisée dans les modèles d'architecture de transformeur, particulièrement dans le domaine du Traitement du Langage Naturel (NLP). Elle fournit au modèle des informations sur la position relative ou absolue des éléments dans une séquence.

Examinons en détail le fonctionnement de cette fonction :

- La fonction prend deux paramètres : t (l'étape temporelle actuelle) et d_model (la dimensionnalité du modèle). Ici, l'étape temporelle peut faire référence à une étape spécifique dans une séquence, et la dimensionnalité fait généralement référence à la taille de l'espace d'embedding dans le modèle.

- La première ligne à l'intérieur de la fonction calcule angle_rates. Les angle_rates déterminent à quelle vitesse les valeurs des fonctions sinus et cosinus changent. Elle utilise la fonction de puissance de numpy pour calculer l'inverse de 10000 élevé à la puissance de (2 * (np.arange(d_model) // 2)) / np.float32(d_model).

- Les angle_rates sont ensuite multipliés par l'étape temporelle t pour créer le tableau angle_rads. Ce tableau contient les valeurs en radians pour les fonctions sinusoïdales.

- Les deux lignes suivantes appliquent les transformations sinus et cosinus au tableau angle_rads. Elle applique la fonction sinus de numpy aux éléments d'indices pairs et la fonction cosinus de numpy aux éléments d'indices impairs. Cela crée un motif de valeurs sinus et cosinus alternées.

- Enfin, la fonction renvoie le tableau angle_rads, qui représente maintenant le vecteur d'encodage sinusoïdal des étapes.

Le code fournit également un exemple d'utilisation de cette fonction. Il crée un tableau numpy t de 10 étapes temporelles (de 0 à 9), le redimensionne en un tableau 10x1, et définit d_model à 128. Il appelle ensuite la fonction sinusoidal_step_encoding avec t et d_model comme arguments, et stocke le vecteur d'encodage retourné dans la variable step_encoding. Le vecteur d'encodage est ensuite affiché sur la console.

En conclusion, la fonction sinusoidal_step_encoding est un élément clé de nombreux modèles basés sur les transformeurs, leur fournissant des informations positionnelles précieuses. Cela permet aux modèles de mieux comprendre et traiter les données séquentielles, améliorant leurs performances sur des tâches telles que la traduction linguistique, le résumé de texte, et bien d'autres.

9.2.5 Fonction de perte

La fonction de perte guide le processus d'entraînement du modèle de diffusion en mesurant la différence entre le bruit prédit et le bruit réellement ajouté à chaque étape. L'erreur quadratique moyenne (MSE) est couramment utilisée comme fonction de perte pour les modèles de diffusion.

Dans les modèles de diffusion, la fonction de perte joue un rôle crucial en guidant le processus d'entraînement du modèle. Contrairement aux modèles génératifs standard qui apprennent directement à mapper depuis un espace latent vers la distribution de données, les modèles de diffusion impliquent une approche d'entraînement en deux étapes :

1. **Diffusion avant :** C'est l'étape initiale qui introduit progressivement des perturbations dans une image initialement propre. Le processus est réalisé sur plusieurs étapes, transformant graduellement l'image en une apparence de bruit aléatoire. C'est une phase transformative qui modifie l'image de son état original vers une forme complètement nouvelle.

2. **Diffusion inverse (Débruitage) :** Comme son nom l'indique, cette phase adopte une approche différente de l'étape précédente. Elle vise à apprendre et à comprendre le processus inverse de la diffusion avant. Au lieu d'ajouter du bruit, elle se concentre sur la tâche de prendre une image bruitée et d'éliminer systématiquement le bruit au fil du temps. L'objectif est de restaurer l'image à son état original, non perturbé, récupérant ainsi l'image propre, sans bruit.

La fonction de perte est utilisée pour évaluer la performance du modèle pendant l'étape de diffusion inverse (débruitage). Voici une analyse détaillée de la fonction de perte dans les modèles de diffusion :

Explorer l'objectif de la fonction de perte

L'objectif principal de cet outil mathématique est de quantifier l'écart ou la différence qui existe entre l'image débruitée, telle que prédite par le modèle (désignée comme X_t), et l'image propre réelle (désignée comme X_0). Cette comparaison se produit à une étape ou un stade spécifique (t) dans l'opération globale de débruitage.

L'importance de cette fonction réside dans son rôle dans l'entraînement du modèle. En s'efforçant de minimiser cet écart durant la phase d'entraînement, le modèle est guidé pour apprendre et s'adapter efficacement. Ce processus d'apprentissage permet au modèle de développer la capacité à éliminer le bruit extrinsèque qui obscurcit l'image, récupérant ainsi l'image propre et sans défaut.

C'est cette capacité à mesurer puis à réduire la différence entre l'image débruitée et l'image propre qui fait de la fonction de perte un aspect si central du processus de débruitage.

Fonctions de perte courantes :

Il existe principalement deux approches qui sont généralement employées quand il s'agit de définir la fonction de perte :

Erreur quadratique moyenne (MSE) : C'est une méthode fréquemment choisie. L'erreur quadratique moyenne mesure la moyenne des carrés des différences entre l'image débruitée prédite (souvent notée X_t) et l'image originale propre (notée X_0). Cette mesure est faite pixel par pixel, capturant ainsi le niveau de précision avec lequel le modèle a pu prédire l'image propre à partir de celle débruitée.

$$Loss(t) = 1/(N * W * H) * ||X_t - X^0||^2$$

- N : Nombre d'images dans le lot
- W : Largeur de l'image
- H : Hauteur de l'image

Perte perceptuelle : Cette approche emploie des réseaux de neurones convolutifs (CNNs) pré-entraînés comme VGG ou Inception, entraînés pour des tâches de classification d'images. L'idée est d'exploiter les caractéristiques apprises de ces réseaux pré-entraînés pour guider le processus de débruitage au-delà de la simple similarité au niveau des pixels. La perte est calculée en fonction des activations de caractéristiques entre l'image débruitée et l'image propre dans ces réseaux pré-entraînés.

La perte perceptuelle encourage le modèle non seulement à récupérer avec précision les valeurs des pixels, mais aussi à préserver les caractéristiques de haut niveau et la qualité visuelle de l'image propre.

Choisir la bonne fonction de perte

La décision d'utiliser l'erreur quadratique moyenne (MSE) ou la perte perceptuelle en apprentissage automatique dépend de plusieurs facteurs critiques :

Spécificité de la tâche : La nature de la tâche à accomplir joue un rôle significatif dans cette décision. Si la tâche nécessite une reconstruction précise au niveau des pixels où chaque détail est vital, la MSE pourrait être le choix le plus approprié. Cela est dû au fait que la MSE se concentre sur la minimisation de la différence quadratique moyenne entre les pixels de deux images. Cependant, pour les tâches où la préservation de la qualité visuelle et la similarité perceptuelle sont davantage prioritaires que la précision au niveau des pixels, la perte perceptuelle pourrait être la meilleure option. La perte perceptuelle se concentre sur la façon dont les humains perçoivent les images plutôt que sur la précision mathématique.

Coût computationnel : Il est également nécessaire de considérer le coût computationnel de ces méthodes. Les calculs de perte perceptuelle, qui impliquent souvent l'utilisation de réseaux pré-entraînés, peuvent être substantiellement plus coûteux en termes de calcul par rapport à la MSE. Cela signifie que si les ressources computationnelles ou le temps de traitement sont une contrainte, la MSE pourrait être un choix plus pratique.

Qualité des données d'entraînement : La qualité des données d'entraînement disponibles est un autre facteur significatif. Si vous avez accès à des données d'entraînement de haute qualité qui reflètent précisément les propriétés d'image désirées, la perte perceptuelle peut être plus efficace. Cela est dû au fait que la perte perceptuelle exploite les subtilités de la perception humaine capturées dans les données d'entraînement pour livrer des résultats plus visuellement attrayants.

Considérations

Voici quelques points supplémentaires, plus nuancés, qui devraient être pris en compte lors de la considération de la fonction de perte :

Normalisation : En fonction des spécificités de l'implémentation, la fonction de perte peut être normalisée par le nombre de pixels ou de caractéristiques. C'est un détail qui est souvent négligé, mais il peut avoir un impact significatif sur les résultats du modèle. Il est crucial de s'assurer que la fonction de perte est normalisée de manière appropriée pour garantir des comparaisons justes et précises entre différents modèles ou approches.

Pertes pondérées : Dans certains scénarios, une approche mixte peut être employée, utilisant une combinaison d'erreur quadratique moyenne (MSE) et de perte perceptuelle. Celles-ci sont pondérées pour trouver un équilibre entre la précision au niveau des pixels, qui est primordiale pour maintenir l'intégrité de l'image, et la qualité perceptuelle, qui est cruciale pour l'esthétique globale et l'attrait visuel de l'image résultante.

Techniques avancées : La recherche actuelle se penche sur des fonctions de perte plus sophistiquées qui incorporent une multitude de facteurs additionnels. Ceux-ci pourraient inclure des mécanismes d'attention, qui visent à imiter l'attention visuelle humaine en se concentrant sur des zones spécifiques de l'image, ou l'entraînement adversarial, qui peut être utilisé comme forme de régularisation pour améliorer davantage les capacités de débruitage des modèles de diffusion. Ces techniques avancées, bien que plus complexes, peuvent potentiellement apporter des améliorations significatives dans la performance du modèle.

Dans l'ensemble, la fonction de perte joue un rôle vital dans l'entraînement des modèles de diffusion. En choisissant et en appliquant soigneusement une fonction de perte appropriée, vous pouvez guider le modèle pour éliminer efficacement le bruit et générer des images de haute qualité.

Exemple : Fonction de perte

```
import tensorflow as tf
from tensorflow.keras.losses import MeanSquaredError

# Define the loss function
mse_loss = MeanSquaredError()

# Example usage with predicted and actual noise
predicted_noise = np.random.normal(size=(100,))
actual_noise = np.random.normal(size=(100,))
loss = mse_loss(actual_noise, predicted_noise)

# Print the loss
print(f"Loss: {loss.numpy()}")
```

Cet exemple de code montre comment calculer l'erreur quadratique moyenne (MSE) entre deux tableaux NumPy représentant les valeurs de bruit prédites et réelles en utilisant la fonction MeanSquaredError de TensorFlow. Voici une analyse détaillée :

1. Importation des bibliothèques :

    o   tensorflow as tf : Importe la bibliothèque TensorFlow sous le nom tf pour utiliser ses fonctionnalités.

    o   from tensorflow.keras.losses import MeanSquaredError : Importe la classe MeanSquaredError du module des fonctions de perte de Keras de TensorFlow.

2. Définition de la fonction de perte :

    o   mse_loss = MeanSquaredError() : Crée une instance de la classe MeanSquaredError, définissant essentiellement l'objet de fonction de perte nommé mse_loss. Cet objet encapsule la logique de calcul de la MSE.

3. Exemple d'utilisation :

    o   predicted_noise = np.random.normal(size=(100,)) : Génère un tableau NumPy nommé predicted_noise avec 100 valeurs aléatoires suivant une distribution normale (représentant le bruit prédit).

    o   actual_noise = np.random.normal(size=(100,)) : Génère un autre tableau NumPy nommé actual_noise avec 100 valeurs aléatoires suivant une distribution normale (représentant le bruit réel).

    o   loss = mse_loss(actual_noise, predicted_noise) : Calcule la perte MSE entre les tableaux actual_noise et predicted_noise en utilisant l'objet mse_loss. Le résultat est stocké dans la variable loss.

    o   print(f"Loss: {loss.numpy()}") : Affiche la valeur de perte MSE calculée après l'avoir convertie en valeur NumPy à l'aide de .numpy().

Explication de la perte MSE :

La fonction de perte MSE mesure la différence quadratique moyenne entre les éléments correspondants dans deux tableaux. Dans ce cas, elle calcule la différence quadratique moyenne entre les valeurs de bruit prédites et les valeurs de bruit réelles. Une valeur MSE plus faible indique une meilleure correspondance entre le bruit prédit et le bruit réel, ce qui signifie que les prédictions de bruit du modèle sont plus proches de la distribution de bruit réelle.

Remarque :

Ceci est un exemple basique utilisant des tableaux NumPy. Dans un contexte typique d'apprentissage automatique avec TensorFlow, vous utiliseriez probablement des tenseurs TensorFlow pour le bruit prédit et le bruit réel, et la fonction mse_loss opérerait directement sur ces tenseurs au sein du graphe computationnel.

9.2.6 Architecture complète du modèle de diffusion

En combinant les composants décrits ci-dessus, nous pouvons construire l'architecture complète d'un modèle de diffusion. Ce modèle débruitera itérativement les données d'entrée, guidé par l'encodage des étapes et la fonction de perte.

Exemple : Modèle de diffusion complet

```python
import tensorflow as tf
from tensorflow.keras.layers import Input, Dense, Flatten, Reshape, Concatenate
from tensorflow.keras.models import Model

def build_full_diffusion_model(input_shape, d_model):
    """
    Builds the full diffusion model.

    Parameters:
    - input_shape: Shape of the input data.
    - d_model: Dimensionality of the model.

    Returns:
    - A Keras model for the full diffusion process.
    """
    # Input layers for data and step encoding
    data_input = Input(shape=input_shape)
    step_input = Input(shape=(d_model,))

    # Flatten and concatenate inputs
    x = Flatten()(data_input)
    x = Concatenate()([x, step_input])

    # Denoising network layers
    x = Dense(128, activation='relu')(x)
    x = Dense(np.prod(input_shape), activation='linear')(x)
    outputs = Reshape(input_shape)(x)
```

```
    return Model([data_input, step_input], outputs)

# Example usage with 1D data
input_shape = (100,)
d_model = 128
diffusion_model = build_full_diffusion_model(input_shape, d_model)
diffusion_model.summary()
```

Dans cet exemple :

La fonction centrale de ce script, build_full_diffusion_model, construit un modèle de diffusion en utilisant l'API fonctionnelle de Keras. Elle accepte deux paramètres :

- input_shape : Ce paramètre spécifie la forme des données d'entrée. C'est un tuple représentant les dimensions des données d'entrée. Par exemple, pour un tableau de données 1D de longueur 100, input_shape serait (100,).

- d_model : Ce paramètre représente la dimensionnalité du modèle ou la taille de l'encodage des étapes. C'est une valeur entière qui définit le nombre de caractéristiques dans le vecteur d'encodage des étapes.

À l'intérieur de la fonction, deux entrées sont définies en utilisant la couche Input de Keras :

- data_input : C'est l'entrée principale qui recevra les données à débruiter. Sa forme est spécifiée par le paramètre input_shape.

- step_input : C'est l'entrée auxiliaire qui recevra l'encodage des étapes. Sa forme est déterminée par le paramètre d_model.

Ces deux entrées sont ensuite traitées à travers plusieurs couches pour effectuer l'opération de débruitage :

1. La couche Flatten transforme le data_input en un tableau 1D.

2. La couche Concatenate combine le data_input aplati et le step_input en un seul tableau. Cela permettra au modèle d'utiliser les informations provenant à la fois des données et de l'encodage des étapes dans les couches suivantes.

3. La première couche Dense avec 128 unités et une fonction d'activation ReLU traite le tableau concaténé. Cette couche fait partie du réseau de débruitage qui apprend à éliminer le bruit des données.

4. La deuxième couche Dense avec un nombre d'unités égal au nombre total d'éléments dans input_shape et une fonction d'activation linéaire traite davantage les données. Elle mappe également la sortie à la taille correcte.

5. La couche Reshape transforme la sortie de la deuxième couche Dense pour revenir à la forme originale input_shape.

Enfin, la classe Model de Keras est utilisée pour construire le modèle, en spécifiant les deux entrées (data_input et step_input) et la sortie finale.

Un exemple d'utilisation de la fonction build_full_diffusion_model est également fourni. Ici, la fonction est utilisée pour créer un modèle qui prend des données 1D de longueur 100 et un encodage d'étape de taille 128. Le modèle créé est ensuite résumé à l'aide de la méthode summary, qui imprime une description détaillée de l'architecture du modèle.

Ce modèle de diffusion sert à débruiter itérativement les données d'entrée, guidé par l'encodage des étapes et le processus d'entraînement défini par des fonctions de perte spécifiques. C'est un modèle polyvalent qui peut être utilisé dans diverses tâches génératives, de la synthèse d'images à la génération de texte, ce qui en fait un outil puissant dans la boîte à outils de l'apprentissage automatique.

9.3 Entraînement des modèles de diffusion

L'entraînement des modèles de diffusion implique d'affiner itérativement le modèle pour prédire et éliminer le bruit des données, les transformant d'un bruit aléatoire en sorties structurées. Ce processus nécessite une attention particulière à l'architecture du modèle, au choix de la fonction de perte et à la stratégie d'optimisation. Dans cette section, nous discuterons en détail du processus d'entraînement, en fournissant des exemples de code pour illustrer chaque étape.

9.3.1 Préparation des données d'entraînement

Avant d'entraîner le modèle de diffusion, nous devons préparer les données d'entraînement. Cela implique d'appliquer le processus de diffusion directe aux données originales pour créer des versions bruitées des données à diverses étapes de diffusion. Ces échantillons de données bruitées seront utilisés comme entrées pour entraîner le modèle à prédire et à éliminer le bruit.

Diffusion directe

À ce stade du processus, l'accent est mis sur l'introduction progressive de bruit contrôlé à une image initialement propre, la transformant systématiquement en bruit aléatoire sur un nombre défini d'étapes. Cette transformation est effectuée de manière méticuleuse, étape par étape, que j'expliquerai ci-dessous :

Jeu de données d'images propres : Tout d'abord, le modèle est entraîné sur un jeu de données composé entièrement d'images propres. Ces images, exemptes de toute distorsion ou bruit, représentent la distribution de données idéale que le modèle s'efforce de comprendre. L'objectif ultime est que le modèle apprenne de ces images propres et finisse par générer de nouvelles images similaires par lui-même.

Calendrier de bruit : Ensuite, une fonction de calendrier de bruit, représentée par $\varepsilon(t)$, est définie. Cette fonction est cruciale car elle détermine la quantité exacte de bruit qui sera ajoutée à chaque étape discrète (t) pendant le processus de diffusion directe. Cette fonction commence généralement par une valeur élevée, impliquant l'ajout d'une quantité substantielle de bruit, et diminue progressivement vers 0 à mesure que le nombre d'étapes augmente, ajoutant ainsi de moins en moins de bruit au fur et à mesure que nous avançons.

Étape de diffusion directe : Pendant le processus d'entraînement proprement dit, une image propre (X_0) est sélectionnée au hasard dans le jeu de données. Pour chaque étape (t) dans la séquence prédéfinie (de 1 au nombre total d'étapes, T) :

- Le bruit (z_t) est échantillonné à partir d'une distribution prédéfinie. Il s'agit le plus souvent d'un bruit gaussien, connu pour ses propriétés statistiques.

- L'image bruitée (Xt) à l'étape actuelle est dérivée à l'aide d'une équation spécifique. Cette équation prend en compte l'image propre et le bruit échantillonné à l'étape actuelle pour produire l'image de plus en plus bruitée.

Formule : $Xt = \epsilon(t) * X_{(t-1)} + z_t$

Exemple : Préparation des données d'entraînement

```python
import numpy as np

def forward_diffusion(data, num_steps, noise_scale=0.1):
    """
    Applies forward diffusion process to the data.

    Parameters:
    - data: The original data (e.g., an image represented as a NumPy array).
    - num_steps: The number of diffusion steps.
    - noise_scale: The scale of the Gaussian noise to be added at each step.

    Returns:
    - A list of noisy data at each diffusion step.
    """
    noisy_data = [data]
    for step in range(num_steps):
        noise = np.random.normal(scale=noise_scale, size=data.shape)
        noisy_data.append(noisy_data[-1] + noise)
    return noisy_data

# Generate synthetic training data
def generate_synthetic_data(num_samples, length):
    data    =    np.array([np.sin(np.linspace(0,   2   *   np.pi,   length))   for   _   in
range(num_samples)])
    return data

# Create synthetic training data
num_samples = 1000
data_length = 100
training_data = generate_synthetic_data(num_samples, data_length)
```

```
# Apply forward diffusion to the training data
num_steps = 10
noise_scale = 0.1
noisy_training_data = [forward_diffusion(data, num_steps, noise_scale) for data in
training_data]

# Prepare data for training
X_train = np.array([noisy[-1] for noisy in noisy_training_data])  # Final noisy state
y_train = np.array([data for data in training_data])  # Original data

# Verify shapes
print(f"X_train shape: {X_train.shape}")
print(f"y_train shape: {y_train.shape}")
```

Dans cet exemple :

1. Il définit une fonction nommée forward_diffusion qui applique un processus de diffusion directe aux données fournies. Ce processus implique l'ajout de bruit gaussien aux données pour un nombre spécifié d'étapes. Cette fonction renvoie une liste des données bruitées à chaque étape de diffusion.

2. Il crée une fonction nommée generate_synthetic_data pour générer des données d'entraînement synthétiques. Cette fonction crée une onde sinusoïdale pour une longueur donnée et la reproduit pour le nombre d'échantillons spécifié.

3. Il génère des données d'entraînement synthétiques pour un nombre spécifié d'échantillons et une longueur de données donnée.

4. Il applique le processus de diffusion directe aux données d'entraînement synthétiques. Le résultat est une liste de données bruitées pour chaque échantillon.

5. Il prépare les données pour l'entraînement en sélectionnant l'état bruitée final (X_train) et les données originales (y_train).

6. Enfin, il affiche les formes de X_train et y_train pour vérifier les dimensions des données.

9.3.2 Compilation du modèle

Ensuite, nous compilons le modèle de diffusion avec un optimiseur et une fonction de perte appropriés. La fonction de perte d'erreur quadratique moyenne (MSE) est couramment utilisée pour l'entraînement des modèles de diffusion car elle mesure la différence entre le bruit prédit et le bruit réel.

Diffusion inverse (Débruitage) :

C'est l'étape centrale de l'entraînement où le modèle apprend à récupérer l'image propre à partir d'une version bruitée. Voici ce qui se passe :

- **Entrée d'image bruitée :** Pendant l'entraînement, une image bruitée (Xt) obtenue à partir d'une étape aléatoire (t) dans le processus de diffusion directe est introduite comme entrée au modèle.

- **Architecture du réseau de débruitage :** L'architecture du modèle est généralement composée d'une structure encodeur-décodeur. L'encodeur prend l'image bruitée en entrée et la traite à travers des couches convolutives pour extraire les caractéristiques. Le décodeur prend la représentation encodée et élimine progressivement le bruit par suréchantillonnage ou couches déconvolutives, visant à reconstruire l'image propre (X_t).

- **Fonction de perte :** Une fonction de perte, comme l'erreur quadratique moyenne (MSE) ou la perte perceptuelle, est utilisée pour évaluer l'écart entre l'image propre prédite (X_t) et l'image propre réelle (X_0) utilisée pendant l'étape de diffusion directe qui a créé l'entrée bruitée (Xt).

Exemple : Compilation du modèle

```python
import tensorflow as tf
from tensorflow.keras.losses import MeanSquaredError
from tensorflow.keras.optimizers import Adam

# Build the full diffusion model
input_shape = (100,)
d_model = 128
diffusion_model = build_full_diffusion_model(input_shape, d_model)

# Compile the model
diffusion_model.compile(optimizer=Adam(learning_rate=1e-4), loss=MeanSquaredError())

# Print the model summary
diffusion_model.summary()
```

Dans cet exemple :

Le code commence par importer les modules nécessaires de TensorFlow :

1. tensorflow est le module principal de TensorFlow qui donne accès à toutes les classes, méthodes et symboles de TensorFlow. Il est importé sous l'alias tf pour plus de commodité.

2. MeanSquaredError est une classe de fonction de perte du module tensorflow.keras.losses. L'erreur quadratique moyenne (MSE) est couramment utilisée dans les problèmes de régression et mesure la moyenne des carrés des différences entre les valeurs prédites et réelles.

3. Adam est une classe d'optimiseur du module tensorflow.keras.optimizers. Adam (Adaptive Moment Estimation) est un algorithme d'optimisation populaire dans les

modèles d'apprentissage profond en raison de son utilisation efficace de la mémoire et de sa robustesse aux changements d'hyperparamètres.

La partie suivante du code définit la forme des données d'entrée et la dimensionnalité du modèle. La forme d'entrée est déterminée par la taille des données avec lesquelles vous travaillez. Dans ce cas, la forme d'entrée est définie comme un tuple (100,), ce qui signifie que le modèle attend des tableaux de données d'entrée de longueur 100. La dimensionnalité du modèle (d_model) est fixée à 128, ce qui pourrait représenter la taille du vecteur "d'encodage d'étape" dans le contexte du modèle de diffusion.

La fonction build_full_diffusion_model(input_shape, d_model) est utilisée pour construire le modèle de diffusion. Cette fonction n'est pas montrée dans le texte sélectionné mais, vraisemblablement, elle construit un modèle qui prend en entrée des données de forme input_shape et un encodage d'étape de taille d_model.

Une fois le modèle construit, il est compilé avec la méthode compile de la classe Model. L'optimiseur est défini comme Adam avec un taux d'apprentissage de 0,0001, et la fonction de perte est définie comme MeanSquaredError. Le taux d'apprentissage est un hyperparamètre qui contrôle l'ampleur des modifications des poids du réseau en réponse au gradient à chaque étape de mise à jour pendant l'entraînement. Un taux d'apprentissage plus faible signifie que le modèle apprendra plus lentement, mais il peut également conduire à des poids plus précis (et donc, à une meilleure performance du modèle).

Enfin, le code affiche un résumé du modèle compilé en utilisant la méthode summary. Cela fournit un aperçu rapide de l'architecture du modèle, y compris le nombre de couches, les formes de sortie de chaque couche, et le nombre de paramètres (poids) dans chaque couche.

9.3.3 Entraînement du modèle

Après avoir compilé avec succès notre modèle, nous sommes maintenant en mesure de commencer le processus d'entraînement en utilisant les données d'entraînement soigneusement préparées. L'objectif principal de cette phase d'entraînement est d'apprendre au modèle comment prédire et éliminer le bruit des échantillons de données qui en sont remplis.

Au fur et à mesure que le processus d'entraînement se déroule, le modèle subit une amélioration progressive de ses capacités. Il apprend progressivement à générer des données de qualité de plus en plus élevée à partir du bruit aléatoire initial. Cette amélioration ne se produit pas immédiatement, mais sur une période de temps, avec itération après itération du processus d'entraînement.

C'est ainsi que le modèle est entraîné à apporter de la clarté à partir du chaos, à générer des données significatives et utilisables à partir de ce qui semblait initialement être un bruit aléatoire et désorganisé.

Considérations clés pour l'entraînement

Nombre d'étapes : Le nombre d'étapes, communément désigné par (T), dans le processus de diffusion joue un rôle significatif en tant qu'hyperparamètre qui peut être ajusté pour optimiser la performance du modèle. Plus d'étapes permettent une application et une élimination plus fines du bruit, ce qui peut conduire à des résultats plus raffinés. Cependant, il est important de garder à l'esprit que l'augmentation du nombre d'étapes augmente aussi proportionnellement le temps d'entraînement, nécessitant plus de ressources computationnelles.

Distribution du bruit : La sélection de la distribution du bruit, comme gaussienne ou autre, utilisée pour l'ajout de bruit, est un autre aspect crucial qui peut affecter significativement le processus d'entraînement. Le type de distribution de bruit choisi peut influencer directement la qualité des images générées par le modèle, d'où la nécessité d'une considération attentive.

Sélection de l'optimiseur : La sélection d'un optimiseur approprié, tel qu'Adam, SGD, ou tout autre algorithme efficace, est fondamentale pour mettre à jour les poids du modèle. Cela se fait sur la base de la perte calculée pendant la phase de rétropropagation du processus d'entraînement. Le choix de l'optimiseur peut avoir un impact significatif à la fois sur la vitesse et la qualité de l'entraînement.

Traitement par lots : Le processus d'entraînement implique généralement le traitement simultané de plusieurs images, appelé lot. Le traitement par lots est une technique couramment employée qui aide à améliorer l'efficacité computationnelle. Il permet un traitement plus rapide et plus efficace en utilisant les capacités de calcul parallèle du matériel moderne. Cependant, la taille du lot peut influencer la performance du modèle et doit être choisie de manière appropriée.

Exemple : Entraînement du modèle

```python
# Train the diffusion model
history  =  diffusion_model.fit(X_train,  y_train,  epochs=50,  batch_size=32,
validation_split=0.2)

# Plot the training and validation loss
import matplotlib.pyplot as plt

plt.plot(history.history['loss'], label='Training Loss')
plt.plot(history.history['val_loss'], label='Validation Loss')
plt.xlabel('Epoch')
plt.ylabel('Loss')
plt.legend()
plt.title('Training and Validation Loss')
plt.show()
```

Dans cet exemple, le modèle de diffusion déjà compilé est entraîné à l'aide de la méthode fit. Cette méthode est une approche standard pour l'entraînement des modèles d'apprentissage automatique utilisant TensorFlow. La méthode fit nécessite les données d'entraînement et les étiquettes correspondantes comme arguments principaux.

Les données d'entraînement, représentées ici par X_train, constituent l'entrée du modèle. Il s'agit généralement d'un tableau multidimensionnel où chaque élément représente un échantillon spécifique de données dans un format adapté au modèle. Dans le contexte du modèle de diffusion, ces données sont les versions bruitées des données originales.

Les étiquettes, représentées ici par y_train, sont les valeurs réelles ou la "vérité terrain" que le modèle vise à prédire. Pour le modèle de diffusion, ces étiquettes sont les données originales avant l'ajout de bruit.

Le modèle est entraîné pendant un nombre spécifié d'itérations, appelées "époques". Chaque époque est une itération sur l'ensemble des données d'entrée. Ici, le modèle est entraîné pendant 50 époques, ce qui signifie que l'algorithme d'apprentissage parcourra l'ensemble du jeu de données 50 fois.

L'argument batch_size fixé à 32 représente le nombre d'échantillons par mise à jour de gradient, qui est une mesure du nombre d'échantillons que le modèle doit "voir" avant de mettre à jour ses paramètres internes.

L'argument validation_split, fixé à 0,2, spécifie la fraction des données d'entraînement à utiliser comme données de validation. Les données de validation sont utilisées pour éviter le surapprentissage, qui est une erreur de modélisation qui se produit lorsqu'une fonction est trop étroitement alignée sur un ensemble limité de points de données. Ici, cela signifie que 20% des données d'entraînement sont mises de côté et utilisées pour valider les résultats après chaque époque.

Après le processus d'entraînement, il est utile de visualiser la progression de la perte d'entraînement et de validation pour chaque époque. Cela est fait en utilisant la bibliothèque matplotlib pour générer un graphique linéaire. L'axe des x représente les époques, et l'axe des y représente la perte. Deux lignes sont tracées : une pour la perte d'entraînement (à quel point le modèle s'adapte aux données d'entraînement) et une pour la perte de validation (à quel point le modèle généralise aux données non vues).

Les deux lignes sont étiquetées respectivement "Training Loss" (Perte d'entraînement) et "Validation Loss" (Perte de validation), et une légende est ajoutée au graphique pour l'identification. Enfin, le graphique est affiché avec un titre approprié "Training and Validation Loss" (Perte d'entraînement et de validation).

9.3.4 Évaluation du modèle

Une fois que le modèle a subi un entraînement suffisant, il devient crucial d'évaluer ses performances pour confirmer qu'il a effectivement appris à effectuer efficacement la tâche de débruitage. Pour ce faire, une analyse comparative est effectuée entre les sorties débruitées produites par le modèle et les données originales non déformées.

Cette comparaison peut être quantitative, en utilisant des métriques d'évaluation telles que l'Erreur Quadratique Moyenne (MSE), qui fournit une mesure numérique de la précision d'approximation du modèle. En plus de cela, une inspection visuelle des données générées est également bénéfique.

Cela permet une évaluation plus qualitative et peut aider à identifier tous les modèles ou anomalies que le modèle aurait pu introduire, garantissant ainsi que les données débruitées conservent leur intégrité et leur contenu informationnel d'origine malgré le processus d'élimination du bruit.

Exemple : Évaluation du modèle

```python
# Generate test data
test_data = generate_synthetic_data(100, data_length)
noisy_test_data = [forward_diffusion(data, num_steps, noise_scale) for data in test_data]
X_test = np.array([noisy[-1] for noisy in noisy_test_data])
y_test = np.array([data for data in test_data])

# Predict denoised data
denoised_data = diffusion_model.predict(X_test)

# Calculate MSE on test data
test_mse = np.mean((denoised_data - y_test) ** 2)
print(f"Test MSE: {test_mse}")

# Plot original, noisy, and denoised data for a sample
sample_idx = 0
plt.figure(figsize=(12, 4))
plt.subplot(1, 3, 1)
plt.plot(y_test[sample_idx], label='Original Data')
plt.title('Original Data')
plt.subplot(1, 3, 2)
plt.plot(X_test[sample_idx], label='Noisy Data')
plt.title('Noisy Data')
plt.subplot(1, 3, 3)
plt.plot(denoised_data[sample_idx], label='Denoised Data')
plt.title('Denoised Data')
plt.show()
```

Dans cet exemple :

Dans la première partie du code, les données de test sont générées. Cela utilise une fonction nommée generate_synthetic_data qui crée un nombre spécifié d'échantillons de données synthétiques. La fonction forward_diffusion est ensuite appliquée à ces données synthétiques pour créer des versions bruitées des données pour un nombre d'étapes spécifié. Ces échantillons de données bruitées servent de données de test (X_test) pour le modèle de diffusion. Les données originales, non bruitées, sont conservées sous y_test à des fins de comparaison ultérieure.

Une fois les données de test préparées, le modèle de diffusion entraîné est utilisé pour prédire des versions débruitées des données de test bruitées. Cela se fait en utilisant la méthode predict du modèle de diffusion. La sortie, denoised_data, est la tentative du modèle pour éliminer le bruit de X_test.

Après la phase de prédiction, la performance du modèle est évaluée en calculant l'Erreur Quadratique Moyenne (MSE) sur les données de test. La MSE est une mesure de la moyenne des carrés des différences entre les valeurs prédites (débruitées) et réelles (originales). Elle fournit une mesure quantitative de la précision d'approximation du modèle. Plus la MSE est faible, plus les données débruitées sont proches des données originales, indiquant une meilleure performance du modèle.

Enfin, pour fournir une représentation visuelle du processus de débruitage et de son efficacité, les données originales, bruitées et débruitées pour un seul échantillon sont tracées sur un graphique. Cette visualisation permet une évaluation qualitative des performances du modèle.

En comparant le graphique 'Original Data' (Données originales) avec les graphiques 'Noisy Data' (Données bruitées) et 'Denoised Data' (Données débruitées), on peut évaluer visuellement la quantité de bruit qui a été éliminée par le modèle, et à quel point les données débruitées ressemblent aux données originales.

9.4 Évaluation des Modèles de Diffusion

L'évaluation des modèles de diffusion est une étape cruciale pour s'assurer qu'ils produisent des résultats de haute qualité, cohérents et contextuellement appropriés. Cette section couvrira diverses méthodes pour évaluer la performance des modèles de diffusion, y compris des métriques quantitatives et des évaluations qualitatives. Nous fournirons des explications détaillées et des exemples de code pour chaque méthode d'évaluation.

9.4.1 Métriques d'Évaluation Quantitative

Les métriques quantitatives, qui sont basées sur des données concrètes et mesurables, offrent une façon objective d'évaluer la performance d'un modèle. Ces métriques sont très importantes car elles fournissent une mesure claire et numérique de la qualité de fonctionnement du modèle.

Les métriques couramment utilisées pour l'évaluation des modèles de diffusion comprennent l'Erreur Quadratique Moyenne (MSE), la Distance d'Inception de Fréchet (FID) et le Score d'Inception (IS).

L'Erreur Quadratique Moyenne (MSE) mesure la moyenne des carrés des erreurs ou des écarts. En d'autres termes, elle quantifie la différence entre l'estimateur et ce qui est estimé.

La Distance d'Inception de Fréchet (FID) est une mesure de similarité entre deux ensembles de données. Elle est souvent utilisée dans le domaine de l'apprentissage automatique pour évaluer la qualité des images générées.

Le Score d'Inception (IS) mesure la diversité des données générées, ainsi que la capacité du modèle à identifier la bonne étiquette pour chaque élément de données générées.

Ces métriques aident collectivement à évaluer la qualité, la diversité et le réalisme des données générées par le modèle, fournissant ainsi une compréhension complète de sa performance.

Erreur Quadratique Moyenne (MSE)

L'Erreur Quadratique Moyenne (MSE) est une méthode statistique couramment utilisée pour mesurer la performance d'un modèle. Plus précisément, dans le contexte des modèles de diffusion utilisés pour le débruitage des données, la MSE fournit une évaluation quantitative de l'efficacité avec laquelle le modèle a pu prédire ou recréer les données originales à partir de l'entrée bruitée.

La MSE calcule la moyenne des différences au carré entre les données prédites (ou débruitées) et les données réelles (ou originales). En d'autres termes, pour chaque élément de données, elle calcule la différence entre l'original et la version débruitée, élève cette différence au carré (pour garantir une valeur positive), puis fait la moyenne de ces différences au carré sur l'ensemble du jeu de données.

La raison de l'élévation au carré de la différence est de donner plus de poids aux plus grandes différences. Cela signifie que les prédictions qui s'écartent beaucoup des valeurs réelles contribueront davantage à la MSE globale, reflétant leur plus grand impact sur la performance du modèle.

Dans l'évaluation des modèles de débruitage, une valeur MSE plus basse est souhaitable. Ceci parce qu'une MSE plus basse indique que les données débruitées ressemblent étroitement aux données originales, et donc, que le modèle a fait un bon travail pour éliminer le bruit tout en préservant les informations essentielles des données originales.

En revanche, une valeur MSE élevée indiquerait qu'il existe de grandes différences entre les données débruitées et les données originales, suggérant que la performance du modèle dans l'élimination du bruit est médiocre.

Il est également important de noter que, bien que la MSE soit un outil précieux pour évaluer quantitativement la performance d'un modèle, elle devrait idéalement être utilisée conjointement avec d'autres méthodes d'évaluation, tant quantitatives (par exemple, d'autres métriques statistiques) que qualitatives (par exemple, l'inspection visuelle), pour une évaluation plus complète et précise.

Exemple : Calcul de la MSE

```
import numpy as np
from sklearn.metrics import mean_squared_error
```

```
# Generate synthetic test data
test_data = generate_synthetic_data(100, data_length)
noisy_test_data = [forward_diffusion(data, num_steps, noise_scale) for data in
test_data]
X_test = np.array([noisy[-1] for noisy in noisy_test_data])
y_test = np.array([data for data in test_data])

# Predict denoised data
denoised_data = diffusion_model.predict(X_test)

# Calculate MSE
mse = mean_squared_error(y_test.flatten(), denoised_data.flatten())
print(f"MSE: {mse}")
```

Dans cet exemple :

Le processus commence par l'importation des bibliothèques et des fonctions nécessaires. Dans ce cas, nous utilisons numpy, une bibliothèque pour le langage de programmation Python, qui fournit un support pour les tableaux et matrices multidimensionnels de grande taille, ainsi qu'une vaste collection de fonctions mathématiques de haut niveau pour opérer sur ces tableaux. De plus, mean_squared_error de sklearn.metrics est importée. Cette fonction calcule l'erreur quadratique moyenne, une métrique de risque correspondant à la valeur attendue de l'erreur ou perte quadratique.

Après l'importation de ces bibliothèques, le code génère des données synthétiques pour tester le modèle. La fonction generate_synthetic_data(100, data_length) génère 100 instances de données synthétiques d'une certaine longueur (data_length). Ces données synthétiques sont destinées à servir d'échantillon représentatif du type de données avec lesquelles le modèle travaillera.

Le code introduit ensuite du bruit dans ces données synthétiques en utilisant la fonction forward_diffusion(data, num_steps, noise_scale). Cette fonction applique un processus de diffusion vers l'avant aux données, ce qui y ajoute du bruit. Ces données bruitées servent d'entrée pour le modèle de débruitage, car elles simulent le type de données 'sales', bruitées que le modèle est censé nettoyer.

Les données d'entrée (X_test) pour le modèle sont ensuite construites sous forme d'un tableau des versions bruitées finales des données synthétiques. Les valeurs réelles ou 'vérité terrain' (y_test) que le modèle vise à prédire sont également conservées sous forme d'un tableau des données synthétiques originales.

Le modèle de débruitage est ensuite utilisé pour prédire les versions débruitées des données de test bruitées en utilisant la méthode predict. La sortie de cette prédiction (denoised_data) est un tableau de données débruitées, ou les prédictions du modèle sur ce à quoi les données originales sans bruit devraient ressembler.

Après la phase de prédiction, la performance du modèle est évaluée en calculant l'Erreur Quadratique Moyenne (MSE) sur les données de test. La MSE est une mesure de la moyenne des carrés des différences entre les valeurs prédites (débruitées) et réelles (originales). Elle fournit une mesure quantitative de la précision d'approximation du modèle. Plus la MSE est faible, plus les données débruitées sont proches des données originales, indiquant une meilleure performance du modèle.

Enfin, le code affiche la MSE calculée. Cela donne une indication quantitative de la performance du modèle sur les données de test. Une MSE plus faible indique que les prédictions du modèle étaient proches des valeurs réelles, et donc qu'il a pu efficacement débruiter les données. À l'inverse, une MSE plus élevée indiquerait que les prédictions du modèle étaient éloignées des valeurs réelles, suggérant une performance médiocre de débruitage.

Score d'Inception (IS)

Le Score d'Inception (IS) est une métrique couramment utilisée pour déterminer la qualité et la diversité des images générées, s'appuyant sur les prédictions faites par un réseau Inception pré-entraîné. Avec des valeurs de Score d'Inception plus élevées, la performance des images générées est considérée comme supérieure.

Le calcul du Score d'Inception prend en compte deux facteurs spécifiques :

Le premier est la probabilité de classe moyenne $(p(y))$. Ce facteur évalue comment les images générées sont distribuées à travers les différentes classes au sein du réseau Inception. Une probabilité moyenne plus élevée suggère qu'il y a une distribution étendue à travers diverses classes, indiquant une génération d'images diverses et uniques.

Le second facteur considéré est la divergence KL entre la distribution marginale des probabilités de classe $(KL(p(y)||p(y^g)))$. Ceci mesure l'écart entre les probabilités de classe des images réelles et celles qui ont été générées. Une divergence KL plus faible signifie que les images générées ont des probabilités de classe qui sont plus proches des images réelles, suggérant que les images générées imitent étroitement les images du monde réel.

L'interprétation du Score d'Inception est relativement simple. Un Score d'Inception plus élevé indique généralement que le modèle a généré une gamme diverse d'images réalistes que le réseau pré-entraîné peut classer avec confiance. Cela suggère que le modèle performe bien en termes de production d'images variées, réalistes et de haute qualité.

Exemple : Calcul du Score d'Inception

```
import tensorflow as tf
from tensorflow.keras.applications.inception_v3 import InceptionV3, preprocess_input

# Load the pre-trained InceptionV3 model
inception_model = InceptionV3(include_top=False, pooling='avg', input_shape=(299, 299, 3))

def calculate_inception_score(images, n_split=10, eps=1E-16):
```

```
    # Resize and preprocess images for InceptionV3 model
    images_resized = tf.image.resize(images, (299, 299))
    images_preprocessed = preprocess_input(images_resized)

    # Predict using the InceptionV3 model
    preds = inception_model.predict(images_preprocessed)

    # Calculate Inception Score
    split_scores = []
    for i in range(n_split):
        part = preds[i * preds.shape[0] // n_split: (i + 1) * preds.shape[0] //
n_split]
        py = np.mean(part, axis=0)
        scores = []
        for p in part:
            scores.append(entropy(p, py))
        split_scores.append(np.exp(np.mean(scores)))
    return np.mean(split_scores), np.std(split_scores)

# Assume denoised_data are the generated images
is_mean, is_std = calculate_inception_score(denoised_data)
print(f"Inception Score: {is_mean} ± {is_std}")
```

Dans cet exemple :

Le code commence par importer les bibliothèques nécessaires. Il importe TensorFlow et deux composants spécifiques de l'API Keras de TensorFlow - le modèle InceptionV3 et une fonction pour prétraiter les entrées de ce modèle.

Le modèle InceptionV3 est un réseau neuronal convolutif qui a été entraîné sur plus d'un million d'images de la base de données ImageNet. Ce modèle est pré-entraîné pour reconnaître une variété de caractéristiques dans les images et est souvent utilisé comme extracteur de caractéristiques dans les tâches d'apprentissage automatique liées aux images.

Le code procède ensuite au chargement du modèle InceptionV3 avec des paramètres spécifiques. L'argument 'include_top' est défini sur False, ce qui signifie que la couche entièrement connectée finale du modèle, responsable de la sortie des prédictions, n'est pas chargée. Cela nous permet d'utiliser le modèle comme un extracteur de caractéristiques en ignorant sa couche de sortie d'origine. L'argument 'pooling' est défini sur 'avg', indiquant qu'un pooling global moyen sera appliqué à la sortie de la dernière couche convolutive, et 'input_shape' est défini sur (299, 299, 3), qui est la taille d'entrée par défaut pour InceptionV3.

Ensuite, une fonction nommée 'calculate_inception_score' est définie. Cette fonction prend trois arguments : les images pour lesquelles le Score d'Inception sera calculé, le nombre de divisions pour le scoring (par défaut à 10), et une petite constante pour la stabilité numérique (par défaut à 1E-16).

À l'intérieur de cette fonction, les images sont d'abord redimensionnées pour correspondre à la taille d'entrée attendue par le modèle InceptionV3 (299x299 pixels), puis prétraitées en utilisant la fonction preprocess_input de Keras. Cette étape de prétraitement comprend la mise à l'échelle appropriée des valeurs des pixels.

Les images prétraitées sont ensuite introduites dans le modèle InceptionV3 pour obtenir les prédictions. Ces prédictions sont les sorties de la couche de pooling finale du modèle et représentent des caractéristiques de haut niveau extraites des images.

Le Score d'Inception est ensuite calculé selon les étapes suivantes :

1. Les prédictions sont divisées en un certain nombre de lots tel que spécifié par l'argument 'n_split'.

2. Pour chaque lot, la distribution marginale des prédictions est calculée en prenant la moyenne de toutes les prédictions dans le lot.

3. L'entropie de chaque prédiction dans le lot et la prédiction moyenne est calculée. La fonction d'entropie mesure l'incertitude associée à une variable aléatoire. Dans ce contexte, elle mesure l'incertitude des prédictions du modèle pour chaque image.

4. L'entropie moyenne pour le lot est calculée et exponentielle pour obtenir le score du lot.

5. Les étapes 2 à 4 sont répétées pour chaque lot, et les scores de tous les lots sont moyennés pour obtenir le Score d'Inception final.

Finalement, la fonction renvoie le Score d'Inception calculé et son écart-type.

Le code se termine en invoquant la fonction 'calculate_inception_score' sur 'denoised_data' (qui est supposé être l'ensemble des images générées), et affiche le Score d'Inception calculé et son écart-type.

Distance d'Inception de Fréchet (FID)

Le FID, ou Distance d'Inception de Fréchet, est une méthode utilisée pour mesurer la distance entre les distributions des données originales et générées. Cette mesure est utilisée pour capturer à la fois la qualité et la diversité présentes dans les données générées. Lorsque nous parlons de scores FID, un score plus bas indique une meilleure performance, impliquant ainsi que les données générées ont une ressemblance plus proche avec les données originales.

Comme le Score d'Inception (IS), le FID utilise également le réseau Inception v3. Cependant, là où l'IS et le FID diffèrent, c'est dans leur focus. Au lieu de se concentrer uniquement sur les probabilités de classe comme l'IS, le FID prête attention à la distance entre les distributions des caractéristiques qui ont été extraites des images réelles et générées dans les couches cachées du réseau Inception.

En ce qui concerne le calcul du FID, il emploie la distance de Fréchet. La distance de Fréchet est une mesure utilisée pour indiquer le niveau de similitude entre deux distributions multivariées.

Dans ce contexte particulier, le FID compare la distribution des caractéristiques extraites des ensembles d'images réelles et générées en utilisant le réseau Inception.

L'interprétation du score FID est également assez simple. Un score FID plus bas indique une correspondance plus proche entre les distributions de caractéristiques des images réelles et générées. Cela signifie que les images générées sont statistiquement similaires aux données réelles, suggérant un haut niveau de performance dans la tâche de génération d'images.

Exemple : Calcul du FID

```
from scipy.linalg import sqrtm
from numpy import cov, trace, iscomplexobj

def calculate_fid(real_images, generated_images):
    # Calculate the mean and covariance of real and generated images
    mu1, sigma1 = real_images.mean(axis=0), cov(real_images, rowvar=False)
    mu2, sigma2 = generated_images.mean(axis=0), cov(generated_images, rowvar=False)

    # Calculate the sum of squared differences between means
    ssdiff = np.sum((mu1 - mu2) ** 2.0)

    # Calculate the square root of the product of covariances
    covmean = sqrtm(sigma1.dot(sigma2))
    if iscomplexobj(covmean):
        covmean = covmean.real

    # Calculate the FID score
    fid = ssdiff + trace(sigma1 + sigma2 - 2.0 * covmean)
    return fid

# Assume denoised_data and y_test are the denoised and original data, respectively
fid_score = calculate_fid(y_test.reshape(100, -1), denoised_data.reshape(100, -1))
print(f"FID Score: {fid_score}")
```

Analysons ce code :

- Le script commence par importer les bibliothèques nécessaires. La fonction sqrtm de scipy.linalg est utilisée pour calculer la racine carrée d'une matrice, et plusieurs fonctions de numpy sont utilisées pour les calculs matriciels.

- La fonction calculate_fid est ensuite définie. Cette fonction prend deux arguments, real_images et generated_images, qui sont tous deux supposés être des tableaux multidimensionnels où chaque élément représente une image.

- Dans cette fonction, la moyenne et la covariance des images réelles et générées sont calculées. La moyenne représente l'image moyenne, et la covariance représente à quel point chaque pixel des images varie par rapport à cette moyenne.

- Elle calcule ensuite la somme des différences au carré entre la moyenne des images réelles et la moyenne des images générées. Cette valeur, ssdiff, représente la distance statistique au carré entre les moyennes des deux ensembles d'images.

- Ensuite, la fonction calcule la racine carrée du produit des covariances des images réelles et générées. Dans le cas où cela aboutit à un nombre complexe, la partie réelle de ce nombre est extraite.

- Enfin, le score FID est calculé comme la somme de ssdiff et de la trace de la somme des covariances des images réelles et générées moins deux fois le produit de leurs covariances. La trace d'une matrice est la somme des éléments sur sa diagonale principale.

- La fonction renvoie ensuite le score FID calculé.

- Le script se termine en supposant que denoised_data et y_test sont respectivement les données débruitées et originales. Il calcule le score FID entre ces deux ensembles de données après les avoir remodelés, puis affiche ce score.

9.4.2 Évaluation qualitative

Bien que les métriques quantitatives comme la précision, le rappel et le score F1 offrent des aperçus précieux sur la performance des modèles de diffusion, il est important de ne pas négliger le rôle crucial que joue l'évaluation qualitative dans l'appréciation de la qualité des images générées.

L'évaluation qualitative, qui implique une inspection visuelle minutieuse des données générées par le modèle, est utilisée pour évaluer divers paramètres tels que sa qualité, sa cohérence et son réalisme. Même si cette méthode peut paraître subjective en raison des différences individuelles de perception, elle fournit néanmoins des informations précieuses qui ne peuvent pas être captées par les méthodes quantitatives seules.

Cela s'explique par le fait que l'évaluation qualitative peut saisir les nuances et les détails subtils dans les images générées qui pourraient être négligés par les évaluations numériques. Par conséquent, une combinaison des méthodes qualitatives et quantitatives est souvent la meilleure approche lorsqu'il s'agit d'évaluer la performance des modèles de diffusion.

Inspection visuelle

L'inspection visuelle est un processus crucial qui consiste à produire un ensemble d'échantillons de sortie puis à examiner méticuleusement chacun d'entre eux pour garantir leur qualité et leur cohérence. Cette analyse complète est essentielle car elle permet d'identifier tout problème notable qui pourrait avoir un impact négatif sur le résultat global.

Ces problèmes peuvent inclure, sans s'y limiter, des artefacts, un manque de netteté entraînant un flou, ou des caractéristiques qui semblent irréalistes comparées à leurs équivalents du monde réel. Le processus d'inspection visuelle constitue donc une étape importante vers la garantie de production de sorties de haute qualité.

Exemple : Inspection visuelle

```
import matplotlib.pyplot as plt

# Generate a sample for visual inspection
sample_idx = 0
plt.figure(figsize=(12, 4))
plt.subplot(1, 3, 1)
plt.plot(y_test[sample_idx], label='Original Data')
plt.title('Original Data')
plt.subplot(1, 3, 2)
plt.plot(X_test[sample_idx], label='Noisy Data')
plt.title('Noisy Data')
plt.subplot(1, 3, 3)
plt.plot(denoised_data[sample_idx], label='Denoised Data')
plt.title('Denoised Data')
plt.show()
```

Dans cet exemple :

Dans le premier sous-graphique, les données originales ou réelles sont tracées. Ces données servent de vérité terrain par rapport à laquelle la performance du processus de débruitage est évaluée.

Le deuxième sous-graphique montre les mêmes données après l'introduction du bruit. Ces données sont généralement appelées 'Données bruitées'. Ces données bruitées imitent des scénarios réels où les données collectées comportent souvent un certain degré de bruit ou d'informations indésirables. Le processus de débruitage vise à nettoyer ces données en réduisant le bruit et en préservant les informations essentielles.

Le troisième et dernier sous-graphique affiche les données après l'application du processus de débruitage. Ces données sont appelées 'Données débruitées'. L'objectif du processus de débruitage est de recréer au plus près possible les données originales à partir des entrées bruitées.

La commande 'plt.show()' à la fin est utilisée pour afficher les graphiques. Cette visualisation offre une évaluation qualitative du processus de débruitage. En comparant visuellement les 'Données originales', les 'Données bruitées' et les 'Données débruitées', on peut se faire une idée de la façon dont le processus de débruitage a réussi à récupérer les données originales à partir des entrées bruitées.

Ce type de visualisation, bien que simple, peut être très efficace pour comparer différentes méthodes de débruitage ou pour ajuster les paramètres d'un modèle de débruitage. Il offre un moyen direct et intuitif de comprendre la performance du processus de débruitage.

Évaluation humaine

Le processus d'évaluation humaine implique de demander à un groupe diversifié d'individus d'évaluer et de noter la qualité des données générées. Cette évaluation est basée sur une variété de critères, incluant, sans s'y limiter, le réalisme des données, leur cohérence et la qualité globale. Cette méthode d'évaluation est extrêmement approfondie et permet une analyse complète de la performance du modèle. Cependant, il convient de noter qu'elle peut être assez chronophage et nécessiter une quantité importante de ressources.

Pour donner une compréhension plus claire des critères utilisés dans l'évaluation humaine, voici quelques exemples :

- **Réalisme** : Ce critère se concentre sur l'authenticité des données générées. La question à se poser ici est : les données générées semblent-elles réalistes et authentiques ?

- **Cohérence** : Ce critère examine si les données générées maintiennent un flux cohérent et sont dépourvues d'anomalies ou d'artefacts. Une question clé qui peut être posée dans ce contexte est : les données générées sont-elles cohérentes et exemptes de divergences notables ?

- **Qualité globale** : Il s'agit d'un critère plus général qui examine les données générées dans leur ensemble. La question à considérer ici est : comment les données générées se comparent-elles aux données originales ?

9.4.3 Évaluation de la diversité et de la créativité

Évaluer la diversité et la créativité des données générées par un modèle est une étape cruciale dans le processus d'évaluation. Afin d'évaluer efficacement ces deux attributs vitaux - diversité et créativité, il existe plusieurs approches que l'on peut adopter.

Une méthode courante et efficace consiste à analyser la variation des résultats produits lorsqu'ils sont soumis à différentes entrées ou à de légères variations de la même entrée. Cette approche analytique nous donne des aperçus significatifs sur la capacité du modèle à générer des résultats divers et uniques.

Cette forme d'évaluation est essentielle car elle aide à s'assurer que le modèle ne se contente pas de régurgiter les mêmes sorties de manière répétitive, mais est capable de produire une gamme de résultats divers et intéressants.

Cette variété est particulièrement importante dans les domaines où la créativité et la nouveauté sont hautement valorisées. Par conséquent, une analyse approfondie de la diversité et de la créativité dans les données générées fait partie intégrante du processus d'évaluation du modèle.

Exemple : Évaluation de la diversité

```
# Define a set of inputs with slight variations
```

```
inputs = [
    X_test[0],
    X_test[1],
    X_test[2],
]

# Generate and plot outputs for each input
plt.figure(figsize=(12, 4))
for i, input_data in enumerate(inputs):
    output = diffusion_model.predict(np.expand_dims(input_data, axis=0))[0]
    plt.subplot(1, 3, i+1)
    plt.plot(output, label=f'Denoised Data {i+1}')
    plt.title(f'Denoised Data {i+1}')
plt.show()
```

Dans cet exemple :

Cet exemple particulier est conçu pour évaluer la diversité et la créativité des sorties du modèle. Il le fait en utilisant un ensemble d'entrées légèrement variées, puis en générant et traçant les sorties pour chacune de ces entrées.

Les entrées sont dérivées d'un jeu de données de test (X_test), et les trois premiers points de données de test sont utilisés dans cet exemple. Il pourrait s'agir de n'importe quels points de données, mais l'idée ici est d'utiliser des entrées qui sont similaires mais non identiques afin d'évaluer comment le modèle gère les petites variations dans l'entrée.

Pour chaque entrée, le modèle prédit la sortie en utilisant sa méthode predict. Cette sortie est censée être la version 'débruitée' des données d'entrée — c'est-à-dire, les données d'entrée mais avec le bruit supprimé.

La sortie pour chaque entrée est ensuite tracée sur un graphique en utilisant la bibliothèque matplotlib, une bibliothèque populaire de visualisation de données en Python. Les graphiques sont affichés sur une seule ligne avec trois colonnes, une pour chaque paire entrée-sortie. Chaque graphique est étiqueté comme 'Données débruitées' suivi du numéro d'index des données de test (1, 2 ou 3), ce qui permet de facilement associer chaque sortie à son entrée correspondante.

L'objectif de cet extrait de code est d'inspecter visuellement les sorties du modèle pour une gamme d'entrées légèrement variées. En comparant les graphiques, on peut se faire une idée de la capacité du modèle à gérer de petites variations dans l'entrée et s'il produit des sorties diverses et intéressantes. C'est important car un bon modèle génératif devrait non seulement être capable de reproduire les modèles généraux dans les données, mais aussi de capturer les variations et nuances plus subtiles.

Exercices Pratiques

Cette section propose des exercices pratiques pour renforcer votre compréhension des modèles de diffusion et de leur évaluation. Chaque exercice comprend un énoncé du problème et une solution avec des exemples de code le cas échéant.

Exercice 1 : Implémenter le Processus de Diffusion Directe

Énoncé du problème : Implémentez le processus de diffusion directe pour ajouter du bruit gaussien à un ensemble de données d'entrée sur une série d'étapes temporelles. Visualisez la transformation des données à chaque étape.

Solution :

```python
import numpy as np
import matplotlib.pyplot as plt

def forward_diffusion(data, num_steps, noise_scale=0.1):
    """
    Applies forward diffusion process to the data.

    Parameters:
    - data: The original data (e.g., an image represented as a NumPy array).
    - num_steps: The number of diffusion steps.
    - noise_scale: The scale of the Gaussian noise to be added at each step.

    Returns:
    - A list of noisy data at each diffusion step.
    """
    noisy_data = [data]
    for step in range(num_steps):
        noise = np.random.normal(scale=noise_scale, size=data.shape)
        noisy_data.append(noisy_data[-1] + noise)
    return noisy_data

# Generate a simple 1D signal
data = np.sin(np.linspace(0, 2 * np.pi, 100))
noisy_data = forward_diffusion(data, num_steps=10, noise_scale=0.1)

# Plot the noisy data
plt.figure(figsize=(10, 6))
for i, noisy in enumerate(noisy_data):
    plt.plot(noisy, label=f"Step {i}")
plt.legend()
plt.title("Forward Diffusion Process")
plt.show()
```

Exercice 2 : Construire et entraîner un modèle de débruitage simple

Énoncé du problème : Construisez un modèle de débruitage simple en utilisant un réseau de neurones et entraînez-le à éliminer le bruit des données bruitées générées dans l'Exercice 1.

Solution :

```python
import tensorflow as tf
from tensorflow.keras.layers import Input, Dense, Flatten, Reshape
from tensorflow.keras.models import Model

def build_denoising_network(input_shape):
    """
    Builds a simple denoising network.

    Parameters:
    - input_shape: Shape of the input data.

    Returns:
    - A Keras model for denoising.
    """
    inputs = Input(shape=input_shape)
    x = Flatten()(inputs)
    x = Dense(128, activation='relu')(x)
    x = Dense(np.prod(input_shape), activation='linear')(x)
    outputs = Reshape(input_shape)(x)
    return Model(inputs, outputs)

# Example usage with 1D data
input_shape = (100,)
denoising_network = build_denoising_network(input_shape)
denoising_network.compile(optimizer='adam', loss='mse')

# Generate synthetic training data
num_samples = 1000
data_length = 100
training_data = generate_synthetic_data(num_samples, data_length)

# Apply forward diffusion to the training data
num_steps = 10
noise_scale = 0.1
noisy_training_data = [forward_diffusion(data, num_steps, noise_scale) for data in
training_data]

# Prepare data for training
X_train = np.array([noisy[-1] for noisy in noisy_training_data])  # Final noisy state
y_train = np.array([data for data in training_data])  # Original data

# Train the denoising model
history = denoising_network.fit(X_train, y_train, epochs=20, batch_size=32,
validation_split=0.2)
```

```
# Plot the training and validation loss
plt.plot(history.history['loss'], label='Training Loss')
plt.plot(history.history['val_loss'], label='Validation Loss')
plt.xlabel('Epoch')
plt.ylabel('Loss')
plt.legend()
plt.title('Training and Validation Loss')
plt.show()
```

Exercice 3 : Évaluer le modèle en utilisant l'erreur quadratique moyenne (MSE)

Énoncé du problème : Évaluez le modèle de débruitage entraîné en utilisant la métrique de l'erreur quadratique moyenne (MSE) sur un jeu de données de test distinct.

Solution :

```
import numpy as np
from sklearn.metrics import mean_squared_error

# Generate synthetic test data
test_data = generate_synthetic_data(100, data_length)
noisy_test_data = [forward_diffusion(data, num_steps, noise_scale) for data in test_data]
X_test = np.array([noisy[-1] for noisy in noisy_test_data])
y_test = np.array([data for data in test_data])

# Predict denoised data
denoised_data = denoising_network.predict(X_test)

# Calculate MSE
mse = mean_squared_error(y_test.flatten(), denoised_data.flatten())
print(f"MSE: {mse}")
```

Exercice 4 : Calculer la Distance d'Inception de Fréchet (FID)

Énoncé du problème : Calculez la Distance d'Inception de Fréchet (FID) pour évaluer la qualité et la diversité des données débruitées générées par le modèle.

Solution :

```
from scipy.linalg import sqrtm
from numpy import cov, trace, iscomplexobj

def calculate_fid(real_images, generated_images):
    # Calculate the mean and covariance of real and generated images
    mu1, sigma1 = real_images.mean(axis=0), cov(real_images, rowvar=False)
    mu2, sigma2 = generated_images.mean(axis=0), cov(generated_images, rowvar=False)

    # Calculate the sum of squared differences between means
    ssdiff = np.sum((mu1 - mu2) ** 2.0)
```

```
    # Calculate the square root of the product of covariances
    covmean = sqrtm(sigma1.dot(sigma2))
    if iscomplexobj(covmean):
        covmean = covmean.real

    # Calculate the FID score
    fid = ssdiff + trace(sigma1 + sigma2 - 2.0 * covmean)
    return fid

# Assume denoised_data and y_test are the denoised and original data, respectively
fid_score = calculate_fid(y_test.reshape(100, -1), denoised_data.reshape(100, -1))
print(f"FID Score: {fid_score}")
```

Exercice 5 : Inspection visuelle des données débruitées

Énoncé du problème : Inspectez visuellement les données débruitées générées par le modèle pour évaluer leur qualité et leur cohérence par rapport aux données originales et bruitées.

Solution :

```
import matplotlib.pyplot as plt

# Generate a sample for visual inspection
sample_idx = 0
plt.figure(figsize=(12, 4))
plt.subplot(1, 3, 1)
plt.plot(y_test[sample_idx], label='Original Data')
plt.title('Original Data')
plt.subplot(1, 3, 2)
plt.plot(X_test[sample_idx], label='Noisy Data')
plt.title('Noisy Data')
plt.subplot(1, 3, 3)
plt.plot(denoised_data[sample_idx], label='Denoised Data')
plt.title('Denoised Data')
plt.show()
```

Ces exercices pratiques offrent une expérience pratique des modèles de diffusion et de leur évaluation. En implémentant le processus de diffusion directe, en construisant et en entraînant un modèle de débruitage, et en évaluant le modèle à l'aide de méthodes quantitatives et qualitatives, vous pouvez approfondir votre compréhension du fonctionnement des modèles de diffusion et de la façon d'évaluer leur performance.

Chaque exercice est conçu pour renforcer les concepts et techniques clés, vous aidant à appliquer efficacement les modèles de diffusion à diverses tâches génératives.

Résumé du chapitre

Dans ce chapitre, nous avons exploré le monde fascinant des modèles de diffusion, en nous plongeant dans leurs principes sous-jacents, leur architecture, leur processus d'entraînement et leurs méthodes d'évaluation. Les modèles de diffusion, inspirés du processus physique de diffusion, fournissent un cadre puissant pour générer des données de haute qualité à partir de bruit aléatoire. Comprendre ces modèles est crucial pour les appliquer efficacement dans diverses tâches génératives, telles que la synthèse d'images et l'augmentation de données.

Nous avons commencé par comprendre les concepts fondamentaux des modèles de diffusion. Le processus de diffusion directe implique l'ajout de bruit gaussien aux données sur une série d'étapes, transformant progressivement les données en bruit. Le processus de diffusion inverse, quant à lui, cherche à inverser cette transformation en éliminant le bruit étape par étape, débruitant efficacement les données et reconstruisant la structure originale à partir des entrées bruitées.

L'architecture des modèles de diffusion se compose de plusieurs éléments clés : la couche d'ajout de bruit, le réseau de débruitage, l'encodage des étapes et la fonction de perte. La couche d'ajout de bruit simule le processus de diffusion directe en ajoutant du bruit aux données d'entrée à chaque étape. Le réseau de débruitage, généralement implémenté à l'aide de réseaux de neurones tels que les CNN ou les RNN, prédit et élimine le bruit. L'encodage des étapes fournit des informations temporelles au réseau de débruitage, l'aidant à comprendre le niveau de bruit dans les données d'entrée. La fonction de perte, souvent l'erreur quadratique moyenne (MSE), guide le processus d'entraînement en mesurant la différence entre le bruit prédit et le bruit réel.

Nous avons fourni des explications détaillées et des exemples de code pour illustrer la construction et le fonctionnement de ces composants. En combinant ces composants, nous avons construit l'architecture complète d'un modèle de diffusion, capable de débruiter itérativement les données d'entrée.

Le processus d'entraînement implique la préparation des données d'entraînement en appliquant le processus de diffusion directe, la compilation du modèle avec un optimiseur et une fonction de perte appropriés, et l'entraînement du modèle à l'aide des données préparées. Nous avons discuté de l'importance d'une attention particulière au processus d'entraînement pour garantir que le modèle apprenne à débruiter efficacement. Le processus d'entraînement a été illustré avec des exemples de code pratiques, mettant en évidence chaque étape, de la préparation des données à l'entraînement du modèle et à la visualisation des pertes.

L'évaluation des modèles de diffusion est essentielle pour garantir qu'ils génèrent des sorties de haute qualité. Nous avons couvert diverses méthodes pour évaluer les modèles de diffusion, y compris des métriques quantitatives telles que l'erreur quadratique moyenne (MSE), la distance d'inception de Fréchet (FID) et le score d'inception (IS). Ces métriques fournissent des mesures objectives de la performance du modèle, évaluant la qualité, la diversité et le réalisme des données générées. De plus, nous avons discuté des méthodes d'évaluation qualitative telles que l'inspection visuelle et l'évaluation humaine, qui offrent des aperçus précieux de la performance du modèle d'un point de vue subjectif.

En comprenant et en mettant en œuvre ces techniques d'évaluation, vous pouvez acquérir une compréhension complète des forces du modèle et des domaines à améliorer. Évaluer la diversité et la créativité des données générées garantit que le modèle produit des sorties variées et intéressantes, améliorant son applicabilité à un large éventail de tâches génératives.

En conclusion, ce chapitre a fourni une compréhension approfondie des modèles de diffusion, de leurs principes de base et de leur architecture à leur entraînement et leur évaluation. En maîtrisant ces concepts, vous pouvez efficacement exploiter les modèles de diffusion pour générer des données de haute qualité, repoussant les limites de ce qui est possible en modélisation générative. Les connaissances acquises dans ce chapitre posent les bases d'une exploration et d'une application plus poussées des modèles de diffusion dans des scénarios réels.

Chapitre 10 : Projet : Génération d'images avec les modèles de diffusion

Dans ce chapitre, nous nous lancerons dans un projet passionnant pour générer des images à l'aide de modèles de diffusion. Ce projet offrira une expérience pratique et concrète de l'ensemble du processus de construction, d'entraînement et d'évaluation d'un modèle de diffusion pour la génération d'images. À la fin de ce chapitre, vous aurez une compréhension approfondie de la façon d'appliquer les modèles de diffusion pour créer des images de haute qualité à partir de bruit aléatoire.

Nous aborderons les sujets suivants dans ce chapitre :

1. Collecte et prétraitement des données

2. Création du modèle

3. Entraînement du modèle

4. Génération d'images

5. Évaluation du modèle

Commençons par la première étape de notre projet : la collecte et le prétraitement des données.

10.1 Collecte et prétraitement des données

L'initiation de tout projet d'apprentissage automatique commence invariablement par la collecte et le prétraitement des données pertinentes. Dans le contexte de notre projet actuel, qui se concentre sur la génération d'images, cela se traduit par la nécessité d'un ensemble de données complet d'images.

Ceci est crucial car le modèle de diffusion que nous employons apprend à partir de cet ensemble de données pour générer des images. Pour obtenir cet ensemble de données, nous nous appuierons sur un jeu de données publiquement disponible qui englobe une large gamme d'images. Cependant, l'ensemble de données brut ne peut pas être directement introduit dans le modèle de diffusion à des fins d'entraînement.

Il nécessitera une étape de prétraitement, un processus qui implique le nettoyage, la normalisation et éventuellement l'augmentation des données pour garantir qu'elles soient dans un format optimal pour l'entraînement du modèle de diffusion. Cette étape est essentielle car elle améliore non seulement l'efficacité du processus d'entraînement du modèle, mais influence également de manière significative la qualité des images générées.

10.1.1 Collecte des données d'images

Nous utiliserons le jeu de données CIFAR-10, qui est un ensemble de données bien connu composé de 60 000 images couleur de 32x32 pixels réparties en 10 classes différentes. Le jeu de données CIFAR-10 est largement utilisé pour l'entraînement et l'évaluation des modèles de génération d'images.

Exemple : Chargement du jeu de données CIFAR-10

```python
import tensorflow as tf
from tensorflow.keras.datasets import cifar10

# Load the CIFAR-10 dataset
(train_images, _), (test_images, _) = cifar10.load_data()

# Combine training and test images
images = np.concatenate([train_images, test_images], axis=0)

# Print the shape of the dataset
print(f"Dataset shape: {images.shape}")
```

Cet exemple de code utilise la bibliothèque TensorFlow pour charger le jeu de données CIFAR-10, qui est une collection de 60 000 images couleur de 32x32 pixels réparties en 10 classes, avec 6 000 images par classe. Il y a 50 000 images d'entraînement et 10 000 images de test.

Le code combine les images d'entraînement et de test en un seul jeu de données, puis affiche la forme de ce jeu de données combiné.

10.1.2 Normalisation et redimensionnement des images

Pour garantir que les images soient dans un format adapté à l'entraînement du modèle de diffusion, nous devons les normaliser et les redimensionner. La normalisation des images implique la mise à l'échelle des valeurs de pixels dans une plage de [0, 1]. De plus, nous redimensionnerons les images pour qu'elles soient centrées autour de zéro.

Exemple : Normalisation et redimensionnement des images

```python
# Normalize and rescale the images
images = images.astype('float32') / 255.0
images = (images - 0.5) / 0.5

# Print the range of pixel values
print(f"Pixel value range: [{images.min()}, {images.max()}]")
```

Le code normalise et redimensionne les valeurs de pixels d'un tableau d'images. Initialement, il convertit les valeurs de pixels d'entier en nombre à virgule flottante et les met à l'échelle entre 0 et 1 en divisant par 255. Ensuite, il normalise davantage ces valeurs pour qu'elles soient dans la plage de -1 à 1 en soustrayant 0,5 et en divisant par 0,5. Enfin, le code affiche les valeurs minimales et maximales des pixels des images normalisées et redimensionnées.

10.1.3 Création des ensembles d'entraînement et de validation

Pour entraîner efficacement le modèle de diffusion, nous devons diviser le jeu de données en ensembles d'entraînement et de validation. L'ensemble d'entraînement sera utilisé pour former le modèle, tandis que l'ensemble de validation servira à évaluer les performances du modèle pendant l'entraînement.

Exemple : Création des ensembles d'entraînement et de validation

```
from sklearn.model_selection import train_test_split

# Split the dataset into training and validation sets
train_images, val_images = train_test_split(images, test_size=0.2, random_state=42)

# Print the shape of the training and validation sets
print(f"Training set shape: {train_images.shape}")
print(f"Validation set shape: {val_images.shape}")
```

Ce code utilise la bibliothèque Scikit-learn pour diviser un jeu de données d'images en un ensemble d'entraînement et un ensemble de validation. Il réserve 20 % des images pour la validation (test_size=0.2), et le reste pour l'entraînement. Le paramètre 'random_state' est fixé à 42, ce qui garantit que la division sera la même à chaque exécution du code pour assurer la reproductibilité. Après la division, il affiche la forme (le nombre d'images et leurs dimensions) des ensembles d'entraînement et de validation.

10.1.4 Augmentation des données

Pour améliorer la capacité de généralisation du modèle de diffusion, nous pouvons appliquer des techniques d'augmentation de données. L'augmentation de données consiste à créer de nouveaux échantillons d'entraînement en appliquant des transformations aléatoires aux images existantes, comme des rotations, des retournements et des décalages. Cela aide le modèle à apprendre à générer des images plus diverses et robustes.

Exemple : Augmentation des données

```
from tensorflow.keras.preprocessing.image import ImageDataGenerator

# Define the data augmentation pipeline
datagen = ImageDataGenerator(
    rotation_range=20,
    width_shift_range=0.2,
    height_shift_range=0.2,
```

```
    horizontal_flip=True,
)

# Fit the data augmentation pipeline on the training data
datagen.fit(train_images)

# Example of applying data augmentation to a batch of images
for batch in datagen.flow(train_images, batch_size=9):
    for i in range(9):
        plt.subplot(330 + 1 + i)
        plt.imshow((batch[i] * 0.5) + 0.5)
    plt.show()
    break
```

Le code utilise la classe ImageDataGenerator de la bibliothèque TensorFlow Keras pour augmenter les données d'images. Il met d'abord en place un pipeline avec un ensemble spécifique de transformations : rotation jusqu'à 20 degrés, décalages de largeur et de hauteur jusqu'à 20 %, et retournement horizontal. Ensuite, il applique ce pipeline aux images d'entraînement.

Après avoir configuré l'augmentation des données, il applique ces transformations à un lot d'échantillons d'images de l'ensemble d'entraînement et visualise les images augmentées. L'augmentation des données aide à accroître la diversité des données d'entraînement et à réduire le surapprentissage.

10.2 Création du modèle

Créer un modèle de diffusion pour la génération d'images implique la conception et l'implémentation d'une architecture de réseau neuronal capable d'apprendre le processus de débruitage. Dans cette section, nous allons construire un modèle de diffusion étape par étape, incluant la couche d'ajout de bruit, le réseau de débruitage et l'encodage des étapes. Nous compilerons également le modèle avec un optimiseur et une fonction de perte appropriés.

10.2.1 Couche d'ajout de bruit

La couche d'ajout de bruit simule le processus de diffusion avant en ajoutant du bruit gaussien aux images d'entrée à chaque étape. Cette couche sera utilisée à la fois pendant l'entraînement et l'inférence pour transformer progressivement les images en une distribution de bruit.

Exemple : Couche d'ajout de bruit

```
import tensorflow as tf
from tensorflow.keras.layers import Layer

class NoiseAddition(Layer):
    def __init__(self, noise_scale=0.1, **kwargs):
        super(NoiseAddition, self).__init__(**kwargs)
```

```
        self.noise_scale = noise_scale

    def call(self, inputs, training=None):
        if training:
            noise        =        tf.random.normal(shape=tf.shape(inputs),        mean=0.0,
stddev=self.noise_scale, dtype=tf.float32)
            return inputs + noise
        return inputs

# Example usage with a batch of images
noise_layer = NoiseAddition(noise_scale=0.1)
noisy_images = noise_layer(train_images[:10], training=True)

# Plot original and noisy images for comparison
import matplotlib.pyplot as plt

plt.figure(figsize=(12, 4))
for i in range(10):
    plt.subplot(2, 10, i + 1)
    plt.imshow((train_images[i] * 0.5) + 0.5)
    plt.axis('off')
    plt.subplot(2, 10, i + 11)
    plt.imshow((noisy_images[i] * 0.5) + 0.5)
    plt.axis('off')
plt.show()
```

Ce code utilise la bibliothèque TensorFlow pour définir une classe de couche personnalisée appelée NoiseAddition. Cette classe ajoute du bruit aléatoire à ses données d'entrée, mais seulement lorsqu'elle est en mode d'entraînement. Le bruit suit une distribution normale avec une moyenne de 0 et un écart-type spécifié par noise_scale. La méthode call vérifie si la couche est en mode d'entraînement et, si c'est le cas, ajoute le bruit aux données d'entrée.

Le code montre ensuite comment utiliser la couche NoiseAddition en créant une instance de celle-ci, en l'appliquant à un lot d'images d'entraînement et en stockant les images bruitées. Il affiche ensuite les images originales et bruitées pour comparaison à l'aide de la bibliothèque matplotlib.

10.2.2 Réseau de débruitage

Le réseau de débruitage est le composant central du modèle de diffusion. Il prédit et élimine le bruit ajouté aux images à chaque étape. Nous utiliserons un réseau neuronal convolutif (CNN) à cette fin, car les CNN sont bien adaptés aux tâches de traitement d'images.

Exemple : Réseau de débruitage

```
from    tensorflow.keras.layers    import    Conv2D,    BatchNormalization,    LeakyReLU,
UpSampling2D

def build_denoising_network(input_shape):
```

```
"""
Builds a denoising network using a Convolutional Neural Network (CNN).

Parameters:
- input_shape: Shape of the input images.

Returns:
- A Keras model for denoising.
"""
inputs = Input(shape=input_shape)

# Encoder
x = Conv2D(64, (3, 3), padding='same')(inputs)
x = BatchNormalization()(x)
x = LeakyReLU()(x)
x = Conv2D(128, (3, 3), padding='same', strides=2)(x)
x = BatchNormalization()(x)
x = LeakyReLU()(x)

# Bottleneck
x = Conv2D(256, (3, 3), padding='same')(x)
x = BatchNormalization()(x)
x = LeakyReLU()(x)

# Decoder
x = UpSampling2D()(x)
x = Conv2D(128, (3, 3), padding='same')(x)
x = BatchNormalization()(x)
x = LeakyReLU()(x)
x = Conv2D(64, (3, 3), padding='same')(x)
x = BatchNormalization()(x)
x = LeakyReLU()(x)

outputs = Conv2D(3, (3, 3), padding='same', activation='tanh')(x)
return Model(inputs, outputs)

# Example usage with CIFAR-10 image shape
input_shape = (32, 32, 3)
denoising_network = build_denoising_network(input_shape)
denoising_network.summary()
```

Ce code définit une fonction qui construit un réseau neuronal convolutif (CNN) pour le débruitage d'images. Il utilise Keras, une bibliothèque d'apprentissage automatique en Python.

Le réseau est divisé en trois parties : l'encodeur, le goulot d'étranglement et le décodeur.

L'encodeur réduit les dimensions spatiales de l'entrée tout en augmentant la profondeur. Le goulot d'étranglement est la couche la plus profonde, où l'image est compressée. Le décodeur reconstruit ensuite l'image à partir de la représentation compressée, visant à éliminer le bruit tout en conservant l'information originale.

La fonction est ensuite utilisée pour construire un réseau de débruitage pour des images de forme (32, 32, 3), qui est la forme des images dans le jeu de données CIFAR-10, et la structure du réseau construit est imprimée.

10.2.3 Encodage des étapes

L'encodage des étapes est utilisé pour fournir au réseau de débruitage des informations sur l'étape temporelle actuelle du processus de diffusion. Cela aide le réseau à comprendre le niveau de bruit dans les images d'entrée et à faire des prédictions précises. Nous utiliserons l'encodage sinusoïdal à cette fin.

Exemple : Encodage des étapes

```
def sinusoidal_step_encoding(t, d_model):
    """
    Computes sinusoidal step encoding.

    Parameters:
    - t: Current time step.
    - d_model: Dimensionality of the model.

    Returns:
    - Sinusoidal step encoding vector.
    """
    angle_rates = 1 / np.power(10000, (2 * (np.arange(d_model) // 2)) /
np.float32(d_model))
    angle_rads = t * angle_rates
    angle_rads[:, 0::2] = np.sin(angle_rads[:, 0::2])
    angle_rads[:, 1::2] = np.cos(angle_rads[:, 1::2])
    return angle_rads

# Example usage with a specific time step and model dimensionality
t = np.arange(10).reshape(-1, 1)
d_model = 128
step_encoding = sinusoidal_step_encoding(t, d_model)

# Print the step encoding
print(step_encoding)
```

Ce code définit une fonction appelée sinusoidal_step_encoding, qui calcule un encodage sinusoïdal des étapes. C'est une technique souvent utilisée dans le traitement du langage naturel pour encoder la position des mots dans une phrase.

La fonction prend deux paramètres :

- t (l'étape temporelle actuelle),

- d_model (la dimensionnalité du modèle).

Elle calcule ensuite angle_rates et angle_rads, en appliquant le sinus aux indices pairs et le cosinus aux indices impairs dans le tableau angle_rads. Cela crée un motif d'ondes sinusoïdales et cosinusoïdales qui fournit des encodages uniques pour différentes positions dans une séquence.

La partie inférieure du code fournit un exemple d'utilisation de cette fonction. Elle crée un tableau numpy t avec une plage de 0 à 9 (remodelé en vecteur colonne), définit d_model à 128, utilise ces valeurs pour calculer l'encodage des étapes, puis affiche le résultat.

10.2.4 Modèle de diffusion complet

En combinant la couche d'ajout de bruit, le réseau de débruitage et l'encodage des étapes, nous pouvons construire le modèle de diffusion complet. Ce modèle débruitera de manière itérative les images d'entrée, guidé par l'encodage des étapes et la fonction de perte.

Exemple : Modèle de diffusion complet

```python
from tensorflow.keras.layers import Input, Concatenate

def build_full_diffusion_model(input_shape, d_model):
    """
    Builds the full diffusion model.

    Parameters:
    - input_shape: Shape of the input images.
    - d_model: Dimensionality of the model.

    Returns:
    - A Keras model for the full diffusion process.
    """
    # Input layers for images and step encoding
    image_input = Input(shape=input_shape)
    step_input = Input(shape=(d_model,))

    # Apply noise addition layer
    noisy_images = NoiseAddition()(image_input)

    # Flatten and concatenate inputs
    x = Conv2D(64, (3, 3), padding='same')(noisy_images)
    x = BatchNormalization()(x)
    x = LeakyReLU()(x)
    step_embedding = Dense(np.prod(input_shape))(step_input)
    step_embedding = Reshape(input_shape)(step_embedding)
    x = Concatenate()([x, step_embedding])

    # Apply denoising network
    denoised_images = build_denoising_network(input_shape)(x)

    return Model([image_input, step_input], denoised_images)

# Example usage with CIFAR-10 image shape
```

```
input_shape = (32, 32, 3)
d_model = 128
diffusion_model = build_full_diffusion_model(input_shape, d_model)
diffusion_model.summary()
```

Ce bout de code définit une fonction pour construire le modèle de diffusion complet en utilisant Keras. Ce modèle est utilisé en apprentissage automatique pour des tâches comme le débruitage d'images. La fonction prend comme arguments la forme des images d'entrée et la dimensionnalité du modèle. Elle crée d'abord des couches d'entrée pour les images et l'encodage des étapes.

Ensuite, elle ajoute du bruit aux images et aplatit et concatène les entrées. Le réseau de débruitage est ensuite appliqué aux images bruitées. La fonction renvoie le modèle construit.

10.2.5 Compilation du modèle

Pour compiler le modèle de diffusion, nous devons spécifier un optimiseur et une fonction de perte. La fonction de perte d'erreur quadratique moyenne (MSE) est couramment utilisée pour entraîner les modèles de diffusion, car elle mesure la différence entre le bruit prédit et le bruit réel.

Exemple : Compilation du modèle

```
from tensorflow.keras.optimizers import Adam
from tensorflow.keras.losses import MeanSquaredError

# Compile the diffusion model
diffusion_model.compile(optimizer=Adam(learning_rate=1e-4), loss=MeanSquaredError())

# Print the model summary
diffusion_model.summary()
```

Le code utilise les bibliothèques Tensorflow et Keras. Il sert à compiler un modèle d'apprentissage automatique appelé diffusion_model avec des configurations spécifiques. L'algorithme d'optimisation Adam est sélectionné avec un taux d'apprentissage de 0,0001. La fonction de perte, qui mesure la performance du modèle, est définie comme l'Erreur Quadratique Moyenne (MSE). Après avoir défini ces configurations, le modèle est compilé et le résumé de l'architecture du modèle est imprimé.

Résumé

Dans cette section, nous avons réussi à créer le modèle de diffusion pour notre projet de génération d'images. Nous avons commencé par implémenter la couche d'ajout de bruit, qui simule le processus de diffusion vers l'avant. Ensuite, nous avons construit un réseau de débruitage utilisant un Réseau Neuronal Convolutif (CNN) pour prédire et éliminer le bruit des images. Nous avons également implémenté l'encodage des étapes pour fournir des informations temporelles au réseau de débruitage.

En combinant ces composants, nous avons construit le modèle de diffusion complet, qui débruite de manière itérative les images d'entrée. Enfin, nous avons compilé le modèle avec un optimiseur et une fonction de perte appropriés, le préparant pour l'entraînement.

Avec notre modèle prêt, nous pouvons maintenant passer à l'étape suivante : l'entraînement du modèle de diffusion sur les données préparées. Dans les sections suivantes, nous allons entraîner le modèle, générer des images et évaluer ses performances, offrant une compréhension complète de la façon d'appliquer les modèles de diffusion aux tâches de génération d'images du monde réel.

10.3 Entraînement du modèle de diffusion

L'entraînement du modèle de diffusion est une étape cruciale dans notre projet de génération d'images. Ce processus implique d'optimiser le modèle pour prédire et éliminer le bruit des images, lui permettant de transformer un bruit aléatoire en images cohérentes et structurées. Dans cette section, nous couvrirons le processus détaillé d'entraînement du modèle de diffusion, y compris la préparation des données, la boucle d'entraînement et le suivi des progrès de l'entraînement.

10.3.1 Préparation des données

Avant de commencer l'entraînement, nous devons nous assurer que nos données sont préparées et prêtes pour le processus d'entraînement. Cela implique de créer des lots d'images bruitées et leurs cibles débruitées correspondantes pour que le modèle puisse apprendre.

Exemple : Préparation des données

```python
from tensorflow.keras.preprocessing.image import ImageDataGenerator

# Define the data augmentation pipeline
datagen = ImageDataGenerator(
    rotation_range=20,
    width_shift_range=0.2,
    height_shift_range=0.2,
    horizontal_flip=True,
)

# Fit the data augmentation pipeline on the training data
datagen.fit(train_images)

# Example of creating a data generator
train_generator = datagen.flow(train_images, train_images, batch_size=32)
val_generator = datagen.flow(val_images, val_images, batch_size=32)

# Check the shape of a batch of training data
for batch_images, batch_labels in train_generator:
    print(f"Batch image shape: {batch_images.shape}")
    print(f"Batch label shape: {batch_labels.shape}")
```

```
    break
```

Ce code utilise la bibliothèque TensorFlow Keras pour configurer l'ImageDataGenerator. Ce générateur applique des techniques d'augmentation de données aux images, notamment des rotations, des décalages en largeur et en hauteur, et des retournements horizontaux. Le générateur est ensuite ajusté avec les images d'entraînement. Un générateur d'entraînement et de validation est créé à partir des données d'images d'entraînement et de validation avec une taille de lot de 32. Enfin, le code affiche la forme d'un lot de données d'entraînement et d'étiquettes pour vérifier les dimensions.

10.3.2 Définition de la boucle d'entraînement

La boucle d'entraînement consiste à parcourir l'ensemble de données pendant un nombre spécifié d'époques, en appliquant le processus de diffusion avant pour ajouter du bruit aux images, puis en utilisant le modèle pour prédire et éliminer ce bruit. Pendant chaque itération, les paramètres du modèle sont mis à jour pour minimiser la perte, qui est la différence entre le bruit prédit et le bruit réel.

Exemple : Boucle d'entraînement

```python
import numpy as np

# Define the number of training steps and epochs
num_steps = 10
epochs = 50

# Define a function to create step encodings
def create_step_encodings(num_samples, d_model):
    t = np.arange(num_samples).reshape(-1, 1)
    return sinusoidal_step_encoding(t, d_model)

# Training loop
for epoch in range(epochs):
    print(f"Epoch {epoch + 1}/{epochs}")
    for batch_images, _ in train_generator:
        # Apply forward diffusion to the batch images
        noisy_images = noise_layer(batch_images, training=True)

        # Create step encodings
        step_encodings = create_step_encodings(batch_images.shape[0], d_model)

        # Train the model
        loss     =     diffusion_model.train_on_batch([batch_images,    step_encodings],
batch_images)
        print(f"Loss: {loss}")

    # Validate the model on the validation set
    val_loss = 0
    for val_batch_images, _ in val_generator:
```

```
        noisy_val_images = noise_layer(val_batch_images, training=False)
        step_encodings = create_step_encodings(val_batch_images.shape[0], d_model)
        val_loss += diffusion_model.test_on_batch([val_batch_images, step_encodings],
val_batch_images)
    val_loss /= len(val_generator)
    print(f"Validation Loss: {val_loss}")
```

Ce code détaille la boucle d'entraînement pour le modèle de diffusion. Le modèle est entraîné pendant un nombre spécifié d'époques, chaque époque comprenant un certain nombre d'étapes.

Dans chaque époque, le modèle est entraîné en utilisant la méthode train_on_batch sur des lots d'images et leurs encodages d'étapes correspondants. L'encodage d'étape est une fonction sinusoïdale du pas de temps, et il est créé à l'aide de la fonction create_step_encodings.

Le script introduit également du bruit dans les images via la fonction noise_layer, et il calcule la perte du modèle après chaque lot.

Après chaque époque, le modèle est validé sur un ensemble de validation, et la perte moyenne de validation est calculée et affichée.

10.3.3 Suivi de la progression de l'entraînement

Pour suivre la progression de l'entraînement, nous pouvons tracer la perte d'entraînement et de validation au fil des époques. Cela nous aide à comprendre comment le modèle apprend et s'il est en situation de surapprentissage ou de sous-apprentissage.

Exemple : Suivi de la progression de l'entraînement

```
import matplotlib.pyplot as plt

# Lists to store the training and validation loss
train_losses = []
val_losses = []

# Modified training loop to store the loss values
for epoch in range(epochs):
    print(f"Epoch {epoch + 1}/{epochs}")
    epoch_train_loss = 0
    for batch_images, _ in train_generator:
        noisy_images = noise_layer(batch_images, training=True)
        step_encodings = create_step_encodings(batch_images.shape[0], d_model)
        loss    =    diffusion_model.train_on_batch([batch_images,    step_encodings],
batch_images)
        epoch_train_loss += loss
    epoch_train_loss /= len(train_generator)
    train_losses.append(epoch_train_loss)

    val_loss = 0
    for val_batch_images, _ in val_generator:
```

```
            noisy_val_images = noise_layer(val_batch_images, training=False)
            step_encodings = create_step_encodings(val_batch_images.shape[0], d_model)
            val_loss += diffusion_model.test_on_batch([val_batch_images, step_encodings],
val_batch_images)
    val_loss /= len(val_generator)
    val_losses.append(val_loss)

    print(f"Training Loss: {epoch_train_loss}")
    print(f"Validation Loss: {val_loss}")

# Plot the training and validation loss
plt.plot(train_losses, label='Training Loss')
plt.plot(val_losses, label='Validation Loss')
plt.xlabel('Epoch')
plt.ylabel('Loss')
plt.legend()
plt.title('Training and Validation Loss')
plt.show()
```

Ce code est utilisé pour entraîner le modèle de diffusion avec un générateur de données d'entraînement et de validation. Le modèle est entraîné sur un nombre défini d'époques. Pour chaque époque, le code introduit du bruit dans les images, crée des encodages d'étapes, puis entraîne le modèle sur les images bruitées. Il calcule la perte moyenne d'entraînement pour chaque époque et la stocke dans une liste.

Le même processus est également effectué pour les données de validation, mais au lieu d'entraîner, le modèle est testé sur les données de validation et la perte moyenne de validation pour chaque époque est enregistrée. Enfin, il trace les pertes d'entraînement et de validation au fil des époques, permettant à l'utilisateur d'évaluer visuellement la performance du modèle au fil du temps.

10.3.4 Sauvegarde du modèle entraîné

Après avoir entraîné le modèle, il est important de le sauvegarder pour une utilisation future. Cela nous permet de réutiliser le modèle sans avoir à le réentraîner à partir de zéro.

Exemple : Sauvegarde du modèle

```
# Save the trained diffusion model
diffusion_model.save('diffusion_model.h5')

# Load the model later if needed
loaded_model = tf.keras.models.load_model('diffusion_model.h5')
```

Ce code sauvegarde le modèle de diffusion entraîné dans un fichier nommé 'diffusion_model.h5' et montre ensuite comment recharger ce modèle sauvegardé dans le programme pour une utilisation ultérieure.

Résumé

Dans cette section, nous avons couvert le processus détaillé d'entraînement du modèle de diffusion pour la génération d'images. Nous avons commencé par la préparation des données, notamment la création de lots d'images bruitées et de leurs cibles débruitées correspondantes. Nous avons ensuite défini la boucle d'entraînement, où nous avons appliqué le processus de diffusion avant et utilisé le modèle pour prédire et éliminer le bruit. Nous avons également souligné l'importance de suivre la progression de l'entraînement en traçant la perte d'entraînement et de validation.

Enfin, nous avons discuté de la façon de sauvegarder le modèle entraîné pour une utilisation future. En suivant ces étapes, vous pouvez efficacement entraîner un modèle de diffusion pour générer des images de haute qualité à partir de bruit aléatoire. Dans les sections suivantes, nous générerons des images en utilisant le modèle entraîné et évaluerons ses performances, offrant ainsi une compréhension complète de la façon d'appliquer les modèles de diffusion aux tâches de génération d'images du monde réel.

10.4 Génération de nouvelles images

Une fois le modèle de diffusion entraîné, nous pouvons l'utiliser pour générer de nouvelles images à partir de bruit aléatoire. Ce processus consiste à commencer avec un vecteur de bruit et à appliquer itérativement le modèle pour éliminer le bruit, transformant ainsi le bruit aléatoire en images cohérentes et structurées. Dans cette section, nous détaillerons les étapes pour générer de nouvelles images à l'aide du modèle de diffusion entraîné, en fournissant des exemples de code pour illustrer chaque étape.

10.4.1 Initialisation du bruit aléatoire

La première étape de la génération de nouvelles images consiste à initialiser un lot de vecteurs de bruit aléatoire. Ces vecteurs de bruit serviront de point de départ pour que le modèle de diffusion les transforme en images.

Exemple : Initialisation du bruit aléatoire

```python
import numpy as np

# Define the shape of the noise vectors
noise_shape = (32, 32, 3)
batch_size = 10

# Generate a batch of random noise vectors
random_noise = np.random.normal(size=(batch_size, *noise_shape))
```

```
# Print the shape of the noise vectors
print(f"Random noise shape: {random_noise.shape}")
```

Le code crée un lot de vecteurs de bruit aléatoire. Il importe d'abord la bibliothèque numpy. Puis, il définit la forme des vecteurs de bruit comme un tuple (32, 32, 3) et la taille du lot comme 10.

Ensuite, il utilise la fonction random.normal de numpy pour générer un lot de vecteurs de bruit aléatoire, où la taille du tableau généré est (batch_size, *noise_shape). L'astérisque avant noise_shape est utilisé pour déballer les valeurs du tuple noise_shape. Enfin, il affiche la forme du lot de bruit aléatoire généré.

10.4.2 Processus de débruitage itératif

Le cœur du processus de génération d'images consiste à appliquer de manière itérative le modèle de diffusion entraîné aux vecteurs de bruit. À chaque étape, le modèle prédit et supprime une partie du bruit, transformant progressivement le bruit aléatoire en images structurées. Nous utilisons également des encodages d'étapes pour guider le modèle à travers les étapes de diffusion.

Exemple : Processus de débruitage itératif

```
def generate_images(model, noise_vectors, num_steps, d_model):
    """
    Generates images by iteratively applying the diffusion model.

    Parameters:
    - model: The trained diffusion model.
    - noise_vectors: Batch of random noise vectors.
    - num_steps: Number of diffusion steps.
    - d_model: Dimensionality of the step encoding.

    Returns:
    - Generated images.
    """
    generated_images = noise_vectors.copy()
    for step in range(num_steps):
        step_encodings = sinusoidal_step_encoding(np.full((batch_size, 1), step),
d_model)
        generated_images = model.predict([generated_images, step_encodings])
    return generated_images

# Example usage
num_steps = 10
generated_images = generate_images(diffusion_model, random_noise, num_steps, d_model)

# Plot the generated images
import matplotlib.pyplot as plt
```

```
plt.figure(figsize=(12, 4))
for i in range(batch_size):
    plt.subplot(2, 5, i + 1)
    plt.imshow((generated_images[i] * 0.5) + 0.5)
    plt.axis('off')
plt.suptitle('Generated Images')
plt.show()
```

La fonction generate_images applique le modèle de diffusion aux vecteurs de bruit pour un nombre spécifié d'étapes. Elle utilise également l'encodage sinusoïdal des étapes pendant chaque étape.

La fonction prend quatre paramètres : le modèle de diffusion entraîné, les vecteurs de bruit, le nombre d'étapes de diffusion et la dimensionnalité de l'encodage d'étape. Elle renvoie les images générées.

Un exemple d'utilisation de la fonction est également fourni. Il démontre la génération d'images avec le modèle de diffusion en utilisant du bruit aléatoire et l'affichage des images générées à l'aide de matplotlib.

10.4.3 Amélioration de la qualité des images

Pour améliorer davantage la qualité des images générées, nous pouvons appliquer des techniques de post-traitement telles que le filtrage d'image et l'accentuation. Ces techniques peuvent aider à améliorer l'attrait visuel des images et à éliminer les artefacts restants.

Exemple : Amélioration de la qualité d'image

```
from skimage.filters import unsharp_mask

def enhance_images(images):
    """
    Enhances the quality of generated images using image filtering.

    Parameters:
    - images: Batch of generated images.

    Returns:
    - Enhanced images.
    """
    enhanced_images = []
    for img in images:
        enhanced_img = unsharp_mask((img * 0.5) + 0.5, radius=1.0, amount=1.0)
        enhanced_images.append(enhanced_img)
    return np.array(enhanced_images)

# Example usage
enhanced_images = enhance_images(generated_images)
```

```
# Plot the enhanced images
plt.figure(figsize=(12, 4))
for i in range(batch_size):
    plt.subplot(2, 5, i + 1)
    plt.imshow(enhanced_images[i])
    plt.axis('off')
plt.suptitle('Enhanced Images')
plt.show()
```

Ce code améliore la qualité des images en utilisant une technique appelée masquage flou (unsharp masking). La fonction 'enhance_images' prend en entrée un lot d'images, applique le masquage flou à chaque image à l'aide de la fonction 'unsharp_mask' de la bibliothèque 'skimage.filters', et renvoie les images améliorées.

Une fois les images améliorées, le code comprend également un exemple d'utilisation de cette fonction et d'affichage des images à l'aide de la bibliothèque pyplot de matplotlib. La section d'affichage du code montre chaque image améliorée dans un sous-graphique distinct sans axes, et donne au graphique global le titre 'Enhanced Images'.

10.4.4 Sauvegarde des images générées

Après avoir généré et amélioré les images, il est important de les sauvegarder pour une utilisation ou une évaluation future. Nous pouvons enregistrer les images dans un format tel que PNG ou JPEG.

Exemple : Sauvegarde des images générées

```
import os
from skimage.io import imsave

def save_images(images, directory, prefix="generated_image"):
    """
    Saves generated images to the specified directory.

    Parameters:
    - images: Batch of generated images.
    - directory: Directory to save the images.
    - prefix: Prefix for the image filenames.
    """
    if not os.path.exists(directory):
        os.makedirs(directory)
    for i, img in enumerate(images):
        filename = os.path.join(directory, f"{prefix}_{i + 1}.png")
        imsave(filename, (img * 255).astype(np.uint8))

# Example usage
save_images(enhanced_images, "generated_images")
```

Ce script est une fonction pour sauvegarder le lot d'images dans un répertoire spécifié. La fonction prend comme arguments images (le lot d'images à sauvegarder), directory (l'emplacement où les images seront sauvegardées) et un préfixe optionnel (la partie initiale du nom du fichier sauvegardé). Si le répertoire spécifié n'existe pas, il sera créé. Les images sont sauvegardées au format PNG avec un nom de fichier combinant le préfixe et leur position dans le lot.

Résumé

Dans cette section, nous avons couvert le processus détaillé de génération de nouvelles images à l'aide du modèle de diffusion entraîné. Nous avons commencé par initialiser des vecteurs de bruit aléatoire, qui servent de point de départ pour la génération d'images. Nous avons ensuite appliqué le processus de débruitage itératif, où le modèle prédit et supprime le bruit des images étape par étape, transformant le bruit en images cohérentes et structurées.

Pour améliorer davantage la qualité des images générées, nous avons appliqué des techniques de post-traitement telles que le filtrage d'image et l'accentuation. Enfin, nous avons sauvegardé les images générées et améliorées pour une utilisation ou une évaluation future.

En suivant ces étapes, vous pouvez utiliser efficacement un modèle de diffusion entraîné pour générer des images de haute qualité à partir de bruit aléatoire. Dans les sections suivantes, nous évaluerons les performances des images générées et explorerons d'autres améliorations et applications des modèles de diffusion dans les tâches de génération d'images.

10.5 Évaluation du modèle

L'évaluation des performances du modèle de diffusion est essentielle pour s'assurer que les images générées sont de haute qualité, cohérentes et contextuellement appropriées. Cette section couvrira diverses méthodes pour évaluer le modèle, y compris des métriques quantitatives et des évaluations qualitatives. Nous fournirons des explications détaillées et des exemples de code pour chaque méthode d'évaluation.

10.5.1 Métriques d'évaluation quantitative

Les métriques quantitatives fournissent des mesures objectives des performances du modèle. Les métriques courantes pour évaluer les modèles de génération d'images comprennent l'Erreur Quadratique Moyenne (MSE), la Distance d'Inception de Fréchet (FID) et le Score d'Inception (IS). Ces métriques aident à évaluer la qualité, la diversité et le réalisme des images générées.

Erreur Quadratique Moyenne (MSE)

La MSE mesure la différence quadratique moyenne entre les images originales et générées. Des valeurs MSE plus basses indiquent de meilleures performances, car elles impliquent que les images générées ressemblent étroitement aux images originales.

Exemple : Calcul de la MSE

```python
import numpy as np
from sklearn.metrics import mean_squared_error

# Generate synthetic test data
test_data      =     generate_synthetic_data(100,    noise_shape[0],    noise_shape[1],
noise_shape[2])
noisy_test_data = [noise_layer(data, training=True) for data in test_data]
X_test = np.array([noisy[-1] for noisy in noisy_test_data])
y_test = np.array([data for data in test_data])

# Predict denoised data
denoised_data = diffusion_model.predict(X_test)

# Calculate MSE
mse = mean_squared_error(y_test.flatten(), denoised_data.flatten())
print(f"MSE: {mse}")
```

Ce script utilise la bibliothèque NumPy et sklearn pour créer des données de test synthétiques, ajouter du bruit à ces données, puis tenter de les débruiter à l'aide d'un modèle appelé 'diffusion_model'. Ensuite, il calcule l'Erreur Quadratique Moyenne (MSE) entre les données originales et débruitées, ce qui est une métrique courante pour évaluer la performance d'un modèle de régression. Plus la MSE est basse, meilleure est la performance du modèle.

Distance d'Inception de Fréchet (FID)

La FID mesure la distance entre les distributions des images originales et générées, capturant à la fois la qualité et la diversité des images générées. Des scores FID plus bas indiquent de meilleures performances.

Exemple : Calcul de la FID

```python
from scipy.linalg import sqrtm
from numpy import cov, trace, iscomplexobj

def calculate_fid(real_images, generated_images):
    # Calculate the mean and covariance of real and generated images
    mu1, sigma1 = real_images.mean(axis=0), cov(real_images, rowvar=False)
    mu2, sigma2 = generated_images.mean(axis=0), cov(generated_images, rowvar=False)

    # Calculate the sum of squared differences between means
    ssdiff = np.sum((mu1 - mu2) ** 2.0)

    # Calculate the square root of the product of covariances
    covmean = sqrtm(sigma1.dot(sigma2))
    if iscomplexobj(covmean):
        covmean = covmean.real

    # Calculate the FID score
```

```
    fid = ssdiff + trace(sigma1 + sigma2 - 2.0 * covmean)
    return fid

# Assume denoised_data and y_test are the denoised and original data, respectively
fid_score = calculate_fid(y_test.reshape(100, -1), denoised_data.reshape(100, -1))
print(f"FID Score: {fid_score}")
```

Le code définit une fonction, calculate_fid, pour calculer la Distance d'Inception de Fréchet (FID) entre des images réelles et générées. La FID est une mesure de similarité entre deux ensembles d'images, couramment utilisée pour évaluer la qualité des images générées par les Réseaux Antagonistes Génératifs (GANs).

La fonction calcule la moyenne et la covariance des images réelles et générées. Elle calcule ensuite la somme des différences quadratiques entre les moyennes et la racine carrée du produit des covariances. Si le résultat est complexe, elle ne prend que la partie réelle. Le score FID est ensuite calculé comme la somme de la différence quadratique des moyennes et de la trace de la somme des covariances moins deux fois le produit des covariances.

La dernière partie du code utilise la fonction définie pour calculer le score FID entre y_test et denoised_data (probablement les données originales et débruitées), en les remodelant avant de les passer à la fonction. Le score FID est ensuite affiché.

Score d'Inception (IS)

L'IS évalue la qualité et la diversité des images générées sur la base des prédictions d'un réseau Inception pré-entraîné. Des valeurs IS plus élevées indiquent de meilleures performances.

Exemple : Calcul du Score d'Inception

```python
import tensorflow as tf
from tensorflow.keras.applications.inception_v3 import InceptionV3, preprocess_input
from scipy.stats import entropy

# Load the pre-trained InceptionV3 model
inception_model = InceptionV3(include_top=False, pooling='avg', input_shape=(299, 299, 3))

def calculate_inception_score(images, n_split=10, eps=1E-16):
    # Resize and preprocess images for InceptionV3 model
    images_resized = tf.image.resize(images, (299, 299))
    images_preprocessed = preprocess_input(images_resized)

    # Predict using the InceptionV3 model
    preds = inception_model.predict(images_preprocessed)

    # Calculate Inception Score
    split_scores = []
    for i in range(n_split):
```

```
        part = preds[i * preds.shape[0] // n_split: (i + 1) * preds.shape[0] //
n_split]
        py = np.mean(part, axis=0)
        scores = []
        for p in part:
            scores.append(entropy(p, py))
        split_scores.append(np.exp(np.mean(scores)))
    return np.mean(split_scores), np.std(split_scores)

# Assume denoised_data are the generated images
is_mean, is_std = calculate_inception_score(denoised_data)
print(f"Inception Score: {is_mean} ± {is_std}")
```

Ce code utilise la bibliothèque TensorFlow et son modèle InceptionV3, un réseau neuronal pré-entraîné pour la classification d'images, afin de calculer le Score d'Inception d'un ensemble d'images.

Le Score d'Inception est une mesure utilisée pour évaluer la qualité des images générées par les Réseaux Antagonistes Génératifs (GANs). Il évalue à la fois la variété des images produites (en utilisant l'entropie) et leur réalisme (à quel point elles sont bien classifiées par le modèle Inception).

Le script charge d'abord le modèle InceptionV3. Ensuite, il définit une fonction pour calculer le Score d'Inception. Les images sont redimensionnées et prétraitées pour correspondre aux exigences d'entrée du modèle InceptionV3. Le modèle est ensuite utilisé pour faire des prédictions sur les images prétraitées. Ces prédictions sont utilisées pour calculer le Score d'Inception. La fonction renvoie la moyenne et l'écart-type des scores.

Enfin, il suppose que denoised_data sont les images générées, et il calcule leur Score d'Inception, affichant la moyenne et l'écart-type.

10.5.2 Évaluation qualitative

L'évaluation qualitative consiste à inspecter visuellement les images générées pour évaluer leur qualité, leur cohérence et leur réalisme. Cette méthode est subjective mais fournit des informations précieuses sur les performances du modèle.

Inspection visuelle

L'inspection visuelle consiste à générer un ensemble d'images et à les examiner pour leur qualité et leur cohérence. Cela aide à identifier tout problème évident comme des artefacts, du flou ou des caractéristiques irréalistes.

Exemple : Inspection visuelle

```
import matplotlib.pyplot as plt

# Generate a sample for visual inspection
plt.figure(figsize=(12, 4))
```

```
for i in range(batch_size):
    plt.subplot(2, 5, i + 1)
    plt.imshow((generated_images[i] * 0.5) + 0.5)
    plt.axis('off')
plt.suptitle('Generated Images')
plt.show()
```

Ce script utilise la bibliothèque matplotlib pour générer et afficher l'ensemble d'images. Après avoir importé la bibliothèque, il ouvre une nouvelle figure avec une taille spécifiée. Il génère ensuite un nombre d'images égal à 'batch_size' (qui n'est pas défini dans le texte sélectionné).

Pour chaque image, il crée un sous-graphique, génère l'image (apparemment à partir d'une forme de données d'image, également non définie dans le texte sélectionné), ajuste la gamme de couleurs de l'image et supprime l'axe. Une fois toutes les images générées, il ajoute un titre ('Images Générées') à la figure et l'affiche.

Évaluation Humaine

L'évaluation humaine consiste à demander à un groupe de personnes d'évaluer la qualité des images générées selon des critères tels que le réalisme, la cohérence et la qualité globale. Cette méthode fournit une évaluation robuste des performances du modèle, mais peut être chronophage et gourmande en ressources.

Exemple : Critères d'Évaluation Humaine

- **Réalisme** : L'image générée semble-t-elle réaliste ?

- **Cohérence** : L'image générée est-elle cohérente et exempte d'artefacts ?

- **Qualité Globale** : Comment l'image générée se compare-t-elle aux images réelles ?

10.5.3 Évaluation de la Diversité et de la Créativité

Pour évaluer la diversité et la créativité des images générées, nous pouvons analyser la variation des résultats obtenus avec différentes entrées ou de légères variations d'une même entrée. Cela permet de s'assurer que le modèle produit des résultats divers et intéressants.

Exemple : Évaluation de la Diversité

```
# Define a set of inputs with slight variations
inputs = [
    random_noise[0],
    random_noise[1],
    random_noise[2],
]

# Generate and plot outputs for each input
plt.figure(figsize=(12, 4))
for i, input_data in enumerate(inputs):
    step_encodings = create_step_encodings(1, d_model)
```

```
    output       =       diffusion_model.predict([np.expand_dims(input_data,      axis=0),
step_encodings])[0]
    plt.subplot(1, 3, i + 1)
    plt.imshow((output * 0.5) + 0.5)
    plt.axis('off')
    plt.title(f'Generated Image {i+1}')
plt.show()
```

Ce script génère et affiche les images à l'aide d'un modèle prédictif. Il commence par définir un ensemble d'entrées qui sont des variantes de 'random_noise'. Ensuite, pour chaque entrée, il crée des encodages d'étapes, prédit la sortie en utilisant le 'diffusion_model', et affiche l'image générée. Les images sont affichées dans une grille d'1 ligne sur 3 colonnes et étiquetées comme 'Generated Image 1', 'Generated Image 2' et 'Generated Image 3'. La dernière ligne de code affiche les images tracées.

Résumé

Dans cette section, nous avons discuté de diverses méthodes pour évaluer la performance du modèle de diffusion, incluant à la fois des métriques quantitatives et des évaluations qualitatives. Les métriques quantitatives comme l'Erreur Quadratique Moyenne (MSE), la Distance d'Inception de Fréchet (FID), et le Score d'Inception (IS) fournissent des mesures objectives de la performance du modèle, évaluant la qualité, la diversité et le réalisme des images générées.

Nous avons également exploré des méthodes d'évaluation qualitative, notamment l'inspection visuelle et l'évaluation humaine, qui offrent des aperçus précieux sur la performance du modèle d'un point de vue subjectif. Évaluer la diversité et la créativité des images générées garantit que le modèle produit des résultats variés et intéressants.

En combinant ces techniques d'évaluation, vous pouvez acquérir une compréhension complète des forces du modèle et des domaines à améliorer, améliorant ainsi sa capacité à générer des images de haute qualité.

Quiz : Modèles de diffusion du livre qui comprend

Testez votre compréhension des concepts et techniques abordés dans la Partie V de "La nouvelle ère de l'apprentissage profond génératif avec Python : Déverrouillez la puissance créative des modèles d'IA". Ce quiz vous aidera à renforcer vos connaissances des modèles de diffusion et de leurs applications, ainsi que du projet spécifique que nous avons réalisé.

Question 1 : Fondamentaux des modèles de diffusion

Quel est l'objectif principal d'un modèle de diffusion dans le contexte de la génération d'images ?

A) Classifier des images

B) Débruiter des images

C) Générer des images à partir d'un bruit aléatoire

D) Segmenter des images

Question 2 : Processus de diffusion avant

Dans le processus de diffusion avant, qu'est-ce qui est ajouté aux données à chaque étape ?

A) Bruit aléatoire

B) Pixels aléatoires

C) Rotations aléatoires

D) Recadrages aléatoires

Question 3 : Processus de diffusion inverse

Quelle est la fonction principale du processus de diffusion inverse ?

A) Classifier les données

B) Ajouter du bruit aux données

C) Éliminer le bruit des données

D) Sous-échantillonner les données

Question 4 : Couche d'ajout de bruit

Laquelle des affirmations suivantes est vraie concernant la couche d'ajout de bruit ?

A) Elle supprime le bruit des données d'entrée.

B) Elle ajoute un bruit gaussien aux données d'entrée.

C) Elle normalise les données d'entrée.

D) Elle redimensionne les données d'entrée.

Question 5 : Réseau de débruitage

Quel type de réseau neuronal est généralement utilisé comme réseau de débruitage dans les modèles de diffusion pour les données d'image ?

A) Réseau de neurones récurrent (RNN)

B) Réseau de neurones convolutif (CNN)

C) Réseau antagoniste génératif (GAN)

D) Réseau Transformer

Question 6 : Encodage des étapes

Pourquoi l'encodage des étapes est-il important dans les modèles de diffusion ?

A) Il normalise les données.

B) Il fournit des informations temporelles sur les étapes de diffusion.

C) Il redimensionne les données.

D) Il ajoute du bruit aux données.

Question 7 : Métriques d'évaluation quantitative

Laquelle des métriques suivantes est couramment utilisée pour évaluer la qualité et la diversité des images générées ?

A) Précision

B) Rappel

C) Distance d'inception de Fréchet (FID)

D) Erreur absolue moyenne (MAE)

Question 8 : Inspection visuelle

Vrai ou Faux : L'inspection visuelle est une méthode qualitative pour évaluer les images générées par un modèle de diffusion.

A) Vrai

B) Faux

Question 9 : Amélioration de la qualité d'image

Quelle est une technique qui peut être utilisée pour améliorer la qualité des images générées ?

A) Ajouter plus de bruit

B) Utiliser le filtrage et l'accentuation d'image

C) Réduire la taille des données d'entraînement

D) Utiliser des images de résolution inférieure

Question 10 : Entraînement du modèle

Pendant l'entraînement, que mesure généralement la fonction de perte dans un modèle de diffusion ?

A) La différence entre la classe prédite et la classe réelle

B) La différence entre le bruit prédit et le bruit réel

C) La différence entre les images d'entrée et de sortie

D) La différence entre le bruit d'entrée et l'image générée

Réponses

1. C) Générer des images à partir d'un bruit aléatoire

2. A) Bruit aléatoire

3. C) Éliminer le bruit des données

4. B) Elle ajoute un bruit gaussien aux données d'entrée.

5. B) Réseau de neurones convolutif (CNN)

6. B) Il fournit des informations temporelles sur les étapes de diffusion.

7. C) Distance d'inception de Fréchet (FID)

8. A) Vrai

9. B) Utiliser le filtrage et l'accentuation d'image

10. B) La différence entre le bruit prédit et le bruit réel

Ce quiz couvre les concepts et techniques essentiels introduits dans la Partie V du livre et aide à renforcer votre compréhension des modèles de diffusion et de leurs applications.

Conclusion

Le parcours à travers "Generative Deep Learning Updated Edition: Unlocking the Creative Power of AI and Python" a été une exploration des frontières de l'intelligence artificielle et de l'apprentissage automatique, mettant l'accent sur le pouvoir transformateur des modèles génératifs. Ce livre a couvert un large éventail de sujets, des principes fondamentaux aux techniques avancées, offrant une compréhension complète de la façon dont ces modèles peuvent être exploités pour générer des résultats créatifs de haute qualité. En conclusion, réfléchissons aux concepts clés que nous avons abordés, aux applications pratiques de ces modèles et aux orientations futures pour l'apprentissage profond génératif.

Concepts et techniques clés

Tout au long de ce livre, nous avons approfondi divers modèles génératifs, notamment les réseaux antagonistes génératifs (GANs), les autoencodeurs variationnels (VAEs), les modèles autorégressifs et les modèles de diffusion. Chaque type de modèle possède ses propres forces et applications, contribuant à la boîte à outils diversifiée disponible pour les praticiens de l'IA.

1. **Réseaux antagonistes génératifs (GANs)** : Les GANs ont révolutionné le domaine de la modélisation générative en introduisant un cadre où deux réseaux de neurones, un générateur et un discriminateur, s'affrontent. Ce processus antagoniste s'est avéré très efficace pour générer des images, des vidéos et d'autres formes de données réalistes. Nous avons exploré l'architecture des GANs, le processus d'entraînement et diverses applications, notamment la génération de visages et la traduction d'image à image.

2. **Autoencodeurs variationnels (VAEs)** : Les VAEs offrent une approche probabiliste de la modélisation générative, se concentrant sur l'apprentissage d'une représentation latente des données. Ce modèle équilibre la précision de reconstruction avec la régularisation, permettant la génération de nouveaux points de données à partir de l'espace latent appris. Nous avons discuté de l'architecture des VAEs, des techniques d'entraînement et des applications pratiques, comme la génération de chiffres manuscrits et la création de nouvelles variations inédites de données existantes.

3. **Modèles autorégressifs** : Les modèles autorégressifs génèrent des données en prédisant chaque point de données en fonction des précédents. Cette approche séquentielle est particulièrement efficace pour les tâches impliquant des données temporelles ou séquentielles, comme la génération de texte et la prévision de séries

temporelles. Nous avons examiné des modèles comme PixelRNN, PixelCNN et les modèles basés sur les Transformers (GPT-3, GPT-4), soulignant leur utilisation dans la génération de textes et d'images cohérents et contextuellement appropriés.

4. **Modèles de diffusion** : Dernière addition à la boîte à outils de modélisation générative, les modèles de diffusion sont basés sur le concept d'inversion d'un processus de diffusion. En ajoutant progressivement du bruit aux données puis en apprenant à l'éliminer, ces modèles peuvent générer des données de haute qualité à partir de bruit aléatoire. Nous avons couvert l'architecture, l'entraînement et l'évaluation des modèles de diffusion, culminant dans un projet qui a démontré leur application dans la génération d'images réalistes.

Applications pratiques

Les applications pratiques des modèles génératifs sont vastes et variées, couvrant de nombreux domaines et industries. Parmi les applications notables figurent :

- **Génération et amélioration d'images** : Les modèles génératifs peuvent créer des images réalistes à partir de zéro, améliorer la qualité d'images existantes et même générer des images haute résolution à partir d'entrées basse résolution. Ces capacités sont précieuses dans des domaines tels que le divertissement, la publicité et la réalité virtuelle.

- **Génération de texte et traitement du langage naturel** : Les modèles autorégressifs comme GPT-3 et GPT-4 ont démontré des capacités impressionnantes pour générer du texte cohérent et contextuellement pertinent. Ces modèles sont utilisés dans les chatbots, la création de contenu, la traduction linguistique, et plus encore.

- **Augmentation des données** : Les modèles génératifs peuvent créer des données d'entraînement supplémentaires pour les tâches d'apprentissage automatique, améliorant les performances des modèles en fournissant des ensembles de données plus diversifiés et représentatifs. Cela est particulièrement utile dans les domaines où la disponibilité des données est limitée.

- **Santé et imagerie médicale** : Les modèles génératifs peuvent aider à générer des images médicales réalistes à des fins de formation et de diagnostic, contribuant à améliorer la précision et la fiabilité des systèmes d'imagerie médicale.

- **Art et créativité** : Les artistes et les designers utilisent des modèles génératifs pour créer de nouvelles œuvres d'art, de la musique et des designs, repoussant les limites de la créativité et explorant de nouvelles possibilités artistiques.

Orientations futures

Le domaine de l'apprentissage profond génératif évolue rapidement, avec des avancées continues dans les architectures de modèles, les techniques d'entraînement et les applications. Quelques orientations futures prometteuses incluent :

- **Techniques d'entraînement améliorées** : Les avancées dans les techniques d'entraînement, telles que de meilleurs algorithmes d'optimisation et méthodes de régularisation, continueront d'améliorer les performances et la stabilité des modèles génératifs.

- **Intégration avec d'autres technologies d'IA** : La combinaison de modèles génératifs avec d'autres technologies d'IA, telles que l'apprentissage par renforcement et l'apprentissage non supervisé, débloquera de nouvelles capacités et applications.

- **Considérations éthiques** : À mesure que les modèles génératifs deviennent plus puissants, il est crucial d'aborder les considérations éthiques, y compris les questions liées à la confidentialité des données, le potentiel d'utilisation abusive et l'impact sur les emplois et les industries.

- **Accessibilité et démocratisation** : Les efforts pour rendre les modèles génératifs plus accessibles à un public plus large, y compris les non-experts, permettront à davantage de personnes d'exploiter ces puissants outils pour la créativité et la résolution de problèmes.

- **Applications interdisciplinaires** : L'intégration de modèles génératifs dans divers domaines interdisciplinaires, tels que la bioinformatique, les sciences environnementales et les sciences sociales, ouvrira de nouvelles voies pour la recherche et l'innovation.

Réflexions finales

L'apprentissage profond génératif représente un bond significatif dans les capacités de l'intelligence artificielle, offrant des opportunités sans précédent pour la créativité, la résolution de problèmes et l'innovation. À mesure que nous avançons, le développement continu et l'application de ces modèles façonneront sans aucun doute l'avenir de la technologie et de la société.

Merci de vous être embarqué dans ce voyage à travers le monde de l'apprentissage profond génératif. Nous espérons que ce livre vous a fourni des perspectives précieuses, des compétences pratiques et de l'inspiration pour explorer les possibilités illimitées de l'IA. Que vous soyez chercheur, praticien ou passionné, les connaissances acquises ici vous permettront d'exploiter la puissance créative des modèles génératifs et de contribuer au domaine en constante évolution de l'intelligence artificielle.

Où continuer ?

Si vous avez terminé ce livre et que vous avez soif de nouvelles connaissances en programmation, nous aimerions vous recommander d'autres ouvrages de notre société de logiciels que vous pourriez trouver utiles. Ces livres couvrent un large éventail de sujets et sont conçus pour vous aider à continuer à développer vos compétences en programmation.

- **"ChatGPT API Bible : Maîtriser la programmation Python pour l'IA conversationnelle"** : Un guide pratique, étape par étape, pour utiliser ChatGPT, couvrant tout, de l'intégration de l'API à l'ajustement du modèle pour des tâches ou secteurs spécifiques.
- **"Traitement du langage naturel avec Python : Créez votre propre chatbot de service client"** : Cet ouvrage approfondi explore le traitement du langage naturel (NLP). Il simplifie des concepts complexes grâce à des explications claires et des exemples intuitifs.
- **"Analyse de données avec Python"** : Python est un langage puissant pour l'analyse de données, et ce livre vous aidera à en exploiter tout le potentiel. Il aborde le nettoyage, la manipulation et la visualisation des données, avec des exercices pratiques pour mettre en œuvre vos apprentissages.
- **"Apprentissage automatique avec Python"** : L'apprentissage automatique est l'un des domaines les plus passionnants de l'informatique, et ce livre vous initiera à la création de vos propres modèles avec Python. Il couvre des sujets tels que la régression linéaire, la régression logistique et les arbres de décision.
- **"Maîtriser ChatGPT et le prompt engineering"** : Ce livre vous propose un parcours complet dans le monde du prompt engineering, en couvrant les bases des modèles linguistiques d'IA jusqu'aux stratégies avancées et applications concrètes.

Tous ces ouvrages sont conçus pour vous aider à approfondir vos compétences en programmation et votre maîtrise du langage Python. Nous croyons que la programmation est une compétence qui s'apprend et se développe avec le temps, et nous nous engageons à fournir des ressources pour vous aider à atteindre vos objectifs.

Nous aimerions également profiter de cette occasion pour vous remercier d'avoir choisi notre société de logiciels comme guide dans votre parcours d'apprentissage. Nous espérons que ce livre de Python pour débutants vous a été utile, et nous avons hâte de continuer à vous fournir des ressources de qualité dans le futur. Si vous avez des suggestions ou des retours concernant nos futurs livres ou ressources, n'hésitez pas à nous contacter. Nous serions ravis d'avoir de vos nouvelles !

En savoir plus sur nous

Chez Cuantum Technologies, nous sommes spécialisés dans le développement d'applications web qui offrent des expériences créatives et répondent à des problèmes concrets. Nos développeurs possèdent une expertise dans un large éventail de langages et frameworks, notamment Python, Django, React, Three.js et Vue.js, entre autres. Nous explorons en permanence de nouvelles technologies et techniques pour rester à la pointe de l'industrie, et nous sommes fiers de notre capacité à créer des solutions adaptées aux besoins de nos clients.

Si vous souhaitez en savoir plus sur Cuantum Technologies et les services que nous proposons, veuillez visiter notre site web à l'adresse suivante : www.cuantum.tech/books. Nous serions ravis de répondre à vos questions et de discuter de la manière dont nous pouvons vous accompagner dans vos projets de développement logiciel.

www.cuantum.tech

www.ingramcontent.com/pod-product-compliance
Lightning Source LLC
Chambersburg PA
CBHW060949210326

41598CB00031B/4770